Klaus Holzkamp

Sinnliche Erkenntnis

Historischer Ursprung und gesellschaftliche
Funktion der Wahrnehmung

Psychologisches Institut
der Freien Universität Berlin:

Texte zur kritischen Psychologie
Band 1

4. Auflage

Athenäum Verlag
1978

CIP-Kurztitelaufnahme der Deutschen Bibliothek

Holzkamp, Klaus:
Sinnliche Erkenntnis: histor. Ursprungs u. gesellschaftl. Funktion d. Wahrnehmung / Klaus Holzkamp. — 4., rev. Aufl. — Königstein/Ts.: Athenäum Verlag, 1978.
   (Texte zur kritischen Psychologie; Bd. 1)
   (Athenäum-Taschenbücher; 4100: Sozialwiss., Psychologie)
   ISBN 3-7610-4100-4

4. Auflage
© 1978 Athenäum Verlag GmbH, Königstein/Ts.
Alle Rechte vorbehalten
1976 Athenäum Verlag GmbH, Kronberg/Ts.
1975 Athenäum Fischer Taschenbuch Verlag GmbH & Co., Frankfurt am Main
1973 Athenäum Verlag GmbH, Frankfurt am Main
Gesamtherstellung: Hain-Druck KG, Meisenheim/Glan
Printed in Germany
ISBN 3-7610-4100-4

HOLZKAMP · SINNLICHE ERKENNTNIS

Inhaltsverzeichnis

Bemerkung des Psychologischen Instituts der FUB zu den
»Texten zur kritischen Psychologie« 9

1 Einleitung 11

2 Zur Phänographie der Wahrnehmung als sinnlicher
  Erkenntnis 21
  2.1 Sensibilität; sinnliche Präsenz; Empfindungscharakter . 22
  2.2 Gegenständliche Bedeutungshaftigkeit 25
  2.3 Standortgebundenheit; Perspektivität 27
  2.4 Wahrnehmung als Tätigkeit; Beobachtungscharakter der
      Wahrnehmung; »Wahrnehmen« und »Denken« . . . 29

3 Zur Methode der historischen Analyse 35
  3.1 Historische Analyse der Psychologie 36
  3.2 Historische Analyse von Gegenstandsbereichen der
      Psychologie 45
  3.3 Historische Analyse der Wahrnehmung unter gnostischem
      und gnoseologischem Aspekt 56

4 Naturgeschichtliche Gewordenheit biologisch-organismischer
  Grundcharakteristika der Wahrnehmung 63
  4.1 Von allgemeiner Erregbarkeit zur Sensibilität; konsumierende und orientierende Lebensaktivität 65
  4.2 Die Ausdifferenzierung von spezialisierten Rezeptor-Systemen; kommunikative als Teilmoment der orientierenden Lebensaktivität 74
  4.3 Herausbildung der gegenständlichen Welterfassung; relative Verselbständigung der Orientierungsfunktion . . . 82

5 Gesellschaftlich-historischer Ursprung allgemeinster spezifisch
  menschlicher Charakteristika der Wahrnehmung 105
  5.1 Der Übergang von organismischer Orientierung zu
      menschlicher Wahrnehmung im Prozeß der Entstehung
      vergegenständlichender gesellschaftlicher Arbeit: Wahrnehmung als auf Gegenstandsbedeutungen bezogene
      Orientierung 107

5.2 Das Zueinander sachlicher und personaler Gegenstandsbedeutungen; »interpersonale Wahrnehmung«, die Orientierungsweise menschlicher Kooperation 128
5.3 Die Herausdifferenzierung von Symbolbedeutungen aus Gegenstandsbedeutungen im historischen Prozeß gesellschaftlicher Arbeit; symbolisch-sprachliche Vermitteltheit zwischen »Wahrnehmen« und »Denken« 147

6 Gnoseologische Implikationen der historischen Rekonstruktion biologisch-organismischer und allgemeinster spezifisch menschlicher Wahrnehmungs-Charakteristika 159
6.1 Das »psychophysiologische« Problem 160
6.2 Das Subjekt-Objekt-Problem 166

7 Die historische Bestimmtheit der Wahrnehmungstätigkeit des Menschen in der bürgerlichen Gesellschaft 173
7.1 Ontogenese und Aneignung als Aspekte der individualgeschichtlichen Wahrnehmungsentwicklung 175
7.2 Die individualgeschichtliche Wahrnehmungsentwicklung in ihrer Bedingtheit durch Bedeutungsmomente der bürgerlichen Gesellschaftsstruktur 202
7.3 Dimensionen der Wahrnehmung in ihrem Ursprung aus dem Kapitalverhältnis 233
7.4 Individuelle Unterschiede der Wahrnehmungsfunktion durch differentielle Aneignung in Abhängigkeit von Standort und Perspektive 264

8 Gnoseologische Implikationen der Konkretisierung der historischen Rekonstruktion auf Funktionseigentümlichkeiten der Wahrnehmung in ihrer Bestimmtheit durch die bürgerliche Gesellschaft 295
8.1 Der Zusammenhang zwischen Erkenntnis und Täuschung in der Wahrnehmungstätigkeit 296
8.2 Anschauliches und »problemlösendes« Denken: Orientierende Erkenntnistätigkeit 336
8.3 Von der orientierenden zur begreifenden Erkenntnistätigkeit: Utilitaristische und kritische Praxis 360

Literaturverzeichnis 411

Personenverzeichnis 426

Sachverzeichnis 430

Bemerkung des Psychologischen Instituts der FUB zu den »Texten zur kritischen Psychologie«

Der Charakter der Reihe »Texte zur kritischen Psychologie« versteht sich aus der Geschichte des Psychologischen Instituts der Freien Universität. Im Institut bildete sich während der Studentenbewegung ein Schwerpunkt der Kritik der bürgerlichen Psychologie. Die daraus entstehenden Konflikte führten zu einer öffentlichen Kampagne der Verfechter traditioneller Wissenschaftsvorstellungen am Institut mit dem Ziel einer administrativen Trennung von den Institutsangehörigen, die ihre Arbeit aus dem Zusammenhang marxistischer Gesellschaftswissenschaft begreifen. Die Kampagne hatte »Erfolg«: Ende 1970 wurde vom Kuratorium der FU, das zur Hälfte aus Vertretern des Staates besteht, die Institutsteilung beschlossen. Die Konservativen erhielten ein eigenes »Institut für Psychologie« in einem anderen Fachbereich.

Die progressiven Institutsmitglieder sehen sich nach der Teilung, die von ihren Vollstreckern als Maßnahme politischer Disziplinierung gedacht war, vor neuen komplexen Aufgaben. Die bisherige Perspektive einer kritischen Analyse der bestehenden Psychologie erwies sich angesichts der nun zu bewältigenden Probleme als zu eng. Ein Ausbildungsprogramm im Sinne der Diplom-Prüfungsordnung für Psychologen ist in einem Institut mit 70 wissenschaftlichen Mitarbeitern und 700 Studenten selbstverantwortlich kooperativ zu planen und zu realisieren. Daraus ergibt sich für uns die Notwendigkeit einer Wendung der bloßen »Kritik« der bürgerlichen Psychologie zu einer marxistisch fundierten kritischen Psychologie, die sowohl in Lehre und Forschung an einem Universitätsinstitut innerhalb der kapitalistischen Gesellschaft vertreten werden kann wie auch eine Umsetzung der gewonnenen psychologischen Einsichten und Verfahren für die praktische Berufstätigkeit von Psychologen in den verschiedenen bürgerlichen Institutionen ermöglicht.

Die von uns zu leistende wissenschaftliche Entwicklungsarbeit untersteht damit Widersprüchen, die in der Sache liegen, deswegen von uns nicht aufgelöst werden können, sondern in der Arbeit auszutragen und zu reflektieren sind. Ob die Aufgabe, die wir uns nicht ausgesucht haben, mit der wir konfrontiert sind, überhaupt zu bewältigen ist, kann nicht abstrakt vorentschieden werden, sondern muß sich aus der Praxis der Institutsarbeit in den nächsten Jahren ergeben.

Die Abhandlungen dieser Reihe stellen auf der einen Seite jene Lehrtexte dar, die wir selber schreiben müssen, da wir die vorhandenen nicht für zulänglich halten können. Auf der anderen Seite schlagen sich in ihnen die Resultate unserer wissenschaftlichen Arbeit nieder. Lehrzweck und Forschungscharakter sind hier nicht voneinander zu trennen*.

Die Manuskripte werden vom Institut weder zensiert noch redigiert, voneinander abweichende politisch-wissenschaftliche Positionen der Verfasser nicht durch eine »herrschende« Auffassung gleichgeschaltet. Die Verantwortung für den Inhalt liegt nicht beim Institut, sondern bei den Autoren. – Falls sich aus den einzelnen Arbeiten im Zueinander und Gegeneinander der verschiedenen Ansätze dennoch eine Gesamtkonzeption ergeben sollte, so wird dies das Resultat unserer Anstrengungen gewesen sein, in einem umfassenden, das ganze Institut ergreifenden Diskussionsprozeß in Kritik und Selbstkritik allmählich die Aspekte einer psychologischen Wissenschaft und Berufstätigkeit in der bürgerlichen Gesellschaft zu erkunden und, wo möglich, zu entwickeln, die dem Interesse der werktätigen Bevölkerung dienen – mindestens aber nicht gegen das Interesse der Werktätigen eingesetzt werden können.

DER SEKTIONSRAT DES PSYCHOLOGISCHEN INSTITUTS
DER FREIEN UNIVERSITÄT BERLIN

Berlin-Steglitz, den 22. Januar 1973

---

* In der Reihe »Texte zur Kritischen Psychologie« sind inzwischen folgende weitere Bände erschienen: Ulmann, G., »Sprache und Wahrnehmung« (Bd. 2, 1975); Schurig, V., »Naturgeschichte des Psychischen«, 2 Bd. (Bd. 3.1 und 3.2, 1975); Holzkamp-Osterkamp, U., »Grundlagen der psychologischen Motivationsforschung« (Bd. 4.1, 1975); Schurig, V., »Die Entstehung des Bewußtseins« (Bd 5, 1976); Seidel, R., »Denken – Psychologische Analyse der Entstehung und Lösung von Problemen« (Bd. 6, 1976); Holzkamp-Osterkamp, U., »Motivationsforschung. Die Besonderheit menschlicher Bedürfnisse – Problematik und Erkenntniswert der Psychoanalyse« (Bd. 4.2, 1976). Alle Bände: Frankfurt/M. (Campus-Verlag)
K. H. (Stand Herbst 1976)

1 Einleitung

Wenn ein Buch über Wahrnehmung vorgelegt wird, so sollte man voraussetzen dürfen, daß sein Autor das Thema »Wahrnehmung« für wichtig hält und daß er meint, die Leser, an die er sich wendet, sollten das Thema »Wahrnehmung« in der Art, wie er es behandelt, ebenfalls für wichtig halten. Wie können wir diese Voraussetzung rechtfertigen?

Wahrnehmung erscheint für den, der sich damit beschäftigen will, von vornherein in einer doppelten, widersprüchlichen Weise. Einerseits ist Wahrnehmen ein selbstverständlicher Bestandteil unserer alltäglichen Lebenstätigkeit, an dem uns nichts Besonderes auffällt; dies geht so weit, daß wir normalerweise den Akt des Wahrnehmens überhaupt nicht ausgesondert erfassen: lebenspraktisch bedeutsam scheinen nicht die Akte, sondern die Gegenstände der Wahrnehmung, die wirklichen Menschen und Dinge um uns herum, die uns in sinnlicher Erfahrung gegeben sind. Andererseits ist, sofern Wahrnehmung nicht nur vollzogen, sondern über Wahrnehmung nachgedacht wurde, dem Menschen kaum etwas so problematisch geworden wie gerade die Wahrnehmung. In der Geschichte menschlichen Denkens ist Wahrnehmung ein zentrales Problem. An der Frage, wie man die Wahrnehmung richtig zu verstehen habe, »schieden sich die Geister«. Kontroverse philosophische Systeme basieren auf kontroversen Auffassungen über die Wahrnehmung. Die Widersprüchlichkeiten, Aporien, Antinomien, in die man beim Versuch der Klärung des Wahrnehmungsproblems immer wieder geriet und bis heute gerät, scheinen auf unüberschreitbare Grenzen der Einsicht des Menschen in den Zusammenhang zwischen seiner sinnlichen *Erfahrung* der Wirklichkeit und den *tatsächlichen Beschaffenheiten* dieser Wirklichkeit hinzuweisen.

Die Bedeutung des Themas »Wahrnehmung« in der Geschichte des menschlichen Denkens ist sicherlich schon Rechtfertigung genug, dieses Thema wichtig zu nehmen und einen Beitrag zu seiner weiteren Klärung zu versuchen, wobei der Umstand, daß etwas im Vollzug so Selbstverständliches im Nachdenken so problematisch wird, selber ein Teil des Klärungsversuchs zu sein hätte. Das Ansinnen, dieses Fürwichtig-Nehmen zu teilen, könnte dabei allerdings nur an jene gerichtet werden, die ein entsprechendes Spezialinteresse haben. Etwas anderes wäre es, wenn man aufweisen könnte, daß das selbstverständliche Für-wahr-Nehmen des Wahrgenommenen in der alltäglichen Lebenstätigkeit trügerisch ist, daß eine *Problematisierung der sinnlichen Erfahrung und das Verständnis des Stellenwertes der Wahrnehmung im Erkenntnisprozeß keineswegs lediglich für speziell Interessierte relevant sind, sondern Voraussetzung für das angemessene Begreifen der Praxis des Menschen und darüber hinaus veränderndes Bestimmungsmoment dieser Praxis selbst.* – Damit ist, zunächst in sehr allgemeiner Weise, der wichtigste Anspruch zum Ausdruck gebracht, an dem dieses Buch gemessen werden will.

Wenn der zentrale Anspruch der vorliegenden Arbeit genauer faßbar werden und unsere Zielsetzung sich darüber hinaus in weiteren Aspekten verdeutlichen soll, so ist der Umstand in Betracht zu ziehen, daß diese Abhandlung ihre Entstehung nicht lediglich individuellen Initiativen und Ideen des Verfassers verdankt, sondern aus bestimmten Notwendigkeiten der kooperativen Entwicklung von Lehre und Forschung am Psychologischen Institut der Freien Universität Berlin erwachsen ist.

Im Zusammenhang mit gesellschaftstheoretisch fundierten Ansätzen der Wissenschaftskritik innerhalb der Studentenbewegung entstand am Psychologischen Institut der Freien Universität um 1968 die Konzeption einer »kritischen Psychologie«. In der Entwicklung des kritisch-psychologischen Ansatzes wurde dabei mit der Herausarbeitung seiner marxistischen Grundlagen in immer höherem Maße die Einsicht bestimmend, daß tiefgreifende und umfassende *Gesellschaftskritik in der bürgerlichen Gesellschaft,* an welchen Erscheinungsformen und in welchen Vermittlungsebenen die Kritik auch immer sich entfaltet, letztlich notwendig *Kritik vom Standpunkt des Proletariats und im Interesse der Werktätigen (als Ausdruck des gesamtgesellschaftlichen Interesses gegen das Partialinteresse des Kapitals)* ist (vgl. dazu spätere genaue Ausführungen).

In ihrer frühesten Phase hat die »kritische Psychologie« wesentlich die Form der Kritik der bürgerlichen Psychologie, macht die *Psychologie,* wie sie in der bürgerlichen Gesellschaft sich als historisches Faktum vorfindet, *auf bestimmte Weise selbst zum Forschungsgegenstand.* Dabei war davon auszugehen, daß die Psychologie, so wie sie ist, mit den eigenen einzelwissenschaftlichen Denkmitteln sich in ihrer wirklichen Beschaffenheit weder selbst verstehen noch verständlich machen kann. Man bemühte sich demgemäß von diesem Ansatz aus, die unter der Oberfläche des psychologischen Forschungsbetriebes verborgenen unreflektierten wissenschaftstheoretischen Voraussetzungen der Denk- und Verfahrensweisen der Psychologie offenzulegen, weiterhin aufzuzeigen, welche anthropologischen Grundvorstellungen, »Menschenbilder«, unbefragt in die psychologische Forschungstätigkeit eingehen, dabei die geschichtliche Entwicklung der Psychologie samt ihren ideologischen Implikationen aus umfassenderen sozialgeschichtlichen Entwicklungen begreiflich zu machen, die Oberflächengestalt der psychologischen Forschung und Praxis auf historisch bestimmte Interessenlagen innerhalb der bürgerlichen Gesellschaft zurückzuführen und so Einsichten in den gesellschaftlichen Ursprung und die gesellschaftliche Funktion der bestehenden Psychologie zu gewinnen (vgl. *Holzkamp* 1972).

Bei dem Versuch einer fortschreitenden Realisierung der Konzeption einer »kritischen Psychologie« im dargestellten Sinne entstanden am Psychologischen Institut der FUB bald bestimmte Schwierigkeiten, und zwar zunächst durchaus pragmatischer Art. In dem Maße, wie im Psychologischen Institut der kritisch-psychologische Ansatz sich durchsetzte, verdeutlichte sich seine Unzulänglichkeit in bezug auf die Erfordernisse der Psychologieausbildung. Die kritischen Analysen bestehender psychologischer Theorien und Methoden führten zwar zu einem besseren Verständnis der Eigenart und Problematik der Psychologie, so wie sie ist. Keineswegs aber ergaben sich – wie man zunächst teilweise, mindestens implizit, angenommen hatte – aus solchen Analysen mit Notwendigkeit neue psychologische Forschungsansätze. Bei der Vorbereitung der Studierenden auf ihre spätere Berufstätigkeit als Psychologen kann man ihnen aber nicht bloß Verfahrensweisen und Resultate einer Kritik der bestehenden Psychologie vermitteln: Man muß den Studenten auch hinreichend Gelegenheit geben, sich in der Ausbildung das für ihre Berufstätigkeit nötige psychologische Wissen und Können anzueignen. Wir standen also vor dem Dilemma, entweder »zweigleisig« zu fahren, indem wir in der Lehre auf der einen Seite unsere »kritisch-psychologischen« Positionen vertreten, auf der anderen Seite aber die Denk- und Vorgehensweisen der kritisierten Psychologie unverändert weitergeben, oder aber die Ausbildung von Diplom-Psychologen fallenzulassen und in Lehre und Forschung zukünftig nur die Kritik der bestehenden Psychologie voranzutreiben. Beide Alternativen sind sehr problematisch, die erste, weil sie in sich widersprüchlich, wissenschaftlich nicht zu vertreten und unglaubwürdig wäre, die zweite, weil in ihr das gesellschaftliche Bedürfnis nach beruflicher Tätigkeit von Psychologen abstrakt negiert würde, den anderen das Feld überlassen bliebe, und wir mit unserer Arbeit organisatorisch wie inhaltlich von der Entwicklung des Faches abgesondert und damit letztlich zur Wirkungslosigkeit verurteilt wären.

Im Fortschreiten der Bemühungen der Angehörigen des Psychologischen Instituts, angesichts der Unvereinbarkeit zwischen dem »kritisch-psychologischen« Ansatz und den Anforderungen psychologischer Berufsausbildung dennoch für das Institut zu sinnvollen Arbeitsperspektiven zu kommen, wurde die Frage immer dringlicher, wieweit die aufgetretenen Schwierigkeiten ihren tieferliegenden Grund in bestimmten Begrenztheiten und Unzulänglichkeiten der kritisch-psychologischen Konzeption, wie sie bis dahin vertreten wurde, selbst haben könnten. – Eine überwiegend ideologiekritische Verfahrensweise wie die der damaligen »kritischen Psychologie« ist in der Gefahr, die psychologische Forschung nach Aufdeckung der in ihr enthaltenen Ideologeme und der gesellschaftlichen Interessenkonstellationen, aus denen sie entspringt und in die sie hineinwirkt, als hinreichend charakterisiert zu betrachten. Damit wäre der wesentliche Aspekt vernachlässigt, daß die bestehende Psychologie *nicht nur Ausdruck der bürgerlichen Gesellschaft ist, sondern der Möglichkeit nach Erkenntnis der Wirklichkeit.* Eine Wissenschaftskritik, die die *Frage der Wissenschaftlichkeit, des potentiellen Erkenntnisgehaltes, der analysierten Wissenschaftsdisziplin vernachlässigt, verfehlt jedoch in relativistisch-agnostizistischer Weise die zentrale Bestimmung wissenschaftlicher Forschung.* Die Auffassung gewann an Boden, daß die gesellschaftliche Funktion der bestehenden Psychologie nur dann angemessen herausgearbeitet werden kann, wenn ein begründetes Urteil über den Grad und die Art des von ihr erreichten Erkenntnisgewinns möglich ist, daß die Kritik der psychologischen Forschung stets auch *Kritik des Erkenntnisanspruchs* ihrer Aussagen sein muß und daß ein innerer Zusammenhang zwischen dem Erkenntnischarakter und der gesellschaftlichen Relevanz der Psychologie besteht.

Eine unter diesen Gesichtspunkten revidierte »kritische Psychologie« hätte mit ihren Analysen nicht nur an der bestehenden Psychologie anzusetzen, sie hätte sich darüber hinaus auf den *Gegenstand* der psychologischen Forschung, *die empirische Subjektivität des Menschen in der bürgerlichen Gesellschaft,* zu beziehen. Es wäre zu bedenken, daß die Wissenschaft ihre Gegenstände ja nicht selbst erfindet, sondern in der Gesellschaft vorfindet, und daß das Bedürfnis nach eindringenderer Erkenntnis des jeweiligen Wirklichkeitsbereiches zunächst aus bestimmten gesellschaftlichen Lebensnotwendigkeiten entspringt und von der Wissenschaft lediglich aufgegriffen wird.

Wenn nun dieser Auffassung zufolge eine kritische Analyse der bestehenden Psychologie, die ihr Thema nicht verfehlt, immer auch die Analyse des Erkenntnisgehaltes der thematisierten psychologischen Konzeptionen zu leisten hat, wenn also ein begründetes Urteil darüber möglich sein muß, wie weit der Wirklichkeitsbereich, auf den sich die psychologische Forschung richtet, adäquat oder aber verkürzt, entstellt, »verkehrt« aufgefaßt wurde, so bedeutet dies, *daß die Gewinnung eines neuen wissenschaftlichen Standortes anzustreben ist, von dem aus der gleiche Wirklichkeitsbereich in umfassenderer, weniger verzerrter, »richtigerer« Weise erkannt werden kann.* Eine angemessene Kritik der bestehenden Psychologie wäre demnach gleichbedeutend mit *ihrer Weiterentwicklung als Wissenschaft*: Nur von einer entwickelteren wissenschaftlichen Position aus könnte die gesellschaftliche Problematik des mangelnden Erkenntniswertes bestehender Psychologie aufgewiesen, dabei der relative Erkenntnisgehalt der überwundenen Positionen differenziert bestimmt und in den neuen wissenschaftlichen Konzeptionen bewahrt werden. – In der Konzeption einer Einheit zwischen der Kritik der bestehenden Psychologie und der angemesseneren wissenschaftlichen Erfassung ihres Gegenstandes, der empirischen menschlichen Subjektivität, würden sich auch Möglichkeiten zu einer Überwindung der genannten fatalen Alternative zwischen der unveränderten Reproduktion von Auffassungen der bestehenden Psychologie mit kritischen Kommentaren und der abstrakt negierenden Kritik »der« bestehenden Psychologie andeuten. Die revidierte »kritische Psychologie« stünde nicht mehr außerhalb der vorfindlichen Psychologie, sondern müßte von ihrem Grundansatz aus all die Fragen in theoretischer Durchdringung und empirischer Forschung aufgreifen, die auch der bestehenden Psychologie aus ihrem Gegenstand erwuchsen. So verstandene »kritisch-psychologische« Forschung wäre also, wenn nicht ihrem Selbstverständnis nach, so doch in ihrer faktischen wissenschaftsgeschichtlichen Stellung, als eine »Schule« oder »Richtung« der Psychologie anzusehen, die in Konkurrenz mit anderen psychologischen Grundauffassungen ihren größeren wissenschaftlichen Wert aufzuweisen bestrebt ist. Somit könnten auch die traditionellen, etwa in der Diplomprüfungsordnung fixierten, Teildisziplinen der Psychologie unter dem Gesichtspunkt ihrer kritischen Weiterentwicklung in der Lehre vertreten und Formen ihrer praktischen Umsetzung für die Berufstätigkeit von Psychologen herausgearbeitet werden.

Klar ist, daß der damit skizzierte kritisch-psychologische Grundansatz hinsichtlich seiner progressiven Aspekte keineswegs eindeutig »positiv« wäre, sondern notwendig jene Widersprüchlichkeiten in sich tragen müßte, denen kritische Gesellschaftswissenschaft in der bürgerlichen Gesellschaft generell unterliegt. Noch weitgehend kontrovers ist dagegen, in welchem Maße man die aufgewiesenen Perspektiven der kritischen Psychologie überhaupt als realistisch betrachten darf. Ist in der bürgerlichen Gesellschaft tatsächlich psychologische Forschung als Teilmoment kritischer Gesellschaftswissenschaft vom Standpunkt des Proletariats möglich, oder ist nicht vielmehr die Psychologie per se Produkt einer »Arbeitsteilung« innerhalb der bürgerlichen Sozialwissenschaften als Ausdruck institutionalisierter Verkennung der wesentlichen Strukturmomente bürgerlicher Lebensverhältnisse im objektiven Interesse ihrer Erhaltung, so daß man sich auf die bestehende Psychologie nur in Form einer Kritik ihrer gesellschaftlichen Funktion beziehen, nicht aber ihre kritische Weiterentwicklung als Wissenschaft betreiben kann? Sind kritisch-psychologische Ansätze und Befunde (vorausgesetzt, sie seien gewinnbar) den traditionellen Anforderungen des (durch Diplomordnung geregelten) Ausbildungsbetriebes an den Universitäten so weit einzuordnen, daß sie nicht nur Infragestellung, sondern Bestandteil der Lehre innerhalb des Psychologiestudiums (darüber hinaus auch des psychologischen Lehrangebots in außeruniversitären Ausbildungsgängen) sein können? Wieweit wären aus den Resultaten kritisch-psychologischer Forschung Konsequenzen für eine psychologische Berufstätigkeit abzuleiten, die einerseits den Erfordernissen vorgegebener Berufspositionen für Psychologen genügt, andererseits wenigstens gewisse Aspekte einer kritischen Praxis im Interesse der werktätigen Bevölkerung verwirklicht? – Um die Klärung solcher Fragen, die im Hinblick auf die institutionelle Zukunft und damit in gewisser Hinsicht auch die gesellschaftliche Wirksamkeit einer marxistischen Konzeption von Psychologie im Kapitalismus von großer Bedeutung sind, bemühen sich gegenwärtig von verschiedenen Positionen aus in gemeinsamer Anstrengung die Angehörigen des Psychologischen Instituts der FUB.

In dem vorliegenden Buch soll zur Erkundung der Perspektiven einer kritisch-psychologischen Forschung im Sinne kritischer Weiterentwicklung der Psychologie dadurch ein Beitrag geleistet werden, daß eine solche Weiterentwicklung im Ansatz an einem Gegenstandsbereich der traditionellen Psychologie, der Wahrnehmung, tatsächlich versucht wird. Die Arbeit hat so gesehen einen Doppelaspekt: Einmal soll die wissenschaftliche Einsicht in die Wahrnehmungstätigkeit als Moment der Subjektivität des Menschen in der bürgerlichen Gesellschaft vorangetrieben werden; zum anderen sollen darin gleichzeitig die Möglichkeiten des kritisch-psychologischen Ansatzes, derartige Einsichten zu erbringen, mit Einschluß der dabei anzuwendenden methodischen Vorgehensweisen exemplarisch erprobt werden. Einerseits ist hier das Forschungsvorhaben der Erarbeitung eines kritisch-psychologischen Lehrtextes über Wahrnehmung zu verwirklichen; andererseits soll dabei gleichzeitig besser beurteilbar werden, wieweit es einen solchen Lehrtext überhaupt geben kann.

Damit soll auch die laufende Kontroverse zwischen der kritischen Psychologie und Vertretern des positivistischen »kritischen Rationalismus« (vgl. *Münch & Schmid* 1970, *Holzkamp* 1971[a], *Albert* 1971, *Holzkamp* 1971[b], *Herrmann* 1971, *Holzkamp* 1972, S. 274 ff., Keuth 1973, *Münch* 1973 und *Albert* 1973) auf eine neue Grundlage gestellt werden. Im Laufe dieser Auseinandersetzung wurde immer deutlicher, daß durch ein bloßes, abstraktes Gegeneinandersetzen von »Standpunkten« weder die Beteiligten in der Lage sind, wirklich voneinander zu lernen, noch Dritten, die die Auseinandersetzung verfolgen, die Möglichkeit gegeben ist, einen wesentlichen Zuwachs an Klarheit zu gewinnen. Ein Grund dafür liegt u. E. darin, daß die kritische Psychologie, obwohl sie sich als entwickelnd-explikative Konzeption versteht, durch die Form der gegnerischen Angriffe in ihren Erwiderungen sich selbst in die positivistische Form des inhaltsentleerten, verselbständigt-»wissenschaftstheoretischen« Räsonierens drängen ließ, womit die kritische Absetzung vom »kritischen Rationalismus« mehr oder weniger den Charakter des bloßen Versicherns hatte: »Kontroversen wie diese bringen die Beteiligten dazu, über Verfahren zu reden, statt Verfahren anzuwenden. Es ist nun an der Zeit«, den kritisch-psychologischen Ansatz »nicht mehr in Gegenüberstellung zu anderen Ansätzen rechtfertigen zu wollen, sondern – dies ist ihm allein völlig gemäß – nur noch inhaltliche Ergebnisse seines Bemühens der Diskussion und Kritik auszusetzen« (*Holzkamp* 1971b, S. 268). Das vorliegende Buch ist in diesem Zusammenhang quasi eine Einladung an unsere positivistischen Gegner, sich im Interesse vielleicht erhellenderer und wissenschaftlich nützlicherer zukünftiger Auseinandersetzungen auf den gedanklichen Nachvollzug der hier ansatzweise versuchten inhaltlichen Analysen einzulassen, unsere wissenschaftstheoretischen Positionen aus der auf ihnen zu gründenden Forschungsarbeit besser zu verstehen und die positivistische *Kritik selbst als den Versuch einer Anwendung angemessenerer Verfahren und Gewinnung adäquaterer Erkenntnisse über den gleichen Analyse-Gegenstand zu entwickeln,* damit den Wert und die Grenzen des »kritischen Rationalismus« über die Sphäre bloßer Behauptungen und Gegenbehauptungen hinaus an seinen *wirklichen Resultaten* beurteilbar zu machen.

In kritisch-psychologischer Forschung wird – wie gesagt – vorausgesetzt, daß die bürgerliche Psychologie nicht nur in einzelnen ihrer Theorien und Ergebnisse, sondern in ihrem Grundansatz einer Weiterentwicklung bedürftig ist, daß mit einer solchen *Weiterentwicklung sowohl das Fehlen eines kritischen Potentials innerhalb der bestehenden Psychologie aus ihrer wissenschaftlichen Eingeschränktheit verständlich wird, wie auch in einer wissenschaftlich angemesseneren Bearbeitung des jeweils gleichen Gegenstandsbereiches die mögliche kritische Funktion psychologischer Erkenntnis sich entfalten läßt.* Von dieser Voraussetzung haben wir mithin auch bei unserer Behandlung des Wahrnehmungsproblems auszugehen.

Der Umstand, daß der erste aus dem Institut veröffentlichte Versuch der Entfaltung eines einheitlichen Prozesses der Kritik der bestehenden Psychologie und ihrer kritisch-psychologischen Weiterentwicklung gerade an der *Wahrnehmung* ansetzt, ist – welchen Gegebenheitszufällen er faktisch immer entsprungen sein mag – von der Sache her weitgehend als zwingend auszuweisen.

Die Wahrnehmungsforschung ist ein wichtiger, wenn nicht der wichtigste Bereich innerhalb der bestehenden Psychologie. Wahrnehmungstheoretische Ansätze, wie die Psychophysik und die elementaristisch-strukturalistische »Empfindungs«-Konzeption, gehörten im vorigen Jahrhundert zu den wesentlichen Impulsen einer Verselbständigung der Psychologie als Einzelwissenschaft und legten den Grund für die Entwicklung psychologischer Meßmethodik und Experimentiertechnik. Wichtige Umbrüche innerhalb der Psychologiegeschichte, wie die gestaltpsychologische und funktionalistisch-behavioristische Überwindung elementenpsychologisch-strukturalistischer Positionen, die Herausbildung der sozialpsychologischen Fragestellung, die kognitionstheoretische Revision der SR-Theorien, die Entstehung informationstheoretischer Denkweisen in der Psychologie etc. erwuchsen mehr oder weniger ausgeprägt aus Neuorientierungen im Bereich der Wahrnehmung. Heute stellt die psychologische Wahrnehmungslehre neben der psychologischen Lernforschung nach Gewicht und Umfang das Hauptgebiet der grundwissenschaftlich-experimentellen Psychologie dar und ist in ständiger und rapider Expansion begriffen. Die Wahrnehmungsforschung hat eine fundierende Funktion für die anderen wesentlichen Problemgebiete der traditionellen Psychologie, wie Lernen, Motivation, Persönlichkeitstheorie etc. – Wenn wir unsere Untersuchung auf die Wahrnehmung beziehen, so treffen wir also mit der auf dem Wege der Weiterentwicklung zu leistenden Kritik nicht irgendein Nebengebiet oder eine Randerscheinung der Psychologie, sondern das *Zentrum grundwissenschaftlicher bürgerlich-psychologischer Forschung.*

Weiterhin scheint gerade der Problembereich der Wahrnehmung bei oberflächlicher Betrachtung für eine gesellschaftswissenschaftliche Kritik und kritische Weiterentwicklung *am allerwenigsten Ansatzpunkte zu bieten.* Die psychologische Wahrnehmungsforschung erscheint in dieser Sicht als exakt, »naturwissenschaftlich«, vom Gegenstand her gesellschaftsfern und unangreifbar, wurde demgemäß von linken Psychologiekritikern weitgehend beiseite gelassen; es war demgegenüber sehr viel »naheliegender«, die Kritik an scheinbar gesellschaftsrelevanteren Bereichen der Psychologie, der Betriebspsychologie, Werbepsychologie, Sozialpsychologie, »Testpsychologie«, pädagogischen Psychologie, klinischen Psychologie festzumachen. – Wir halten eine derartige Beschränkung der Kritik für vom Standpunkt der betroffenen Psychologie her ohnmächtig, da diese Kritik sich nur auf Anwendungsbereiche der bürgerlichen Psychologie, nicht aber auf diese selbst in ihren Kernbereichen bezieht, die Psychologie sich demgemäß hinter der vorgeblichen »reinen« Wissenschaftlichkeit ihrer Grundlagenforschung verschanzen kann. Kritik und kritische Weiterentwicklung im Gebiet der Wahrnehmung ist demgegenüber gleichermaßen Prüfstein für die Wissenschaftlichkeit bürgerlich-psychologischer Grundlagenforschung wie für die wissenschaftlich-analytische Potenz der kritisch-psychologischen Forschung. – Abgesehen davon ist die Auffassung von der »Naturwissenschaftlichkeit« und gesellschaftswissenschaftlichen Irrelevanz des Wahrnehmungsproblems als solche flach und falsch, eine soziologistische Reproduktion eben jener bürgerlichen Wissenschaftsvorstellungen, die in der Psychologiekritik kritisiert werden sollen (was noch deutlich werden wird).

Die wichtigste sachliche Rechtfertigung dafür, daß unsere Untersuchung gerade an der Wahrnehmung ansetzt, ist jedoch die *zentrale Bedeutung des Wahrnehmungsproblems* nicht nur für die bürgerliche Psychologie, sondern – wenn auch in anderen Zusammenhängen – auch *für die Entwicklung der kritisch-psychologischen Forschung* selber. Solange die Wahrnehmung nicht richtig verstanden wird, ist der Versuch einer Erarbeitung und Realisierung eines kritisch-psychologischen Forschungskonzeptes *schon im Ansatz verfehlt*: eine adäquate Erfassung der Wahrnehmung ist hier die Voraussetzung für eine wissenschaftlich richtige Behandlung aller anderen Probleme. Dies schließt gemäß der kritisch-psychologischen Gesamtkonzeption ein, daß die angemessene wissenschaftliche Analyse der Wahrnehmung nicht nur von fachimmanentem Interesse ist, sondern eine *Voraussetzung für das Begreifen der Eigenart kritischer Praxis des Menschen in der bürgerlichen Gesellschaft*, damit in gewisser Weise ein Moment der erkenntnisgeleiteten kritischen Praxis selbst. Nur wenn das so bestimmte Untersuchungsziel erreicht oder mindestens die Möglichkeit seiner Erreichung verdeutlicht werden kann, ist damit tatsächlich der entwickeltere wissenschaftliche Standort gewonnen oder als gewinnbar aufgewiesen, von dem aus in kritisch-psychologischer Wahrnehmungsforschung gleichzeitig die Eingeschränktheit der Erkenntnismöglichkeiten bürgerlicher Wahrnehmungsforschung sichtbar wird. – Damit ist der anfangs allgemein formulierte Hauptanspruch, an dem dieses Buch zu messen ist, durch Darlegung des wirklichen Arbeitszusammenhanges, in welchem die vorliegende Abhandlung steht, spezifiziert und ergänzt worden.

Die kritische Psychologie als positive Forschungskonzeption hat, wie gesagt, am jeweiligen gesellschaftlichen *Gegenstandsbereich, wie er von der bestehenden Psychologie bearbeitet worden ist*, anzusetzen, wobei die Kritik an der bürgerlichen Psychologie aus der Möglichkeit, zu einer entwickelteren wissenschaftlichen Behandlung des Gegenstandsbereiches zu gelangen, erwachsen muß. Die logische Einheit von Kritik und Weiterentwicklung bedeutet aber nun nicht, daß eine gleichzeitige und gleich intensive Analyse des Gegenstandes und der auf ihn bezogenen bürgerlich-psychologischen Forschung möglich und angezeigt wäre. Der angemessene Ausgangspunkt und Leitfaden der Untersuchung scheint hier vielmehr die *Analyse des Gegenstandes* zu sein. Gerade die Auffassung, daß, sofern die Kritik nicht in agnostizistischer Weise den beanspruchten Erkenntnischarakter der kritisierten Wissenschaft verfehlen will, in *selbständigem wissenschaftlichem Einsatz der Forschungsgegenstand* adäquater erfaßt werden muß, weil nur so Kritik als Kritik des wissenschaftlichen *Erkenntnisanspruchs* der bürgerlichen Psychologie möglich ist, ist ja kennzeichnend für die revidierte und erweiterte kritisch-psychologische Konzeption, die hier durch den exemplarischen Versuch ihrer Realisierung in ihren Perspektiven besser beurteilbar werden soll. Auch bei einer primär gegenstandsgerichteten Analyse muß sich allerdings in Aufarbeitung von Ansätzen und Befunden der bürgerlichen Psychologie zum gleichen Thema deren kritische Behandlung notwendig mit ergeben.

Gemäß dieser – vorläufigen – Einschätzung ist die systematische Entfaltung der folgenden Untersuchung nicht zuvörderst an der Wahrnehmungs*psychologie*, sondern an der *Wahrnehmungstätigkeit* als Moment der Subjektivität des Menschen in der bürgerlichen Gesellschaft orientiert. Nicht so sehr die bürgerliche Wahrnehmungsforschung wie die *Wahrnehmung selbst* soll schrittweise in ihrer Eigenart begreifbar werden. Die kritische Aufarbeitung der bürgerlichen Wahrnehmungslehre erfolgt jeweils an den Stellen, wo es die »Sache«, das Verständnis der Wahrnehmung selber, zu erfordern scheint[1]. – Auch das Problem, wieweit und in welchem Sinne unsere Verfahrensweise selbst »psychologisch« genannt werden kann, wird zunächst als weniger wesentlich betrachtet. Wie eine »Psychologie« hinsichtlich ihres Umfanges und ihrer Abgrenzung zu anderen »Disziplinen« beschaffen sein muß, die es unternimmt, von einem kritisch-gesellschaftswissenschaftlichen Standort aus die Wahrnehmung zu analysieren, soll sich vielmehr selbst als ein Resultat der Untersuchung aus der »Sache« ergeben.

---

[1] Demgemäß ergibt sich aus dieser Abhandlung auch kein systematischer Überblick über die bürgerliche Wahrnehmungslehre; vgl. dazu die Lehrbücher über Wahrnehmungspsychologie etwa von *Dember* (1960), *von Fieandt* (1966), *Bartley* (1969) oder auch den von *Metzger* herausgegebenen Handbuchband »Wahrnehmung und Bewußtsein« (1966a).

2 Zur Phänographie der Wahrnehmung als sinnlicher Erkenntnis

Der Weg der wissenschaftlichen Forschung, sofern man von seinen mannigfachen historischen Verzweigungen absieht und nur den Aspekt des Erkenntnisfortschritts heraushebt, ist als das Voranschreiten vom alltäglichen Vorwissen zum »Begriff«, als die Überwindung von Vordergründigkeiten, Scheinhaftigkeiten, Parzellierungen in Richtung auf die Explikation der wirklichen, wesentlichen Zusammenhänge zu kennzeichnen. Nur was schon »irgendwie« bekannt ist, was zur Lebenswirklichkeit des Menschen gehört, kann in der wissenschaftlichen Analyse so durchdrungen werden, daß es zu *Erkanntem* wird. Das Alltagswissen ist in einem als unüberschreitbar vorauszusetzen und durch die wissenschaftliche Angehensweise in seiner scheinhaften Geschlossenheit, Glätte, »Selbstverständlichkeit« aufzubrechen.

Wenn wir mit unserer Analyse an der Wahrnehmung als Moment der empirischen Subjektivität des Menschen ansetzen, so müssen wir davon ausgehen, daß man von vornherein »so ungefähr« weiß, wovon die Rede ist, sobald von Wahrnehmung gesprochen wird. Jede – sei es philosophische, sei es einzelwissenschaftlich physiologische, psychologische etc. – Behandlung des Wahrnehmungsproblems ist auf dieses Vorwissen angewiesen. Wer keine Ahnung davon hätte, was Wahrnehmung ist, der könnte niemals begreifen, wovon die Rede ist, wenn es – in welchem Zusammenhang auch immer – um Wahrnehmung geht. (Man kann auch niemandem klarmachen, was ein »Fisch« sein soll, wenn er nicht so etwas wie Fische vorher schon kennt.)

Ein – wenn auch nicht unerläßlicher, so doch manchmal zweckmäßiger – erster Schritt zur Vorbereitung der wissenschaftlichen Behandlung eines Gegenstandes ist seine *definitorische Bestimmung*. In der Definition wird uns nicht die Sache selbst zur Kenntnis gebracht (wer lediglich erfährt, ein Fisch sei definiert als ein »Wirbeltier mit Schwimmblase«, der kennt noch lange keinen Fisch); im Definieren werden vielmehr an »im großen und ganzen« bereits bekannten Gegebenheiten sprachlich bestimmte Züge herausgehoben, um so Verdeutlichungen, schärfere Abgrenzungen, Ordnungen, Klassifikationen zu ermöglichen.

Phänographische Auseinanderlegungen gehören zu den »definitorischen« Bemühungen i. w. S. In der Phänographie geht es allerdings nicht, wie in Definitionen i. e. S., um möglichst präzise Bestimmungen des genus proximum und der differentia specifica zu Klassifikationszwecken, sondern zuvörderst um verdeutlichende Heraushebungen relevanter Züge des Gemeinten zu Zwecken der Verbesserung intersubjektiver Verständigung über das, wovon die Rede sein soll (wobei Abgrenzungen gegenüber anderen Tatbeständen sich zwangsläufig mitgeben). – Das phänographische Verfahren ist zu unterscheiden vom phänomenologischen Verfahren als philosophischer Methode. Während in der »Phänomenologie« –

wie sie etwa von *Husserl* und *Scheler* inauguriert wurde – durch Einklammerung der natürlichen Weltsicht, durch schrittweises reduktives Absehen von den alltäglichen Gegebenheiten (wie immer verstandene) philosophische Ursprungsaussagen möglich sein sollen, bezieht sich die Phänographie auf die unreduzierte menschliche Lebenswirklichkeit und verfolgt keine weitergehenden Ziele als eben die der deskriptiven Verdeutlichung (vgl. etwa *Holzkamp* 1966).

Bei der folgenden phänographischen Kennzeichnung der menschlichen Wahrnehmung wird das alltägliche Vorwissen zunächst nur einer geringfügig explizierten Form seiner selbst gegenübergestellt. Bestimmte Züge dessen, was jeder »eigentlich« ohnehin über Wahrnehmung weiß, sollen im Interesse der Verständigungserleichterung bei späteren, eindringenderen Analysen durch sprachliche Umschreibung und Fixierung besser verfügbar und handhabbar gemacht werden.

2.1 Sensibilität; sinnliche Präsenz; Empfindungscharakter

Der Mensch nimmt *wirkliche Dinge* wahr, die außerhalb von ihm und unabhängig davon, ob sie gerade wahrgenommen werden, existieren. Falls jemand *glaubt*, etwas wahrzunehmen, das in Wirklichkeit nicht existiert, so handelt es sich *tatsächlich nicht* um eine Wahrnehmung, sondern um eine Einbildung, eine Halluzination etc. Wahrgenommen werden weiterhin nicht nur wirkliche Dinge, sondern potentiell auch *wirkliche Beschaffenheiten* der Dinge. Zwar enthält die Wahrnehmung immer auch die *Möglichkeit der Täuschung*, aber gerade in dem Umstand, daß ich mich wahrnehmend täuschen kann, ist zwingend mitgemeint, daß ich in der Wahrnehmung auch wirkliche Beschaffenheiten der Dinge treffen kann. Die Wahrnehmung hat also *Erkenntnischarakter* – dies ist eine *richtige Deskription* der Wahrnehmung im Zusammenhang menschlicher Praxis, ohne daß damit schon *gnoseologisch*[2] die Möglichkeit und das Wesen menschlicher Erkenntnis begründet ist.

Die Wahrnehmung ist gebunden an die physisch-stoffliche Wechselwirkung zwischen den Dingen und *»sensiblen« Bereichen des Organismus,* den *Sinnesorganen.* Ist diese physische Wechselwirkung unterbrochen, etwa weil ich die Augen geschlossen oder mir die Ohren verstopft habe, so findet Wahrnehmung nicht statt. Die Wahrnehmung setzt also die *sinnliche Präsenz* des Wahrgenommenen voraus. – Wir können demnach die Wahrnehmung als ein bestimmtes Moment im

---

[2] Die Termini »Gnoseologie«, »Erkenntnistheorie« und »Epistemologie« sind Synonyme. Wir benutzen das philosophisch am wenigsten vorbelastete Wort »Gnoseologie«.

Gesamt des Erkenntnisvollzugs, nämlich als *sinnliche Erkenntnis*, näher kennzeichnen.

Wenn von »*Sensibilität*« als organismischer Wahrnehmungsvoraussetzung und physisch-stofflicher Wechselwirkung zwischen den Dingen und sensiblen Bereichen als Inbegriff der sinnlichen Präsenz gesprochen wird, so ist davon abstrahiert, daß in der menschlichen Wahrnehmung die sinnliche Präsenz eines Dinges seine *bewußt erlebte, phänomenale Gegenwärtigkeit bedeutet*. Sofern am Gesamt des Wahrnehmungsvorganges dieses Moment der phänomenalen Gegenwärtigkeit herausgehoben werden soll, sprechen wir vom *Empfindungscharakter* der Wahrnehmung[3].

»Empfindung« ist nicht etwa im Sinne der klassischen Elementenpsychologie als Inbegriff von Bausteinen des Bewußtseins zu verstehen, die von dem wirklichen Ding als Wahrnehmungsgegenstand zu trennen sind. »Der Versuch, Empfindung als reine Impression zu definieren, schlägt fehl. Doch beim Sehen sind Lichter und Farben, beim Hören Laute, beim Empfinden Qualitäten gegeben; genügt es nicht, ein Rot gesehen, ein C gehört zu haben, um zu wissen, was Empfinden ist? – Rot und Grün sind aber nicht Empfindungen, sondern Empfundenes, *Qualitäten sind nicht Bewußtseinselemente, sondern Eigenschaften eines Gegenstandes*« (*Merleau-Ponty* 1966, S. 22 f.; Hervorh. *K. H.*; vgl. dort auch das gesamte Kapitel über »Empfindung«, S. 21 ff.). – »Als Farbe erscheinen die Eigenschaften der Dinge nur in der Wechselwirkung mit dem Organismus, der über entsprechende Vorrichtungen (Sinnesorgane) verfügt. In Wechselwirkung mit diesen Apparaten treten jedoch die Eigenschaften der *Dinge selbst* in Erscheinung. Die Farben sind nicht nur subjektive Modifikationen unserer Sensibilität« (*Rubinstein* 1972, S. 55; Hervorh. *K. H.*).

Wenn der Empfindungscharakter von Wahrnehmungsgegenständen als das *sensibilitätsbedingte Minimalkennzeichen ihrer sinnlichen Präsenz* bestimmt ist, so genügt es nicht, Empfindungsmomente lediglich als Qualitäten aufzufassen. In der wirklichen Welt, die der Mensch wahrnimmt, gibt es keine Qualität »Grün« als solche, es gibt lediglich Gegebenheiten, die die Eigenschaft haben, »grün« zu sein. Die Qualitäten erscheinen mithin von vornherein und notwendig gebunden an Tatbestände, die in irgendeinem Sinne oder Grade eine »Form«, be-

---

[3] Bezeichnungen wie »Sensibilität« sind potentiell »biologische« Termini, in denen bestimmte Eigenarten von Organismen überhaupt angesprochen sind, während Bezeichnungen wie »Wahrnehmung« und »Empfindung« potentiell »psychologische« Termini darstellen, die spezifische, an menschliches Bewußtsein gebundene Tatbestände meinen. Das Verhältnis der Gegebenheiten zueinander, die mit solchen »biologischen« bzw. »psychologischen« Termini gekennzeichnet sind, wird später genau zu explizieren sein.

stimmte »Grenzen« etc., also *figurale Eigenschaften*, haben. Sofern man Momente an Wahrnehmungsgegenständen auf der Ebene ihres Empfindungscharakters ansprechen will, hat man es also nicht lediglich mit »qualitativen«, sondern stets mit *figural-qualitativen* Tatbeständen zu tun, und die Heraushebung von »Qualitäten« stellt bereits auf diesem Niveau eine Abstraktion dar.

Die Rede von Dingen als isolierten Gegebenheiten, die jedes für sich in physisch-stofflicher Wechselwirkung mit dem wahrnehmenden Subjekt stehen, ist nicht korrekt und höchstens zu Zwecken der Darstellungsvereinfachung erlaubt. Tatsächlich stehen auch die *Dinge untereinander in physisch-stofflicher Wechselwirkung*. Wahrgenommen wird demnach nicht das isolierte Ding, sondern das Ding in einer jeweils bestimmten *Wechselwirkungskonstellation mit anderen Dingen*. – Auch die Momente an den Dingen, die Resultat ihrer Affektation durch die Wechselwirkung mit anderen Dingen sind, gehören dabei, wie die Dinge selbst, zur *wirklichen, vom Wahrnehmenden unabhängigen Außenwelt*. Wenn etwa ein gelber Gegenstand in blauer Beleuchtung grün erscheint, so darf mithin das »Grün« nicht etwa (z. B. im Sinne von *Goodman* 1951, S. 96) als bloß subjektives »Quale« bezeichnet werden, dem die Qualität »gelb« als objektiver Tatbestand gegenübersteht. Das »Grün-Erscheinen« wie das »Gelb-Sein«, beide gehören auf die *Gegenstandsseite,* zur wirklichen Welt, wie sie uns gegeben ist. Sofern ich das »Grün« für eine Eigenschaft des Dinges halte, so täusche ich mich deswegen, weil ich das Ding isoliert betrachte. Ich kann die Täuschung als solche identifizieren bzw. aufheben, wenn ich die blaue Lichtquelle als mit dem Ding in Wechselwirkung stehend in die Wahrnehmung einbeziehe bzw. variiere.

Wie die Bereiche organismischer Sensibilität auf bestimmte, unterschiedliche Sinnesorgane zentriert sind, so erscheinen auch die Empfindungscharaktere als Inbegriff der erlebten sinnlichen Präsenz der Wahrnehmungsgegenstände in verschiedenen »Sinnesmodalitäten« (der visuellen, auditiven, olfaktorischen etc. Sinnesmodalität). Dies heißt jedoch nicht, daß der Mensch in ebenso vielen, voneinander getrennten »Welten«, etwa einer »Welt« der Lichter und Gestalten, einer »Welt« der Töne und Geräusche, einer »Welt« der Gerüche etc., lebt. Die Wahrnehmung ist vielmehr insofern »intermodal«, als in den verschiedenen Sinnesmodalitäten die eine, wirkliche Außenwelt lediglich *verschiedene Seiten ihrer Beschaffenheit* offenbart. »Die Tatsache, daß Empfindungen und Wahrnehmungen verschiedener Modalität ein und dieselben Qualitäten der Dinge ausdrücken, daß sie *ein und denselben* gnostischen Inhalt haben, schließt die Möglichkeit aus, den Inhalt der Empfindungen und Wahrnehmungen auf den sensorischen Eindruck zu beschränken« (*Rubinstein* 1972, S. 78).

2.2 Gegenständliche Bedeutungshaftigkeit

Sofern die Wahrnehmungsgegebenheiten lediglich hinsichtlich ihrer figural-qualitativen Merkmale betrachtet werden, ist davon abstrahiert, daß die wahrgenommenen Welttatbestände als solche *bedeutungsvoll* sind. Dies gilt sowohl für sachliche wie für personale Wahrnehmungsgegenstände; deshalb unterscheiden wir zwischen *sachlichen* und *personalen Gegenstandsbedeutungen*.

Bestimmte Arten von Wahrnehmungsgegenständen, besonders die i. e. S. sprachlichen Gegebenheiten, sind ihrer wesentlichen Eigenart nach Träger von *Symbolbedeutungen*. Sie haben »repräsentativen« Charakter, stehen für etwas anderes, weisen über sich hinaus. Worte wie »Hammer« oder »Kind« repräsentieren, symbolisieren, verweisen auf bestimmte Tatbestände, die sie »bedeuten«. – Es ist jedoch phänographisch *falsch*, davon auszugehen, daß die in den sprachlichen Symbolen repräsentierten Gegebenheiten *nur durch Symbolbedeutungen betroffen, selbst aber bedeutungslos seien*. Ich sehe nicht etwa bestimmte figural-qualitative Gegebenheiten, auf die das Wort »Hammer« oder »Kind« zutrifft, sondern ich *sehe tatsächlich* einen Hammer oder ein Kind. »Die menschliche Wahrnehmung ist gegenständlich und sinnerfüllt. Sie läßt sich nicht auf eine nur reizmäßige Grundlage reduzieren. Wir nehmen nicht Empfindungsbündel und nicht ›Strukturen‹ wahr, sondern Gegenstände, die eine bestimmte Bedeutung haben. Praktisch ist für uns gerade die Bedeutung des Gegenstandes wesentlich, weil sie seine Verwendbarkeit kennzeichnet: Die Form hat keinen eigenständigen Wert« (*Rubinstein* 1968, S. 319). Deshalb muß den *Symbolbedeutungen* eine andere Art von Bedeutungen, eben die der sachlichen und personalen *Gegenstandsbedeutungen*, gegenübergestellt werden.

In der Gegenstandsbedeutung ist nicht, wie in der Symbolbedeutung, auf ein Drittes, Gemeintes, verwiesen; Gegenstandsbedeutung heißt vielmehr *Bedeutung im Zusammenhang mit der menschlichen Lebenstätigkeit*. Ein »Hammer« beispielsweise ist nicht lediglich Inbegriff einer bestimmten Form und bestimmt gearteten Farbigkeit, sondern eine komplexe gegenständliche Bedeutungseinheit, in die eingeht, daß er von Menschen gemacht ist, daß er zum Schlagen da ist, wie man am besten mit ihm trifft, daß man mit ihm vorsichtig sein muß u. v. a., *wobei all dies einheitliches und eindeutiges Gesamtcharakteristikum des Hammers als eines wirklichen, wahrnehmbaren Dinges ist.* – Die Dinge werden dabei nicht nur als Bedeutungseinheiten, sondern *im Zusammenhang mit Bedeutungsstrukturen* wahrgenommen, die gleichermaßen gegenständlich gegeben sind. Ich sehe, daß der Hammer, den ich auf die Schreibmaschine gelegt habe, dort nicht hingehört, sehe gleichzeitig die Beziehung des Hammers zum Werkzeugkasten in der Zimmerecke etc. Die wahrnehmbaren Bedeutungsbezüge zwischen den Wahrnehmungsgegenständen sind unerschöpflich, werden zum Rande des Präsenzfeldes, in dem das Ding sich befindet, zunehmend undeutlich und gehen mit unscharfen Rändern von Gegenwärtigem in bloß Vergegenwärtigtes über.

Gegenstandsbedeutungen werden nicht »vorgestellt« oder »gedacht«, sie werden im eigentlichen und engsten Sinne *wahrgenommen*. Die gegenständliche Bedeutungshaftigkeit ist keineswegs von der sinnlichen Präsenz und dem Empfindungscharakter der Wahrnehmungsgegebenheiten zu trennen. Wenn ich die Augen schließe, verschwindet nicht nur ein figural-qualitativ charakterisiertes Ding, sondern es *verschwindet der »Hammer« als Bedeutungseinheit mit all seinen vielfältigen Bezügen*. Die Bedeutungshaftigkeit des Hammers ist umgekehrt geradezu das *wesentliche Charakteristikum seiner vollen, dinglichen Gegenwärtigkeit*: Dies »ist« ein Hammer, dieser Hammer »*hat*« diese bestimmten figural-qualitativen Merkmale.

Die Feststellung, daß die Gegenstandsbedeutung nicht zu den figural-qualitativen Merkmalen hinzukommt oder umgekehrt, ist so wörtlich wie möglich zu nehmen. *Die figural-qualitativen Eigenarten eines Wahrnehmungstatbestandes machen vielmehr seine Gegenstandsbedeutung aus.* Der Hammer dort ist nichts anderes als eben jenes Ding mit dieser bestimmten figural-qualitativen Beschaffenheit. Die gesonderte Heraushebung der figural-qualitativen Eigentümlichkeiten ist nicht Ergebnis eines unmittelbaren Hinsehens, sondern Ergebnis einer Abstraktion von der Gegenstandsbedeutung, die gleichwohl der dingliche Träger der figural-qualitativen Momente bleibt.

Gerade im Zusammenhang mit der Auseinanderlegung der Eigenart gegenständlicher Bedeutungshaftigkeit ist der Hinweis wichtig, daß man bei phänographischen Umschreibungen und Fixierungen sich nicht den Blick durch vermeintliche »Selbstverständlichkeiten« hinsichtlich des Zustandekommens der zu beschreibenden Tatbestände verwirren lassen darf. So ist es keineswegs »selbstverständlich«, vielmehr ein sensualistisches Vorurteil, daß die Bedeutungen keine wirklichen Beschaffenheiten des objektiven Gegenstandes sind, sondern dem Gegenstand in irgendeiner Weise vom wahrnehmenden Subjekt beigelegt sein müssen. »Auf dem Grunde einer Natur, die ich mit dem Sein gemeinsam habe, bin ich fähig, in bestimmten Anblicken des Seins einen Sinn zu entdecken, ohne ihn ihnen selbst kraft einer konstituierenden Leistung erst verliehen zu haben« (*Merleau-Ponty* 1966, S. 254). Später wird sich herausstellen, daß diese Auffassung in einer bestimmten Auslegung richtig ist. Die Frage, wie man die Beziehung zwischen Symbolbedeutungen und Gegenstandsbedeutungen, personalen und sachlichen

Gegenstandsbedeutungen, Gegenstandsbedeutungen und figural-qualitativen Beschaffenheiten hinsichtlich ihres Zustandekommens und inneren Zusammenhangs sich zu erklären habe, ist beim gegenwärtigen Diskussionsstand als gänzlich offen zu betrachten und wird innerhalb dieser Abhandlung später gründlich erörtert. Mit den phänographischen Darlegungen ist darüber keineswegs etwas vorentschieden.

2.3 Standortgebundenheit; Perspektivität

Da die Wahrnehmungsbeziehung auf der Affektation der sensiblen Zonen des Körpers in Wechselwirkung mit dem sinnlich präsenten wirklichen Gegenstand basiert, geschieht Wahrnehmung stets von einem jeweils *bestimmten raumzeitlichen Standort des Subjekts der Welt gegenüber*; die Welt ist somit dem Subjekt in einer bestimmten *anschaulichen Perspektive* gegeben. Dieser Umstand läßt sich leicht als Grundmoment menschlicher Erfahrung aufweisen. Ich sehe von meinem Platz an der Schreibmaschine aus das Haus auf der anderen Straßenseite nicht als Ganzes, sondern nur eine, nämlich die mir zugekehrte Seite des Hauses. Teile des Hauses sind zudem verdeckt durch einen Baum, der zwischen meinem Standort und dem Haus steht. Verborgen ist dabei für mich nicht nur die Rückseite des Hauses, sondern auch seine »Innenansicht«, die Größe und Beschaffenheit seiner Zimmer etc. Ich kann natürlich in zeitlichem Nacheinander meinen Standort wechseln, etwa hinübergehen, klingeln und in das Haus eintreten. Das ändert aber nichts an der Standortgebundenheit meiner Wahrnehmung. Zwar sehe ich dann die Zimmer des Hauses von innen – jeweils in einer bestimmten »Perspektive« –, aber von dem neuen Standort aus ist mir nun die Außenansicht des Hauses verborgen. – Die Standortgebundenheit und Perspektivität[4] sind Grundtatbestände der Beziehung des wahrnehmenden Subjekts zur Welt und deswegen real unaufhebbar.

Die jeweilige Perspektive des Gegenstandes stellt nicht ein irgendwie geartetes selbständiges »ideelles« Etwas dar. In der Perspektivität der Wahrnehmung wird vielmehr gerade im Innesein der Tatsache, daß mir das Ding nur in einer bestimmten »Hinsicht« gegeben ist, auf das

---

[4] Das Konzept der Perspektivität, das in der Geschichte der Philosophie in verschiedenen Zusammenhängen und verschiedenen Bedeutungen erschien, wird hier nur unter einem sehr eingegrenzten Aspekt dargelegt (später noch in einem allgemeineren Sinne verwandt). Eine ausführliche historische Darstellung und kritische Würdigung des Perspektivitäts-Konzepts in seinen verschiedenen Ebenen und Abstraktheitsgraden, angewendet auf psychologische Probleme, findet sich bei *Graumann* (1960).

ganze Ding verwiesen; wenn ich mir der Perspektivität meiner Wahrnehmung bewußt bin, so weiß ich gleichzeitig, daß das Ding stets *unendlich viel mehr ist, als mir aus meiner Perspektive von ihm offenbar wird*. *Graumann* spricht in diesem Zusammenhang von der Perspektivität als einer »Verweisungs-Ganzheit« (1960, S. 66 ff.). Die Perspektivität der Wahrnehmung als Verweisungs-Ganzheit bedeutet »das *prinzipielle Ungenügen* eines einzelnen Blicks, das – im eigentlichen Sinne des Wortes – den nächsten *motiviert,* dieser einen weiteren usf. Die Aufeinanderfolge einzelner Wahrnehmungen, die wir als Wahrnehmungs*verlauf* zu bezeichnen pflegen, ist demnach nie eine bloß ›temporale‹ Abfolge von Einzelblicken, sondern die im wesenhaften Ungenügen jeder Einzelwahrnehmung einer Sache begründete und damit sachlich motivierte Gerichtetheit unseres Wahrnehmens auf sinnvolle Ganzheiten«. »Die Gerichtetheit auf ... Weiteres an der wahrgenommenen Sache ... macht den antizipatorischen Grundzug der *sachlich motivierten Gerichtetheit* unseres Wahrnehmens aus« (*Graumann* 1960, S. 71; Hervorh. *K. H.*).

Da die Welt nicht aus lediglich figural-qualitativ charakterisierten Gegebenheiten besteht, sondern aus Wahrnehmungsgegenständen als sinnlich gebundenen Bedeutungseinheiten, die mit anderen solchen Bedeutungseinheiten in Beziehung stehen, ist in der jeweiligen Perspektive des Wahrnehmenden nicht nur eine bestimmte »Hinsicht« der figural-qualitativen Beschaffenheiten des Gegenstandes, sondern, darin eingebettet, auch ein *bestimmter, begrenzter gegenständlicher Bedeutungsaspekt* gegeben. Das Haus, vom Flugzeug aus gesehen, offenbart den Bedeutungsaspekt »menschliche Behausung«, abgehoben von der umgebenden »Natur« und etwa horizonthaft auf eine Ortschaft verweisend. Das Haus in der Innenansicht, im Zusammenhang mit einem »draußen« wahrgenommenen Gewitter, offenbart seinen Bedeutungsaspekt als »Schutz vor Unwetter« etc. – Wenn davon die Rede war, daß das Ding stets unendlich viel mehr ist, als es in jeder seiner Perspektiven offenbart, so heißt dies auch, daß es *in jedem seiner begrenzten Bedeutungsaspekte auf ein unerschöpfliches Gesamt aller seiner Bedeutungen und Bedeutungsbezüge verwiesen ist.*

In der Perspektivik der Wahrnehmung als einer Verweisungsganzheit verdeutlicht sich unter einem bestimmten Gesichtspunkt der Charakter der Wahrnehmung als sinnliche Erkenntnis. Die Perspektive eines Wahrnehmungsgegenstandes ist stets und notwendig die Hinsicht auf ein wirkliches, vom menschlichen Bewußtsein unabhängiges Ding, das, indem es in jeder Perspektive eine seiner »Seiten« offenbart, *der objektive Ermöglichungsgrund aller seiner Perspektiven ist.* Das wirkliche, bewußtseinsunabhängige Ding ist uns zwar stets nur in einer bestimmten Perspektive gegeben, aber darin nicht als Abbild, nicht lediglich als sinnlicher Eindruck, sondern als *das Ding selbst in einer bestimmten Hinsicht.* »In der Empfindung, in der Wahrnehmung sind uns die Dinge *selbst* gegeben. Es unterliegt aber auch keinem Zweifel, daß darin die objektive Wirklichkeit nur so gegeben ist, wie sie an ihrer dem Subjekt zugewandten ›Oberfläche‹ zutage tritt« (*Rubinstein* 1972, S. 116 f.). – Das bewußtseinsunabhängige Ding selbst überschreitet dabei alle seine Perspektiven, die es jemals für uns haben kann: »Das Haus selbst ist ... das von überallher gesehene Haus. Der vollkomme Gegenstand ist gänzlich durchsichtig, allseitig durchdrungen von einer aktuellen Unendlichkeit von Blicken, die sich in seinem Innersten überschneiden und nichts an ihm verborgen lassen« (*Merleau-Ponty* 1966, S. 93). Zur Erfassung des absoluten Gegenstands »bedürfte es der Konzentration einer Unendlichkeit mannigfaltiger Perspektiven in einer strengen Koexistenz, müßte in tausend Blicken der Gegenstand als ein einziger Anblick gegeben sein. Zum Haus *gehören seine* Wasserrohre, *sein* Grund und die vielleicht unmerklich sich weitenden Risse im Innern der Decken. Wir bekommen sie nie zu Gesicht, doch das Haus *hat sie*« (a.a.O., S. 94).

2.4 Wahrnehmung als Tätigkeit; Beobachtungscharakter der Wahrnehmung; »Wahrnehmen« und »Denken«

Der Wahrnehmungsbefund mit seinen jeweils faktischen Anteilen an Täuschung bzw. Erkenntnis ist für den Menschen nicht einfach, so wie er ist, gegeben. Wahrnehmung ist nicht lediglich passives Aufnehmen, sondern Bestandteil der *aktiven Lebenstätigkeit* des Menschen. Der Mensch kann sich die *Aufgabe* stellen oder sich vor die Aufgabe gestellt sehen, wirkliche Beschaffenheiten der Welt *richtig* wahrzunehmen, also Täuschungen zu vermeiden und die Möglichkeiten der Wahrnehmung, sinnliche Erkenntnis zu sein, zu realisieren. Die Wahrnehmungstätigkeit im Dienst einer *Orientierungsaufgabe,* der Lösung eines »perzeptiven Problems« (*Leontjew*) enthält als suchender und »untersuchender« Wahrnehmungsvollzug ein Moment der *Analyse und Synthese*, allerdings nicht in Form losgelöster gedanklicher Operationen, sondern mehr oder weniger gebunden an Akte wirklicher Ortsveränderung, seien es Lokomotionen des Wahrnehmenden, seien es Lageveränderungen der Wahrnehmungsgegenstände zueinander oder in bezug auf die Position des Wahrnehmungssubjektes. Dadurch ist ein höherer Grad an Adäquatheit der sinnlichen Erkenntnis zu erreichen, als bei bloß passivem Hinschauen möglich wäre.

Bestimmte Arten von Wahrnehmungstätigkeit bzw. wahrnehmungsbezogener Tätigkeit erlauben ein kompensatorisches *In-Rechnung-Stellen* gewisser objektiver Wechselwirkungsbedingungen, die damit eine isolierende Abhebung wirklicher, konstanter Eigenschaften der Dinge von lediglich äußerlichen Umständen, die die Wahrnehmung beeinflussen, ermöglichen. – So ist durch bloß isolierendes »Hinsehen« nicht zu unterscheiden, ob ein »grünes« Ding tatsächlich grün ist, oder ob es nur deswegen als »grün« erscheint, weil es als tatsächlich gelbes Ding blau beleuchtet ist. Durch entsprechende Wahrnehmungstätigkeit dagegen ist es möglich festzustellen, wieweit dem Ding das »Grün« als invariante Eigenschaft zukommt, indem es andersfarbigen Lichtquellen ausgesetzt und die dabei auftretenden Veränderungen in Rechnung gestellt werden. Auch kann, wenn festgestellt werden soll, wieweit ein bestimmter Helligkeitswert eines Dinges eine Dingqualität oder ein Ergebnis der Beleuchtung ist, die Helligkeit der Lichtquelle verändert und das Wahrnehmungsergebnis mit der Veränderung in Beziehung gesetzt werden. – Ebenso werden durch die Wahrnehmungstätigkeit beim Versuch des Erkennens wirklicher Eigenschaften der Dinge die jeweiligen durch die Standortgebundenheit des wahrnehmenden Subjekts gegebenen Begrenztheiten tendenziell neutralisiert: Bei *Entfernungsveränderungen* zwischen mir und dem Ding werden die wachsende Größe, die Verdeutlichung der Textur etc. des Dinges (unter gewissen Umständen und in gewissem Grade) als Funktion seines Näherkommens identifiziert, nicht aber dem Ding selbst als Eigenschaftsveränderungen zugeschlagen. Die standortbedingte *Perspektive,* unter der ich ein Ding wahrnehme, wird bei der wahrnehmenden Erfassung figuraler Eigenschaften des Dinges dadurch kompensiert, daß ich die relative Lage des Dinges zu mir verändere und diese Lageveränderung bei der Beurteilung der figuralen Dingeigenschaften in Rechnung stelle. So hängt etwa von meiner Position dem Tisch gegenüber ab, in welchem Grade er mir als rechteckig, parallelogrammförmig etc. erscheint; die unveränderliche Form des Tisches ergibt sich durch subtraktive Berücksichtigung der Abhängigkeit seiner Formveränderungen von meinen Positionsveränderungen etc.

Eine wesentliche Erhöhung der Adäquatheit sinnlicher Erkenntnis kann in der Wahrnehmungstätigkeit (indem bestimmte ausgezeichnete Konstellationen bei der kompensatorischen Bedingungsanalyse festgehalten werden) durch *Optimierung der objektiven Wahrnehmungsbedingungen* erreicht werden. Die herzustellenden optimalen Wahrnehmungsbedingungen sind solche, unter denen die für das jeweilige perzeptive Problem relevanten wirklichen Eigenschaften der Dinge besonders eindeutig identifiziert werden können.

Die *optimale Beleuchtungsfarbe* zum Erkennen qualitativer Eigenschaften des Dinges ist eine *farblich möglichst neutrale Lichtquelle*. Die *optimale Beleuchtungshelligkeit* ist ein *mittlerer Helligkeitsgrad*, bei dem man das Ding »gut sehen« kann, aber nicht »geblendet« ist (vgl. dazu *Herings* Konzept der »normalen« Beleuchtung, 1920). Die *optimale Entfernung* für die Dingerkenntnis hängt von der Dinggröße ab, liegt bei »hantierbaren« Dingen um *einen Meter* (vgl. *Linschoten* 1956, S. 528 ff.). Die *optimale Lage* des Wahrnehmenden zu einem Ding, besonders wenn es um das richtige Erfassen seiner figuralen Eigenarten geht, ist die *orthogonale Sicht*; ich erkenne die wirkliche Form des Tisches dann am besten, wenn die »Sehachse« meiner beiden Augen im rechten Winkel zur Tischplatte steht und außerdem die Platte genau in der »Mitte«, etwa im Schnittpunkt der Diagonalen trifft (hier haben wir den Ansatz zu den geometrischen Prinzipien der zeichnerischen Herstellung von »Grundrissen«, »Seitenrissen«) etc.

Ein weiteres Verfahren der Optimierung von Wahrnehmungsbedingungen ist die Herstellung von Konstellationen, in denen der *Vergleich* zwischen verschiedenen Dingeigenschaften besonders leicht vollzogen werden kann. Wenn ich wissen will, ob zwei Dinge gleich groß, gleich hell etc. sind, bringe ich sie, indem ich ihre räumliche Lage verändere, in möglichst nahe Nachbarschaft zueinander. Nicht nur die *Relation* zwischen Dingeigenschaften, sondern deren *absoluter Ausprägungsgrad* kann auf optimale Weise erfaßt werden, wenn ich ein hinsichtlich seiner Größe, Form, Helligkeit etc. *bekanntes Bezugsobjekt* in das Wahrnehmungsfeld einführe und das zu bestimmende Ding, wiederum durch Herstellung räumlicher Nachbarschaft, mit dem Bezugsobjekt vergleiche.

Zu den durch die Wahrnehmungstätigkeit gegebenen Möglichkeiten zur Optimierung der Wahrnehmungsbedingungen muß auch der Grad der *subjektiven Gerichtetheit, Gespanntheit auf den Gegenstand* gerechnet werden, wobei hier das Tätigkeitsmoment allerdings nicht in räumlichen Veränderungen, sondern in Veränderungen einer »inneren« Einstellung des Wahrnehmenden sich ausdrückt. Die Deutlichkeit, Klarheit des wahrgenommenen Gegenstandes verändert sich mit dem Grad der Gerichtetheit und Gespanntheit. Die optimale Wahrnehmungsbedingung besteht hier im Zustand *optimaler Gespanntheit, Konzentration, »Aufmerksamkeit«* in Richtung auf den Wahrnehmungsgegenstand.

In dem Maße, wie in der Wahrnehmungstätigkeit die Möglichkeiten zur analytisch-synthetischen Isolation wirklicher Dingeigenschaften und zur Optimierung der Wahrnehmungsbedingungen bewußt ausgenutzt werden, sprechen wir vom »*Beobachtungscharakter*« der Wahrnehmung. Je höher der Grad des Beobachtungscharakters der Wahrnehmung ist, in um so höherem Maße ist unter sonst gleichen Bedin-

gungen *das adäquate Erfassen von wirklichen Beschaffenheiten des Wahrnehmungsgegenstandes in der sinnlichen Erkenntnis möglich.*
– Die alltägliche Wahrnehmung, soweit sie »beobachtende« Tätigkeit ist (und sie ist dies in irgendeinem Ausmaß immer: völlig passives, ausschließlich kontemplatives Wahrnehmen ist lediglich ein extrapolierter Pol der Variablen des »Beobachtungscharakters«), kann als *Übergangsstadium zur wissenschaftlichen Beobachtung* aufgefaßt werden. Die bedingungsanalytischen Momente der Wahrnehmungstätigkeit enthalten Elemente des *Experimentierens*, die optimierenden Momente der Wahrnehmungstätigkeit enthalten Elemente des *Meßvorganges* mit seinen verschiedenen Komponenten. Die in das Wahrnehmungsfeld eingeführten bekannten Bezugsobjekte ähneln in ihrer Funktion *Meßinstrumenten,* wenn sie nicht selbst schon im Alltag benutzte einfache Meßinstrumente, etwa ein Zentimetermaß, darstellen etc.

Die menschliche Wahrnehmung bzw. Wahrnehmungstätigkeit, die bisher für sich in ihrer Eigenart phänographisch gekennzeichnet werden sollte, ist in Wirklichkeit *nur Teilmoment menschlicher Erkenntnistätigkeit;* ein wesentliches Charakteristikum des Erkenntnisvollzuges, das die sinnliche Erkenntnis in gewisser Weise einschließt, ist das *Denken.* Durch Abhebung vom »Denken« lassen sich bestimmte Eigenarten des Wahrnehmens phänographisch verdeutlichen.

In einer Analyse der alltäglichen Rede vom »Denken« hat *Graumann* (1965) wesentliche Aspekte des Denkens herausgearbeitet.
– Während dem Wahrgenommenen der Charakter sinnlicher Präsenz zukommt, »emanzipieren wir uns« im Denken »vom Hier und Jetzt des sinnlich Gegebenen«: Erster »Grundzug dessen, was wir als ›Denken‹ bezeichnen«, ist die *»Vergegenwärtigung* ... Nicht-Gegenwärtiges – sei es Vergangenes oder Zukünftiges oder rein Mögliches – stellen wir innerlich vor uns hin, stellen es uns vor« (*Graumann* 1965, S. 19).
– Die Möglichkeit des Absehenkönnens von dem sinnlich-präsent Gegebenen ist »Grundlage, wenn nicht Grundzug dessen, was wir ›Abstraktion‹ nennen. Im Absehen vom Partikulären des anschaulich in [der] Wahrnehmung ... Gegebenen kommen wir zum Allgemeinen und damit in die Lage, uns von etwas einen ›Begriff‹ zu machen« (a.a.O., S. 20; Hervorh. *K. H.*). »Durch die zusammenfassende (›konzipierende‹) Funktion des *Begriffes,* der zum Hauptwerkzeug des Denkens wird, greifen wir Gegenstände zu Klassen zusammen, kann Denken wesentlich zu einer *Ordnungsleistung* werden« (a.a.O., S. 20). – Denken ist phänomenal unterschieden von äußerlich sichtbarem Verhalten und Handeln des Menschen. »Zwar mögen wir Reden und Handeln als Indikatoren eines Denkprozesses ansehen; das denkende Verhalten ist nicht darauf angewiesen. Es verharrt in seiner *Innerlichkeit*«, ist

ein »innerer Vorgang . . ., in dem wir gleichwohl immer intentional auf etwas bezogen sind, das wir als außerhalb dieses Vorganges existierend ansetzen« (a.a.O., S. 20). – Weiter ist der spezifische »*Aufgabencharakter*« des Denkens, in dem die Welt, in der wir leben, aktiv verändert wird, ohne daß sie sich dabei in ihrer Anschaulichkeit ändern muß, hervorzuheben; das Denken ist darüber hinaus durch seine »*Selektivität*«, in der wir die Bedeutungen von den Gegenständen ablösen, vielfältige Verknüpfungen herstellen können, gekennzeichnet, ferner durch seinen »*feststellenden* Charakter«, womit aus einer Vielzahl von Möglichkeiten eine jeweils einzelne herausgegriffen und festgelegt wird, schließlich durch seine »*Reflexivität*«, Rückbezogenheit, auf das denkende Subjekt, und damit »*Personalität*«, in der das Gedachte als Besitz des Subjektes erscheint (vgl. Graumann 1965, S. 20 f.).

Angesichts der so herausgehobenen Eigenarten des Denkens wird klar, daß die *Wahrnehmungstätigkeit* in dem Maße, wie sie beobachtende Tätigkeit ist, *sich gewissen Zügen des Denkens annähert*. Die bedingungsanalytische, optimierende Wahrnehmungstätigkeit enthält, indem hier bestimmte Bedingungen von anderen isoliert, dem Ding selbst zukommende von zufälligen Eigenschaften abgehoben werden, Momente der Abstraktion; die Beobachtungstätigkeit ist in gewissem Maße gekennzeichnet durch Intentionalität und Aufgabencharakter, sie impliziert in bestimmter Hinsicht Ordnungsleistungen und Selektivität etc. Die menschliche Beobachtung liegt also quasi *in einem Übergangsbereich zwischen passiv-kontemplativer »bloßer« Wahrnehmung und »Denken«*. – Mit dieser Feststellung ist allerdings auch auf die wesentlichen *Unterschiede* zwischen noch so ausgeprägter Beobachtungstätigkeit und Denken im eigentlichen Sinne verwiesen.

Das Denken ist, anders als die beobachtende Wahrnehmungstätigkeit, der *unmittelbaren Eingebundenheit in das Feld der sinnlichen Präsenz und sinnlich-stofflicher Wechselwirkung zwischen Subjekt und Objekt enthoben*. Demgemäß ist das Denken als solches *nicht auf sensible Bereiche der Körperoberfläche, die Sinnesorgane, angewiesen* (wenn ich z. B. die Augen schließe, kann ich ein bestimmtes Ding nicht »sehen«, aber mein Denken ist davon nicht affiziert, es ist ein »innerer« Vorgang); ebensowenig sind Eigenarten der Gegebenheitsweise von Denkinhalten durch *unterschiedliche Sinnesmodalitäten* geprägt (Gedanken werden weder »gesehen« noch »gehört«, sondern eben »gedacht«). Das Gedachte ist auch *nicht jeweils nur von einem bestimmten räumlichen Standort aus und somit in einer bestimmten Perspektive gegeben*: Gedachtes wendet mir nicht, wie Wahrgenommenes, nur immer eine räumliche »Seite« zu (ich nehme das Haus entweder in seiner Vorderseite oder in seiner Rückseite oder in einer anderen »Hinsicht« wahr; Gedachtes hat keine Vorder- und Rückseiten). – *Medium des*

Denkens ist nicht die sinnliche Präsenz, sondern die Repräsentanz, es vollzieht sich nicht an Gegenstandsbedeutungen, sondern an Symbolbedeutungen, also im Bereich des »Sprachlichen« i. w. S.

Bei Einbeziehung des Erkenntnisaspektes läßt sich das Wahrnehmen durch Abhebung vom Denken in einer doppelten Hinsicht näher charakterisieren: Auf der einen Seite erscheint die Wahrnehmung gegenüber dem Denken in bestimmter Weise *beschränkt und behindert*; Wahrnehmen ist an das Jetzt-und-Hier gebunden, Denken geht tendenziell auf das Immer-und-Überall; Wahrnehmen bezieht sich auf das bloß Faktische, Denken bewegt sich im unbegrenzten Raum des Möglichen; in der Wahrnehmung sind, selbst bei ausgeprägtem Beobachtungscharakter, unterschiedliche Bedingungen des Wechselwirkungsgesamts aus dem Feld des Räumlich-Faktischen immer nur grob annäherungsweise herauszuanalysieren und kompensatorisch zu verrechnen; der Bereich des Symbolischen, in dem sich das Denken bewegt, ist demgegenüber entstofflicht, erlaubt präzise, nicht durch sinnlich-faktischen »Ballast« zurückgehaltene logische Operationen, in denen statt nur annäherungsweiser Kompensationen absolut eindeutige, streng reversible Beziehungen herstellbar sind. – Auf der anderen Seite scheint dem Wahrnehmen gegenüber dem Denken ein höherer Grad der Wirklichkeitsnähe, des Zuverlässigen und Dokumentarischen zuzukommen; Wahrnehmen bezieht sich auf Tatsächliches (»was ich gesehen habe, habe ich gesehen«), Denken dagegen auf bloß »Ausgedachtes«; Wahrnehmungsaussagen sind an der Wirklichkeit überprüfbar, Denkergebnisse sind subjektiv, existieren nur im Kopf des Denkenden, haben den Charakter der Beliebigkeit, können sich zu bloßen »Gedankenspielereien« und »Hirngespinsten« verflüchtigen. – Beide Arten von abhebender Charakterisierung der Wahrnehmung gegenüber dem Denken samt den darin enthaltenen Widersprüchlichkeiten beziehen sich nur auf relativ oberflächenhafte Eigenarten menschlicher Erkenntnistätigkeit. Tiefergehende Analysen sind jedoch innerhalb unserer einleitenden und vorläufigen phänographischen Umschreibungen und Fixierungen darüber, was gemeint ist, wenn man von »Wahrnehmung« redet, noch nicht angezeigt.

3 Zur Methode der historischen Analyse

Auf welche Weise gelangt man vom allgemeinen Vorwissen über einen Gegenstandsbereich, wie es im Hinblick auf die Wahrnehmung phänographisch verdeutlicht wurde, zu einem vertieften, wirklich wissenschaftlichen Verständnis des Gegenstandes? Im Sinne der analytischen Wissenschaftstheorie wäre darauf etwa zu antworten: indem man logisch widerspruchsfreie Theorien von möglichst hohem »empirischen Gehalt«, möglichst hohem »Falsifizierbarkeitsgrad«, möglichst hoher »Testabilität« etc. über den zu erforschenden Gegenstandsbereich formuliert, aus diesen Theorien empirisch prüfbare Hypothesen ableitet und die Hypothesen einer strengen empirischen Prüfung unterzieht. Diese Antwort wäre nicht falsch, aber zu kurz gegriffen, weil sie die Schlußphase eines bestimmt gearteten Wissenschaftsprozesses mit dem ganzen Prozeß gleichsetzt. Aus der Norm, wissenschaftliche Theorien hätten logisch widerspruchsfrei, möglichst weitgehend falsifizierbar etc. zu sein, läßt sich keinesfalls ableiten, welche inhaltlichen Aussagen in der Theorie gemacht werden müssen, damit sie ein angemessenes wissenschaftliches Begreifen der zu erforschenden Sache erlaubt. Auch jedes beliebige Ergebnis empirischer Prüfungen fügt dem nichts hinzu. Nach wissenschaftslogischen Gesichtspunkten gebaute Theorien samt ihrer empirischen Überprüfung garantieren nicht schon als solche ein vertieftes wissenschaftliches Verständnis der Sache, *sie müssen vielmehr aus einem vorgängigen vertieften Verständnis der Sache hervorwachsen.* Nur für diesen Fall bringen Konstruktionsmerkmale wie »hohe Falsifizierbarkeit«, Prozesse der empirischen Prüfung und Korrektur etc. wissenschaftlichen Gewinn. Eine flache Theorie dagegen bleibt flach, wie »falsifizierbar«, empirisch bewährt etc. sie immer sein mag.

Wenn man Begrenztheiten und Unzulänglichkeiten des bisherigen wissenschaftlichen Verständnisses eines Wirklichkeitsbereiches wie der Wahrnehmung überwinden will, so kann dies mithin nicht lediglich durch Anwendung der üblichen wissenschaftslogischen Kriterien und empirischen Planungs- und Prüfverfahren geschehen. Man muß zunächst Konzeptionen erarbeiten, die einen richtigeren, umfassenderen und differenzierteren Begriff von der Sache geben. Erst danach werden Fragen der Konstruktionsmerkmale und der i. e. S. empirischen Bewährung bzw. Korrektur der aus diesen Konzeptionen erwachsenen Theorien wieder aktuell. – Wie aber kann es gelingen, ein angemesseneres Begreifen des zu erforschenden Gegenstandsbereiches zu erlangen?

Die analytische Wissenschaftslehre erklärt sich diesem Problem gegenüber mehr oder weniger als unzuständig, sieht sich nur mit der Geltungsbegründung von Theorien befaßt, nicht aber mit ihrem Zustandekommen, das – gemäß manchen wissenschaftslogischen Konzeptionen – unter dem Thema der kreativen Akte des Theorienfindens beim einzelnen Forscher von der Psychologie untersucht werden soll (vgl. etwa *Popper* 1966, S. 6). Aus dem von uns vertretenen Grundansatz ergibt sich demgegenüber die Auffassung, daß der Weg zu einem eindringenden, Vordergründigkeiten und Scheinhaftigkeiten in Richtung auf die wesentlichen Zusammenhänge überwindenden Verständnis der Sache als ein wichtiger Teil des Forschungsprozesses auf wissenschaftliche, d. h. methodisch reflektierte und wissenschaftstheoretisch ausweisbare Art durchschritten werden muß. Die methodisch begründete Erarbeitung von Ansätzen zu einem umfassenderen, richtigeren Begreifen der Wahrnehmung ist das Hauptziel dieses Buches. Erst in einem fortgeschrittenen Stadium der Untersuchungen werden empirisch prüfbare theoretische Annahmen, die aus der gewonnenen Gesamtkonzeption ableitbar sind, formuliert.

Das unserer Zielsetzung angemessene methodische Verfahren ist eine bestimmte Art von *historischem Herangehen an das Problem der Wahrnehmung*. Die Eigenart und die Möglichkeiten dieser Verfahrensweise können sich erst im Zuge ihrer Anwendung im einzelnen verdeutlichen. Da indessen ein gewisses Vorverständnis über das methodische Vorgehen bereits vorhanden sein muß, wenn die späteren Analysen angemessen rezipierbar sein sollen, ein solches Vorverständnis darüber, wie man die Wahrnehmung »historisch« erforschen könnte, beim gegenwärtigen Stand der methodologischen Diskussion in der Psychologie aber nicht vorausgesetzt werden kann, soll vorab auf dem Hintergrund der Erörterung verschiedener Möglichkeiten, die geschichtliche Betrachtung auf »Psychologie« zu beziehen, die Besonderheit der Methodik dieser Arbeit – wenn auch nur skizzenhaft – aus dem Zusammenhang des kritisch-psychologischen Ansatzes gekennzeichnet werden.

3.1 Historische Analyse der Psychologie

In einer verbreiteten Sichtweise wird die Geschichte der Psychologie als ein autonomer, allein aus *wissenschaftsimmanenten Prinzipien* heraus sich entfaltender Prozeß aufgefaßt, innerhalb dessen die jeweils älteren, schlechteren von den jeweils neueren, besseren theoretischen Konzeptionen abgelöst werden, wobei der Grund der Ablösung lediglich in der wissenschaftlichen Widerlegung der älteren Theorien zu suchen ist. Ein Beispiel unter vielen für diese Sichtweise ist die Abrechnung *Metzgers* mit dem »Atomismus« (1954). Auch das Selbstverständnis von Forschern, die in unmittelbaren wissenschaftlichen Auseinandersetzungen mit »älteren« Lehrmeinungen stehen, ist häufig durch eine solche Vorstellung von psychologischem Fortschritt geprägt, so etwa *Wolfgang Köhlers* aus gestaltpsychologischer Position geführter Kampf gegen das Konzept der »Komplexqualität« von *G. E. Müller* (vgl. *Müller* 1923, 1926; *Köhler* 1925, 1926) oder *Karl Bühlers* Kampf gegen die Auffassung von *Wundt*, das Denken sei experimenteller Untersuchung nicht zugänglich (vgl. *Bühler* 1908). In diesen und anderen »klassischen« Kontroversen wird mit Selbstverständlichkeit von der Annahme ausgegangen, die Forschung selbst und nichts anderes habe die jeweils eigene, überlegene wissenschaftliche Konzeption hervorgetrieben. Sofern man den Gang der Psychologiegeschichte auf diese Weise interpretiert, kann einer nachträglichen historischen Betrachtung der Psychologie kaum selbständiger Erkenntniswert zugesprochen werden; es muß als relativ müßig erscheinen, sich mit »veralteten« Auffassungen zu beschäftigen, und als im wesentlichen hinreichend, den jeweils neuesten Stand der Forschung zur Kenntnis zu nehmen.

Von einer anderen Sicht aus, die sich der eben geschilderten in gewisser Weise abstrakt entgegensetzt, wird die Geschichte der Psychologie als eine Geschichte von Menschen, die Psychologie betreiben, verstanden. Weitgehend unter diesem Aspekt schrieb *Boring*, der bedeutendste bürgerliche Historiker der Psychologie, z. B. seine umfangreichen Werke »A History of Experimental Psychology« (1950) und »Sensation and Perception in the History of Experimental Psychology« (1942). Ähnliche Ansätze, wenn auch weniger ausgeprägt, finden sich bei *M. H. Marx & Hillix* (1963), bei *Misiak & Sexton* (1966) u. a. In derartigen psychologiehistorischen Arbeiten, besonders denen von *Boring*, wird eine Fülle von Informationen ausgebreitet; sie sind als Quellen unersetzlich. Das Verfahren des Aufweisens geschichtlicher Zusammenhänge reduziert sich indessen hier weitgehend auf individualbiographische Herleitungen und Hinweise auf direkte und indirekte Kontakte zwischen den Forschern. (*Fechner* war erst Physiker, dann lebte er jahrelang zurückgezogen, weil er an einer Nervenkrankheit litt; daraufhin entwickelte er philosophisch-theologische Neigungen; aus diesen, verbunden mit seinen alten physikalischen Kenntnissen, erwuchs ein bestimmt geartetes kosmologisches Interesse, das ihn zur Konzipierung seiner »Psychophysik« brachte; so wurde eine der methodischen Voraussetzungen für die Entwicklung der experimentellen Psychologie geschaffen; *McKeen Cattell* ging zu *Wundt* nach Leipzig und hielt sich anschließend bei *Galton* in England auf. Die dadurch bedingten Einflüsse, in spezifischer Geprägtheit durch seine sehr eigenwillige Persönlichkeit, führten zu *Cattells* besonderem Beitrag als Pionier des amerikanischen Funktionalismus unter Wahrung des methodischen Erbes der »klassischen« Psychologie; u. ä.)

Erscheint in der zuerst geschilderten psychologiehistorischen Sichtweise die Psychologie, wie sie heute ist, lediglich als Ergebnis der fortschrittsgerichteten Selbstentfaltung des Forschungsprozesses, so erscheint sie aus dem »biographischen« Blickwinkel weitgehend als Resultat von Zufälligkeiten individueller Schicksale, Neigungen und

Fähigkeiten, von Beliebigkeiten des Fehlens oder Vorhandenseins bestimmter sozialer Beziehungen, der Unkenntnis oder Kenntnis bestimmter Bücher, der Abwesenheit oder Anwesenheit bestimmter Leute an bestimmten Orten zu bestimmten Zeiten. (Wenn man seinerzeit *Avenarius* statt *Wundt* nach Leipzig berufen hätte, wäre die Geschichte der Psychologie anders verlaufen.) – Das biographische Geschichtsverständnis enthält gegenüber der Selbstentfaltungs-Konzeption ein Element des Realismus und der Nüchternheit. In reiner Ausprägung läßt es indessen an allgemeineren Konsequenzen kaum mehr als eine relativistisch-agnostizistische Wissenschaftsbetrachtung zu. Dem Verständnis der Eigenart der Psychologie als historischer Gegebenheit wird so nur wenig, dem Verständnis ihres Erkenntnischarakters wird gar nichts hinzugefügt.

Sofern in der bürgerlichen Psychologiegeschichtsschreibung die Geschichte der Psychologie überhaupt aus umfassenderen historischen Zusammenhängen verständlich gemacht werden soll – was selten genug geschieht –, so werden lediglich *ideengeschichtliche Hinweise* gegeben. (Bestimmte psychologische Entwicklungen hängen mit der empiristischen Philosophie, dem Darwinismus, dem Pragmatismus, dem Physikalismus etc. zusammen.) Oft sind diese Hinweise in quasi »kulturpsychologische« Situationsschilderungen eingebunden: »Why ... was the effect of the theory of evolution so great upon American psychology, so little upon German psychology? There must have been a difference between America and Germany. Why did not England, with such a good head start, keep far ahead of America in functional psychology instead of dropping behind? There must have been a difference between America and England. – The complete answer is that America was ready for evolutionism – readier than Germany, than England even. America was a new pioneer country. Land was free – to the strong pioneer who was ready to take it and wrest a living from nature. Survival by adaptation to environment was the key to the culture of the New World. America's success-philosophy, based on individual opportunity and ambition, is responsible for shirt-sleeves democracy (›every man a king‹), for pragmatism (›the philosophy of a dollar-grubbing nation‹) and functionalism of all kinds, within psychology and without« (*Boring* 1950, S. 507). Die hier umschriebenen Tendenzen werden dabei charakteristischerweise als »forces of the *Zeitgeist*« (a.a.O.) gekennzeichnet. Das nicht übersetzte deutsche Wort »Zeitgeist« findet sich bei *Boring* und anderen Exponenten der bürgerlichen Psychologiegeschichtsschreibung sehr häufig, wenn – meist anläßlich von Zusammenfassungen oder Ausblicken – größere Entwicklungslinien angedeutet werden sollen.

Derartige Interpretationsversuche müssen als Anstrengungen, den

Schwächen der isolierenden und partialisierenden biographischen Sicht zu entkommen, gewürdigt werden. Gleichzeitig offenbaren sie jedoch bestimmte unüberwindliche Begrenztheiten des bürgerlichen Verständnisses von Wissenschaftsgeschichte. Vordergründig ist auf die methodische Sorglosigkeit zu verweisen, mit der hier Forscher, die sonst den »scientific« Charakter der Psychologie bei jeder Gelegenheit betonen, impressionistische Betrachtungen an die Stelle wissenschaftlicher Analysen setzen; ebenso ist der Umstand hervorzuheben, daß dabei nach Art einer petitio principii der »Zeitgeist« zunächst aus beliebig nebeneinandergeordneten philosophischen, politischen, ökonomischen, »kulturellen«, psychologischen Erscheinungen abstrahiert wird, um dann eben diesen Erscheinungen als sie verursachende »force«, als ihr allgemeiner, einheitsstiftender Ermöglichungsgrund unterlegt zu werden. Derartige methodisch-logische Mängel sind aber nur Ausdruck einer grundsätzlich verkehrten Sichtweise, in welcher die Wissenschaftsgeschichte nicht als Erscheinungsform des wirklichen materiellen Lebensprozesses der Gesellschaft begriffen werden kann, die deswegen zwischen den abstrakt einander ausschließenden Alternativen der Interpretation der Wissenschaftsentwicklung als Resultat zufällig-biographischer Ereignisse oder als Resultat der keiner Erklärung bedürftigen Selbstbewegung von Ideen hin- und herschwankt.

Ein Forschungsansatz, von dem aus der ideengeschichtliche bzw. anekdotisch-impressionistische Charakter bürgerlicher Psychologiegeschichtsschreibung überwunden werden soll, und mit dem durch die historische Analyse wirkliche, methodisch begründete Einsichten in die Eigenart und Funktion der Psychologie in ihren verschiedenen Ausprägungsformen erreichbar sein sollen, ist der *historisch-materialistische Ansatz des Herangehens an die Geschichte der Psychologie*, in welchem die historische Analyse Mittel zum *Begreifen der Psychologie aus ihrer Gewordenheit* ist[5]. – Gesellschaftliche Erscheinungsformen wie die Psychologie können in ihrer Eigenart nur dann angemessen erfaßt werden, wenn man sie aus dem Realzusammenhang des materiellen gesellschaftlichen Prozesses, der Weise der Produktion und Reproduktion des gesellschaftlichen Lebens, begreift. Bei der historischen Analyse sind gemäß diesem Forschungsregulativ die vielfältigen Vermittlungsschritte zwischen dem Entwicklungsgang der grundlegenden gesellschaftlichen Bewegungen und dem Entwicklungsgang der Psychologie am konkre-

---

[5] Erste Konzeptionen und Resultate einer solchen Angehensweise sind von den Sektionen »Geschichte der Psychologie« und »Berufspraxis von Psychologen« des Psychologischen Instituts der FUB in der Broschüre »Psychologie als historische Wissenschaft« (1972), mit Beiträgen von *Maikowski, Wolf, Staeuble, Keiler, Rott, Mattes* und *Schurig*, niedergelegt.

ten Material zu explizieren, wobei auch der Zusammenhang zwischen dem Grad der Entfaltung der Widersprüche der bürgerlichen Gesellschaft und der wissenschaftlichen Erkennbarkeit ihrer Grundstrukturen zu reflektieren ist (vgl. *Maikowski,* »Begründung des historischen Verfahrens – zum Problem der Methodik«, 1972 a).

Eine der Ebenen der Vermittlung zwischen der gesellschaftlichen Produktionsweise und dem Wissenschaftsprozeß, die dabei zu analysieren sind, ist die historische Entwicklung der Arbeits- und Reproduktionsbedingungen der wissenschaftlichen Intelligenz, eine Entwicklung, die einerseits abhängig ist vom Stand der Produktionsverhältnisse und Produktivkräfte, andererseits die wissenschaftliche Forschung beeinflußt. *Wolf,* der unter diesem Aspekt einen Überblick über die Geschichte der wissenschaftlichen Intelligenz von deren historischen Anfängen bis zur Neuzeit gibt, kennzeichnet diesen Ansatz in folgender Weise: »Der Beitrag einer Analyse der Entwicklung der wissenschaftlichen Intelligenz wird ... darin bestehen, die konkreten Vermittlungen zwischen den allgemeinen Tendenzen der gesellschaftlichen Entwicklung und den Tendenzen der Entwicklung der wissenschaftlichen Forschung aufzusuchen und mit Hilfe dieser ›mittleren Ebene‹ der Untersuchung über eine bloße Parallelisierung zwischen der Entwicklung der Produktivkräfte und der Wissenschaften hinauszukommen, die als materialistische Analyse nur heuristischen Wert haben kann. Dadurch kann zugleich ein Niveau der Konkretion der Untersuchung erreicht werden, das es erlaubt, das biographisierende Vorgehen derjenigen bürgerlichen Wissenschaftsgeschichtsschreibung, die überhaupt das Reich der immanenten Theorien- und Ideengeschichtsschreibung verläßt, ... zu überwinden.« Wichtig ist dabei die methodische Einschränkung: »Diese Konkretion wird allerdings nicht dazu ausreichen, einzelne theoretische Entwicklungen positiv abzuleiten, sondern nur dazu, die ihnen zugrunde liegenden Haupttendenzen und -beschränkungen zu bestimmen. Z. B. kann aus einer Bestimmung der Stellung der Intelligenz in Staatsverwaltung und Bildungswesen des zerfallenden preußischen Feudalstaats im Ausgang des 18. Jh.s und der Rolle dieser Intelligenz bei der Aufnahme der geschichtlichen Erfahrungen des amerikanischen Unabhängigkeitskampfes und der französischen Revolution in Deutschland nicht die Entwicklung des Kritizismus durch Kant und seine Nachfolger abgeleitet werden, wohl aber deren konkrete Beschränkungen und Beschränktheiten aus der Abhängigkeit ihrer Vertreter von der Staatsverwaltung und ihrer Isolierung von der gesellschaftlichen Praxis als Ausdruck der bestehenden Machtverhältnisse zwischen den Klassen« (1971)[6]. – Auf der gleichen Vermittlungsebene

---

[6] Frühere Fassung von *Wolfs* Beitrag in der genannten Broschüre »Psychologie als historische Wissenschaft«.

der Arbeits- und Reproduktionsbedingungen von Wissenschaftlern sind bei der historisch-materialistischen Funktionsanalyse der Psychologie – auf dem Hintergrund der Resultate der Analysen über die wissenschaftliche Intelligenz im allgemeinen – Aufarbeitungen von geschichtlichen Entwicklungszügen kleinerer zeitlicher Größenordnung zu leisten (vgl. etwa den Beitrag von *Mattes* über die »Entwicklung der Berufstätigkeit von Psychologen in der BRD«, 1972).

Ein anders akzentuierter Ansatz zur Analyse der Vermittlung zwischen gesellschaftlicher Produktionsweise und Wissenschaftsprozeß ist die Untersuchung der historischen Entwicklung von Gesellschaftsbereichen, in denen jetzt Psychologen tätig sind (Industrie, Gesundheitswesen, Erziehungswesen, soziale Einrichtungen etc.), mit dem Ziel, herauszufinden, wie es dazu kam, daß man hier Psychologen brauchte (oder zu brauchen glaubte). – *Maikowski* (»Psychologie und Entwicklung der Produktivkräfte«, 1972 b) versucht aufzuweisen, wie es durch bestimmte Entwicklungstendenzen der kapitalistischen Industrie zu einer »Betriebspsychologie« gekommen ist und welche besonderen wissenschaftlichen Anforderungen der Betriebspsychologie durch ihre Rolle in der Industrie erwachsen sind. Auch in diesem Beitrag nehmen, bedingt durch das Anfangsstadium, in dem unsere Untersuchungen noch stehen, methodische Überlegungen und Einschränkungen breiten Raum ein. So weist *Maikowski* darauf hin, daß im Ausgang »von der Analyse der Bewegungsformen des Kapitals, für einen – wie kritisch sich auch immer verstehenden – Psychologen die Gefahr besteht, die Abstraktionsebene ›Kapitalbewegung‹ geradlinig herunterzukonkretisieren auf *seinen* Gegenstandsbereich, die Psychologie. So gesehen ist bei dem Titel ›Psychologie und Entwicklung der Produktivkräfte‹ vor der falschen Vorstellung zu warnen, es gäbe zwischen beiden einen *unmittelbaren* Zusammenhang« (1972 b, S. 29)[7].

Die historisch-materialistische Analyse von Eigenart und Funktion der Psychologie muß naturgemäß, da eine immer größere Mannigfaltigkeit von Stufen der Vermitteltheit innerhalb des materiellen gesellschaftlichen Prozesses in Rechnung zu stellen und aufzuweisen ist, um so schwieriger werden, je mehr über die Aspekte der beruflichen Tätigkeit des Wissenschaftlers und der gesellschaftlichen Bereiche, in denen psychologische Tätigkeit erforderlich wurde, hinausgegangen und die inhaltliche und methodische Charakteristik der grundwissenschaftlichen psychologischen Forschung selbst ins Auge gefaßt wird. Zwar ist der Hinweis richtig, daß die genannten Sichtweisen sich nicht ausschließen: Man hat den grundwissenschaftlich arbeitenden Psycho-

---

[7] Ansetzend an der gleichen Vermittlungsebene analysiert *Rott* in seinem Beitrag »Psychologie und Sozialreform« (1972) einen anderen Gesellschaftsbereich.

logen als einen Angehörigen der wissenschaftlichen Intelligenz zu betrachten, der seinen Lebensunterhalt z. B. durch Lehr- und Forschungstätigkeit unter den Arbeitsbedingungen der Universität gewinnt; ebenso ist die Universität als die gesellschaftliche Institution anzusehen, deren historische Entwicklung man erforschen muß, um herauszufinden, warum in ihr von einem bestimmten Zeitpunkt an »Psychologie« als einzelwissenschaftliche Disziplin vorkommt. Die Analyse der grundwissenschaftlichen Psychologie unter solchen Gesichtspunkten verspricht wesentliche Aufschlüsse, die dazu beitragen werden, daß die freischwebende, immanent sich entfaltende Wissenschaftsentwicklung immer klarer als Schein erkennbar wird. Dennoch gilt hier in womöglich noch höherem Maße die früher dargelegte Einschränkung, daß mit derartigen materialistischen Explikationen zwar Begrenztheiten, Verzerrungen, Sichtverkürzungen der psychologischen Forschung bzw. Rahmenbedingungen ihrer Möglichkeiten aufgewiesen werden können, keineswegs aber hinreichend verständlich zu machen ist, warum die grundwissenschaftliche Psychologie im Rahmen ihrer Grenzen und Möglichkeiten gerade diese und keine anderen theoretischen und methodischen Ansätze herausgebildet hat.

Unsere Bemühungen, die historische Entwicklung der grundwissenschaftlichen psychologischen Theorien und Methoden in ihrer inhaltlichen Beschaffenheit aus den materiellen Bewegungsformen der gesellschaftlichen Entwicklung begreiflich zu machen, sind bisher am wenigsten ertragreich gewesen (der Beitrag von *Keiler,* »Psychologie als ›Grundwissenschaft‹«, 1972, hat deswegen die Ansätze der bürgerlich-ideengeschichtlichen Sichtweise nur in engen Grenzen überschreiten können). – Ein wichtiger Grund für die vordergründige Undurchdringlichkeit und Widerständigkeit gegenüber analytischem Eindringen, durch welche die Entwicklung der »reinen« psychologischen Forschung gekennzeichnet ist, liegt offenbar in der Vereinzelung und Isolierung der verschiedenen »einzelwissenschaftlichen« Disziplinen innerhalb der Sozialwissenschaften. Hier besteht – wie *Staeuble* (1972) aufwies – nicht etwa eine wissenschaftliche »Arbeitsteilung« in dem Sinne, daß verschiedene wissenschaftliche Disziplinen ein transparentes Ganzes unter verschiedenen Aspekten erforschen und ihre Ergebnisse vom Ganzen her aufeinander beziehen: Der Zusammenhang zwischen den verschiedenen Sozialwissenschaften, der Soziologie, Ökonomie, Psychologie etc., ist nicht nur real verlorengegangen, er erscheint nicht einmal mehr als Perspektive wissenschaftlichen Denkens. »Es muß also geklärt werden, warum der Zusammenhang nicht mehr als Problem kenntlich ist, warum wissenschaftliche Arbeit ohne ihn auskommen konnte, und was es heißt, daß sie ohne ihn auskommt. Wissenschaftskritik als Aufweis der jeweiligen historisch-gesellschaftlichen Funktion von Wissenschaft kann sich nicht darauf beschränken, von entwickelten Einzelwissenschaften ausgehend deren Genese zu rekonstruieren und von da aus die Funktionsanalyse zu leisten. Denn *daß* die Sozialwissenschaften am Gegenstand der konkreten Gesellschaft vorbeigehen und daß sich dies an keiner Einzeldisziplin festmachen läßt, ist selbst eine Funktion dieser Wissenschaften... Die hier zugrunde liegende These ist, daß die Funktion einer Einzelwissenschaft nur in ihrer ganzen Problematik erfaßt werden kann, wenn sie im Zusammenhang mit dem Prozeß der sozialwissenschaftlichen Arbeitsteilung entfaltet wird. Es ist also der Weg zu rekonstruieren, den die Intention genommen hat, den gesamtgesellschaftlichen Zusammenhang wissenschaftlich zu erfassen« (1972, S. 14). – Die Herausarbeitung der gesellschaftlich-historischen Bedingungen des Prozesses, der zur scheinhaften Zusammenhanglosigkeit der Psychologie mit anderen Sozialwissenschaften, zur Beziehungslosigkeit von Befunden der bürgerlichen Psychologie zu soziologischen, ökonomischen etc. Befunden führte, wird möglicherweise den umfassenderen Interpretationsrahmen schaffen, von dem aus dann auch die materiell-gesellschaftliche Funktionalität der grundwissenschaftlich-psychologischen Theorien und Methoden besser verständlich zu machen ist.

Alle weiteren Versuche, Eigenart und Funktion grundwissenschaftlicher psychologischer Forschung mit historisch-materialistischer Vorgehensweise angemessen zu erfassen, müssen m. E. jedoch so lange unzureichend bleiben, bis es gelingt, den potentiellen Erkenntnischarakter der bestehenden Psychologie dabei adäquat zu berücksichtigen. Zwar ist in den angeführten Arbeiten die reduktiv-agnostizistische Ausklammerung der möglichen selbständigen Erkenntnisfunktion sozialwissenschaftlicher Forschung, die für die erste Phase der »kritischen Psychologie« kennzeichnend war, in abstracto längst überwunden. *Maikowski* (1972 a) exemplifiziert z. B. an der *Darwinschen* Evolutionstheorie den Doppelcharakter wissenschaftlicher Theorie als den materiellen gesellschaftlichen Verhältnissen entsprungen und dennoch einen Erkenntnisgewinn ermöglichend: »So ist die Darstellung der Darwinschen Evolutionstheorie getragen und beeinflußt durch den Eindruck, den die Konkurrenz in der englischen Gesellschaft einerseits und die Malthussche Bevölkerungstheorie andererseits auf ihn machten – und enthält bzw. ermöglicht mit diesen Bildern aus der gesellschaftlichen Wirklichkeit des englischen Konkurrenzkapitalismus *zugleich aber auch die Entdeckung wichtiger biologischer Gesetzmäßigkeiten*« (S. 5; Hervorh. *K. H.*). *Wolf* (1971) schränkt seinen Ansatz zur Funktionsbestimmung der wissenschaftlichen Intelligenz mit dem folgenden Hinweis ein: »Das kann aber nicht bedeuten, daß die kritische Analyse der Geschichte wissenschaftlicher Forschung auf die Betrachtung der besonderen Arbeits- und Reproduktionsbedingungen der wissenschaftlich Tätigen reduziert wird – die Aufgabe der Untersuchung der allgemeinen Entwicklung der Produktivkräfte bleibt ebenso bestehen wie die der *Analyse der Inhalte wissenschaftlicher Theorien als Elemente menschlichen Erkenntnisfortschritts*. Dementsprechend wäre es auch falsch, zu erwarten, daß man aus der Analyse der Entwicklung der wissenschaftlichen Intelligenz bereits die Rückschläge und Fortschritte der wissenschaftlichen Erkenntnis ableiten könnte – das wird nur auf Grund einer Berücksichtigung des dialektischen Zusammenwirkens des *Ensembles* der Entwicklungsbedingungen wissenschaftlicher Theorien möglich sein« (erste Hervorh. *K. H.*). In solchen Positionen sind zwar die Voraussetzungen für eine angemessene Behandlung des Problems psychologischer Erkenntnis geschaffen. Die wirklich durchgeführten oder in Angriff genommenen Analysen leisten aber – wie gezeigt – unter verschiedenen Aspekten und auf verschiedenen Vermittlungsebenen immer wieder nur den Aufweis von *gesellschaftlich bedingten Erkenntnisgrenzen der Psychologie*. Das Problem der *gesellschaftlichen Bedingungen für* – im Hinweis auf deren Grenzen ja schon implizit stets mitgedachten – *Erkenntnismöglichkeiten der psychologischen Wissenschaft* liegt außerhalb des Ansatzes der Analyse.

Die historische Angehensweise an die Psychologie, soweit sie bisher dargestellt wurde, enthält, da sie das Problem der Wissenschaftlichkeit der psychologischen Forschung nicht angemessen begreifen kann, *kaum Möglichkeiten zu einer wissenschaftlichen Weiterentwicklung der Psychologie, womit sie* – wie früher dargelegt (vgl. Einleitung, S. 14 f.) – *auch in ihrer Psychologiekritik in einer wesentlichen Hinsicht unzulänglich bleiben muß*. Durch Erweiterung der historischen Angehensweise soll in diesem Buch die Perspektive einer wissenschaftlich entwickelteren Psychologie exemplarisch an der Behandlung des Wahrnehmungsproblems aufgewiesen und damit zugleich die historische Analyse der bestehenden Psychologie – exemplarisch anhand bestimmter Konzeptionen der Wahrnehmungspsychologie – unter dem Aspekt der relativen Würdigung und prinzipiellen Kritik ihres wissenschaftlichen Erkenntnisgehalts vorangetrieben werden. Dabei wird sich zeigen, daß gerade mit der historischen Behandlung der Wahrnehmung auch ein Zugang zum Verständnis der Verankerung der »positiven« Funktion der menschlichen Erkenntnis im materiellen gesellschaftlichen Lebensprozeß gegeben ist.

3.2 Historische Analyse von Gegenstandsbereichen der Psychologie

Die Gegenstandsbereiche, auf die sich wissenschaftliche Forschung bezieht, entstehen – wie in der Einleitung angedeutet und in den phänographischen Ausführungen über Wahrnehmung exemplifiziert – nicht erst dadurch, daß sich Wissenschaft mit ihnen befaßt, sondern sind immer schon vor und außerhalb der wissenschaftlichen Behandlung gegeben. Das bedeutet auch – und ist in der Bezeichnung »Gegenstandsbereich« bereits mitgedacht –, daß das erkennende Erfassen der jeweiligen Gegenstandsbereiche nicht erst mit der Wissenschaft beginnt, sondern daß die gnostische, erkennende Beziehung des Subjekts zur Welt als seinem Objekt ebenfalls bereits vor und außerhalb aller Wissenschaft besteht. *Die Wirklichkeit als dem Menschen gegebene, also tatsächlich »für uns« wirkliche, ist als solche immer in irgendeinem Sinne und Grade erkannte Wirklichkeit.*

Die wissenschaftliche Erkenntnis ist demnach nicht deckungsgleich mit menschlicher Erkenntnis überhaupt, sondern ein Sonderfall menschlichen Erkennens. Das erkennende Erfassen eines Gegenstandsbereichs durch die »Wissenschaft« als gesonderter gesellschaftlicher Einrichtung ist immer und notwendig ein *Spätprodukt gesellschaftlicher Arbeitsteilung* auf der Basis der arbeitsteiligen Abtrennung der geistigen von der körperlichen Arbeit. – Die Frage nach den Entstehungsbedingungen einer wissenschaftlichen Disziplin läßt sich also als Frage präzisieren, *aufgrund welcher historisch-gesellschaftlichen Entwicklungsbedingungen in einem bestimmten Zeitraum die »immer schon« vorhandene gnostische Beziehung auf einen Gegenstandsbereich in eine Erkenntnisbeziehung innerhalb institutionalisierter Wissenschaft überführt wurde,* um so unter als »wissenschaftlich« spezifizierten und reflektierten Denk- und Verfahrensweisen »erforscht« zu werden. – Für die Psychologie steht man in diesem Zusammenhang vor der Frage, warum im vorigen Jahrhundert die empirische Subjektivität in bestimmten Bereichen der Gesellschaft auf so besondere und neue Weise problematisch wurde, daß im Voranschreiten der wissenschaftlichen Arbeitsteilung eine gesonderte Disziplin – die einzelwissenschaftlich-empirische Psychologie – sich herausbildete, die diese Problematik unter bestimmt gearteten spezialisiert-»wissenschaftlichen« Zielsetzungen und Angehensweisen weiterverfolgte (wobei diese Frage – wie dargelegt – nur auf dem Hintergrund der allgemeineren Frage nach den gesellschaftlichen Bedingungen sozialwissenschaftlicher Arbeitsteilung überhaupt sinnvoll behandelt werden kann)[8].

---

[8] Dem Problem der gesellschaftlichen Ursprungsbedingungen der einzelwissenschaftlichen Psychologie geht *F. Wolf* in einem bald in dieser Reihe erschei-

Bei der historischen Analyse gnostischer Beziehungen auf bestimmte Gegenstandsbereiche ist nicht nur die geschichtliche Entwicklung der gnostischen Repräsentanz samt ihrem möglichen Übergang zu institutionalisiert-wissenschaftlichen Formen der Erkenntnisgewinnung herauszuarbeiten: Es ist auch der jeweilige *Gegenstand* der gnostischen Beziehung bzw. wissenschaftlichen Erkenntnisbeziehung als ein *Ergebnis historischer Entwicklung* zu begreifen.

Das Forschungsprinzip, das diesem Buch (und anderen Untersuchungen, die am Psychologischen Institut der FU entstehen) zugrunde liegt, ist die Voraussetzung, daß *Momente der empirischen Subjektivität*[9] *des Menschen wie »Bedürfnisse« oder »Wahrnehmung« nur dann in wissenschaftlichem Erkennen angemessen zu begreifen sind, wenn man sie als »resultativen Ausdruck«* (Rubinstein) *ihrer historischen Gewordenheit* expliziert. Der historische Verfahrensansatz wird – in Weiterverfolgung der Grundkonzeptionen Leontjews und anderer Angehöriger der »kulturhistorischen Schule« der sowjetischen Psychologie[10] – nicht mehr nur auf bürgerliche Psychologie, sondern auch auf

---

nenden Buch mit dem Arbeitstitel »Methoden, Inhalte, Entwicklungsbedingungen der Psychologie vor Wundt« nach.

[9] Wenn in diesem Buch von »Subjektivität«, »Subjektivitätsmomenten« o. ä. die Rede ist, so hat dies weder etwas mit »Subjektivismus« zu tun noch ist dabei »Subjektivität« im Sinne der Subjekteingeschlossenheit des Menschen gemeint. Empirische Subjektivität ist Inbegriff der wirklichen Lebenstätigkeit und darum des Welt- und Selbstinneseins des konkreten, individuellen Menschen. Die so gefaßte »Subjektivität« ist nichts »Ideelles«, sondern selbst Teil des materiellen gesellschaftlichen Lebensprozesses; sie schließt auch »Objektivität« nicht aus, sondern ist vielmehr, da in ihr die Welt bewußt als »Gegenstand« für das Subjekt gesetzt werden kann, der einzige Ort möglicher »objektiver« Erkenntnis der Außenwelt.

[10] Vgl. dazu die Einführung von *Holzkamp & Schurig* zu *Leontjew*: »Probleme der Entwicklung des Psychischen« (Taschenbuch-Ausgabe in dieser Reihe, 1973); dort werden die Besonderheit des *Leontjew*schen Grundansatzes in Abhebung von der bürgerlichen Psychologie und die Konsequenzen aus *Leontjews* Konzeptionen und Resultaten für eine marxistisch fundierte »kritische Psychologie« in der bürgerlichen Gesellschaft, mithin auch die Bedeutung von *Leontjews* Werk für die vorliegende Abhandlung, ausführlich dargelegt.

Wesentlich für eine weitere Klärung und Präzisierung des kritisch-psychologischen Grundsatzes wäre auch die Verarbeitung des Buches von *Sève* »Marxismus und Theorie der Persönlichkeit« (1972) gewesen. Dieses Buch ist mir indessen erst bekannt geworden, nachdem das Manuskript der vorliegenden Abhandlung schon in Druck gegangen war. *Sève* liegt mit seiner Hauptargumentation in vieler Hinsicht auf der Linie unserer Gedankenführung. Die Verwertung des äußerst wichtigen Werkes von *Sève* – dabei auch die kritische Analyse mancher seiner Positionen – kann erst im Zusammenhang unserer zukünftigen Forschungsarbeit geleistet werden.

die von der bürgerlichen Psychologie behandelten Gegenstände angewendet: Die vor- und außerwissenschaftliche gnostische Repräsentanz dieser Gegenstände soll auf diese Weise in erneutem Einsatz wissenschaftlich aufgegriffen und einer fortgeschritteneren psychologischen Bearbeitung zugänglich gemacht werden.

Der historische Grundansatz der kritischen Psychologie wird so in einer wesentlichen Hinsicht ausgeweitet. Die historisch gewordene und transitorische antagonistische Klassenstruktur der bürgerlichen Gesellschaft soll nicht mehr nur im Hinblick auf die Funktion der bürgerlichen Psychologie expliziert werden: Es wird davon ausgegangen, daß auch die von der Psychologie aufgegriffenen *Gegenstände*, wie »Bedürfnisse« oder »Wahrnehmung« des Menschen in der bürgerlichen Gesellschaft, nur dann *wissenschaftlich adäquat erfaßt werden können, wenn man sie aus ihrer Gewordenheit innerhalb der Realzusammenhänge bürgerlicher Lebensverhältnisse begreift* (wobei allerdings zur Erreichung dieses Zieles eine Reihe von Zwischenschritten der Forschung notwendig ist; s. u.). Die kritische Psychologie verhält sich also nicht mehr nur »kritisch« gegenüber der bürgerlichen Psychologie, sie verhält sich auch *»kritisch« gegenüber den Forschungsgegenständen der Psychologie,* indem sie diese in ihrer historischen Bestimmtheit durch die bürgerliche Gesellschaft erneut aufgreift.

Die *wissenschaftsbezogene* und die *gegenstandsbezogene* historische Analyse in der kritischen Psychologie sind nicht unabhängig voneinander. Bestimmte Gegenstandsbereiche wie »Bedürfnisse« oder »Wahrnehmung« sind einmal als solche Ergebnis einer historischen Entwicklung »ihrer selbst«, zum anderen aber ist die Art und Weise ihrer begrifflichen Fassung und methodischen Behandlung in der Forschung geprägt durch den historischen Entwicklungsstand des dabei zugrunde liegenden psychologischen Ansatzes. Bei einer vollständigen historischen Analyse eines psychologischen Gegenstandsbereiches muß er also quasi als »im Schnittpunkt« der beiden historischen Entwicklungszüge liegend begriffen werden. Ebenso ist die historische Analyse einer bestimmten Ausprägungsform der Psychologie nur dann der Möglichkeit nach genau und umfassend, wenn der Grad und die Art, in welchen die Forschungsgegenstände als historisch gewordene verfehlt oder verdeutlicht werden, angemessen herausgearbeitet sind.

Die explizit gegenstandsbezogene historische Vorgehensweise innerhalb der kritischen Psychologie ist dabei selbst als Resultat der geschichtlichen Gewordenheit unserer eigenen Position zu betrachten. In diesem Zusammenhang wäre sowohl die historische Entwicklung der kritischen Psychologie aus der bürgerlichen Psychologie in Rechnung zu stellen wie die historische Entwicklung jenes Zweiges der sowjetischen Psychologie, der von der kritischen Psychologie in bestimmter Weise aufgegriffen wurde. Ein volles Verständnis der geschichtlichen Eigenart und gesellschaftlichen Funktion der kritischen Psychologie ist sicherlich nur zu erreichen, wenn man die materiellen gesellschaftlichen Entstehungsbedingungen der Kritik der bürgerlichen Psychologie, der historisch orientierten Richtung der sowjetischen Psychologie und schließlich der Verarbeitung dieser Ausprägungsform der sowjetischen Psychologie durch die kritische Psychologie selber wieder historisch-materialistisch herausanalysiert. Gegenwärtig reichen indessen die Daten für eine solche Analyse noch keineswegs aus. Wir wissen weder genau, welche Beschaffenheit unserer Konzeption in ihrer entfalteten Form zukommen wird, noch wissen wir, ob und auf welche Art sie den Gang der bürgerlich-psychologischen Forschung beeinflussen kann, noch auch, welche Funktion sie in den relevanten außerpsychologischen Bereichen der bürgerlichen Gesellschaft haben kann. Der vorläufige Mangel an *objektiven Voraussetzungen* für eine hinreichende Bestimmung unseres eigenen Standortes stellt für uns ein unvermeidbares Unsicherheitsmoment dar. Erst durch die Weiterentwicklung unserer Arbeit in Forschung, Ausbildung und außeruniversitärer beruflicher Praxis werden sich in immer höherem Maße korrigierende Selbstklärungsprozesse herausbilden.

Die historische Entwicklung der Psychologie und die historische Entwicklung der von der Psychologie aufgegriffenen Gegenstandsbereiche unterscheiden sich in wichtigen Momenten voneinander. – Die historische Entwicklung der *Psychologie* ist ein überschaubarer Sachverhalt relativ kurzer zeitlicher Erstreckung; der Beginn dieser Entwicklung ist ziemlich genau datierbar (gleichviel ob man die Gründung des *Wundt*schen Instituts in Leipzig 1879 oder nach anderen Abgrenzungskriterien einen anderen Termin dafür ansetzt); die Psychologie hat durch ihre Träger, die Psychologen, ein sich greifbar manifestierendes historisches Bewußtsein ihrer eigenen Identität; die Psychologen als beruflich Tätige und die Institutionen, in denen sie tätig sind, stellen die genannte »mittlere Ebene« dar, auf der die Psychologiegeschichte mit der umfassenderen gesellschaftlich-historischen Entwicklung vermittelt ist etc. – Die historische Entwicklung von *Gegenstandsbereichen der Psychologie* wie »Bedürfnissen« oder »Wahrnehmung« umfaßt dagegen einen der Größenordnung nach ungleich weiteren Zeitraum, in gewisser Weise die gesamte Geschichte, Vorgeschichte und Naturgeschichte des Menschen; ein halbwegs genauer Zeitpunkt des Beginns der historischen Entwicklung ist hier nicht anzugeben, jede Frühform hat immer noch irgendeine Art von »Vorform«; das geschichtliche Werden von »Bedürfnissen« oder »Wahrnehmung« ist weder im Bewußtsein ihrer Träger noch in seiner »äußeren« Manifestation ein in sich geschlossener, in seiner Besonderheit klar identifizierbarer historischer Entwicklungszug; der historisch-gesellschaftliche Charakter menschlicher Bedürfnisse, Wahrnehmungsweisen etc. ist weder auf der Ebene gesellschaftlicher Funktionen bestimmter Personengruppen noch auf der Ebene gesellschaftlicher Institutionen mit der gesamtgesellschaftlichen Entwicklung vermittelt: Hier sind gänzlich anders geartete, später darzustellende Vermittlungsebenen herauszuarbeiten.

Die besondere Eigenart der historischen Entwicklungsprozesse, die Subjektivitätsmomente wie »Bedürfnisse« oder »Wahrnehmung« zum Resultat haben, erfordert auch eine, von dem Vorgehen bei der historischen Analyse der psychologischen Wissenschaft in wesentlichen Momenten unterschiedene, besondere *methodische Konkretisierung des historisch-materialistischen Forschungsverfahrens*[11].

»Geschichte« ist nicht das gleiche wie »Prozeß« oder »Geschehen«. Geschichte impliziert eine Erkenntnisbeziehung: In ihr macht sich der Mensch selbst zum Gegenstand; er begreift sich als Gewordener und in seiner Gewordenheit. Die Möglichkeit historischer Betrachtung, da sie geschichtliches Bewußtsein voraussetzt, ist selbst an die Erreichung einer bestimmten historischen Entwicklungsstufe gebunden. – Die historische Analyse hat aber deshalb nicht einfach frühere gesellschaftlich-historische bzw. naturgeschichtliche Epochen zum Gegenstand. Das Verständnis früherer Epochen dient dem Begreifen der Situation der je gegenwärtigen Menschen in ihrer historischen Besonderheit. Andererseits ist für das Erfassen der Eigenart früherer Epochen immer schon

---

[11] Sofern man »historischen Materialismus« in seiner traditionellen Abgrenzung gegenüber dem »dialektischen Materialismus« bestimmt, ist hier mit der Einbeziehung der naturgeschichtlichen Entwicklung das Konzept des »Historischen Materialismus« in Richtung auf den »dialektischen Materialismus« überschritten. Der erweiterte Begriff von »historisch«, der die gesellschaftlichhistorische wie die naturgeschichtliche Entwicklung umschließt, ist uns an dieser Stelle vom Gegenstand der Analyse, der empirischen Subjektivität des Menschen in der bürgerlichen Gesellschaft, aufgezwungen. Wir halten es für von der Sache her nicht gerechtfertigt, deswegen eine Trennung zwischen der methodischen Grundlage der wissenschaftsbezogenen und der gegenstandsbezogenen Analyse zu vollziehen. Unserer Auffassung nach wird hier der gleiche methodische Grundansatz auf verschiedene Wirklichkeitsbereiche bezogen, wobei sich das methodische Vorgehen dem zu analysierenden Gegenstand anzumessen hat. Wir verstehen demgemäß innerhalb dieser Abhandlung »historischen Materialismus« in weiterem Sinne als »historisch-dialektischen Materialismus« oder »dialektischen Geschichtsmaterialismus«. Zu der grundsätzlichen Frage, wieweit die relative Verselbständigung des »historischen Materialismus« und »dialektischen Materialismus« innerhalb des Gesamts marxistischer Theorie gerechtfertigt werden kann, ist damit nicht Stellung genommen.

der Erkenntnisstand einer entwickelteren historischen Stufe vorausgesetzt: »In der Anatomie des Menschen ist ein Schlüssel zur Anatomie des Affen. *Die Andeutungen auf Höhres in den untergeordneten Tierarten können dagegen nur verstanden werden, wenn das Höhere selbst schon bekannt ist.* Die bürgerliche Ökonomie liefert so den Schlüssel zur antiken etc.« (*Marx*, Gr., 1939/1941, S. 26; Hervorh. K. H.). Die Erhellung des Charakters früherer Epochen und die Erhellung des Charakters der je gegenwärtigen historischen Entwicklungsstufe bedingen sich wechselseitig.

Die historische Analyse geschieht notwendigerweise auf der Basis und mit den *Kategorien des Stadiums,* von dem aus Geschichte als »Gegenstand« gesetzt wird, also der jeweils *letzten Entwicklungsstufe.* »Die sogenannte historische Entwicklung beruht überhaupt darauf, daß die letzte Form die vergangenen als Stufen zu sich selbst betrachtet« (*Marx*, Gr., 1939/1941, S. 26). – Historische Analysen dürfen mithin *nicht als kausalgenetisch interpretiert werden.* Der Schein einer kausalen Erklärung der Entstehung einer höheren aus der nächstniedrigeren Entwicklungsstufe kann dadurch zustande kommen, daß man den Endzustand, dessen kausale Entstehung man zu erklären vorgibt, ja bereits kennt. Die allgemeine Aussage, ein späterer Zustand sei notwendig aus dem früheren hervorgegangen, ist eine Art Tautologie, da der spätere Zustand ja tatsächlich vorliegt. Die Annahme, daß die und nur die Bedingungen, die in einer bestimmten historischen Analyse erfaßt wurden, den späteren Zustand herbeigeführt haben, ist gnoseologisch unbegründbar. Eine kausale historische Erklärung würde voraussetzen, daß dem Erkennenden, wie dem *Laplace*schen Dämon, alle Determinanten des Weltgeschehens gleichzeitig gegenwärtig sind. Menschliche Erkenntnis ist jedoch charakterisiert durch begrenzte Bedingungseinsicht. Nur deswegen ist wissenschaftliche Forschung möglich und nötig.

Die historische Analyse, wie sie hier verstanden wird, ist keine kausalgenetische Erklärung, sondern eine mit den Kategorien der höchsten Entwicklungsstufe erfolgende *Rekonstruktion* früherer Entwicklungsstufen. Die historische Sicht eröffnet sich bei einem bestimmten Grad an Eindringlichkeit und Reflektiertheit der Explikation gegenwärtiger Gegebenheiten, da sich verschiedene Momente an diesen Gegebenheiten als *von unterschiedlicher historischer Herkunft und unterschiedlichem Ursprungsalter erweisen und ihre gegenwärtige Eigenart und ihr gegenwärtiges Verhältnis zueinander nur bei Rekonstruktion der Stufen ihres jeweiligen Gewordenseins angemessen erfaßbar sind.* – Die Rekonstruktion früherer Entwicklungsstufen, die als Vorstufen im gegenwärtigen realen Zusammenhangsgefüge aufgehoben sind, impliziert gleichzeitig eine, wenn auch selektive, *materiale Charakterisierung der*

Besonderheiten der einzelnen Stufen und eröffnet so eine neue Dimension konkreten Wissens (vgl. dazu unsere Ausführungen über die Marxsche »Methode« im letzten Hauptteil des Buches, S. 363 ff.).

Menschliche Subjektivitätsmomente (wie »Bedürfnisse« oder »Wahrnehmung«) sind Resultat der *individualgeschichtlichen Entwicklung* des Menschen. Die individuelle Entwicklung, der »Lebenslauf« eines Menschen, ist ein (durch Geburt und Tod begrenzter) »historischer« Prozeß geringer zeitlicher Erstreckung, der in — wie immer näher zu bestimmenden — Stufen, Phasen, Abschnitten verläuft. Zu jedem bestimmten Zeitpunkt innerhalb dieses Prozesses ist die Gewordenheit des Menschen, »so wie er jetzt ist«, im Hinblick auf seine individualgeschichtliche Entwicklung rekonstruierbar: Es kann herausgearbeitet werden, welche »Vorformen« der individuellen Entwicklung in seiner jeweils gegenwärtigen Beschaffenheit aufgehoben sind. — Das Bemühen, den Menschen aus seinem »Lebenslauf« zu verstehen, ist ein Moment alltäglicher Daseinsdeutung, das etwa in literarisch-biographischen Erzeugnissen objektiviert und z. B. von der »Entwicklungspsychologie« aufgegriffen wurde, die nach allgemeineren, empirisch gestützten Aussagen über den Entwicklungsverlauf menschlichen Lebens strebt, dabei etwa auch die »Entwicklung« der Wahrnehmung oder der Bedürfnisse des Menschen erforscht.

Der Mensch ist indessen nicht nur Resultat seines individualgeschichtlichen Gewordenseins: Er ist auch das vorläufige »Endstadium« eines geschichtlichen Entwicklungsprozesses von gänzlich anderer zeitlicher Größenordnung, seiner — nach Jahrmillionen zu bemessenden — *stammesgeschichtlichen Entwicklung*. In der Wahrnehmungsweise des Menschen, der Eigenart seiner Bedürfnisstrukturen etc. sind Momente unterschiedlichen naturgeschichtlichen Ursprungsalters aufgehoben: Nur wenn man die Ursprungsbedingungen der verschiedenen Eigentümlichkeiten menschlicher Subjektivitätsmomente innerhalb des naturgeschichtlichen Prozesses, dessen Resultat sie sind, angemessen rekonstruiert, kann man den realen Zusammenhang der einzelnen Funktionscharakteristika menschlicher Lebenstätigkeit richtig verstehen. — Auch die individualgeschichtliche Entwicklung des Menschen ist sowohl in ihrem Ergebnis wie in ihrem Verlauf nur auf dem Hintergrund konkreten Wissens über seine naturgeschichtliche Entwicklung der Möglichkeit nach zureichend zu begreifen. Nicht nur, daß sich im Ergebnis der jeweiligen individuellen Entwicklung (die in diesem Zusammenhang als »Ontogenese« bezeichnet wird) die in der stammesgeschichtlichen Entwicklung, der »Phylogenese«, gewordenen Voraussetzungen des individuellen Entwicklungsgeschehens niederschlagen: auch die Stufen der »ontogenetischen« Entwicklung sind bis zu einem gewissen

Grade als Rekapitulation der »phylogenetischen« Entwicklungsfolge[12], die zum Menschen geführt hat, aufzufassen.

Der naturgeschichtliche Entwicklungsprozeß, dessen Resultat der Mensch als »Organismus« ist, wurde – von einem schwer genau bestimmbaren Zeitraum an – von der *gesellschaftlich-historischen Entwicklung* des Menschen überlagert (wobei die zeitliche Größenordnung dieses Entwicklungsvorganges nach Jahrhunderttausenden zu bestimmen ist). Während die naturgeschichtliche Entwicklung als »biologischer« Evolutionsprozeß in der Veränderung von »Erbanlagen« besteht, muß als Träger der gesellschaftlich-historischen Entwicklung die vergegenständlichende menschliche Arbeit angesehen werden, die in ihren Objektivationen eine Bewahrung, Weitergabe und kumulative Verwertung gesellschaftlicher Erfahrung möglich macht. Auch die historisch-gesellschaftliche Entwicklung stellt eine Stufenfolge dar, die über verschiedene »Vorstadien« der gesellschaftlichen Produktionsweise und der dabei eingegangenen Verkehrsformen zwischen Menschen zur Struktur der bürgerlichen Gesellschaft führte, in der die früheren Formen gesellschaftlicher Lebenserhaltung und -entfaltung auf eine komplexe und widersprüchliche Weise aufgehoben sind (und die ihrerseits durch die sozialistischen Übergangsgesellschaften verschiedener Prägung tendenziell historisch transzendiert ist).

Ein zentrales Ansatzproblem psychologischer Forschung (das von der bürgerlichen Psychologie grundsätzlich falsch behandelt wird) ist die Frage nach der *Vermittlung zwischen der individualgeschichtlichen Entwicklung des Menschen und der historisch-gesellschaftlichen Entwicklung* (damit auch nach der Vermittlung zwischen naturgeschichtlicher und gesellschaftlich-historischer Gewordenheit). – Die Lebenswelt des Menschen darf nicht auf – personale und dingliche – Gegebenheiten einer geschichtslosen »Umwelt« reduziert werden, mit welcher der »Organismus« in »soziale« oder nichtsoziale Interaktion tritt (vgl. *Holzkamp* 1972, S. 35 ff.), sondern muß als eine historisch bestimmte, durch Momente gesamtgesellschaftlicher Struktureigentümlichkeiten charakterisierte Welt expliziert werden. Aber selbst wenn der Umstand, daß die menschliche Lebenswelt resultativer Ausdruck ihrer gesellschaftlich-historischen Gewordenheit ist und daß in ihr frühere Entwicklungsstufen konkret aufgehoben sind, gesehen wird, ist der Ansatz

---

[12] Die Rekapitulationsthese ist in übervereinfachter Form in *Haeckels* »biogenetischem Grundgesetz« ausgedrückt; wenn auch die Annahme einer direkten Parallelität der phylogenetischen und der ontogenetischen Entwicklung inzwischen vielfach modifiziert und relativiert werden mußte, so steht doch außer Zweifel, daß bestimmte Abfolgen der stammesgeschichtlichen Entwicklung in Entsprechung zu bestimmten Abfolgen der individuellen Entwicklung der Organismen stehen.

für eine wissenschaftlich fortgeschrittene Psychologie noch keineswegs gefunden. Der Weg zu fruchtbarer psychologischer Forschung bleibt so lange verstellt, wie man den »natürlichen« Menschen und die »Gesellschaft« als sich äußerlich gegenüberstehend mißdeutet und seine Entwicklung, »Sozialisation« etc. als eine Modifikation, Einschränkung, »Deformation«, »Unterdrückung« seiner »Natürlichkeit« durch gesellschaftliche Kräfte interpretieren möchte. Es muß klar erkannt werden, daß die *Rede von der »Gesellschaft« eine Abstraktion darstellt* und daß die Hypostasierung der Gesellschaft als einer dem Menschen gegenüberstehenden selbständigen Entität ein Charakteristikum (wie immer »kritisch« sich gerierender) *bürgerlicher Sozialwissenschaft* ist. Das empirische Faktum, welches zum Thema psychologischer Forschung werden muß, ist der *gesellschaftliche Mensch in seiner wirklichen Lebenstätigkeit,* der bei der Entwicklung gesellschaftlicher Lebenserhaltung und -erweiterung bestimmte Verkehrsformen herausgebildet hat, die abstrahierend als Gesellschaftsformationen gekennzeichnet werden können. Die »Natur« des Menschen ist von vornherein eine *gesellschaftliche Natur* (wie später in der historischen Analyse verdeutlicht werden wird). Der individuelle Prozeß der »Vergesellschaftung« ist demgemäß allgemein gesehen ein Prozeß der Entfaltung der »natürlichen« menschlichen Gesellschaftlichkeit (was den spannungsvoll-widersprüchlichen Charakter einer solchen Entwicklung keineswegs ausschließt). – Der Umstand, daß unter kapitalistischen Lebensbedingungen die »Gesellschaft« dem Menschen als eine fremde, von ihm getrennte Entität gegenübersteht, ist nicht – wie in bürgerlicher Sozialwissenschaft (einer gewissen Ausprägungsform) vorausgesetzt – ein generelles Charakteristikum des Verhältnisses zwischen Mensch und Gesellschaft, sondern gesellschaftlich notwendiger Schein innerhalb der bürgerlichen Gesellschaftsformation in ihrer historischen Bestimmtheit.

Wie in gesamtgesellschaftlichem Maßstab die gegenständliche gesellschaftliche Arbeit als fundamentales Bewegungsmoment der historischen Entwicklung betrachtet werden muß, so ist im Blick auf den einzelnen Menschen die individuelle gegenständliche Tätigkeit als Bewegungsmoment seiner »Vergesellschaftung« anzusehen. Die Gesellschaftlichkeit des wirklichen individuellen Menschen ist Resultat der tätigen »Aneignung der gesellschaftlich-historischen Erfahrung durch den Menschen« (*Leontjew* 1973, S. 279 ff.). Die menschliche Ontogenese als Ausfaltung phylogenetisch erlangter biologischer Möglichkeiten zur »Vergesellschaftung« und die Aneignung gesellschaftlich-historischer Erfahrung als durch gegenständliche Tätigkeit vorangetriebene Realisierung dieser Möglichkeiten sind also *zwei Momente des einheitlichen Prozesses individualgeschichtlicher menschlicher Entwicklung.* – Der Begriff der »Aneignung« ist das grundlegende Konzept der von uns zu erarbeitenden gegenstandsbezogenen kritisch-psychologischen Forschung und wird später noch bis in die Einzelheiten auseinandergelegt werden.

In menschlichen Subjektivitätsmomenten (wie »Bedürfnissen« oder »Wahrnehmung«) sind mithin nicht nur – vermittelt durch den ontogenetischen Prozeß – die Stufen der stammesgeschichtlichen Entwicklung des Menschen konkret aufgehoben: Die Subjektivitätsmomente sind hinsichtlich bestimmter Funktionseigenarten in dem Maße *auch resultativer Ausdruck gesellschaftlich-historischer Gewordenheit, wie Struktureigentümlichkeiten der bestehenden Gesellschaftsformation (samt den in ihr aufgehobenen »Vorstufen«) im individualgeschichtlichen Entwicklungsprozeß als gesellschaftlich-historische Erfahrung angeeignet worden sind.*

In der gegenstandsbezogenen historischen Rekonstruktion wäre also herauszuarbeiten, welchen – über die individuelle Entwicklung vermittelten – naturgeschichtlichen bzw. gesellschaftlich-historischen Ursprungsbedingungen die verschiedenen Charakteristika menschlicher Bedürfnisse, Wahrnehmungsweisen etc. entstammen, um auf diese Art *schließlich ihre Spezifik als Momente menschlicher Subjektivität in der bürgerlichen Gesellschaft angemessen zu erfassen und empirischer Erforschung zugänglich zu machen.* – Dabei sind zunächst durch die *naturgeschichtliche Analyse* die Charakteristika der zu untersuchenden Subjektivitätsmomente identifizierbar zu machen, die als *allgemeine biologische Eigenarten des Organismus* (verschiedenen phylogenetischen Ursprungsalters) *zu betrachten sind.* Nur auf dem Hintergrund der Befunde einer solchen naturgeschichtlichen Analyse können die Besonderheiten der Charakteristika an dem jeweils zu untersuchenden Subjektivitätsmoment abhebend gekennzeichnet werden, die *resultativer Ausdruck der gesellschaftlich-historischen Entwicklung in ihren generellsten Zügen sind.* Erst wenn es gelungen ist, durch Abhebung von den Ergebnissen naturgeschichtlicher Gewordenheit die Grundzüge allgemeinster gesellschaftlich-historisch bedingter Eigenarten menschlicher Subjektivität (in den jeweils relevanten Hinsichten) abstrahierend angemessen zu bestimmen, können in einem dritten Schritt durch konkretisierende Analysen an den Subjektivitäts-Eigenarten, als Resultaten der individuellen Aneignung historisch-gesellschaftlicher Erfahrung, *jene Momente herausgehoben werden, die nicht lediglich Merkmale menschlicher Gesellschaftlichkeit überhaupt, sondern spezifische Merkmale menschlicher Gesellschaftlichkeit unter bürgerlichen Lebensbedingungen darstellen.*

Analysen auf historisch-materialistischer Grundlage sind an konkretem Material zu entfalten, wobei sie der Möglichkeit nach um so höheren Erkenntnisgewinn erbringen, je reicher und zuverlässiger die analysierten Daten sind. – Die Analyse der gesellschaftlichen Funktion der *Psychologie* stützt sich auf das übliche historische Quellenmaterial über die Entwicklung der psychologischen Berufstätigkeit, die Entwicklung der Institutionen, in denen Psychologen tätig sind, die Entwicklung der psychologischen Theorienbildung und Methodik, darüber hinaus über allgemeinere Entwicklungen der Sozialwissenschaften und der Philosophie, schließlich über gesamtgesellschaftliche Entwicklungen der Produktivkräfte und Produktionsverhältnisse. – Bei der Analyse psychologischer *Gegenstandsbereiche* muß (zum Teil) anderes Datenmaterial auf andere Weise aufbereitet werden. Die naturgeschichtliche Gewordenheit bestimmter Funktionseigenarten menschlicher Subjektivitätsmomente ist an biologischen, physiologischen Daten, Ansätzen und Befunden aus der »Tierpsychologie« bzw. experimentellen Ethologie (Verhaltensforschung) etc. herauszuarbeiten; die Ursprungsbedingungen der allgemeinsten gesellschaftlich-historisch geprägten Funktionseigentümlichkeiten müssen an anthropologischen, archäologischen etc. Forschungsbefunden auseinandergelegt werden; der Aufweis, daß bestimmte funktionale Eigenarten resultativer Ausdruck der Aneignung von spezifischen Strukturmomenten der bürgerlichen Gesellschaft sind, erfordert die Verarbeitung von Daten über die biologischen Voraussetzungen und individualgeschichtlichen Bedingungen der Persönlichkeitsentwicklung wie die Konzipierung theoretischer Vorstellungen und Gewinnung empirischer Befunde über Beschaffenheit und Verlauf derjenigen Vollzüge der individuellen Aneignung von Strukturmomenten der bürgerlichen Gesellschaft, die in den entsprechenden Funktionseigenarten der zu untersuchenden Momente menschlicher Subjektivität ihren Niederschlag finden.

Die gegenstandsbezogene historische Analyse der kritischen Psychologie und die empirische bzw. experimentelle Forschung schließen sich also – wie später noch im einzelnen gezeigt werden wird – keineswegs aus. Die historische Analyse psychologischer Gegenstandsbereiche ist vielmehr auf – vorhandene oder noch zu schaffende – Ansätze und Befunde verschiedenster Wissenschaftsdisziplinen angewiesen. Darüber hinaus: Die aus den Resultaten der gegenstandsbezogenen historischen Analyse abzuleitenden spezielleren psychologischen Fragestellungen, die Probleme der individuellen Aneignung von Strukturmomenten der bürgerlichen Gesellschaft in ihrer Rückwirkung auf Funktionseigentümlichkeiten menschlicher Subjektivitätsmomente, erfordern, da sie bisher noch nicht untersucht worden sind, zu ihrer Klärung die *Formulierung und empirische Prüfung neuer theoretischer Annahmen in zukünftiger experimenteller Forschungsarbeit innerhalb der kritischen Psychologie*. – Wer den historischen Ansatz der kritischen Psychologie in die Nähe von psychologischen Grundauffassungen wie denen einer »geisteswissenschaftlichen«, »verstehenden«, »beschreibenden«, »phänomenologischen«, »hermeneutischen« etc. Psychologie bringen will, der verkennt nicht nur den materialistischen Charakter der kritisch-psychologischen Konzeption, er verfehlt auch den Umstand, daß die kritisch-psychologische Forschung in ihrer gegenstandsbezogenen historischen Verfahrensweise nicht als Alternative zur strengen empirisch-experimentellen Forschung betrachtet werden darf, sondern im Gegenteil *durch fundamentale theoretische Neuorientierungen eine empirisch-psychologische Untersuchungsarbeit vorbereiten und realisieren will, die angemessenere und umfassendere Erkenntnis über die Subjektivität der Menschen in der bürgerlichen Gesellschaft erbringt.*

3.3 Historische Analyse der Wahrnehmung unter gnostischem und gnoseologischem Aspekt

Wenn man von »Wahrnehmung« spricht, so hebt man dabei ein Moment menschlicher Subjektivität heraus, das (zusammen mit dem »Denken«) gegenüber anderen Subjektivitätsmomenten eine wesentliche Besonderheit aufweist: *Die Wahrnehmung hat* – wie in der phänographischen Analyse aufgewiesen – *als Teilmoment der menschlichen Erkenntnistätigkeit der Möglichkeit nach erkennenden Charakter, ist also eine gnostische Funktion menschlicher Lebenstätigkeit.* Wenn die Wahrnehmung von der Wissenschaft aufgegriffen und zum Gegenstand des Erkennens gemacht wird, so macht sich hier mithin *das menschliche Erkennen in einem bestimmten Ausschnitt selbst zum Erkenntnisgegenstand.* Wissenschaftliche Erkenntnisse über Wahrnehmung sind Erkenntnisse über Erkenntnis. Psychologische Theorien, die sich auf die Wahrnehmung beziehen, sind demnach *Theorien über Erkenntnis*, also *»Erkenntnis-Theorie«* in einem allgemeinen Sinne.

In welchem Verhältnis stehen solche psychologischen »Erkenntnis-Theorien« zur Erkenntnistheorie als philosophischer Disziplin? – Innerhalb der Faktizität bürgerlicher Wissenschaft und Philosophie existieren die beiden »Disziplinen« mehr oder weniger lose verbunden nebeneinander. Die bürgerliche Wahrnehmungspsychologie setzt sich als einzelwissenschaftlicher Forschungsansatz von philosophisch-erkenntnistheoretischen Bemühungen sowohl institutionell wie ihrem Selbstverständnis nach eindeutig ab, betrachtet die experimentelle Untersuchung der Wahrnehmung als ein Geschäft, das von der Art und Weise, in der erkenntnistheoretische Grundsatzprobleme behandelt werden, weitgehend unabhängig ist. Die philosophische Erkenntnistheorie wiederum sieht ihre Aufgabe in der Abklärung der Bedingungen für die Möglichkeit menschlicher Erkenntnis überhaupt; das Problem der allgemeinen Erkenntnisvoraussetzungen erscheint dabei der Frage der empirischen Beschaffenheit menschlicher Erkenntnisvollzüge als logisch vorgeordnet; demnach wird die Vorstellung als unsachgemäß und »psychologistisch« zurückgewiesen, Ergebnisse experimenteller Forschungsarbeit auf dem Gebiet der Wahrnehmungspsychologie könnten irgendeine Bedeutunng für erkenntnistheoretische Reflexionen beanspruchen. Diese Absonderung ist eine bestimmte Form der gedanklichen Trennung zwischen *Geltungsfragen* und *Tatsachenfragen,* wie sie sich aus der bürgerlichen Wissenschaftsauffassung ergibt. Die Voraussetzung, daß Normatives nicht aus Faktischem ableitbar ist und umgekehrt aus Normativem keine Faktenaussagen gewonnen werden können, rechtfertigt es scheinbar, daß die »Disziplinen« der psychologischen Wahrnehmungslehre und der philosophischen Erkenntnistheorie sich wechselseitig weitgehend von den Problemen der jeweils anderen Disziplin entlastet haben und ihre Beziehungen lediglich als eine Abgrenzungsfrage, nicht aber als eine sachbezogene Forschungsfrage auffassen.

Demgegenüber gehen wir davon aus, daß unsere Formulierung, wahrnehmungspsychologische Theorien seien eine Art von »Erkenntnis-Theorien«, keinesfalls ein bloßes terminologisches Spiel mit Äquivokationen ist. »Erkenntnis« ist als solche eine adäquate, »gültige« Erfassung von realen Gegebenheiten. Es ist demnach ein *Widerspruch in sich, wenn man auf der einen Seite Wahrnehmung als »sinnliche Erkenntnis« begreift, auf der anderen Seite aber bei der psychologischen Erforschung der Wahrnehmung den Geltungsgesichtspunkt außer acht lassen will.* Der gnostische Aspekt, unter dem die Wahrnehmung als »erkennende« Funktion der Lebenstätigkeit menschlicher Subjekte erforscht wird, und der gnoseologische Aspekt, unter dem nach den Möglichkeitsbedingungen der Geltung sinnlicher Erkenntnis für Realität gefragt wird, *gehören der Sache nach zusammen.* – Die Abtrennung der empirischen Wahrnehmungsforschung von der Erkenntnistheorie innerhalb der bürgerlichen Wissenschaft ist – wie sich zeigen soll – einer der entscheidenden Gründe für die wissenschaftliche Beschränktheit der bürgerlichen Wahrnehmungspsychologie und im übrigen selbst als geschichtliches Faktum der Erklärung bedürftig.

Gemäß dem regulativen Forschungsprinzip der historisch-materialistisch fundierten psychologischen Gegenstandsanalyse ist die sinnliche Erkenntnis durch Herausarbeitung der Funktion der Wahrnehmung innerhalb des materiellen Prozesses der Produktion und Reproduktion gesellschaftlichen Lebens auf ihre wesentlichen Züge hin wissenschaftlich zu explizieren, wobei die naturgeschichtlichen Vorstufen wie die

Stufen gesellschaftlich-historischer Entwicklung, die in den Eigenarten des Funktionierens sinnlicher Erkenntnis innerhalb der bürgerlichen Gesellschaft aufgehoben sind, auf ihre jeweils konkreten historischen Ursprungsbedingungen hin zu rekonstruieren sind. Diesem Ansatz nach ist die Wahrnehmung als sinnliche Erkenntnis nur dann der Möglichkeit nach richtig zu begreifen, wenn man *Vorformen des sinnlichen Erkennens als notwendige Momente organismischer Lebensaktivität und die sinnliche Erkenntnis selbst in ihren verschiedenen Ausprägungsarten und Graden der Abgehobenheit und Bewußtheit als notwendige Momente der Tätigkeit des Menschen auf den jeweiligen historischen Entwicklungsstufen der Produktion und Reproduktion gesellschaftlichen Lebens versteht.* – Das menschliche Erkennen als sich seiner selbst bewußt und als Gegenstand erkenntnistheoretischer wie wissenschaftstheoretischer Reflexion und empirischer Forschung offenbart sich in dieser Sicht als ein *Spätprodukt der historisch-gesellschaftlichen Entwicklung,* als die Stufe, welche die Kategorien für die historische Rekonstruktion herausgebildet hat.

Die Trennung zwischen Geltungsfragen und Tatsachenfragen muß als ein Ergebnis der verselbständigten, spezialisierten erkenntnistheoretischen Reflexion betrachtet werden. Nicht diese Trennung selbst ist kritisch zurückzuweisen: *Nachdem* Normatives und Faktisches einmal unterschieden ist, muß eine *logische* Reduktion von Normen auf Fakten wie eine *logische* Herleitung von Fakten aus Normen in der Tat als unmöglich betrachtet werden. Die Kritik richtet sich allein dagegen, daß diese Trennung in der bürgerlichen Philosophie und Wissenschaft zu einer Art von überhistorisch-logischem Apriori gemacht wurde, das einer weiteren Explikation weder fähig noch bedürftig sei. Hierin liegt, wie im einzelnen gezeigt werden soll, der Grund für die genannte Beschränktheit bürgerlichen Denkens, durch welche die Möglichkeit, die Geltung menschlicher Erkenntnis und die empirische Faktizität menschlicher Erkenntnistätigkeit richtig ins Verhältnis zu setzen und angemessen zu begreifen, von vornherein verstellt ist. – Die überhistorische und außergesellschaftliche Fixierung des Geltungsproblems ist das Ergebnis einer *gedanklichen* Ausklammerung der biologischen und gesellschaftlichen Funktionsgeschichte der Erkenntnis durch die bürgerliche Wissenschaft, womit der *reale* Ursprung der Möglichkeit einer gültigen Erfassung der Wirklichkeit durch die sinnliche Erkenntnis aus der Notwendigkeit organismischer und gesellschaftlicher Lebenserhaltung verborgen bleiben muß. Diese reale historische Genese ist in wissenschaftlichem Denken zu reproduzieren, wenn die Wahrnehmung als potentiell wirklichkeitsadäquate, also »gültige« sinnliche Erkenntnis gnoseologisch richtig bestimmt und damit auf angemessene Weise der psychologischen Forschung zugänglich gemacht werden soll.

Jede Auseinanderlegung der gnoseologischen Grundfragen nach den Möglichkeitsbedingungen von Erkenntnis führt – grob gesprochen – zu den Problemen der Beziehung zwischen Sein und Bewußtsein, der Beziehung zwischen Subjekt und Objekt sowie des Verhältnisses der beiden Beziehungen zueinander. Die Behandlung dieses Problemkomplexes durch marxistische Gnoseologie repräsentiert dabei selbst eine bestimmte Entwicklungsstufe innerhalb der Philosophiegeschichte. Eine volle Abklärung der Grundvoraussetzungen menschlicher Erkenntnis vom Ansatz gnoseologischer Konzeptionen des Marxismus aus ist mithin – wie bereits im Hinblick auf die gegenstandsbezogene historische Angehensweise in der Psychologie dargelegt – nur möglich, wenn man sowohl marxistische Positionen der Gnoseologie aus der Kritik anderer erkenntnistheoretischer Positionen historisch begründet wie das Erkenntnisproblem selbst mit Mitteln marxistischer Erkenntnislehre historisch expliziert, wenn also das Wesen menschlicher Erkenntnis im »Schnittpunkt« von (i. w. S.) wissenschaftsbezogener und gegenstandsbezogener historischer Analyse verdeutlicht wird. – Eine ausführliche kritische Auseinandersetzung mit verschiedenen erkenntnistheoretischen Positionen und Herausarbeitung der Besonderheiten marxistischer Erkenntnislehre aus gesamtgesellschaftlich vermittelten philosophiegeschichtlichen Entwicklungen ist indessen innerhalb eines Buches, in welchem die sinnliche Erkenntnis als Gegenstand *psychologischer* Forschung im Mittelpunkt steht, nicht möglich. Gnoseologische Probleme können von uns nur in dem Umfang einbezogen werden, als es für die angemessene psychologische Behandlung der sinnlichen Erkenntnis unerläßlich ist. Daraus ergeben sich für die weiteren Ausführungen bestimmte darstellungstechnische Probleme.

Marxistische Gnoseologie ist faktisch die methodische Grundlage für unsere Rekonstruktion der Funktionsgeschichte sinnlicher Erkenntnis. Wenn wir indessen auch in der *Darstellung* mit der Auseinanderlegung unserer gnoseologischen Position beginnen würden, könnte – da wir auf eine begründete Herleitung aus der historischen Kritik anderer erkenntnistheoretischer Auffassungen verzichten müssen – leicht das (möglicherweise schwer korrigierbare) Bild einer Ansammlung dogmatischer Thesen im Stil »trockenen Versicherns« entstehen. Wir verzichten deshalb auf eine vorab unternommene allgemeine Darlegung unseres erkenntnistheoretischen Ansatzes und beginnen mit den historischen Analysen, in denen die gnoseologische Position implizit entfaltet wird. Die gesonderte Herausarbeitung der hier angestrebten Klärung der erkenntnistheoretischen Grundprobleme erfolgt erst am Ende bestimmter Abschnitte der historischen Rekonstruktion, unter Verwendung des dabei aufgearbeiteten konkreten Wissens über naturgeschichtliche und gesellschaftlich-historische Entwicklungen. Auf diese

Weise läßt sich die Begründetheit gnoseologischer Klärungen aus dem geschichtlichen Prozeß der Herausbildung menschlicher Erkenntnis so ausweisen, daß unsere gnoseologische Position weniger leicht als dogmatisch mißverstanden werden kann. – Der Nachteil, daß die Einsicht in die allgemeine Tendenz wesentlicher Argumentationszusammenhänge des Buches sich für den Leser nicht auf Anhieb, sondern erst nach Kenntnisnahme von »Daten« mannigfacher Art ergeben kann, muß dabei allerdings in Kauf genommen werden.

Wie früher mit Bezug auf die generelle Verfahrensweise der historischen Analyse psychologischer Gegenstandsbereiche gezeigt wurde (vgl. S. 51 f.), sind die allgemeinsten gesellschaftlich-historisch bedingten Charakteristika der Wahrnehmung als eines Momentes der empirischen Subjektivität nur dadurch in ihrer Besonderheit angemessen herauszuarbeiten, daß sie von den Eigenarten der Wahrnehmungstätigkeit, die resultativer Ausdruck der in verschiedenen phylogenetischen Stufen verlaufenen naturgeschichtlichen Entwicklung sind, auf dem Hintergrund gemeinsamer Entwicklungszüge in ihrer Besonderheit abgehoben werden. Der erste Teil der folgenden historischen Analysen (als 4. Hauptteil des Buches) beschäftigt sich demgemäß mit der *naturgeschichtlichen Gewordenheit* der organismischen Grundeigenarten der Wahrnehmung, wobei biologische, physiologische, ethologische etc. Ansätze aufgearbeitet werden. Im darauffolgenden Teil (dem 5. Hauptteil des Buches) sollen – unter Heranziehung anthropogenetischer, archäologischer etc. Ansätze und Befunde – basierend auf den Resultaten der naturgeschichtlichen Analyse, die *gesellschaftlich-historischen Ursprünge allgemeinster gesellschaftlich-historischer Spezifika* der Wahrnehmung verdeutlicht werden.

Mit einer solchen Bestimmung der Funktion sinnlicher Erkenntnis aus dem Zusammenhang des naturgeschichtlichen und gesellschaftlich-historischen Lebensprozesses überhaupt ist von den Besonderheiten der Wahrnehmung, die durch die individuelle Aneignung von Strukturmomenten der bürgerlichen Gesellschaft bedingt sind, zunächst abstrahiert. Die *gnoseologische Frage* nach den Möglichkeitsbedingungen der Geltung von Erkenntnis, sofern damit die *menschliche Erkenntnis in ihrer allgemeinsten Charakteristik* gemeint ist, stellt sich auf diesem Abstraktionsniveau. Demgemäß wird anschließend (im 6. Hauptteil des Buches) der Versuch gemacht, unter Verwertung der Resultate der naturgeschichtlichen Analyse und der Herausarbeitung der generellen gesellschaftlich historischen Eigentümlichkeiten der Wahrnehmung das *gnoseologische Problem* darzulegen, wie die Fähigkeit des Menschen, *in sinnlicher Erkenntnis wirkliche Eigenschaften der objektiven Außenwelt zu erfassen*, aus seiner *Gesellschaftlichkeit überhaupt* begreiflich gemacht werden kann, und wie dabei die Bedeutung der biologischen Voraussetzungen, die sinnliche Erkenntnis als gesellschaftliche Funktion erst möglich machen, genauer zu bestimmen ist. Der Umstand, daß die sinnliche Erkenntnis lediglich Teilmoment eines umfassenderen Erkenntnisprozesses ist, der die denkende Erkenntnis einschließt, wird dabei immer deutlicher herauszuheben sein.

Der abstraktive Aufweis der Grundeigenarten menschlicher Gesellschaftlichkeit und der daraus entspringenden allgemeinen Kennzeichen der Wahrnehmungstätigkeit (in Abhebung von der organismischen Orientierungs-Aktivität) ist ein *notwendiger gedanklicher Zwischenschritt*, wenn die Wahrnehmungsweise des Menschen in der bürgerlichen Gesellschaft wissenschaftlich charakterisierbar sein soll: Nur sofern man zunächst abstrahierend im Blick auf die gegenwärtigen gesellschaftlichen Verhältnisse ihre *generellen Züge, die sie mit allen Gesellschaftsformen teilt,* in dem jeweils relevanten Moment herausgestellt hat, kann man, im »Aufsteigen vom Abstrakten zum Konkreten« (vgl. *Marx,* Gr., 1939/1941, S. 21 ff.; s. auch in diesem Buch S. 363 ff.) konkretisierend die *historisch bestimmten, transitorischen Besonderheiten dieses Momentes im Zusammenhang der bürgerlichen Gesellschaftsstruktur* aufweisen, womit die zentrale Aufgabenstellung dieses Buches in Angriff genommen ist. Im 7. Hauptteil des Buches wird demgemäß – durch Hervorhebung *derjenigen Eigenarten der Wahrnehmungstätigkeit, die resultativer Ausdruck der individuellen Aneignung von Strukturmomenten der bürgerlichen Gesellschaftsform in ihrer historischen Bestimmtheit sind* – eine Konkretisierung der wissenschaftlichen Erfassung von Charakteristika der sinnlichen Erkenntnis im Blick auf ihre widersprüchliche Funktionalität für die gesellschaftliche Lebenserhaltung unter kapitalistischen Produktionsbedingungen versucht; dabei sind Ansätze und Befunde aus der bestehenden Wahrnehmungspsychologie, der Erforschung der menschlichen Ontogenese, der Entwicklungspsychologie etc. zu verwerten und ist auf der Basis der gewonnenen Gesamtkonzeption eine Reihe von »kritisch-psychologischen« Forschungsfragen, die theoretisch präzisiert und empirisch geprüft werden müssen, herauszuarbeiten.

Auch die *gnoseologische Grundfrage* nach den Möglichkeitsbedingungen der Geltung menschlicher Erkenntnis stellt sich durch die Konkretisierung der Analyse auf die Wahrnehmungstätigkeit in ihrer historischen Bestimmtheit durch die bürgerliche Gesellschaft noch einmal in konkreterer Form. Im letzten, 8. Hauptteil des Buches wird der Stellenwert der sinnlichen Erkenntnis innerhalb verschiedener gnostischer Stufen des denkenden Erkennens der bürgerlichen Lebenswirklichkeit in ihren im täglichen Leben je begegnenden besonderen Erscheinungsformen genau auseinandergelegt. Dabei wird auch die wesentlichste Gedankenentwicklung dieser Abhandlung, die Herausarbeitung der Funktion der Wahrnehmung innerhalb erkenntnisgeleiteter kritischer Praxis des Menschen in der bürgerlichen Gesellschaft, verallgemeinernd zum Abschluß zu bringen sein. Der 8. Hauptteil ist demgemäß in gewisser Hinsicht die wichtigste Partie des Buches.

Eine vollständige historische Bestimmung psychologischer Gegenstandsbereiche, wie sie wissenschaftlich erforscht werden, ist – wie früher dargelegt – nur zu erlangen, wenn die Analyse der historischen Gewordenheit des wissenschaftlichen Standortes, von dem aus die gegenstandsbezogene Analyse erfolgt, gleichermaßen vorangetrieben wird. Die Verdeutlichung des von uns eingenommenen kritisch-psychologischen Standortes der Wahrnehmungsforschung durch Absetzung von der bürgerlichen Wahrnehmungspsychologie (unter Heraushebung des relativen wissenschaftlichen Wertes ihrer Ansätze und Befunde) erfolgt explizit und ausführlich an verschiedenen Stellen des Buches. Dieser Aspekt steht jedoch nicht im Mittelpunkt unserer Abhandlung und hat demgemäß auch in der Darstellungssystematik kaum Eingang gefunden. Hier soll (wie in der Einleitung, S. 19 f., begründet) zunächst eine systematische Auseinanderlegung der menschlichen *Wahrnehmungstätigkeit* geleistet werden. Die klarere kritisch-historische Heraushebung theoretischer und methodischer Besonderheiten der psychologischen Position, von der aus dies versucht wird, dabei die systematische Darstellung und Analyse der Geschichte der Wahrnehmungspsychologie, soll in einer späteren Arbeit erfolgen[13].

---

[13] *Holzkamp:* Wahrnehmung, Einführung in die Psychologie (Hg. C. F. *Graumann*) Bd. 2, Frankfurt/M. – Bern – Stuttgart; voraussichtl. 1974. (Die Fertigstellung dieses schon lange angekündigten Einführungstextes hat sich deswegen hinausgeschoben, weil zunächst die Entfaltung des Wahrnehmungsproblems in der vorliegenden, der Konzeption der genannten von *Graumann* herausgegebenen Reihe nach Umfang und Anlage nicht gemäßen, Untersuchung nötig war.)

4 Naturgeschichtliche Gewordenheit biologisch-organismischer Grundcharakteristika der Wahrnehmung

In naturgeschichtlichem Denken, bezogen auf Organismen, macht der Mensch als »Spezies«, als Organismus mit bestimmten Artmerkmalen, sich in seiner Gewordenheit zum Gegenstand wissenschaftlichen Erkennens, begreift dabei die Tierarten als historisch miteinander verbunden, »spätere« aus »früheren« hervorgegangen, somit bestimmte Tierarten auch als Vorstufe zu sich selbst. Dieser Gedanke der stammesgeschichtlichen, »phylogenetischen«, *Evolution* der Organismen setzte sich erst sehr spät, mit Charles *Darwin*, dessen Hauptwerk »On the Origin of Species...« 1859 zuerst erschien (verfügbare dt. Ausg. 1967) in der Wissenschaft und im allgemeinen Bewußtsein durch. Die *Darwin*sche Evolutionstheorie wurde besonders durch Gregor *Mendels* Begründung der modernen Genetik, die Entdeckung der Mutation durch *de Vries* u. a. und die Entwicklung der Biostatistik ausgebaut und abgesichert.

Als wesentliche Grundprinzipien der Evolution sind gegenwärtig anzunehmen: die *erbliche Variabilität* der Organismen durch genetische *Kombination* und vor allem durch *Mutation*; die *natürliche Selektion* der Organismen durch Erhöhung der Überlebenswahrscheinlichkeit oder (präziser) Fortpflanzungswahrscheinlichkeit von solchen Varianten einer Organismen-Population, die den Lebensbedingungen der je besonderen Umwelt besser angepaßt sind: dabei ist vorausgesetzt, daß die Organismen jeweils einen *Nachkommenüberschuß* produzieren, der durch die Selektion wieder reduziert wird; die geographische und biologische *Isolation*, durch welche eine »Auseinanderentwicklung« verschiedener Organismen-Populationen erfolgt; die *Wanderung* (»migration«), durch die Organismen-Populationen voneinander getrennt werden etc. Das zentrale Evolutionsprinzip ist die *Selektion*, weil sie allein die Progression der Organismen-Entwicklung verständlich machen kann. Die evolutionäre Entwicklung ist ein zeitlich sehr lang erstreckter Prozeß, den man nach der Größenordnung von Jahrmillionen bemessen muß. – Die *Darwin*sche Evolutionstheorie in ihren modernen Fortführungen ermöglicht zwar nicht für alle Tatbestände der stammesgeschichtlichen Entwicklung befriedigende Erklärungen und ist auch keineswegs der wissenschaftlichen Kontroverse enthoben, ist aber dennoch als das entscheidende gedankliche Rüstzeug phylogenetischer Analysen zu betrachten.

Der Begriff der »Funktion« und seine Ableitungen, die im Begründungszusammenhang dieses Buches einen wichtigen Stellenwert haben[14], kön-

---

[14] Dies heißt keineswegs, daß unsere Grundkonzeption in die Nachbarschaft des psychologischen »Funktionalismus«, wie er um die Jahrhundertwende in den USA entstand und später in den Behaviorismus überging, gebracht werden könnte. Das organismische Spezifitätsniveau, für uns nur ein erster Schritt der Analyse, ist für den Funktionalismus, der auf sozialdarwinistischen Vorstellungen beruht, als Ganzen charakteristisch. Vielmehr ist die Überwindung

nen nun in evolutionstheoretischem Kontext eine erste Bestimmung erhalten: Wenn im Zusammenhang unserer phylogenetischen Analysen von »Funktion«, »funktional«, »Funktionalität« etc. die Rede ist, so soll damit stets der Gesichtspunkt der *Relevanz einer Lebenserscheinung für die selektionsbedingte Erhöhung der Fortpflanzungswahrscheinlichkeit einer Organismen-Population* hervorgehoben werden. Dabei ist die »Funktionalität« etc. nur in oberflächlicher Sicht als »Zweckmäßigkeit« für die Lebenserhaltung zu umschreiben. Die naiv-teleologische Betrachtensweise ist in der Selektionstheorie genaugenommen auf den Kopf gestellt: Eine bestimmte Ausrüstung des Organismus ist nicht zu dem *Zweck* in Erscheinung getreten, den Organismus am Leben zu erhalten, die Ausrüstung ist vielmehr deswegen in der evolutionären Entwicklung entstanden, weil sie den *Effekt* hatte, den Organismus am Leben zu erhalten. Die stammesgeschichtliche Analyse geht von bestimmten organismischen Eigenarten als *Resultaten* der phylogenetischen Entwicklung aus und hat rekonstruktiv die Selektionsbedingungen aufzudecken, durch die begreiflich wird, daß *jeweils gerade diese und keine anderen Eigenschaften des Organismus im stammesgeschichtlichen Prozeß sich herausgebildet haben,* quasi »übrig geblieben« sind.

Der funktionale Ansatz im phylogenetischen Kontext, da er einen »Wahrscheinlichkeits«-Standpunkt impliziert, bringt es mit sich, daß die Aussagen über stammesgeschichtliche Entwicklungen nicht auf einzelne Organismen, sondern lediglich auf zentrale Tendenzen, »durchschnittliche« Veränderungen innerhalb von Populationen, bezogen werden können. (Es geht z. B. nicht darum, aufzuweisen, daß eine gewisse Variante die Überlebenschance *eines* bestimmten Organismus unter bestimmten Bedingungen erhöht, sondern um den Nachweis, daß gewisse organismische Variationen unter bestimmten Bedingungen im *»Durchschnitt«* die Fortpflanzungswahrscheinlichkeit der Organismen einer *Population* erhöhen; darüber, ob jeweils *ein* Organismus überleben und sich fortpflanzen wird, ist unter diesem Aspekt nichts auszumachen.) *Solche »modale«, durchschnittsbezogene* Betrachtungsweise ist charakteristisch für die stammesgeschichtliche Analyse (und, wie noch zu zeigen ist, in allgemeinerer Fassung auch für die gesellschaftlich-historische Rekonstruktion von Subjektivitätsmomenten wie die Wahrnehmung).

Direkte Daten über den Evolutionsprozeß sind nur aus paläontologischen Funden zu erlangen. Derartige Fossilien sind jedoch lediglich mit großen Einschränkungen verwertbar, weil aus Knochenfunden etc. schwerlich wohlbegründete Annahmen über die Eigenart der Orientierungsaktivität der fossilen Organismenformen abgeleitet werden können. Da die Evolution kein einheitlicher Prozeß ist, sondern in verschiedenen *Evolutionsreihen,* Verzweigungen, Sackgassen, in denen die Entwicklung unterschiedlich schnell vorangeschritten ist, erfolgte, kann man indessen

---

von i. w. S. funktionalistischen Auffassungen, wie sie in gewisser Weise die gesamte bürgerliche Psychologie kennzeichnen, wesentliches Merkmal des kritisch-psychologischen Forschungsansatzes (wie aus der weiteren Untersuchung deutlich werden wird; vgl. auch *Holzkamp* 1972, S. 35 ff.).

Erregbarkeit–Sensibilität; konsumierende-orientierende Aktivität 65

verschiedene Stadien des Evolutionsprozesses *durch Vergleich rezenter, heute lebender, Organismen, die unterschiedliche phylogenetische Entwicklungsstufen repräsentieren, zu rekonstruieren versuchen.* Dieses *vergleichende Verfahren*, in welchem physiologische, ethologische etc. Befunde über die Orientierungsaktivität von rezenten Organismen verschiedenen phylogenetischen Ursprungsalters miteinander in Beziehung gesetzt werden müssen, bringt zwar auch methodische Schwierigkeiten mit sich, ist aber ungleich ertragreicher und wird deswegen, wo es möglich ist, von uns angewendet. (Lediglich wenn bestimmte Problemstellungen das vergleichende Verfahren nicht zulassen, müssen wir den Versuch machen, aus fossilen Funden Aussagen über organismische Orientierungsaktivitäten abzuleiten.)

Die Orientierungsfunktion von Organismen ist keine direkt beobachtbare Variable, sondern lediglich aus den manifesten organismischen Aktivitäten zu »erschließen«. Derartige erschließende Interpretationen unterliegen der Gefahr der Beliebigkeit und anthropomorphisierender Deutungen. Eine methodische Grundregel, die wesentlich zur Verwissenschaftlichung der komparativen Psychologie, Tierpsychologie, Ethologie beigetragen hat, ist das Prinzip der »sparsamsten Erklärung«, wie es von *Lloyd Morgan* (1894) als »principle of parsimony« formuliert wurde: »In no case we may interpret an action as the outcome of the exercise of a higher psychical faculty, if it can be interpreted as the outcome of the exercise of one which stands lower in the psychological scale.« Auch wir versuchen, in den folgenden Analysen unsere Interpretationen mit dem Verfahren des *Rückschlusses nach dem Sparsamkeitsprinzip* zu disziplinieren, eine Vorgehensweise, die zwar keineswegs immer zwingend nur eine Erklärung vorschreibt, aber dennoch die Willkür der Deutungen erheblich einschränkt. Wir haben uns demnach jeweils zu fragen: *Welcher Grad der Entwickeltheit der Orientierungsfunktion muß mindestens angenommen werden, damit eine bestimmte manifeste »Leistung« eines Organismus gerade als möglich verständlich wird.*

4.1 Von allgemeiner Erregbarkeit zur Sensibilität; konsumierende und orientierende Lebensaktivität

Die allgemeine Wechselwirkung in der materiellen Welt tritt im Falle der Wechselwirkung eines Organismus mit der außerorganismischen Welt in der Form des *Stoffwechsels* auf, dessen quantitativer Aspekt der *Energiewechsel* ist. Stoffwechsel ist ein Wesensmerkmal lebendig organisierter Materie überhaupt, findet sich also bereits bei den »einfachsten«, elementarsten der uns bekannten tierischen Organismen, den lediglich aus einer einzigen Zelle bestehenden *Protozoen* (Urtierchen)[15].

---

[15] Die elementaren pflanzlichen Organismen, die von den tierischen nicht im-

Die meist mikroskopisch kleinen Protozoen, die ihr aktives Leben ausschließlich im Wasser führen, haben selbst eine differenzierte naturgeschichtliche Entwicklung hinter sich; es sind bisher über 20 000 Arten von Protozoen beschrieben worden. Dennoch kann man annehmen, daß sie der niedrigsten Stufe organismischen Lebens näherstehen als alle anderen Organismen, und demnach die Protozoen mit einem gewissen Recht als *den heute noch lebenden »Ausgangspunkt« jeder phylogenetischen tierischen Evolution bestimmen und untersuchen.*

Stoffwechsel, in welchem Stoffe von außen aufgenommen, verarbeitet, ausgeschieden werden, ist die grundlegende Voraussetzung für die Erhaltung der strukturellen Identität und Lebensfunktion der Organismen. Die zur Erhaltung des individuellen Organismus nötige Energie wird in Form von hochmolekularen, energiereichen Verbindungen dem Organismus zugeführt und durch Oxydation freigesetzt; der dazu notwendige Sauerstoff muß ebenfalls aus der Umwelt aufgenommen werden. Man kann die Stoff- und Energieumsätze zwischen Organismus und außerorganismischer Welt ihrer Funktion nach in zwei große Gruppen einteilen, die des *Baustoffwechsels* und des *Betriebsstoffwechsels*; diese (von *Pfeffer* eingeführten) Bezeichnungen decken sich weitgehend mit den in der Pflanzen- und Tierphysiologie gebräuchlichen Termini *Assimilation* und *Dissimilation* (vgl. dazu *M. Hartmann* 1953, S. 209 ff.).

Wird der Stoffwechsel unter dem Aspekt des *Baustoffwechsels*, der *Assimilation*, betrachtet, so erscheint er als ein Vorgang, in dem die aufgenommenen Stoffe zu den verschiedenen »Bausteinen« des Organismus umgebildet oder als Reservestoffe deponiert werden, womit das Wachstum des Organismus, sein strukturelles Fortbestehen und seine vitale Leistungsfähigkeit gesichert werden. Betrachtet man den Stoffwechsel unter dem Aspekt des *Betriebsstoffwechsels*, der *Dissimilation*, so erscheint er als ein Vorgang, in welchem die direkt aufgenommenen oder durch Assimilation im Organismus gebildeten Stoffe durch Abbau in die Energie umgesetzt werden, die im Lebensprozeß aufgezehrt wird. – Baustoffwechsel und Betriebsstoffwechsel, oder allgemeiner, Assimilation und Dissimilation, sind nicht zwei unabhängige Prozesse, sondern Bestandteile eines übergreifenden Prozesses, deren gegenläufiges Zueinander in der Identität des sich entwickelnden und reproduzierenden Organismus aufgehoben ist.

Die zugeführten Stoffe werden im Lebensvorgang nicht so, wie sie sind, zum Aufbau und zur Erhaltung des Organismus samt seinen Leistungen benutzt, sondern in Form durch »Verbrennung« freigesetzter

mer klar unterschieden werden können, heißen Protophyten und werden mit den Protozoen zum Reich der Protisten zusammengefaßt. Pflanzliche Organismen bleiben hier außer Betracht.

Energie. Die zum Aufbau nötige Energie ist aber Ergebnis des Dissimilationsprozesses. *Aufbau, Erhaltung und Leistung des Organismus sind also Resultat des energiefreisetzenden Abbaus von Substanz durch den Organismus.* Das Gleichgewicht zwischen Aufbau, Assimilation, und Abbau, Dissimilation, wird dadurch erhalten, daß der Organismus laufend aus der Umwelt Stoffe aufnimmt, die *gleichzeitig in der Dissimilation aufgezehrt und als dadurch freigesetzte Energie* vom Organismus assimiliert werden, womit sein Aufbau, Fortbestand und seine Lebensvollzüge möglich sind.

Der Organismus ist – kybernetisch gesehen – ein *offenes System*, das sich durch Einfuhr und Ausfuhr von Energie erhält. Durch das gegenläufige Zueinander von Assimilation und Dissimilation erreicht der Organismus als solcher niemals ein endgültiges, prozeßbeendendes Gleichgewicht, sondern ist als »*Fließgleichgewicht*« (*v. Bertalanffy*). als »steady state« (*Hill*) zu charakterisieren. Durch dieses im Stoffaustausch stationäre Fließgleichgewicht *behält der Organismus seine jeweils besondere morphologische Struktur oder »Gestalt« trotz des laufenden Austauschs der materiellen Elemente*[16]. – Wenn das Fließgleichgewicht in irgendeinem seiner Subsysteme durch äußere oder innere Einflüsse gestört ist, wird durch die *Regulationseinrichtungen* des Organismus eine Wiederherstellung des alten oder – bei irreversiblen Änderungen – eines dem alten möglichst ähnlichen strukturellen Gleichgewichtszustandes angestrebt. Der Lebensprozeß ist mithin als ein Vorgang *dynamischer Selbststeuerung* zu charakterisieren. – Erst nach dem Absterben des Organismus, wenn er also als solcher nicht mehr besteht, können die materiellen Prozesse, die in ihm organisiert waren, nunmehr in (relativ) *geschlossene Systeme*, die ihren Energieumsatz in höherem Grade *in sich* konstant halten, übergehen und damit einem »statischen« Gleichgewichtszustand sich annähern[17].

Außerorganismische materielle Wechselwirkungsvorgänge verlaufen, unter einem bestimmten Aspekt betrachtet, *symmetrisch*[18]. (Man kann nicht sagen, welcher von zwei Körpern, die aufeinanderstoßen, die

---

[16] Das Problem der Entstehung spezifischer morphologischer Strukturen, ihrer relativen Konstanz im Erbgang und ihrer Erhaltung im Fließgleichgewicht der Stoffwechselprozesse ist ein wichtiges Thema der modernen Molekularbiologie.
[17] Man kann von der »Geschlossenheit« eines Systems immer nur in bestimmter Hinsicht sprechen, da Systeme, die absolut geschlossen sind, d. h., in keinerlei Austausch mit der Umgebung stehen (abgesehen vom System des »Universums« als Ganzem), nicht vorkommen.
[18] Auch die »Symmetrie« eines Wechselwirkungsverhältnisses besteht niemals absolut, sondern immer nur in Abhebung von einer bestimmten Art »Asymmetrie«. In jeder Hinsicht »symmetrische« Beziehungen dürfen auch in der außerorganismischen Wirklichkeit nicht angenommen werden (vgl. etwa die Durchbrechung der Symmetrieerhaltungssätze in der Quantenphysik).

resultierende Bewegung »ausgelöst« hat, ebensowenig, ob der Schwefel mit dem Eisen oder das Eisen mit dem Schwefel eine chemische Verbindung eingegangen ist; wenn hier gelegentlich der Eindruck entsteht, daß bestimmte materielle Gegebenheiten passiv der aktiven Einwirkung anderer ausgesetzt sind, so ist dies das Ergebnis von »Verankerungs«-Vorgängen in der *Wahrnehmung* des Beobachters.) Die Wechselwirkung zwischen Organismus und Umwelt ist hingegen als solche auf spezifische Weise *asymmetrisch*: Das Leben des Organismus ist notwendig gekennzeichnet als Lebens*aktivität*. Es ist stets der Organismus, der im Stoffwechsel *aktiv* die »passiven« außerorganismischen Stoffe durch die Assimilation in körpereigene Substanz umsetzt und in der Dissimilation in Energie verwandelt. Organismen unterliegen nicht lediglich äußeren Einflüssen, sondern sind *»aus sich selbst bewegte« Systeme*. Die Bewegung tritt bei allen Organismen mindestens als *innere Bewegung* des Protoplasmas auf. Schon bei den freischwebenden Protozoen hat die Bewegung jedoch die Form der *Lokomotion* (Ortsveränderung) des gesamten Organismus, für die verschiedene Protozoen-Arten unterschiedliche Einrichtungen besitzen (bei den Amöben an beliebigen Körperstellen auszustülpende Pseudopodien, »Scheinfüßchen«, bei den Wimperntierchen koordiniert bewegte Härchen; etc.).

Die Aktivität ist also als eine Grundeigentümlichkeit des Lebens zu betrachten, die auf verschiedener Entwicklungshöhe lediglich andere Formen annimmt. Die schon im Stoffwechsel gegebene Asymmetrie zwischen dem aktiven Organismus einerseits und den passiven, vom Organismus aufgenommenen und verarbeiteten Stoffen andererseits kann dabei als *Vorform und phylogenetische Voraussetzung der Subjekt-Objekt-Vermittlung bei der menschlichen Erkenntnistätigkeit angesehen werden*[19].

Eine allgemeine Eigenschaft der Organismen, die mit der aktiven Erhaltung des Fließgleichgewichtes organismischer Systeme durch assimilativ-dissimilativen Stoffwechsel und dynamische Selbststeuerung unmittelbar zusammenhängt, ist die »*Erregbarkeit*« (»Reizbarkeit«, »Irritabilität«). *Erregbarkeit ist ein Charakteristikum des Protoplasmas bereits in seinen niedrigsten Organisationsformen*. Die Erregung ist die *Antwort, Reaktion des Organismus auf einen äußeren »Reiz«*.

---

[19] Wenn hier und im folgenden von »Vorformen« die Rede ist, so muß man sich vergegenwärtigen, daß den verschiedenen Erscheinungen ihr Charakter als »Vorform« nur rekonstruktiv, bei Kenntnis der jeweiligen (vorläufigen) »Endform«, zugesprochen werden kann. Die Heraushebung von Vorformen ist im gegenwärtigen Darstellungszusammenhang zunächst nur als Hinweis auf spätere Überlegungen gedacht. In den gnoseologischen Ausführungen werden derartige Hinweise dann zusammenfassend aufgegriffen.

Die Beziehung zwischen Reiz und Reaktion ist dabei nicht, wie bei außerorganismischen Beziehungen der Wirkung und Gegenwirkung, als streng proportionaler Einfluß zu betrachten. Die Reaktion des erregten Organismus ist vielmehr *quantitativ und qualitativ spezifisch, von der Eigenart und dem Zustand des reagierenden Organismus abhängig.* Der Erregungsvorgang ist also die *elementare Form der »Gebrochenheit« äußerer Einflüsse durch den Organismus.*

Die Erregung wird nicht durch jeden Reiz und nicht durch jeden Reiz in gleicher Weise ausgelöst; dies bedeutet, daß die *Erregbarkeit ein Moment der Selektivität* enthält. Da das *»innere Milieu«* des Organismus – bedingt durch den Prozeß des Fließgleichgewichtes und der dynamischen Selbststeuerung – stets *in höherem Grade konstant* ist als das *»äußere Milieu«,* ist die *mögliche Mannigfaltigkeit der Reize stets größer als die mögliche Mannigfaltigkeit der Reaktionen.* Der Organismus hat also die Tendenz, bis zu einem gewissen Grade auf *unterschiedliche Reize gleich zu reagieren, die Reizmannigfaltigkeit in seinen Reaktionen zu homogenisieren.* – *Selektion und Homogenisierung der Reizmannigfaltigkeit durch den Organismus im Erregungsvorgang können in gewisser Weise als Vorformen der seligierend-homogenisierenden Funktionseigentümlichkeiten der Wahrnehmung betrachtet werden.*

Physiologisch gesehen ist die Erregung ein *bioelektrischer* Vorgang. Ort der Auslösung solcher Vorgänge sind die *Membranen,* durch welche die Zellen nach außen abgegrenzt sind (und auf spezifische Weise mit der Außenwelt in Kontakt treten); sie bilden eine der Voraussetzungen dafür, daß das innere Milieu der Zelle gegenüber dem äußeren relativ konstant gehalten werden kann. Die Membranen sind der Sitz *bioelektrischer Potentiale.* Diese Potentiale werden durch die Reizeinwirkung, je nach »Vorzeichen«, weiter aufgebaut oder abgebaut. Die elementaren Erregungsformen sind *graduelle, lokale Erregungen,* die nach Größe und Gestalt der Reizeinwirkung abstufbar sind und nur die unmittelbare Nachbarschaft der Reizung mit Strom- und Feldschleifen durchsetzen; *explosive, fortgeleitete Erregungen* sind erst bei höherentwickelten, mehrzelligen Organismen anzutreffen: Hier setzt sich die Reizeinwirkung, sofern sie einen kritischen Betrag überschreitet, über eine *Erregungsleitung* fort, indem in der anstoßenden Membranregion der jeweils benachbarten Zelle ein gleicher bioelektrischer Vorgang ausgelöst wird. *Die Ausbildung der Fähigkeit zur Erregungsfortleitung ist einer der wesentlichen Schritte in der Evolution der Organismen.*

Ein Problem, das für die weiteren Darlegungen große Bedeutung hat, ist die Frage nach der phylogenetischen *Beziehung zwischen der Er-*

regbarkeit und der Sensibilität, wie sie früher – in der phänographischen Analyse (vgl. S. 23 ff.) *– als ein fundamentales Charakteristikum der Wahrnehmung gekennzeichnet wurde.* – Die Feststellung, Sensibilität sei die *Erregbarkeit von Sinnesorganen*, wäre oberflächlich, weil sie auf eine naturgeschichtliche Rekonstruktion verzichtet. Zudem ist diese Feststellung auch deswegen problematisch, weil man generell davon ausgehen muß, daß in der Evolution die *Funktion* »älter« ist als das »*Organ*«, daß also mindestens Vorformen bestimmter Funktionen schon gegeben sind, bevor sich spezialisierte Organe, die die Funktion übernehmen, herausgebildet haben. So ist Lichtempfindlichkeit, Photosensitivität, *bereits bei solchen Protozoen vorhanden, die noch keine spezialisierten Photorezeptoren ausgebildet haben* (vgl. *Milne & Milne* 1959, S. 623 f.). – Ebenso unbefriedigend ist es, den Terminus *Sensibilität erst dann zu gebrauchen, wenn sich dem »Reiz« zugeordnete subjektive Empfindungen* als Bewußtseinstatbestände nachweisen lassen. Der Nachweis solcher Empfindungen ist methodisch erst beim rezenten Menschen einer bestimmten Altersstufe möglich. Man müßte demnach dem gesamten Tierreich, Frühformen des Menschen und dem kleinen Kinde Sensibilität absprechen und hier nur allgemein von Erregbarkeit reden. Diese Konsequenz, die tatsächlich häufig gezogen worden ist, bedeutet jedoch ebenfalls den Verzicht auf eine naturgeschichtliche Rekonstruktion; hier werden die »Erregbarkeit« und die »Sensibilität« äußerlich und unvermittelt gegenübergestellt; *damit ist kein Verständnis der evolutionären Gewordenheit und somit auch kein wirklicher Begriff von der Eigenart der Sensibilität zu gewinnen.* – Eine theoretische Konzeption, von der aus eine *Unterscheidung zwischen Erregbarkeit und Sensibilität nach objektiven Kriterien* möglich sein soll, wurde von *A. N. Leontjew* und seinen Mitarbeitern (vgl. 1973, S. 5 ff.) entwickelt und empirisch geprüft. Diese Konzeption, obwohl noch nicht in jeder Hinsicht genügend ausgearbeitet und abgesichert, ist so bedeutsam, daß sie für unseren Darstellungszusammenhang übernommen wird.

Die Erregbarkeit (»Reizbarkeit«) des Organismus ist, so nimmt *Leontjew* an, in ihren elementaren Formen nichts anderes als die Auslösbarkeit von Stoffwechselvorgängen im Organismus durch bestimmte äußere Einwirkungen. *Der »Reiz« und der lebenserhaltende »Nährstoff« wären mithin auf dieser Stufe miteinander identisch.* – Diese Annahme *Leontjews* ist insofern nicht ganz unproblematisch, als bereits bei den Protozoen durch äußere Reize hervorgerufene Aktivitäten auftreten, die nicht einfach als Stoffwechselvorgänge charakterisiert werden können. Das Licht ist für die Protozoen ja keine unmittelbar lebenserhaltende Substanz; dennoch läßt sich, wie erwähnt, hier bereits eine nicht rezeptorgebundene Photosensitivität nachweisen; Amöben ziehen z. B. bei Lichteinwirkung einer bestimmten Intensität ihre Scheinfüßchen ein und vermindern ihren Lokomotionsradius (vgl. *Milne & Milne* 1959, S. 623). Trotz derartiger Sonderfälle soll die Annahme *Leontjews* als Arbeitshypothese beibehalten werden.

»Im Laufe der Evolution« – so nimmt *Leontjew* weiter an – »entwickelt sich die Reizbarkeit (= Erregbarkeit; *K. H.*) nicht nur insofern, als der Organismus fähig wird, immer neue Quellen und immer neue Umwelteigenschaften zu benutzen, um sein Leben zu erhalten, sondern auch insofern, als er gegenüber Einwirkungen reizbar wird, die *von sich aus* seine Assimilationstätigkeit[20] und seinen Stoffwechsel weder positiv noch negativ bestimmen. Der Frosch zum Beispiel wendet seinen Körper einem leisen Geräusch zu, das zu ihm dringt; er ist folglich reizbar gegenüber dieser Einwirkung. Die Energie des Geräusches wird jedoch auf keiner Stufe ihrer Umwandlung vom Organismus des Tieres assimiliert und ist nicht unmittelbar an der Assimilationstätigkeit des Frosches beteiligt. Mit anderen Worten: Die genannte Einwirkung an sich dient nicht der Lebenserhaltung, sondern ruft sogar eine Dissimilation der organischen Substanz hervor« (*Leontjew* 1973, S. 35).

»Worin besteht nun die biologische Rolle der Reizbarkeit gegenüber solchen Einwirkungen? Das Tier, das durch bestimmte Prozesse auf derartige Einflüsse reagiert, ... erweitert dadurch seine Möglichkeiten, eine Substanz oder eine Energie zu assimilieren, die zur Lebenserhaltung notwendig sind. (Der Frosch beispielsweise wird durch das Geräusch in die Lage versetzt, ein im Gras summendes Insekt zu fangen, dessen Substanz ihm als Nahrung dient.) ... Die veränderte Form der Wechselwirkung zwischen Organismus und Umwelt läßt sich schematisch wie folgt ausdrücken: Auf einer bestimmten Stufe der biologischen Evolution tritt der Organismus auch zu Einwirkungen in aktive Beziehungen (wir wollen sie als Einwirkungen des Typs α bezeichnen), deren biologische Rolle durch ihre objektive und beständige Verbindung mit biologischen Einwirkungen von unmittelbarer Lebensbedeutung (die wir Einwirkungen des Typs a nennen wollen) bestimmt wird. Mit anderen Worten: Es entsteht eine Tätigkeit, deren Gegenstand nicht durch dessen eigentliche Beziehung zum Leben des Organismus, sondern durch sein objektives Verhältnis zu anderen Eigenschaften und zu anderen Einwirkungen, das heißt durch das Verhältnis α : a bestimmt wird« (a.a.O., S. 35 f.).

[20] *Leontjew* spricht bereits in bezug auf tierische Organismen von »Tätigkeit«; wir benutzen statt dessen in diesem Zusammenhang den Terminus »Aktivität« und verwenden die Bezeichnung »Tätigkeit« nur zur Kennzeichnung bewußt geplanter, gegenständlicher Lebensaktivität des gesellschaftlichen Menschen (»Arbeit«; vgl. etwa S. 111 ff.). In der Anwendung des Wortes »Tätigkeit« auf nichtmenschliche Organismen scheint uns die Gefahr einer Anthropomorphisierung zu liegen.

»Was bedeutet dieser Wandel in der Lebensform für die Funktion und Struktur des Organismus? Er muß jetzt offensichtlich über zweierlei Arten von Reizbarkeit verfügen: einerseits über eine Reizbarkeit gegenüber Einwirkungen, die für die Lebenserhaltung *unmittelbar notwendig sind* (a), und andererseits über eine Reizbarkeit gegenüber Umwelteinwirkungen, die mit der Lebenserhaltung nicht unmittelbar zusammenhängen (α) ... Die Funktion der Prozesse, die die auf die Lebenserhaltung gerichtete Tätigkeit des Organismus vermitteln, ist nichts anderes als die Funktion der *Sensibilität*, das heißt der Fähigkeit zu empfinden ... Die Sensibilität ... ist genetisch ... eine Form der Reizbarkeit, die den Organismus zu anderen Einwirkungen in Beziehung setzt, die ihn demnach *auf die Umwelt orientiert* und Signalfunktion erfüllt« (a.a.O., S. 36 f.). »Der ursprünglich einheitliche und komplexe Wechselwirkungsprozeß, in dem sich das Leben der Organismen vollzieht, gliedert sich auf einer bestimmten Etappe der biologischen Entwicklung gleichsam in zwei Teile auf. Ein Teil der Umwelteinwirkungen bestimmt (positiv oder negativ) die Existenz des Organismus, der andere regt ihn zur Tätigkeit an und steuert sie« (a.a.O., S. 39).

Entscheidend für die Herausdifferenzierung der Sensibilität aus der allgemeinen Reizbarkeit (Erregbarkeit) des Organismus dürfte »der Übergang vom Dasein in einer homogenen zu dem in einer heterogenen Umwelt, *der Übergang von gegenständlich nicht ausgeformten Lebensquellen zu solchen von gegenständlicher Form sein* ... Zu den gegenständlich nicht ausgeformten Lebensquellen zählen beispielsweise im Wasser gelöste chemische Substanzen« etc. Nur eine gegenständlich geformte Umwelt verfügt »nicht nur über Eigenschaften, die auf den Organismus irgendwie biologisch einwirken, sondern auch über *konstant damit verbundene, biologisch neutrale Eigenschaften*, die dem Organismus lebenswichtige Merkmale der gegebenen gegenständlich geformten Substanz vermitteln« (S. 39). – Die Sensibilität kann nur dann als im Evolutionsprozeß herausgebildet verstanden werden, wenn man annimmt, daß in ihr die »*objektiven Eigenschaften der Umwelt ... in ihren Zusammenhängen adäquat*« widergespiegelt werden. Anderenfalls könnte die Sensibilität ihre Funktion der Vermittlung lebenswichtiger Eigenschaften der Umwelt nicht erfüllen und müßte im Evolutionsprozeß »sich ändern oder völlig verschwinden« (a.a.O., S. 37; Hervorh. *K. H.*)[21].

Wenn wir den Stoffwechsel des Organismus im Blick auf die Bezie-

---

[21] Die genauere Auseinanderlegung der Konzeption von *Leontjew* samt den von ihm und seinen Mitarbeitern zu ihrer Prüfung durchgeführten Experimenten kann hier nicht erfolgen; vgl. dazu die Originalabhandlung von *Leontjew* (1973).

hung zu Außenweltgegebenheiten als *konsumierende Aktivität* bezeichnen, so können wir zusammenfassend sagen, daß auf der niedrigsten Stufe der (phylogenetischen) Entwicklung der Organismen die Erregbarkeit weitgehend gleichbedeutend ist mit der Auslösbarkeit konsumierender Aktivität durch Umweltreize; in der weiteren Evolution differenziert sich die Erregbarkeit in eine unspezifische stoffwechselgebundene und in eine mehr spezifische, die Sensibilität. Die Sensibilität ist Voraussetzung für die *orientierende Aktivität* des Organismus. *Konsumierende und orientierende Lebensaktivität hängen dabei (zunächst) insofern sehr eng zusammen, als die Orientierung ausschließlich der Ermöglichung konsumierender Aktivitäten des Organismus dient.* Durch die orientierende Aktivität ist der Organismus zur Erhaltung seiner Struktur und seines Lebens im Stoffwechsel nicht mehr auf Stoffe angewiesen, die ihn (in einem flüssigen Medium) unmittelbar umschließen, sondern kann bestimmte Stoffe, die ihm durch die Sensibilität signalisiert wurden, aufsuchen.

Voraussetzung für die Ausbildung der orientierenden Aktivität ist eine Umwelt mit konstanten, ausgeformten sensibilitätsrelevanten Eigenschaften, die mit bestimmten konsumtionsrelevanten Eigenschaften in relativ fester Beziehung stehen. Die Herausdifferenzierung der *Sensibilität* aus dem Gesamt der Wechselwirkung zwischen Organismus und Welt ist also von allem Anfang an bedingt durch *objektive Beschaffenheiten der realen Außenwelt*. – Die Bedeutung der orientierenden Aktivität für die Erhöhung der *Überlebenswahrscheinlichkeit von Organismen-Populationen, wodurch verständlich wird, daß sich Sensibilität in der Evolution durchgesetzt hat, besteht darin, daß der »sensible« Organismus durch die Orientierungsmöglichkeit eine viel größere Mannigfaltigkeit von Stoffen konsumierend seinem Stoffwechsel zuführen kann als ein Organismus, der lediglich über unspezifische Erregbarkeit verfügt.* Dies gilt allerdings nur dann, wenn die objektiven Eigenschaften der realen Welt, die auf die Verarbeitbarkeit der Welttatbestände durch den Organismus verweisen, von diesem *tatsächlich adäquat erfaßt werden*. – Die Entstehung von Sensibilität als Basis für die Wahrnehmungs- und Denktätigkeit des Menschen bleibt evolutionstheoretisch völlig unverständlich, wenn man nicht annimmt, daß die konsumtionsrelevanten Züge der Welt bereits in den frühesten Formen der Orientierungsaktivität »zutreffend« repräsentiert sind. – *Die Adäquanz der elementaren Orientierungsaktivität ist eine Voraussetzung und Vorform der sinnlichen Erkenntnis, und damit menschlicher Erkenntnis überhaupt.*

4.2 Die Ausdifferenzierung von spezialisierten Rezeptor-Systemen; kommunikative als Teilmoment der orientierenden Lebensaktivität

Protozoen reagieren nicht nur auf Licht (Photosensitivität), sondern auch auf Hitze, Kälte, Gravitation, chemische und mechanische Reize. Bei den primitiveren Protozoenarten muß dabei jeweils das ganze einzellige Lebewesen als Träger der verschiedenen Formen von Erregbarkeit (die hier noch mit der Sensibilität in eins geht) angesehen werden. Bei manchen entwickelteren Arten von Protozoen lassen sich jedoch schon gewisse umgrenzte Bezirke angeben, die eine Erregung durch jeweils spezifische Reize bewirken. Wirkliche spezialisierte Sinneszellen, Rezeptoren, finden sich indessen erst bei mehrzelligen Organismen (Metazoen). In den einfachsten Fällen sind diese Rezeptoren einzeln auf den ganzen Organismus verteilt; so ist die gesamte Oberfläche des Regenwurms mit lichtempfindlichen Rezeptoren (Photozeptoren) versehen; erst in der weiteren Evolution zentrieren sich die Rezeptoren an bestimmten Körperzonen, etwa der Rumpfspitze, und vereinigen sich (u. U.) zu umschriebenen Sinnesorganen als funktionalen Einheiten (vgl. *Autrum* 1959). – Der Rezeptor transformiert bestimmte Umweltreize in körpereigene bioelektrische Erregungsformen; damit verbunden ist die Umformung des Reizes in eine für die weitere Verarbeitung im Organismus geeignete *Signalform*; dieser Vorgang heißt *Codierung* (Verschlüsselung); die Weiterverarbeitung des Signals im Organismus *Decodierung* (Entschlüsselung). – Die Rezeptoren unterscheiden sich hinsichtlich der *Energieformen,* auf die sie mit ihrer *spezifischen Leistungsweise* »ansprechen« (*Johannes Müller*, 1826a, b, sprach – allerdings auf dem Hintergrund heute sehr fragwürdiger theoretischer Vorstellungen – von »spezifischer Energie der Sinnesnerven«). Die der spezifischen Ansprechbarkeit einer bestimmten Art von Rezeptoren gemäßen Energieformen werden als *adäquate Reize* bezeichnet; für die Photorezeptoren ist der adäquate Reiz strahlende Energie einer bestimmten Art, das »Licht«, für die Tangorezeptoren mechanischer Druck, für die Phonorezeptoren mechanische Schwingungen bestimmter Wellenlänge etc. – Im Bereich der menschlichen Wahrnehmung entsprechen der spezifischen physiologischen Leistungsweise der Rezeptoren bestimmte spezifische *Empfindungscharaktere* der Wahrnehmungsgegenstände, die – wie in der phänographischen Analyse aufgewiesen – Sinnesmodalitäten genannt werden und die in ihrer qualitativen Eigenart als »Lichter und Gestalten«, »Töne« und »Geräusche«, »Gerüche« etc. unmittelbare Kennzeichen der sinnlichen Präsenz der Welt darstellen.

Der Lebensprozeß ist, wie dargelegt, von allem Anfang an als *Aktivität* des Organismus zu bestimmen. Die Reize wirken nicht nur als

»äußere« Faktoren, sondern werden »gebrochen«, verarbeitet zu jeweils besonderen Aktivitätsformen. Bei einfachen Protozoenarten ist es jeweils die gesamte Zelle, die die Erregung aufnimmt und in ausführende Aktivität irgendwelcher Art überführt. *Mit der Herausdifferenzierung spezialisierter Rezeptoren kommt es jedoch auch zur Herausbildung von speziellen muskulären Erfolgsorganen, den »Effektoren«.* Die nervöse Verbindung zwischen Rezeptoren und Effektoren ist nur in den einfachsten Formen direkter Art; meist sind rezeptorische und effektorische Ganglienzellen (Neuronen) dazwischengeschaltet, die den Reiz jeweils zur zentralen Verarbeitung bzw. zur motorischen Tätigkeitsausführung transformieren; die zentrale Verarbeitung selbst erfolgt durch *übergeordnete Neuronenzentren*, in denen die sensorischen Signale ausgewertet und in aktivitätsanregende Impulse überführt werden. Die nervösen Bahnen, die vom Rezeptor zu den zentralen Verarbeitungszellen führen, nennt man *afferent*, die nervösen Bahnen, die von den zentralen Verarbeitungszellen zu den motorischen Erfolgsorganen führen, nennt man *efferent*. Die einfachste Form der Koordination sensorisch-afferenter und efferent-motorischer Impulse über eine zentrale Steuerungsinstanz heißt *»Eigenreflexbogen«*.

Die nervösen Systeme, in denen die Signale aus der Außenwelt für die Ausführungsaktivität des Organismus ausgewertet werden, sind auf verschiedener Evolutionshöhe und innerhalb unterschiedlicher Evolutionsreihen sehr verschieden komplex und unterschiedlich geartet; sie haben die Form von einfachen zwischen Rezeptor und Erfolgsorgan geschalteten Ganglienzellen oder treten als Nervenzellgeflechte oder Nervennetze auf; bei den Arthropoden (Gliederfüßlern) findet sich die Sonderform des »Strickleiter«-Nervensystems; bei höheren Tieren bis zum Menschen hin hat sich eine *komplexere Form des Zentralnervensystems* herausgebildet, in welchem sich Ganglienzellen auf immer differenziertere Weise zu der Funktionseinheit des Gehirns zusammenschließen und die Verbindung zwischen den einzelnen Neuronen über bestimmte Schaltorgane, die *Synapsen*, erfolgt, in denen jeweils besondere Decodierungsleistungen vollzogen werden können etc.

Die Rezeptoren und Effektoren samt den zentralen Koordinations- und Verarbeitungseinrichtungen stellen Ausdifferenzierungen des einheitlichen Lebensprozesses als orientierend-konsumierende Aktivität des Organismus in einer bestimmten Umwelt dar; die Frage, ob Afferenzen oder Efferenzen phylogenetisch »älter« sind, ist demgemäß falsch gestellt. – Die enge Verflechtung zwischen sensorischen und motorischen Prozessen wird u. a. in der Herausbildung einer bestimmten Art von Rezeptoren deutlich, in denen nicht Signale aus der Außenwelt, sondern Signale über die Gliederstellung und Muskelspannung, also über den jeweiligen Zustand des motorischen Bewegungsapparates des Organismus vermittelt werden. Solche Rezeptoren heißen *Propriozeptoren (Sherrington)*; der adäquate Reiz für die Propriozeptoren ist die *mechanische Deformation* der Muskelspindeln durch Spannung und Dehnung von Muskeln, Sehnen und sonstigem Gewebe. Durch die Propriozeptoren ist eine *unmittelbare Rückmeldung über den Verlauf* der motorischen Aktivität und damit eine permanente Steuerung der Motorik möglich (über die Phylogenese der Propriozeption vgl. *Lissmann* 1950).

Die Herausdifferenzierung von Rezeptoren mit verschiedenen spezifischen Energieformen (im Zusammenhang mit der Herausbildung umfassenderer nervöser Systeme) muß unter den gleichen evolutionstheoretischen Prinzipien verstanden werden wie die Ausdifferenzierung der Sensibilität überhaupt aus der allgemeinen Erregbarkeit der Organismen: Die Rezeptoren entwickeln sich im Zusammenhang mit der Lebensaktivität eines Organismus in einer jeweils bestimmten Umwelt. Mit der wachsenden Komplexität der Rezeptor-Systeme treten *immer komplexere Momente der objektiven Welt mit dem Organismus in Wechselwirkung, wobei auf jeweils bestimmte Art eine adäquatere Orientierung des Organismus möglich wird.* Das Auftreten solcher komplexen Orientierungsformen weist darauf hin, daß in der *je besonderen Umwelt mit der spezifischen Verbesserung der Orientierung sich die Überlebenswahrscheinlichkeit des Organismus (präziser: die Fortpflanzungswahrscheinlichkeit innerhalb einer bestimmten Population von Organismen) erhöht hat.* Anderenfalls wäre die Entstehung der jeweiligen Rezeptor-Systeme naturgeschichtlich nicht begreiflich.

Die bei Erörterung der Entstehung von Sensibilität angeführte Vermittlungsfunktion der Orientierungsaktivität für die Ermöglichung von lebenserhaltender konsumierender Aktivität ist dabei nur als mehr paradigmatisch zu verstehender Elementarzusammenhang anzusehen. Zwar kommt der konsumierenden Aktivität insofern eine Sonderstellung zu, als hier mit der dem Stoffwechsel zugeführten Energie Gestalt und Lebensleistungen des Organismus unmittelbar erhalten werden. Es gibt aber noch *viele andere orientierungsabhängige Arten der primären Aktivität von Organismen, durch welche die Überlebenswahrscheinlichkeit unmittelbar tangiert ist,* so nicht nur die Annäherung an konsumierbare Stoffe, sondern das *Aufsuchen* eines äußeren Milieus, das dem Organismus förderlich ist, weiter das *Vermeiden* von Umweltgegebenheiten, die den Organismus beeinträchtigen, die *Annäherung* an den Sexualpartner, den *Kampf*, die *Flucht* vor »Feinden« u. v. a.[22]. Allgemein kann man feststellen, daß *die Entstehung von*

---

[22] Wenn hier und im folgenden von »primärer Lebensaktivität« die Rede ist, so gebrauchen wir den Terminus »primär« nicht, wie dies bei einem bestimmten Sprachgebrauch in der Motivationspsychologie geschieht (vgl. *Graumann*

je besonderen Rezeptor-Systemen evolutionstheoretisch dadurch zu begründen ist, daß die Orientierung Distanzverringerungen oder Distanzvergrößerungen zwischen dem Organismus und bestimmten Umweltgegebenheiten ermöglicht, die die Überlebenswahrscheinlichkeit für den Organismus (die Fortpflanzungswahrscheinlichkeit für die Organismenpopulation) erhöhen (vgl. dazu etwa *Schneirla* 1965).

Die Lebenswelt des Organismus besteht nicht nur aus Dingen, sondern *gleichursprünglich auch aus anderen Organismen*. Diese anderen Organismen sind für die Überlebenswahrscheinlichkeit des Organismus von großer Bedeutung. Der Organismus hat andere Organismen als Beute oder dient anderen Organismen als Beute, tritt mit anderen Organismen in sexuellen Kontakt etc. Da Organismen als »aus sich bewegte« Lebenseinheiten wechselseitig aufeinander reagieren können, entwickelt sich hier, im Unterschied zu der »einseitigen« Beziehung zu bloßen »Dingen«, eine reziproke Beziehung. Die *reziproken interorganismischen Beziehungen werden zu Kommunikationsbeziehungen*, wenn die Lebensaktivität des einen Organismus für den anderen zum Anzeichen über dessen Beschaffenheiten, Tendenzen etc. wird und umgekehrt, *wenn die Organismen also füreinander »Sender«- bzw. »Empfänger«-Funktion haben*. Die Erforschung der *Biokommunikation* als Zweig der Verhaltensforschung ist in den letzten zehn Jahren zu sehr bedeutsamen Ansätzen und Befunden gekommen (vgl. dazu etwa *Sebeok* 1968 und *Tembrock* 1971).

Die kommunikative Aktivität ist eine Form der orientierenden Aktivität des Organismus. Eine im Zusammenhang mit der jeweiligen Lebensweltbeschaffenheit *adäquate Kommunikation* ist mithin, wie die adäquate Orientierung überhaupt, *ein Faktor der Erhöhung der Überlebenswahrscheinlichkeit des Organismus* (empirische Belege für die Kommunikation als Evolutionsmechanismus finden sich bei *Tembrock* 1971, S. 82 ff.). Die phylogenetische Entwicklung der Rezeptor-Systeme ist also *nicht nur durch die überlebensfördernden Orientierungsanforderungen einer jeweils besonderen Umwelt bedingt, sondern auch spezieller durch die überlebensfördernden Kommunikationsanforderungen dieser Umwelt.* – Dies bedeutet, daß die Sinnesorgane nicht

---

1969, S. 23 ff.), im Sinne von »angeboren« im Gegensatz zu »gelernt«: Unter »primärer« Lebensaktivität wird hier solche Aktivität des Organismus verstanden, von der die Überlebenswahrscheinlichkeit einer Organismen-Population unmittelbar abhängt, in Abhebung von der orientierenden Lebensaktivität, die in einer (sich in der Phylogenese immer mehr lockernden) vermittelnden Beziehung zur primären Lebensaktivität steht, insofern, als sie die unmittelbar lebenserhaltenden Aktivitäten ermöglicht oder erleichtert. (Daß die Abgrenzung zwischen diesen beiden Aktivitätsformen nicht immer einfach ist, sei zugestanden.)

irgendwelche Beschaffenheiten haben, durch die sie unter anderem auch fremde Organismen rezipieren können, sondern *daß die Sinnesorgane ihrer naturgeschichtlichen Entstehung nach von vornherein auch auf die adäquate kommunikative Rezeption fremder Organismen hin angelegt sind.* Dieser Tatbestand ist, wie sich noch zeigen wird, für ein richtiges Verständnis der Wahrnehmung von großer Wichtigkeit.

Man kann die verschiedenen Arten von Rezeptoren, die sich im Laufe der Evolution herausgebildet haben, in folgendem grobem Schema zusammenordnen:

Physiologisch-objektive Reizarten:	Einteilung der Sinnes- oder Rezeptionsorgane	Psychologisch-subjektive Empfindungsarten:
I. Mechanische Energie	berührende Körper: 1. Tastorgane (Tangorezeptoren)	Berührung, Reibung, Druck, Stoß, Erschütterung, Kitzel, Schmerz u. a.
	der Erdschwere: 2. Statische Organe (Statorezeptoren)	Lage im Raum, passive Bewegungen, Drehungen
	der Luftschwingungen: 3. Gehörorgane (Phonorezeptoren)	Geräusche, Töne
II. Thermische Energie (ungeordnete Molekularbewegung)	4. Thermorezeptoren	Wärme, Kälte
III. Chemische Energie sich zersetzender Körper	von Gasen: 5. Geruchsorgane (Stiborezeptoren)	Geruchsempfindungen
	von Lösungen: 6. Geschmacksorgane (Gustorezeptoren)	Geschmack
IV. Strahlende Energie elektromagnetischer Wellen	7. Lichtorgane (Photorezeptoren)	Lichtempfindungen Bilder, Farben

(Aufstellung aus *Harms-Lieber* 1970, S. 226; die Angaben in der rechten Spalte gelten natürlich nur für das entwickelte menschliche Bewußtsein; eine Reihe von gebräuchlichen Unterscheidungen ist hier nicht berücksichtigt, so die Unterscheidung zwischen Entero-, Proprio- und Exterozeptoren, die zwischen Kontakt- und Distanzrezeptoren etc.)

Es ist keinesfalls möglich, die verschiedenen Arten von Rezeptoren hinsichtlich ihrer phylogenetischen Entstehung in eine eindeutige Reihenfolge zu bringen. Die Entwicklung erfolgte vielmehr, je nach der besonderen Eigenart der Umwelt, in der Organismen-Populationen mit Hilfe der Orientierung überlebten, in unterschiedlichen Evolutionsreihen, mit verschiedenen Abfolgen und Endzuständen. Generelle Feststellungen sind hier nur in globaler Art möglich. – Allgemein wird angenommen, daß die Chemorezeptoren deswegen zu den »ältesten« Arten von Rezeptoren gehören, weil hier die Reize eine prinzipiell gleiche Beschaffenheit haben wie das innere Milieu des Organismus, so daß kaum eine transformierende Codierung und Decodierung sich zu entwickeln brauchte. – Die Photorezeption wird als älter betrachtet als die Phonorezeption, weil schon die elementaren Lebensprozesse direkt oder indirekt an strahlende Energie gebunden sind (*Tembrock* 1971, S. 93). – Weiter nimmt man an, daß die Kontaktrezeptoren, etwa Tangorezeptoren, sich früher herausgebildet haben als die Distanzrezeptoren (vgl. dazu *Tembrock* 1971, S. 87 ff.) etc. – Die differenzielle Phylogenese der Sinnesorgane ist bei *Harms-Lieber* (1970, S. 226 ff.) ausführlich dargestellt.

Die angebotene Einteilung der verschiedenen Rezeptionsorgane ist lediglich eine grobe Zusammenfassung. Tatsächlich enthalten die verschiedenen Sinnesorgane jeweils eine Vielzahl unterschiedlicher Rezeptor-Arten mit unterschiedlichen Organstrukturen, wobei auch hier phylogenetische Entwicklungen rekonstruiert werden können. Dies sei, exemplarisch und vereinfachend, am *Lichtsinnesorgan* demonstriert: Die elementarste Form der Photorezeption ist die Rezeption von *Hell-Dunkel-Unterschieden* (vgl. die erwähnte Sensibilität für Helligkeitswechsel beim Regenwurm). – Das *Richtungssehen,* das bei allen höherentwickelten bilateral-symmetrischen Tieren vorkommt, wird in seiner einfachsten Form durch die Einfassung des Photorezeptors in eine becherförmige Pigmentzelle ermöglicht, weil so die Lichtstrahlen den Photorezeptor nur von einer Seite erreichen können. Komplexere Organstrukturen zum Richtungssehen sind die Grubenaugen, grubenförmige Einsenkungen in der Außenhaut des Tieres, in die Photorezeptoren als Lichtsinneszellen-Epithel, der einfachsten Form einer *Netzhaut*, eingelagert sind. – Die *abbildende*, »ikonische« Photorezeption geschieht in ihrer primitivsten Form durch ein blasenartig eingesenktes Grubenauge mit einer engen Öffnung, das nach Art einer camera obscura funktioniert, in allen höheren Formen durch den dioptrischen, lichtbrechenden Apparat eines *Linsenauges.* – Eine Sonderform von Augen, die abbildende Photorezeption ermöglichen, sind die *Facettenaugen* bei den Arthropoden, etwa Insekten; diese Facettenaugen, die aus einer Ansammlung kleiner, meist sechseckiger Chitinlinsen bestehen, sind als ein Seitenast in der Evolution zu betrachten. – Bei bestimmten Organismenformen, etwa unter den Arthropoden und den Wirbeltieren, finden sich besondere Sinneszellen zur *Rezeption von Farbunterschieden*, d. h. der Differenzierung von verschiedenen Wellenlängen des Lichtes. – Bei manchen Tierformen, etwa Fröschen und Katzen, sind *bewegte Objekte* als adäquate Reize für bestimmte rezeptorisch-neuronale Einheiten zu betrachten etc.

Wie schon deutlich wurde, werden auf verschiedenen Entwicklungsstufen und bei verschiedenen Ausprägungsformen von Organismen unterschiedliche »Ausschnitte« des Wechselwirkungsgesamts vom Organismus auch tatsächlich rezipiert. Man könnte hier von einer organbedingten Selektivität der Rezeptor-Systeme sprechen.

Ein bekanntes Beispiel für eine extrem reduzierte Rezeptionsweise ist die »Butterzecke« (Holzbock, Ixodes ricinus), die ausschließlich Buttersäure chemisch rezipiert, ferner für Erschütterungen und Wärme sensibel ist; diese Rezeptor-Ausstattung ist für die Lebenserhaltung der Zecke hinreichend: Sie sitzt auf Baumzweigen, läßt sich bei der Rezeption von Buttersäure oder Erschütterungen auf ein unter dem Baum entlanglaufendes Tier oder einen Menschen herunterfallen und bohrt sich bei der Rezeption der Körperwärme in den fremden Organismus, wo sie ihre Nahrung findet (vgl. etwa *Totze* 1933).

»Klassische« Beispiele für die Rezeption von Wechselwirkungsausschnitten, für die das menschliche Rezeptor-System nicht sensibel ist, finden sich in den Untersuchungen über Bienen von *v. Frisch* und über Fledermäuse von *Griffin*. – Frisch (1923, 1927) fand bei der Erforschung der Kommunikationsweise der Bienen, daß die Bienen auf »ultraviolett« reagieren, einen Ausschnitt des elektromagnetischen Spektrums, auf den menschliche Photorezeptoren nicht mehr ansprechen. – Griffin (1958, 1959) stellte bei seinen experimentellen Untersuchungen über die Orientierung der Fledermäuse im Dunkeln fest, daß die Fledermäuse während des Fluges – von Menschen nicht rezipierbare – Ultraschallwellen produzieren und aufgrund der Rezeption der unterschiedlichen Reflexion dieser Wellen durch Objekte in der Außenwelt sich wie mit einer Radar-Einrichtung orientieren, Hindernissen ausweichen, ihre Beute finden etc.

Die organbedingte Selektivität der Rezeptor-Systeme führte *von Uexküll* zu seiner berühmt gewordenen Konzeption der verschiedenen artspezifischen »*Umwelten*« der Tiere (1909, 1934). – Um hier zu richtigen Auffassungen zu kommen, muß man zunächst die »*Ökologie*«[23] (oder auch den »Biotop«) bestimmter Organismen-Populationen, d. h. den jeweils bestimmten Ausschnitt der objektiven Außenwelt, in welchem die Organismen tatsächlich leben

---

[23] Der Begriff »Ökologie« bezeichnet nicht nur (in laxer Verwendung) den jeweiligen Ausschnitt der Außenwelt, in der bestimmte Organismenformen leben, sondern auch (in strengerer Verwendung) die biologische Disziplin, die sich mit den damit zusammenhängenden Problemen beschäftigt.

(Meer, Steppen und Savannen, Regenwald etc.), von der »*Umwelt*« als den Ausschnitten und Eigenschaften der Ökologie, die aufgrund der Struktur der Sinnesorgane von einer bestimmten Tierform rezipierbar sind (vorhandene Rezeptor-Arten, absolute Schwellen etc.), unterscheiden. Die *»Umwelt« ist keineswegs als eine »Eigenwelt«, in welche die Tierformen quasi »eingesperrt« wären, zu verstehen, sondern als die objektive ökologische Außenwelt in den Beschaffenheiten, die vom Organismus rezipierbar sind*[24]. Die evolutionäre Entstehung der je artspezifischen »Umwelt« steht dabei insofern mit der Ökologie in historischem Zusammenhang, als die jeweiligen Rezeptor-Strukturen deswegen als Evolutions-Effekt zustande kamen, weil durch ihre Herausbildung (modal, im »Durchschnitt« gesehen) eine immer adäquatere, d. h. die Fortpflanzungswahrscheinlichkeit erhöhende Orientierung der Organismen *in ihrer jeweiligen Ökologie* möglich wurde.

Genauere Ausführungen über die evolutionstheoretische Auswertung von Befunden der vergleichenden Anatomie und Physiologie der Rezeptoren sind in unserem Darstellungszusammenhang nicht nötig. Es sollte lediglich deutlich gemacht werden, daß die Mannigfaltigkeit der Rezeptoren und Rezeptor-Systeme nicht bloß eine willkürliche Einteilung ist, aber auch keinen unveränderlichen, »ontologischen« Aufbau innerhalb der organismischen Wirklichkeit repräsentiert: Die Strukturen jeweils spezifischer Sinnesorgane und Rezeptoren sind – unter naturgeschichtlichem Aspekt – vielmehr als *historischer Niederschlag der aktiven Auseinandersetzung der Organismen mit ihren objektiven ökologischen Lebensbedingungen zu betrachten, wobei die Rezeptoren sich jeweils so entwickelten, daß diejenigen Eigenschaften der objektiven Welt, die für eine überlebensfördernde Orientierung und Kommunikation des Organismus in der Welt relevant waren, durch die Wechselwirkung mit dem Organismus als Umwelt hervortraten und adäquat rezipierbar wurden.* – Wichtig ist dabei, sich klarzumachen, daß in historischer Konkretion der Analyse hier nicht von »dem« Organismus in »der« Umwelt die Rede war, sondern von jeweils *bestimmten* Organismen in einer jeweils *bestimmten* Umwelt, wobei die verschiedenen Evolutionsreihen, Seitenzweige, »Sackgassen« der Entwicklung der Rezeptor-Systeme durch die konkret-historischen Überlebensbedingungen einer Population von Organismen unter je bestimmten ökologischen Bedingungen hervorgetrieben wurden.

---

[24] Die gnoseologischen Probleme des Verhältnisses zwischen Ökologie und Umwelt werden hier noch ausgespart.

4.3 Herausbildung der gegenständlichen Welterfassung; relative Verselbständigung der Orientierungsfunktion

Für das Begreifen sinnlicher Erkenntnis aus ihrer Gewordenheit ist – unter naturgeschichtlichem Aspekt – ein Moment von besonderer Bedeutung, auf das schon mehrfach hingewiesen wurde, das aber noch im Zusammenhang verdeutlicht werden muß: die allmähliche Entwicklung der Orientierungsfunktion in Richtung auf ihre *relative Unabhängigkeit von den Zuständlichkeiten des rezipierenden Organismus und ihre relative Verselbständigung gegenüber der primären Aktivität sowie die Herausbildung von Möglichkeiten zur Erfassung der Welt in ihren stabilen, zeitlich konsistenten, nach festgefügten Einheiten gegliederten gegenständlichen Eigenschaften.* Die evolutionäre Entstehung einer immer weitergehenden Gegenständlichkeit des Weltbezuges muß natürlich im Zusammenhang mit der tatsächlichen Beschaffenheit der je besonderen Ökologie der Organismen und der dadurch bedingten spezifischen Überlebenswahrscheinlichkeit der Organismen-Population durch primäre Lebensaktivität gesehen werden; die Verselbständigung der gegenständlichen Orientierung gegenüber den unmittelbar überlebensfördernden Aktivitäten steht im Dienste der primären Aktivitäten. – Der Aufweis von Stufen und Formen der Entwicklung gegenständlicher Welterfassung kann hier nur exemplarisch, quasi idealtypisch (unter Vernachlässigung der Fülle und Mannigfaltigkeit ethologischer Ansätze und Befunde) erfolgen, wobei sich auch ein – eigentlich unhistorisches – Hin- und Herspringen zwischen verschiedenen Evolutionsreihen nicht vermeiden läßt.

Im Frühstadium der allgemeinen Erregbarkeit des Organismus, aus der sich die Sensibilität noch nicht ausgegliedert hat, fehlt der Antworttätigkeit naturgemäß noch jedes gegenständliche Moment; sie besteht lediglich in den durch die Stoff- oder Energiezufuhr bedingten Modifikationen der Stoffwechselprozesse. – Die elementarste Art der gerichteten Aktivität des Organismus aufgrund noch *diffuser Sensibilität* ist die *Richtungsveränderung der Lokomotion des Organismus in Abhängigkeit von Dichte- oder Energiegradienten von Reizbeschaffenheiten,* bezogen auf den Standort des Organismus. Derartig gerichtete Lokomotionen sind die einfachste Form, sog. »Taxien«, wobei zwischen *positiven,* »hinstrebenden«, und *negativen,* »wegstrebenden«, *Taxien* unterschieden wird[25].

---

[25] Solche Lokomotionen wurden von *Loeb* (zuerst 1890) an Pflanzen als *Tropismen* beschrieben, wobei *Loeb* den Terminus »Tropismus« auch auf entsprechende Aktivitäten von Tieren anwendete. Später bürgerte es sich ein, bei Pflanzen von Tropismen, bei Tieren dagegen von Taxien zu sprechen. – Heute

Die entwicklungsgeschichtlich frühesten Arten von Taxien sind die *Chemo- und Thermotaxien*, in welchen die Ausrichtung der Lokomotion durch ein Dichtegefälle chemischer Sättigungen oder thermischer Energie innerhalb flüssiger oder gasförmiger Medien erfolgt. – Bereits bei einer bestimmten Protozoen-Art, dem Pantoffeltierchen (Paramaecium) konnten Taxien dieser Art experimentell nachgewiesen werden. Das Pantoffeltierchen reagiert auf ein Temperaturgefälle, indem es »optimale« Temperaturen aufsucht; ebenso bevorzugt es eine bestimmte Kochsalz-Konzentration des Wassers (vgl. *Jennings* 1906)[26].
– Chemotaktische Ortsveränderungen, die der Vermittlung primärer konsumierender Aktivität dienen und somit eindeutig eine durch Sensibilität bedingte Orientierungsfunktion in der natürlichen Umwelt des Organismus darstellen, finden sich z. B. bei Planarien (Strudelwürmern).

Legt man in eine Glasschale mit Wasser, in dem sich eine Planarie befindet, ein Stückchen Fleisch, so verbreiten sich die vom Fleisch ausgehenden Stoffe nach allen Seiten, bilden um das Fleisch herum ein Diffusionsgefälle. Wenn die Planarie in das Diffusionsfeld gerät, kommt es zu lebhaften Lokomotionen verschiedener Art, die aber so gesteuert sind, daß im großen die Zunahme der Reizdichte eine Geradeausbewegung, die Abnahme der Reizdichte eine Richtungsänderung bewirkt. (Bewegungen geradewegs auf das Ziel hin sind erst mit höher organisierten Rezeptor- und Effektor-Systemen möglich.) Auf diese Weise erreicht die Planarie in einer Art Zickzackkurs schließlich das Fleisch, das ihr als Nahrung dient.

Auf ähnliche Weise geschieht die Orientierung vermittels Chemorezeptoren, Thermorezeptoren u. ä. auch bei den höheren Tieren (man spricht deswegen, wenn man etwa den »Geruchsinn« meint, gelegentlich von »niederen Sinnen«).
Eine komplexere Art von Taxien, die eine präziser ausgerichtete Lokomotion erlaubt, *kann auftreten, wenn bei bestimmten achsensymmetrischen Organismen die Rezeptoren unsymmetrisch gereizt werden.* Hier zeigt sich (als Komponente innerhalb des Gesamts bewegungssteu-

---

hat man (im groben) zwischen »Tropismen« bei festsitzenden Organismen einerseits sowie *Kinesen* (reizbedingten ungerichteten Bewegungen) und *Taxien* (reizbedingten gerichteten Bewegungen) von freibeweglichen Organismen andererseits zu unterscheiden, wobei besonders die Taxien in Unterformen sehr verschiedenen Kompliziertheitsgrades auftreten (die in, den Bereich der Taxien überschreitende, höhere Orientierungsformen übergehen).
[26] Bei einer sorgfältigen kritischen Replikation derartiger Versuche wurde allerdings festgestellt, daß solche Taxien nur bei künstlich erzeugten, besonders steilen Wärme- bzw. Sättigungsgradienten auftreten, nicht aber bei den in der natürlichen Umwelt des Pantoffeltierchens vorkommenden flacheren Gradienten (vgl. *Lorenz & Rose* 1963).

ernder Faktoren) die Tendenz, in der Lokomotion ein *Reizgleichgewicht* herzustellen, d. h., den Körper in der Bewegung so zu drehen, daß die Rezeptoren symmetrisch gereizt sind; dies Moment begünstigt eine Bewegung auf den Reiz hin oder vom Reiz fort (so zeigen Fliegen und auch manche Käfer gegenüber einem Lichtreiz eine »*positive Phototaxis*«, sie tendieren zu einer Bewegung auf ihn zu, während z. B. Kellerasseln »*negativ phototaktisch*« (»lichtscheu«) sind, die jeweils dunkelste Stelle ihrer Umgebung aufsuchen.

Loeb (1890) hat im Zusammenhang mit seiner Lehre von den Tropismen (Taxien) eine mechanistische Theorie aufgestellt, gemäß der die einseitige Reizung der Rezeptoren zu verstärkter Aktivität der Bewegungsorgane (z. B. Beine) auf der jeweils anderen Körperhälfte führt, so daß es so lange zu einer Richtungsänderung kommt, bis die Sinnesorgane symmetrisch gereizt werden, danach zu einer Geradeausbewegung in Richtung auf den Reiz oder von diesem weg. *Loeb* wollte diese Konzeption als universale Theorie der tierischen Orientierung verstanden wissen (vgl. etwa *Loeb* 1918). Dieser Universalitätsanspruch wurde bald zurückgewiesen und eine differenziertere Auffassung über die Richtungsorientierung der Tiere erarbeitet und experimentell geprüft (vgl. besonders die umfassende, resümierende Kritik von *Mast*, 1938, an der *Loeb*schen Theorie).

Eine Aufstellung der verschiedenen Arten von Taxis, ihrer Vorform, der ungerichteten Kinesis und auf der Taxis aufbauenden komplizierteren Weisen der Richtungsorientierung findet sich bei *Fraenkel & Gunn* (1940), wo auch genaue Angaben über die jeweilige Art der Stimulierung, der Beschaffenheit der Rezeptoren etc. gemacht werden und das Verhalten bestimmter Tierarten als Beispiel angeführt wird (vgl. dazu auch O. *Koehler* 1950).

An den Taxien, selbst in ihren elementarsten Formen, etwa der Chemotaxis, lassen sich bestimmte Grunddimensionen sensorischer (und perzeptiver) Funktionen überhaupt (bis hin zur menschlichen Wahrnehmung) aufweisen, so etwa die *absolute untere Reizschwelle* als Inbegriff der minimalen Intensität oder sonstigen Ausgeprägtheit des Reizes, die für das Auftreten einer definierten Antwortaktivität des Organismus hinreichend ist (es erfordert etwa einen bestimmten Grad der Sättigung des Wassers mit den vom Fleisch ausgehenden Stoffen, wenn die Planarie ihre chemotaktische Lokomotion aufnehmen soll), ebenso die *Unterschiedsschwelle* als Inbegriff der minimalen Reizunterschiede auf einer bestimmten Dimension, die für eine definierte Verschiedenheit der Antwortaktivität des Organismus hinreichend sind (das abnehmende Diffusionsgefälle der vom Fleisch ausgehenden Stoffe muß einen bestimmten Grad der Steilheit haben, ehe die Planarie ihre Bewegungsrichtung ändert). Auch *Desensibilisierungen, also Erhöhungen der absoluten Schwelle (»Gewöhnungen«, Sättigungserscheinungen)* wie *Sensibilisierungen, also Herabsetzungen der absoluten Schwelle*

(Adaptationserscheinungen) lassen sich im Bereich der Taxien experimentell nachweisen; ebenso kann man im Experiment *negative Nacheffekte* hervorrufen (eine Fliege, der man ein Auge mit Lack überzogen hat, läuft gemäß ihrer positiven Phototaxis in diffusem Licht gegensinnig im Kreise und bewegt sich, nachdem der Lack entfernt wurde, zunächst in umgekehrter Richtung im Kreise, ehe sie wieder geradeaus laufen kann); *bedingte Reaktionen* ließen sich bereits bei Planarien experimentell erzeugen etc.

Betrachtet man die Taxien hinsichtlich der für den gegenwärtigen Darstellungszusammenhang relevanten Dimension der *Zuständlichkeit-Gegenständlichkeit*, so muß man feststellen, daß zum Verständnis der Orientierungsleistung der Organismen hier – gemäß dem Rückschlußverfahren nach dem Sparsamkeitsprinzip (vgl. S. 65) – *die Annahme der Rezeption stabiler, gegenständlich gegliederter Welttatbestände noch keineswegs zulässig ist*. Bei den Chemo- und Thermotaxien ist das schon im Blick auf die stimulierenden Umweltbereiche evident; es handelt sich hier, wie dargelegt, um *Dichte- oder Energiegefälle innerhalb eines flüssigen oder gasförmigen Mediums*, durch die der Organismus bei seiner Bewegung unterschiedlich affiziert wird, was seine Bewegungsrichtung beeinflußt. Es reicht hier völlig aus, anzunehmen, eine von außen induzierte Ungleichgewichtigkeit der Zuständlichkeit, des inneren Milieus des Organismus bewirke die Richtungsänderungen. Aber auch hinsichtlich der geschilderten Phototaxien o. ä. ist es nicht nötig, die Rezeption gegenständlicher Welttatbestände vorauszusetzen. Hier hat der Reiz, sofern eine umschriebene Lichtquelle, zwar in gewissem Grade dingliche Stabilität und Abgehobenheit, zur Erklärung der erwähnten phototaktischen Orientierungsleistung der Organismen ist indessen die Annahme völlig hinreichend, daß die *Asymmetrie der Rezeptor-Stimulation bestimmte efferente Erregungen hervorruft, die zu einer Ausrichtung der Lokomotion zur Herstellung eines Reizgleichgewichtes (oder einer andersgearteten »Verrechnung« des Reizungleichgewichtes) führen*. Das Tier muß hier also nicht die dinglich abgehobene Lichtquelle auch als solche rezipiert haben.

Orientierungsleistungen, die eine höhere Entwicklungsstufe darstellen als die einfachen Taxien (dabei die Leistungsmöglichkeiten des Taxis in sich enthalten), sind solche, die nur durch Annahme der Fähigkeit zu einer *Diskrimination (»Unterscheidung«) von figural-qualitativen Umwelt-Eigenschaften* erklärlich sind; die Diskrimination ist eine weitere *Grundeigenart auch jeder höheren sensorischen und perzeptiven Leistung*.

Derartige Diskriminationsleistungen konnten in vielen Experimenten schon bei relativ niederen Tierarten nachgewiesen werden. So ließ sich z. B. zeigen, daß, wenn man Tintenfischen etwa ein gelbes Licht zusammen mit Glasstabstößen, ein blaues Licht hingegen ohne solche »Bestrafung« darbot, das gelbe Licht für die Tintenfische zum konditionierten Reiz wurde: Sie zeigten in der Testphase Fluchtverhalten lediglich bei Darbietung des gelben, nicht aber des blauen Lichtes, konnten also in dieser Situation das gelbe vom blauen Licht »unterscheiden« (*Kühn* 1927)[27]. Mit ähnlichen Anordnungen des »Vermeiden-Lernens« (mit elektrischen Schlägen als Strafreiz) konnte in Versuchsreihen unter der Leitung von *Young* (vgl. 1961) nachgewiesen werden, daß Tintenfische ein liegendes gegenüber einem aufrechtstehenden Rechteck diskriminieren können (*Sutherland* 1958), ebenso auf das Vermeiden von Dreiecken, »Sternen« und anderen Konfigurationen hin zu konditionieren sind (vgl. etwa *Thorpe* 1956; auch über figurale Diskrimination liegen viele experimentelle Untersuchungen verschiedener Tierarten vor, vgl. auch *Sutherland*, o. J.).

Sofern bestimmte (figural-qualitativ charakterisierte) Reizmuster bei Organismen zu mehr oder weniger fixierten instinktartigen primären Aktivitätsfolgen führen, redet man von Auslösern oder »Angeborenen Auslösenden Mechanismen« (AAM). Die auslösenden »*Schlüsselreize*« oder »*Kennreize*« werden auch als »*Schemata*« bezeichnet; damit ist zum Ausdruck gebracht, daß zur Auslösung der Aktivitätsfolgen nicht in jeder Hinsicht festgelegte Reizmuster nötig sind, sondern daß die Auslösung jeweils auf eine Klasse ähnlicher Reizmuster hin erfolgt, wobei unterschiedliche Schlüsselreize »enger« oder »weiter« sein, d. h. bei geringeren bzw. größeren Abweichungen der Reizmuster noch zur Auslösung der Aktivitätsfolge führen können. (Das damit angesprochene Moment der *Generalisierung* ist ebenfalls in der einen oder anderen Form charakteristisch auch für jede *höhere sensorische oder perzeptive Leistung*.) Die je besonderen *Diskriminationsleistungen* bestimmter Organismen-Arten kann man, sofern die Rezeptionen Auslösungscharakter für primäre Aktivitätsfolgen haben, dadurch feststellen, daß man untersucht, *welche Merkmale oder Merkmalskomplexe an den Reizmustern jeweils zur Tätigkeits-Auslösung führen*. Dies ist in einer großen Zahl ethologischer Beobachtungen und Experimente geschehen.

---

[27] Es gibt eine Vielzahl weiterer Experimente über Farben-Diskrimination, so die frühe Untersuchung von *Lashley* über die Farben-Diskrimination des Haushuhns (1916) und die sorgfältige Studie von *Hamilton & Coleman* (1933) über Farben-Diskrimination bei Tauben. Im ganzen erwies sich, daß z. B. Vögel und Fische ein äußerst gutes Unterscheidungsvermögen für Farben haben, während bei Säugetieren (ausgenommen Primaten) das Diskriminationsvermögen für Farben mehr oder weniger schlecht entwickelt ist.

Gegenständliche Welterfassung; Verselbständigung der Orientierung 87

Berühmt geworden sind die Beobachtungen der Lebensweise der Grabwespe (Ammophila spec.) von *Fabre* (1919–1922); *Fabre* schildert u. a., wie umschriebene helle Sandflächen in der Heide eine Aktivitätsfolge bei der Grabwespe auslösen, die zum Graben eines fingerlangen, unten etwas erweiterten Loches führt; die Reizkonfiguration einer Raupe löst bei der Grabwespe eine andere Aktivitätsfolge aus: Die Grabwespe umfaßt die Raupe, lähmt sie durch einen Stich und zieht sie in das Loch; dann legt die Grabwespe Eier in das Loch; den ausgeschlüpften Larven dient die Raupe als Nahrung. Die Sandfläche ist hier ein *sehr weiter Schlüsselreiz*; ebenso die Raupe (die Grabwespe greift nach *Baerends*, 1941, drei unterschiedlich aussehende Raupenarten an). – Zur genaueren Klärung der Frage, welche qualitativen und figuralen Momente an bestimmten Reizmustern die jeweiligen Aktivitätsfolgen auslösen, wurden viele experimentelle Untersuchungen, sogenannte *Attrappenversuche*, durchgeführt, in denen man künstlich eine Reihe von Reizmustern herstellte, die in verschiedenen Dimensionen hinsichtlich der Ähnlichkeit mit dem »natürlichen« Schlüsselreiz abgestuft waren, und beobachtete, wie die Tiere auf diese Muster ansprachen. (In einem Experiment von *Kugler* wurde etwa die Anzahl der Anflüge gezählt, welche Hummeln auf zeichnerisch hergestellte Reizkonfigurationen richten, die in verschiedenen Dimensionen hinsichtlich ihrer »Blütenähnlichkeit« variiert worden waren; vgl. *Baerends* 1950, S. 351.)

Die auslösenden Reizmuster können in »dinglichen« Gegebenheiten, aber auch in Beschaffenheiten oder Bewegungsformen anderer Organismen liegen, so daß die durch derartige Schemata ausgelösten Aktivitätsfolgen *kommunikativen Charakter*[28] haben. – Berühmt geworden sind die *Lorenz*schen Graugans-Küken, die durch die Reizkonfiguration »bewegtes zweibeiniges Wesen« zu der lokomotorischen Aktivität des »Hinterher-Laufens« gebracht werden; die auslösende Reizkonfiguration ist dabei normalerweise das Muttertier; es handelt sich hier aber um einen relativ »weiten« Schlüsselreiz: Die Küken liefen etwa auch hinter *Lorenz* her. Falls die Küken bis zu einem gewissen Alter keinem derartigen auslösenden Reiz begegnen, unterbleibt die entsprechende »Prägung« des Organismus, und die Küken gewinnen nicht die »Fähigkeit«, dem Muttertier zu folgen (vgl. *Lorenz* 1943). – Die Frage der Auslösung von Aktivitätsfolgen durch andere Tiere als Schlüsselreize wurde in vielen Attrappenversuchen, in denen man künstliche Vorlagen in verschiedenen Graden und Arten der Ähnlichkeit mit dem »natürlichen« Tier herstellte und darbot, untersucht. Sehr bekannt wurden Experimente, in denen Hühner-, Enten- und Gänseküken mit »Habichts«-Attrappen unterschiedlicher Habicht-Ähnlichkeit konfrontiert wurden und gezeigt werden konnte, daß die Küken schon auf sehr geringe Grade der Habicht-Ähnlichkeit mit »Furcht«- und Fluchtverhalten reagieren (vgl. etwa *Tinbergen* 1948). – Viele Beispiele für soziale und nichtsoziale Auslöseschemata finden sich z. B. bei *Baerends* (1950); vgl. auch *Tembrock* (1971, S. 232 ff.).

---

[28] *Konrad Lorenz*, der den Begriff des »Auslösers« einführte, gebrauchte ihn überhaupt nur im Sinne derartiger »sozialer« Auslöser; heute wird der Terminus häufig in einem weiteren Sinne gebraucht, auch auf die auslösende Funktion nichtorganismischer Reizmuster bezogen.

Zur Erklärung der Orientierung durch Diskriminationsleistungen ist ein *höherer Grad von Gegenständlichkeit der Welterfassung* vorauszusetzen als zum Verständnis der früher besprochenen einfachen Taxien nötig war. Wenn die Tiere auf verschiedene figural-qualitative Momente von Reizmustern mit unterschiedlichen Aktivitätsformen antworten, so müssen diese Reizmuster als »besondere«, *relativ abgehoben von ihrer Umgebung und relativ konstant in ihrer Eigenart*, rezipiert worden sein, was auch eine entsprechende physiologische Ausstattung, ein spezifisches *Differenzierungs- und Auflösungsvermögen des Rezeptor-Systems* und der zentraleren neuralen Bereiche, erfordert. – Dabei ist allerdings einschränkend und präzisierend festzustellen, daß hier *keineswegs die Annahme der Rezeption in sich geschlossener, »solider« Dinge zulässig ist*; Diskriminationsleistungen sind bereits dann möglich, wenn das Reizmuster durch die Rezeption *lediglich so weit analysiert werden kann, daß dabei in einem sonst diffusen Feld die Merkmale oder Merkmalskomplexe physiologisch wirksam werden, die eine bestimmte – sei es »gelernte«, sei es »angeborene« – Tätigkeit nach sich ziehen*. – Ebenso ist es hier *falsch, anzunehmen, daß der feste räumliche Ort, der dem Ding in der wirklichen Außenwelt zukommt*, zur Ermöglichung der Diskrimination und Identifizierung bereits vom Organismus *adäquat erfaßt sein muß*. Die Annahme, daß hier nur die *flächenhafte Projektion* der relevanten Züge der Reizmuster auf die »Sinnesorgane« rezipiert wird, ist in diesem Zusammenhang hinreichend, also allein wissenschaftlich vertretbar.

In allen geschilderten Beobachtungen und Experimenten über Diskriminationsleistungen wurde deutlich, daß die Tiere die *jeweiligen Reizmuster in irgendeinem Sinne »wiedererkannten«*; der Tintenfisch muß das liegende Rechteck als »das gleiche« identifiziert haben, bei dem er vorher einen elektrischen Schlag erhielt, da er ja vor dem Rechteck die Flucht ergreift; auch die auslösenden Schlüsselreize werden von den Tieren »wiedererkannt«, da die Reize bei den häufig komplizierten Aktivitätsfolgen nicht immer im Rezeptionsfeld sind; die Grabwespe etwa fliegt fort, um eine Raupe zu fangen, und »findet« danach das vorher gegrabene Loch im Heidesand »wieder«. Damit ist zweifellos einiges von dem zeitlich konstanten Charakter dinglicher Weltgegebenheiten hier in die Rezeption eingegangen. Allerdings ist es auf *keinen Fall zulässig, anzunehmen, die Tiere erfaßten adäquat, daß die Welttatbestände auch dann existieren, wenn sie von ihnen nicht rezipiert werden*. Die Diskriminationsleistung hängt hier stets äußerst eng mit bestimmten Lokomotionen, etwa der Fluchtbewegung oder den genannten instinktartigen Aktivitätsfolgen, zusammen. Es zwingt nichts zu der Auffassung, daß die Reizmuster den Tieren quasi neutral, außerhalb des unmittelbaren Aktivitätsbezuges gegeben sind, daß hier also ein von der primären Lebensaktivität in irgendeiner Weise unabhängiges Perzipieren der Dinge bereits vorliegt: *Bei der Diskrimination in ihrer elementarsten Form wird die Welt nicht in ihrem Dingcharakter erfaßt, es werden lediglich unmittelbar aktivitätsbedingende Signale rezipiert.* Dies bedeutet, daß hier die *ansatzweise gegenständliche Rezeption noch sehr eng in die Zuständlichkeit des Organismus eingebettet ist.*

Dieser Tatbestand läßt sich verdeutlichen an einer Erscheinung, die allgemeine biologische Relevanz hat, aber gerade im Zusammenhang mit der Erforschung der angeborenen auslösenden Mechanismen wichtig geworden ist: an dem, was man die »*Stimmung*« eines Organismus nennt. Der Terminus »Stimmung« meint in diesem Zusammenhang natürlich keinen irgendwie »subjektiven« Erlebnistatbestand, sondern bezeichnet gewisse Zustände und Zustandsänderungen des Nervensystems eines Organismus, *die nicht als motorische Impulse nach außen gelangen, sondern die Reaktionsnorm des Nervensystems ändern.* Derartige »Stimmungen« und »Umstimmungen« kann man quantitativ messen, wie z. B. *von Holst* (1950) in Experimenten mit Fischen gezeigt hat. – Gewisse Reizmuster haben nicht in jedem Falle die Funktion der Auslösung von Aktivitätsfolgen, sondern nur, sofern der Organismus *auf entsprechende Weise »gestimmt« ist, also sein Nervensystem eine Zuständlichkeit besitzt, in der das Reizmuster als Schlüsselreiz effektiv wird.* (Dies gilt auch schon für die einfachen Taxien; das Verhalten einer Fliege zum Licht z. B. hängt keineswegs ausschließlich von der Position des Tieres zur Lichtquelle, sondern von einer Vielzahl anderer Faktoren, dabei besonders der Stimmung des Organismus ab.) Für die Grabwespe etwa wird die umschriebene helle Sandfläche, wie auch die Raupe, nicht immer zum Schlüsselreiz für die geschilderten Aktivitäten der Brutaufzucht, *sondern nur dann, wenn sie befruchtet ist, also ihr Organismus in einer gewissen, hormonbedingten »Stimmung« sich befindet*; anderenfalls fliegt sie quasi »gleichgültig« an den genannten Reizgegebenheiten vorbei. Neben mit dem Fortpflanzungsprozeß zusammenhängenden Vorgängen sind es physiologische Zuständlichkeiten wie der »Hunger«, auch Erregungen angesichts von »Bedrohungen« etc., die Umstimmungen des Organismus herbeiführen, damit seine Reaktionsbereitschaft gegenüber gewissen Reizmustern fördern oder hemmen können. – Die Fähigkeit zur Diskrimination hängt also hier *unmittelbar von einer Zuständlichkeit des Organismus, der Stimmung, ab.* Man ist – gemäß dem Prinzip der sparsamsten Erklärung – keinesfalls berechtigt, z. B. anzunehmen, die Grabwespe »sieht«, wenn sie nicht befruchtet ist, die Sandfläche und die Raupe genauso wie in der Stimmung der Befruchtetheit, nur reagiert sie nicht darauf. Die Diskrimination ist ja in diesem Zusammenhang *als die spe-*

zifische Antwortaktivität des Organismus auf bestimmte Reizmuster hin definiert. Wenn eine solche Antwortaktivität nicht auftritt, darf man also auch nicht von Diskrimination sprechen. Die geschilderten Orientierungsleistungen sind als an die »Stimmungen« genannten Zuständlichkeiten des Organismus notwendig gebunden zu betrachten, *Zuständlichkeit des Organismus und die ansatzweise Rezeption gegenständlicher Welttatbestände bilden hier noch weitgehend eine Einheit.* – Die »Stimmungen« als organismische Brechungsbedingungen der Wechselwirkungsbeziehungen zwischen Tier und Umwelt, in denen sich interorganismische Unterschiede der Reizansprechbarkeit ausdrükken, können als erste phylogenetische Hinweise auf eine »*Individualisierung« der Organismen*, als Vorformen der Herausbildung von »Persönlichkeitsunterschieden« auf dem humanen Niveau der historischen Entwicklung aufgefaßt werden.

Da die sensorische Rezeption, Perzeption, Wahrnehmung kein lediglich passiver Vorgang des Aufnehmens ist, sondern – wie in diesem Buch immer wieder hervorgehoben – von allem Anfang an ein Moment der Aktivität des Organismus darstellt, kann man auch die Herausbildung der Möglichkeit zur Erfassung der Welt in ihrer Gegenständlichkeit erst dann hinreichend verstehen, wenn man nicht nur die Entwicklung der Rezeptor-Funktionen, sondern auch die der *effektorisch-motorischen Gebrauchssysteme,* durch die der Einsatz der Rezeptor-Systeme gesteuert ist, mitberücksichtigt. Deswegen beziehen wir jetzt dieses Moment in die Darstellung ein.

Die allgemeine Möglichkeit der effektorisch-motorischen Aktivität zur Förderung einer adäquaten Erfassung der gegenständlichen Welttatbestände liegt in der *Ortsveränderung, der Lokomotion* des Organismus selbst. – Von einer bestimmten Entwicklungsstufe, besonders der optischen Rezeptoren, der Herausbildung ihrer »ikonischen«, abbildenden Funktion an, kann das Ding in der lokomotorischen Bewegung des Organismus quasi »eingekreist«, von allen Seiten rezipiert, dadurch in seiner *gegenständlichen Räumlichkeit* aufgefaßt werden; die Rezeption eines Dinges von verschiedenen Seiten ist eine Voraussetzung für die – in der phänographischen Analyse dargestellte – *Perspektivität* der entwickelten Wahrnehmungsfunktion, durch welche in der standortgebundenen »Hinsicht« des Dinges jeweils auf das ganze Ding in seiner wahrnehmungsunabhängigen Tatsächlichkeit verwiesen ist. – Durch die Eigenbewegung des Organismus ist bei entsprechend herausgebildeten Rezeptor-Systemen auch der *wirkliche Ort des Dinges im Raum* mehr oder weniger genau auszumachen, und zwar einmal dadurch, daß es als im Schnittpunkt der von verschiedenen Positionen aus auf es zielenden Rezeptionsrichtungen liegend festgemacht wird, zum anderen durch die bei der Eigenbewegung des Organismus rezipierten Verschiebungen der Dinge gegeneinander, wodurch ihre relative Lage, verschiedenartige Überschneidungen etc. und damit die Tiefenstaffelung der Dinge aufgefaßt werden können. Durch derartige Verschiebungen können auch zusammengehörige, d. h. sich gemeinsam verschiebende, Umweltmomente als Einheiten aus dem Gesamtfeld sich herausheben und so in ihrer Dinglichkeit hervortreten (dies gilt allerdings auch bei Bewegungen der *Objekte* der sensorischen Tätigkeit; in der Gestaltpsychologie spricht man hier vom »gemeinsamen Schicksal« als Organisationsprinzip der Wahrnehmung; vgl. *Wertheimer* 1922 u. 1923). – Die scheinbare Verschiebung der Dinge zueinander durch die Eigenbewegung des Organismus, oder des Sinnesorgans, wird *»Bewegungs-Parallaxe«* genannt; die Bedeutung der »Bewegungs-Parallaxe« für die Tiefen-Lokalisation ist in der Ethologie anerkannt und auch durch Experimente mit verschiedenen Tierarten empirisch aufgewiesen, wenn auch über die nervösen Einrichtungen, durch die eine solche Tiefenorientierung ermöglicht wird, bisher wenig bekannt ist (vgl. etwa *Walk* 1965).

Eine speziellere effektorisch-motorische Funktion, die für die Tiefenlokalisation, also die Fixierung eines Reizes als »Ding-an-seinem-Ort«, ein wesentliches Charakteristikum seiner Gegenständlichkeit, große Bedeutung hat, ist die *Akkommodation*. In ihrer entwickelten Form ist die Akkommodation eine durch entsprechende Muskeln vollzogene reflektorische Krümmungsveränderung der Linse des Auges, womit eine scharfe Abbildung von unterschiedlich entfernten Dingen auf der Netzhaut erfolgt, *wobei die Linsenkrümmung gleichzeitig ein vom Nervensystem ausgewertetes Anzeichen für den Abstand zwischen dem Ding und dem Organismus darstellt*[29]. Die Akkommodation ist ein spezifischer rückgekoppelter Regulations-Mechanismus, mit welchem das Auge des Organismus sich *so auf den jeweils rezipierten Reiz einstellt, daß er durch die Schärfe seiner Abbildung von den Reizen »davor« und »dahinter« abgehoben ist und gleichzeitig an seinem räumlichen Ort in der Welt hervortritt.* – Neben der geschilderten Art von Akkommodation gibt es auf verschiedenen Entwicklungsstufen und in unterschiedlichen Evolutionsreihen eine Vielfalt von anderen Akkommodations-Mechanismen (vgl. etwa *Walls* 1942 und *Duke-Elder* 1958). Die Relevanz der Akkommodation für die Tiefenlokalisation ließ sich bei verschiedenen Tierarten mit unterschiedlicher Ein-

---

[29] Evolutionstheoretisch aufschlußreich ist der Umstand, daß die Linse in ihrer Ruheposition bei Wassertieren und Luftatmern auf verschiedene Entfernungen eingestellt ist, bei Fischen im dichteren Wasser-Medium etwa auf relativ nahe Gegenstände, bei Tieren, die im transparenteren Medium der Luft leben, auf relativ ferne Gegenstände.

deutigkeit nachweisen, wobei häufig die methodische Schwierigkeit bestand, dieses Tiefenkriterium in seinem relativen Gewicht im Vergleich zu anderen Kriterien richtig zu bestimmen.

Viele weitere Faktoren, von denen die Tiefenlokalisation abhängen könnte, wurden in ethologischen Experimenten untersucht. Die *Konvergenz* etwa, die Koordination der Augenbewegungen derart, daß die Sehwinkel sich jeweils in dem fixierten Gegenstand schneiden, hat – wie sich herausstellte – nur bei den höheren Primaten, besonders dem Menschen, eine größere Bedeutung für die Tiefenlokalisation; bei niederen Tierarten finden sich, wenn überhaupt, andere Formen der Koordination zwischen beiden Augen oder Vorformen der permanent fixierenden Koordination (manche Fisch-Arten und das Chamäleon etwa bewegen ihre Augen im allgemeinen unabhängig voneinander, können aber zur präzisen Lokalisation eines nahen Objektes in manchen Situationen eine Konvergenz der Sehachsen herbeiführen). – Andere Tiefen-Anzeichen, deren bei verschiedenen Tierarten unterschiedliche Bedeutung aufgewiesen werden konnte, sind z. B. die »Luftperspektive«, Texturgradienten von waagerechten Oberflächen (ein besonders für Vögel relevantes Tiefenanzeichen), Helligkeitsgradienten, Licht und Schatten (vgl. etwa die Experimente mit Hühnern von *Hess* 1950) und weitere, wobei die Rezeption von Räumlichkeit und Tiefe fast stets *in irgendeiner Form mit effektorisch-motorischen Aktivitäten, entweder der Lokomotion des ganzen Organismus oder der effektorisch-motorischen Funktion von spezifischen Gebrauchssystemen, zusammenhängt* (vgl. *J. J. Gibson* 1958 und *Walk* 1965).

Im gegenwärtigen Darstellungszusammenhang wichtig ist der Tatbestand, daß mit der Entwicklung der Möglichkeit zur Tiefenlokalisation sich häufig auch in irgendeinem Grade die *Möglichkeit zur regulatorischen Kompensation von scheinbaren Größenunterschieden der Dinge im Entfernungswechsel (die sog. Größenkonstanz)* herauszubilden scheint. *Köhler* (1915) gewann als erster experimentelle Daten, die im Sinne einer Größenkonstanz beim Haushuhn interpretiert werden konnten; in der Folge wurde mehrfach in sorgfältigen experimentellen Untersuchungen nachgewiesen, daß manche Tierarten in entsprechenden Dressurversuchen eher auf die wirkliche Größe von Objekten als auf den Sehwinkel, also die Größe des Netzhautbildes, konditionierbar sind (so z. B. in den Experimenten von *Gunter* 1951 mit Katzen; vgl. auch *Wells* 1962, wo sogar über Größenkonstanz-Erscheinungen bei Tintenfischen berichtet wird). – Ein derartiges »In-Rechnung-Stellen« des Entfernungswechsels ist natürlich ein wesentlicher Schritt auf dem Wege zu einer Orientierung, in der die Welt in ihrer invarianten gegenständlichen Beschaffenheit immer adäquater perzipiert werden kann. – Die gleiche Bedeutung wie die Größenkonstanz für die gegenständliche Orientierung haben die *Formkonstanz* wie die anderen Konstanzarten; der Beleg durch Hinweis auf ethologische Befunde soll hier ausgespart werden.

Eine weitere wichtige Funktion der effektorisch-motorischen Gebrauchssysteme bei der Entwicklung des gegenständlichen Weltbezuges – neben der Ermöglichung einer Erfassung des gesonderten räumlichen Dinges-an-seinem-Ort – ist die Ermöglichung der *Heraushebung des Dinges in seinen gegenständlichen Beschaffenheiten unter Reduzierung von Nebenbedingungen* durch die *Einrichtung, »Konzentration«, Anspannung des Rezeptor-Systems auf das »Ding« hin* (wobei allerdings weder phylogenetisch noch funktional eine klare Trennung dieser von der vorher besprochenen Funktion möglich ist).

Ein in diesem Zusammenhang wesentlicher Ansatz ist der Aufweis und die experimentelle Untersuchung des sog. *»Orientierungsreflexes«*[30]. Das Konzept »Orientierungsreflex« stammt von *Setschenow* und *Pawlow*, die darunter solche effektorisch-motorischen, reflektorischen Reaktionen des Organismus verstanden, die *die Rezeptor-Systeme in die für eine Auffassung des Gegenstandes jeweils günstigste Stellung bringen*. So gesehen sind bestimmte Taxien, durch die der Organismus so ausgerichtet wird, daß die Rezeptoren in eine orthogonale Position zum Reiz gebracht werden (vgl. S. 82 ff.), in gewisser Weise schon Vorformen von Orientierungsreflexen. Die dargestellten Adaptations- und Konvergenzfunktionen, da sie eine scharfe Abbildung des Gegenstandes auf der Netzhaut ermöglichen, sind zu den in diesem Sinne verstandenen Orientierungsreflexen zu rechnen. – Der Ansatz des Orientierungsreflexes ist seither – wie etwa *Sokolow* (1967, bes. S. 65 ff.) schildert – in der physiologisch-psychologischen Forschung innerhalb der Sowjetunion durch theoretische und experimentelle Arbeiten erheblich präzisiert und differenziert worden. Besonders wichtig ist dabei der Aufweis der Tatsache, daß in der Gerichtetheit der Rezeptor-Systeme auf den Reiz eine *selektive Aktivation* des Organismus erfolgt, was unter anderem zu einer *Sensibilisierung* (Schwellenherabsetzung) der Rezeptoren führt. Der Orientierungsreflex erwies sich als ein kompliziertes funktionales System, das nicht nur verschiedene effektorisch-motorische Bereiche koordiniert, sondern durch das auch mehrere Rezeptor-Modalitäten miteinander in Beziehung treten können. Orientierungsreflexe erhöhen die Bereitschaft des Organismus zu adäquater Erfassung gegenständlicher Gegebenheiten im unmittelbaren Zusammenhang mit der Ermöglichung biologisch angemessener Aktivität. Die

---

[30] Der Terminus »Orientierungsreflex« ist eine traditionelle Bezeichnung, wobei allmählich immer komplexere Reaktionsweisen, die keinesfalls mehr als bloße »Reflexe« betrachtet werden können, unter diesem Begriff zusammengefaßt wurden.

selektive Aktivation des Organismus als Förderung der gegenständlichen Orientierung ist nur dann möglich und nötig, wenn der Organismus *einer jeweils neuen Reizsituation konfrontiert ist, die auch neue Aktivitäten oder Aktivitätsbereitschaften erfordert.*

Erscheinungen *selektiver Aktivation und akzentuierender Sensibilisierung* sind in verschiedenen Zusammenhängen experimentell untersucht worden. So erforschte man die *peripheren und zentralen nervösen Hemmungs- und Summationsprozesse, die zu einer Heraushebung des Gegenstandes,* auf den die rezeptorische Tätigkeit des Organismus gerichtet ist, und zu einem Zurücktreten der »Umgebung« dieses Gegenstandes führen; so *Hubel & Wiesel* (1962) in ihren Experimenten mit Katzen (ein Überblick über derartige Untersuchungen findet sich bei *Horn* 1965). – Die Tatbestände der *optimalen Einrichtung der Rezeptoren auf den Reiz, der selektiven Aktivation und Sensibilisierung, der Hemmung »nebensächlicher« und Summation »wichtiger« Momente des Reizfeldes* usw., wie sie sich in verschiedenen Arten und Graden in der phylogenetischen Entwicklung aufweisen lassen, da sie allgemein charakterisiert sind durch die *Anspannung des Organismus auf den Reiz hin,* müssen als Vorformen dessen betrachtet werden, was in der menschlichen Wahrnehmung als *»Aufmerksamkeit«* bezeichnet wird.

Eine umfassende Konzeption, in der die Wechselwirkung rezeptorischer und effektorischer Momente bei der Steuerung der Orientierungstätigkeit zur Förderung einer adäquaten Erfassung gegenständlicher Beschaffenheiten der Welt in ihrer Komplexität repräsentiert wird, ist das *Reafferenz-Prinzip* samt seinen modernen Fortentwicklungen. – Das Reafferenz-Prinzip, das das erste Mal von *Anochin* (1935) formuliert wurde, aber unbeachtet blieb, von *von Holst & Mittelstaedt* (1950) erneut aufgestellt und schließlich von *Anochin* (1963, 1967) verallgemeinernd weiterentwickelt wurde, beruht auf der Einsicht in die *Einheit von sensorischer Rezeption und motorischer Aktivität des Organismus.* Allen Fassungen des Reafferenz-Prinzips ist gemeinsam, daß hier zwischen Reizen unterschieden wird, deren Entstehen nicht unmittelbar mit der Aktivität des Organismus zusammenhängt, und solchen Reizen, die *als Reize das Ergebnis der Aktivität des Organismus sind,* den sog. *»Reafferenzen«.* Durch die Reafferenzen als afferent-sensorische (propriozeptive, taktile etc.) Rückmeldungen über den jeweiligen Erfolg der efferent gesteuerten Aktivität, die als »Efferenz-Kopien« im Organismus gespeichert sind, ist die rezeptorische und motorische Aktivität als ein *einheitliches Rückkoppelungs-System* zu betrachten, in welchem – je nachdem wie weit die efferenten Aktivitätsimpulse mit dem reafferent rückgemeldeten Aktivitätserfolg übereinstimmen – die ursprüngliche Aktivität beibehalten oder so lange modifiziert wird, bis efferente und reafferente Impulsstrukturen sich decken. Diese Deckung bedeutet, *daß in der motorischen Aktivität der gegenständlichen Beschaffenheit der Realität, auf die sich die Aktivität richtet, voll Rechnung getragen ist.*

Eine genaue Darstellung der Reafferenz-Theorien von *von Holst & Mittelstaedt* und *Anochin* sowie der in diesem Zusammenhang entwickelten speziellen Terminologie würde hier zu weit führen (es sei auf die Originalarbeiten verwiesen). Im gegenwärtigen Kontext muß das folgende festgehalten werden: Der Organismus, sofern er über ein entsprechend ausgebildetes Rezeptoren- und Effektoren-System verfügt, kann in der Orientierungsaktivität dadurch zu einer adäquateren Erfassung gegenständlicher Beschaffenheiten von Welttatbeständen kommen, daß durch laufende reafferente Rückmeldungen des Erfolges der motorischen Aktivität permanent *zufällige »irreführende«, aktivitätsirrelevante Signale ausgefiltert werden und in der Struktur der Aktivität selbst sich invariante, dingliche Eigenschaften der Welt niederschlagen.* – Die Reafferenz-Konzeptionen als experimentell geprüfte komplexe Ansätze über den *Zusammenhang zwischen Adäquanz der Orientierung und Erfolg der praktisch-motorischen Aktivität* sind nach verschiedenen Richtungen hin modifiziert und ausgebaut worden. So findet sich bei *Tembrock* (1971, S. 24 ff.) ein aus früheren Entwürfen anderer Autoren kombiniertes Modell, in dem die Zusammenhänge zwischen Aktivität und Rezeptorik besonders im Hinblick auf die kommunikative, zwischenorganismische Orientierung differenziert dargestellt sind.

Wenn man die evolutionäre Herausbildung der gegenständlichen Welterfassung, besonders auch im Hinblick auf ihre am weitesten entwickelten organismischen Formen, richtig verstehen will, so ist ein Moment gesondert herauszuheben, dessen Relevanz schon in verschiedenen Zusammenhängen verdeutlicht wurde: Der Grad der Adäquanz der Auffassung überdauernder gegenständlicher Eigenschaften der Umwelt ist in verschiedener Weise abhängig vom Grad der *Selbständigkeit der Orientierungsfunktion* gegenüber primären Lebensaktivitäten, wie Nahrungsaufnahme, Flucht etc.

Wichtige Aufschlüsse über den evolutionären Prozeß der Verselbständigung der Orientierungsfunktion sind durch die Erforschung der Entwicklung des *Verhaltens von Organismen gegenüber Hindernissen* in sogenannten *»Umweg-Versuchen«* zu gewinnen. – Ein Ausweichen vor Hindernissen läßt sich schon bei sehr niedrigen Tierarten beobachten, wobei hier, sobald das Hindernis in irgendeiner Weise rezipiert wurde, zunächst Suchbewegungen in Form von mehr oder weniger zufälligen Aktivitätsfolgen auftreten (»Versuch und Irrtum«), bis auf diese Weise das Hindernis umgangen wurde und der ursprüngliche Stimulus wieder zum lokomotionssteuernden Moment wird (die sich in derartigem Verhalten äußernde Plastizität der Aktivitätsfolgen ist weitgehend Charakteristikum tierischer Lebensaktivität überhaupt; gänzlich »starre« Sequenzen, die sich nicht an veränderte Umstände anpassen, treten praktisch nicht auf).

In solchen Umwegsituationen läßt sich in manchen Fällen eine Art von Lernerfolg feststellen, der darin besteht, daß sich bei Wiederholung der jeweils gleichen »Aufgabe« die zufälligen Suchbewegungen reduzieren und schließlich das Ziel der primären Aktivität (in den Umweg-Experimenten meist die Nahrung) um das Hindernis herum weitgehend auf dem kürzestmöglichen Wege erreicht wird. – In unserem Zusammenhang wichtig ist der Umstand, daß bei gewissen Tierarten auf einer bestimmten Entwicklungsstufe *der Organismus den Umweg auch dann noch eine Zeitlang beibehält, wenn das Hindernis entfernt worden ist.*

Leontjew (1973, S. 163 ff.) schildert von *Saporoshez & Dimanstein* durchgeführte Umwegversuche mit Zwergwelsen (Amiurus). Die Fische konnten das ihnen dargebotene Futter nur durch Umgehung einer Trennwand erreichen; sie führten zunächst zufällige Suchbewegungen aus (a), lernten aber allmählich, das Hindernis zügig zu umgehen (b); nachdem das Hindernis entfernt worden war, blieben sie zunächst bei dem (nunmehr »unnötigen«) Umweg (c), bis sie schließlich lernten, wieder den direkten Weg zu wählen (d):

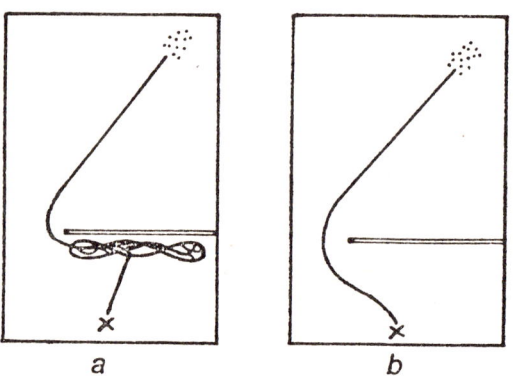

Schema der Experimente mit Fischen (nach *Saporoshez & Dimanstein*)

Gegenständliche Welterfassung; Verselbständigung der Orientierung 97

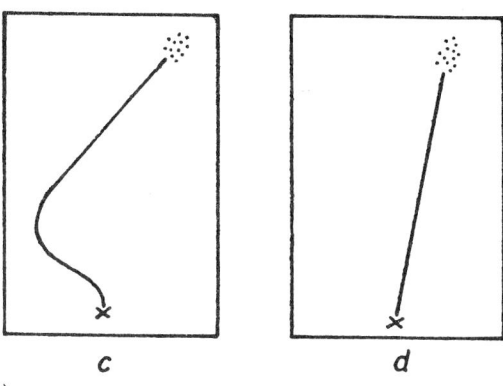

(Fortsetzung)

Schema der Experimente mit Fischen (nach *Saporoshez & Dimanstein*)

Zu entsprechenden Befunden kam z. B. *Lorenz* (1943, S. 336) bei Versuchen mit Wasserspitzmäusen, die gelernt hatten, ein 8 cm hohes Hindernis zu überwinden, indem sie hinauf- und auf der anderen Seite wieder hinabsprangen. Nach Entfernung des Hindernisses sprangen sie zunächst weiterhin auf das nicht mehr vorhandene Hindernis hinauf, bis sie allmählich lernten, ihr Ziel ohne den »überflüssigen« Sprung anzusteuern.

Derartige Befunde sprechen *gegen die Annahme, daß bei den genannten Tierarten bereits eine von der lokomotorischen Aktivität relativ unabhängige adäquate Erfassung gegenständlicher Welttatbestände möglich ist*. Lokomotion und Orientierung sind hier noch unmittelbar miteinander verbunden. Durch den Einfluß einzelner Stimulus-Elemente mit Signalcharakter wird allmählich eine Aktionsfolge gelernt und quasi »automatisiert«, die bei veränderter Reizlage ebenso allmählich wieder abgebaut werden muß. Konsequenzen aus einer veränderten Gesamtkonstellation innerhalb der gegenständlichen Welt werden in der lokomotorischen Aktivität nicht sichtbar; demnach darf man auch nicht davon ausgehen, daß derartige Konstellationsveränderungen rezipiert werden können.

Auch bei höheren Tieren, etwa Hunden, zeigt sich in Umwegversuchen noch häufig die enge Verknüpfung zwischen lokomotorischer Aktivität und Orientierung. Wenn z. B. eine Umwegsituation so verändert wird, daß jetzt das Futter nicht mehr durch eine Rechts-, sondern durch eine Linkswendung erreicht werden kann, laufen manche Hunde dennoch zunächst nach rechts, was darauf hindeutet, daß sie gemäß den früher gelernten Bewegungsfolgen, nicht aber gemäß der veränderten Reizsituation reagieren. Bestimmte Hunde sind jedoch unter bestimmten inneren und äußeren Bedingungen *in der Lage, nach einer Veränderung der Umwegsituation das Ziel direkt, ohne einen zwischengeschalteten Prozeß des durch Versuch und Irrtum bedingten Umlernens, auf dem neuen, »richtigen« Wege anzusteuern* (vgl. Fischel 1941). Vollends gilt dies für die *höchstentwickelte* heute lebende *Tierfamilie, die Ponginen* (rezente Menschenaffen: Schimpansen, Orang-Utans, Gorillas und, mit Abstand, Gibbons), obwohl es auch diesen Affen nicht unter allen Umständen gelingt, sofort den »richtigen« Weg einzuschlagen, etwa in bestimmten geometrisch komplizierteren Umweg-Situationen ein »Rückfall« in das Versuch- und Irrtum-Verhalten auftreten kann (vgl. *Köhler* 1963, S. 8 ff.).

Die damit geschilderten Orientierungsleistungen von Organismen setzen voraus, daß neben den Reizen, auf die sich die primäre Aktivität richtet, z. B. die Nahrung, noch andere Reize rezipiert werden, nach denen die Art und Weise der Durchführung der primären Aktivität sich bestimmt, die Hindernisse. Diese zweite Art von Reizen bewirkt hier nicht lediglich ein Lernen aufgrund von Versuch und Irrtum und die Möglichkeit der Aktualisierung gelernter Aktivitätsfolgen; die außenweltlichen Gegebenheiten müssen vielmehr mindestens so weit *in ihrer gegenständlichen Gegliedertheit und als »Dinge-an-ihrem-Ort« adäquat aufgefaßt worden sein, daß aus ihrer Anwesenheit bzw. Abwesenheit im Rezeptionsfeld des Organismus sofort die Konsequenzen für die lokomotorische Aktivität (Ansteuern des Zieles auf dem Umweg bzw. auf geradem Weg) gezogen werden können.* – Leontjew charakterisiert die damit in der Evolution erreichte neue Entwicklungsstufe des Orientierungsverhaltens so: »Auf der einen Seite treten Eigenschaften auf, die den Gegenstand kennzeichnen, auf den sich die Tätigkeit[31] in ihrer Gesamtheit richtet, und auf der anderen Seite begegnen wir Eigenschaften von Gegenständen, die die Art und Weise der Tätigkeit ... bestimmen.« In früheren Stadien »waren die einwirkenden Eigenschaften insofern differenziert worden, als sie einfach um den dominierenden Reiz zusammengefaßt wurden. Jetzt *begegnen wir erstmalig Prozessen, die die einwirkenden Eigenschaften zu einem gegenständlichen Bild zusammenfassen.* Die Tiere spiegeln jetzt ihre Umwelt in Form mehr oder weniger gegliederter Abbilder einzelner Gegenstände wider« (1973, S. 173; Hervorh. *K. H.*). – Während, solange aus der Lebensaktivität der Organismen bestenfalls lediglich der mehr oder weniger differenzierte Signal-Charakter von Reizmustern erschlossen werden durfte, von *sensorischer* und *rezeptiver* Orientierung die Rede war, nennen wir die (in ihren einfachsten Formen) aus dem genannten Verhalten von Organismen in Umwegversuchen

---

[31] Zum Konzept der »Tätigkeit« bei *Leontjew* vgl. S. 71 (Fußnote).

erschließbare Orientierung durch adäquate Auffassung der gegenständlichen Gliederung von Welttatbeständen die *perzeptive* Orientierung[32]. Das perzeptive Stadium der Orientierung, also die Verselbständigung der gegenstandsbezogenen Orientierungsfunktion gegenüber der primären, unmittelbar auf die Lebenserhaltung des Organismus gerichteten Aktivität, läßt sich nun hinsichtlich verschiedener Momente in seinen Vorformen und seiner weiteren Entwicklung verdeutlichen.

Von großer prinzipieller Wichtigkeit für das Verständnis der naturgeschichtlichen Gewordenheit der Wahrnehmung als sinnlicher Erkenntnis ist die Herausarbeitung der *motivationalen Momente der Verselbständigung orientierender Aktivitäten,* wie sie in der Einführung und experimentellen Prüfung von Konzepten wie »Neugier-Verhalten« (»curiosity«), »manipulation drive«, »exploratory behavior« etc. erfolgte; mit derartigen Konzeptionen sind – in jeweils etwas anderer Akzentuierung – Aktivitäten zur Aufgabenlösung, Diskrimination, Erkundung der Umwelt gemeint, die mit äußeren Belohnungen und Bestrafungen in keiner erkennbaren Beziehung stehen, also offenbar als »intrinsisch« motiviert zu betrachten sind.

Im Zusammenhang mit der Annahme eines »manipulation drive« zeigten z. B. *Harlow, Harlow & Meyer* (1950), daß Rhesus-Affen ohne irgendwelche »extrinsic rewards« das Öffnen dreiteiliger Riegelmechanismen lernten; das Ergebnisse wurden mit sechsteiligen Riegelmechanismen wieder eingebracht (*Harlow* 1950) und in vielen ähnlichen Experimenten bestätigt. Berlyne (1950, 1955 und später; zusammenfassende Darstellungen 1960 u. 1963, dort auch Literaturangaben) betonte mit seinem Konzept der *»curiosity«* die Tendenz von Organismen, auch hier unabhängig von äußeren Belohnungen oder Bestrafungen, *neue Reizmuster zu bevorzugen;* er wies entsprechendes Verhalten bei Rhesus-Affen und auch bei Ratten nach; »Neuheit« konnte in weiteren Untersuchungen als Variabilität (Tendenz zur »Reizabwechselung«) hinsichtlich Farbe, Form, Komplexität etc. spezifiziert werden.

Einen Schritt weiter ging man bei der Durchführung von Diskriminations-Experimenten, in denen *die Möglichkeit zu »visual exploration« erfolgreich als »Belohnung« beim Erlernen der Unterscheidung zwischen verschiedenartigen Reizen* benutzt wurde; hier nahm also die »visual exploration« *die Stelle der »motivationalen« Faktoren Futter oder Wasser* in den üblichen Lernexperimenten ein. *Butler* (1953) zeigte z. B. in Versuchen mit Rhesus-Affen, daß die Tiere dazu gebracht werden konnten, bei der Wahl einer bestimmten von zwei verschiedenfarbigen Stimulus-Karten immer weniger

---

[32] Wir lehnen uns mit dieser terminologischen Festlegung an *Leontjew* (1973) an, der zwischen »sensorischer« und »perzeptiver Psyche« unterscheidet. Der Terminus »Wahrnehmung« wird von uns nur auf den sinnlichen Aspekt *menschlicher* Erkenntnistätigkeit angewendet, was später ausführlich zu begründen ist.

»Fehler« zu machen, wobei sich auch die Latenz-Zeiten verkürzten, wenn bei jeder »richtigen« Reaktion sich an dem undurchsichtigen und schwach beleuchteten Käfig eine Klappe öffnete, durch die die Affen »zur Belohnung« jeweils 30 Sekunden hinaussehen durften (vgl. auch *Butler & Harlow* 1954; zusammenfassende Darstellungen über curiosity, exploratory behavior etc. vgl. *Berlyne* 1960, 1963 und *Fowler* 1965).

Einiges spricht dafür, daß zu geringe Stimulation, *»sensory deprivation«*, eine Art von »Mangelerscheinung« ist, die den Organismus dazu bringt, durch Aufsuchen von »stimulierenden« Situationen ein *»optimales Stimulations-Niveau«* zu erreichen, wobei ein derartiger »Reizhunger« durchaus mit der Stärke primärer Motivation vergleichbar zu sein scheint. *Butler* (1957 a) erhielt mit der beschriebenen Versuchsanordnung bei seinen Rhesus-Affen das Resultat, daß die Häufigkeit, mit der die Tiere sich die Möglichkeit verschafften, jeweils 30 Sekunden durch die geöffnete Klappe aus dem Käfig zu sehen, abhing von der Dauer, in der sie ohne zusätzliche Stimulierung in dem geschlossenen Käfig gehalten wurden, also »sensorisch depriviert« waren; die größte Häufigkeit der Klappenöffnung trat nach vier Stunden Deprivationszeit auf. Auch akustische Reizverarmung führte dazu, daß die Tiere sich die Möglichkeit zu auditiver Stimulation verschafften (*Butler* 1957 b). *Sackett, Keith-Lee & Treat* (1963) kamen zu dem Befund, daß Ratten, die unter Bedingungen sensorischer Deprivation aufgezogen worden waren, im Gegensatz zu Kontroll-Ratten Futter nur dann annahmen, wenn es im Zusammenhang mit einem Reizmuster dargeboten wurde, das hinsichtlich seiner Komplexität von der vorausgegangenen reizverarmten Situation bis zu einem bestimmten Grade abwich etc.

Die *Abhängigkeit des Explorations- oder Neugier-Verhaltens* (hier operationalisiert als Häufigkeit der Zuwendungs-Reaktionen zu »neuen« Reizen) *vom evolutionären Entwicklungsstand der Organismen* wurde in einer experimentellen Arbeit von *Wünschmann* (1963) deutlich, der vergleichende Untersuchungen mit Fischen (Karauschen, Karpfen), Vögeln (Wachteln, Dohlen) und Schimpansen anstellte und fand, daß bei Fischen kaum Neugier-Verhalten auftrat, *während Vögel mehr als doppelt so häufig, Schimpansen mehr als dreimal so häufig, wie nach dem Zufall zu erwarten, Neugier-Reaktionen zeigten.*

Ein weiteres wichtiges Moment der relativen Verselbständigung der Orientierungsleistung gegenüber der primären Lebensaktivität liegt in Beobachtungen, aus denen man das *zeitliche Auseinandertreten einer ersten Phase der Orientierung und einer zweiten Phase der eigentlich ausführenden Aktivität herauslesen könnte.*

So zeigte sich etwa in Labyrinth-Experimenten mit Ratten, daß diese jeweils an Gabelungen des Weges einen Moment innehielten und den Kopf hin- und herwendeten, so als ob sie einen aktiven Vergleich zwischen den beiden Möglichkeiten anstellten, bis sie schließlich eine der beiden Wegrichtungen wählten; ein solches gesondertes Orientierungsverhalten nannte man *»vicarious trial and error«*, stellvertretendes Versuch-und-Irrtum-Verhalten (vgl. dazu

Gegenständliche Welterfassung; Verselbständigung der Orientierung 101

etwa *Muenzinger* 1938, *Tolman* 1938 u. 1939, *Geier, Levin & Tolman* 1941, *Jackson* 1943).

In Schilderungen über das Verhalten höherer Tiere, etwa von Hunden oder Schimpansen, in Versuchen, bei denen ein Ziel durch Lokomotion und/oder andere motorische Vollzüge zu erreichen war, wird häufig berichtet, daß die Tiere an Abschnitten der Aktivitätsfolge, wo zwischen verschiedenen Verhaltensweisen zu »wählen« war, zunächst innehielten, hin- und herblickten, »stutzten«, bevor sie eine der beiden Alternativen realisierten (vgl. etwa *Fischel* 1967, S. 171, und viele Schilderungen bei *Köhler* 1963).

Die zeitliche Trennung zwischen eigentlich ausführender Aktivität und Orientierung wird als wichtiges Merkmal des *»einsichtigen« Verhaltens* herausgehoben, wie es unter Tieren vorwiegend den Ponginen möglich sein soll. *Yerkes* nennt als die ersten beiden Kriterien zur Identifizierung des einsichtigen Verhaltens in Abhebung vom Versuch- und Irrtum-Verhalten die Erforschung, Inspektion oder ständige Prüfung der problematischen Situation und das Zögern, Innehalten, den Ausdruck konzentrierter Aufmerksamkeit (1927, S. 156).

Ein wesentliches allgemeines Moment der sich verselbständigenden Orientierungsaktivität innerhalb des perzeptiven Stadiums der Orientierung ist die Fähigkeit, die *Beziehungen zwischen Dingen* in der Umwelt adäquat zu erfassen; die Welt tritt jetzt nicht mehr nur in Form von Einzelreizen in Erscheinung, die insofern direkt mit dem Organismus in Beziehung stehen, als sie Signale für bestimmte Verhaltensweisen sind; vielmehr können nun die gegenständlichen Wechselbeziehungen von Tatbeständen der objektiven Realität untereinander immer angemessener perzipiert werden (was eine fortschreitende Lokkerung der Beziehung zwischen Einzelreiz und primärer Reaktion impliziert).

In vielen Experimenten – wohl erstmalig in denen von *W. Köhler* 1915 – ließ sich nachweisen, daß gewisse Tiere, so Vögel und Schimpansen, fähig sind, *Relationen zu übertragen*. Wenn die Tiere etwa gelernt haben, von zwei Reizen den größeren, helleren etc. zu wählen, so fällt bei Darbietung eines Reizpaares, das sich hinsichtlich der absoluten Größe, Helligkeit etc. mit dem anderen nicht überschneidet, die Wahl der Tiere wieder auf den nunmehr im Vergleich zum anderen größeren bzw. helleren Reiz (vgl. dazu auch *O. Koehler* 1941, der die Auffassung von Mengen-Beziehungen bei Vögeln untersucht hat). Dies bedeutet deskriptiv gesehen, daß die Tiere *objektive Relationen* in ihrem *Verhalten generalisierend berücksichtigen konnten.* Die Frage der Erklärung solcher Befunde ist kontrovers. *W. Köhler* nahm von seiner gestaltpsychologischen Position aus an, daß die Auffassung von Relationen eine ursprüngliche kognitive Leistung darstellt, während *Spence* (1937, 1942) eine Theorie konzipierte, mit welcher die genannten Befunde durch Einführung einiger Hilfsannahmen erklärbar sein sollten, ohne daß man von dem lerntheoretischen Postulat der erlernten Reaktionen auf absolute Reizgrößen abgeht. Die Diskussion hierüber ist noch nicht abgeschlossen (vgl. etwa *Zeiler* 1963).

Eine offensichtlich phylogenetisch höhere Entwicklungsform der aussondernden Heraushebung von Beziehungen aus dem gegenständlichen Wechselwirkungsamt – die die geschilderte relationale Auffassung in sich einbegreift – ist die *Gliederung von dinglichen Einheiten des perzeptiven Feldes nach Zweck-Mittel-Relationen*, die in eindeutiger Ausprägung nur bei Ponginen (Menschenaffen) zu finden ist.

Berühmt geworden sind die Experimente von *Köhler* (1963), in denen gezeigt werden konnte, daß Schimpansen, wenn für sie die Nahrung nicht durch direkten Zugriff erreichbar ist, in der Lage sind, verschiedene Mittel einzusetzen, um das Futter zu erreichen, etwa an Fäden zu ziehen, Stöcke zu gebrauchen, Kisten zu stapeln.
Sehr deutlich wird die Gliederung nach gegenständlichen Zweck-Mittel-Relationen in Experimenten mit Schimpansen, die von *Wolfe* (1936), *Nissen & Crawford* (1936) und *Cowles* (1937), alles Schüler von *Yerkes,* durchgeführt wurden. Die in unserem Zusammenhang wichtigen Resultate dieser sehr vielgestaltigen Experimente liegen in dem Nachweis, daß die Schimpansen in der Lage waren, runde Metallscheiben in einen Automaten zu stecken, der daraufhin Futter abgab, außerdem rote Scheiben, die durch Einstecken in den Automaten gegen Futter eingetauscht werden konnten, von weißen Scheiben zu unterscheiden, mit denen kein Futter erlangt werden konnte; wesentlich ist auch der Umstand, daß die Schimpansen, wenn ihnen die Benutzung des Automaten zeitweise verwehrt war, die roten Scheiben systematisch horteten, die weißen Scheiben aber unbeachtet ließen oder aus dem Käfig warfen.

Die Frage stellt sich, und wurde permanent diskutiert, wieweit aus den Leistungen der Ponginen, besonders der Schimpansen, sich nicht nur Möglichkeiten der perzeptiven Erfassung komplexerer Strukturen der Wirklichkeit, sondern kognitive Prozesse erschließen lassen, die *den Bereich der Perzeption überschreiten und möglicherweise sogar als »Denkvorgänge« oder als auf »Intelligenz« hinweisend interpretiert werden müssen.* Besonders die Annahme *W. Köhlers,* die in die gestaltpsychologische Argumentation übernommen wurde, daß bei den Schimpansen kognitive Leistungen auftreten, die von denen anderer Tiere qualitativ verschieden sind und als »Einsicht« bezeichnet werden können, ist bis heute umstritten. Die damit angedeutete komplizierte Problematik kann hier nicht ausdiskutiert werden. Es sollen nur einige für die weitere Darstellung wichtige Hinweise gegeben werden.
In den Aktivitäten der Schimpansen werden Zusammenhänge berücksichtigt und Mittel eingesetzt, welche auf eine Strukturierung und Umstrukturierung bei der Auffassung realer Gegebenheiten hindeuten, die mit dem Hinweis auf bloß perzeptive Orientierungsvorgänge nicht

hinreichend erklärt werden können. Vollends gilt dies für die »höchsten« der bei Schimpansen festgestellten Leistungen, etwa das Ineinanderstecken von zwei Stäben zum Heranholen der Nahrung durch den Schimpansen Sultan (*Köhler* 1963, S. 91 ff.) oder das Erreichen der Frucht über ein selbständiges Zwischenziel:

Ziel o

Die Schimpansen zogen zunächst den längeren Stock mit dem kürzeren Stock zu sich heran und holten sich dann mit dem längeren Stock die Frucht. Die Aktivitätsverläufe enthielten dabei keinerlei Probierbewegungen, sondern waren von einheitlicher Zielstrebigkeit (vgl. *Köhler* 1963, S. 125)[33].

Derartige Leistungen der Schimpansen lassen sich – darauf weist *Leontjew* (1973, S. 187 f.) hin – mindestens nach *zwei Phasen* gliedern: eine *Vorbereitungsphase* (etwa Stock in die Hand nehmen, Futtermarke ergreifen) und eine *Vollzugsphase*. Die Vorbereitungsphase ist dabei für sich genommen biologisch unverständlich, sie offenbart ihre Funktion erst im Blick auf die objektive Beziehung zwischen dem in der Vorbereitungsphase angewendeten Mittel und dem Aktivitätsziel,

---

[33] Nach den klassischen Schimpansenversuchen von *Köhler* (1963) und *Yerkes* (zusammenfassende Darstellung *Yerkes & Yerkes* 1929) wurden noch viele weitere Beobachtungen und Experimente über die Leistungen von Schimpansen und anderen Ponginen durchgeführt. Eindrucksvoll sind z. B. Befunde von *Rensch* (1968), denen gemäß die Affen lange und komplexe Aktivitätsketten mit maximal 14 Zwischenstufen lernen konnten, dabei menschliches Werkzeug zweckentsprechend benutzten und bei bestimmten Bedingungsänderungen sofort, ohne Probierphase, das gleiche Ziel auf anderem Wege zu erreichen in der Lage waren. Solche Befunde demonstrieren zwar, wie weit die motorischen Fertigkeiten und die kognitive Integrationsfähigkeit der Affen unter bestimmten Umständen zu treiben sind, enthalten aber gegenüber den klassischen Versuchen kaum Hinweise auf *grundsätzlich* andere Ausprägungsformen der orientierend-kognitiven Leistungsfähigkeit (vgl. u. a. auch *Tembrock* 1949, *Dembowksi* 1956 und *Altmann* 1965).

etwa der objektiven Geeignetheit des Stockes zum Heranholen der Frucht. Die Vollzugsphase und die Vorbereitungsphase sind dabei nicht fest aneinander gekettet, sondern ihr Verhältnis bestimmt sich nach den objektiven Möglichkeiten der Zielerreichung. Falls eine bestimmte Aktivitätsfolge nicht zum Ziel führt, kann eine neue vollzogen werden, und zwar nicht einfach nach Versuch und Irrtum, sondern durch Ausnützung anderer in der Situation liegender objektiver Lösungsmöglichkeiten (etwa: mit der Hand nach der Frucht greifen, mit dem kleineren Stock die Frucht zu erreichen suchen, mit dem kleineren Stock erst den größeren und dann die Frucht heranholen).

Die Leistungen der tierischen Organismen bei der Lösung von Zweiphasenaufgaben dokumentieren einen relativ *hohen Grad der Möglichkeit zur Erfassung von Eigenschaften der gegenständlichen Wirklichkeit in ihren Beziehungen zueinander*. Eine solche Erfassung von konstanten dinglichen Eigenschaften und Relationen erfordert ein höheres Maß von *isolierender Bedingungsanalyse, Generalisierung und Synthetisierung*, als dies für die einfache perzeptive Orientierung angenommen werden durfte. Die konstanten dinglichen Eigenschaften der Objekte und ihre wirklichen Relationen werden hier in komplizierten Aktivitätsketten in einem solchen Maße berücksichtigt, die Aktionsabfolgen werden bei veränderten Umständen so prompt in andere Formen der Zielerreichung überführt, daß hier von *Vorformen einer das perzeptive Stadium überschreitenden gnostischen Welterfassung* gesprochen werden könnte. – In welcher Hinsicht und in welchem Maße derartige Ponginen-Leistungen dennoch qualitativ von der menschlichen Erkenntnistätigkeit unterschieden sind, wird in späteren Darlegungen deutlich werden.

5 Gesellschaftlich-historischer Ursprung allgemeinster spezifisch menschlicher Charakteristika der Wahrnehmung

Die biologischen Grundeigentümlichkeiten der Wahrnehmung, wie sie in der phylogenetischen Rekonstruktion nach ihrem verschiedenen Ursprungsalter und ihren unterschiedlichen Entstehungsbedingungen aufgewiesen wurden, sind diejenigen Momente, *die die menschliche Wahrnehmungsfunktion mit der organismischen Orientierungsaktivität gemeinsam hat* (wobei die früheren Stufen sensorischer und perzeptiver Aktivität in den jeweils höheren Formen aufgehoben sind). Auf dem Wege zur Herausarbeitung der Besonderheiten der Wahrnehmungsfunktion des Menschen in der bürgerlichen Gesellschaft haben wir nun – wie früher dargelegt – zunächst jene allgemeinen Charakteristika der Wahrnehmung aufzuweisen, durch welche die *menschliche Wahrnehmung überhaupt vor der organismischen Orientierungsaktivität ausgezeichnet ist.* Da das fundamentale Kennzeichen, das den Menschen von tierischen Organismen unterscheidet, seine Gesellschaftlichkeit ist, bedeutet dies, daß wir diejenigen – über die individuelle Aneignung vermittelten – Momente der Wahrnehmungsfunktion erfassen müssen, die *resultativer Ausdruck der Gesellschaftlichkeit des Menschen in ihrem allgemeinsten Sinne sind.*

Erst nachdem die funktionalen Eigenarten der Wahrnehmung, die dem Menschen in allen Gesellschaftsformationen zukommen, durch Abhebung von den organismischen Grundkennzeichen der Wahrnehmung verdeutlicht worden sind, können später konkretisierend diejenigen Momente der Wahrnehmungsfunktion herausgestellt werden, die als Resultat der besonderen Form menschlicher Gesellschaftlichkeit unter bürgerlichen Lebensumständen verstanden werden müssen.

Träger der gesellschaftlich-historischen Entwicklung ist nicht, wie in der bloß naturgeschichtlichen Entwicklung, die Aktivität der Organismen zur Erhaltung ihres Lebens in gegebener Umwelt, sondern die *gesellschaftliche Arbeit,* in welcher die individuelle Lebenserhaltung der jeweils bestangepaßten Exemplare einer Organismen-Population in der *gesellschaftlichen Lebenserhaltung,* die die individuelle Lebenserhaltung einschließt, aufgehoben ist. – Gesellschaftliche Arbeit ist *vergegenständlichende menschliche Tätigkeit,* in welcher die Umwelt gemäß menschlichen Interessen und Bedürfnissen in geplantem Eingriff verändert wird, wobei die Bedürfnisse und Interessen selbst sich mit der durch die Arbeit vorangetriebenen gesellschaftlichen Entwicklung immer mehr entfalten. Dem Prozeß der *Entäußerung* des Menschen in vergegenständlichender Arbeit ist der Prozeß der *Verinnerlichung* der gegenständlichen Resultate gesellschaftlicher Arbeit durch die *individuelle Aneignung* zugeordnet. Aus dem Zueinander von Vergegenständlichung und Aneignung erwächst die *historische Bewahrung, Weitergabe und kumulative Verwertung gesellschaftlicher Erfahrung,* die die Basis für den gesellschaftlich-historischen Entwicklungsfortschritt ist.

In der Produktion durch gesellschaftliche Arbeit »wirken die Menschen nicht allein auf die Natur, sondern auch aufeinander... Um zu produzieren, treten sie in bestimmte Beziehungen und Verhältnisse zueinander, und nur innerhalb dieser gesellschaftlichen Beziehungen und Verhältnisse findet ihre Einwirkung auf die Natur, findet die Produktion statt« (*Marx*, MEW 6, S. 407). Gesellschaftliche Arbeit ist als solche ein *doppelter Prozeß, in dem die Menschen einmal durch ihre Tätigkeit in Wechselwirkung mit der Natur treten und über diese materielle Tätigkeit sich miteinander in Beziehung setzen, bestimmte Verkehrsformen, Produktionsverhältnisse eingehen.* Die historisch-gesellschaftliche Entwicklung ist unter diesem Aspekt zu kennzeichnen als die Entfaltung verschiedener Formen von Produktionsverhältnissen, wobei der Grad der Produktivität einer Gesellungseinheit in Abhängigkeit von deren objektiven natürlichen Lebensbedingungen die Struktureigentümlichkeiten der Produktionsverhältnisse in wesentlichem Maße bestimmt.

Wenn wir im folgenden die Eigenarten menschlicher Wahrnehmungstätigkeit herausarbeiten wollen, die Resultat und Voraussetzung der Gesellschaftlichkeit des Menschen überhaupt sind, so haben wir die Elementarformen gesellschaftlicher Arbeit im Hinblick darauf zu analysieren, welche Charakteristika sinnlicher Erkenntnis in ihnen notwendig enthalten sind. Die Analysen müssen an Lebensweisen ansetzen, die einerseits eindeutig durch Arbeit geprägt, also gesellschaftlicher Natur sind, in denen aber andererseits keine entwickelteren, komplexeren Produktionsverhältnisse eingegangen wurden, als sie mit der elementaren gesellschaftlichen Produktion zwangsläufig verbunden sind. Wir sind demnach auf die historische Rekonstruktion von urgesellschaftlichen Grundformen menschlicher Arbeit verwiesen und befinden uns im Problemgebiet der Anthropogenese, im Umkreis von paläontologischen und archäologischen Fragestellungen und Befunden – allerdings stets unter dem übergreifenden psychologischen Aspekt der Erfassung allgemeinster gesellschaftlich bedingter Grundzüge der menschlichen Wahrnehmung.

Der gedankliche Ansatz für die Explikation der Wahrnehmungseigentümlichkeiten, die aus dem Tatbestand der gesellschaftlichen Arbeit zwingend ableitbar sind, ist nur zu finden, wenn wir die Wahrnehmung unter dem Aspekt ihrer *Funktion für die gesellschaftliche Lebenserhaltung durch Arbeit* analysieren. Wir behalten also die funktionale Betrachtensweise aus der stammesgeschichtlichen Analyse der Orientierungsaktivität bei, weiten allerdings den Funktionsbegriff insofern aus, als wir unter Funktionalität nicht mehr nur die Effektivität der Orientierung für die Erhöhung der Fortpflanzungswahrscheinlichkeit von Organismen-Populationen verstehen, sondern auch die *Effektivität der Wahrnehmung für die materielle gesellschaftliche Lebenserhaltung.* – Mit der funktionalen Betrachtensweise muß auch hier, entsprechend abgewandelt, die *»modale« Einschränkung* verbunden werden. Genauso, wie man Aussagen über die Funktionalität bestimmter Orientierungsleistungen nicht im Hinblick auf die Überlebenschance jedes einzelnen Organismus, sondern nur im Hinblick auf die »durchschnittliche« Fortpflanzungschance innerhalb einer

Entstehung der Wahrnehmung mit der Arbeit; Gegenstandsbedeutungen 107

Organismen-Population machen kann, ist es unbegründet, Aussagen über die Funktionalität bestimmter Wahrnehmungsleistungen für die gesellschaftliche Lebenserhaltung auf jeden einzelnen Menschen zu beziehen: Funktionalität kann hier nicht mehr bedeuten, als daß, sofern die Produktion und Reproduktion gesellschaftlichen Lebens auf einer bestimmten Entwicklungsstufe möglich sein soll, die Mitglieder der Gesellschaft, modal, »im Durchschnitt« zu bestimmt gearteten Wahrnehmungsleistungen fähig sein müssen.

Als methodische Grundlage der »funktionalen« Interpretation muß auch in den folgenden Analysen das früher mit Bezug auf den *Morgan*schen Kanon geschilderte Prinzip des *Rückschlusses nach dem Sparsamkeitsprinzip* angewendet werden. Die Daten für den sparsamsten Rückschluß sind indessen hier nicht, wie in der stammesgeschichtlichen Analyse, die, meist lokomotorischen, Aktivitätsfolgen von Organismen, sondern die *vergegenständlichten Resultate menschlicher Arbeit* samt den dabei eingegangenen Produktionsverhältnissen. Die Verfahrensvorschrift des sparsamsten Rückschlusses lautet im gegenwärtigen Zusammenhang: *Es dürfen bei den Mitgliedern elementarer gesellschaftlicher Lebenseinheiten nur solche Leistungsmöglichkeiten der Wahrnehmungsfunktion angenommen werden, ohne welche gegenständliche gesellschaftliche Arbeit in ihrer einfachsten Organisationsform nicht als möglich verständlich wäre.*

5.1 Der Übergang von organismischer Orientierung zu menschlicher Wahrnehmung im Prozeß der Entstehung vergegenständlichender gesellschaftlicher Arbeit: Wahrnehmung als auf Gegenstandsbedeutungen bezogene Orientierung

Es ist innerhalb der anthropologischen Forschung unbezweifelt: Das zentrale Merkmal, das den Menschen von allen anderen Lebewesen unterscheidet, ist seine *Fähigkeit zur systematischen Werkzeugherstellung* (»tool making«). Welche Rückschlüsse lassen sich aus der Existenz der von Menschen geschaffenen Werkzeuge auf allgemeine spezifisch »menschliche« Charakteristika der Wahrnehmungstätigkeit ziehen? Diese Frage soll zunächst unter Absehung von der Tatsache, daß mit ausgeprägten Formen der Werkzeugherstellung bestimmte Grundformen zwischenmenschlicher Produktionsverhältnisse notwendig verbunden sind, behandelt werden.

Die unter allen heute lebenden Organismen dem Menschen ähnlichsten sind die Pongiden (Menschenaffen) Gorilla, Orang-Utan, Schimpanse und Gibbon. Die morphologisch-funktionalen Unterschiede zwischen diesen Menschenaffen und den Menschen sind in vieler Hinsicht erheblich geringer als die zwischen den Pongiden und der nächst niederen Form. Die Ponginen, unter denen die Schimpansen eindeutig am meisten in Richtung auf »Menschenähnlichkeit« entwickelt sind, gelangen – wie ausführlich dargestellt – zu perzeptiv-kognitiv gesteuerten Leistungen, die die Leistungen anderer nichtmenschlicher Organismen weit übersteigen. Ein wesentliches Kennzeichen dieser herausragenden Leistungsmöglichkeiten ist der *Werkzeuggebrauch* (tool using). In den früher geschilderten, von *Köhler* durchgeführten Experimenten mit Schimpansen benutzen die Tiere etwa Stöcke zum Heranholen von Früchten. Gemäß den Versuchen von *Rensch* (1968) können Schimpansen kompliziertere Manipulationen mit Schraubenziehern, Schlüsseln, Messern etc. durchführen. *Kortlandt* (etwa 1968) stellte in sorgfältigen Beobachtungen von freilebenden Schimpansen fest, daß die Tiere Stöcke zu Imponiergehaben und gelegentlich auch zu gezieltem Schlagen z. B. gegenüber Leoparden benutzen etc.[34]. Werkzeugherstellende Aktivitäten finden sich bei den Schimpansen (und anderen Ponginen) jedoch nur in eingeschränkter und rudimentärer Form: *Köhlers* Tiere etwa brachen zu Manipulationszwecken Zweige durch, spitzten mit den Zähnen Stöcke an etc. (vgl. 1963); auch die von *Kortlandt* beobachteten Schimpansen benutzten nicht nur herumliegende Stöcke, sondern brachen sich ihre Knüppel-Waffen gelegentlich von Bäumen ab; nach *Lawick-Godall* (1971), die jahrelang bei wilden Schimpansen lebte, fertigen sich die Tiere u. a. aus Halmen »Termitenangeln« an und stellten sich durch Zusammenknautschen von Blättern eine Art von »Trinkschwämmen« her.

Der Versuch, die Spezifik menschlicher Werkzeugherstellung (wie anderer spezifisch menschlicher Möglichkeiten) durch abhebenden Vergleich mit rezenten Menschenaffen herauszuarbeiten, ist, trotz seiner Gebräuchlichkeit, als unzulänglich zu betrachten. Zwar sind die genannten Ponginen die menschenähnlichsten unter allen *heute lebenden* nichtmenschlichen Organismen. Diese Ponginen sind aber nicht

---

[34] Die in von Menschen hergestellten Versuchsanordnungen erbrachten Leistungen der Schimpansen überschreiten dabei wesentlich die Leistungen innerhalb ihrer natürlichen Umwelt. – Dazu ist allgemein methodisch anzumerken, daß man streng unterscheiden muß zwischen den tierischen Leistungen, zu denen die Organismen »von sich aus« kommen, und den Leistungen, zu denen die Tiere *durch den Experimentator im Experiment gebracht werden können.* In den experimentellen Anordnungen werden die Tiere in Zusammenhänge gestellt, die nicht von ihnen stammen, sondern die Vergegenständlichungen von *Konzeptionen des Experimentators* sind. Wenn man dies übersieht, kann man leicht zu Fehlschlüssen kommen, indem man den Tieren die Fähigkeit zu perzeptiv-kognitiven Strukturierungen zuschreibt, die in Wirklichkeit mindestens zum Teil durch die vom Menschen in den Versuchsanordnungen vergegenständlicht vorgegebenen perzeptiv-kognitiven Strukturen determiniert sind. Unter naturgeschichtlich-evolutionstheoretischem Aspekt haben Beobachtungen an freilebenden Tieren ungleich größere Aussagekraft.

»direkte Vorfahren« des Menschen, sondern (vorläufige) Endformen[35] eines gesonderten Evolutionszweiges, der sich schon sehr früh von dem Evolutionszweig, der zum Menschen führte, abgespalten hat. Wenn man nicht nur die rezenten, sondern *auch die fossilen* Organismen-Formen mit in die Betrachtung zieht, so sind also *nicht die Ponginen, sondern die »höchsten« tierischen Formen innerhalb des zum Menschen führenden Evolutionszweiges als die dem Menschen ähnlichsten Organismen zu betrachten.* Zur Erfassung »menschlicher« Besonderheiten der Werkzeugherstellung müssen mithin – über den Vergleich zwischen rezenten Menschenaffen und Menschen hinaus – *anthropogenetische Ansätze und Befunde* berücksichtigt werden.

Die organismischen Formen, die zum heutigen Menschenaffen führten, werden als Familie der *Pongidae* (fossile und rezente Menschenaffen), die organismischen Formen, die zum heutigen Menschen führten, als Familie der *Hominidae* (fossile und rezente »Menschenartige«) bezeichnet, wobei man beide Familien zur Überfamilie der *Hominoidae* zusammengefaßt. Den Ausgangspunkt für die Trennung der Hominiden-Linie von der Pongiden-Linie bildete – gemäß der (soweit wir sehen) gegenwärtig überzeugendsten anthropogenetischen Theorie (»Präbrachiatoren-Hypothese«, vgl. *Heberer* 1969) – ein Pongidentypus, der im frühen Miozän bis späten Oligozän (vor etwa 20–35 Millionen Jahren)[36] lebte und hinsichtlich seiner morphologischen Ausstattung weniger spezialisiert war als die heutigen Menschenaffen. Innerhalb des Evolutionszweiges der Pongiden entwickelten sich die Organismen im Biotop des »Regenwaldes« in Richtung auf Langarmigkeit (Brachiation), wobei den langen Armen die Funktion des Forthangelns von Ast zu Ast zukam, und in Richtung auf andere den biologischen Bedingungen des Regenwaldes angepaßte Merkmale. Innerhalb des Evolutionszweiges der Hominiden entstanden dagegen in Steppen und Savannen lebende Formen, die immer ausgeprägter durch aufrechten Gang (Bipedie), damit freien Handgebrauch, wachsenden Schädelinhalt, Herausbildung eines Kinns und einer senkrechten Stirnpartie, Reduzierung der Kiefern- und Zahngröße etc. gekennzeichnet waren.

Die Entwicklung der Hominiden verharrte lange in einem *subhumanen*, vormenschlichen Stadium, in welchem die verschiedenen Homini-

---

[35] Wenn hier wie in anderen Zusammenhängen von »Endformen« gesprochen wird, so sind damit Formen gemeint, wie sie für uns heute vorfindlich sind. Tatsächlich handelt es sich dabei um *durch nichts vor anderen ausgezeichnete Zwischenstadien einer unabgeschlossenen Entwicklung.*
[36] Solche zeitlichen Lokalisierungen sind, da empirisch schwer abzusichern, nur als grobe Schätzungen zu verstehen, die mit dem Auftauchen neuer Daten häufig revidiert werden (gegenwärtig besteht hier allgemein die Tendenz, weiter zurückliegende Ursprungszeitpunkte anzunehmen als bisher).

den-Formen noch nicht als »Menschen«, sondern als Tiere zu bezeichnen sind. Erst im Pliozän (vor etwa 10 Millionen Jahren) begann mit der *Überleitung zum humanen Entwicklungsabschnitt eine kritische Phase, das sogenannte Tier-Mensch-Übergangsfeld,* dem dann – in frühen bis mittleren Stadien der Eiszeit (Pleistozän), die vor ca. 1,8 Millionen Jahren begann – der humane Abschnitt der Hominiden-Geschichte folgte. – Die fossilen Knochenfunde, die von Vor- oder Frühformen der menschlichen Hominiden stammen sollen, sind gerade in neuester Zeit sehr reichhaltig und hinsichtlich ihrer Einordnung teilweise noch strittig.

Die ältesten Formen, die als möglicherweise humane Hominiden zur Diskussion stehen, sind die alteiszeitlichen *Australopithecinen,* merkwürdige Mischformen zwischen pongiden und hominiden Merkmalen. Besondere anthropogenetische Bedeutung gewann die »homo erectus«-Gruppe (etwa 600 000 Jahre alt), zu der der zuerst in Java gefundene *Pithecanthropus,* der *Sinanthropus* (»Peking-Mensch«) und der *homo erectus heidelbergensis* (»Heidelberg-Mensch«) gehören. Aus dem »homo erectus« entwickelten sich sodann, wie man annimmt, die Zwischenform des *Präneanderthalers* und des *Präsapiens*; während der Präneanderthaler in den Seitenzweig (die »Sackgasse«) des (besonders wegen seines vergleichsweise riesigen Schädelvolumens auffällig gewordenen) *Neanderthalers* einmündete, entstand aus dem Präsapiens (vor rund 60 000 Jahren) der eigentliche *homo sapiens,* der *Cro-Magnon-Mensch,* der im steinzeitlichen Europa (vor ca. 40 000 Jahren oder später) die frühesten konsistenten Kultur-Epochen (Aurignacien, Magdalénien) herauszubilden begann.

Das Problem, wieweit eine bestimmte Hominiden-Form noch im Tier-Mensch-Übergangsfeld oder bereits im humanen Stadium der Anthropogenese anzusiedeln ist, muß stets unter dem Aspekt der *Werkzeug- und Gerätefunde* als zentralem Gesichtspunkt behandelt werden, da andere Kriterien, etwa morphologisch-anatomische Hinweise auf die Fähigkeit zur Werkzeugherstellung, sich als weitgehend uneindeutig und deshalb wenig brauchbar erwiesen haben. Dies bedeutet, daß zur Identifizierung frühester Formen menschlicher Hominiden die paläontologische Forschung durch die *archäologische Forschung* ergänzt werden muß.

Die Entscheidung darüber, ob es sich bei einem bestimmten Fundobjekt tatsächlich um ein »Werkzeug« handelt, ist – gerade, wenn es darum geht, die frühesten Formen menschlicher Werkzeuge zu identifizieren – manchmal äußerst schwierig. So hat eine Reihe von Forschern gewisse Stein- und Knochenfunde als von Australopithecinen hergestellte Werkzeuge interpretieren wollen, womit die Australopithecinen eindeutig den humanen Hominiden zuzuordnen wären; es haben sich jedoch in vielen Fällen gute Gründe für die These erbringen lassen, daß die Beschaffenheit der fraglichen Funde auch als Ergebnis »natürlicher« Einwirkungen (Geröll-Bewegungen, Absplitterungen durch Aufeinanderprall etc.) erklärbar ist, so daß hier (nach dem Sparsamkeitsprinzip) nicht von menschlichen Produkten geredet werden dürfte (vgl. *Koenigswald* 1968); die Frage, wieweit die Australopithecinen bereits Vor- und Frühformen von Werkzeugen herstellten, muß im ganzen noch als unentschieden gelten. – Der »homo erectus«-Gruppe wird hingegen die Fähigkeit zur Werkzeugherstellung zugeschrieben, so daß es sich hier um humane Hominiden handeln würde (wobei diese Interpretation freilich bei den verschiedenen Formen des homo erectus in unterschiedlichem Maße durch Funde empirisch abgesichert ist). Am ergiebigsten sind die Funde hinsichtlich des Sinanthropus, dessen relativ zweifelsfrei »hergestellte« Werkzeuge sich im Umkreis von offensichtlichen »Wohnplätzen« mit Feuerstellen, »Abfällen« verschiedener Art etc. fanden. – Die Weiterentwicklung der Werkzeuge geschah zunächst außerordentlich langsam, in nahezu »evolutionären« Größenordnungen; vieles spricht dafür, daß die Werkzeugherstellung und -verwendung lange Zeit über quasi »semi-instinktiver« Art war; das »Faustbeil« als nur wenig spezialisiertes Universalwerkzeug war mehrere hunderttausend Jahre lang, bis in die letzte Zwischeneiszeit, der vorherrschende Werkzeugtyp (vgl. *Koenigswald* 1968, S. 162). Die an Vergrößerung des Volumens und Differenzierung der Gegliedertheit gefundener Schädel grob ablesbare Entwicklung der Größe und Strukturiertheit des Gehirns erfolgte (vergleichsweise) sprunghaft und so »spät«, daß hier keinesfalls eine »kausale Beziehung« zwischen Hirnentwicklung und Werkzeugherstellung angenommen werden darf. – Aus derartigen Tatsachen ist ersichtlich, welche methodischen Probleme mit dem Versuch verbunden sind, aus der Beschaffenheit von Werkzeugfunden auf Eigenschaften und Fähigkeiten der Werkzeughersteller zu schließen.

Nach welchen Kriterien läßt sich bestimmen, ob aufgrund von Werkzeug- und Gerätefunden angenommen werden darf, daß die *Werkzeuge das Resultat von Frühformen gesellschaftlicher Arbeit sind, daß also die Schöpfer der Werkzeuge als »Menschen« im eigentlichen Sinne bezeichnet werden dürfen?*

Napier (1962) hat zur Klärung dieser Frage sechs Stufen der Beziehung zwischen Lebewesen und Werkzeug unterschieden: 1. »ad-hoc-tool-using«, 2. »purposeful-tool-using«, 3. »tool-modifying for an immediate purpose«, 4. »tool-modifying for a future eventuality«, 5. »ad-hoc-toolmaking« und 6. »cultural toolmaking«. Die Stufen 1 bis 3 kommen, wie aus früheren Darlegungen ersichtlich ist, auch bei Pongiden vor. Das Problem der Charakteristik »menschlicher« Werkzeugherstellung wäre demgemäß anhand der Stufen 4 bis 6 zu diskutieren. Äußerst schwierig erscheint es dabei, zwischen Werkzeugmodifikation und Werkzeugherstellung eindeutig zu unterscheiden. Als wesentliche Kriterien blieben demgemäß übrig: *Ad hoc-Werkzeugherstellung (bzw. -modifikation), Werkzeugherstellung für eine zukünftige Gelegenheit und gesellschaftliche Werkzeugherstellung.*

Der entscheidende Schritt zur menschlichen Form der Werkzeugherstellung liegt offensichtlich im Übergang von der Ad hoc-Werkzeugherstellung zur Werkzeugherstellung für eine künftige Gelegenheit. *Fischer* (1949, S. 110 ff.) schildert diesen Übergang so: Ursprünglich sei etwa der Stock nur angesichts der Frucht als Mittel aktualisiert, primitiv auf die Verwendung zugerichtet und nach Gebrauch weggeworfen worden; die Wende zur Menschheitsgeschichte liege in der *Umkehrung dieses Verhältnisses*, z. B. der verselbständigten Auffassung des Stockes als eines Mittels zum *verallgemeinerten Zweck der Früchtebeschaffung*; erst mit dem Vollzug dieser Umkehrung sei der Weg zur *geplanten Herrichtung von Werkzeugen für einen bestimmten, generalisierten Gebrauch, ihre Aufbewahrung, Verbesserung* etc. freigeworden. Damit seien auch die Voraussetzungen für tradierende Weitergabe und Vervollkommnung, gemeinschaftliche Produktion und gemeinschaftlichen Gebrauch der Werkzeuge, also die *gesellschaftliche Werkzeugherstellung* gegeben.

Um zu – vorläufigen und schematischen – Festlegungen darüber zu kommen, nach welchen Kriterien Werkzeugfunde eindeutig als Resultat *früher Formen der gesellschaftlichen Arbeit* interpretiert werden dürfen und sich somit zum Ansatzpunkt für die rückschließende Herausarbeitung von elementaren »menschlichen« Charakteristika der Wahrnehmung eignen, gehen wir davon aus, daß der mit der Herstellung *intendierte allgemeine Verwendungszweck aus der Beschaffenheit der Werkzeuge zweifelsfrei ausmachbar sein muß.* Nur für diesen Fall darf man davon sprechen, daß die Werkzeuge das Ergebnis von *Arbeit als geplantem Eingriff in die Realität gemäß menschlichen Bedürfnissen und Interessen* sind. Eine mehr oder weniger angemessene Erschließung des geplanten Verwendungszwecks aus der Werkzeugbeschaffenheit ist aber nur dann möglich, wenn aus der gleichen Kultur stammende *verschiedenartige Werkzeuge, die offensichtlich für jeweils unterschiedliche generalisierte Verwendungszwecke spezialisiert sind,* vorliegen. Ein Ding, das zwar Bearbeitungsspuren trägt, dessen intendierte Funktion aber nicht durch Abhebung von anderen bearbeiteten Dingen bestimmbar ist, kann nicht mit der nötigen Sicherheit als Resultat von Arbeit i. e. S. identifiziert werden. (Mit dem Hinweis auf universale Verwendungsmöglichkeiten eines solchen unspezialisierten Hilfsmittels ist keineswegs hinreichend stringent zu machen, daß eine solche Universalität der Verwendung bei der Herstellung auch intendiert war.) – Um den gesellschaftlichen Charakter der herstellenden Tätigkeit, die zu bestimmten Werkzeugen geführt hat, abzusichern, ist noch ein weiteres Kriterium einzuführen: Die gefundenen Werkzeuge müssen hinsichtlich eines bestimmten Typs in einer Anzahl von Exemplaren vorliegen, an denen man ihre *laufende Verbesserung in der Zeitfolge* ablesen kann, wobei die Verbesserungen in Zeiträumen »gesellschaftlich-historischer« Größenordnung feststellbar sein müssen (damit evolutionäre oder quasievolutionäre Progressionen ausgeschlossen sind). Nur durch dieses Kriterium ist sicherzustellen, daß die Verwendungscharakteristika der Werkzeuge *ein Ergebnis der Kumulation gesellschaftlicher Erfahrung, eines konstituierenden Merkmals gesellschaftlicher Arbeit*, darstellen. – Die genannten Kriterien sind eindeutig erfüllt in den (vor 40 000 Jahren oder später entstandenen) ausgebildeten und differenzierten materialen Kulturen der Steinzeit, dem Aurignacien oder dem Magdalénien, in denen eine Vielzahl von Werkzeug- und Gerätetypen mit spezialisiertem Verwendungszweck, etwa Steinbeile, Speerspitzen, Kratzer, Schaber, Nadeln etc. gefunden wurden, wobei innerhalb der Größenordnung von Jahrtausenden starke Verbesserungen der Werkzeuge feststellbar sind. Diese Kulturen sind allerdings als Spätformen einer längeren vorhergegangenen Entwicklung der gesellschaftlichen Werkzeugherstellung anzusehen. Die frühesten Werkzeugformen, die den angegebenen Kriterien genügen, dürften – konservativ geschätzt – in der letzten Zwischeneiszeit, vor ca. 150 000 Jahren, zu lokalisieren sein.

Bei dem Versuch einer rückschließenden Erfassung elementarer gesellschaftlich-historischer Charakteristika der Wahrnehmung im Hinblick auf funktionale Notwendigkeiten bei der gesellschaftlichen Werkzeugherstellung müssen wir das Problem des *historischen Übergangs von organismischer Orientierung zu menschlicher Wahrnehmung* noch genauer herausarbeiten. – Bei der im vorigen Hauptteil unternommenen naturgeschichtlichen Rekonstruktion biologisch-organismischer Wahrnehmungskennzeichen haben wir unter Anwendung des vergleichenden Verfahrens heute lebende Organismenformen unterschiedlichen phylogenetischen Ursprungsalters miteinander in Beziehung gesetzt. Dabei wurden als höchste rezente tierische Ausprägungsart perzeptiver Aktivität die Orientierungsleistungen der Pongiden dargestellt. Da nun aber – wie gesagt – bei Berücksichtigung fossiler Formen nicht die Pongiden, sondern die entwickeltsten subhumanen Hominiden das unmittelbare Vorstadium der menschlichen Entwicklung repräsentieren, ist es keinesfalls hinreichend, bei der abhebenden Kennzeichnung allgemeinster gesellschaftlich-historischer Eigenarten der Wahrnehmungstätigkeit des Menschen lediglich den Evolutionszweig mit dem (vorläufigen) Endpunkt der Ponginen-Orientierung in Rechnung zu stellen. Im Interesse einer präzisen Heraushebung der Spezifika elementargesellschaftlicher Eigentümlichkeiten der Wahrnehmung muß hier vielmehr die *phylogenetische Entwicklung bis zu den Orientierungsleistungen der höchstentwickelten subhumanen Hominiden in Betracht gezogen werden.* Andernfalls ist der Fehler unvermeidlich, *bestimmte Eigenarten der Wahrnehmung als spezifisch »menschlich« zu interpretieren, die in Wirklichkeit ihren Ursprung im vormenschlichen Stadium der Hominiden-Entwicklung haben.*

Verbindliche Aussagen über die Orientierungsaktivität der subhumanen Hominiden sind – da das vergleichende Verfahren für diesen Fall nicht anwendbar ist – nur schwer möglich. Dennoch müssen wegen der Wichtigkeit einer genauen abhebenden Bestimmung der gesellschaftlichen Wahrnehmungseigentümlichkeiten hier wenigstens einige Hinweise versucht werden. Gewisse Anhaltspunkte dafür lassen sich im Hinblick auf die herausragenden Kennzeichen der Hominiden-Entwicklung, *Zweibeinigkeit (Bipedie)* und – damit zusammenhängend – *lokomotionsentlasteter Handgebrauch,* gewinnen.

Die *Zweibeinigkeit* als habitualisierte Fortbewegungsart des Hominiden ist, so wird angenommen, durch Selektionsdruck innerhalb des Biotops von Savannen und Steppen entstanden, weil die durch die aufgerichtete Körperhaltung gegebene Möglichkeit des *Um-sich-Blickens* zum früheren Ausmachen von Feinden, etwa Raubkatzen, im niedrigen Gebüsch führte und damit den Effekt der Erhöhung der Fortpflanzungswahrscheinlichkeit hatte (vgl. etwa *Heberer* 1969, S. 31). Das Um-sich-Blicken bei aufrechter Körperhaltung ist aber eine Orientierungsform, bei der die Beziehung des perzipierenden Organismus zur Welt und die gegenständliche Gegliedertheit der Umwelt auf eine neue Weise adäquater faßbar wird. – Der Um-sich-Blickende perzipiert nicht nur die Dinge an ihrem Ort, sondern auch sich selbst an einem bestimmten Ort in der Welt, als zentrifugalen Ausgangspunkt eines *Panoramas vielfältiger Perspektiven auf die Welt, durch die der perzipierende Organismus jeweils auf seinen besonderen Platz in der Welt verwiesen ist,* darin auch jedes Ding in seinem relationalen Zusammenhang mit anderen Dingen sich verdeutlicht. Dem Um-sich-Blickenden eröffnet sich in höherem Maße die Möglichkeit, im Hin- und-Her-Sehen *zu einem eben erblickten Ding mit dem Blick zurückzukehren, es damit als an seinem Ort befindlich zu bekräftigen.* Durch die erleichterte *Umkehrbarkeit des Hin- und Wegblickens* dürfte der *Unterschied zwischen der wirklichen Existenz und Beschaffenheit der Dinge und der Tatsache ihres Perzipiertwerdens* immer klarer hervortreten, dadurch die Unabhängigkeit der objektiven Realität in ihrer gegenständlichen Gegliedertheit vom perzipierenden Organismus in immer höherem Grade adäquat faßbar werden.

Wenn man sich vergegenwärtigt, daß die brachiatorischen Pongiden im Biotop des Regenwaldes den Drehpunkt der Körperbewegung bei ca. gleich langen hinteren und vorderen Extremitäten etwa in der Körpermitte haben, daß durch die hangelnd-schlingernde Fortbewegung von Ast zu Ast weder die Waagerechte noch die Senkrechte bevorzugte Orientierungs-Bezugssysteme sein können und daß die Weise des Hinsehens auf die Welt hier mehr fließenden Charakter mit vielfältig wechselndem Standort und Blickwinkel haben muß, so verdeutlichen sich noch andere Konsequenzen der Zweibeinigkeit hinsichtlich der Orientierungsaktivität: Für den aufgerichteten Hominiden in Steppen und Savannen bilden seine vertikale Körperachse und der horizontale Grund, auf dem er steht und sich bewegt, quasi die konstanten Koordinaten, zu denen jeder perzipierte Welttatbestand ins Verhältnis gesetzt ist; damit muß eine erhöhte Adäquatheit der Auffassung der Lage, der Lageveränderungen und der Lage-Relationen innerhalb der gegenständlichen Welt verbunden sein. Der Hominide, da er in seiner Fortbewegung weitgehend an den waagerechten Untergrund gebunden ist, nicht nach oben oder unten ausweichen kann, sieht sich der Welt quasi »Auge in Auge« gegenüber; dies muß eine verstärkt fixierende, gespannte, analysierende Perzeptionshaltung mit sich bringen, durch welche eine schärfere Erfassung und Heraushebung wesentlicher Beschaffenheiten der Umwelt möglich ist (ein perzeptiver »Irrtum« kann, da es kaum lokomotorische »Auswege« gibt, tödlich sein).

Die Blickwinkel, die Perspektiven, aus denen die Welt gesehen wird, erhalten beim aufgerichteten Hominiden in gewissem Maße dadurch eine einheitliche Charakteristik, daß die Welt bevorzugt von einer durch die eigene Körperhöhe bedingten konstanten Bodenhöhe aus perzipiert wird. Daraus ergibt sich ein weiterer Fixpunkt für die Orientierung; durch den konstanten Abstand der Augenhöhe vom Boden entsteht eine konstante Zuordnung zwischen dem Abstand eines auf dem Boden befindlichen Dinges vom Perzipierenden und dem Winkel, der aus der Sehachse und der waagerechten Oberfläche gebildet wird, womit die präzise Tiefenlokalisation des Dinges innerhalb bestimmter Entfernungsbereiche erleichtert werden muß; auch die Auswertung von Texturgradienten der Oberfläche für die Tiefenlokalisation muß durch die konstante Augenhöhe verbessert sein; damit werden sich auch Orientierungsleistungen, die von der Tiefenlokalisation abhängig sind, wie die Erfassung der objektiven Dinggröße im Entfernungswechsel (Größenkonstanz), verbessern etc. – Allgemein gesehen bedeutet die zweibeinige, senkrechte Position und Fortbewegung auf waagerechtem Grund das Gegebensein von Bezugssystemen, Konstanzen, Fixpunkten, die eine erhöhte Perzeptions-Adäquanz der gegenständlichen gegliederten Welt, damit auch eine angemessenere Verwertung früherer Erfahrung in perzeptivem Lernen durch den Hominiden ermöglichen[37].

Der durch die Zweibeinigkeit bedingte *von der Lokomotion entlastete Handgebrauch* der Hominiden führt in der Evolution zu immer ausgeprägterer feinmotorischer Steuerung der Hände, wobei sich eine wachsend differenzierte zerebrale Kontrolle herausbildet, die es dem Organismus ermöglicht, die unendlich mannigfaltigen Kombinationen in allen Teilen der Hand auszuführen (vgl. *Schultz* 1968). Mit der Differenzierung des Handgebrauchs muß eine laufende *Verfeinerung der visuell-perzeptiven Orientierung im Nahraum* einhergehen. Die Mechanismen der Tiefenlokalisation und Scharfabbildung von Dingen in geringen Entfernungen, binokulare Koordination (Konvergenz; Disparation) und Akkommodation werden sich im Zusammenhang mit den Greifaktionen der Hand immer mehr präzisieren. Besonders wichtig ist der Zusammenhang zwischen dem *Hin- und Herwenden eines mit der Hand ergriffenen Dinges und der visuellen Untersuchungsaktivität*; durch ein solches Zueinander von haptischer und visueller Untersuchung wird das Ding sowohl in seiner *gegenständlich-räumlichen Solidität wie in seiner materiellen Greifbarkeit* immer adäquater und genauer erfaßbar. Die reafferente Rückmeldung des Aktivitätserfolges als Moment der visuell-haptischen Manipulationskontrolle, damit gleichzeitig der Auffassung objektiver Dingeigenschaften, muß in der Hominiden-Entwicklung einen immer höheren Grad an Präzision erreichen etc.

Sofern man unter Verwertung der gegebenen Hinweise die früheren Darlegungen über die phylogenetische Entwicklung der gegenständlichen Weltauffassung und der Vorformen gnostischer Leistungen bis zu den Ponginen in Hinblick auf die Hominiden-Entwicklung quasi extrapoliert, so wird man global folgendes feststellen dürfen: Den fortgeschrittensten subhumanen Hominiden im Tier-Mensch-Übergangsfeld war ein weit über die Möglichkeiten der Ponginen hinausgehendes Ausmaß an Adäquatheit der perzeptiven Erfassung gegenständlicher Welttatbestände und an Fähigkeit zu entlasteten, selbstän-

---

[37] Sicherlich bestehen die einzelnen herausgehobenen Eigenarten der Hominiden-Orientierung jeweils auch bei dieser oder jener anderen Organismen-Form. Solche Eigenarten müssen indessen stets im Zusammenhang mit der *Gesamtentwicklung* vom subhumanen zum humanen Hominiden gesehen werden. Das Anführen von Gegenbeispielen hinsichtlich jeweils einzelner Merkmale (das praktisch immer möglich ist) entspringt hier (und in ähnlichen Fällen) einer unangemessenen isolierenden Betrachtungsweise. Die einzelnen Merkmale haben innerhalb anderer Syndrome von organismischen Möglichkeiten einen gänzlich unterschiedlichen Stellenwert.

dig motivierten Exploration der Umwelt eigen; die Hominiden waren in der Lage, in gerichteter Untersuchungsaktivität relevante von überdeckenden Umwelteigenschaften präziser analytisch abzuheben und im Zueinander von visueller und haptischer Perzeption Form und Materialbeschaffenheit manipulierter Dinge genauer zu erfassen. Besonders bei Berücksichtigung der Zweibeinigkeit und des freien Handgebrauchs, durch welche die Strukturhöhe und Differenziertheit zerebraler Funktionen entscheidend vorangetrieben wurden, muß man davon ausgehen, daß die subhumanen Hominiden, verglichen mit den Pongiden, einen weit höheren Stand an Variabilität und Effektivität des Werkzeuggebrauchs sowie der Ad hoc-Werkzeugherstellung erreichten, wobei Zweck-Mittel-Relationen adäquater herstellbar und Aktivitätsfolgen vom Ziel her angemessener und beweglicher strukturierbar waren. Dies bedeutet, daß bloß perzeptive Funktionen sich noch weiter in Richtung auf eine gnostische Bewältigung von Problemsituationen entwickelt hätten. – Zusammenfassend ist festzuhalten, daß *hinsichtlich der genannten Momente* die Wahrnehmungstätigkeit des rezenten Menchen sich *vielleicht dem Grade nach, keineswegs aber prinzipiell von der Orientierungsaktivität der subhumanen Hominiden unterscheiden dürfte.* Demnach wären die Besonderheiten der menschlichen Wahrnehmung *hier nicht zu suchen. Wie aber sind dann die allgemeinsten Charakteristika der Wahrnehmungstätigkeit des gesellschaftlichen Menschen zu bestimmen?*

Mit der früher geschilderten, für die Menschwerdung entscheidenden Umkehrung des Verhältnisses zwischen Zweck und Mittel, der Wandlung von der Auswahl und Zurichtung eines Werkzeugs im Hinblick auf einen bestimmten aktuellen Verwendungszweck zur Schaffung von Werkzeugen für einen verallgemeinerten, potentiellen Verwendungszweck mußte sich auch die Orientierungsaktivität des Hominiden in entscheidenden Hinsichten verändern. – Es ist, wie gesagt, eine lange Periode des Überganges anzunehmen, in welcher beide Arten der Zweck-Mittel-Relation vorkamen und sich die Werkzeugherstellung für einen verallgemeinerten Verwendungszweck gegenüber der von einem aktuellen Zweck bestimmten Werkzeugverwendung nur langsam und oszillierend durchsetzte; in dieser Periode *wurde die Natur des subhumanen Hominiden aufgrund von evolutionär-stammesgeschichtlichen Entwicklungsmechanismen zur gesellschaftlichen Natur des Menschen.* In dem Maße, wie der Übergang vollzogen wurde, veränderte sich die Umwelt des Hominiden; *neben die einfach vorgefundenen Welttatbestände traten in immer höherem Grade Welttatbestände, die von Hominiden gemäß verallgemeinerten Verwendungszwecken hergestellt worden waren.* Mit dem Erreichen der eigentlich

»menschlichen« Stufe der *gesellschaftlichen Werkzeugherstellung*, wie sie früher bestimmt wurde, bestand die Welt des Menschen zu einem wichtigen Teil aus vielfältigen Produkten *menschlicher Arbeit*, in denen jeweils bestimmte *verallgemeinerte Zwecke, Gebrauchswerte*[38], vergegenständlicht waren.

Welttatbestände, sofern sie Gebrauchswert-Vergegenständlichungen sind, unterscheiden sich dadurch von anderen Gegebenheiten, daß in ihnen *verallgemeinerte menschliche Zwecke in gegenständlich-sinnlicher Form erscheinen.* Gebrauchswert-Vergegenständlichungen sind also in dem Sinne *für die menschliche Orientierung »bedeutungsvoll«*, daß in ihnen durch menschliche Arbeit Bedeutungen realisiert wurden. Zwar kann auch Gegebenheiten, die auf der Stufe der bloß organismischen Orientierung lediglich »vorgefunden« sind, Verwendbarkeit zukommen. Der Stock ist für den Schimpansen zur Früchtebeschaffung verwendbar. Diese Verwendbarkeit ist jedoch keine Eigenschaft des Stockes selbst; er gewinnt seine Verwendbarkeit vielmehr lediglich in der jeweils aktuellen Situation, in welcher er Glied einer Aktivitätsfolge zur Erreichung eins bestimmten Zieles wird; man kann demnach nicht davon sprechen, daß dem Stock eine Bedeutung im Zusammenhang mit der Früchtebeschaffung zukommt. Ein Werkzeug, in welchem durch menschliche Arbeit Gebrauchswerte als verallgemeinerte Zwecke vergegenständlicht wurden, ist dagegen als Ding bedeutungsvoll, unabhängig davon, ob es gerade in einer Konstellation steht, die seinen »bedeutungsgemäßen« Gebrauch erfordert oder nicht. Vielmehr wird das Werkzeug umgekehrt gemäß dem in ihm verallgemeinert vergegenständlichten Gebrauchswert in verschiedenartige Situationen gebracht, die nur gemeinsam haben, daß es in diesen Situationen gemäß der ihm innewohnenden (da durch Arbeit in es hineingelegten) *Gegenstandsbedeutung* einsetzbar ist.

Ergebnisse vergegenständlichender Arbeit sind auf der einen Seite objektive Gegebenheiten der Außenwelt, auf der anderen Seite Vergegenständlichungen menschlicher Eigenarten. Durch Arbeit entstehen für den Menschen die »*Gegenstände* als die *Vergegenständlichung* seiner selbst, als die seine Individualität bestätigenden und verwirklichenden Gegenstände, als *seine* Gegenstände, d. h. Gegenstand wird *er selbst*« (*Marx* MEW Ergb. I, S. 541). In den Gegenstandsbedeutungen der Arbeitsprodukte findet der Mensch hinsichtlich bestimmter Aspekte quasi sich selber in *entäußerter, sinnlich-gegenständ-*

---

[38] Wir bezeichnen mit »Gebrauchswert« nicht jede Art von Verwendbarkeit, sondern nur die verallgemeinerte Verwendbarkeit als Resultat vergegenständlichender, konkret-nützlicher menschlicher Arbeit (wobei »Verwendbarkeit« hier in einem sehr generellen Sinne zu verstehen ist).

licher Form wieder: Die stoffliche Realität und die »Menschlichkeit« der Welt sind durch die Arbeit zu einer Einheit geworden.

Gegenstandsbedeutungen als sinnlicher Ausdruck einfacher Gebrauchs-Vergegenständlichungen, wie sie sich im hergestellten Werkzeug finden, sind lediglich die Elementarstufe gegenständlicher Bedeutungshaftigkeit. Nicht nur, daß in der weiteren gesellschaftlich-historischen Entwicklung die vergegenständlichten Gebrauchswerte eine immer wachsende Differenzierung und qualitative Modifikation erfahren: darüber hinaus treten Formen der Vergegenständlichung als Gegenstandsbedeutungen in Erscheinung, die, obzwar an Gebrauchswert-Vergegenständlichungen gebunden, zu den Gebrauchswerten in einem widersprüchlichen Verhältnis stehen (vgl. S. 204 ff. u. 377 ff.). Dennoch lassen sich die prinzipiellen Eigenarten der Gegenstandsbedeutungen von Dingen an den Grundformen von Gebrauchswert-Vergegenständlichungen, den durch Menschen geschaffenen Werkzeugen, hinreichend abklären[39].

Die Orientierung in der Welt, sofern sie aus Arbeitsprodukten besteht, schließt eine Orientierung über Gegenstandsbedeutungen ein. Bei dieser Art von Orientierung sind also die Bestimmungen erfüllt, die *früher in der phänographischen Analyse unter dem Stichwort »gegenständliche Bedeutungshaftigkeit« gegeben wurden* (vgl. S. 25 ff.). Wir haben hier in erstem Ansatz aufgewiesen, wie die sinnlich eingebundenen sachlichen Gegenstandsbedeutungen, die bei jeder angemessenen phänographischen Kennzeichnung herausgehoben werden müssen, als objektive Eigenschaften von Dingen entstehen; Gegenstandsbedeutungen sind nicht lediglich »subjektive« Phänomene, sondern kommen den Dingen als Arbeitsresultaten tatsächlich zu und *können demnach in der Orientierung auch mehr oder weniger adäquat erfaßt werden*.

Die Erfassung von Gegenstandsbedeutungen, *da hier der Prozeß bedeutungsschaffender vergegenständlichender Arbeit notwendig mitge-*

---

[39] *Vorformen* von Gegenstandsbedeutungen finden sich sicherlich auch in der Umwelt nichtmenschlicher Organismen (den früher erwähnten Spielmarken, die von Schimpansen als Mittel zur Futterbeschaffung aus einem Automaten benutzt und entsprechend gehortet wurden, vgl. S. 102, z. B. wird man eine Art von »Bedeutung«, nämlich die des »Zur-Futterbeschaffung-Geeignetseins« für den Schimpansen, zusprechen können). Qualitative Sprünge in einer kontinuierlichen Entwicklung werden generell immer nur unter bestimmten Aspekten erfaßbar, während unter anderen Aspekten die Kontinuität der Entwicklung im Vordergrund steht. Die qualitative Besonderheit des Konzeptes der »Gegenstandsbedeutung«, wie wir es verstehen, ist der Umstand, daß die Gegenstandsbedeutungen durch *vergegenständlichende Arbeit* entstanden sind. Gegenstandsbedeutungen *in dieser Qualität* sind demgemäß ausschließlich Kennzeichen der *menschlichen Welt*.

meint sein muß, ist als Merkmal zu betrachten, das nicht schon der Orientierungsaktivität vormenschlicher Lebewesen zukommt, sondern *in voller qualitativer Ausprägung nur dem Menschen als gesellschaftlich produzierendem Wesen* eigen ist. *In der Herausbildung der Bedeutungsbezogenheit der Orientierung wird die organismische Perzeption zur menschlichen Wahrnehmung.* An dieser Stelle liegt der Ansatz zur Klärung der Frage, worin die allgemeinste menschliche Spezifik der Wahrnehmungstätigkeit liegt. Wir werden immer deutlicher herauszuarbeiten haben, daß die Wahrnehmung in ihrer Besonderheit als menschliche nur dann richtig zu verstehen ist, wenn man einsieht, *daß die Wahrnehmungstätigkeit des Menschen stets und notwendig die mehr oder weniger adäquate Erfassung sinnlich eingebundener Gegenstandsbedeutungen ist*, wobei die organismischen Grundcharakteristika der Wahrnehmung in der Bedeutungsbezogenheit der Wahrnehmung als ihrer menschlichen Spezifik aufgehoben sind.

Die Gegenstandsbedeutung ist keineswegs etwas, das bei den Arbeitsprodukten in irgendeinem Sinne zu den »dinglichen«, figural-qualitativen Merkmalen hinzukommt. – Die sensorisch oder perzeptiv erfaßte Umwelt der tierischen Organismen ist in ihrer vollen Realität gekennzeichnet durch ihre figural-qualitativen Eigenschaften als »*Reizkonstellation*«. Wurde jedoch die Stufe der Herstellung gegenständlich-bedeutungsvoller Dinge durch menschliche Arbeit einmal erreicht, *so sind die verschiedenen Momente figural-qualitativer Beschaffenheit notwendig Züge der Gegenstandsbedeutung der Dinge*. Die figural-qualitative Kennzeichnung als »Reiz« trifft jetzt nicht mehr das Ding in seiner vollen Wirklichkeit, sondern setzt eine gedankliche Absehung von der Bedeutungshaftigkeit des Arbeitsproduktes voraus. Wenn also mit Bezug auf die Wahrnehmung in ihrer menschlichen Spezifik von Konfigurationen oder Qualitäten die Rede ist, so wird dabei von der *Gegenstandsbedeutung, die der wirkliche Träger der figural-qualitativen Momente ist, abstrahiert*. Insoweit ist auch der Hinweis auf den Empfindungscharakter des Wahrgenommenen als unmittelbarem Anzeichen seiner sinnlichen Präsenz ein Abstraktionsprodukt[40]. (Dies gilt, wie sich bald herausstellen soll, nicht nur für die Wahrnehmung von Arbeitsresultaten, sondern für die menschliche Wahrnehmung überhaupt.)

Die in gesellschaftlicher Werkzeugherstellung realisierten Gegenstandbedeutungen sind nicht lediglich das Ergebnis der individuell geplanten Tätigkeit einzelner Hersteller. In den Bedeutungen der Werkzeuge als Gebrauchs-Vergegenständlichungen spiegelt sich vielmehr *die*

---

[40] Vgl. dazu unsere früheren Darlegungen im phänographischen Teil der Arbeit, S. 26.

Auseinandersetzung des Menschen mit der Natur zur gesellschaflichen Lebenserhaltung unter bestimmten Bedingungen auf einer bestimmten Entwicklungsstufe. – In die Gegenstandsbedeutungen gehen ein die Beschaffenheit des Materials, aus dem das Werkzeug hergestellt ist, und die Beschaffenheit des Materials, auf das mit dem Werkzeug eingewirkt werden soll. Die Gegenstandsbedeutung des Werkzeugs ist weiter bestimmt durch die sachlichen Erfordernisse, die es erfüllen muß, damit die geplanten verallgemeinerten Zwecke mit ihm erreicht werden können. Die vergegenständlichten Gebrauchswerte selbst sind determiniert durch die besonderen Notwendigkeiten der Lebenserhaltung einer Gesellungseinheit unter jeweils konkreten Lebensumständen. Darüber hinaus sind die Gegenstandsbedeutungen geprägt durch die je besonderen Begrenztheiten und Möglichkeiten der gesellschaftlichen Produktionsweise in Abhängigkeit von den natürlichen Lebensvoraussetzungen und dem historischen Stand der Entfaltung der Produktivkräfte etc.

Die Gegenstandsbedeutungen als Ausdruck der Erfordernisse der gesellschaftlichen Produktion müssen von den Mitgliedern einer Gesellungseinheit modal, im Durchschnitt gesehen, richtig erfaßt worden sein, wenn die gesellschaftliche Lebenserhaltung der Gesellungseinheit als möglich verständlich sein soll. Die *adäquate Wahrnehmung von gegenständlich-bedeutungsvollen Welttatbeständen ist von allem Anfang an ein notwendiges Moment der materiellen Produktion und Reproduktion gesellschaftlichen Lebens. – Die Gegenstandsbedeutungen sind der orientierungsrelevante Aspekt menschlicher Arbeit.*

Die *Funktionalität* der adäquaten Wahrnehmung von Gegenstandsbedeutungen läßt sich einmal für den *gesellschaftlichen Gebrauch* hergestellter Werkzeuge verdeutlichen. – Die Menschen einer Gesellungseinheit müssen modal gesehen fähig sein, die in den Werkzeugen vergegenständlichten verallgemeinerten Zwecke richtig zu erfassen, wenn die Lebenserhaltung der Gesellungseinheit durch gesellschaftliche Produktion möglich sein soll. Der *Aufbau einer Wahrnehmungsfunktion*, durch welche die *adäquate sinnliche Erkenntnis von Gegenstandsbedeutungen als Voraussetzung für angemessenen gesellschaftlichen Werkzeuggebrauch* geleistet werden kann, ist also *elementares Erfordernis der individuellen Aneignung gesellschaftlicher Erfahrung.*

Die Funktionalität der bedeutungsbezogenen Wahrnehmung für den gesellschaftlichen Werkzeuggebrauch schließt die *Fähigkeit zur Erfassung von Allgemeinem, nämlich den im Werkzeug vergegenständlichten allgemeinen Verwendungszwecken,* in sich ein. Diese Art der Verallgemeinerung unterscheidet sich dadurch qualitativ von der tierischen Generalisierung, daß hier nicht nur eine Variabilität des Verhaltens im Hinblick auf bestimmte Reizkonstellationen vorliegt, sondern ein *Allgemeines, das Kennzeichen der objektiven Beschaffenheit eines Welttatbestandes ist, erkannt wird;* objektive Allgemeinheit kommt nur gegenständlich-bedeutungsvollen Welttatbeständen zu. *Die Bezogenheit auf Allgemeines im beschriebenen Sinne ist,* da mit der Bedeutungsbezogenheit mitgegeben, *notwendiges Moment der menschlichen Spezifik der Wahrnehmung.*

Die Funktionalität der wahrnehmenden Bedeutungserfassung, damit die menschliche Spezifik der Wahrnehmungsfunktion, ist im Blick auf die *gesellschaftliche Herstellung* von Werkzeugen (die vom gesellschaftlichen Gebrauch real nicht zu trennen ist) noch in weiteren Hinsichten zu kennzeichnen. – Der Vorgang der Werkzeugherstellung ist ein Arbeitsprozeß, an dessen Anfang der »rohe« Stoff und an dessen Ende das Werkzeug als Gebrauchswert-Vergegenständlichung steht: »Im Arbeitsprozeß bewirkt ... die Tätigkeit des Menschen ... eine von vornherein bezweckte Veränderung des Arbeitsgegenstandes. Der Prozeß erlischt im Produkt. Sein Produkt ist ein Gebrauchswert, ein durch Formveränderung menschlichen Bedürfnissen angeeigneter Naturstoff. Die Arbeit hat sich mit ihrem Gegenstand verbunden. Sie ist vergegenständlicht, und der Gegenstand ist verarbeitet. Was auf seiten des Arbeiters in der Form der Unruhe erschien, erscheint nun als ruhende Eigenschaft, in der Form des Seins, auf seiten des Produkts« (*Marx*, MEW 23, S. 195). Wesentliches Kennzeichen des Arbeitsprozesses ist seine Steuerung durch das vorweggenommene Arbeitsergebnis. »Eine Spinne verrichtet Operationen, die denen des Webers ähneln, und eine Biene beschämt durch den Bau ihrer Wachszellen manchen menschlichen Baumeister. Was aber von vornherein den schlechtesten Baumeister vor der besten Biene auszeichnet, ist, daß er die Zelle in seinem Kopf gebaut hat, bevor er sie in Wachs baut. Am Ende des Arbeitsprozesses kommt ein Resultat heraus, das beim Beginn desselben schon in der Vorstellung des Arbeiters, also schon ideell vorhanden war« (*Marx*, MEW 23, S. 193). Wir nennen die – wie auch immer näher zu charakterisierende – Vorwegnahme des Arbeitsergebnisses als notwendiges Moment des Arbeitsprozesses die *Gebrauchswert-Antizipation.*

Antizipationen von Aktivitätsergebnissen sind – generell gesehen – nichts spezifisch Menschliches. Auch die Aktivitätssequenzen mancher Tierformen, z. B. der Ponginen, lassen sich, wie gezeigt, nur hinreichend als möglich verständlich machen, wenn man annimmt, daß die Aktivität durch die Vorwegnahme des Ziels gesteuert wird (vgl. S. 102 ff.). Bei der Gebrauchswert-Antizipation wird aber nicht die Erreichung eines singulären, realen Aktivitätszieles (wie einer Banane) vorweggenommen, antizipiert werden vielmehr *allgemeine Gebrauchseigenschaften eines Dinges, die ihm jetzt noch nicht zukommen, die es durch die herstellende Tätigkeit erst gewinnen soll*. Gebrauchswert-Antizipationen als notwendige Momente der Arbeit müssen also von vornherein als etwas in irgendeiner Art von dem zu bearbeitenden Ding Verschiedenes, »Ideelles« angesehen werden, in welchem allgemeine Zwecksetzungen auf eine Weise enthalten sind, die eine Steuerung des Arbeitsprozesses in Richtung auf den angestrebten Gebrauchswert ermöglicht.

Somit erhalten die früher (vgl. S. 94 f.) geschilderten *reafferenten Aktivitätsregulationen* im Arbeitsvorgang eine neue Qualität. Hier wird nicht lediglich die Aktivität durch Rückmeldung und Verarbeitung der aktivitätsbedingten sensorischen Impulse in Richtung auf ein konkretes Ziel optimiert. Der Arbeitsprozeß schreitet voran mittels reafferenter *Steuerung und Kontrolle der Tätigkeit durch In-Beziehung-Setzen des jeweils real erreichten Arbeitsergebnisses mit der ideellen Gebrauchswert-Antizipation*; dabei nähern sich das faktische und das antizipierte Arbeitsergebnis so lange immer mehr an, *bis der antizipierte Gebrauchswert* (im Idealfall) *gänzlich in dem wirklichen Gebrauchswert des hergestellten Werkzeugs vergegenständlicht ist*. Das Bezugsschema für die Regulation durch Reafferenz ist also hier nicht lediglich der konkrete Aktivitätserfolg, sondern eine *ideell antizipierte allgemeine Zweckbestimmung*.

Man darf dabei nicht davon ausgehen, daß in jedem Falle bereits vor Beginn der Herstellungstätigkeit die Gebrauchswert-Antizipation als vollständig ausgeprägte Idee vorhanden ist, die während des Arbeitsprozesses gänzlich unverändert bleibt. Besonders bei den Frühformen der gesellschaftlichen Werkzeugherstellung ist anzunehmen, daß die an Gebrauchswert-Antizipationen orientierten Tätigkeitsimpulse auf mannigfache Weise mit probierenden Tätigkeitsimpulsen vermengt waren, wobei durch Zufall erzielte Ergebnisse weiterverwertet wurden und die Gebrauchswert-Antizipationen in Abhängigkeit von den Widerständigkeiten des Materials und den Fähigkeiten des Herstellenden sich modifizierten und erst im Laufe des Arbeitsprozesses erhöhte Eindeutigkeit gewannen. »Wir haben hier ein gewaltiges Spektrum von Reafferenzen, die die Zweckmäßigkeit des Gebrauchs primitiver Werkzeuge bestätigten und zu ihrer Vervollkommnung führten. Dabei sollte jedoch nicht vergessen werden, daß jeder einzelnen Etappe der Vervollkommnung der Kampf- und Jagdinstrumente eine besondere Art der Reafferenz entsprach, durch die ein zufällig erzielter Erfolg gefestigt wurde« (*Anochin* 1963, S. 164).

Aus der Notwendigkeit der Annahme von Gebrauchswert-Antizipationen zur Erklärung der Möglichkeit gesellschaftlicher Werkzeugherstellung ergeben sich Konsequenzen für die Kennzeichnung der Funktionalität bedeutungsbezogener Wahrnehmung. Die gesellschaftliche Produktion erfordert nicht nur, daß die Gegenstandsbedeutungen als in sich ruhende, selbstgenügsame Gegebenheiten (modal gesehen) adäquat erfaßt werden. Bei der Werkzeugherstellung müssen darüber hinaus an dem Ding, das durch die Arbeit laufender Veränderungen unterworfen ist, Bedeutungsmomente erkannt werden, die das Noch-Ungenügen des zu bearbeitenden Gegenstandes im Hinblick auf das, was er werden soll, anzeigen, in denen die *Spanne zwischen den jeweils wirklich erreichten Gebrauchswert-Beschaffenheiten des Dinges und dem antizipierten Gebrauchswert zum Ausdruck kommt.* Gegenstandsbedeutungen, wie sie innerhalb des Prozesses der Werkzeugherstellung zu erfassen sind, *weisen also mehr oder weniger ausgeprägt über sich hinaus auf Bedeutungen, die, wenn realisiert, eine vollkommenere Vergegenständlichung des jeweiligen Gebrauchswertes darstellen würden.* – Die Wahrnehmung des bearbeitenden Dinges während des Herstellungsprozesses erfolgt mithin quasi durch die »Idee« des zu erreichenden Endzustandes hindurch. Die erfaßten Gegenstandsbedeutungen erhalten tätigkeitsbestimmende Gerichtetheit durch ihre Wahrnehmung als Abweichungen von den antizipierten Gegenstandsbedeutungen. Dies würde heißen, daß hier die *sinnlich-gegenständlichen Bedeutungen durch präsenzentbundene Bedeutungsmomente mitbestimmt sind.* Damit deutet sich bereits das Problem an, auf welche Weise das *Zueinander von Gegenstandsbedeutungen und Symbolbedeutungen* (vgl. S. 25) *in der Wahrnehmung* aus den Notwendigkeiten des Produktionsprozesses begreiflich zu machen und näher explizierbar sein könnte. (Dies Problem wird im übernächsten Abschnitt, auf einem entwickelteren Stand der Darstellung, in allgemeineren Zusammenhängen abgehandelt werden.)

Vom Menschen hergestellte Werkzeuge sind die Urformen von *Gebrauchswert-Vergegenständlichungen,* früheste Niederschläge des Übergangs von der naturgeschichtlichen zur gesellschaftlich-historischen Entwicklung. Sie sind aber nur in einer, schwer genau angebbaren, Frühperiode die einzigen von Menschen gemachten Dinge in der menschlichen Welt. In dem Maße, wie der Gebrauch von hergestellten Werkzeugen bestimmendes Moment menschlicher Lebensbewältigung wird, dienen Werkzeuge nicht lediglich der Perfektionierung von aus dem vormenschlichen Geschichtsabschnitt überkommenen Aktivitäten zur Lebenserhaltung, wie der Jagd und dem Kampf: *Werkzeuge bleiben nicht nur Arbeitsprodukte, sondern werden in zunehmendem Maße selber Arbeitsmittel, dienen gemäß den in ihnen vergegenständlichten*

Gebrauchswerten selbst der *Schaffung neuer vergegenständlichter Gebrauchswerte*. So werden Werkzeuge zur Herstellung neuer Werkzeuge benutzt, womit die Voraussetzungen für einen potenzierten Fortschritt bei der Werkzeugvervollkommnung gegeben sind. Darüber hinaus wird durch den Werkzeuggebrauch die Welt des Menschen *in immer weiteren Bereichen zur vom Menschen gemäß seinen Bedürfnissen und Interessen umgestalteten Welt* (was eine immer differenziertere Herausbildung der Bedürfnisse und Interessen einschließt); Werkzeuge dienen dazu, Kleidung, Behausung, Gefäß und anderes Hausgerät herzustellen; in späteren gesellschaftlich-historischen Entwicklungsabschnitten wird mit Werkzeugen der Wald gerodet, der Boden wird bearbeitet und kultiviert, Bewässerungseinrichtungen und Wege werden angelegt etc. Dies bedeutet, daß unter den Tatbeständen, die in der Welt des Menschen vorfindlich sind, die *mittels Werkzeugbenutzung entstandenen Vergegenständlichungen von Gebrauchswerten verschiedenster Art schließlich für die gesellschaftliche Lebenserhaltung weitgehend bestimmend werden.*

Damit treten auch die *noch nicht oder nicht vom Menschen bearbeiteten Weltgegebenheiten* in immer engere Beziehung zum Prozeß der vergegenständlichenden Tätigkeit. Bestimmte Gegebenheiten sind etwa zum Ausgangsmaterial für gewisse Arbeitsvollzüge mehr oder weniger geeignet oder ungeeignet, als splitternd, spaltbar, schärfbar, bohrbar, anspitzbar oder nicht, als wasserdicht oder wasserdurchlässig, elastisch oder spröde etc. Genereller ist festzustellen, daß die im Arbeitsprodukt vergegenständlichten allgemeinen Zwecke stets, wenn auch auf unterschiedliche Weise, auf die notwendig angrenzende unbearbeitete »Natur« gerichtet sind: Im Arbeitsprodukt sollen natürliche Umstände unterstützt (Kanalisierung des Wasserzuflusses), abgeschirmt (Abhaltung von Wind und Regen durch Kleidung oder Behausung), quasi »extrapolativ« vereindeutigt (Schärfung eines flachen Steines, Anspitzen eines Stockes) und weiter auf mannigfache Weise akzentuiert, modifiziert, transformiert werden. Die damit angedeuteten Beziehungen zwischen Arbeitsresultaten und unbearbeiteten Gegebenheiten haben *objektiven Charakter*: Die Gebrauchswert-Vergegenständlichung fordert *notwendig eine jeweils der Zwecksetzung adäquate Berücksichtigung natürlicher Weltbeschaffenheiten.*

Der Ansatz für die Möglichkeit des Erwerbs von verallgemeinertem praktischen Wissen über die Welt, wie es für die gegenständliche Produktivität erfordert ist, liegt bereits in der Eigenart des vom Menschen hergestellten Werkzeugs selbst beschlossen. Da im Werkzeug, wie dargelegt, allgemeine menschliche Zwecksetzungen vergegenständlicht sind, gewinnt man durch seinen Gebrauch auch praktische Erfahrungen über allgemeine Eigenschaften von Weltgegebenheiten: »Beim Benutzen einer Axt zum Beispiel wird nicht nur dem Ziel einer praktischen Handlung entsprochen, sondern es werden auch die Eigenschaften des Arbeitsgegenstandes widergespiegelt, auf den sich die Handlung richtet. Der Hieb einer Axt erprobt also untrüglich die Härte des Materials, aus dem der betreffende Arbeitsgegenstand besteht. Seine objektiven Eigenschaften werden nach Merkmalen, die im Werkzeug selbst objektiv gegeben sind, praktisch analysiert und verallgemeinert« (*Leontjew* 1973, S. 208 f.).

Das Werkzeug, da es vom Menschen gemäß seinen allgemeinen Zwecken gemacht wurde, hat bekannte invariante Eigenschaften. Mit seiner Hilfe baut der Mensch immer weitere gegenständliche *Invarianzen* in die Welt hinein, deren generelle Charakteristika ihm *bekannt* sind und an denen er unbekannte Eigenschaften der Welt verallgemeinernd qualitativ und quantitativ zu bestimmen vermag. Die Situationen, in denen man Erfahrungen über Unbekanntes gewinnt, indem man das Unbekannte mit Bekanntem in materielle Wechselwirkung bringt, sind *willkürlich herstellbar und wiederholbar*. Der Mensch kann also, durch bewußt wiederholte und variierte Verursachung von Effekten, die bleibenden Eigenschaften der Dinge nach ihm bekannten Dimensionen immer präziser und differenzierter zur Erscheinung bringen. – In solchen Möglichkeiten liegt der Ursprung des *Messens*, bei dem ja auch durch invariante »Werkzeuge«, die Meßinstrumente, deren Eigenschaften als Herstellungsergebnisse *bekannt* sind, Eigenschaften von unbekannten Dingen hinsichtlich gewisser quantitativ ausgeprägter Merkmale auf vergleichbare Weise zur Erscheinung gebracht werden. In der willkürlich zu verursachenden, wiederholbaren und variierbaren Erzeugung von quantitativ und qualitativ vergleichbaren Effekten durch das Werkzeug ist eine Grundbedingung für die Entwicklung der i.w.S. *forschenden, »experimentierenden« Erfahrungsgewinnung* des Menschen (bis hin zum wissenschaftlichen Experiment als Spätprodukt gesellschaftlicher Arbeitsteilung) zu sehen.

Der Umstand, daß der Gebrauch von hergestellten Werkzeugen gleichzeitig verallgemeinerte praktische Welterfahrung ist, stellt eine der Bedingungen für die *laufende Spezialisierung in unterschiedliche Werkzeugtypen* dar. Erfahrungen über die allgemeinen Beschaffenheiten des bearbeiteten Materials beinhalten gleichzeitig Erfahrungen über die Geeignetheit des Werkzeugs zur Bearbeitung des Materials gemäß den im Werkzeug vergegenständlichten allgemeinen Zwecken. Auf diese Weise erkundete Materialunterschiede bilden Voraussetzungen für eine immer spezialisiertere Anpassung verschiedener Werkzeuge an verschiedene Materialbeschaffenheiten. Mit einem Arsenal spezialisierterer Werkzeuge können wiederum differenziertere praktische Erfahrungen über Weltbeschaffenheiten gewonnen werden, was

Voraussetzung zu einer weiteren Spezialisierung sein kann etc. Mit einem solchen Spezialisierungsprozeß differenzieren sich notwendig auch die vergegenständlichten Gebrauchswerte bzw. Gebrauchswert-Antizipationen. – Der damit angedeutete Prozeß der Gewinnung verallgemeinerter Erfahrung über Werkzeug und bearbeitetes Material, der Spezialisierung und Differenzierung, enthält einen bestimmten elementaren Aspekt der *Kumulation gesellschaftlicher Erfahrung*. Der jeweils erreichte Differenziertheitsgrad der Möglichkeit der Gewinnung praktischer Welterfahrung durch ein Werkzeugarsenal bestimmter Spezialisierungshöhe geht nicht wieder verloren, sondern ist quasi konserviert, da er ein Moment der Gebrauchswert-Vergegenständlichung der Werkzeuge darstellt. Ebenso ist in den durch Werkzeuge als Arbeitsmittel geschaffenen Gebrauchswert-Vergegenständlichungen, die selbst nicht Werkzeuge sind, abgestuft nach dem Grade ihrer Dauerhaftigkeit, ein dem jeweiligen Differenziertheitsgrad der Produktion entsprechendes Wissen über die Weise ihrer Herstellung, die allgemeinen Eigenschaften des Materials, aus dem sie bestehen, ihre Gebrauchs-Charakteristika etc., mehr oder weniger konstant dinglich manifestiert. Der Mensch kann demnach bei seiner weiteren produktiven Tätigkeit auf dem in den schon geschaffenen Arbeitsprodukten vergegenständlichten Wissen aufbauen und so kumulierend zu differenzierteren Gebrauchswert-Antizipationen und -Vergegenständlichungen kommen, die wiederum die Voraussetzung für eine weitere Erfahrungskumulation bilden. Der Bereich des Unbekannten, da Unbearbeiteten, wird so vom Menschen immer weiter hinausgeschoben[41].

Die Erweiterung und Differenzierung von Gebrauchswert-Vergegenständlichungen in der menschlichen Welt heißt, unter dem Orientierungsaspekt gesehen, eine *Erweiterung und Differenzierung des Bereichs gegenständlicher Bedeutungshaftigkeit*. Da die verallgemeinerten Zwecke der Arbeitsprodukte nicht isoliert nebeneinanderstehen, sondern durch die Erfordernisse der Produktion aufeinander bezogen sind, verdichten sich die Gegenstandsbedeutungen zu immer umfassenderen und differenzierteren *Bedeutungsstrukturen*, in denen die einzelnen Gegenstandsbedeutungen aufeinander verweisen. Wie die Gegenstandsbedeutungen haben die Bedeutungsstrukturen *objektiven Charakter*; ihre *adäquate Erfassung bildet, modal gesehen, die Voraussetzung für die gesellschaftliche Lebenserhaltung einer Gesellungseinheit*. – In diese Bedeutungsstrukturen werden in wachsendem Maße die *noch nicht oder nicht bearbeiteten Welttatbestände einbezogen*. Sie gewinnen Gegenstandsbedeutung aus dem jeweiligen realen Verhältnis

---

[41] Das Problem der Werkzeugspezialisierung wie der Bedingungen für die Kumulation gesellschaftlicher Erfahrung wird später unter umfassenderen Gesichtspunkten wieder aufgegriffen.

zu den Gebrauchswert-Vergegenständlichungen. Da solche Gegenstandsbedeutungen nicht direktes Resultat menschlicher Arbeit sind, sondern abhängig von den Zwecksetzungen der Gebrauchswert-Vergegenständlichungen, könnte man hier von *mittelbaren Gegenstandsbedeutungen* sprechen. Auch die mittelbaren Gegenstandsbedeutungen sind *objektiver Art*, da sie eine wirkliche Beziehung zwischen Arbeitsresultaten und natürlichen Umständen ausdrücken. – Mit wachsender Ausdehnung der Strukturen von unmittelbaren und mittelbaren Gegenstandsdeutungen gewinnt auch die Bedeutungserfassung in der Orientierung immer größere funktionale Relevanz. Schließlich ist das Stadium erreicht, in welchem die *Gegenstandsbedeutungen zur allgemeinen Synthese der orientierenden Welterfahrung* werden. Erst jetzt ist die *perzeptive Orientierung völlig zur Wahrnehmung im eigentlichen Sinne geworden*. Die Herausbildung der Erfassung von Bedeutungsstrukturen als synthetisches Prinzip der Orientierung, also volle Ausprägung der Wahrnehmungsfunktion, ist ein Moment der Herausbildung gegenständlicher Arbeit als synthetisches Prinzip gesellschaftlicher Lebenserhaltung.

5.2 Das Zueinander sachlicher und personaler Gegenstandsbedeutungen; »interpersonale Wahrnehmung«, die Orientierungsweise menschlicher Kooperation

Die Welt, in der Lebewesen sich orientieren müssen, besteht von allem Anfang an nicht nur aus dinglichen Gegebenheiten, sondern auch aus anderen Lebewesen. Bei der naturgeschichtlichen Analyse organismischer Wahrnehmungscharakteristika ist diesem Umstand dadurch Rechnung getragen, daß die kommunikative als Teilmoment der orientierenden Lebensaktivität begriffen wurde. Bei dem Aufweis, daß die gegenständliche Bedeutungsbezogenheit, der orientierungsrelevante Aspekt gesellschaftlicher Arbeit, das zentrale »menschliche« Spezifikum der Wahrnehmung ist, war dagegen bisher nur von dem Ursprung und der sinnlichen Erfassung sachlicher Gegenstandsbedeutungen die Rede. Nunmehr sollen andere Menschen als Wahrnehmungsgegenstände in die Überlegungen einbezogen werden. Es gilt zu klären, in welchem Sinne die gewonnenen Resultate über die menschliche Spezifik der Wahrnehmung auch auf die interpersonale Wahrnehmung anwendbar sind.

Die kommunikative Orientierungsaktivität von tierischen Organismen erreicht, wie dargelegt, innerhalb verschiedener Evolutionsreihen sehr unterschiedliche Ausprägungsformen. Man wird davon ausgehen dürfen, daß die kommunikative Orientierung unter den heute lebenden Tieren bei den Primaten, besonders bei den Pongiden, am meisten Ähnlichkeit mit der menschlichen Kommunikativ-Orientierung hat. Die sozialen Beziehungen zwischen Affen beim Sexualkontakt, der Jungenaufzucht, der Ordnung von Generationsbeziehungen, der Bildung von hierarchischen Gruppen, dem Kampf, dem Wettstreit, der wechselseitigen Körperpflege (»allogrooming«), dem Spiel etc., wie sie in Untersuchungen der modernen Primatologie immer eingehender erforscht werden, enthalten mannigfache Weisen kommunikativer Orientierung, die in gewissem Maße als organismische Vorformen menschlicher Kommunikativ-Orientierung angesehen werden können. Die angemessene Grundlage für die abhebende Herausstellung der *Spezifik der kommunikativen Orientierung des Menschen* bilden indessen auch hier nicht die Pongiden, sondern die »menschenähnlichsten« unter allen – rezenten und fossilen – Lebewesen, die *subhumanen Hominiden* (sofern in irgendeiner Hinsicht Rückschlüsse auf ihre kommunikative Orientierungsaktivität möglich sind).

Die Herausbildung des eigentlichen »Menschen« innerhalb des Tier-Mensch-Übergangsfeldes ist – wie angeführt – gekennzeichnet durch gesellschaftliche Werkzeugherstellung als Elementarform der Arbeit. Nur im Blick auf die Arbeit war es möglich, die Bezogenheit auf sachliche Gegenstandsbedeutungen als menschliches Spezifikum der Dingwahrnehmung aufzuweisen. Da kein Zweifel darüber bestehen kann, daß die gegenständliche gesellschaftliche Arbeit das *einzige* grundlegende Kriterium ist, an welchem die humanen von den subhumanen Hominiden auf haltbare Weise zu unterscheiden sind, muß auch die menschliche Spezifik der interpersonalen Wahrnehmung durch Explikation von elementaren Eigenarten der Arbeit in Angriff genommen werden.

Wie früher dargelegt (S. 106 f.), ist gesellschaftliche Arbeit ein doppelter Prozeß, in dem die Menschen sich in ihrer vergegenständlichenden Tätigkeit auf die Natur beziehen, gleichzeitig darin aber auch bestimmte Verhältnisse untereinander eingehen. Bei der Diskussion der menschlichen Spezifika der Dingwahrnehmung ist vorwiegend der Aspekt der Veränderung der Natur durch Arbeit berücksichtigt worden; vom Problem der dabei eingegangenen Verkehrsformen, Produktionsverhältnisse, wurde weitgehend abstrahiert. Jetzt, da es um die menschlichen Besonderheiten der Kommunikativ-Orientierung geht, müssen die zwischenmenschlichen Beziehungen, durch welche die Arbeit charakterisiert ist, im Mittelpunkt der Betrachtung stehen.

Gesellschaftliche Arbeit ist als solche *Zusammen-Arbeit zwischen Menschen: Kooperation*. Kooperation ist ein notwendiges Kennzeichen von

Produktionsverhältnissen überhaupt; nicht die Tatsache der Kooperation, sondern die Form der Kooperation verändert sich mit der historischen Entwicklung der Produktionsverhältnisse. Es muß für uns darauf ankommen, die Eigenart der Kooperation als zwischenmenschliches Grundverhältnis gesellschaftlicher Arbeit in Abhebung von bloß organismischen Weisen der Kommunikation genau zu bestimmen. Nur so kann ein Weg gefunden werden, die menschliche Spezifik interpersonaler Wahrnehmung hinreichend zu verdeutlichen.

Gibt es bereits bei Tieren Formen der Kommunikation und Interaktion, die eine Kooperation darstellen? Die Beantwortung dieser Frage hängt davon ab, was man unter »Kooperation« verstehen will. – Das *bloße Zusammenwirken* von mehreren Organismen im Sinne einer Summierung der Wirkstärke ist eindeutig bereits tierischen Aktionsformen eigen. Auch dabei auftretende mehr oder weniger weitgehende *Funktionenteilungen* wird man nicht schon als solche spezifisch menschlich nennen dürfen. Derartige Funktionenteilungen ergeben sich z. B. zwangsläufig aus den Hierarchisierungen und anderen Gruppenstrukturen, die sich im Zusammenleben vieler Tierarten finden. Zur hinreichenden Kennzeichnung der Kooperation als Kommunikations- und Interaktionsweise des arbeitenden Menschen müssen noch weitergehende Bestimmungen getroffen werden.

Wesentliche neue Gesichtspunkte zur Erarbeitung solcher Bestimmungen sind zu gewinnen, wenn man die *Form der Zielbezogenheit* und die *besondere Weise der Funktionenteilung* bei gesellschaftlicher Arbeit genauer analysiert. Wichtige Analysen dieser Art stammen von *Leontjew*, der seine Konzeptionen am Beispiel der Beziehung zwischen »Jäger« und »Treiber« veranschaulicht.

Bei Tieren gibt es nach Auffassung *Leontjews* keine Aktivitätssequenzen, die nicht auf die unmittelbar biologisch lebenserhaltende Aktivität (etwa Fressen) als letztes Kettenglied gerichtet wären – wie kompliziert und vielgestaltig die dahin führenden Zwischenstufen auch immer sein mögen. Wie aber ist die Tätigkeit eines Individuums während des gesellschaftlichen Arbeitsprozesses aufgebaut? »Die Tätigkeit eines Treibers in der Urgesellschaft zum Beispiel, der an einer gemeinsamen Jagd teilnimmt, dürfte auch durch das Bedürfnis nach Nahrung oder nach Kleidung, die ihm das Fell des erbeuteten Tieres liefert, ausgelöst worden sein. Worauf ist seine Tätigkeit jedoch unmittelbar gerichtet? Sie verfolgt möglicherweise das Ziel, die Tierherde zu erschrecken, um sie anderen Jägern zuzutreiben, die im Hinterhalt lauern. Damit ist seine Arbeit vollendet; alles übrige erledigen die anderen Jagdteilnehmer. Selbstverständlich befriedigt diese Tätigkeit des Treibers sein Bedürfnis nach Nahrung oder Kleidung an sich noch nicht. Das Ziel, auf das seine Tätigkeitsprozesse gerichtet sind, deckt sich nicht mit dem Motiv seiner Tätigkeit« (1973, S. 203 f.). Eine solche Trennung zwischen Ziel und Motiv der Tätigkeit »ist offensichtlich nur möglich, wenn mehrere Individuen gemeinsam, kollektiv auf die Natur einwirken. Das Gesamtprodukt dieses Prozesses, das den Bedürfnissen des Kollektivs entspricht, befriedigt auch die Bedürfnisse der einzelnen Mitglieder, obwohl das Individuum die letzten Operationen (Töten des Tieres), die unmittelbar dazu führen, den Gegenstand des Bedürfnisses zu erlangen, selbst nicht zu vollziehen braucht« (S. 204).

Die damit exemplifizierte Form des funktionenteiligen Zusammenwirkens hat folgende allgemeine Kennzeichen: Es beinhaltet die *koordinierte Delegation* von Teilaktivitäten an jeweils andere Organismen; der »Treiber« delegiert die Aktivität des Tötens der Beute an den »Jäger«; der »Jäger« delegiert die Aktivität des Aufscheuchens der Beute an den »Treiber«; beide Aktivitäten sind, obgleich sie von verschiedenen Organismen ausgeführt werden, als Teile einer einheitlichen, zielgerichteten Aktivitätssequenz miteinander koordiniert. Weiter ist diese Art des Zusammenwirkens dadurch charakterisiert, daß hier die Aktivität bestimmter Funktionenträger notwendig *auf Zwischenziele bezogen* ist; das Aufscheuchen des Wildes als Endziel der Aktivität des Treibers ist innerhalb der gesamten funktionenteiligen Aktivitätssequenz lediglich ein Zwischenziel auf dem Wege zum Töten der Beute durch den Jäger. Schließlich hat der hier diskutierte Modus des Zusammenwirkens die Eigenart, das dabei für bestimmte Funktionenträger die spätere *Umverteilung des erlangten Aktivitätsergebnisses antizipierbar* sein muß; der Treiber geht bei seiner Teilaktivität nicht davon aus, daß die Jäger das getötete Wild allein verzehren; die Motivation zum Aufscheuchen des Wildes impliziert vielmehr die Antizipation, daß die Beute später verteilt und er seinen Teil bekommen wird. – Sind die Bestimmungen: *koordinierte Delegation von Teilaktivitäten, Bezogenheit auf Zwischenziele und Umverteilung von Aktivitätsergebnissen hinreichend, um die Besonderheit der Kooperation als Grundkennzeichen gesellschaftlicher Arbeit abhebend zu charakterisieren?* Zunächst soll hier erörtert werden, ob die geschilderte Weise des Zusammenwirkens in ihren drei Aspekten bereits bei heute lebenden tierischen Organismen zu finden ist.

Die uns vorliegenden empirischen Untersuchungen zur Frage, wieweit Ponginen zur »Kooperation« im Sinne einer *koordinierten Delegation von Teilaktivitäten* fähig sind, führten zu wenig eindeutigen Ergebnissen. – Ein Zusammenwirken etwa von Schimpansen bei Aktivitäten, die einer allein nicht bewältigen kann, wurde mehrfach beobachtet. Schon *Crawford* (1937) schildert, daß Schimpansen gemeinsam an einem Seil eine Kiste, deren Bewegung für einen nicht möglich war, unter eine hochhängende Frucht zogen, wobei sogar zunächst unbeteiligte Tiere zum »Mithelfen« aufgefordert wurden und dieser Aufforderung angemessen nachkamen; hier liegt jedoch lediglich eine Summierung von Einwirkungen, nicht aber eine Koordination verschiedener Teilfunktionen vor. Die Annahme des spontanen Vorkommens wirklich koordinierter Funktionenteilung bei Schimpansen wird von *Köhler* aufgrund seiner Beobachtungen über das »gemeinsame Bauen« seiner Schimpansen nicht bestätigt: »Man darf sich ... das ›gemeinsame Bauen‹ nicht als ein regelrechtes Zusammenarbeiten vorstellen, bei dem womöglich die Rolle des einzelnen streng im Sinne von Arbeitsteilung festgelegt wäre ... Mehrere Tiere wollen zugleich hinauf, jedes bemüht sich in diesem Sinne und verhält sich so, *als ob es allein jetzt zu bauen hätte* oder die vorhandenen Anfänge *sein Bau wären, den es selbst fertigstellen möchte*« (1963, S. 120; Hervorh. K. H.). In *Lawick-Godalls* Arbeit über freilebende Schimpansen am Gombe-Strom wird von bestimmten Formen des Zusammenwirkens verschiedener Schimpansen etwa bei der Jagd auf junge Paviane, z. B. das Verstellen des Fluchtwegs des Pavians durch eine Schimpansen-Gruppe, die so einem anderen Schimpansen das Fangen des Pavians ermöglichte, berichtet (1971, S. 166 ff.). – In Beobachtungen, die sich nicht auf das spontane Verhalten der Schimpansen, sondern auf das Schimpansen-Verhalten in experimentellen Konstellationen beziehen, innerhalb welcher die Schimpansen ein koordiniertes Zusammenwirken lernen sollten, wurden teilweise positive Resultate erzielt. So konnte z. B. *Crawford* (1941) durch entsprechende Versuchsanordnungen Schimpansen dazu bringen, wechselseitig gewisse Teilaktivitäten innerhalb einer gemeinsamen Aktivitätsfolge zu übernehmen (vgl. auch *Zajonc* 1969, S. 226 ff.). Allerdings wurde der Zusammenhang zwischen den Teilen der Aktivitätssequenz dabei nicht von den Tieren hergestellt, sondern vorgängig vom Experimentator in die Versuchsanordnung eingebaut (vgl. S. 108, Fußnote).

Die Frage, ob Ponginen gemeinsame Aktivitäten zeigen, bei denen das Endziel der Aktivität eines Tieres eindeutig ein *Zwischenziel* auf dem Wege zu einem Endziel der Gesamtaktivität ist, muß wohl verneint werden, sofern man den Fall unberücksichtigt läßt, daß die Affen experimentell daran gehindert werden, das Endziel, auf das ihre Aktivität gerichtet ist, zu erreichen. Wie aus *Köhlers* Bericht über das »gemeinsame Bauen« und vielen anderen Schilderungen hervorgeht, behindern sich die Affen, sofern die Möglichkeit dazu besteht, vielmehr gegenseitig, weil *jedes Tier für sich* dem Endziel der Aktivität zustrebt. Gemäß *Lawick-Godalls* Berichten sind die »Jagdhilfen«, etwa dem Beutetier den Fluchtweg verstellen, eher aus bestimmten Merkmalen der Gruppenhierarchie erklärlich, als daß sie zweifelsfrei auf Aktivitätsbeendigung bei einem Zwischenziel hinweisen.

Zum Problem der *Umverteilung* ist in diesen Zusammenhang festzustellen, daß das *gemeinsame Verzehren* von Nahrung, das »Betteln« und »Abgeben« bei Schimpansen sowohl spontan unter bestimmten Bedingungen auftritt wie leicht experimentell hervorzurufen ist (vgl. schon *Nissen* 1931). Es gibt jedoch – soweit uns bekannt – keinerlei eindeutige Belege dafür, daß die Schimpansen ihre eigene Aktivität bei einem bestimmten Zwischenziel von sich aus beenden, weil sie die Umverteilung der durch ein anderes Tier erlangten Nahrung antizipieren können. Charakteristisch scheint die Beobachtung von *Crawford*, daß seine Schimpansen die Frucht, die sie mit Hilfe eines anderen Tieres erlangt hatten, selbst allein zu verzehren pflegten. *Lawick-Godall* berichtete nicht nur über Ansätze der Verhaltenskoordination bei der gemeinsamen Jagd, sondern auch über Betteln und über Abgeben von der Beute. Aus ihren Schilderungen geht jedoch klar hervor, daß *die Forderung nach Teilhabe an der Beute keineswegs mit der Beteiligung an der Jagd in einem ausweisbaren Zusammenhang steht,* daß es sich hier vielmehr um nebeneinander vorkommende Verhaltensformen handelt (a.a.O., S. 166 ff.).

Die vorhandenen Arbeiten zum Zusammenwirken von Pongiden müßten noch umfassender gesichtet und ausgewertet werden (vgl. dazu auch *Tembrock* 1949, *Dembowski* 1956, *Altmann* 1967 und *Zajonc* 1969). An der Richtigkeit der allgemeinen Feststellung dürfte sich dabei aber kaum etwas ändern, daß zwar bestimmte Koordinationen von Teilaktivitäten, Beendigungen von individuellen Aktivitäten bei Zwischenzielen einer gemeinsamen Aktivität und Ansätze zu Umverteilungen bei den Pongiden unter bestimmten Bedingungen beobachtbar oder durch experimentelle Anordnungen hervorrufbar sind: *Funktionenteilige Aktivitätssequenzen, deren Struktur durch das Zueinander von koordinierter Delegation, Beendigung von Aktivitäten einzelner Tiere bei Zwischenzielen und Umverteilung gekennzeichnet ist, sind jedoch kaum als charakteristische Formen der Lebenserhaltung von Pongiden-Gruppierungen zu betrachten*[42].

Der Umstand, daß ein Zusammenwirken durch koordinierte Delegation, individuelle Zwischenzielsetzungen und Umverteilung als bestimmende Weise gemeinsamer Lebensaktivität bei rezenten Tieren offensichtlich kaum vorkommt, erlaubt indessen nicht etwa den Schluß, diese Zusammenwirkensform sei zur Charakterisierung der Kooperation als Wesensmoment menschlicher Arbeit bereits hinlänglich. *Das Stadium vergegenständlichender Arbeit muß zum Verständnis solcher Zusammenwirkens-Weisen vielmehr keineswegs als schon erreicht vorausgesetzt werden.* – Weder zur Koordination von Teilaktivitäten verschiedener Organismen, noch zur Gliederung von Aktivitätssequenzen nach von bestimmten Organismen zu erreichenden Zwischenzielen, noch auch zur Antizipation der Umverteilung als aktivitätsstrukturierendem Moment ist das Zur-Verfügung-Haben von hergestellten Werkzeugen erforderlich. Derartige Formen gemeinsamer Aktivität erheischen nicht einmal den Gebrauch von vorgefundenen Hilfsmitteln. Der Treiber benötigt zum Aufscheuchen des Wildes keinerlei »Werkzeug«; auch der Jäger könnte das aufgescheuchte Wild prinzipiell mit den Händen oder Zähnen erlegen. – Zu fragen wäre, ob die zu diskutierende Art der Funktionenteilung, wenn zu ihrer Realisierung

---

[42] Eine Komplizierung des Problems ist dadurch gegeben, daß bestimmte Formen der Verhaltenskoordination bereits bei niederen Tieren (wie Insekten, Vögeln etc.) offenbar auf weitgehend instinktiver Grundlage vorkommen, so daß eine sorgfältige Klärung hier die Diskussion der verschiedenen Grade der Instinktabhängigkeit einschließen müßte; eine solche Diskussion würde jedoch den Rahmen dieser Arbeit überschreiten.

auch keine Werkzeuge benötigt werden, dennoch Aktivitätsmöglichkeiten enthält, die nur dem Menschen als werkzeugherstellendem Wesen eigen sein können, so daß hier der indirekte Schluß berechtigt wäre, es handele sich um »menschliche« Weisen des Zusammenwirkens. Wir sehen indessen keinerlei eindeutige Anhaltspunkte, von denen aus entschieden werden könnte, wieweit ein solcher Schluß begründbar ist.

Andererseits steht außer Zweifel, daß die hier erörterte Zusammenwirkensform *entscheidende Vorbedingungen für den geschichtlichen Übergang von der biologischen zur gesellschaftlichen Lebenserhaltung beinhaltet. Die Subsumtion von Teilarbeiten unter eine gesellschaftliche Zielsetzung, von der aus die funktionalen Eigenarten der Teilarbeiten festgelegt und koordiniert sind, die Bestimmtheit der Aktivität einzelner als Beitrag zur Verwirklichung gesellschaftlicher Ziele und die gesellschaftliche Umverteilung von Gebrauchsgütern – damit die Übertragung eines wesentlichen Anteils der Sorge um die Lebenserhaltung des einzelnen auf die Gesellschaft, zu deren Lebenserhaltung der einzelne seinen Beitrag erbringt*[43] *– als konstituierende Merkmale der* Produktion und Reproduktion gesellschaftlichen Lebens *schließen die koordinierte Delegation, den individuellen Aktivitätsabschluß bei Zwischenzielen und die Umverteilungs-Antizipation zwingend ein, die demgemäß notwendige, wenn auch nicht hinreichende Bestimmungen menschlicher Kooperation sind.*

Die damit geschilderte Problemsituation legt für uns – vorbehaltlich kontroverser Befunde aus der Primatologie – die Hypothese nahe, daß wir es hier mit einer Zusammenwirkensform zu tun haben könnten, die – obzwar bei rezenten tierischen Organismen nicht gegeben – eine Weise der interorganismischen Funktionenteilung ist, *die sich im Tier-Mensch-Übergangsfeld beim subhumanen Hominiden auf seinem biologischen Entwicklungsweg zum Menschen als gesellschaftlich werkzeugherstellendem Wesen* herausgebildet hat. Diese Hypothese hat zwar im wesentlichen »interpolativen« Charakter[44], sie wird aber der Tatsache gerecht, daß die dargestellte Zusammenwirkensart *einerseits wesentliche Merkmale der gesellschaftlichen Arbeit bereits besitzt, andererseits aber die Erreichung der Stufe vergegenständlichender Tätig-*

---

[43] »Die Lehre vom Kampf ums Dasein macht an der Schwelle des Kulturzeitalters halt. Die gesamte vernünftige Tätigkeit des Menschen ist ein *einziger Kampf – gegen den Kampf ums Dasein*« (Timirjasew, zit. nach Leontjew 1973, S. 278).
[44] Wieweit auch aus der morphologischen Eigenart und dem Biotop des subhumanen Hominiden Rückschlüsse über die Haltbarkeit einer solchen Hypothese möglich sind, wäre genauer zu prüfen und muß zunächst offenbleiben.

Personale Gegenstandsbedeutungen; interpersonale Wahrnehmung 135

keit noch nicht voraussetzt. Demnach wäre die koordiniert delegierende, individuelle Zwischenziele setzende, von der Umverteilungs-Antizipation her strukturierte Funktionenteilung die *höchstentwickelte nichtmenschliche Form der interorganismischen Kommunikation und Interaktion*, an der mithin die *abhebende Kennzeichnung der spezifischen Eigenarten der Kooperation als Moment gesellschaftlicher Arbeit* anzusetzen hätte.

Die menschliche Aktivität in ihrer Spezifik als gesellschaftliche Arbeit ist (diese Voraussetzung bildet die Basis unserer Gesamtargumentation) nicht primär auf einzelne konsumatorische Aspekte als Aktivitätsziele gerichtet, sondern auf die Vergegenständlichung von Gebrauchswerten als *verallgemeinerten Zwecksetzungen,* die Schaffung von *sachlichen Resultaten,* die die Grundlage für die gesellschaftliche Lebenserhaltung und damit u. a. auch für die Möglichkeit einzelner konsumatorischer Akte bilden (vgl. S. 112 ff.). Demnach richtet sich auch die Kooperation, sofern in ihrer menschlichen Spezifität betrachtet, nicht, wie das Zusammenwirken zwischen Treiber und Jäger in *Leontjews* Beispiel, primär auf das Verzehren der Beute (oder ähnliche konsumatorische Akte), sondern auf die *gemeinschaftliche Herstellung und Nutzung von Gebrauchswert-Vergegenständlichungen.* Erst dadurch wird das Zusammenwirken zur eigentlichen Kooperation im Sinne der Zusammen-*Arbeit.*

Bei gesellschaftlicher Arbeit, die – wie früher (S. 111 ff.) ausgeführt – schon in ihren elementarsten, eindeutig identifizierbaren Ausprägungsformen eine Spezialisierung in verschiedenartige hergestellte Werkzeuge beinhaltet, gewinnt die Funktionenteilung die spezifische Form der *Arbeitsteilung.* Die Arbeitsteilung, wobei die verschiedenen Teilarbeiten nacheinander von dem gleichen Menschen, oder in fester Zuordnung von jeweils bestimmten Menschen bzw. Menschengruppen übernommen werden können, ist eine *entscheidende Voraussetzung für die Produktivkraft-Entwicklung*[45]. – Die *koordinierte Delegation von Teilarbeiten* ist nicht – wie bei der früher geschilderten Delegation von Teilaktivitäten – nach dem Stellenwert innerhalb der auf ein je einzelnes Konsumtions-Ziel gerichteten gemeinsamen Aktivitätssequenz organisiert, sondern nach den *sachlichen Erfordernissen* des jeweils zu leistenden Beitrags bei der Realisierung *allgemeiner Zwecksetzungen*

---

[45] Der Umstand, daß in späteren Entwicklungsformen der Produktionsverhältnisse die klassenbedingte Teilung in geistige und körperliche Arbeit auch eine Fesselung der Produktivkraft-Entfaltung sein kann, steht hier noch nicht zur Diskussion.

nach Maßgabe der die Arbeit regulierenden *Gebrauchswert-Antizipation*. – Auch die Setzung *individueller Zwischenziele* bei der Kooperation ist demgemäß vom angestrebten sachlichen Resultat her strukturiert, Bestandteil eines auf die Realisierung der Gebrauchswert-Antizipation gerichteten *gemeinsamen Planes*. – Die *Vorwegnahme der Umverteilung* bezieht sich bei der Kooperation nicht primär auf die Teilhabe an konsumatorischen Akten, sondern zuvörderst auf die *allgemeine gesellschaftliche Nützlichkeit* des Hergestellten, die ihrerseits Voraussetzung für gesellschaftliche und damit individuelle Lebenserhaltung ist.

Die Eigenart menschlicher Kooperation ist indessen keinesfalls hinreichend gekennzeichnet, wenn man nur den *Prozeß* der arbeitsteiligen Herstellung von Gebrauchswert-Vergegenständlichungen betrachtet. Die *Resultate* menschlicher Arbeit sind es, die in einem noch viel generelleren Sinne die Grundlage für den kooperativen Charakter gesellschaftlichen Lebens darstellen. – Das vom Menschen geschaffene Werkzeug hat schon *als solches gesellschaftliche Qualität*. Seine wesentliche Besonderheit besteht darin, daß gemäß der Allgemeinheit der in ihm verwirklichten Zwecke das Werkzeug nicht nur von denjenigen verwendbar ist, die es hergestellt haben, sondern von *jedem, der die jeweiligen Gebrauchswert-Vergegenständlichungen in einer Weise zu realisieren versteht, die den gemäß der Gebrauchswert-Antizipation vergegenständlichten allgemeinen Zwecksetzungen adäquat ist*. Das Werkzeug verkörpert demgemäß als *gegenständlich-sinnliches Ding eine potentielle gesellschaftlich nützliche Tätigkeit*. – Wenn man nun das Gegebensein von Arsenalen spezialisierter Werkzeugtypen berücksichtigt, deren jeder gemäß den vergegenständlichten Gebrauchswerten einem anderen verallgemeinerten Zweck innerhalb des Gesamts gesellschaftlicher Lebenserhaltung dient, so wird deutlich, daß hier die *potentiellen Tätigkeiten der Werkzeugbenutzer schon durch die aufeinander bezogenen vergegenständlichten Gebrauchswerte verschiedener Werkzeugtypen unter einem mehr oder weniger übergreifenden gesellschaftlichen Ziel miteinander arbeitsteilig-kooperativ verbunden sind*. Arsenale von Werkzeug-Typen mit spezialisiertem vergegenständlichten Gebrauchswert verkörpern mithin in ihren *gegenständlich-sinnlichen Beschaffenheits-Unterschieden objektive Möglichkeiten kooperativer Beziehungen gesellschaftlicher Arbeit*.

An dieser Stelle wird deutlich, warum es verfehlt ist, das Konzept der »Kooperation« nur auf Formen der gemeinsamen Arbeit von Menschen, die aktuell miteinander in Beziehung stehen, anzuwenden. Wie die verschiedenen Werkzeug-Typen, so beinhalten generell die Produkte menschlicher Arbeit schon als solche durch die in ihnen vergegenständlichten, unterschiedlichen aufeinander bezogenen Gebrauchswerte kooperative Strukturen. Die kooperativen gesellschaftlichen Strukturen sind *objektive Kooperationsmöglichkeiten, die im Zusammenhang mit der Lebenserhaltung einer bestimmten Gesellungseinheit auch dann bestehen, wenn sie nicht in wirklicher Tätigkeit realisiert sind*. Der kooperative Charakter der gesellschaftlichen Arbeit ist mithin unabhängig davon, ob die kooperierenden Menschen gegenseitig füreinander anwesend sind, ob sie sich kennen etc. *Menschen, die räumlich und zeitlich weit voneinander entfernt sind und sich nie gesehen haben, können durch gesellschaftliche Arbeit in einer Kooperationsbeziehung miteinander stehen.* Auch ein Mensch, der in völliger Einsamkeit eine Tätigkeit ausführt, die den vergegenständlichten Gebrauchswert eines im Zusammenhang gesellschaftlicher Lebenserhaltung geplanten und hergestellten Arbeitsproduktes adäquat realisiert, leistet objektiv kooperative Arbeit. – Die *in den Arbeitsresultaten vergegenständlichten Strukturen potentieller Kooperation* werden in dem Maße differenzierter und umfassender, wie der objektive Zusammenhang zwischen verschiedenen Teilarbeiten in der gesellschaftlichen Entwicklung sich immer mehr gliedert und ausdehnt. Die gegenständlich-objektiven Kooperationsstrukturen, deren allgemeine Zwecksetzungen die Tätigkeit der Menschen formen und die gleichzeitig durch vergegenständlichende Arbeit gemäß neuen Gebrauchswert-Antizipationen weiterentwickelt werden, sind die Träger des materiellen historischen Prozesses; die objektiven kooperativen Strukturen stellen die Grundformen eben jener *Produktionsverhältnisse* dar, durch die die arbeitenden Menschen in ihrer Bezogenheit auf die Natur untereinander in Beziehung stehen, Produktionsverhältnisse, die beständigem geschichtlichen Wandel ausgesetzt sind[46].

Mit der Überlagerung der evolutionären Entwicklung durch den von kooperativer Arbeit getragenen gesellschaftlich-historischen Prozeß, damit der Aufhebung individueller Lebenserhaltung in gesellschaftlicher Lebenserhaltung, ist die progressive Veränderung der menschlichen Gattung nicht mehr, wie die Progression bis zum subhumanen Hominiden, primär durch die Mechanismen der Mutation, natürlichen Selektion etc. über den Erbgang vermittelt, sondern – wie dargelegt – in ihrer »menschlichen« Spezifik Ergebnis der individuellen Aneignung objektivierter, gesellschaftlich kumulierter Erfahrung. Die

---

[46] Die entwickelten Produktionsverhältnisse der bürgerlichen Gesellschaft sind allerdings allein mit der Bestimmung als durch Gebrauchswert-Vergegenständlichungen vermittelte Kooperations-Strukturen nicht mehr hinreichend zu kennzeichnen (vgl. S. 204 ff.).

Umgestaltung der Welt durch gesellschaftliche Arbeit und die Umgestaltung des Menschen sind demgemäß, als Vergegenständlichung und Aneignung, zwei Seiten eines einheitlichen Prozesses. »Indem« der Mensch »auf die Natur außer ihm wirkt und sie verändert, verändert er zugleich auch seine eigene Natur« (*Marx* MEW 23, S. 192).
– Dies bedeutet zweierlei: Einmal, daß, *wie die Beschaffenheiten der Welt in ihrer »menschlichen« Spezifik als Arbeitsprodukte ein gesellschaftliches Verhältnis verkörpern, die Beschaffenheiten des Menschen in ihrer »menschlichen« Spezifik als Aneignungsprodukte genuin gesellschaftlicher Natur sind*: der Mensch ist also nicht erst in der »Gruppe« o. ä., sondern *schon als jeweils einzelner ein gesellschaftliches Wesen*; zum anderen, daß die historische Entwicklung der in den Produktionsverhältnissen gegebenen objektiven Kooperationsstrukturen *gleichzeitig eine Entwicklung der angeeigneten spezifischen Beschaffenheiten des Menschen gemäß der Eigenart jeweils erreichter Gesellschaftsformationen* darstellt.

Dies gilt für die menschlichen »Fertigkeiten« und »Fähigkeiten«, die sich bereits beim Gebrauch von einfachen hergestellten Werkzeugen dem jeweiligen Stand der Differenzierung und Spezialisierung der Werkzeugtypen anmessen müssen und die mit der Entwicklung differenzierterer und komplexerer Strukturen von Gebrauchswert-Vergegenständlichungen den objektiven Forderungen nach immer differenzierteren und komplexeren Beiträgen zur arbeitsteilig-kooperativen gesellschaftlichen Lebenserhaltungen zu genügen haben; eine solche aus den sachlichen Erfordernissen der Realisierung von Gebrauchswert-Vergegenständlichungen erwachsene Erweiterung menschlicher »Fähigkeiten« ist gleichzeitig die Voraussetzung für die Erreichung immer entwickelterer Stadien der Weltveränderung durch vergegenständlichende Arbeit. – »Die Fähigkeiten entstehen in der Wechselbeziehung zwischen dem Menschen, der über bestimmte natürliche Gegebenheiten verfügt, und der Welt. Die Ergebnisse der menschlichen Tätigkeiten gehen, indem sie sich im Menschen verallgemeinern und festigen, als ›Baumaterial‹ in die Struktur seiner Fähigkeiten ein. Diese sind eine ›Legierung‹ aus den natürlichen Gegebenheiten des Menschen und den Resultaten seiner Tätigkeit. Die Leistungen eines Menschen schlagen sich nicht nur außerhalb von ihm, in den von ihm geschaffenen Objekten nieder, sondern auch in ihm selbst... Die Fähigkeiten des Menschen sind Waffen, die nicht ohne ihn geschmiedet werden. In dem Maße, in dem sich beim Menschen Fähigkeiten bilden, bedingen sie ihrerseits seine Tätigkeit, eröffnen sie ihm immer breitere Möglichkeiten, ein immer höheres Niveau zu erreichen« (*Rubinstein* 1972, S. 278). »Die Frage nach den Fähigkeiten ist die Frage nach den persönlichen, *natürlichen* Eigenschaften. Es ist richtig, daß sich die Fähigkeiten des Menschen im Laufe der *gesellschaftlich*-historischen Entwicklung verändern, aber es ist nicht richtig, ihre gesellschaftliche Bedingtheit ihrem natürlichen und persönlichen Charakter entgegenzustellen« (a.a.O., S. 276 f.). »Die ›natürlichen Fähigkeiten« des Menschen sind ... durch die gesellschaftlich-historischen Umstände bedingt. *Die menschliche Natur selbst ist ein Produkt der Geschichte«* (a.a.O., S. 277; Hervorh. K. H.).

Indessen sind nicht nur die menschlichen Fähigkeiten Ergebnis und Voraussetzung der gesellschaftlich-historischen Entwicklung. Auch die *»Bedürfnisse«* als spezifisch menschliche Ausprägungsform von Antrieben sind – auf der Basis immer weitergehender naturgeschichtlicher Herausbildung verselbständigter auf Exploration und eingreifende Aktivität gerichteter Antriebe als biologische Bedingungen für das Entstehen menschlicher Produktivität – mit dem Übergang von der evolutionären zur gesellschaftlich-historischen Progression Teilmomente der sich entfaltenden menschlichen Gesellschaftlichkeit. – Da beim Menschen als gegenständlich arbeitendem Wesen die gesellschaftliche Produktion und die individuelle Konsumtion Teile eines einheitlichen Lebensprozesses sind, muß der Mensch auch in seiner Bedürfnisstruktur gleichzeitig auf produktive Weltveränderung und personale Selbsterhaltung gerichtet sein. Die menschlichen Bedürfnisse haben demgemäß – wie *Taut* (1967) überzeugend herausarbeitete – einen *aktiv-passiven Doppelcharakter*. Die dynamische, zur Tätigkeit treibende Eigenart der Bedürfnisse ergibt sich aus dem Widerspruch zwischen pathisch erlebter *Not* und dem Erlebnis der *Not-Wendigkeit, der Antizipation von zu erreichenden Lebenssituationen, in denen die Not gewendet sein wird*. Damit sind die menschlichen Bedürfnisse *in den Prozeß der Kumulation gesellschaftlicher Erfahrung einbezogen*, der die Entwicklung der vergegenständlichten gesellschaftlichen Arbeit und der mit dieser korrespondierenden menschlichen Fähigkeiten charakterisiert. *Die Herausbildung und Differenzierung der Ergebnisse vergegenständlichender Arbeit, der menschlichen Fähigkeiten und der menschlichen Bedürfnisse sind verschiedene, sich wechselseitig durchdringende Momente des einheitlichen gesellschaftlich-historischen Entwicklungsprozesses*. Deswegen konnten *Marx* und *Engels* die »Erzeugung neuer Bedürfnisse« als die »erste geschichtliche Tat« bezeichnen (MEW 3, S. 28). *Marx* präzisiert das Verhältnis zwischen Arbeit und Bedürfnissen: »Innerhalb dieser Bedürfnisse und notwendigen Arbeiten findet ein Mehr oder Minder statt. Je mehr die selbst geschichtlich – durch die Produktion selbst erzeugten Bedürfnisse, die gesellschaftlichen Bedürfnisse – Bedürfnisse, die selbst der offspring der social production und intercourse sind, als *notwendig* gesetzt sind, um so höher ist der wirkliche Reichtum entwickelt. Der Reichtum besteht *stofflich* betrachtet nur in der Mannigfaltigkeit der Bedürfnisse« (Gr. 1939/41, S. 426). Dabei sind keinesfalls nur die antizipierten Befriedigungs-Situationen gesellschaftlich vermittelt, auch das pathische Moment der *»Not«*, obzwar in biologischen Mangelzuständen sich gründend, ist – als erlebter Widerspruch zu den Lebens*notwendigkeiten* – gesellschaftlicher Entwicklung unterworfen. Der »Umfang sog. notwendiger Bedürfnisse, wie die Art ihrer Befriedigung« ist »selbst ein historisches Produkt und hängt daher großenteils von der Kulturstufe eines Landes ...« ab (*Marx*, MEW 23, S. 185). Die gesellschaftliche Erweiterung menschlicher Bedürfnisse bedeutet daher gleichzeitig eine *Verstärkung seiner Bedürftigkeiten, also Abhängigkeiten*. »Der *reiche* Mensch ist zugleich der einer Totalität der menschlichen Lebensäußerung *bedürftige* Mensch« (*Marx*, MEW Ergbd. I, S. 544). – Wenn wir von *»gesellschaftlicher Lebenserhaltung«* und *»individueller Lebenserhal-*

tung« sprechen, so sind diese Konzepte also nicht als Inbegriff der erforderten Befriedigung einer bestimmten, festgelegten Anzahl von biologischen »Trieben« zu verstehen. Das »Leben« des gesellschaftlichen Menschen ist nicht gleichbedeutend mit seiner physischen Arterhaltung und Selbsterhaltung. *Was der Mensch zum »Leben« braucht, hängt ab von der Entwicklungshöhe seiner gesellschaftlich gewordenen Bedürfnisstruktur,* die ständiger Weiterentwicklung unterworfen ist. »Gesellschaftliche« und »individuelle Lebenserhaltung« sind mithin *dynamisch-perspektivische Begriffe; die Lebenserhaltung des gesellschaftlichen Menschen fällt weitgehend mit seiner fortschreitenden Lebensentfaltung zusammen.*

Das Problem des Aufbaus immer komplexerer personaler Strukturen von »Fähigkeiten«, »Bedürfnissen«, »Eigenschaften« etc. durch die individuelle Aneignung gesellschaftlicher Strukturmomente konnte hier nur angedeutet werden und wird, eingeschränkt auf die individualgeschichtliche Entwicklung der Wahrnehmungsfunktion, später nochmals aufgegriffen.

Wir kommen jetzt auf die Frage der *menschlichen Spezifik kommunikativer Orientierung* zurück. – Bereits das Zusammenwirken mit koordinierter Delegation von Teilsequenzen, Setzung von Zwischenzielen als Abschluß individueller Aktivitäten und Aktivitätsstrukturierung durch Umverteilungs-Antizipation, das unserer Hypothese nach innerhalb des zum Menschen führenden naturgeschichtlichen Entwicklungszuges die »höchste« subhumane Form der interorganismischen Funktionenteilung darstellt, erfordert Weisen der Kommunikativ-Orientierung, die notwendige Bestandteile der Kommunikativ-Orientierung des arbeitenden Menschen sind. Der andere Organismus muß hier nicht nur hinsichtlich seiner direkt auf den perzipierenden Organismus gerichteten Aktivitäten oder Aktivitätstendenzen angemessen erfaßt werden, sondern auch hinsichtlich der besonderen Art seiner Aktivitäten oder Aktivitätstendenzen *in Richtung auf ein »Drittes«, ein gemeinsames Ziel.* Nur wenn der Treiber richtig perzipiert, daß ein anderer die »Jäger«-Aktivität ausüben will, kann er seine »Treiber«-Aktivität übernehmen und zielgerecht einsetzen. Bei dieser Art von Kommunikativ-Orientierung ist mithin die adäquate Auffassung des *durch das gemeinsame Ziel determinierten objektiven Zusammenhangs der Teilaktivitäten verschiedener Organismen nötig,* was auch die *adäquate Perzeption der Rückbezogenheit der Teilaktivität des jeweils anderen auf die je eigene Teilaktivität einschließt* (vgl. dazu auch *Leontjew* 1973, S. 205 f.). – Das Problem, welche allgemeinsten Spezifika darüber hinaus der eigentlich menschlichen Weise kommunikativer Orientierung, der *interpersonalen Wahrnehmung,* zukommen, ist klärbar, wenn man den dargestellten Umstand, daß die gegenständlich-sinnlichen Arbeitsergebnisse, die Strukturen menschlicher Kooperation und die menschlichen »Fertigkeiten«, »Fähigkeiten«, »Bedürfnisse«, »Eigenschaften« auf die geschilderte Weise in Wechselwirkung miteinander stehen, zum Ausgang für weitere Überlegungen nimmt. In der phänographischen Analyse wurde der Unterschied zwischen *sachlichen* und *personalen Gegenstandsbedeutungen* aufgewiesen (vgl. S. 25 ff.). Es läßt sich zeigen, daß – wie die sachlichen Gegenstandsbedeutungen den orientierungsrelevanten Aspekt von vergegenständlichten Arbeitsergebnissen und damit zusammenhängenden Gegebenheiten darstellen – *die personalen Gegenstandsbedeutungen als orientierungsrelevanter Aspekt der kooperativen Beziehungen zwischen Menschen* betrachtet werden müssen.

In dem Maße, wie die Hominiden-Entwicklung in das eigentlich »menschliche« Stadium eintritt, die Umwelt demgemäß durch Produkte vergegenständlichender Arbeit geprägt ist, was die wahrnehmende Erfassung der in den Produkten vergegenständlichten Bedeutungen einschließt, sind auch die Tätigkeitsformen und davon abgeleiteten Beschaffenheiten der anderen Menschen in dem Sinne gegenständlich bedeutungsvoll, als sie in einem *unauflöslichen polaren Realzusammenhang mit den sachlichen Gegenstandsbedeutungen* stehen: Wie mit den sachlichen Gegenstandsbedeutungen sinnlich erfahrbar gegeben ist, daß in den Arbeitsprodukten – nach Maßgabe der jeweiligen objektiven Erfordernisse gesellschaftlicher Lebenserhaltung – allgemeine menschliche Zwecksetzungen verkörpert und in menschlicher Tätigkeit zu realisieren sind, so ist mit den personalen Gegenstandsbedeutungen sinnlich erfahrbar gegeben, daß die andere Person in ihren auf Herstellung und Gebrauch von Arbeitsprodukten bezogene *Tätigkeiten und Tätigkeitsdispositionen durch die in den Arbeitsprodukten gemäß den Notwendigkeiten gesellschaftlicher Lebenserhaltung vergegenständlichten oder zu vergegenständlichenden allgemeinen Zwecksetzungen bestimmt ist*.

Schon die Tätigkeit eines Menschen, der ein einfaches Werkzeug, etwa eine Axt, herstellt oder gebraucht, ist für einen anderen Menschen nur in ihrer Besonderheit erfaßbar, wenn er dabei die antizipierten oder schon vergegenständlichten allgemeinen Gebrauchseigenschaften des herzustellenden oder benutzten Werkzeugs miterfaßt. Die Tätigkeit ist in *Gestalt und Verlauf mehr oder weniger eindeutig geprägt durch die verallgemeinerten Zwecksetzungen der Axt als gesellschaftliches Ding. Die gegenständliche Bedeutung der Tätigkeit hängt hier also zusammen mit der gegenständlichen Bedeutung der Axt*. Die angemessene Wahrnehmung von Bedeutungsmomenten der Tätigkeit der Axtherstellung oder des Axtgebrauchs setzt die angemessene Wahrnehmung der Gegenstandsbedeutung eines Dinges als »Axt« voraus. – Die interpersonale Wahrnehmung ist mithin schon in ihren elementaren Formen noch in einem generellen Sinne über ein »Drittes« vermittelt als die früher diskutierte höchste noch subhumane Form der Kommunikativ-Orientierung: Dieses Dritte ist hier nicht lediglich ein isoliertes Konsumtions-Ziel; der wahrnehmende und der wahrgenommene Mensch sind vielmehr *miteinander verbunden durch ein Arbeitsprodukt, dessen sachliche Gegenstandsbedeutung als Verkörperung gesellschaftlicher Erfahrungs-Kumulation beide angeeignet haben,* wobei der wahrgenommene Mensch seine Tätigkeit gemäß dieser sachlichen Gegenstandsbedeutung gestaltet, die damit personal-bedeutungsvoll ist, und der wahrnehmende Mensch die personal-bedeutungsvollen Momente der Tätigkeit des anderen nach Maßgabe der sachlichen Gegenstandsbedeutungen in ihrer Eigenart erfassen kann. *Interpersonale Wahrnehmung ist demnach von allem Anfang an keine bloße soziale Beziehung zwischen zwei Menschen, sondern impliziert ein allgemeines gesellschaftliches Verhältnis, da sie vermittelt ist über die Gegenstandsbedeutungen von Produkten gesellschaftlicher Arbeit.*

Die Momente, hinsichtlich deren menschliche Tätigkeit gegenständlich bedeutungsvoll ist, bestimmen sich nach Grad und Art der Werkzeug-Spezialisierung und Arbeitsteilung, dem Entwicklungsstand der gesellschaftlichen Produktionsweise. Die Eigenart und der Differenziertheitsgrad der sachlichen Gegenstandsbedeutungen der Arbeitsprodukte bedingen in polarer Zugeordnetheit die Eigenart und den Differenziertheitsgrad der personalen Bedeutungsmomente der Tätigkeiten, die auf die Herstellung und den Gebrauch der Arbeitsprodukte gerichtet sind. Wie die sachlichen, so spiegeln auch die personalen Gegenstandsbedeutungen hinsichtlich ihrer *jeweils bestimmten Merkmale die objektiven Notwendigkeiten gesellschaftlicher Lebenserhaltung auf einer gegebenen historischen Entwicklungsstufe.* – Demgemäß kommt nicht nur der adäquaten wahrnehmenden Erfassung der sachlichen Gegenstandsbedeutungen modal (im gesellschaftlichen Durchschnitt) gesehen insofern »Funktionalität« (im früher beschriebenen Sinne, vgl. S. 106 f.) zu, als sie für die Erhaltung des gesellschaftlichen Lebens in einer bestimmten Ausprägungsform als möglich vorausgesetzt werden muß. Die personalen Gegenstandsbedeutungen stellen insofern den orientierungsrelevanten Aspekt kooperativer Beziehungen zwischen Menschen dar, als *gesellschaftlich nützliche Kooperation die angemessene interpersonale Wahrnehmung von Bedeutungsmomenten der Tätigkeiten und Tätigkeitsdispositionen des jeweils anderen einschließt.*

Bei der kooperativ-arbeitsteiligen Herstellung eines konkreten Arbeitsproduktes ist die *Koordination durch wechselseitige Steuerung der Tätigkeiten, damit die Abstimmung der Teilarbeiten gemäß den Erfordernissen der Sache nur möglich, wenn die personalen Bedeutungsmomente der Tätigkeit des jeweils anderen angemessen wahrgenom-*

men werden können. Aber auch im Blick auf die früher dargestellten, in den objektiven Beziehungen der Gebrauchswert-Bestimmungen von Arbeitsprodukten verkörperten potentiellen Kooperationsstrukturen als elementare Kennzeichen von Produktionsverhältnissen (vgl. S. 136 f.) muß die Adäquanz der interpersonalen Wahrnehmung als funktionale Voraussetzung gesellschaftlich nützlicher Tätigkeit betrachtet werden. Ich muß aus Bedeutungscharakteristika der anderen Person ersehen können, *welches Moment an den objektiven Kooperationsstrukturen diese Person in ihrer Tätigkeit realisiert, damit ich ihren Beitrag zum gesellschaftlichen Leben (in welcher Größenordnung auch immer) angemessen einschätzen und meine »Erwartungen«, »Forderungen« etc. gegenüber der Person und ggf. meinen eigenen ergänzenden oder komplementären Beitrag danach einrichten kann.*

Die personalen Gegenstandsbedeutungen in ihrem funktionalen Aspekt beinhalten insofern eine *quantitative Bestimmung,* als an ihnen wahrnehmbar ist, wieweit in den Tätigkeitsmerkmalen eines anderen Menschen die *»Forderungen der Sache« angemessen erfüllt* sind. Den *Maßstab* für derartige quantitative Abstufungen bilden die jeweiligen, antizipierten oder im Produkt verkörperten *sachlichen Gegenstandsbedeutungen* der Gebrauchswert-Vergegenständlichungen, auf deren Herstellung oder Benutzung die menschliche Tätigkeit gerichtet ist. Aus den *personalen Bedeutungsmomenten geht hervor, wieweit die jeweilige Tätigkeits-Gestaltung den im Produkt zu vergegenständlichenden oder vergegenständlichten Gebrauchswert-Bestimmungen als Verkörperungen gesellschaftlich nützlicher Tätigkeit gemäß ist.* Bei der Tätigkeit der Axtherstellung bzw. des Axtgebrauchs ist an den Tätigkeits-Bedeutungen zu ersehen, wieweit die Tätigkeit im Hinblick auf den zu vergegenständlichenden Gebrauchswert einer Axt zweckmäßig bzw. im Hinblick auf den vergegenständlichten Gebrauchswert einer Axt »gekonnt« ist (und analog bei den vermittelteren Formen interpersonaler Wahrnehmung). Die Adäquanz der Einschätzung solcher Tätigkeits-Angemessenheiten ist ein *Moment der Funktionalität interpersonaler Wahrnehmung für menschliche Kooperation.*

Sofern eine Tätigkeit, die in ihrer personalen Bedeutung von bestimmten sachlichen Gegenstandsbedeutungen abhängt, von einem Menschen häufiger in gleicher Weise ausgeübt wird, stellt sie eine *»Fertigkeit«,* oder, bei noch höherer Gleichartigkeit der Tätigkeits-Ausübung, eine *»Fähigkeit«* des Menschen dar. »Fähigkeiten«, »Fertigkeiten« etc. (etwa zur Herstellung oder zum Gebrauch der Axt) sind nicht mehr gleichbedeutend mit der aktuellen Tätigkeit, sondern sind bestimmte Tätigkeitsmöglichkeiten oder -dispositionen, die auch dann dem Menschen zukommen, wenn er gerade nicht einschlägig tätig ist. Die Grundlage für die Konsistenz solcher Möglichkeiten oder Dispositionen bilden durch den Aneignungsvorgang aufgebaute funktionale Systeme innerhalb der zentralnervösen Strukturen eines Menschen, wobei diese konsistenten Funktionssysteme der Konsistenz der in den Gebrauchswert-Vergegenständlichungen verkörperten Anforderungen an gesellschaftlich nützliche Arbeit entsprechen (was hier nicht näher diskutiert werden kann; vgl. *Leontjews* Ausführungen über »funktionale Organe«, 1973, S. 303 ff.).

»Mit der Ausprägung von »Fertigkeiten«, »Fähigkeiten« etc. gewinnen auch die *wahrnehmbaren Tätigkeitsbedeutungen in mehr oder weniger hohem Grade Konsistenz.* In der interpersonalen Wahrnehmung sind demgemäß nun nicht mehr bloß aktuelle Bedeutungsmomente einer Tätigkeit aufzufassen (Axtherstellung oder Axtgebrauch in einem bestimmten Grad der Angemessenheit), sondern auch *Bedeutungsmomente, die durch die Konsistenz ihres Auftretens und Wiederauftretens »Fertigkeiten« oder »Fähigkeiten« des anderen repräsentieren* (in einem bestimmten Grad ausgeprägte »Fertigkeit« oder »Fähigkeit« zur Axtherstellung oder zum Axtgebrauch). Derartige länger erstreckte Bedeutungsmomente kennzeichnen *die Möglichkeiten eines Menschen, Tätigkeitsdispositionen in wirklichen Tätigkeiten bestimmter Eigenart und Angemessenheit zu aktualisieren.* Die erhöhte Funktionalität der adäquaten Wahrnehmung von solchen *dispositionalen Personbedeutungen* für die menschliche Kooperation liegt darin, daß dadurch nicht nur Koordinationen von aktuell aufeinander bezogenen Teilarbeiten möglich sind, sondern *zeitlich länger erstreckte, nichtaktuelle Koordinationssysteme aufgebaut werden können, bei denen die als personale Bedeutungen erfaßten, je bestimmten »Fertigkeiten«, »Fähigkeiten« etc. der Beteiligten je nach Bedarf als »Beiträge« abgerufen und plangemäß als Teilarbeiten aktualisiert werden können.*

Da, wie früher ausgeführt, die »Fertigkeiten«, »Fähigkeiten« etc. Resultat der individuellen Aneignung gesellschaftlicher Erfahrung sind, entsprechen schon auf elementaren Entwicklungsstufen die gesellschaftlich notwendigen »Fertigkeiten«, »Fähigkeiten« etc. in ihrer Eigenart und Differenziertheit der aus Notwendigkeiten gesellschaftlicher Lebenserhaltung erwachsenen Eigenart und Differenziertheit der Gebrauchswert-Vergegenständlichungen. (Dem Werkzeugtyp der »Axt«, des »Speers«, des »Messers«, des »Schabers« entspricht die modal zur gesellschaftlichen Lebenserhaltung nötige »Fertigkeit« oder »Fähigkeit« zu Axtherstellung und Axtgebrauch, Speerherstellung und Speergebrauch etc.). *Die jeweiligen Systeme gesellschaftlich notwendiger »Fertigkeiten«, »Fähigkeiten« etc. hängen ab von der Besonderheit und dem Grad der über sachliche Gegenstandsbedeutungen vermittelten Strukturen kooperativ-arbeitsteiliger Tätigkeit auf der jeweiligen*

Stufe gesellschaftlicher Entwicklung. – Demgemäß bestimmen sich auch die *Systeme dispositionsbezogener Personbedeutungen*, hinsichtlich deren die Menschen einer Gesellungseinheit im gesellschaftlichen Durchschnitt nach Eigenart und Ausprägungsgrad der ihnen möglichen »Beiträge« angemessen erfaßbar und unterscheidbar sein müssen, damit gesellschaftliche Kooperation möglich ist, *nach den jeweiligen objektiven Notwendigkeiten gesellschaftlicher Lebenserhaltung, müssen demnach aus der Struktur der Produktionsweise einer jeweils bestimmten Gesellungseinheit ableitbar sein.*

Allgemeiner ist festzuhalten: Die »Fähigkeiten«, »Fertigkeiten« etc.[47], in ihrer menschlichen Spezifik Resultat der individuellen Aneignung gesellschaftlicher Erfahrung, haben insofern stets einen Doppelaspekt, als sie nicht nur die Grundlage für Art und Angemessenheit der möglichen »Beiträge« einer Person darstellen, sondern gleichzeitig *immer auch als personale Bedeutungsmomente für andere erfahrbar sind, in die Beziehungen interpersonaler Wahrnehmung als spezifische Form der Kommunikativ-Orientierung des kooperierenden Menschen eingehen.* Die prinzipielle interpersonale Erfahrbarkeit der »Fertigkeiten«, »Fähigkeiten« etc. ist darin fundiert, daß diese Charakteristika des gesellschaftlichen Menschen Rückwirkungen der vergegenständlichenden Arbeit auf den Menschen darstellen, mithin personale Bedeutung durch polare Abhängigkeit von sachlichen Gegenstandsbedeutungen gewinnen, die die Menschen einer Gesellungseinheit *durch Aneignung gemeinsam haben. Ich habe die Tätigkeit bzw. Tätigkeitsdisposition eines Menschen stets in dem Maße »verstanden«, wie ich Momente gegenständlich-kumulierter gesellschaftlicher Erfahrung, die mir wie ihm durch Aneignung zugänglich sind, als für seine Tätigkeit bedeutungsstiftend erfaßt habe* (vgl. S. 196 ff.). – Die Adäquanz der interpersonalen Wahrnehmung von Charakteristika anderer Menschen in ihrem Bedeutungsaspekt kann im gegenwärtigen Begründungszusammenhang unter Berufung auf die gesellschaftliche Funktionalität interpersonalen Wahrnehmens nur als modal, im gesellschaftlichen Durchschnitt, gegeben behauptet werden. Wieweit in einem bestimmten Einzelfall ein Mensch die personalen Bedeutungsmomente der »Fertigkeiten«, »Fähigkeiten«, »Bedürfnisse«, »Eigenschaften« eines anderen adäquat wahrnimmt, das hängt von einer Vielzahl zusätzlicher Bedingungen ab, die hier nicht erörtert werden sollen.

Wir können nunmehr unsere früheren Ausführungen über die *Strukturen von Gegenstandsbedeutungen als Synthese der orientierenden Welterfahrung des Menschen* (vgl. S. 127 f.) in einem wesentlichen

---

[47] Die gilt auch für »Bedürfnisse«, »Eigenschaften« usw., was hier nicht ausgeführt wird.

Punkt ergänzen. Diese Strukturen bestehen nicht nur aus unmittelbaren und mittelbaren sachlichen Gegenstandsbedeutungen, sondern auch aus personalen Gegenstandsbedeutungen. – Gegenstandsbedeutungen sachlicher und personaler Art haben den Charakter der *gegenseitigen Bedeutungsverweisung von Menschen auf Sachen, von Sachen auf Menschen, von Beziehungen zwischen Menschen auf Beziehungen zwischen Sachen, von Beziehungen zwischen Sachen auf Beziehungen zwischen Menschen*; solche objektiven Bedeutungsstrukturen *sind der allgemeinste orientierungsrelevante Aspekt der Produktivkraft-Entwicklung und dabei zwischen Menschen eingegangenen Produktionsverhältnisse.*

Unsere Herleitung der Eigenart interpersonaler Wahrnehmung aus den Orientierungserfordernissen menschlicher Kooperation muß dann in ihren Konsequenzen mißverstanden werden, wenn man vergißt, daß damit die *Kommunikativ-Orientierung des Menschen nicht als ganze, sondern nur in ihrer »menschlichen« Spezifik charakterisiert wurde.* Tatsächlich ist die kommunikative Orientierung zwischen Menschen – wie hervorgehoben – auch von mannigfachen Formen der unspezifischen, naturgeschichtlich überkommenen interorganismischen Informationsübermittlung geprägt, die das Zusammenwirken der Menschen beim Sexualkontakt, der Aufzucht des Nachwuchses etc. mitbestimmen. Die Weise des menschlichen Zusammenlebens samt den darin eingeschlossenen Orientierungsarten ist durch die gesellschaftlichen Produktionsverhältnisse nicht in toto konstituiert, sondern nur gemäß den jeweiligen Notwendigkeiten gesellschaftlicher Lebenserhaltung überformt und spezifiziert. So gibt es in allen Gesellschaftsformationen Sexualbeziehungen, Fortpflanzung, Jungenaufzucht, »Familien«-Konstellationen, Verwandtschaftsbeziehungen, Dominanz-Hierarchien, Gruppenzugehörigkeiten usw. Nicht die Existenz derartiger Grundverhältnisse, sondern die besondere Art ihrer Regelung bestimmt sich – über mehr oder weniger komplexe Vermittlungsstufen – nach dem Entwicklungsstand der jeweiligen gesellschaftlichen Produktionsweise einschließlich der damit gegebenen Kooperationsstrukturen. Demgemäß sind die hier eingehenden Formen kommunikativer Orientierung zwar biologisch fundiert, aber in ihrer Spezifik als menschliche Wahrnehmungsweisen gemäß den jeweiligen objektiven Erfordernissen gesellschaftlicher Kooperation umgestaltet. Bei der empirischen Erforschung der interpersonalen Wahrnehmung müssen also die *unspezifischen biologisch-organismischen Komponenten des Informationsaustauschs in ihrer Überformtheit durch die kooperationsrelevant-spezifischen, von konkret-historischen gesellschaftlichen Strukturmomenten geprägten Komponenten untersucht werden.*

5.3 Die Herausdifferenzierung von Symbolbedeutungen aus Gegenstandsbedeutungen im historischen Prozeß gesellschaftlicher Arbeit; symbolisch-sprachliche Vermitteltheit zwischen »Wahrnehmen« und »Denken«

Der Prozeß produktiv-kooperativer gesellschaftlicher Lebenserhaltung, wie er bisher dargestellt wurde, schließt von Anfang an als Bedingungen seiner historischen Entwicklung symbolisch-sprachliche Auffassungs- und Kommunikationsweisen ein, die jetzt gesondert herausgehoben und diskutiert werden sollen, womit die elementaren Spezifika der Wahrnehmung als *menschliche* Orientierungstätigkeit zu vervollständigen und unter umfassenderen Gesichtspunkten in ihrer Eigenart zu verdeutlichen sind.

Die Beantwortung der Frage, ob bereits Tieren Sprache zukomme, hängt natürlich davon ab, wie man »Sprache« definieren will (vgl. *Hörmann* 1970, S. 25 ff.). Niemand indessen zweifelt daran, daß menschliche Sprache in jedem Falle eine besondere, nur dem Menschen zukommende Art von Sprache ist[48]. In diesem Zusammenhang wird häufig darauf hingewiesen, daß *nur das menschliche* Gehirn strukturell-funktional so differenziert ist, daß die äußerst komplexe Leistung der Sprachproduktion und -rezeption des Menschen möglich wird (vgl. *Lenneberg* 1967).

Da die *gesprochene Sprache* keine »Spuren« hinterläßt, kann man bei der Erklärung ihrer Entstehung nicht auf Funde als direkte historische Zeugnisse zurückgreifen. Frühformen *geschriebener Sprache* hingegen sind uns als geschichtliche Funde zugänglich; wenn auch erst von dem Zeitpunkt an, da zur »schriftlichen« Fixierung dauerhaftes Material benutzt wurde.

Als früheste der auf uns gekommenen Vorformen geschriebener Sprache sind in gewisser Hinsicht die *Felsbilder* des steinzeitlichen Menschen zu betrachten, deren älteste vor 40 000 oder 60 000 Jahren entstanden sein mögen und die sich in verschiedenen »Stilrichtungen«

---

[48] In neuester Zeit konnten in langwierigen Experimenten Schimpansen zu mannigfachen sprachähnlichen Kommunikationsformen gebracht werden. So erlernte in einem Experiment von *Gardner & Gardner* (1969) die Schimpansin Washoe in 22 Trainingsmonaten 34 Zeichen einer amerikanischen Taubstummensprache, die sie spontan, auch zur Bezeichnung abwesender Dinge, benutzte und in eigener Erfindung frei kombinieren konnte. In einem Versuch von *Premack* (1971) wurden der Schimpansin Sarah sogar syntaktisch relativ komplexe Zeichenkombinationen beigebracht (vgl. auch *Ploog* 1972, S. 150 ff.). Aus derartigen Untersuchungen (für die im übrigen die auf S. 108 formulierten Einschränkungen gelten) werden sicherlich im Laufe der Zeit immer genauere Aussagen über die naturgeschichtliche Gewordenheit wie qualitative Besonderheit der menschlichen Sprache gewinnbar sein.

etwa im Aurignacién und Magdalenién bis zur Jungsteinzeit hin entwickelt haben. Auf den in Felsenhöhlen gefundenen Bildern sind – in Zeichnungen und farbigen Malereien – Bisons, Wildpferde, Rentiere, bewegte Jagdszenen und sogar »futuristisch« anmutende Synchronwiedergaben von tierischen Bewegungsabläufen auf teilweise sehr vollkommene Art dargestellt (vgl. etwa *Kühn* 1952). Solche Darstellungen sind abbildende, *»ikonische« Symbole*.

Die Fähigkeit zur abbildenden Darstellung ist unter den heute existierenden Lebewesen ausschließlich dem Menschen eigen. Zwar konnte man in vielen Versuchen Ponginen, besonders Schimpansen, dazu bringen, in täuschend echter »Malhaltung« feinmotorisch sehr geschickt mit Bleistift, Pinsel etc. auf Papier Spuren zu erzeugen. Dabei hat man sogar bestimmte »ästhetische« Prinzipien entdecken wollen, nach denen die Schimpansen ihre Zeichnungen und Malwerke gestalten, wie z. B. von *Morris* (1963) in seiner »Biologie der Kunst« zusammengestellt und kommentiert (vgl. auch *Rensch* 1968). In allen von Schimpansen (und anderen Ponginen) erzeugten Gebilden *sind aber niemals auch nur Andeutungen darstellerischer Elemente enthalten.*

Das Problem, wieweit der subhumane Hominide zur Herstellung ikonischer Symbole fähig war, kann – da außerhalb unseres Themas liegend – hier nicht genauer diskutiert werden. Wie aus der späteren Argumentation hervorgeht, spricht alles dafür, daß die bildliche Darstellung das Erreichen des menschlichen Stadiums gesellschaftlicher Arbeit als Entstehungsbedingung voraussetzt. Eine Abbildung, selbst in ihren primitivsten Formen, enthält ein solches Maß an anschaulich eingebundener Abstraktion, Verallgemeinerung, Verdichtung, daß man die Fähigkeit zu abbildender Darstellung als Differenzierungsprodukt der Herstellung verallgemeinerter Zwecksetzungen in Gebrauchswert-Vergegenständlichungen, Resultat der Aneignung gesellschaftlich kumulierter Erfahrung zu betrachten hat.

Die frühesten bekannten Schriftsysteme (Ägypten, Mesopotamien, Indus-Tal), die höchstens 8000 Jahre alt sind, bestehen aus ikonischen Symbolen, stilisierten, später immer mehr vereinfachten Darstellungen des Gemeinten. Aus diesen Bilderschriften bildeten sich allmählich Sprachsysteme mit nicht darstellenden, *diskursiven Symbolen* heraus; eine wesentliche Voraussetzung für diese Entwicklung besteht sicherlich in einer erhöhten »Festigkeit« und »Dichte« kooperationsbedingter gesellschaftlicher Kommunikationsstrukturen, durch welches nicht mehr nötig war, das Gemeinte in seiner anschaulichen Beschaffenheit in Schriftzeichen zu repräsentieren, sondern Vereinbarungen über das mit den Zeichen Zu-Bezeichnende möglich wurden, die eine anschauliche Repräsentanz des Dinges im Zeichen überflüssig machten. – Erst bei den Griechen wurde das erste »Alphabet« entwickelt, womit die Möglichkeit bestand, Gesprochenes schriftlich zu fixieren. – Eine ähnliche Entwicklung der gesprochenen Sprache von ikonischer Symbolik

(Lautmalerei, »Onomatopöie«) zu diskursiver Symbolik wird gelegentlich angenommen, ist aber schwer nachzuweisen. Eine einfache Parallelisierung der historischen Entwicklungsgänge gesprochener und geschriebener Sprache ist in jedem Falle fragwürdig, da das Entstehen von Schrift gesellschaftliche Sonderbedingungen voraussetzt und die Produktion und Rezeption von Geschriebenem bis in die neueste Zeit hinein nur von ganz wenigen Spezialisten beherrscht wurde. Demgemäß ist auch eine Bestimmung des Stellenwertes der Felsbilder innerhalb der sprachlichen Gesamtentwicklung äußerst schwer.

Theorien über die Entstehung menschlicher Sprache müssen so lange Spekulation bleiben, wie man in isolierender Betrachtungsweise danach fragt, wie Hominiden in ihrer natürlichen Umwelt wohl dazu kommen konnten, mit Hilfe sprachlicher Symbole in Kommunikation zu treten (vgl. *Hörmann* 1970, S. 28 ff.). Es ist unzulänglich, anzunehmen, daß der Mensch deswegen zum »Menschen« wurde und eine gesellschaftliche Entwicklung vollziehen konnte, weil er eine spezifische Art von symbolisch-sprachlichen Verhaltensweisen herausbildete (vgl. *Bertalanffy* 1968). Umgekehrt: Der Mensch wurde zum »Menschen«, als er sein Leben in kooperativer, vergegenständlichender Arbeit gesellschaftlich zu reproduzieren begann. Die Verselbständigung der menschlichen Sprache innerhalb des kooperativen Arbeitsprozesses ist ein *Ergebnis der sich steigernden und differenzierenden Notwendigkeiten gesellschaftlicher Lebenshaltung*. Auch die erwähnten einzigartigen funktionalen Beschaffenheiten des menschlichen Gehirns, die die biologische Grundlage für die Möglichkeit von Sprache bilden, müssen als Teilmoment der naturgeschichtlichen Entwicklung des subhumanen Hominiden zum Menschen als gesellschaftlich produzierendem Wesen betrachtet werden.

Schlüssel zur historischen Rekonstruktion des Verhältnisses zwischen *Gegenstandsbedeutungen* und *Symbolbedeutungen*, wie sie früher phänographisch charakterisiert wurden (vgl. S. 25 f.), ist der Ansatz an der Beziehung zwischen den *sachlichen Gegenstandsbedeutungen* als orientierungsrelevantem Aspekt allgemeiner gesellschaftlicher Zwecksetzungen in den Gebrauchswert-Vergegenständlichungen und den *Gebrauchswert-Antizipationen*, die zum Verständnis der kontinuierlichen, geplanten Annäherung an die zu vergegenständlichenden allgemeinen Zwecksetzungen bereits im Prozeß einfacher Werkzeugherstellung als möglich vorausgesetzt werden müssen (vgl. S. 122 ff.). Wie ausgeführt, ist damit schon zum Verständnis der Möglichkeit einfachster Arbeitsvorgänge eine *Verdoppelung in sinnlich-gegenständliche Bedeutungen auf der einen Seite und Vergegenwärtigungen von zu schaffenden sinnlich-gegenständlichen Bedeutungen auf der anderen Seite* zwingend anzunehmen. Die Beziehung zwischen gegenwärtiger und vergegenwärtigter Gegenstandsbedeutung hat dabei deswegen genuin verallgemeinernden Charakter, weil nicht nur in den vergegenwärtigten, sondern auch in den sinnlich-vergegenständlichten Bedeutungen ein Allgemeines enthalten ist; schon bei einfachem Werkzeug hat dieses Allgemeine die Form der *praktischen Verallgemeinerung*: Das Werkzeug enthält gemäß den in ihm vergegenständlichten allgemeinen Zwecksetzungen bekannte invariante Eigenschaften, durch welche mittels des Werkzeuggebrauchs auf vergleichbare Weise allgemeine Beschaffenheiten der bearbeiteten Umwelt erfahrbar werden (vgl. S. 125 f.). *Die allgemeine Beziehung zwischen sinnlich-gegenwärtigen und vergegenwärtigten Bedeutungen ist also durch den Arbeitsprozeß selbst vermittelt: Nur weil durch Arbeit in der Welt allgemeine Bestimmungen sinnlich-anschaulich vergegenständlicht sind, können sich vergegenwärtigte allgemeine Bestimmungen auf die wirkliche Welt des Menschen beziehen.*

Sofern einmal aufgewiesen worden ist, daß der Prozeß materieller gegenständlicher Arbeit des Menschen von Anbeginn an in den Gebrauchswert-Antizipationen ein Moment der Vergegenwärtigung enthalten muß, macht die Rekonstruktion der Herausbildung von selbständigen Symbolbedeutungen – wenigstens prinzipiell – keine Schwierigkeiten mehr. – In den frühesten Entwicklungsformen menschlicher Arbeit dürften, wie dargelegt (S. 123), die Vergegenwärtigungsakte der Gebrauchswert-Antizipationen noch sehr eng an die auf stoffliche Veränderungen gerichteten Tätigkeitsmomente gebunden gewesen sein, wodurch nur die Vorwegnahme kurzer Strecken der weiteren Tätigkeit in weitgehender Abhängigkeit von dem jeweils erreichten anschaulich vorliegenden Resultat der bisherigen Arbeit möglich war. Bei der Reproduktion jeweils gleicher Werkzeugtypen innerhalb von Arsenalen spezialisierter Werkzeuge ist aber eine immer größere Verselbständigung und verselbständigte Weitergabe der Gebrauchswert-Antizipationen erfordert. Eine voll ausgebildete systematische gesellschaftliche Produktion von Werkzeugen und mit Werkzeugen bei konsistenter gesellschaftlicher Erfahrungs-Kumulation setzt schließlich eine *selbständige Übertragung von Wissen* über die Verfahren der Werkzeugherstellung und den Zweck und richtigen Gebrauch verschiedenartiger Werkzeuge voraus; dazu gehört, daß die allgemeinen Eigenschaften der objektiven Welt, die durch die menschliche Arbeit zutage treten, *nicht mehr nur als praktische Umgangserfahrung, sondern als vergegenwärtigte, und in dieser Form tradierbare, Erfahrung vorliegt.* – Damit ist angenommen, daß durch die Notwendigkeiten der gesellschaftlichen Produktion der Mensch die allgemeinen Gebrauchswert-Bestimmungen, die als Gegenstandsbedeutungen im Werkzeug vergegenständlicht sind, allmählich immer durchgehender abstrahierend als *Symbolbedeutung* auf den Begriff bringt; der *Axt als wirklichem Arbeitsprodukt stünde so schließlich ihr Begriff als »Axt«, in dem ihre Gebrauchseigenschaften in ideeller Form gemeint und gekennzeichnet sind, gegenüber.* Sofern die allgemeinen Gebrauchseigenschaften, die im Werkzeug vergegenständlicht sind, nicht mehr weitgehend in ihm beschlossen liegen, sondern symbolisch »auf den Begriff gebracht« sind, wäre auch der Weg frei, um die Eigenschaften der Welt, die durch den Werkzeuggebrauch verallgemeinert in Erscheinung treten, nicht mehr nur faktisch zu erfahren, sondern symbolisch-begrifflich zu erfassen. Aus dem Bereich der durch Arbeit geschaffenen Gegenstandsbedeutungen hätte sich so ein Bereich der Symbolbedeutungen, die gleichwohl eng auf die Gegenstandsbedeutungen rückbezogen bleiben, herausdifferenziert, wodurch die *entscheidende Voraussetzung für Kumulation und Verwertung gesellschaftlichen Wissens auf erweiterter Stufenleiter gegeben wäre.*

In der damit angedeuteten Konzeption wird nicht die »platonische« Auffassung vertreten, es bestehe eine Wesensverwandtschaft zwischen Symbol und Symbolisiertem, wodurch die außersprachlichen Gegebenheiten mit Notwendigkeit im Symbol repräsentiert seien. Demgemäß betrachten wir auch »sprachphysiognomische« Ansätze (vgl. etwa *Werner* 1932, 1955), in denen Ähnlichkeiten des Anmutungscharakters von Wörtern und darin gemeinten Dingen, unabhängig von der expliziten Wortbedeutung, behauptet werden, als irrelevant für das Problem der Beziehung zwischen Symbol und Sache. – Ebensowenig aber halten wir die moderne positivistische Theorie von der designativen Funktion der Sprache, in der angenommen wird, daß sprachliche Symbole den außersprachlichen Dingen willkürlich, per Verabredung, zugeordnet sind (vgl. *Hörmann* 1970, S. 158 ff.), für vertretbar. Von dieser Theorie aus ist es grundsätzlich unbegreiflich, wie eine Zuordnung zwischen Dingen und Symbolen jemals möglich sein kann. Da die Dinge als für sich genommen bedeutungslos angesehen werden, bleibt unerfindlich, woran man die Dinge denn erkennen könne, die verabredungsgemäß mit einem bestimmten Symbol zu bezeichnen wären.

Praktisch muß man, entgegen der »designativen« Theorie, bei der vermeintlichen Zuordnung von Symbol und Sache das zu bezeichnende Ding immer schon als bedeutungsvoll voraussetzen, damit man das Symbol darauf beziehen kann. Dies führt häufig zu zirkulären Formulierungen wie: alle Häuser seien mit »Haus« zu bezeichnen. Aber auch wenn man zu allgemeineren Bestimmungen greift, wie: alle Bauwerke mit gewissen Merkmalen seien mit »Haus« zu bezeichnen, setzt man auf der Gegenstandsseite bereits Bedeutungen voraus, die doch erst per Symbol durch Verabredung dem Ding beizulegen wären. So lange man davon ausgeht, daß die Menschen einer Welt gegenüberstehen, die mit ihnen nichts zu tun hat, wird man niemals verstehen, wie der Mensch mit seinem Symbol diese Welt je erreichen kann. – Tatsächlich stehen das Symbol und die Sache in einem inneren Zusammenhang miteinander, wenn auch nicht in einem der unvermittelten Wesensähnlichkeit. Die Welt des

Menschen ist eine von ihm durch vergegenständlichende gesellschaftliche Arbeit angeeignete Welt. Bedeutungen liegen »in« den Dingen, weil der Mensch im historischen Prozeß durch kooperative Produktion Bedeutungen in ihnen vergegenständlicht hat. Durch die Symbolbedeutungen wird eine bedeutungsvolle Welt keinesfalls erst konstituiert. Symbolbedeutungen sind vielmehr *abstraktive Explikationen von durch Arbeit konstituierten Gegenstandsbedeutungen.*

Wenn die Stufe des Sprachlich-Symbolischen auf gesamtgesellschaftlichem Niveau erreicht wurde, *ist das wahrgenommene Ding niemals mehr von seinem »Begriff« zu trennen.* An der Wahrnehmung muß jetzt eine neue Qualität herausgehoben werden, die ihr umfassendstes Charakteristikum als spezifisch menschliche Orientierungsweise darstellt. *Der Gegenstand wird notwendig durch seinen Begriff hindurch, in Form seines Begriffes wahrgenommen.* Da im Begriff die für den gesellschaftlichen Produktionszusammenhang wesentlichen Dimensionen eines Gegenstands abstraktiv-verallgemeinert in idealisierter Art bestimmt sind, heißt dies, daß *menschliche Wahrnehmung stets das Erkennen des Allgemeinen im Besonderen ist.* Die Axt ist nicht irgendein beliebiges Ding, das »Axt« genannt wird, sondern wird in der Wahrnehmung »durch ihren Begriff hindurch« als Axt *gesehen,* als ein Ding, in dessen Gegenstandsbedeutung die für ihr Axt-Sein wesentlichen allgemeinen Gebrauchseigenschaften verkörpert sind.

Weil Dinge als sinnlich eingebundene Bedeutungseinheiten immer in Form ihres Begriffes wahrgenommen werden, sind sie trotz ihrer Vereinzelung im Raum und trotz ihrer Verschiedenartigkeiten als Vergegenständlichungen *der gleichen ideellen Gebrauchswert-Antizipationen,* als *»Fälle von«* Axt, Speerspitze, Haus identifizierbar (vgl. Hörmann 1970, S. 12). Wenn in individueller Aneignung der gesellschaftliche Begriff der »Axt« erworben wurde, *so kann jedes einzelne »Exemplar« von Axt an seinen in ihm vergegenständlichten allgemeinen Gebrauchswerteigenschaften* nach Art der »Recognition im Begriffe« (*Kant*) erkannt und wiedererkannt werden.

Durch die Herausdifferenzierung des symbolisch-begrifflichen Bereichs aus den Strukturen vergegenständlichter Bedeutungen tritt auch den aus Notwendigkeiten der gesellschaftlichen Lebenserhaltung durch arbeitsteilige Kooperation entstandenen Momenten *personaler Gegenstandsbedeutungen ihr »Begriff« verselbständigt gegenüber.* Damit werden in der *interpersonalen Wahrnehmung* die anderen Menschen in *Form des Begriffes ihrer Tätigkeiten und Tätigkeitsvoraussetzungen,* durch Heraushebung des Allgemeinen im Besonderen (als »Fälle von« Axtherstellung, Axtgebrauch bzw. von »Fertigkeiten« oder »Fähigkeiten« dazu), also in ihrem *je besonderen Stellenwert innerhalb des Produktionsverhältnisses* generalisierend aufgefaßt. Eine solche »Recognition im Begriffe« ist ein wesentlicher »subjektiver« Aspekt der

Gliederung der Gesellschaft in relativ *konstante Strukturen arbeitsteiliger Funktionen,* unabhängig davon, ob sie gerade ausgeübt werden, somit einer in gesellschaftlicher Erfahrungs-Kumulation sich entwickelnden überdauernden Organisation der gesellschaftlichen Lebenserhaltung in immer erweiterter Form.

Das Sprachlich-Symbolische entsteht, wie dargelegt, nicht isoliert im Bereich menschlicher Kommunikation, sondern ist ein Differenzierungsergebnis innerhalb des Prozesses vergegenständlichender Arbeit des Menschen. In der Ausbildung des Sprachlich-Symbolischen gewinnt nur die menschliche Kommunikation als *symbolische Kommunikation* eine neue Qualität. Während die (abstrahierend für sich betrachtete) Kommunikativ-Orientierung an sachlichen oder personalen Gegenstandsbedeutungen an die sinnliche Präsenz des Bedeutungsträgers gebunden ist, ist durch die symbolische Kommunikation die *Verständigung über Dinge und Menschen auch in deren Abwesenheit möglich;* dies ist ein wesentliches Bedingungsmoment der Entwicklung von *immer umfassenderen, zeitlich konstanteren Formationen gesellschaftlicher Produktion und Kooperation.*

Die früher geschilderten Merkmale sachlicher und personaler Gegenstandsbedeutungen, die sich – wie dargestellt – als funktional für die gesellschaftliche Produktion herausbilden, sind, da in Symbolbedeutungen repräsentiert und somit »durch ihren Begriff hindurch« wahrnehmbar, als *sprachlich objektivierte Strukturen von Dimensionen* zu charakterisieren, nach denen in der Ding- und Personwahrnehmung Gegebenheiten voneinander unterschieden werden. *Die Dimensionen sind generalisierte Fassungen solcher Bedeutungsunterschiede an Personen und Sachen, die modal (im gesellschaftlichen Durchschnitt) angemessen wahrnehmbar sein müssen, damit die gesellschaftliche Lebenserhaltung einer bestimmten Gesellungseinheit als möglich verständlich wird.* – Solche Dimensionsstrukturen haben, wie die Merkmale an Gegenstandsbedeutungen, die sie repräsentieren, einerseits objektiven Charakter, da sie den Notwendigkeiten der gesellschaftlichen Produktion entspringen, müssen sich aber andererseits wie die Momente an den Gegenstandsbedeutungen, die sie durch ihren Begriff hindurch repräsentieren, mit der Entwicklung der Produktivkräfte und der Produktionsverhältnisse verändern. Im Zusammenhang mit der gesellschaftlichen Lebenserhaltung von neolithischen Feldbau-Kulturen werden ganz andere sachliche und personale Bedeutungsunterschiede für die Orientierung relevant und müssen modal angemessen wahrgenommen werden, als etwa in den älteren Jäger- und Sammler-Kulturen. – Dieser Ansatz der Herleitung der Wahrnehmungs-Dimensionalität muß, sofern er haltbar ist, die Herausarbeitung der für die gesellschaftliche Lebenserhaltung notwendigen Dimensionalitätsstruktur auch bei entwickelten und komplexen Gesellschaftsformationen auf begründete Weise ermöglichen (vgl. Kapitel 7.3, S. 233 ff.).

Bisher wurde aus den Gegenstandsbedeutungen der sich herausdifferenzierende Zwischenbereich des Sprachlich-Symbolischen nur auf seine Wichtigkeit für die richtige Charakterisierung der sinnlichen Erkenntnis hin verdeutlicht, aufgewiesen, daß Wahrnehmung immer Wahrnehmung »durch einen Begriff hindurch« ist. Das Symbol, der Begriff, ist aber nicht nur die Form, in der sinnliche Eigenschaften von Gegenständen als allgemeine im Besonderen erscheinen, sondern entwickelt sich – obzwar in ihm seiner Herkunft gemäß stets reale Eigenschaften der objektiven Welt auf irgendeine Weise erfaßt sind – in selbständige Symbolwelten hinein; in die Welt *künstlerischer*, anschaulich-symbolischer gesellschaftlicher Erfahrungskumulation und -verdichtung, die sich aus den frühen ikonischen Symbolen in selbständigem historischem Gang herausgebildet hat; vor allem in den Bereich *verselbständigter Sprachstrukturen* als der entscheidenden Träger verallgemeinerten historischen Wissens der Menschheit. – Die als Sprache strukturierten diskursiven Symbolwelten sind wiederum Entwicklungsbedingung und Träger des *denkenden Erkennens,* wie es früher in seiner Beziehung zur Wahrnehmung phänographisch gekennzeichnet wurde und später in seiner Beziehung zum sinnlichen Aspekt des Erkennens genauer abgehandelt wird.

Es sollte klarwerden, wie das Sprachlich-Symbolische gemäß seiner Entstehung aus den objektiven Notwendigkeiten der Produktion nach der einen Seite hin die verallgemeinerte Erfassung von Eigenschaften der durch gesellschaftliche Arbeit angeeigneten realen Außenwelt ermöglicht, nach der anderen Seite hin durch seine repräsentative Funktion die Voraussetzung für die Erweiterung menschlicher Wirklichkeitserfassung in abstraktem Denken bildet, daß also *Wahrnehmung und Denken als Differenzierungsergebnis des Prozesses gesellschaftlicher Arbeit durch den sprachlich-symbolischen Bereich miteinander vermittelt sind.*

Mit wachsender Differenziertheit sprachlicher Symbolstrukturen muß sich die *begriffliche Formierung der Wahrnehmungsinhalte durch die diskursiven Symbole immer mehr differenzieren und komplizieren.* – So sind mit der Herausbildung von Klassen-Inklusionen bzw. Begriffspyramiden *Symbole verschiedenen Allgemeinheitsgrades auf den gleichen Wahrnehmungsgegenstand* zu beziehen. Damit können in der Wahrnehmung »durch den Begriff hindurch« verschieden allgemeine Dimensionen des Gegenstandes zur Erscheinung gebracht werden (in Form des Begriffes »Werkzeug« z. B. allgemeinere als in Form des Begriffes »Axt«). In jedem Fall aber werden produktionsrelevante objektive Eigenschaften als allgemeine im Besonderen erfaßt, nur in unterschiedlichen Zusammenhängen des gesellschaftlichen Lebens.

Durch die Beweglichkeit der Sprachstrukturen ist es auch möglich, *verbale Bezeichnungen, in denen ein bestimmter Gegenstand gemeint ist, durch andere zu ersetzen,* etwa statt des deutschen Ausdrucks den französischen oder englischen Ausdruck für »Axt« zu benutzen, oder sogar statt »Axt« lediglich den Buchstaben »s« zu setzen. Derartige Umwandlungen können durchaus Vereinbarungscharakter haben. Das bedeutet aber nicht, daß wir an dieser Stelle nun doch der »designativen« Theorie zustimmen, die wir früher zurückgewiesen haben (vgl. S. 151 f.). Es geht hier keineswegs um die Vereinbarung der Zuordnung zwischen einem Symbol und einer Sache, sondern lediglich um die Vereinbarung der Substitution einer Symbol-*Bezeichnung* durch eine andere. *Solange man nicht über einen entsprechenden, aus der gesellschaftlich konstituierten Gegenstandsbedeutung explizierten Begriff verfügt, ist der Buchstabe »s« keineswegs auf das zu beziehen, was vorher »Axt« hieß,* und es besteht damit weder die Möglichkeit, durch den Begriff hindurch den Gegenstand in verallgemeinerter Form zu erfassen, noch die Möglichkeit, die symbolische Repräsentanz des gemeinten Dinges in abstrakte Denkoperationen einzubeziehen. *Substitutionen und Umformungen gehören in den durch Beweglichkeit, Reversibilität, Ersetzbarkeit gekennzeichneten innersprachlichen Bereich. Die – sinnliche oder abstrakte – Erfassung wirklicher Eigenschaften der realen Außenwelt in symbolischer Form dagegen hat die Aneignung der Welt durch gesellschaftliche Arbeit und darin die vergegenständlichende Konstitution von Gegenstandsbedeutungen zur Grundlage.* – Die mannigfachen und komplizierten empirischen Wechselbeziehungen zwischen »Sprache« und »Wahrnehmung«, wie sie – besonders im Anschluß an die *Whorf*sche Theorie – auch experimentell untersucht wurden (vgl. *Ulmann*; i. Vorb.), brauchen, da es uns hier nur um die Heraushebung prinzipieller Eigenarten menschlicher Wahrnehmung geht, nicht dargestellt zu werden.

Mit der Herausdifferenzierung des Sprachlich-Symbolischen, damit der wahrnehmenden Erfassung von Weltgegebenheiten »durch ihren Begriff hindurch«, erreicht die menschliche Orientierung eine *neue Qualität als bewußte sinnliche (und abstrakte) Erkenntnis:* »... die Sprache *ist* das praktische, auch für andere Menschen existierende, also auch für mich selbst erst existierende wirkliche Bewußtsein« (*Marx/Engels*, MEW 3, S. 30). – Dies darf jedoch nicht so verstanden werden, als ob das Bewußtsein mit der Sprache erst »entstünde«, wobei »Bewußtsein« generell keineswegs als selbständige Entität aufzufassen ist: »bewußt« ist vielmehr *eine Qualität menschlicher Tätigkeit.*

Vorformen bewußter menschlicher Erkenntnistätigkeit müssen sicherlich bereits bei tierischen Orientierungsaktivitäten angenommen werden, besonders bei den höchsten organismischen Aktivitäten, in denen die Zwischenschritte einer Aktivitätssequenz vom Ziel her strukturiert und umstrukturiert werden können. Ein neues Moment im Sinne »bewußter« Aktivität gewinnt die menschliche Orientierungstätigkeit dadurch, daß sie – wie dargelegt – im Arbeitsprozeß in Formen *reafferenter Tätigkeitssteuerung* einbezogen ist, bei der nicht nur der konkrete Aktivitätserfolg, sondern eine *allgemeine Zweckbestimmung* das Bezugsschema für die Tätigkeitsregulation darstellt. Dabei ist auch die *Vorwegnahme* des Zieles insoweit in einem neuen Sinne »bewußt«, als in der Gebrauchswert-Antizipation, wie dargestellt, das Tätigkeitsziel nicht eine sinnlich wahrnehmbare einzelne Gegebenheit (wie eine Banane) ist, sondern die mehr oder weniger ausgeprägte *antizipatorische Vergegenwärtigung der zu erreichenden allgemeinen Zweckbestimmung*. Entsprechend beinhaltet die für den adäquaten Gebrauch eines Werkzeugs geforderte angemessene Erfassung der darin vergegenständlichten Gebrauchswerte (mindestens implizit) eine *rückgerichtete Vergegenwärtigung von Zweckbestimmungen* der Tätigkeit, als deren Ergebnis das Werkzeug vorliegt. Dieses Moment der rückgerichteten Vergegenwärtigung ist auch eine *wesentliche Bedingung für die Entwicklung gesellschaftlicher Erfahrungskumulation,* bei welcher frühere allgemeine Zweckbestimmungen zur Basis der Herausbildung neuer Zweckbestimmungen genommen werden. Unter dem Aspekt des »bewußten« Charakters der Orientierungstätigkeit ist der Umstand besonders wesentlich, daß die Berücksichtigung zeitlich früherer und späterer Ereignisse sich hier nicht, wie bei höchsten tierischen Aktivitätsformen, lediglich aus der jeweiligen aktuellen Konstellation, in die das zu erreichende Ziel eingebettet ist, ergibt, sondern ein *Charakteristikum der Tätigkeit selbst darstellt*: die Wahrnehmung als spezifisch menschliche Orientierungsweise, da in ihr frühere allgemeine Zwecksetzungen verwertet und spätere allgemeine Zwecke vorweggenommen werden, ist *als solche rückgreifend und antizipatorisch*. Damit ist hier ein wesentliches Charakteristikum der zeitlichen Struktur des *»gewahrenden Bewußtseins«* des Menschen gegeben: das »gewahrende Bewußtsein« richtet sich »nicht nur auf Gegenwärtiges, sondern ›retentional‹ und sich erinnernd auf Vergangenes, ›protentional‹ und vorwegnehmend auf Zukünftiges« (*Graumann* 1966, S. 106; Hervorh. K. H.).

Die erwähnte, mit Einbeziehung der Stufe des Sprachlich-Symbolischen in die Betrachtung herauszuhebende neue Qualität menschlicher Erkenntnis als »bewußt« läßt sich als die Möglichkeit präzisieren, Beschaffenheiten der menschlichen Welt nicht nur tatsächlich zu erfahren und in der gesellschaftlichen Lebenstätigkeit zu berücksichtigen, sondern in der symbolischen Repräsentation diese Erfahrung *reflektierend als solche zu erfassen.* Erfahrung wird so zu *gewußtem Wissen.* Da über die Sprache als Differenzierungsprodukt innerhalb vergegenständlichender Arbeit vermittelt, ist – wie die praktische, aus dem Arbeitsprozeß entspringende Erfahrung gesellschaftliche Erfahrung ist – dieses Wissen *genuin gesellschaftliches und gesellschaftlich verwertbares Wissen.* Dieses Wissen geht nicht nur, wie die nichtreflektierte Erfahrung, über den Weg der Anschauung und durch Anschauung vermittelten Weitergabe in den gesellschaftlichen Kooperations- und Kumulationsprozeß ein, sondern ist als gewußtes Wissen *im Prinzip jedem immer zugänglich,* von Menschen *jederzeit und geplant gemäß seinen Zwecksetzungen abrufbar.*

Das Weltverhältnis des gewußten Wissens impliziert eine Distanz des Erkennendem zum Erkenntnisgegenstand, durch welche der Mensch sich selbst in seiner Beziehung zur Welt und zu anderen Menschen reflektierend erfassen kann. Im sprachlich geformten und entäußerten Bewußtsein setzt sich der Mensch mit anderen ins Verhältnis und findet sich gleichzeitig von den anderen als dieses bestimmte Individuum definiert. Das Selbstinnesein und das Weltbewußtsein sind dabei nur zwei Seiten der gleichen Befindlichkeit: Erst im Verwiesensein auf das eigene Selbst durch die anderen verdeutlicht sich auch die Welt als das »Nicht-Ich«, der »Gegenstand« (vgl. *Graumann* 1966, S. 107 ff.).

Durch die Reflexion auf meinen je besonderen Standort wird mir die *Perspektivität* der Welterkenntnis auf neue Weise bewußt (vgl. S. 27 ff.). Die Weltgegebenheiten, als durch ihren Begriff hindurch wahrgenommen, werden explizit als invariant, als unabhängig von mir bestehend, erkannt; so erweist sich jede besondere »Hinsicht« auf die Welt als begrenzte Perspektive, die über sich hinaus deutet auf das ganze, objektive Ding. Dabei wird der Mensch sich nicht nur dessen voll bewußt, daß die Welt in ihrer Tatsächlichkeit auch dann existiert, wenn er sie nicht wahrnimmt: In der sprachlich-symbolisch vermittelten denkenden Erkenntnis wird einsichtig, daß die Welt stets unendlich viel mehr ist, als ich von ihr weiß, daß sie nicht nur immer Eigenschaften hat, die ich noch nicht kenne, sondern auch Eigenschaften, die meiner unmittelbaren Erfahrung notwendig verborgen sind, die ich nur im Denken erschließen kann. *Die volle Erfassung der bewußtseinsunabhängigen Tatsächlichkeit der Welt ist gleichzeitig die Erfassung der notwendigen Begrenztheit menschlicher Erkenntnis.* (Nur ein das Subjekt nicht überschreitendes »Binnenbewußtsein« könnte alles von sich erfahren, da alles »bei ihm« ist.)

Die gesellschaftliche Erfahrungs-Kumulation nicht nur durch anschauungsgebundene »Weitergabe«, sondern auf dem Wege der objektivierten sprachlich-symbolischen Repräsentation ist Voraussetzung für die Ausweitung der retentionalen und protentionalen Bewußtseinsmomente zum eigentlich *historischen Bewußtsein*. Nur in den sprachlich-symbolischen Repräsentationen gehen die verschiedenen historischen Stadien nicht nur ineinander über, sondern sind als Zeugnisse der einzelnen geschichtlichen Entwicklungsstufen *nebeneinander verfügbar*. Nur durch die Rekonstruktion dieser Stufen als Vorstufen zu sich selbst ist der Mensch *nicht nur Teil dieses Prozesses, sondern er kann sich diesen Prozeß als seine Geschichte bewußt zum Gegenstand machen*, damit – der Möglichkeit nach – auch *zum bewußten Subjekt seiner weiteren Geschichte werden*.

6 Gnoseologische Implikationen der historischen Rekonstruktion biologisch-organismischer und allgemeinster spezifisch menschlicher Wahrnehmungs-Charakteristika

Bei der Behandlung des Wahrnehmungs-Problems sind – wie früher ausgeführt (vgl. S. 56 ff.) – gnostische und gnoseologische Aspekte nicht zu trennen: Wahrnehmung muß von allem Anfang an als sinnliche Erkenntnis begriffen werden; Theorien über Wahrnehmung sind demnach stets »Erkenntnis-Theorien«, die notwendig, wenn auch noch so versteckt, bestimmte Positionen hinsichtlich der gnoseologischen Grundfrage nach den Bedingungen der Möglichkeit menschlicher Erkenntnis, damit nach der Natur der Beziehung zwischen Sein und Bewußtsein, Subjekt und Objekt, enthalten.

Die bisherige historische Rekonstruktion – obzwar noch nicht zur Kritik der bürgerlichen Gesellschaft konkretisiert – gründet sich in der Methodik des historischen Materialismus. Die gnoseologischen Implikationen der historischen Analyse ergeben sich zwingend aus diesem methodischen Ansatz. Derartige Implikationen sind bereits innerhalb des Darstellungszusammenhanges der Rekonstruktion jeweils an Ort und Stelle aufgewiesen worden; sie sollen nunmehr – in aller Kürze – verallgemeinernd herausgehoben, in systematischen Zusammenhängen verdeutlicht, und so klarer in ihrem gnoseologischen Charakter erkennbar gemacht werden.

Dies heißt nicht, daß wir hier die marxistische Erkenntnistheorie als solche darstellen und diskutieren könnten. Ebensowenig kann an dieser Stelle eine Auseinandersetzung mit der nicht-marxistischen Erkenntnistheorie in ihren verschiedenen Ausprägungen[49] geführt werden. In einem wahrnehmungspsychologischen Buch ist nicht mehr anzustreben als die Herausarbeitung gnoseologischer Einsichten, soweit sie zum *Verständnis empirischer Wahrnehmungstätigkeit des Menschen* unerläßlich sind. - Falls hier darüber hinaus ein Beitrag zur allgemeineren erkenntnistheoretischen Diskussion geleistet wird, so liegt dieser in der Bekräftigung der Tatsache, daß das Problem der Erkennbarkeit der Welt durch den Menschen nur dann richtig angegangen werden kann, wenn man die *menschliche Erkenntnis aus ihrem historischen Ursprung und ihrer Funktion im materiellen gesellschaftlichen Lebensprozeß begreift*: Sofern unter diesem Gesichtspunkt die naturgeschichtliche und gesellschaftlich-historische Entwicklung der Wahrnehmung als sinnliche Erkenntnis an konkretem

---

[49] Idealistische, mechanisch-materialistische und dichotomisierend-dualistische Positionen samt ihren modernen bürgerlichen Varianten und Mischformen der »sense data theory« (*Russell, Moore, Ayer* u. a.) und des »Phänomenalismus« (vgl. *Stegmüller* 1969), des »Physikalismus« (*Carnap, Neurath* u. v. a.; vgl. *Joergensen* 1964) bis hin zu den subtilen Eklektizismen der »double language theory«, des »kritischen Realismus« (*Bischof*) bzw. »critical realism« etc. (vgl. *Feigl* 1967).

Material entfaltet wird, lassen sich die Widersprüchlichkeit, Oberflächlichkeit und Begriffslosigkeit der modernen bürgerlichen Erkenntnistheorie an beliebig vielen Beispielen aufweisen.

Da wir im übergreifenden Zusammenhang unserer Analysen an dieser Stelle den Punkt erreicht haben, wo die Wahrnehmung in den allgemeinsten Charakteristika ihrer Gesellschaftlichkeit, unter Abstraktion von der konkreten historischen Bestimmtheit gesellschaftlicher Strukturen, herausgehoben worden ist, kann sich gegenwärtig die gnoseologische Explikation ebenfalls nur auf die Erkenntnistätigkeit des gesellschaftlichen Menschen überhaupt richten. Nachdem wir – im daran anschließenden Hauptteil – konkretisierend die Bestimmtheit der Wahrnehmungsfunktion des Menschen in der bürgerlichen Gesellschaft herausgearbeitet haben werden, wird auch die gnoseologische Diskussion unter dem Aspekt der Bestimmtheit menschlicher Erkenntnis durch die bürgerliche Gesellschaft konkretisierend wieder aufzunehmen sein.

6.1 Das »psychophysiologische« Problem

Geschichte und Naturgeschichte stehen in einem komplexen und widersprüchlichen Verhältnis zueinander. Vom *methodischen Standpunkt der Rekonstruktion* aus läßt sich von »Naturgeschichte im Grunde nur reden, wenn man die von bewußten Subjekten gemachte Menschengeschichte voraussetzt. Sie ist deren rückwärtige Verlängerung und wird von den Menschen als *nicht mehr* zugängliche Natur mit denselben gesellschaftlich geprägten Kategorien erfaßt, die sie auf die *noch nicht* angeeigneten Naturbereiche anzuwenden genötigt sind« (*Alfred Schmidt* 1962, S. 36 f.). Damit ist indessen nur eine einseitige Bestimmung des Verhältnisses zwischen Naturgeschichte und Geschichte gegeben: Gemäß dem *rekonstruierten historischen Tatbestand selbst* muß die menschliche Geschichte quasi als die *Fortsetzung der Naturgeschichte mit anderen Mitteln* betrachtet werden. »Jetzt auch die ganze Natur in Geschichte aufgelöst, und die Geschichte nur als Entwicklungsprozeß *selbstbewußter* Organismen von der Geschichte der Natur verschieden« (*Engels*, MEW 20, S. 504). Geschichte und Naturgeschichte dürfen nicht so miteinander ins Verhältnis gesetzt werden, »als ob das zwei voneinander getrennte ›Dinge‹ seien, der Mensch nicht immer eine geschichtliche Natur und eine natürliche Geschichte vor sich habe« (*Marx/Engels*, MEW 3, S. 43). – In der historischen Entwicklung bleibt der Mensch einerseits natürlicher Organismus, vorläufiger Endpunkt einer bestimmten Evolutionsreihe, andererseits wird der gesellschaftlich-historische Prozeß vorangetrieben durch unaufhörliche Negation der bloßen »Natürlichkeit« des Menschen. Im gesellschaftlich-historischen Fortschritt kann der Mensch die Begrenzungen seiner naturhaft-organismischen Eigenart immer mehr ausweiten und ist dennoch stets auf die Unmöglichkeit rückverwiesen, diese Begrenzungen jemals endgültig hinter sich zu lassen.

Die verschiedenen Formen der orientierenden Aktivität bzw. wahrnehmenden Tätigkeit, die in unhistorischer Sicht als unterschiedlichen »Seinsbereichen« entsprungen erscheinen können, erweisen sich bei Rekonstruktion ihres geschichtlichen Werdens als im gegenwärtigen Stadium aufgehobene Stadien *eines* Entwicklungsprozesses, Stufen wachsender Leistungshöhe, bedingt durch die sich steigernden Notwendigkeiten biologisch-organismischer bzw. gesellschaftlich-historischer Lebenserhaltung[50].

Dabei lassen sich – wie gezeigt – bereits in den elementaren Entwicklungsstufen, in denen das Materielle und das Stoffliche sich noch weitgehend zu decken scheinen, mannigfache Differenzierungen nachweisen, wobei Vorformen von Funktionen auftreten, die für die menschliche Wahrnehmung charakteristisch sind, so Selektivität, qualitative und figurale Diskrimination, Sensibilisierung und Sättigung, Tiefenstaffelung, räumliche Orientierung, »Konstanz«-Erscheinungen, etc. (stets erschlossen aus bestimmten Aktivitäten der tierischen Organismen). Beim Verfolgen der weiteren naturgeschichtlichen Entwicklung der Orientierungsfunktion ist nirgends ein Bruch sichtbar, sondern müssen jeweils »höhere« Leistungen als Ergebnis der Ausdifferenzierung und Spezialisierung niedrigerer betrachtet werden. Mit der allmählichen Entfaltung und Differenzierung des Wechselwirkungsgesamts zwischen Organismus und Umwelt treten Momente in Erscheinung, denen zwar *weiterhin die Eigenschaft des »Stofflichen« zukommt, die aber mit der Kennzeichnung als bloß stoffliche Gegebenheiten immer weniger treffend zu charakterisieren sind.*

Nach der Überlagerung der evolutionären durch die gesellschaftlich-historische Entwicklung ist nunmehr nicht die überlebensfördernde Anpassung an die Umwelt, sondern die produktive gesellschaftliche Arbeit Voraussetzung für die Lebenserhaltung und der Mensch wird der Möglichkeit nach zum souveränen Gestalter seines gesellschaftlichen Schicksals: Dennoch ist auch die menschliche Arbeitskraft ein *natürliches* Vermögen und die Arbeit ist der *Stoffwechsel des Menschen mit der Natur.* Es ist aufgewiesen worden, daß das *menschliche Bewußtsein* ein Moment der *zwecksetzenden, geplanten und reafferent kontrollierten*

---

[50] Damit ist – wie früher dargelegt – keineswegs ein »teleologischer« Standort eingenommen. Vielmehr wurde aus den jeweils erreichten Ausprägungsformen der biologischen und gesellschaftlichen Lebenserhaltung *rückgeschlossen,* welche Orientierungs- bzw. Wahrnehmungsleistungen als *Bedingungen ihrer Möglichkeit* mindestens anzunehmen sind (vgl. etwa S. 65).

menschlichen Arbeit, damit ein Moment des Stoffwechsels zwischen Mensch und Natur, ist, und daß die *symbolisch-sprachliche Formierung* des Bewußtseins als *Differenzierungsergebnis innerhalb des gesellschaftlichen Arbeitsprozesses* und Voraussetzung für gesellschaftlich-historische Erfahrungskumulation auf erweiterter Stufenleiter angesehen werden muß. Das Bewußtsein ist das Welt- und Selbstinnesein des Menschen im gesellschaftlichen Produktionsprozeß; das Bewußtsein tritt in der geschichtlichen Entwicklung dem materiellen Wechselwirkungsgesamt *nirgends als ein anderes gegenüber*, es ist *als »bewußtes Sein« vielmehr selbst ein vorantreibendes Moment des wirklichen, materiellen gesellschaftlichen Lebens des Menschen.*

Das Aufgehobensein der früheren Entwicklungsstufen in der höchsten Entwicklungsstufe, der menschlichen Wahrnehmung als sinnliche Erkenntnis, ist so zu charakterisieren: Die *Gesetzmäßigkeiten einer niedrigeren Stufe gelten jeweils für alle höheren, jede höhere Stufe ist aber darüber hinaus durch spezifische Gesetzmäßigkeiten determiniert, die den aus den früheren Stufen überkommenen Gesetzmäßigkeiten eine neue Qualität verleihen.* – Die historisch »älteste« Stufe ist die der anorganischen, chemisch-physikalischen Vorgänge, die als relativ *geschlossene Systeme* ablaufen. Die chemisch-physikalischen Gesetzmäßigkeiten gelten ohne Einschränkung für alle späteren Entwicklungsstufen. In der nächsthöheren Stufe der organismischen Stoffwechseltätigkeit sind die physikalisch-chemischen Gesetzmäßigkeiten in einer neuen Qualität aufgehoben: Organismen bilden bestimmt geartete zur Welt hin *»offene Systeme«*, sie erhalten ihre strukturelle Identität aktiv als ein Fließgleichgewicht im assimilativ-dissimilativen Austausch mit der Umwelt. Mit der Herausdifferenzierung der *Sensibilität* aus der bloßen Reizbarkeit im Bereich der Stoffwechselvorgänge gewinnen die offenen organismischen Systeme in immer höherem Grade die Möglichkeit, Beschaffenheiten der realen Außenwelt bei der Steuerung der Lebensaktivität zu berücksichtigen, sich zu *orientieren*. Die Orientierung wird dabei im Laufe der weiteren Entwicklung in immer höherem Maße abhängig von den »inneren« Bedingungen des Organismus, durch welche auch immer differenziertere Eigenschaften der Umwelt für den Organismus effektiv werden. Dieser *Prozeß der »Verinnerlichung«*, operational definiert als immer geringere Vorhersagbarkeit der organismischen Aktivität bei bloßer Kenntnis der äußeren Reizbedingungen, wird fortgesetzt bei der Herausbildung der perzeptiven als der höchsten Formen organismischer Orientierung. Die *Wahrnehmung* schließlich umgreift alle weniger spezifischen Ausprägungsformen, deren Gesetzmäßigkeiten demgemäß für sie Gültigkeit haben, aber in den *spezifischen Gesetzmäßigkeiten bedeutungsbezogener sinnlicher Erkenntnis als Moment bewußter menschlicher Lebens-*

tätigkeit aufgehoben sind. »Mit anderen Worten: Die *psychischen Erscheinungen bleiben spezifische*, psychische Erscheinungen und sind zugleich Erscheinungsformen der physiologischen Gesetzmäßigkeiten, ähnlich wie die physiologischen Erscheinungen als solche erhalten bleiben, auch wenn sie in biochemischen Untersuchungen als eine Erscheinungsform chemischer Gesetzmäßigkeiten auftreten« (*Rubinstein* 1972, S. 202). – Da der Prozeß sinnlicher menschlicher Erkenntnis mit allen in ihm beschlossenen Stufen einerseits ein Naturvorgang ist, andererseits als Ergebnis gesellschaftlich-historischer Entwicklung seiner bloßen Natürlichkeit sich entgegensetzt, ist *auf der einen Seite der Gesamtprozeß menschlicher Wahrnehmung gesellschaftlich-historisch geprägt, wobei auf der anderen Seite durch ihn hindurch das Naturhaft-Undurchdringliche in mannigfachen Formen dem erhellenden und planenden Bewußtsein des gesellschaftlichen Menschen Widerstand entgegensetzt.*

Wenn man verschiedene Wissenschaften, die sich mit Wahrnehmung befassen (etwa Wahrnehmungsphysiologie und -psychologie), samt ihren Gegenständen in ihrem Verhältnis zueinander richtig begreifen will, so ist es nicht hinreichend, wenn man (wie etwa *Rubinstein* 1972, S. 201, und *Gößler* 1968) annimmt, in den unterschiedlichen wissenschaftlichen Angehensweisen werde jeweils am Gesamtprozeß nur eine »Seite« herausgehoben, von den anderen dagegen *gedanklich abstrahiert*. Ein solcher Ansatz führt in die Nähe der »double language theory« als einer modernen Variante bürgerlicher Erkenntnistheorie (vgl. *Feigl* 1967), gemäß welcher die Wechselwirkung zwischen »stofflichen« Vorgängen und Bewußtseinsvorgängen im Organismus auf die Relation zweier Sprachsysteme, des physiologischen und des psychologischen Sprachsystems, zueinander reduzierbar ist[51]. Damit ist zwar die Einheit des Wahrnehmungsprozesses zutreffend herausgehoben, die objektive Mannigfaltigkeit von in diesem Prozeß enthaltenen Bestimmungen erscheint jedoch lediglich als Mannigfaltigkeit sprachlicher Bestimmungen. Einflüsse von Stofflichem auf Bewußtseinstatbestände und umgekehrt sind gemäß diesem Konzept wissenschaftlich nicht faßbar. Der wirkliche Vorgang muß – nach neopositivistischer Manier – als hinter der Sprache liegend und selbst unerkennbar betrachtet werden. – Die Physiologie und die Psychologie der Wahrnehmung sind nicht nur verschiedene wissenschaftssprachliche Systeme, sondern haben es mit verschiedenen *Tatsachen* zu tun, die allerdings Bestandteile eines übergreifenden materiellen Prozesses sind.

---

[51] Ich habe eine solche Auffassung selbst früher vertreten (*Holzkamp* 1964, S. 50 ff. u. 1965, S. 210 ff.).

Eigenschaften der Welt treten, wie früher dargelegt (s. S. 74 ff.), innerhalb der naturgeschichtlichen Entwicklung in Wechselwirkung mit immer höher organisierten Formen von Rezeptorsystemen auf stets umfassendere und adäquatere Weise zutage. Beim werkzeugherstellenden Menschen ist dieser Prozeß der Welterfahrung durch Wechselwirkung nicht mehr nur an den Organismus gebunden. Indem der Mensch das Werkzeug, dessen allgemeine Eigenschaften ihm durch die Gebrauchswert-Vergegenständlichung bekannt sind, durch die aktive Tätigkeit mit Welttatbeständen in materielle Wechselwirkung bringt, werden dabei gleichzeitig allgemeine Beschaffenheiten des bearbeiteten Materials praktisch erfahrbar (vgl. S. 125 f.). – Die Werkzeuge sind, wie früher ausgeführt (vgl. S. 126), *Vorformen von Meßinstrumenten*: Bestimmte Weltgegebenheiten werden mit den Meßinstrumenten in Wechselwirkung gebracht; damit kommen an den Gegebenheiten durch die Wechselwirkung mit dem Meßinstrument diejenigen Beschaffenheiten der Welt in quantitativ vergleichbarer Weise zutage, die als Meßdimensionen im Meßinstrument vergegenständlicht wurden.

Meßinstrumente i. w. S., gegenständlich-methodische Zurüstungen, können sich je nach der in ihnen vergegenständlichten Gegenstandsbedeutung durch *verschiedene inhaltliche Spezifität ihrer Dimensionen* und damit der Eigenschaften, die sie an Welttatbeständen in Erscheinung bringen, unterscheiden. Eine in diesem Sinne sehr unspezifische Anordnung ist die Waage. Hinsichtlich des Gewichtes können Menschen und Steine auf einer Dimension angeordnet werden. Ein EEG-Gerät ist dagegen eine gegenständliche Zurüstung mit sehr viel spezifischeren Dimensionen. Die bioelektrischen Vorgänge, die mit ihm erfaßbar sind, treten nur am Zentralnervensystem lebender Organismen auf; sie sind als materielle Prozesse zwar auch in irgendeinem Grade »schwer« und folglich prinzipiell mit der Waage wägbar, aber durch ihre Wägbarkeit in ihrer Spezifik nicht charakterisiert.

Die Physik, Physiologie, Psychologie der Wahrnehmung unterscheiden sich dadurch voneinander, daß der materielle Gesamtprozeß mit Meßinstrumenten bzw. gegenständlich-methodischen Konstellationen in Wechselwirkung gebracht wird, die sich hinsichtlich der Spezifität der in ihnen vergegenständlichten Dimensionen der Wirklichkeitserfassung unterscheiden (wobei auch innerhalb der Wissenschaften noch Abstufungen gegeben sind). *In Abhängigkeit von den verschiedenen spezifischen Erfassungsdimensionen treten an dem Gesamtvorgang, der im methodischen Instrumentarium gebrochen ist, auch Eigenschaften von unterschiedlichem Spezifitäts-Niveau in Erscheinung.*

Wenn etwa davon die Rede ist, daß in der Physiologie eine Abstraktion von solchen Eigenarten der Wahrnehmung erfolge, die ihren bewußten Charakter, ihre sprachlich-symbolische Formiertheit etc. ausmachen, so darf das mithin nicht heißen, daß hier primär eine Gedankenabstraktion vollzogen wurde. Vielmehr liegt sozusagen eine *Realabstraktion* vor: Durch die relativ unspezifischen Dimensionen der physiologischen Untersuchungseinrichtungen ist in den Daten der Physiologie zwangsläufig *objektiv* von allen mehr spezifischen Momenten des Wahrnehmungsvorganges »abstrahiert«. Die unterschiedlichen wissenschaftssprachlichen Systeme der Physik, Physiologie, Psychologie der Wahrnehmung sind keineswegs freischwebende Gedankengebilde mit gegenstandskonstituierender Funktion, sondern stellen *lediglich sekundäre sprachlich-symbolische Fassungen unterschiedlich spezifischer wissenschaftlicher Tatsachen dar, die in der Wechselwirkung mit methodischen Zurüstungen von unterschiedlich spezifischer Gegenstandsbedeutung in Erscheinung treten.* Auch wissenschaftliche Gegenstände sind nicht durch Sprache, sondern durch vergegenständlichende gesellschaftliche Arbeit konstituiert und in der Sprache lediglich expliziert[52].

Weil die Wahrnehmungstatbestände höherer Spezifik durch diejenigen geringerer Spezifik nicht hinreichend charakterisiert sind, ist in den jeweils spezifischeren Bereichen in gewisser Hinsicht selbständige einzelwissenschaftliche Theorienbildung erfordert. Da – wie gesagt – innerhalb des materiellen Gesamts der Wahrnehmungsbeziehung die Gesetzmäßigkeiten weniger spezifischer Bereiche auch für alle spezifischeren Bereiche gelten, *dürfen Gesetzmäßigkeiten von höherem Spezifitäts-Niveau jedoch niemals mit solchen geringeren Spezifitäts-Niveaus unvereinbar sein.* Dies bedeutet, daß z. B. Fortschritte in der wahrnehmungsphysiologischen Forschung unmittelbare Auswirkungen auf die wahrnehmungspsychologische Forschung haben müssen, da psychologische Theorien, die mit neuen gesicherten physiologischen Befunden nicht in Einklang stehen, abgeändert oder fallengelassen werden müssen.

Dies gilt in bestimmter Hinsicht auch umgekehrt. – Aus Wahrnehmungstheorien höherer Spezifik, etwa psychologischen Theorien, lassen sich u. U. durch gedankliche Abstraktion von den spezifischen Momenten Hypothesen über Vorgänge geringerer Spezifik, etwa wahrnehmungsphysiologische Vorgänge, ableiten, wobei die empirische Überprüfung solcher Hypothesen zu wertvollen Befunden führen kann. *Sofern psychologische Theorien empirisch gesichert sind, die Im-*

---

[52] Nur wenn man nicht den gesamten gesellschaftlich-historischen Prozeß der Aneignung der Welt durch menschliche Arbeit, in welchem Gegenstandsbedeutungen konstituiert und Symbolbedeutungen ausdifferenziert werden, sondern lediglich den isolierten individuellen Akt der Herstellung von Meßinstrumenten bzw. Versuchskonstellationen betrachtet, kann man zu der falschen Auffassung kommen, das Sprachlich-Symbolische sei dem konkreten Herstellungsprozeß pragmatisch vorgeordnet (vgl. *Holzkamp* 1972, S. 281 f.).

plikationen vom Spezifitätsgrad der Physiologie enthalten, dürfen physiologische Theorien und Befunde ebenfalls nicht mit diesen Implikationen in Widerstreit geraten. (Eine solche Möglichkeit der Determination der Wahrnehmungsforschung von »oben« nach »unten« hatte z. B. eine wesentliche Anregungsfunktion für Wolfgang *Köhlers* experimentelle Arbeiten auf dem Grenzgebiet zwischen Wahrnehmungspsychologie und Wahrnehmungsphysiologie, vgl. etwa 1940.)

Durch die unterschiedlichen gegenständlich-methodischen Zurüstungen der verschiedenen Wahrnehmungswissenschaften werden Daten aus unterschiedlichen historischen Stufen, die im *einheitlichen Wahrnehmungsprozeß aufgehoben* sind, zur Erscheinung gebracht. Dies bedeutet, daß die früher dargestellte dialektische Einheit zwischen naturhafter und gesellschaftlich-historischer Geprägtheit des Wahrnehmungsgeschehens sich in den Daten unterschiedlicher Spezifik, jeweils in der aus einem bestimmten Spezifitätsbereich explizierten Wissenschaftssprache, niederschlagen muß. – Es ist also *falsch*, wenn – dazu noch unter Berufung auf den historischen und dialektischen Materialismus – behauptet wird, die gesellschaftlich-historische Entwicklung schlage sich nur in den bewußten Inhalten der Wahrnehmung nieder, die Neurophysiologie untersuche »den Erkenntnisakt der Individuen ohne Rücksicht darauf, daß er Teil des gesellschaftlichen Erkenntnisprozesses ist, daß er gesellschaftlich bedingt ist« (*Gößler* 1968, S. 56). Die *Erforschung der gesellschaftlich-historischen Determination von Momenten am Wahrnehmungsprozeß, die als physiologische Daten in Erscheinung treten, ist vielmehr eine der wichtigen Aufgaben der Wissenschaft von der menschlichen Wahrnehmung. Der Umstand, daß gesellschaftlich-historische Determinanten hier nur in der (relativ) unspezifischen Gegenstandsart und Sprachform der Physiologie zur Erscheinung kommen und auf den Begriff gebracht werden können, darf nicht dazu führen, daß man die gesellschaftlich-historische Determination physiologischer Prozesse überhaupt außer Betracht läßt* (vgl. *Leontjews* Darlegungen über die historische Determination physiologischer Funktionssysteme; 1973, S. 309 f.).

6.2 Das Subjekt-Objekt-Problem

Die Herausbildung immer spezifischerer, in der höchsten Stufe aufgehobener, Stufen der Orientierungsaktivität und Wahrnehmungstätigkeit, deren innerer Zusammenhang in der geschichtlichen Analyse verdeutlicht wurde, ist, wie gesagt, aus den sich wandelnden und differenzierenden Notwendigkeiten organismisch-biologischer und gesellschaftlicher Lebenserhaltung zu begreifen. Sie ist demnach gleichbedeutend mit immer adäquaterer Erfassung objektiver Eigenschaften der wirklichen Welt. *Jedem Spezifitätsbereich, der eben unter »psychophysiologischem« Aspekt herausgehoben wurde, entspricht also notwendig eine spezifische Form der Beziehung zwischen Organismus und Außenwelt bzw. Subjekt und Objekt,* wobei die voll entfaltete Erkenntnisbeziehung alle früheren Beziehungen in sich aufhebt, von ihnen getragen ist und ihre Vollendung darstellt.

Während, wie geschildert, innerhalb des vororganismisch-stofflichen Bereichs Wechselwirkungsbeziehungen als (relativ) symmetrisch und ihre Glieder als austauschbar betrachtet werden müssen, besteht bereits bei den niedrigsten Formen organismischen Lebens eine bestimmte Art von *Asymmetrie* zwischen dem Organismus und seiner Umwelt: *Der Organismus eignet sich die passive Umwelt aktiv an.* Schon in der Aneignungsaktivität des Stoffwechsels sind beide Momente enthalten: einerseits die objektive Existenz der Stoffe unabhängig vom Organismus und andererseits die Tatsache, daß diese Stoffe nur »Stoffe-für-den-Organismus« werden können, sofern sie durch innerorganismische Vorgänge assimiliert worden sind. Die Organismen sind auf keiner Stufe ihrer Entwicklung in sich abgeschlossene Einheiten; ebensowenig steht die objektive Außenwelt dem Organismus jemals als das »Ganz-Andere« gegenüber. Die polare Spannung zwischen der assimilativen Aneignung des von außen kommenden fremden Stoffes und der dissimilativen Erhaltung der strukturellen Identität des Organismus ist das entscheidende Grundcharakteristikum aller Lebensvorgänge. Als »offene Systeme« sind die Organismen von vornherein darauf angelegt, *sowohl Welt zu »vereinnahmen« wie nach Art eines »Fließgleichgewichtes« ihre eigene Struktur gegenüber der Welt konstant zu halten, sich als mit sich identische Lebenseinheiten gegenüber der Umwelt abzugrenzen.* – Auch in der weiteren Entwicklung von der bloßen »Erregbarkeit« zur diffusen Sensibilität, der Herausdifferenzierung spezifischer Rezeptor-Systeme mit zugehörigen Gebrauchssystemen, den verschiedenen Stufen der sensorischen und perzeptiven Orientierung, treten in der Gebrochenheit durch den Organismus einerseits immer neue, differenziertere Eigenschaften der objektiven Außenwelt mit dem Organismus in Wechselwirkung, andererseits ist die auswählende Zusammenfassung, das Manifestwerden, In-die-Wirklichkeit-Treten gerade jeweils dieser und keiner anderen Weltbeschaffenheiten Ergebnis der sich entwickelnden Orientierungsfunktion des Organismus im Zuge der Herausbildung verschiedener Stufen und Formen der *Lebensaktivität.* Der organismusunabhängig-objektive Charakter der Außenwelt und die Abhängigkeit der Manifestation, des »In-Erscheinung-Tretens« gerade bestimmter und keiner anderen ihrer objektiven Eigenschaften von der aneignenden Lebensaktivität des Organismus schließen sich also nicht etwa aus, sondern bedingen sich gegenseitig. – Es ist offensichtlich, daß sich in derartigen allgemeinsten Charakteristika der Organismus-Welt-Beziehung bereits *wesentliche Züge der Subjekt-Objekt-Vermittlung und der Welt als Inbegriff des »Dinges-an-sich-für-Uns«* herausheben lassen.

Die gängige Vorstellung von dem mit Rezeptoren ausgestatteten Organismus auf der einen Seite, und einer Außenwelt, die weder mit dem Organismus noch mit seinen Rezeptoren etwas zu tun hat, auf der anderen Seite, die dazu führen muß, daß man beides nicht wieder »zusammenkriegt«, niemals verständlich machen kann, wie das Subjekt in der Wahrnehmung die Welt jemals erreicht, ist ein Symptom unhistorischer Betrachtung. Schon bei naturgeschichtlicher Aufarbeitung erweist sich, daß die Rezeptor-Systeme samt ihren Funktionen einerseits von allem Anfang an in Auseinandersetzung mit der Welt und auf die Orientierung in der Welt hin entstanden, daß sie sich entwickeln konnten, *weil* Welttatbestände mit ihnen adäquat erfaßbar sind, daß andererseits gerade die Eigenschaften der objektiven Außenwelt im Laufe der Entwicklung in der Wechselwirkung mit dem Organismus immer differenzierter in Erscheinung traten, die die Wahrscheinlichkeit der Lebenserhaltung des Organismus erhöhen. *Die Beschaffenheiten der Rezeptoren und die Eigenart ihrer Funktionen, durch welche bestimmte Welttatbestände erfaßbar sind, und das In-Erscheinung-Treten von Welttatbeständen, die durch bestimmte Rezeptoren und Funktionen erfaßbar sind, stellen also Resultate eines einheitlichen naturgeschichtlichen Entwicklungsprozesses dar.*

In der *vergegenständlichenden gesellschaftlichen Arbeit* des Menschen gewinnt die, im biologischen Aufeinanderangelegtsein von Organismus und Welt gegründete, Subjekt-Objekt-Vermittlung eine neue Qualität. Die materielle Produktion ist Grundlage für die gesellschaftliche Lebenserhaltung und gleichzeitig die aktive, umgestaltende, in die Welt eindringende menschliche Form der Erkenntnis. Die Welt wird dadurch *in neuer Weise zur »Welt für uns«, daß sie in bewußt geplanter gesellschaftlicher Arbeit angeeignet ist,* wobei die dabei zutage tretenden objektiven Eigenschaften der Welt als Gegenstandsbedeutungen in verallgemeinerter Form »durch ihren Begriff hindurch« vom Menschen erkannt werden können.

Die immer adäquatere Erfassung der Welt ist jetzt nicht mehr bloßes Ergebnis der Evolution, sondern Resultat der gesellschaftlich-kumulierten Erfahrung, die vom je einzelnen Menschen angeeignet wird. Träger der gesellschaftlichen Kumulation menschlicher Erkenntnis und menschlichen Wissens sind die Gegenstandsbedeutungen und die aus ihnen explizierten sprachlich-symbolischen Bedeutungen: »Die Bedeutung[53] ist eine Verallgemeinerung der Wirklichkeit, die in ihrem Träger – dem Wort und der Wortkombination – kristallisiert und fixiert ist. Sie ist die ideelle, geistige Form, in der die gesellschaftliche Erfahrung, die gesellschaftliche Praxis der Menschheit enthalten ist... *Die Bedeutung gehört damit zum Bereich der objektiven historischen Erscheinungen* ... Die Bedeutung existiert jedoch auch als Tatsache des individuellen Bewußtseins. Die Welt wird vom Menschen als einem gesellschaftlich-historischen Wesen wahrgenommen, das mit den Vorstellungen und Kenntnissen seiner gesellschaftlichen Epoche ausgestattet, das durch diese Vorstellungen und Kenntnisse zugleich begrenzt ist und dessen Bewußtseinsreichtum keineswegs auf den Schatz seiner persönlichen Erfahrungen zurückgeht... Im Laufe seines individuellen Lebens eignet er sich die Erfahrungen früherer Generationen in dem Maße an, in dem er Bedeutungen beherrschen lernt. *Die Bedeutung wird damit zur Form, in der der einzelne Mensch sich die verallgemeinerte und widergespiegelte menschliche Erfahrung aneignet*... Als Tatsache des individuellen Bewußtseins verliert die Bedeutung dennoch nicht ihren objektiven Inhalt« (*Leontjew* 1973, S. 219; Hervorh. *K. H.*).

Da menschliche Erkenntnis keine Angelegenheit ist, die sich zwischen dem einzelnen Menschen und der Welt abspielt, sondern durch die individuelle Aneignung *gesellschaftlicher* Erkenntnismöglichkeiten vermittelt ist, ist *»das gnoseologische Subjekt im strengen Sinne des Wortes nicht das Individuum, sondern die Gesellschaft...«* (*Lektorski* 1968, S. 130; Hervorh. *K. H.*). Mit dieser Konzeption erhält der »rationelle Kern des Kantischen Apriorismus... eine historisch-materialistische Begründung und Verarbeitung. Die im Prozeß der praktischen und geistigen Aneignung der Wirklichkeit durch das gesellschaftliche Subjekt sich herausbildenden, historisch geprägten Formen der menschlichen Sinnes- und Verstandestätigkeit treten den anzueignenden Ob-

---

[53] *Leontjew* verwendet den Begriff der »Bedeutung« nur im Sinne von sprachlich-symbolischer Bedeutung, ohne die Besonderheit von Gegenstandsbedeutungen in ihrem Verhältnis zu den Symbolbedeutungen adäquat gedanklich zu erfassen. Darin ist ein Mangel von *Leontjews* Gesamtkonzeption zu sehen, weil ohne einen Begriff von der gegenständlichen Bedeutungshaftigkeit als orientierungsrelevantem Aspekt vergegenständlichender Arbeit weder die menschliche Spezifik der Wahrnehmung in Abhebung von der bloß organismischen Orientierung zureichend herausgehoben und gegen reduktionistisch-»formalistische« Auffassungen über die Wahrnehmung abgegrenzt werden kann (vgl. S. 176 ff.), noch die Beziehung von sprachlich-symbolischen Bedeutungen zu den in ihnen gemeinten Gegenständen aus dem Differenzierungsprozeß gesellschaftlicher Arbeit in Überwindung der positivistischen »designativen Theorie« richtig zu begreifen ist (vgl. S. 149 ff.). Eine ausführliche Darlegung und Diskussion dieses Mangels muß hier unterbleiben.

jekten stets als fertiges Prisma gegenüber, durch welches die Objekte gebrochen werden, d. h. sie spielen die Rolle eines *gesellschaftlichen funktionalen Apriori im Erkenntnisprozeß*« (*Kosing* 1968, S. 26; Hervorh. *K. H.*). – Das gnoseologische, quasi »transzendentale« Subjekt und das individuelle Subjekt der Erkenntnis sind dabei keinesfalls als getrennte Wesenheiten aufzufassen: Das erkennende gesellschaftliche Subjekt existiert nicht »neben und außer den individuellen Subjekten, sondern durch sie. Es erhält Realität nur durch die wirkliche und die mögliche Erkenntnistätigkeit der Individuen, die die Gesellschaft ausmachen. Das erkennende Subjekt ist die *Gesellschaft, unter einem bestimmten Aspekt* gesehen: unter dem Aspekt ihrer Erkenntnistätigkeit. Es gibt also nicht zwei gesondert existierende Subjekte, das gesellschaftliche und das individuelle. *Das individuelle Subjekt ist die Existenzweise des gesellschaftlichen Subjekts*« (*Lektorski* 1968, S. 132; Hervorh. *K. H.*).

Wie in früheren Ausführungen stringent gemacht werden sollte, ist die Erkenntnis, samt den in ihr aufgehobenen organismischen Orientierungsfunktionen, nicht irgendeine »ideelle« Zutat zum »materiellen« Lebensprozeß, sondern *zentrale Voraussetzung für das Überleben der Gesellschaft*. So kann es zwar im Blick auf die je individuelle Mensch-Welt-Beziehung, etwa die Beziehung des einzelnen Forschers zu seinem Gegenstand, als willkürlich hingestellt werden, nach welchem Kriterium man über die Wahrheit von Aussagen zu entscheiden habe, es mag so scheinen, als wenn man sich auf ein »Falsifikations«-Kriterium zurückziehen oder selbst dies in Zweifel stellen müsse (vgl. *Holzkamp* 1972, S. 80 ff.). Unter »modalem« Aspekt, *im gesellschaftlichen Durchschnitt gesehen*, erweist sich der Agnostizismus jeder Art und jedes Grades jedoch als ein *sinnleerer Sophismus*. Der gesellschaftliche Lebensprozeß ist ohne Erkenntnis nicht möglich. »*Die objektive Beschaffenheit der Praxis erlaubt keine Willkür darüber, was in bezug auf sie als Erkenntnis gelten kann*« (*Wittich* 1971, S. 944; Hervorh. *K. H.*). Mehr noch: *Sofern der gesamtgesellschaftliche Prozeß in seinen Haupttendenzen nicht durch die der jeweiligen konkreten historischen Entwicklungsstufe gemäße Ausprägungsform von Erkenntnis und erkenntnisgeleiteter Praxis geprägt ist, muß dies in letzter Konsequenz unausweichlich Stagnation und Verfall des gesellschaftlichen Lebens der Menschen nach sich ziehen.*

Die gesellschaftliche Arbeit ist – wie ausgeführt – notwendig ein doppelter Prozeß, in welchem die Menschen, indem sie mit der Natur in Wechselwirkung treten, sich untereinander ins Verhältnis setzen. Auch die menschliche Erkenntnistätigkeit gemäß den Notwendigkeiten materieller gesellschaftlicher Lebenserhaltung bezieht sich demnach stets – indem sie auf die »Natur« gerichtet ist – auch auf den gesellschaftlichen Menschen, durch dessen je bestimmte aneignende Tätigkeit die Natur allererst erkennbar wird, und – indem sie auf die »Gesellschaft« gerichtet ist – auch auf die »Natur«, durch deren objektive Beschaffenheiten ihre tätige Aneignung durch den Menschen und damit die Eigenart der Produktionsverhältnisse zwischen Menschen mitbestimmt sind (vgl. die Ausführungen von *Wittich*, 1968, über das doppelte Widerspiegelungsverhältnis zur Natur und zur gesellschaftlichen Wirklichkeit). In scheinbar lediglich natur- bzw. gesellschaftsbezogener Erkenntnis wird von dem jeweils anderen Aspekt des einheitlichen gesellschaftlichen Prozesses abstrahiert (mit der in der bürgerlichen Gesellschaft vollzogenen Auseinanderreißung der Erkenntnis einer scheinbar vom Menschen unabhängigen »Natur« und der Erkenntnis einer scheinbar von der Natur unabhängigen lediglich »sozialen« Wirklichkeit wird die menschliche Arbeit als fundamentaler materieller Vermittlungsprozeß zwischen Natur und Gesellschaft ausgeklammert; der Umstand, daß die »sozialen« Beziehungen zwischen Menschen in Wirklichkeit Produktionsverhältnisse sind, damit auch die historische Bestimmtheit *bürgerlicher* Produktionsverhältnisse, muß so verborgen bleiben).

Durch die mit der historischen Rekonstruktion geleistete Explikation der menschlichen Erkenntnis als notwendiges Bedingungsmoment gesellschaftlicher Lebenserhaltung ist die früher dargestellte Auffassung bekräftigt, daß die Erkenntnis von der »Wissenschaft« nicht erst erfunden wurde, sondern gesellschaftliche Arbeit als solche erkennende und erkannte menschliche Lebenstätigkeit ist, demnach die wissenschaftliche Erkenntnis ein Spätprodukt gesellschaftlicher Arbeitsteilung darstellt (vgl. S. 45 ff.). Jede wissenschaftstheoretische Konzeption, die die wissenschaftliche Erkenntnis nicht als Spezialisierungsform erkenntnisgeleiteter gesellschaftlicher Arbeit begreift, verfehlt ihren Gegenstand. Demgemäß ist auch jede Wissenschaftskritik im Ansatz falsch, die wissenschaftliche Forschung nicht unter dem zentralen Gesichtspunkt möglicher *Parzellierung, Verzerrung, Unterdrückung gesellschaftlich notwendiger Erkenntnis* analysiert, eine *solche Kritik bedeutet zwingend die Erarbeitung eines entwickelteren wissenschaftlichen Standortes*, weil nur von diesem aus die Erkenntnismängel bestehender Wissenschaft sichtbar werden können (vgl. S. 13 ff.).

Wie dargelegt, ist Naturerkenntnis wie gesellschaftsbezogene Erkenntnis niemals abgeschlossen, da an den vom Menschen begriffenen und ergriffenen Bereich der »äußeren« Natur und der eigenen Natur stets ein unauslotbarer Bereich bisher undurchdrungener Natur »an sich« angrenzt. Die damit aufgewiesene notwendige Relativität des menschlichen Erkenntnisstandes darf aber keineswegs zum agnostizistischen Standort eines Wahrheits-Relativismus führen. Es gibt

»*keine unüberbrückbare Kluft zwischen relativer und absoluter Wahrheit. ... Die Grenzen* der Annäherung unserer Kenntnisse an die objektive, absolute Wahrheit« sind »geschichtlich bedingt, *unbedingt* aber ist die Existenz dieser Wahrheit selbst, unbedingt ist, daß wir uns ihr nähern« (*Lenin* 1968, S. 130). »Die Dialektik *schließt in sich ...* ein Moment des Relativismus, der Negation, des Skeptizismus *ein*, aber sie *reduziert sich nicht* auf den Relativismus« (*Lenin* 1968, S. 131 f., vgl. dazu *Lindner* 1966).

Wie für die Erkenntnis überhaupt, so ist auch für die Wahrnehmung als sinnliche Erkenntnis die Gesellschaft das gnoseologische Subjekt. Die Wahrnehmung in ihrer »menschlichen« Spezifik ist das Ergebnis individueller Aneignung gesellschaftlich kumulierter Erfahrung, und zwar der *sinnlich eingebundenen Gegenstandsbedeutungen als Resultate vergegenständlichender gesellschaftlicher Arbeit in Form ihres symbolisch-sprachlichen Begriffes.*

Damit ist einmal ausgesagt, daß die *in der Wahrnehmung zu erkennenden Gegenstände* immer historisch gewordenes Resultat gesellschaftlicher Arbeit sind: Die den Menschen »umgebende sinnliche Welt« ist »nicht ein unmittelbar von Ewigkeit her gegebenes, stets gleiches Ding ..., sondern das Produkt der Industrie und des Gesellschaftszustandes, und zwar in dem Sinne, daß sie ein geschichtliches Produkt ist, das Resultat der Tätigkeit einer ganzen Reihe von Generationen, deren Jede auf den Schultern der vorhergehenden stand, ihre Industrie und ihren Verkehr weiter ausbildete, ihre soziale Ordnung nach den veränderten Bedürfnissen modifizierte. *Selbst die Gegenstände der einfachsten ›sinnlichen Gewißheit‹ sind ihm nur durch die gesellschaftliche Entwicklung, die Industrie und den kommerziellen Verkehr gegeben*« (*Marx/Engels*, MEW 3, S. 43; Hervorh. K. H.). – Zum anderen ist damit ausgesagt, daß über die individuelle Aneignung des gesellschaftlichen Gegenstandes der Wahrnehmung auch die *menschliche Wahrnehmungsfunktion* eine in der Tätigkeit des Individuums sich manifestierende gesellschaftliche Funktion ist, geprägt durch die gesellschaftliche Erfahrungskumulation *in einer jeweils bestimmten historischen Entwicklungsstufe*: »Die Produktion produziert ... nicht nur einen Gegenstand für das Subjekt, sondern auch ein Subjekt für den Gegenstand« (*Marx*, Gr. 1939/41 S. 14); die »*Sinne* des gesellschaftlichen Menschen« sind »*andre* Sinne wie die des ungesellschaftlichen; erst durch den gegenständlich entfalteten Reichtum des menschlichen Wesens wird der Reichtum der subjektiven *menschlichen* Sinnlichkeit ... teils erst ausgebildet, teils erst erzeugt ... Die *Bildung* der 5 Sinne ist eine Arbeit der ganzen bisherigen Weltgeschichte« (*Marx*, MEW Ergbd. 1, S. 541 f.).

7 Die historische Bestimmtheit der Wahrnehmungstätigkeit des Menschen in der bürgerlichen Gesellschaft

Die Heraushebung der allgemeinsten spezifisch menschlichen Charakteristik der Wahrnehmung, in der ihre biologischen Grundeigenarten aufgehoben sind, ihrer gegenständlichen Bedeutungsbezogenheit, ist insofern abstrahierend, als Gegenstandsbedeutungen nicht als solche, sondern immer in der inhaltlichen Besonderheit einer bestimmten Gesellschaftsform gegeben sind. Ebenso wie die Rede von der menschlichen Arbeit als allgemeinem Kennzeichen der Gesellschaftlichkeit des Menschen eine Abstraktion von den historischen Bestimmungen der Arbeit in der bürgerlichen Gesellschaft darstellt, so ist auch die Rede von der Bezogenheit auf »Gegenstandsbedeutungen« als allgemeinem Kennzeichen der Orientierung des gesellschaftlich arbeitenden Menschen eine Abstraktion von den historisch bestimmten Bedeutungsstrukturen der bürgerlichen Gesellschaft, auf welche sich die Wahrnehmung bezieht, und durch deren Aneignung sie sich als Funktion entwickelt.

Die Herausarbeitung der Bedeutungsbezogenheit als eines menschlichen Spezifikums der Wahrnehmung in Abgehobenheit von ihren biologisch-organismischen Grundcharakteristika mußte zunächst in aller Schärfe erfolgen, weil ohne diesen Zwischenschritt der Analyse die historische Bestimmtheit der Wahrnehmung in bürgerlichen Gesellschaft niemals erfaßbar ist (die bürgerliche Wahrnehmungspsychologie kann – wie noch gezeigt werden wird – deswegen die Wahrnehmung nicht als Tätigkeit konkreter, wirklicher Menschen unter bürgerlichen Lebensverhältnissen erforschen, weil ihr gemäß ihrem Grundansatz ein richtiger Begriff von Gegenstandsbedeutungen fehlen muß). Nunmehr ist die erarbeitete allgemeine Charakteristik der Wahrnehmung im Hinblick auf ihre besondere Ausprägungsform in der bürgerlichen Gesellschaft zu konkretisieren. Nachdem wir einmal wissen, daß die Wahrnehmung des gesellschaftlichen Menschen sich auf Gegenstandsbedeutungen bezieht und durch Aneignung von Gegenstandsbedeutungen als Funktion entwickelt, können wir nun danach fragen, *welche konkreten Eigentümlichkeiten den Bedeutungsstrukturen der bürgerlichen Gesellschaft zukommen, die in der Wahrnehmung erkannt werden müssen, welche Besonderheiten demgemäß die durch Aneignung solcher Bedeutungsstrukturen sich entwickelnde Wahrnehmungsfunktion des Menschen unter bürgerlichen Lebensbedingungen hat.*

Der Aufweis der naturgeschichtlichen Gewordenheit der biologisch-organismischen Wahrnehmungscharakteristika erfolgte an vergleichend-physiologischem, vergleichend-psychologischem, ethologischem etc. Material. Der abhebende Aufweis allgemeinster »menschlicher« Charakteristika der Wahrnehmung stützte sich auf anthropogenetische und archäologische Ansätze und Befunde. Bei der konkretisierenden Heraushebung der Besonderheiten der Wahrnehmungstätigkeit des Menschen in der bürgerlichen Gesellschaft muß der *individualgeschichtliche Prozeß der Aneignung von Gegenstandsbedeutungen im Mittelpunkt der Analysen* stehen. – Wie früher dargelegt, treten die Gegenstandsbedeutungen, obzwar objektiver Natur, in ihrer Bedeutungshaftigkeit nur durch die individuelle Aneignung in Erscheinung. Struktureigentümlichkeiten der bürgerlichen Gesellschaft sind demnach nur dann in ihrem Bedeutungsaspekt zu erfassen, wenn man die Weise ihrer Aneignung durch wahrnehmende Subjekte als empirische Wirklichkeit analysiert. Solange von »Gegenstandsbedeutungen« als solchen die Rede war, genügte es, auf den Aneignungsvorgang, durch welchen gesellschaftliche Erfahrung und individuelle Entwicklung vermittelt ist, ebenfalls lediglich als solchen hinzuweisen. Da es jetzt um die historische Bestimmtheit der bedeutungsbezogenen Wahrnehmung in der bürgerlichen Gesellschaft geht, muß auch der *Prozeß der individuellen Aneignung der Gegenstandsbedeutungen in der Vielfalt seiner wirklichen Bestimmungen* herausgearbeitet werden. – Die Daten, auf die wir uns nun zu stützen hätten, sind demnach i. w. S. »entwicklungspsychologischer« Art. Dabei ist allerdings nicht der individuelle Entwicklungsprozeß für sich genommen wesentlich. *Die Individualgeschichte gewinnt für uns einzig dadurch Relevanz, daß wir die historische Bestimmtheit der Wahrnehmungstätigkeit des Menschen in der bürgerlichen Gesellschaft als resultativen Ausdruck der individualbiographischen Aneignung bestimmt gearteter gegenständlicher Bedeutungsstrukturen dieser Gesellschaftsformation aufzufassen haben.* Demgemäß ist »Entwicklungspsychologie«, wie wir sie verstehen, auch keineswegs eine »Teildisziplin« der Psychologie; der so bestimmte *entwicklungspsychologische Ansatz ist vielmehr zentraler Bestandteil unserer psychologischen Gesamtkonzeption.*

Der methodische Grundansatz unserer Analyse bleibt im folgenden in wesentlichen Momenten prinzipiell unverändert. Wie wir die organismische Orientierungsaktivität unter dem Gesichtspunkt ihrer funktionalen Effektivität für die Erhöhung der Überlebenswahrscheinlichkeit von Populationen kennzeichneten und die Wahrnehmung als Moment erkenntnisgeleiteter menschlicher Arbeit in ihrer modalen Funktionalität für die gesellschaftliche und damit individuelle Lebenserhaltung überhaupt herausstellten, so wird auch die Wahrnehmungstätigkeit des Menschen in der bürgerlichen Gesellschaft unter dem Aspekt analysiert, welche besondere Weise sinnlicher Erkenntnis gegenständlicher Bedeutungsstrukturen im Hinblick auf die Notwendigkeiten gesellschaftlicher und individueller Lebenserhaltung im Kapitalismus modal gesehen Funktionalität besitzt. Dabei ist auch hier das methodische Vorgehen durch den Gegenstand der Analyse bestimmt. Der Tatbestand muß sich in unserer Verfahrensweise niederschlagen, daß die *Widersprüche der bürgerlichen Gesellschaft notwendig Widersprüchlichkeiten der gegenständlichen Bedeutungsstrukturen implizieren*, womit auch eine Konkordanz zwischen den Erkenntnisnotwendigkeiten gesellschaftlicher und individueller Lebenserhaltung und -entfaltung nicht mehr vorausgesetzt werden kann.

Besonderheiten der methodischen Erfordernisse ergeben sich hier dadurch, daß die Eigenart der jeweils »lebensnotwendigen« Orientierungs-

bzw. Wahrnehmungsleistungen nicht mehr lediglich aus »Symptomen« – lokomotorischen Aktivitäten der Organismen bzw. vorliegenden Funden vergegenständlichter Arbeitsresultate – zu erschließen sind. Die Wahrnehmungstätigkeit der jetzt lebenden Menschen in der bürgerlichen Gesellschaft kann vielmehr als selbständiges empirisches Faktum erforscht werden. Wenn aus Struktureigentümlichkeiten der bürgerlichen Gesellschaft Momente gegenständlicher Bedeutungsstrukturen hergeleitet werden, auf die sich die sinnliche Erkenntnis bezieht, dabei das Zueinander der Aneignung der Gegenstandsbedeutungen und der Herausbildung der Wahrnehmungsfunktion erfaßt werden soll, so haben demgemäß die zu formulierenden Annahmen den *Charakter von theoretischen Konzeptionen, aus denen empirisch prüfbare Hypothesen herleitbar sein müssen.* Die Herausarbeitung solcher Hypothesen wird, wo dies schon möglich erscheint, in den folgenden Ausführungen angestrebt; auch einige Versuchsanordnungen, die zur Prüfung der Hypothesen geeignet sein könnten, werden exemplarisch konzipiert; die tatsächliche Realisierung der vorgeschlagenen Experimente, damit Gewinnung von Daten über die Bewährung der Hypothesen, muß – wie erwähnt – allerdings zukünftiger Forschungsarbeit überlassen bleiben.

7.1 Ontogenese und Aneignung als Aspekte der individualgeschichtlichen Wahrnehmungsentwicklung

Bevor das Problem der historischen Bestimmtheit der Wahrnehmung durch individuelle Aneignung von Bedeutungsstrukturen der bürgerlichen Gesellschaft in Angriff genommen werden kann, muß in vorbereitenden Darlegungen die Eigenart des Aneignungsprozesses in seiner Beziehung zu ontogenetisch-biologischen Entwicklungsbedingungen der Wahrnehmung so weit abgeklärt werden, daß die späteren, ins einzelne gehenden Ausführungen richtig eingeordnet werden können.

Der menschliche Säugling ist bis zu einem (schwer genau bestimmbaren) Zeitpunkt nach seiner Geburt »bloßes« Naturwesen, allerdings ein Naturwesen, das aufgrund seiner stammesgeschichtlichen Genese über nur dem Homo sapiens zukommende Möglichkeiten verfügt, sich zu einem gesellschaftlichen Wesen zu entwickeln. – Welche Leistungsmöglichkeiten der Orientierungsfunktion sind als bereits gegeben anzunehmen, bevor der Aneignungsprozeß in immer höherem Maße zur gesellschaftlich geprägten Wahrnehmungstätigkeit führt?

Früher ging man davon aus, daß der Säugling während seiner ersten Lebenswochen in einer weitgehend diffusen, unorganisierten Eigenwelt lebt, daß er quasi zunächst lediglich sensorisch affiziert wird, bis sich allmählich – ob durch »Reifung« oder »Lernen« – die Fähigkeit zur räumlichen und zeitlichen

Gliederung und zur Erfassung objektiver Eigenschaften der Umwelt herausbildet. In den letzten zehn Jahren ist man aufgrund verbesserter Untersuchungsmethodik – indem man Verfahren, die vorher in der ethologischen Forschung entwickelt worden waren, nun auch zur Untersuchung der Orientierung des menschlichen Säuglings heranzog (vgl. *E. J. Gibson* 1969, S. 317 ff.) – jedoch zu wesentlich anderen Resultaten gekommen. Es stellte sich heraus, daß der Säugling schon in den ersten Wochen seines Lebens die Welt in ihrer dinglichen Gliederung im großen und ganzen richtig wahrzunehmen imstande ist, daß er z. B. keineswegs, wie man früher meinte, die Dinge zunächst »projektivisch«, gemäß ihrer Abbildung auf der Netzhaut, sondern gleich in ihrer angenähert richtigen Größe und Form (Größen- und Formkonstanz) perzipiert, daß er Farben und Konfigurationen diskriminiert, daß er Tiefenunterschiede und die räumliche Lokalisation der Dinge erfaßt etc. (vgl. dazu das Sammelreferat von *Pick & Pick* 1970).

Früheste Orientierungsleistungen des Säuglings, wie die erwähnten, ermöglichen eine adäquate perzeptive Erfassung *figural-qualitativer* Eigenschaften der Welt. Derartige Orientierungsleistungen sind – wie dargestellt – Resultat der stammesgeschichtlichen Entwicklung auf *biologisch-organismischem Spezifitäts-Niveau*. Nun ist zu fragen, *wie das Zueinander von biologischen Entwicklungsvoraussetzungen und Aneignungsprozessen* in der weiteren Individualgeschichte des Menschen genau zu bestimmen ist, durch welche die *Stufe der bedeutungsbezogenen Wahrnehmung in ihrer »menschlichen« Spezifik* erreicht wird.

Diese Frage stellt sich für die bürgerliche Wahrnehmungsforschung nicht. Da in der bürgerlichen Psychologie die gesellschaftliche Arbeit als Prozeß der materiellen Vermittlung zwischen Mensch und Natur unerkannt ist, kann auch die gegenständliche Bedeutungshaftigkeit der menschlichen Welt als orientierungsrelevantes Resultat vergegenständlichender Tätigkeit des Menschen vom Grundansatz her nicht angemessen erfaßt werden. Demgemäß ist das *menschliche Spezifitäts-Niveau* der Orientierung, also die eigentliche »Wahrnehmung« als sinnliche Erkenntnis, notwendig *nicht berücksichtigt*. Durch die (wissenschaftlich nicht reflektierte) *Abstraktion von den objektiven Gegenstandsbedeutungen* als Charakteristika der menschlichen Welt bleiben nur noch »*stimulus patterns*«, »*Reizmuster*«, »*Reizkonfigurationen*«, »*Reizstrukturen*«, »*Qualitäten*«, »*Gestalten*« etc. übrig, die als Kennzeichen der vollen objektiven Wirklichkeit menschlicher Weltgegebenheiten mißdeutet werden. Wir nennen die bürgerliche Wahrnehmungslehre, die nur den »Reiz«, nicht aber die für den Menschen gegenständlich-bedeutungsvolle Welt als objektive Wirklichkeit berücksichtigt, »*formalistisch*«.

Entsprechend dem formalistischen Fehlansatz wird in der bürgerlichen Psychologie die Wahrnehmung im Prinzip unter den gleichen Gesichtspunkten erforscht, die früher bei der Darstellung der phylogenetischen Entwicklung organismischer Orientierungsaktivität dargestellt wurden. Die Variablen, durch welche die *lediglich organismische Orientierung gekennzeichnet ist, erscheinen quasi in den Bereich der menschlichen Wahrnehmung hinein verlängert.* Dabei werden – sofern der methodische Grundansatz das erlaubt –, zwar Aussagen von Vpn. als Hinweise auf phänomenale Eigenarten bestimmter Wahrnehmungstatbestände benutzt. An der formalistischen Auffassung der Welt, die der Mensch wahrnimmt, als einer figural-qualitativen »Reiz-Welt« ist dadurch jedoch nichts geändert. Dies wird auch daran deutlich, daß man zu den verschiedenen Standardproblemen der bürgerlichen Wahrnehmungslehre (Diskriminationsleistungen, Konstanz-Erscheinungen, optische Täuschungen, Tiefenlokalisation, räumliche und zeitliche Organisation des Wahrnehmungsfeldes, Nacheffekte etc.) meist Daten aus Experimenten mit Tieren und mit Menschen heranzieht, die sich bruchlos dem gleichen theoretischen Interpretationsschema fügen.

Unsere Auffassung vom formalistischen Charakter der bürgerlichen Wahrnehmungspsychologie wird gestützt durch *Eleanor J. Gibson* (1969), die eine Vielzahl von Untersuchungen über die *stammesgeschichtliche Entwicklung* der Orientierungs-Aktivität, das Wahrnehmungslernen (auf kurzem Erstreckungsniveau) und die *individuelle Entwicklung der Wahrnehmung* analysiert und dabei zu dem zusammenfassenden Urteil kommt, daß die in den Untersuchungen zutage tretenden *Entwicklungstrends in allen drei Bereichen im wesentlichen die gleichen sind* (S. 317). Diese durchgehenden Entwicklungstrends werden von *Gibson* folgendermaßen generalisierend gekennzeichnet (S. 450 ff.; Übers. und Zusammenst. K. H.):

1. Wachsende Differenziertheit der Diskrimination

    a) Verringerung der Stimulus-Generalisation
    b) Reduktion der Variabilität
    c) Reduktion der Diskriminations-Zeit

2. Optimalisierung der Gerichtetheit auf den Gegenstand (attention)

    a) Von der Reizgebundenheit zur Aktivität
    b) Strategien des Suchens
    c) Selektive Informationsaufnahme
    d) Ausfilterung irrelevanter Information

3. Wachsende Ökonomie der Informationsaufnahme und das Suchen nach Invarianzen

    a) Heraushebung wesentlicher unterscheidender Züge
    b) Invarianzen
    c) Strukturen höherer Ordnung

Diese Variablen, für die sich aus unserer früheren Darstellung des naturgeschichtlichen Gewordenseins biologisch-organismischer Grundcharakteristika der Wahrnehmung viele Beispiele anführen ließen, sind alle formalistischer Art. *Gibson* irrt sich, wenn sie den Umstand, daß die stammesgeschichtliche und die individuelle Entwicklung der Wahrnehmung den gleichen Trends folgt, als empirischen Befund über die Wahrnehmungs-Entwicklung betrachtet (S. 317). Die scheinbaren empirischen Resultate sind in Wirklichkeit Folge des formalistischen Forschungsansatzes, in welchem von der gegenständlichen Bedeutungsbezogenheit menschlicher Wahrnehmung abstrahiert wird und nur die figural-qualitativen Merkmale der Wahrnehmungsgegenstände Berücksichtigung finden. Danach *kann* bei einem Vergleich der Resultate über phylogenetische und individualgeschichtliche Entwicklungs-Trends sich gar nichts anderes ergeben als die »gefundene« Gemeinsamkeit. *Die Entwicklung der Wahrnehmung, in welchem Bereich auch immer, stellt sich notwendig dar als ein bloßes Mehr oder Weniger an Adäquatheit und Komplexität der sinnlichen Rezeption hinsichtlich der allein wissenschaftlich repräsentierten »Reiz«-Variablen auf organismisch-biologischem Spezifitäts-Niveau.*

Die Kennzeichnung der bürgerlichen Wahrnehmungspsychologie als formalistisch gilt auch für die Lehre von der *interpersonalen Wahrnehmung*. – Nachdem der Umstand, daß in der wahrgenommenen Welt nicht nur sachliche Gegebenheiten, sondern auch andere Menschen vorkommen, von der bestehenden Wahrnehmungsforschung relativ spät und beiläufig zur Kenntnis genommen wurde, fand die »Personwahrnehmungs«-Lehre dadurch in gewissem Maße Eingang in die wissenschaftliche Entwicklung der Wahrnehmungspsychologie, daß man die *Wahrnehmung anderer Menschen unter grundsätzlich den gleichen Gesichtspunkten erforschte wie die Wahrnehmung von sachlichen Gegebenheiten*. Dieser Ansatz wurde von *Brunswik* bereits 1934 das erste Mal formuliert, hat sich aber erst von den fünfziger Jahren an stärker durchgesetzt (vgl. *Bruner & Tagiuri* 1954). Auch andere Menschen wurden demnach als bloße »Reizgegebenheiten« betrachtet, die gegenständliche Bedeutungshaftigkeit von Personen abstrahierend ausgeklammert. Es kam in der Folgezeit zu einer Vielzahl von Experimenten, bei denen in irgendeiner Weise mit »Personen« zusammenhängendes »Reizmaterial« (Strichzeichnungen, Eigenschaftsbezeichnungen, Lichtbilder, Filme etc.) dargeboten wurden (vgl. die zusammenfassende Darstellung von *Secord & Backman* 1964). Die dabei untersuchten unabhängigen Variablen unterschieden sich grundsätzlich in nichts von den unabhängigen Variablen innerhalb theoretischer und experimenteller Ansätze über Dingwahrnehmung, entsprachen somit weitgehend den Variablen, die bereits die organismische Orientierungsaktivität kennzeichnen: Es ging auch in bezug auf andere Menschen um Orientierungsleistungen wie *Diskrimination, Identifikation, Einheitenbildung, Differenzierung, Konstanzen, »Kontrast-Angleichung«, »Figur-Grund«, Ökonomisierung, Homogenisierung etc.* Selbst in Untersuchungen, die sich die Erforschung der Entstehung von Persönlichkeitsbildern im sprachlich-symbolischen Bereich zum Ziel setzten, wie die Pionierarbeiten von *Asch* (1946) und *Heider & Simmel* (1944), die jeweils eine Reihe weiterer Experimente nach sich zogen, wurde von der inhaltlichen Bedeutung des sprachlichen Materials abstrahiert: Man nahm in formalistischer Manier die auf andere Menschen bezogenen sprachlichen Äußerungen der Vpn. nur soweit zur Kenntnis, wie sich darin Tendenzen zur Gestaltwahrnehmung, Einheitenbildung, Ausgewogenheit, Invarianz, Ökonomie etc. aufweisen ließen. – Diese formalistische Sichtweise charakterisiert, wie die Personwahrnehmungslehre überhaupt, so auch die – spärlichen – Bemühungen zur Erforschung der individuellen Entwicklung interpersonaler Wahrnehmung. So zeigte *Waller* (1971) in einer zusammenfassenden Darstellung von Experimenten über die Entwicklung der »Rollenwahrnehmung«, der Fähigkeit zur perzeptiven Identifizierung von Personen durch verallgemeinernde sozialfunktionale Begriffe (wie »Vater«, »Mutter«, »Junge«, »Mädchen«, »Bäcker« etc.), daß die in den von ihm referierten Experimenten aufgewiesenen Entwicklungstrends mit Begriffen angemessen charakterisierbar sind, wie sie *E. Gibson* (1966) als wachsende *»Differenzierung«*, *»Spezifizierung«*, wachsende *»Invarianz«* etc. für die Kennzeichnung der *sachbezogenen Wahrnehmungsentwicklung*[54] herausgearbeitet hatte und die die Entwicklung der Wahrnehmung lediglich auf biologisch-organismischem Spezifitätsniveau erfassen.

Wo in der bürgerlichen Wahrnehmungslehre überhaupt Bedeutungen berücksichtigt werden, geschieht dies unter Beibehaltung des formalistischen Grundansatzes; hier werden die Bedeutungen als den Stimulus-Gegebenheiten *vom je individuellen Subjekt*, durch »Lernen« etc., *beigelegt* betrachtet[55]. Ihre prägnanteste psychologiegeschichtliche Manifestation fand diese Konzeption in der Entwicklung einer besonderen Richtung der Wahrnehmungsforschung, der *»Social perception«-Forschung*, die durch *Bruner, Postman* u. a. in den vierziger Jahren inauguriert wurde. Dieser Forschungszweig nahm für sich in Anspruch, die *subjektiven Einflüsse* auf die Wahrnehmung zu untersuchen, und stellte sich programmatisch der »klassischen« Wahrnehmungsforschung, die die Reizeinflüsse auf die Wahrnehmung untersucht, gegenüber, was ihm den Spitznamen *»new look«* der Wahrnehmungspsychologie einbrachte. Hier wurde die *falsche Reduktion der objektiven Wirklichkeit auf eine bloße »Reizwelt« durch die ebenso falsche These von der individuell-subjektiven Verlegung von Bedeutungen in den Stimulus* ergänzt. Charakteristisch in diesem Zusammenhang ist die eingebürgerte dichotomisierende Unterscheidung zwischen *»autochthonen«* (reizbedingten) und *»funktionalen«* (subjektiven) *Faktoren* der Wahrnehmung. Die Fehlauffassung von Gegenstandsbedeutungen als vom Subjekt *produziert* impliziert, daß die Bedeutungen nicht Momente der objektiven Wirklichkeit sein können, die vom Menschen *erkannt* werden. Daraus ergeben sich für die »Social perception«-Forschung, ihre Vorgänger und Nachfahren, unhaltbare *subjektivistisch-agnostizistische Konsequenzen*, die hier nicht im einzelnen aufgewiesen werden können (vgl. unsere genannte spätere Arbeit über »Wahrnehmung«, voraussichtl. 1974).

Wie sind indessen die experimentellen Resultate zu erklären, in denen die These von der Verlegung subjektiver Faktoren in den »Reiz« vorgeblich bestätigt werden konnte? – Als einer der ersten kam *Mierke* (vgl. *Ach* 1932,

---

[54] Es handelt sich hier um eine frühere Fassung des von uns wiedergegebenen *Gibson*schen Begriffssystems (vgl. S. 177).
[55] Essentialistische Konzeptionen, in denen Gegenstandsbedeutungen den Wahrnehmungsdingen als ursprünglich und unvermittelt zukommend betrachtet werden (etwa »Wesenseigenschaften« im Sinne von *Metzger* 1954, S. 64 ff., oder »physiognomische Qualitäten« im Sinne von *Werner* 1953, vgl. dazu *Ewert* 1965), Auffassungen, die mehr oder weniger eindeutig in vitalistisch-lebensphilosophischen Traditionen stehen, werden von uns ihrer geringen psychologiegeschichtlichen Bedeutung wegen hier nicht ausführlicher diskutiert.

S. 278) zu dem experimentellen Befund, daß durch Erfolge oder Mißerfolge beim Umgang mit bestimmten Dingen die »emotionale Qualität« der Dinge verändert werden kann: Kinder, die zunächst goldfarbene im Vergleich zu schlicht holzfarbenen Stäbchen als »schöner« eingestuft hatten, vollzogen die umgekehrte Einstufung, nachdem sie mit den goldenen Stäbchen Legeaufgaben auszuführen hatten, die vor ihrer Erledigung vom Vl. unterbrochen wurden, während die mit den schlichten Holzstäbchen auszuführenden Aufgaben zu Ende gebracht werden durften. Derartige Verfahren, Gegenstands-Valenzen zu modifizieren, wurden zu verschiedensten Zwecken in unterschiedlichem theoretischem Kontext angewendet. *Lambert, Solomon & Watson* (1949) führten ein solches Verfahren – zum Aufweis des »Akzentuierungs«-Phänomens – in die »Social perception«-Forschung ein (Kinder durften Spielmarken in einen Automaten stecken, der Bonbons hergab, und beurteilten danach die auf diese Art positiv valenzbesetzten Marken im Vergleich zu metrisch gleich großen »neutralen« Marken als größer; vgl. dazu etwa *Holzkamp & Keiler* 1967, S. 412 ff.). Auf entsprechende Weise wurden in Experimenten zur »perceptual defense«, Wahrnehmungs-Abwehr, durch »Bestrafungen« negative Valenz-Modifikationen herbeigeführt (um etwa nachzuweisen, daß negativ valenzbesetzte »Reize« längere Zeit als neutrale dargeboten werden müssen, ehe sie identifiziert werden können). – Ein im gegenwärtigen Darstellungszusammenhang besonders relevanter Ansatz ist der von *Narziß Ach* (1932) über *»voluntionale Objektion«* und *»finale Qualität«*. Unter »Objektion« versteht *Ach* »die Verlegung seelischer Tatbestände auf das Objekt, auf den Gegenstand« (S. 267). Die *»voluntionale Objektion«*, die Übertragung von »Willenserlebnissen« auf das Objekt, habe drei Phasen: »1. die *Tätigkeitsbereitschaft*, 2. den *Anreiz-* oder *Aufforderungscharakter*, 3. die *finale Qualität*« (S. 284). Die *»finale Qualität«* als Endzustand der voluntionalen Objektion sei der *»Tatbestand, daß das Objekt, an dem wir uns betätigen oder das als Mittel, Werkzeug oder dgl. zur Betätigung Verwendung findet, durch diese Verwendung eine besondere, und zwar eine finale Eigenschaft erhält, die der Tätigkeit entspricht ...* Diese Eigenschaft enthält eine *Zweckbestimmung des Objektes, insofern sie das Wissen in sich schließt, daß der Gegenstand zu einem bestimmten Zwecke Verwendung finden soll oder kann, hat also einen finalen Charakter«* (S. 300; Hervorh. *K. H.*). Der finale Charakter der Objekte stellt nach *Ach* eine *Entlastung* des Individuums dar, da der zweckgerichtete Umgang mit dem Ding dadurch nicht mehr jedesmal eines besonderen Willensaktes bedarf, weil der *Handlungsanreiz vom Objekt selbst ausgeht*. So gehört die »finale Qualität« zu den Mitteln und Weisen, *»die der sachgemäßen und raschen Erfüllung unserer biologischen und sonstigen Zweckbestimmung dienen«* (S. 269). *Achs* Konzept der »Objektion« setzt »eine *genetische* Betrachtung der Bewußtseinserscheinungen voraus« (S. 267). Bei der empirischen Untersuchung der Entstehung voluntionaler Objektionen und finaler Qualitäten benutzte *Ach* Buchstaben und sinnlose Silben, mit denen bestimmte Operationen durchgeführt werden mußten: Wenn z. B. mit einer gewissen Art von Silben über längere Zeit hin die Operation des »Ersetzens« durchzuführen war, mit anderen Silben die Operation des »Umstellens«, so gewann die erste Art von Silben die finale Qualität »Silben zum Ersetzen« und die zweite Art von

Silben die finale Qualität »Silben zum Umstellen«; d. h., den Silben war von den Vpn. nunmehr *anzusehen,* welchen Verwendungszweck sie hatten, ein entsprechender Handlungsanreiz ging von ihnen aus usw.

Die damit geschilderten Konzeptionen und Untersuchungen, die charakteristisch für den in der »Social perception«-Forschung entwickelten Grundansatz sind, stehen durchgehend im Zusammenhang von formalistisch-subjektivistischen Fehlinterpretationen. Da man die Wahrnehmungsgegenstände als objektiv bedeutungslose Reize auffaßte, mußte man die Vorstellung haben, als ob hier ein *vom Subjekt ausgehender Prozeß der Verlegung von Valenzen, finalen Qualitäten etc. nach »draußen«, auf den »Reiz« vorliegt.* Das Zusammentreffen zwischen dem »Reiz« und der »Bedeutung« wäre damit beliebig und das Individuum fände in den Bedeutungen quasi immer nur sich selber wieder. Die Wahrnehmung von Gegenstandsbedeutungen hätte *keinerlei Erkenntnisgehalt.* Von dieser formalistischen Fehlkonzeption aus mißverstand man zwangsläufig die eigenen Experimente. Man konnte nicht sehen, daß hier keinesfalls ein Hinausverlegungs-Prozeß (dessen Möglichkeit und Eigenart ziemlich dunkel wäre) vorlag. Die benutzten Wahrnehmungsgegenstände hatten, als isoliert eingeführte Stäbchen, Plättchen, Buchstaben, sinnlose Silben etc., keine sehr ausgeprägte Gegenstandsbedeutung. Durch die Versuchsanordnung wurde diese Bedeutung, wenn auch kurzfristig und »modellhaft«, in einer bestimmten Richtung verstärkt. Die Wahrnehmungsgegenstände waren, durch den Willen des Experimentators, *objektiv für die Lösung bestimmter Aufgaben zu gebrauchen bzw. untauglich.* Die Vpn. fügten den Dingen keineswegs etwas »Subjektives« hinzu, sondern *eigneten sich lediglich die artifiziell verstärkten und modifizierten objektiven Gegenstandsbedeutungen an.* Mit dieser Aneignung gewannen sie, *im Kontext der jeweiligen Versuchsanordnung, angemessene verallgemeinerte Erkenntnisse über die Wahrnehmungsgegenstände.* – Sofern die Vorgänge in der genannten Art von Experimenten nicht richtig eingeschätzt werden, wird man sie fälschlicherweise als Belege für den ausschließlich subjektiven Ursprung von Gegenstandsbedeutungen, Valenzen, emotionalen oder voluntionalen Dingqualitäten etc. überhaupt betrachten. Der formalistische Fehlansatz, von dem ausgegangen wurde, erfährt so eine experimentelle Scheinbestätigung. Der Umstand, daß die Dinge der menschlichen Welt als Resultate vergegenständlichender Arbeit objektive Gegenstandsbedeutungen haben, die ihnen mithin nicht von einzelnen Menschen »beigelegt«, sondern die vom Menschen individuell angeeignet werden, gerät so nicht in den Blick. Der (mögliche) Erkenntnischarakter der Bedeutungswahrnehmung wird subjektivistisch verfehlt. – *Narziß Ach* ist, wie aus manchen seiner Formulierungen hervorgeht, innerhalb der von ihm durchgeführten außerordentlich scharfsinnigen theoretischen und experimentellen Analysen gelegentlich kurz davor, einzusehen, daß die aufgewiesenen »finalen Qualitäten« keine »Verlegung psychischer Tatbestände auf das Objekt« sind, sondern vom Individuum angeeignete *sinnlich erkennbare objektive Gebrauchswertbestimmungen.* Sein sensualistischer Grundansatz wie die Einengung der Sicht auf das traditionelle sinnfreie »Reiz«-Material halten ihn aber dennoch letztlich in formalistischer Befangenheit zurück.

An anderer Stelle (vgl. *Holzkamp* 1972, S. 35 ff.) ist ausführlich dargelegt worden, auf welche Weise sich innerhalb der bürgerlichen Psychologie die

»organismische« *Konzeption* vom Menschen entwickelt hat, in der der Mensch als ahistorisches Naturwesen betrachtet wird, dessen Verhalten man bei Kenntnis der äußeren und »inneren« Ausgangsbedingungen als adaptative Reaktion auf die »Umwelt« vorhersagen kann, wobei der methodische Grundansatz so konzipiert ist, daß empirische Daten der »organismischen« Anthropologie niemals widersprechen können. Die »Umwelt« des »organismischen« Menschen, wie die bürgerliche Psychologie ihn in Konsequenz ihrer besonderen Weise von »Wissenschaftlichkeit« allein zu Gesicht bekommt, ist *»nicht im Geschichtsprozeß gewordene und der Möglichkeit nach vernünftig gestaltete Welt, sondern die Umwelt wird als naturhaft vorgegeben*, vom Subjekt unveränderbar und vernünftiger Beeinflussung nicht zugänglich betrachtet« (S. 58). – Daraus folgt, daß die bürgerliche Psychologie, sofern sie Wahrnehmungspsychologie ist, zwangsläufig »formalistisch« sein muß: *Die formalistische Fassung der menschlichen Welt als einer Welt aus »stimulus patterns«, Reizkonfigurationen, Reizstrukturen etc.* (deren gegenständliche Bedeutungen, wo sie überhaupt deskriptiv erfaßt werden, als dem individuellen Subjekt entstammend mißinterpretiert werden müssen) *ist notwendiges Implikat der »organismischen« Anthropologie.* Der Umstand, daß der Mensch nicht als gesellschaftlicher Mensch begriffen werden kann, bedeutet, daß auch seine Welt nicht als Ergebnis gesellschaftlicher Arbeit erkannt wird. Das gesellschaftlich-historische, also eigentlich »menschliche«, Spezifikations-Niveau ist sowohl im Blick auf den Menschen wie auf seine Welt unterdrückt.

Das Problem des »Formalismus« als Charakteristikum der Wahrnehmungslehre bürgerlich-organismischer Psychologie wird in den angekündigten später zu publizierenden psychologiehistorischen Ausführungen genauer auseinanderzulegen sein. Für unsere gegenwärtigen Überlegungen haben wir festzuhalten, daß – wie in der bürgerlichen Wahrnehmungslehre überhaupt, so auch in ihren Beiträgen zur Wahrnehmungsentwicklung – das *»menschliche« Spezifitäts-Niveau der gegenständlichen Bedeutungsbezogenheit* (unbeschadet aller sonstigen Unterschiede theoretischer und methodischer Art) *durchgehend wissenschaftlich nicht repräsentiert ist.* Demgemäß sind die Ansätze und Befunde der bürgerlichen Wahrnehmungsforschung für *unseren Versuch, den Vollzug der individualgeschichtlichen Aneignung von Gegenstandsbedeutungen samt seinen biologischen Voraussetzungen genauer herauszuarbeiten, weitgehend unthematisch.*

Über die menschliche *Ontogenese*, als biologisch-organismischen Aspekt der individuellen Entwicklung des Menschen, stellt sich *die Beziehung zu seiner stammesgeschichtlichen Entwicklung* her. Die Ontogenese ist die Ausfaltung der in der Phylogenese erlangten biologisch-organismischen Entwicklungsmöglichkeiten des Menschen. Dies heißt, daß in der ontogenetischen Entwicklung die stammesgeschichtlich gewordenen Entwicklungsmöglichkeiten des Menschen sich ausfalten, die die *biologisch-organismischen Vorbedingungen für seine »Gesellschaftlichkeit«* darstellen. Dazu gehören jene biologischen Voraussetzungen, die den *Prozeß der Aneignung von Gegenstandsbedeutungen und damit die Erreichung des »menschlichen« Spezifitäts-Niveaus bedeutungsbezoge-*

ner Wahrnehmung möglich machen. Gewiß werden derartige Voraussetzungen nur in der wirklichen menschlichen Tätigkeit unter gesellschaftlichen Bedingungen manifest, so daß die biologischen Entwicklungsvoraussetzungen und die gesellschaftliche Geprägtheit der individuellen Entwicklung real nicht zu trennen sind. Dennoch muß, wenn die psychologische Forschung ihren Gegenstand nicht schon im Ansatz verfehlen will, die Frage mit aller Dringlichkeit gestellt werden, *was den Menschen seiner »Natur« nach dazu »befähigt« und dazu »treibt«, in seiner individuellen Entwicklung sich gesellschaftlich gewordene Gegenstandsbedeutungen (und Symbolbedeutungen) anzueignen und damit am Prozeß der gesellschaftlichen Erfahrungskumulation rezeptiv und gestaltend teilzuhaben*[56].

Gemäß Auffassungen wie denen von *Freud* und *Hull* besteht die biologische Ausstattung des Menschen auf der einen Seite aus bestimmten sensorisch-motorischen Einrichtungen und auf der anderen Seite aus primären »Trieben«, die auf organismische Spannungsreduktion gerichtet sind, wobei die sensorisch-motorischen Einrichtungen für die Zwecke der Reduktion der organismisch gesetzten Spannung durch Herstellung entsprechender äußerer Umstände eingesetzt werden. Solche Auffassungen erscheinen nur so lange als diskutabel, wie man den Aspekt der stammesgeschichtlichen Entwicklung radikal ausklammert. – Es ist von uns ausführlich dargelegt worden, daß man die evolutionäre Herausbildung der organismischen Orientierung nur dann hinreichend verstehen kann, wenn man eine immer weitergehende Verselbständigung der Orientierungsaktivität gegenüber den primären Lebensaktivitäten annimmt, wobei die Ponginen vielfältige manipulative und explorative Aktivitätsformen zeigen. Diese Erweiterung der Umwelt-Exploration schließt – wie gezeigt wurde – auch eine *verselbständigte*, von primär motivierten Aktivitäten immer weitgehender *entlastete Motivation zur manipulativ-explorativen Umwelterfassung* ein. Gerade in dem Umstand, daß der Organismus zu explorativen Orientierungsaktivitäten, die von primär-lebenserhaltenden Aktivitäten weitgehend unabhängig sind, motiviert ist, liegt der »überlebensfördernde« (die Fortpflanzungswahrscheinlichkeit erhöhende) Effekt einer immer adäquateren Orientierung, weil der Organismus so immer besser auf *mögliche* Nahrungsquellen, *mögliche* Bedrohungen etc. eingestellt ist, sich nicht erst im Zusammenhang mit aktuellen Mangel- und Bedrohtheitssitua-

---

[56] Die Berichte des Ehepaares *Kellog* (1933), die ihr eigenes Kind und einen Schimpansen von Geburt an unter gleichen Bedingungen aufgezogen haben, veranschaulichen – trotz aller methodischer Schwächen der Untersuchung – das vorliegende Problem: *Warum* war das menschliche Kind, dem gegenüber der Schimpanse zunächst sogar einige Entwicklungsvorteile hatte, von einem bestimmten Zeitpunkt an fähig und motiviert, sich die gegenständlichen und symbolischen Bedeutungen der menschlichen Welt tätig anzueignen, entfaltete also die biologischen Voraussetzungen, ein gesellschaftliches Wesen zu werden, während der Schimpanse – trotz gleicher »Lernchancen« – in der Isolation und Perspektivelosigkeit seiner bloß organismischen Existenz zurückblieb?

tionen aktivitätsrelevante Informationen verschaffen kann. – Die evolutionäre Herausbildung der Orientierungsfunktion steht also mit der evolutionären Herausbildung der relativ selbständigen Motiviertheit zur Umwelt-Erkundung in einem unauflöslichen Zusammenhang. *Der seiner biologischen Motivationsausstattung nach lediglich primär bedürftige, »spannungsflüchtige« Mensch, wie Freud und Hull ihn sehen, hätte die sensorisch-motorischen Einrichtungen, über die er heute verfügt, in der Evolution niemals ausbilden können* (wäre im übrigen auf dem evolutionären Wege zur Menschwerdung längst »ausgestorben«). Das Problem, wie ein derartiges menschliches »Triebwesen« innerhalb der naturgeschichtlichen Entwicklung jemals die biologischen Voraussetzungen erlangen konnte, die die Gestaltung der Welt in bewußter produktiver Arbeit und damit den Übergang von der evolutionären zur gesellschaftlich-historischen Progression ermöglichten, bleibt in den Bezirken *Freud*scher und *Hull*scher Gedankengänge vollends unsichtbar.

Die Einsicht in Mängel der genannten »Trieb«-Konzepte hat eine Reihe von Forschern dazu geführt – teilweise in direkter Auseinandersetzung mit *Freud* und *Hull* –, andere Auffassungen über die biologischen Grundlagen menschlicher Orientierungsleistung zu entwickeln (vgl. etwa *Maslow* 1955, mit seinem Konzept der »growth motivation«, *White* 1959, mit seinem Konzept des »competence«, *Berlyne* 1960, mit seinem Konzept der »curiosity« und des »exploratory behavior«, und *Hunt* 1965, mit seinem Konzept der »intrinsic motivation«. In diesen Ansätzen wird auf tierpsychologische Experimente, wie die früher von uns dargestellten (vgl. S. 99 ff.), in denen weitgehend selbständig motivierte explorative Aktivitäten bei tierischen Organismen nachgewiesen wurden, Bezug genommen. Unter Auswertung fremder und eigener experimenteller Befunde wird dargelegt, daß bereits die Aktivitäten des Säuglings und Kleinkindes von einem bestimmten Entwicklungsstadium an keineswegs hinreichend mit dem Streben nach Befriedigung von primären Bedürfnissen, wie sexuellen Bedürfnissen, Nahrungsbedürfnissen o. ä., erklärt werden können, sondern daß man viele Aktivitätsformen nur durch Annahme eines selbständig motivierten Strebens nach Meisterung von Umweltgegebenheiten, Erfassung neuer Tatbestände, kognitiver und motorischer Beherrschung der Welt hinreichend verständlich machen kann. Charakteristisch für eine solche Motivation in Richtung auf Erkundung und Meisterung der Realität sei der Umstand, daß sie nicht nur unabhängig von den primären Bedürfnissen sei, sondern sich sogar nach Befriedigung der Primärbedürfnisse erst voll entfalte (vgl. *Maslow* 1955). Die Erkundungs- und Meisterungsmotivation beinhaltet nicht eine durch organismische Mangelzustände gesetzte Spannung, auf deren Reduzierung die Aktivität ausgeht, sondern – mindestens temporäre – *Spannungserhöhung*. Die S-R-Beziehung der »klassischen« Lerntheorien erscheint hier als geradezu umgekehrt: »It would come nearer the truth to say that the child is busy learning R-S connections – the effects that are likely to follow upon his own behavior« (*White* 1959, S. 325). Die Tatsache, daß die Annahme selbständig motivierter Meisterungs- und Erkundungsaktivitäten auch evolutionstheoretisch zwingend ist, wird innerhalb des geschilderten Typs von Theorienbildung mehr oder weniger deutlich gesehen. So verweist *White* auf die Wechselwirkung zwischen organismischer Evolution und adäquater Welterfassung: »Man's huge cortical association areas might have been a suicidal piece of specialization if they had come without a steady, persistent inclination toward interacting with the environment« (1959, S. 330). – Den geschilderten Konzeptionen ist gemeinsam, daß die *kindliche Entwicklung hier nicht als etwas angesehen wird, das am Menschen passiv »geschieht« oder ihm von »außen« aufgezwungen wird: Die eigene Entwicklung der motorisch-gnostischen Weltbeherrschung ist etwas, zu dem das Kind bereits seiner biologischen Potenz nach motiviert ist,* Voraussetzung dafür, daß der Mensch sich seine Weiterentwicklung als »Aufgabe« stellen kann.

In einer zusammenfassenden Interpretation von entwicklungspsychologischen Untersuchungen, die in der Sowjetunion durchgeführt worden sind, kommt *Boshowitsch* (1970) zu der Annahme, daß das Kind bereits in den ersten Lebenswochen von einem intensiven, autochthonen *»Bedürfnis nach Eindrücken«* beherrscht sei; während dieser Darstellung zufolge die »leiblichen« Bedürfnisse nach Nahrung, Wärme etc. lediglich negativ getönt sind und durch ihre Befriedigung ein neutraler Ruhezustand herbeigeführt wird, ist das »Bedürfnis nach Eindrücken« positiv getönt, praktisch nicht zu befriedigen und lediglich durch Schlaf unterbrochen; ein solches Bedürfnis sei, anders als die primär-leiblichen Bedürfnisse, perspektivisch gerichtet, da hier das Kind Anregungen aus der Außenwelt verlangt, die gegenständliche Wirklichkeit erkundet, damit seine eigene Entwicklung von allem Anfang an aktiv fördert. – Die referierten sowjetischen Untersuchungen stellen, soweit man aus der Zusammenfassung entnehmen kann, im wesentlichen eine Bestätigung der erwähnten Ansätze und Befunde zum Kompetenz-Streben, Neugierverhalten etc. (auf die von *Boshowitsch* nicht Bezug genommen wird) dar. *Boshowitsch* setzt in ihrer Interpretation einige neue Akzente, besonders mit der Hervorhebung der *positiven Getöntheit, Permanenz und perspektivischen Gerichtetheit* des »Bedürfnisses nach Eindrücken«; im Ganzen überschreitet sie hier kaum den Rahmen der dargestellten Konzeptionen.

Der empirische Aufweis und die theoretische Verdeutlichung der Tatsache, daß das Kind bereits aufgrund seiner biologischen Möglichkeiten darauf gerichtet ist, Weltgegebenheiten zu erkunden und zu erforschen, Anforderungen zu meistern und damit seine Lebensumstände aktiv zu beherrschen, stellt einen wesentlichen Beitrag zur Klärung der Frage nach den organismischen Voraussetzungen der menschlichen Aneignungstätigkeit dar. Allerdings muß auch gesehen werden, daß hier dennoch das *Problem der biologischen Grundlagen für die Erreichung des »menschlichen« Spezifitäts-Niveaus der Erfassung von Gegenstandsbedeutungen in der Wahrnehmung keineswegs schon gelöst* ist. Das Verdienst der genannten Arbeiten besteht zu einem guten Teil darin, daß sie *den Erkenntnisstand der ethologischen Forschung hinsichtlich der Evolution organismischer Orientierungsaktivität auch für die*

Entwicklungspsychologie des Menschen hergestellt haben. Dagegen finden sich hier kaum Hinweise darauf, *durch welche besonderen biologischen Eigentümlichkeiten das menschliche Kind dazu kommt, das organismische Spezifitäts-Niveau der Orientierung im Wege über den Aneignungsprozeß in Richtung auf die bedeutungsbezogene Wahrnehmung* (und die Erfassung von Symbolbedeutungen) *zu überschreiten.* Die *formalistische Konzeption* der Wahrnehmungsentwicklung ist also *noch nicht eindeutig verlassen.*

Der Erarbeitung weitergehender Forschungsansätze stellen sich besonders dadurch Schwierigkeiten entgegen, daß biologische Entwicklungsmöglichkeiten des Kindes, *wenn sie »beobachtbar« geworden sind, sich stets bereits in irgendeinem Grade an Gegebenheiten der bedeutungsvollen Welt des Menschen manifestiert haben,* die kindlichen Aktivitäten also – wenn auch noch so rudimentäre – Aneignungsprozesse immer schon einschließen, mithin ansatzweise »Tätigkeiten« sind. Man wird davon ausgehen müssen, daß die *dialektische Einheit von gegenständlicher Tätigkeit, Herausbildung von Fähigkeiten und Herausbildung von Bedürfnissen,* wie wir sie früher als charakteristisch für die gesellschaftlich-historische Entwicklung des Menschen schilderten (vgl. S. 143 ff.), sich *auch in der individuellen Entwicklung des Menschen schon mit den frühesten selbständigen Aktivitäten herzustellen beginnt,* wobei die biologischen Voraussetzungen in der auf Vergesellschaftung gerichteten Entwicklung aufgehoben sind. Die perspektivische Gerichtetheit des Kindes auf seine eigene Weiterentwicklung ist also von Anfang an eine bestimmt geartete *gesellschaftliche Perspektivik*; nicht nur die auf Welterkundung und -beherrschung gerichteten Motive, sondern *auch die »primären« Bedürfnisse* werden dabei im individuellen Entwicklungsprozeß von vornherein durch diese gesellschaftliche Perspektivik geprägt und weiter ausgeformt, den durch den historischen Entwicklungsstand der gesellschaftlichen Produktionsweise gegebenen Lebensmöglichkeiten immer mehr angenähert.

Man muß den Fehler vermeiden, angesichts der geschilderten Problemlage bestimmten Arten von gesellschaftlich geprägten Tätigkeiten des Kindes jeweils hypostasierend ein biologisches »Bedürfnis«, einen »Trieb« etc. zu unterschieben, dem dann der Name der jeweiligen Tätigkeitsform gegeben wird; bei der Einführung von Konzepten wie »curiosity drive«, »Bedürfnis nach Eindrücken« oder auch »Produktionsbedürfnis« bzw. »Erkenntnisbedürfnis« liegt dieser Fehler zum mindesten nahe. Damit kommt man in die Nähe des schon von *Wundt* aufgewiesenen »vermögenspsychologischen Irrtums« – der biologischen Ontologisierung von Beschreibungsbegriffen –, der etwa zu den »Triebinventaren« von *James* und *MacDougall* (in denen Dutzende von menschlichen »Grundtrieben« unterschieden wurden) führte (vgl. dazu *Holzkamp* 1964, S. 179 ff.). Eine solche logische Argumentationsschwäche würde hier eine schwerwiegendere inhaltliche Schwäche einschließen: Die Ausklammerung der Vermitteltheit zwischen dem Entwicklungsstand der gegenständlichen gesellschaftlichen Arbeit und der Entfaltung menschlicher Bedürfnisse im gesellschaftlich-historischen Prozeß, wobei über den Aneignungsvorgang eine entsprechende Vermitteltheit zwischen Tätigkeit und Bedürfnissen in der individualgeschichtlichen Entwicklung entsteht.

Da innerhalb der individualgeschichtlichen Entwicklung die in der gesellschaftlichen Erkenntnistätigkeit aufgehobenen biologischen Grundlagen – wie gezeigt – kaum hinreichend isoliert werden können, muß das Problem der organismischen Voraussetzungen menschlicher Gesellschaftlichkeit mit Einschluß der bedeutungsbezogenen Wahrnehmung in *anthropogenetischer Forschung* angegangen werden. Man muß – im Weitergehen auf dem von uns eingeschlagenen Weg (vgl. S. 113 ff.) – unter Heranziehung allen verfügbaren Materials immer genauer die Aktivitätsformen und morphologisch-funktionalen Eigenarten innerhalb der Hominiden-Entwicklung herausanalysieren, *die der eigentlich »menschlichen« Phase gesellschaftlicher Arbeit unmittelbar vorhergingen, aber selbst noch als Resultat der allein von Evolutions-Mechanismen bestimmten Naturgeschichte angesehen werden können.* Aufgrund der Eigenart der so aufgewiesenen, *hier noch isolierbaren* naturgeschichtlich gewordenen biologischen Voraussetzungen zur menschlichen Gesellschaftlichkeit wären dann *Rückschlüsse auf die sich in der Ontogenese des heutigen Menschen ausfaltenden organismischen Potenzen zur Erreichung des »menschlichen« Spezifitäts-Niveaus der Bedeutungserfassung* zu ziehen[57].

Die damit angedeutete zukünftig zu leistende Forschungsarbeit steht vor einer zentralen Problematik. Am vordergründigsten zeigt sich diese Problematik in der Frage an, *wie man denn Entwicklungsmöglichkeiten zur Gesellschaftlichkeit des Menschen in der unspezifischeren physiologisch-biologischen Wissenschaftssprache* erfassen solle. Hinter diesem »sprachlichen« Problem verbirgt sich eine viel grundsätzlichere Fragwürdigkeit: Bestimmte biologische Entwicklungsmöglichkeiten sind einerseits *Voraussetzungen* für die Erreichung des Stadiums gesellschaftlicher Arbeit; andererseits aber kann man die evolutionäre Entstehung dieser Entwicklungsvoraussetzungen sich kaum begreiflich machen, wenn man nicht mindestens Vorformen gesellschaftlicher Arbeit hier bereits als *Bedingungsmoment* der Entwicklung annimmt. Die Werkzeugherstellung erscheint quasi als Voraussetzung für die Entstehung der Fähigkeit zur Werkzeugherstellung; die natürliche Umwelt des Hominiden muß bereits seine »gesellschaftliche« Umwelt geworden sein, damit der auf vergegenständlichender Arbeit gegründete Prozeß gesellschaftlicher Erfahrungskumulation

---

[57] Die Wichtigkeit von Forschungen im »Tier-Mensch-Übergangsfeld« unter psychologischen Gesichtspunkten wird in einer Arbeit von *Schurig* dargelegt, die in dieser Reihe erscheinen soll.

überhaupt beginnen kann; die gesellschaftliche Arbeit, die Voraussetzung für die Entstehung sinnlicher Erkenntnis ist, setzt sinnliche Erkenntnis als Entstehungsbedingung voraus etc. Solche Widersprüche *erzwingen auch an dieser Stelle geradezu eine dialektische Problem-Explikation.* Die immer weitergehende Klärung der hier anstehenden wissenschaftslogischen Probleme ist ein wesentlicher Bestandteil zukünftiger einschlägiger Forschungsarbeit.

Der Prozeß der individuellen Aneignung von Gegenstandsbedeutungen, über den die Orientierung das »menschliche« Spezifitäts-Niveau als »Wahrnehmung« erreicht, muß alle (relativ) unspezifischen biologisch-organismischen Voraussetzungen als ontogenetischen Aspekt der Individualgeschichte, aufgehoben in der neuen Qualität bedeutungsbezogener und bedeutungsvoller Tätigkeit, enthalten. Die auf organismischem Spezifitäts-Niveau über die Entwicklung des Kindes getroffenen Feststellungen müssen also auch für die Aneignung gelten. Demgemäß wäre der Aneignungsvorgang als auf die Gewinnung neuer Erfahrungen und Meisterung der Umwelt gerichtete positiv getönte Aktivität zu betrachten, die nicht durch Spannungsreduktion gesteuert ist, mithin auch nicht eigentlich mit Bedürfnisbefriedigungen irgendwelcher Art abgeschlossen wird, sondern eine lediglich durch Erholungsphasen unterbrochene Permanenz besitzt, die weiterhin perspektivisch gerichtet ist, und in welcher das Kind seine Entwicklung nicht bloß passiv erleidet, sondern in immer höherem Grade als selbstgesetzte Aufgabe vollzieht etc. Eine begrifflich präzisere Fassung und bessere empirische Absicherung derartiger Kennzeichnungen ist – wie dargelegt – Aufgabe zukünftiger Forschung. Erst dann wird auch das Problem der Vermittlung zwischen der Ontogenese und der Aneignung in der individuellen Entwicklung einer Klärung näher gebracht werden können.

Zunächst ist das allgemeinere, nicht speziell auf die Aneignung von Gegenstandsbedeutungen im Zusammenhang mit der Wahrnehmungstätigkeit bezogene Konzept der »Aneignung der gesellschaftlich-historischen Erfahrung durch den Menschen«, wie es von *Leontjew* und seinen Mitarbeitern entwickelt wurde, etwas genauer darzustellen.

Das Konzept der »Aneignung« als »individuelle« Seite des gegenständlichen Produktionsprozesses, Bildung menschlicher Fähigkeiten gemäß den Anforderungen der Produktion, stammt von *Marx*: Die »Aneignung ist zuerst bedingt durch den anzueignenden Gegenstand – die zu einer Totalität entwickelten und nur innerhalb eines universellen Verkehrs existierenden Produktivkräfte. Diese Aneignung muß also schon von dieser Seite her einen den Produktivkräften und dem Verkehr entsprechenden universellen Charakter haben. Die Aneignung dieser Kräfte ist selbst weiter nichts als die Entwicklung der den materiellen Produktionsinstrumenten entsprechenden individuellen Fähigkeiten. Die Aneignung einer Totalität von Produktionsinstrumenten ist schon deshalb die Entwicklung einer Totalität von Fähigkeiten in den Individuen selbst« (*Marx/Engels*, MEW 3, S. 67 f.). – Das *Marx*sche Aneignungskonzept wird von der *Leontjew*-Schule in bestimmter Weise im Hinblick auf seine psychologischen Implikationen entfaltet.

»Der Aneignungsprozeß erfüllt die wichtigste Notwendigkeit und verkörpert das wichtigste ontogenetische Entwicklungsprinzip des Menschen: Er reproduziert die historisch gebildeten Eigenschaften und Fähigkeiten der menschlichen Art in den Eigenschaften und Fähigkeiten des Individuums« (*Leontjew* 1973, S. 286). Zwischen den biologischen Anpassungsprozessen »und den Aneignungsprozessen gibt es folgenden prinzipiellen Unterschied: Bei der biologischen Anpassung *verändern* sich die Arteigenschaften und das Artverhalten des Individuums. Beim Aneignungsprozeß *reproduziert* dagegen das Individuum die historisch gebildeten Fähigkeiten und Funktionen. Durch diesen Prozeß wird mit der Ontogenese des Menschen das erzielt, was beim Tier durch die Vererbung erreicht wird: Die Entwicklungsergebnisse der Art werden in den Eigenschaften des Individuums verkörpert« (a.a.O., S. 283). »Die geistige, die psychische Entwicklung einzelner Menschen ist demnach das Produkt eines besonderen Prozesses – der Aneignung – den es beim Tier nicht gibt, ebenso wie bei diesem auch der entgegengesetzte Vorgang – die Vergegenständlichung von Fähigkeiten in den Produkten der Tätigkeit – nicht existiert« (a.a.O., S. 282).

»Die tatsächliche Umwelt, die das menschliche Leben am meisten bestimmt, ist eine Welt, die durch die menschliche Tätigkeit umgewandelt wurde. Als eine Welt gesellschaftlicher Gegenstände, die die sich im Laufe der gesellschaftlich-historischen Praxis gebildeten menschlichen Fähigkeiten verkörpern, wird sie dem Individuum nicht unmittelbar gegeben; in *diesen* Eigenschaften offenbart sie sich jedem einzelnen Menschen als Aufgabe. Selbst die einfachsten Werkzeuge und Gegenstände des täglichen Bedarfs, denen das Kind begegnet, müssen von ihm in ihrer spezifischen Qualität erschlossen werden. Mit anderen Worten: Das Kind muß an diesen Dingen eine praktische oder kognitive Tätigkeit vollziehen, die der in ihnen verkörperten menschlichen Tätigkeit *adäquat* (obwohl natürlich mit ihr nicht identisch) ist« (a.a.O., S. 281).

»Der *Umgang*, sowohl in seiner ursprünglichen äußeren Form als einer Seite der gemeinsamen Tätigkeit, einer ›unmittelbaren Kollektivität‹, als auch in seiner inneren, interiorisierten Form bildet« eine »notwendige und spezifische Bedingung, unter der sich das Individuum die Errungenschaften der historischen Entwicklung der Menschheit aneignet« a.a.O., (S. 284). »Schon im Säuglingsalter sind die praktischen Verbindungen des Kindes mit den von Menschen geschaffenen Gegenständen zwangsläufig in seinen Umgang mit den Erwachsenen einbezogen, der zunächst natürlich ein ›praktischer‹ Umgang ist ... Dieser Umgang hat von Anfang an die für die menschliche Tätigkeit charakteristische Struktur des mittelbaren Prozesses, der in seinen ersten ursprünglichen Formen jedoch nicht durch das Wort, sondern durch den Gegenstand vermittelt wird« (a.a.O., S. 284). Auf diese Weise bilden sich beim Kind »neue funktionale Systeme« in Abhängigkeit von den »objektiven Merkmalen des Gegenstandes«. »Der Gegenstand, den« das Kind »in die Hand nimmt, wird zunächst ohne weitere Umstände in das System der natürlichen Bewegungen einbezogen. Das Kind führt zum Beispiel den Löffel wie jeden anderen natürlichen Gegenstand, der keinen Werkzeugcharakter hat, an den Mund und achtet nicht darauf, daß es ihn waagerecht halten muß. Durch das unmittelbare Eingreifen des Erwachsenen werden die Handbewegungen des Kindes beim Gebrauch des Löffels allmählich grundlegend umgestaltet und ordnen sich der objektiven Logik des Umgangs mit diesem Gerät unter. Es ändert sich die allgemeine Art der Afferenz dieser Bewegungen; sie werden auf ein höheres, gegenständliches Niveau gehoben« (a.a.O., S. 292).

Der weitere Aufbau menschlicher Funktionssysteme durch den Aneignungsprozeß, von den unmittelbar gegenständlichen zu sprachlichen und symbolischen Formen wurde unter den Mitarbeitern *Leontjews* besonders intensiv von *Galperin* (vgl. etwa 1967) erforscht, der eine theoretische Konzeption von der »etappenweisen Bildung geistiger Operationen« erarbeitete und empirisch prüfte. Grundprinzip seines Ansatzes ist die Annahme, daß die »geistigen Operationen« sich durch einen Prozeß der stufenweisen *Interiorisierung* (Verinnerlichung) aus den materiellen Tätigkeiten herausbilden, dabei trotz aller phänomenalen Verschiedenheiten in ihren Grundeigenarten auf die Strukturen materieller Tätigkeitsformen zurückführbar sind. »Die verkürzten Formen der psychischen Tätigkeit sind ihren Ursprungsformen ganz unähnlich, sie sind, für sich genommen, wegen ihrer Blitzartigkeit, Produktivität und schwierigen Feststellbarkeit für die unmittelbare Beobachtung wahrhaft erstaunlich und kaum verständlich. Ihre Identifizierung als verkürzte Formen von Handlungen, deren ursprünglicher gegenständlicher Inhalt völlig offensichtlich ist, bringt auch in den Ursprung vieler psychischer Prozesse sowie in ihren wahren Inhalt und ihre Natur Licht« (*Galperin* 1967, S. 372 f.). »Die vier primären Eigenschaften der menschlichen Handlung, ihre Parameter, sind: das Niveau, auf dem sie ausgeführt wird, der Grad ihrer Verallgemeinerung, die Vollständigkeit der faktisch ausgeführten Teiloperationen und der Grad ihrer Beherrschung. Im ersten Parameter werden drei Merkmale, drei Stufen des Handelns unterschieden: mit materiellen Gegenständen (oder ihren materiellen Darstellungen), in der gesprochenen Sprache (ohne sich unmittelbar auf die Gegenstände zu stützen) und ›im Geiste‹; offensichtlich umreißen diese Stufen die wichtigsten Veränderungen des Handelns auf dem Wege seiner Verinnerlichung. Die drei übrigen Parameter bestimmen die Qualität der Handlung: sie ist um so höher, je mehr die Handlung verallgemeinert, verkürzt und beherrscht ist« (a.a.O., S. 374 f.). *Galperin* kommt, anhand der Analyse des Umganges von Kindern mit einer »Aufgabe«, zu sehr differenzierten, empirisch gestützten Darlegungen über den Vorgang der Verinnerlichung und den Aufbau der geistigen Operationen, die hier nicht im einzelnen verfolgt werden kann (vgl. *Schmidt* 1972, bes. S. 341 ff.).

Die psychologische Spezifikation des *Marx*schen Aneignungs-Konzeptes, wie sie von der *Leontjew*-Schule vorgenommen wurde, ist in manchen Punkten mit entwicklungspsychologischen Ansätzen von *Piaget* verwandt. Dies gilt für das Konzept der Interiorisierung, für die Charakterisierung des Aneignungsvorganges, die implizit die *Piaget*schen Kategorien der »Assimilation« und »Adaptation« enthält, und manch andere Momente. Dabei ist allerdings zu berücksichtigen, daß *Piagets* theoretische Konzeption durchgehend formalistischer Art ist, die Gegenstände der Erkenntnis nicht als im historischen Prozeß entstandene Resultate vergegenständlichender gesellschaftlicher Arbeit begreift, demnach auch den gesellschaftlichen Charakter der in der Individualgeschichte sich herausbildenden menschlichen Fähigkeiten und Funktionen nicht angemessen erfassen kann; die Ähnlichkeiten und Unterschiede zwischen *Piagets* Lehre und der Lehre der *Leontjew*-Schule, die von *Leontjew* und seinen Mitarbeitern an mehreren Stellen diskutiert werden, können hier nicht ausführlich herausgestellt werden.

Der Prozeß der individualgeschichtlichen Entwicklung der Wahrnehmung in ihrer menschlichen Spezifik, vermittelt durch die Aneignung von Gegenstandsbedeutungen, läßt sich unter den gewonnenen Gesichtspunkten bis zu einem gewissen Grade genauer kennzeichnen. – So ist aus der allgemeineren Charakterisierung des Aneignungvorganges abzuleiten, wie eng die Beziehung zwischen der *Ausbildung der motorischen Tätigkeit des Kindes und der Ausbildung der bedeutungsbezogenen Wahrnehmungsweise ist. In dem Maße, wie das Kind lernt, die Form seiner motorischen Tätigkeit der »objektiven Logik« des Gegenstandes anzumessen, d. h. dessen objektiven Gebrauchswert-Bestimmungen in der Tätigkeit adäquat Rechnung zu tragen, erfaßt es auch in der Wahrnehmung die gegenständliche Bedeutungshaftigkeit des Gegenstandes als orientierungsrelevanten Aspekt der jeweiligen Besonderheiten der Gebrauchswert-Vergegenständlichungen.* Umgekehrt befördert ein wachsender Grad der Adäquanz der wahrnehmenden Erfassung gegenständlicher Bedeutungsmomente auch die Annäherung der motorischen Tätigkeit an das »gegenständliche Niveau« der sachlogischen Adäquanz der Tätigkeitsvollzüge. Durch diesen fortschreitenden Wechselwirkungsprozeß entwickeln sich beim Kind allmählich *funktionale Systeme, die durch gesellschaftlich-historisch gewordene Gegenstandsbedeutungen geprägt, also in ihrer menschlichen Spezifik selbst historisch-gesellschaftlicher Natur sind; solche funktionalen Möglichkeiten sind gleichzeitig dispositionelle Voraussetzungen für die immer adäquatere Wahrnehmung von gegenständlichen Bedeutungen und für den immer »sachgemäßeren« Umgang mit den von Menschen geschaffenen Dingen als Bedeutungsträgern. Die funktionalen Systeme repräsentieren den historischen Stand und die Eigenarten der arbeitsteiligen Produktion einer Gesellschaftsformation in dem Maße, wie dieser Stand in der laufend sich erweiternden und differenzierenden vom Kind angeeigneten Welt gegenständlicher Bedeutungen Nieder-*

schlag findet, bis schließlich die von einem bestimmten Menschen unter seinen besonderen Lebensbedingungen erreichbare gesellschaftliche Ebene der gegenständlichen Bedeutungsstrukturen in den von ihm herausgebildeten Funktionssystemen verkörpert ist, und damit die optimale Adäquanz der Bedeutungswahrnehmung und Sachgerechtigkeit der Tätigkeitsgestaltung nach Maßgabe seiner Möglichkeiten voll realisierbar wurden. Mit der individualgeschichtlichen Reproduktion der historisch gewordenen, in den materiellen Produkten menschlicher Arbeit verkörperten gesellschaftlichen Erkenntnis- und Tätigkeitsmöglichkeiten des Menschen auf einer bestimmten geschichtlichen Entwicklungsstufe hat der Mensch seine volle Gesellschaftlichkeit erreicht, wird er zum wirklichen Träger der gesellschaftlichen Erfahrungskumulation und kann er seinen Beitrag zur Weiterentwicklung der Gesellschaft leisten.

Die erweiterten Einsichten in den allgemeinen Charakter des Aneignungsprozesses erlauben noch eine genauere Explikation der früher dargelegten *Einheit zwischen gegenständlichen Bedeutungsmomenten und figural-qualitativen Eigenschaften* eines wahrgenommenen Dinges. Solange ein Kind in dem (weitgehend virtuellen) Stadium der bloßen »Natürlichkeit« seiner Bewegungen mit einem Gebrauchsgegenstand, etwa dem Löffel, wie mit einem bloß vorgefundenen, nicht von Menschen gemachten Ding umgeht, hat auch seine Orientierungsaktivität lediglich das Niveau der Erfassung figural-qualitativer Eigenschaften des Dinges. In dem Maße jedoch, wie das Kind seine Tätigkeit der »objektiven Logik« des Gegenstandes, den in ihm vergegenständlichten allgemeinen Zwecksetzungen anmißt, *werden die figural-qualitativen Eigenschaften des Dinges die sinnliche Verkörperung seiner je besonderen gegenständlichen Bedeutungshaftigkeit, umgekehrt werden die gegenständlichen Bedeutungsmomente sinnliche Träger seiner je besonderen figural-qualitativen Beschaffenheit;* indem diesem Ding bestimmte figural-qualitative Merkmale zukommen, ist es ein Löffel; da dieses Ding ein Löffel ist, kommen ihm bestimmte figural-qualitative Merkmale zu.

Die Frage, wie die Beziehung zwischen den gegenständlichen Bedeutungsmomenten eines Dinges und seinen abstraktiv gewinnbaren figural-qualitativen Beschaffenheiten im einzelnen zu kennzeichnen ist, eröffnet ein neues Feld experimenteller Arbeit. Offensichtlich sind bestimmte figural-qualitative Variablen für manche Gegenstände in höherem Grade bedeutungskonstitutiv als andere bzw. umgekehrt: »fordern« manche Gegenstandsbedeutungen in höherem Grade bestimmte figural-qualitative Variablen als andere. Die ausgehöhlte Verdickung am Ende eines Stieles verweist z. B. in höherem Grade auf einen »Löffel« als etwa die Länge des Stieles oder die Farbe des Gegenstandes; ein Rad »fordert« die Kreisform als Konstituens seiner Gegenstandsbedeutung; bei einem Kuchen dagegen ist die Kreisform nur ein untergeordnetes figurales Attribut seiner Bedeutungshaftigkeit. Man kann bei einem bestimmten Gegenstand seine figural-qualitativen Attribute danach, wieweit sie für seine Gegenstandsbedeutung »zentral« bzw. »peripher« sind, in eine Hierarchie anordnen. Solche Hierarchien sind nicht lediglich »subjektiver« Art. Die »Zentralität« bzw. »Peripherität« gewisser figural-qualitativer Merkmale bestimmt sich nach den in der Gegenstandsbedeutung durch den Herstellungsakt verkörperten allgemeinen Zwecksetzungen des Dinges. Die objektive Gebrauchswertcharakteristik eines Löffels als Arbeitsprodukt erfordert eine ausgehöhlte Verdickung am Stielende, die gemäß der Zwecksetzung durch planvolle Tätigkeit im »Löffel« vergegenständlicht ist; die Stiellänge und noch mehr die Farbe sind dagegen durch die Gebrauchswert-Antizipation nicht eindeutig festgelegt, können also im Herstellungsakt bei jedem Exemplar des Löffels in gewissem Maße bzw. beliebig variiert werden, ohne daß die verallgemeinerte objektive Zwecksetzung verfehlt wäre. *Der objektive Stellenwert eines figural-qualitativen Attributes bei der Vergegenständlichung einer bestimmten objektiven Gebrauchswert-Charakteristik spiegelt sich in dem Stellenwert dieses Attributes bei der wahrnehmenden Erfassung der Gegenstandsbedeutungen*, und zwar in um so höherem Grade, je weiter im Aneignungsprozeß die Disposition zur adäquaten wahrnehmenden Erfassung von gegenständlichen Bedeutungsmomenten vorangeschritten ist. – Die damit formulierten Thesen wären theoretisch zu präzisieren und empirisch zu prüfen. Dabei ergibt sich eine Vielzahl weiterer Hypothesen hinsichtlich des *»organisierenden« Charakters der durch gesellschaftliche Arbeit vergegenständlichten bedeutungskonstitutiven Züge von Dingen für die menschliche Wahrnehmungswelt*; etwa die Annahme, daß in höherem Grade objektiv bedeutungsrelevante Attribute in der Wahrnehmung *stärker hervortreten, schneller und präziser aufgefaßt, besser behalten werden* etc., als bedeutungsirrelevante Attribute. Auch neue theoretische Annahmen über den Prozeß des *»Wahrnehmungslernens«* als immer angemessenere hierarchische Strukturierung figural-qualitativer Dingbeschaffenheiten in der Bedeutungserfassung, damit Annäherung an die durch objektiv-verallgemeinerte Zwecksetzungen bedingten Merkmalshierarchien gesellschaftlich hergestellter Gegenstände könnten hier entwickelt und geprüft werden etc.

Die mit motorischer Tätigkeit, die den Gebrauchswert-Bestimmungen eines Dinges immer adäquater wird, sich entwickelnde wahrnehmende Erfassung der Gegenstandsbedeutungen des Dinges ist die Grundlage für die *Beziehbarkeit von Symboldeutungen auf sinnliche Gegebenheiten; das Kind kann in dem Maße begreifen, was mit bestimmten Symbolbedeutungen, die ihm in seiner Umwelt angeboten werden, gemeint ist, wie es die jeweils zugeordneten Gegenstandsbedeutungen in praktische Tätigkeit angeeignet hat.* Nur auf diese Weise gewinnen etwa »Worte« als sinnlich-akustische Tatbestände allmählich ihren *»Verweisungscharakter«* für das Kind, können von ihm in ihrer objektiven symbolischen Bedeutung benutzt werden. Damit erst ist auch die *Be-*

deutungsbezogenheit der Wahrnehmung voll entfaltet, werden die Gegenstandsbedeutungen der Weltgegebenheiten *explizit »durch ihren Begriff hindurch«* wahrgenommen; die Merkmale der gegenständlichen Bedeutungsmomente gewinnen so den Charakter von »begrifflichen« Bestimmungen, die nicht mehr nur durch die praktische Tätigkeit, sondern auch direkt über die symbolische Kommunikation vermittelt sind. – Da die Symbolbedeutungen nicht auf Dinge als solche, sondern nur auf Dinge, deren Gegenstandsbedeutung praktisch angeeignet ist, beziehbar sind, stellen die Gegenstandsbedeutungen das *Konstituens für die Inhaltlichkeit, den Realitätsbezug von Systemen symbolischer Bedeutungen*, wie sie das Kind im Aneignungsvollzug auffaßt, dar. Die Aneignung von Gegenstandsbedeutungen ist das Fundament für die Aneignung von Symbolbedeutungen, bildet damit auch die Voraussetzung dafür, daß das Kind die in den ikonischen und diskursiven Symbolwelten auf erweiterter Stufenleiter, in verdichteter und hochverallgemeinerter Form kumulierte gesellschaftliche Erfahrung in seine eigene Erfahrung einbeziehen kann, und so die Möglichkeit zu präsenzentbundenem »Denken«, einer reflexiven Stellung der Welt und sich selbst gegenüber und der Bildung historischen Bewußtseins gewinnt; im gegenwärtigen Zusammenhang bedeutet dies, daß die in der gesellschaftlich-historischen Entwicklung auf der Grundlage vergegenständlichender materieller Arbeit gewonnene Möglichkeit zur symbolischen Welterfassung vom Kind durch die *praktische, sachadäquate Tätigkeit, damit die Aneignung von Gegenstandsbedeutungen, die wiederum die Grundlage für eine Aneignung von Symbolbedeutungen darstellt, in seiner individuellen Geschichte auf bestimmte Weise nachvollzogen werden muß* (vgl. hierzu Kap. 5.3 dieses Buches, S. 147 ff.). In gesellschaftlich-historischer wie in individualgeschichtlicher Größenordnung basieren sinnliche und denkende Erkenntnis auf materiell-gegenständlicher Tätigkeit (und sind gleichzeitig funktionale Bedingungen der Möglichkeit solcher Tätigkeit).

Der durch die Aneignung vollzogene Prozeß der *Interiorisierung*, der stufenweisen »Verinnerlichung« von praktisch-motorischen Tätigkeiten zu sprachlich-symbolischen und »geistigen« Operationen, ist insofern auch zur richtigen Kennzeichnung der *Wahrnehmungs*entwicklung wesentlich, als – wie gesagt – die »Begrifflichkeit«, durch die hindurch die Gegenstandsbedeutungen hinsichtlich bestimmter Momente wahrnehmend erfaßt werden, mit fortschreitender Entwicklung in immer höherem Maße von den selbständig angeeigneten Strukturen objektiver symbolischer Bedeutungen geprägt ist. Zwar werden in der Wahrnehmung stets durch gesellschaftliche Arbeit zur Erscheinung gebrachte wirkliche Eigenschaften der Dinge wahrgenommen: *welche selektive Akzentuierung diese Eigenschaften erfahren, in welchen*

Allgemeinheitsstufen sie auffaßbar sind, welche Züge an den realen gegenständlichen Bedeutungsstrukturen als sinnlich erkannte Zusammenhänge herausgehoben werden, dies hängt aber in wesentlichen Momenten von der objektiven Beschaffenheit der angeeigneten gesellschaftlich gewordenen Symbolstrukturen wie von der Art der subjektiven Repräsentanz dieser Strukturen ab (vgl. Ulmann; i. Vorb.). In der Wahrnehmungsforschung sind demnach nicht nur die funktionalen Systeme, soweit sie resultativer Ausdruck der Aneignung von Gegenstandsbedeutungen sind, zu berücksichtigen, sondern auch die aus der »verinnerlichenden« Aneignung von Symbolbedeutungen erwachsenen Funktionseigentümlichkeiten (beide Momente hängen im Aneignungsvollzug, wie aufgewiesen, eng miteinander zusammen).

Ein wesentliches Kennzeichen des Aneignungvollzuges, wie er von *Leontjew* und seinen Mitarbeitern theoretisch und empirisch analysiert wurde, ist die Tatsache, *daß der unterstützende Erwachsene von allem Anfang an in den Aneignungsprozeß einbezogen ist*. Die Beziehung zwischen dem Kind und dem Erwachsenen hat nur in den ganz frühen Entwicklungsstadien unvermittelten Charakter, wo das Neugeborene weitgehend passives Objekt der Pflege des Erwachsenen ist. Sobald das Kind gegenständliche Weltgegebenheiten in seine Aktivitäten einbezieht, ist die Beziehung zwischen Kind und Erwachsenen *in immer höherem Maße durch die gegenständliche Bedeutungshaftigkeit der Dinge und die durch sie objektiv geforderte Adäquanz der Tätigkeit* vermittelt. Kind und Erwachsener treten sich hier nicht mehr in lediglich »sozialen« Kommunikationsformen gegenüber: Wenn es darum geht, die adäquate Tätigkeit gegenüber einem Löffel zu erlernen, damit seine gegenständliche Bedeutungshaftigkeit zu erfassen, *sind das lernende Kind und der unterstützende Erwachsene gemeinsam den sachlichen Notwendigkeiten der im Löffel vergegenständlichten allgemeinen Zwecksetzungen unterworfen und durch diese Notwendigkeiten in ihren »Beiträgen« miteinander koordiniert*. – Demnach ist die Kommunikation zwischen Kind und Erwachsenem im Aneignungsprozeß eine Form von *Kooperation*, wie wir sie früher als Grundcharakteristikum gesellschaftlicher Arbeit des Menschen gekennzeichnet haben (vgl. S. 137 ff.). Diese Kooperationsform, die bald nicht mehr lediglich durch die Notwendigkeiten gesellschaftlich gewordener Gegenstandsbedeutungen, sondern, beim »Sprechenlernen«, auch durch die Notwendigkeiten gesellschaftlich gewordener Symboldeutungen vermittelt ist und allmählich den Charakter der intentionalen »Erziehung« annimmt, unterscheidet sich von der Kooperation im gesellschaftlich-historischen Entwicklungsprozeß durch ihre dyadische *Asymmetrie*. In dem Maße, wie der »Vorsprung« des unterstützenden Erwachsenen gegenüber dem Kind im Aneignungsprozeß sich verringert, nähert sich das Kind (nach Maßgabe seiner je bestimmten Lebensumstände) dem *gesellschaftlichen Standard der Kooperation* (in ihren historisch bestimmten Ausprägungsformen) *an, kann seinen Beitrag zur kooperativen gesellschaftlichen Lebenserhaltung leisten.* Die Vermitteltheit von zwischenmenschlichen Beziehungen über sachliche Notwendigkeiten vergegenständlichender Arbeit, die im historischen Prozeß die Spezifik »menschlicher« Formen der Interaktion und Kommunikation ausmachen, und durch die die spezifisch »menschliche« Weise der Kommunikativ-Orientierung ausgezeichnet ist, bestimmen auch die in der individualgeschichtlichen Entwicklung dem Kind und dem Erwachsenen »aufgegebenen« Ziele, fordern daher mit objektiver Notwendigkeit den kooperativen Charakter der Interaktion und Kommunikation zwischen Kind und Erwachsenem.

Nun läßt sich auch die Herausbildung der *interpersonalen Wahrnehmung als spezifisch menschliche, auf personale Gegenstandsbedeutungen bezogene Art der Kommunikativ-Orientierung im individualgeschichtlichen Aneignungsprozeß* in ihren prinzipiellen Zügen verdeutlichen. Das Kind, indem es mittels der unterstützenden Tätigkeit des Erwachsenen gegenständliche Bedeutungsmomente sachlicher Gegebenheiten auffassen lernt, erfährt gleichzeitig bestimmte Eigenarten des Tätigkeitsvollzuges des Erwachsenen als Momente personaler Gegenstandsbedeutungen. Wie sich die sachlichen Gegenstandsbedeutungen über die den allgemeinen Zwecksetzungen, die im Ding verkörpert sind, adäquate praktische Tätigkeit enthüllt, so enthüllt sich die personale Gegenstandsbedeutung von Tätigkeiten mit der Auffassung ihrer je besonderen Gestaltetheit durch die in den Gebrauchsdingen vergegenständlichten allgemeinen Zwecksetzungen. Die Gegenstandsbedeutung des Löffels enthüllt sich im adäquaten Löffelgebrauch, die Gegenstandsbedeutung der löffelführenden Tätigkeit im Hinblick auf die objektiven Gebrauchseigenschaften des Löffels. Sachliche und personale Gegenstandsbedeutungen haben von Beginn an den – früher dargelegten (vgl. S. 146) – Charakter der gegenseitigen Verweisung aufeinander. So werden im Aneignungsvorgang die biologisch-organismisch überkommenen Weisen der Kommunikativ-Orientierung allmählich überformt von der durch Sachnotwendigkeiten vermittelten Erfassung personaler Bedeutungsmomente, womit in der individualgeschichtlichen Entwicklung *schrittweise das Niveau interpersonaler Wahrnehmung als orientierungsrelevanter Aspekt der gesellschaftlichen Kooperation erreicht wird* (vgl. S. 140 ff.). – Auf dem Wege dorthin muß es, bald unter Einbeziehung symbolischer Bedeutungsmomente, zur Herausbildung mannigfacher Invarianzen, Verallgemeinerungen und Differenzierungen kommen. Indem z. B. das Kind die besondere Weise der aktuellen väterlichen Beiträge zur Unterstützung seiner Aneignungsbemühungen wahrnehmend erfaßt, erfaßt es immer mehr auch die durchgehende Eigenart dieser Tätigkeiten als Tätigkeiten des »Vaters« (abgehoben etwa von den Tätigkeiten der Geschwister). So bildet sich beim Kind allmählich die *Möglichkeit der Wahrnehmung von relativ invarianten personalen Bedeutungsmomenten als Ausdruck dispositioneller Tätigkeitsmerkmale des Vaters heraus*. In dem Maße, wie im Aneignungsvollzug der gegenständlichen Bedeutungshaftigkeit der väterlichen Tätigkeitsdispositionen ihr verallgemeinerter »Begriff« gegenübergestellt wird, kann durch diesen Begriff hindurch die jeweils aktuelle väterliche Tätigkeit als besonderer »Fall von« Vatertätigkeit aufgefaßt und so in ihren wesentlichen Zügen generalisierend akzentuiert werden. Damit ist die Voraussetzung dafür geschaffen, Verallgemeinerungen von der speziellen personalen Bedeutungshaftigkeit eines bestimmten Vaters auf »väterliche« Personbedeutungen schlechthin in ihrer Beziehung zu andersgearteten Personbedeutungen zu vollziehen etc. Es wäre theoretisch zu präzisieren und empirisch zu prüfen, wie auf diese Weise durch den Aneignungsprozeß, gleichzeitig mit der Ausweitung und Generalisierung der Erfassung von Strukturen sachlicher Gegenstandsbedeutungen, die je besonderen gesellschaftlichen Kooperationsstrukturen, durch welche die zwischenmenschlichen Beziehungen auf erweiterter Stufenleiter gemäß den Notwendigkeiten der gesellschaftlichen Lebenserhaltung koordiniert sind, als Dimensionen personaler Bedeutungsmomente die interpersonale Wahrnehmung bestimmen, also die Variablen determinieren, auf denen andere Menschen aufgrund der beim Wahrnehmenden durch Aneignung aufgebauten funktionalen Systeme hinsichtlich ihrer Tätigkeiten, »Fertigkeiten«, »Fähigkeiten«, »Eigenschaften« etc. voneinander unterschieden werden (vgl. S. 138 ff.).

Es ist mithin unangemessen, wie in der formalistischen Wahrnehmungslehre sachliche und personale Gegebenheiten als zwei sich äußerlich gegenüberstehende Klassen von »Reizen« zu betrachten, die dem unbeteiligten Wahrnehmenden dargeboten werden, und danach »Dingwahrnehmung« und »Personwahrnehmung« nebeneinander zu stellen. *Bedeutungswahrnehmung ist immer Erfassung der Vermitteltheit zwischen sachlichen und personalen Gegenstandsbedeutungen, wobei der Wahrnehmende als solcher in das gesellschaftliche Verhältnis kooperativ-arbeitsteiliger Produktion einbezogen ist.* Der objektive Gehalt von sachlichen Gegenstandsbedeutungen offenbart sich dadurch, daß Menschen einer Sache gegenüber »sachgemäß« tätig werden. Die menschliche Tätigkeit und damit der tätige Mensch werden dadurch »verständlich«, daß die Ziele und Zwecke der Tätigkeit und ihre dadurch bedingte konkrete Gestalt nach der Bedeutung des Gegenstandes, auf den sie gerichtet ist, bemessen werden. *»Richtige« Personwahrnehmung, angemessene Erfassung personaler Bedeutungsmomente bestimmt sich also nach den Sachnotwendigkeiten der*

Aufgabe, durch welche der Wahrnehmende mit der wahrgenommenen Person direkt oder indirekt kooperativ verbunden ist[58]. Dies gilt nicht nur im Bereich der auf in der äußeren Welt lokalisierte Sachverhalte bezogenen direkten kooperativen Tätigkeit, sondern auch für die lediglich symbolische Kooperation, die durch den objektiv-sachlichen Gehalt der im Denken zu lösenden Aufgabe vermittelt ist.

Das Problem der interpersonalen Verständigung zwischen Menschen, des »Ausdrucksverstehens« etc. ist also von vornherein falsch angegangen, wenn man meint, hier werde Zugang zu einem irgendwie in sich beschlossenen »Inneren« des anderen gefunden, seine in ihm steckenden »Gefühle«, »Eigenschaften« o. ä. träten an seiner Körperoberfläche für andere erfahrbar zutage. Der Mensch ist ein arbeitendes, sich entäußerndes Wesen. Es ist nichts »in« ihm, was nicht rückwirkende »Verinnerlichung« seiner Arbeit, in der er sich entäußert, und demnach aus der Eigenart seiner Tätigkeit rückschließbar wäre. Selbst die besondere Weise der »Subjekteingeschlossenheit« und »Unzugänglichkeit« eines Menschen ist Resultat der individuellen Aneignung bestimmter gesellschaftlich gewordener Bedeutungsstrukturen (vgl. S. 370). Die gesellschaftliche Wirklichkeit, die im individualgeschichtlichen Prozeß angeeignet wird, das »Dritte«, über das die Menschen miteinander verbunden sind, ist die Grundlage dafür, daß sie sich soweit untereinander »kennen«, um sich unter gewissen Bedingungen »erkennen« zu können. Der andere Mensch erscheint in der Wahrnehmung als Wesen, das *durch seine bewußte zweckgerichtete Tätigkeit über den Aneignungsprozeß* (in gewissem Maße) *an der gleichen historisch gewordenen menschlichen Welt teilhat,* wie der Wahrnehmende und dessen subjektives »Bei-sich-Sein« mithin nicht prinzipiell anders geartet ist als das eigene. Nur weil ich mich auf diesem Wege bis zu einem bestimmten Grade in dem anderen »*wiedererkenne*«, ist spezifisch menschliche Kommunikativ-Orientierung überhaupt möglich, in der im Bedeutungssystem des selbstverständlich Bekannten neue Bedeutungsmomente in ihrer Eigenart bestimmbar sind.

Auch diese Hinweise auf einen neuen Ansatz zur Klärung des Problems des interpersonalen Verstehens wären natürlich zu präzisen theoretischen Konzeptionen weiterzuentwickeln und empirischer Prüfung zu unterwerfen.

An den bisherigen Ausführungen über die individualgeschichtliche Entwicklung der Wahrnehmung durch Aneignung von Gegenstandsbedeutungen (auf der Grundlage der ontogenetischen Ausfaltung phylogenetisch gewordener Möglichkeiten) sollten wesentliche Eigenarten der Vergesellschaftung menschlicher Wahrnehmungstätigkeit deutlich werden: Die Wechselwirkung zwischen praktischer Tätigkeit auf gegenständlichem Niveau und aneignender Erfassung von gegenständ-

---

[58] Der Umstand, daß dabei biologisch-organismische Weisen der Informationsübermittlung immer als Ermöglichungsgrund spezifisch »menschlicher« Formen der Kommunikativ-Orientierung mitzudenken und bei der empirischen Forschung mitzuberücksichtigen sind, wird nicht jedes Mal eigens hervorgehoben.

lichen Bedeutungsmomenten in den Frühphasen der Entwicklung; die Wechselwirkung zwischen praktischer Berücksichtigung und wahrnehmender Erfassung von Gegenstandsbedeutungen auf der einen Seite und der Herausbildung von über die gesellschaftlich gewordenen Gegenstandsbedeutungen gesellschaftlich geprägten Funktionssystemen beim Wahrnehmenden auf der anderen Seite; die Fundierung der Aneignung von Symbolbedeutungen (mit ihren Rückwirkungen auf die Wahrnehmungstätigkeit) in den frühen Formen der in praktischer Tätigkeit angeeigneten Gegenstandsbedeutungen; die Bedingtheit des Aneignungsprozesses durch die Notwendigkeiten der historisch-gesellschaftlich gewordenen Produktionsweise und Lebensform, damit die (wie immer modifizierte) Reproduktion der Stufen von der (lediglich potentiell gesellschaftlichen) »natürlichen« Orientierungsaktivität des Säuglings bis zur sinnlichen Erkenntnis auf der Ebene voller manifester Gesellschaftlichkeit des Menschen als »Aufgabe« der individualgeschichtlichen Entwicklung in Richtung auf die wachsende Teilhabe an gesellschaftlich kumulierter Erfahrung und die Möglichkeit des persönlichen Beitrags zum gesellschaftlichen Leben (nach Maßgabe der je besonderen Umstände) etc.

Die damit resümierten Auseinanderlegungen, obzwar auf die Aneignungskomponente der individualgeschichtlichen Entwicklung »heute lebender« Menschen bezogen, blieben dennoch *prinzipiell in dem gleichen Sinne »abstrakt«* wie die auf den urgesellschaftlichen Menschen bezogene Herausarbeitung allgemeinster menschlicher Spezifika der Wahrnehmung in Abhebung von biologisch-organismischen Charakteristika, die im 5. Hauptteil versucht wurde. *Wir haben zwar Feststellungen über die Wahrnehmungsentwicklung des Menschen in der bürgerlichen Gesellschaft getroffen, dabei aber nur die Merkmale erfaßt, die diese Entwicklung mit der Wahrnehmungsentwicklung als Teilmoment der Vergesellschaftung des Menschen überhaupt gemeinsam hat.* Der bisher beschriebene Aneignungsprozeß in seinen verschiedenen Bezügen ist *nicht auf die historische Bestimmtheit der Individualgeschichte des Menschen in der bürgerlichen Gesellschaft hin konkretisiert.*

»Abstraktheit« in dem genannten Sinne ist auch dem von *Leontjew* erarbeiteten Konzept der »Aneignung gesellschaftlich-historischer Erfahrung durch den Menschen« eigen, das den Rahmen für unsere spezielleren Darlegungen über die Wahrnehmungsentwicklung bildete. Zwar finden sich bei *Leontjew* allgemeine Ausführungen über das »Bewußtsein des Menschen unter den Bedingungen der Klassengesellschaft und der sozialistischen Gesellschaft« (1973, S. 235 ff.). Bei der Darstellung des Aneignungsvorganges selbst wird aber dem Umstand, daß die anzueignende gesellschaftliche Erfahrung die einer bestimmt strukturierten, konkreten Gesellschaftsform ist, außer acht gelassen. Dies ist besonders klar an den zum Aneignungsprozeß durchgeführten empirischen Untersuchungen von *Leontjew* und seinen Mitarbeitern zu ersehen. *Galperin* (1967) z. B. untersucht die »etappenweise Bildung geistiger Operationen« an von ihm selbst entworfenen »Aufgaben«, die in der Schule geforderte formale Denkleistungen provozieren sollen. Das Problem der denkenden Bewältigung der die Kinder umgebenden gesellschaftlichen Lebenswirklichkeit taucht nirgends auf. *Die Entwicklung des Menschen zur Gesellschaftlichkeit wird hier keineswegs als die Entwicklung des Menschen unter den konkreten Bedingungen der sozialistischen Übergangsgesellschaft in der historischen Ausprägungsform der Sowjetunion begriffen.* Der »gesellschaftliche Mensch«, auf den sich die psychologische Konzeption der *Leontjew*-Schule bezieht, ist ein abstrakt-gesellschaftlicher Mensch, dessen Bedürfnisse, Fähigkeiten, Funktionen, wie sie sich durch Aneignung von objektiven Strukturmomenten der in einer notwendig widersprüchlichen, spannungsvollen Übergangsphase befindlichen sowjetischen Gesellschaft herausgebildet haben, nur in ihren allgemeinen gesellschaftlichen Zügen erfaßt werden, in ihrer historischen Bestimmtheit aber verborgen bleiben. Demgemäß können hier auch die durch objektive Entwicklungseigentümlichkeiten gesellschaftlicher Strukturen bedingten, und auf die gesellschaftliche Entwicklung zurückwirkenden, Spezifika der Erkenntnis- und Tätigkeitsmöglichkeiten des Menschen in der sowjetischen Gesellschaft kaum wissenschaftlich erforscht werden; ein unmittelbarer »kritischer« Beitrag zur allmählichen Überwindung des Sozialismus und seine Aufhebung im Kommunismus kann von einer solchen Psychologie nicht geleistet werden.

Derartige Feststellungen dürfen nicht einfach als eine »Kritik« an der *Leontjew*-Schule aufgefaßt werden. Die sowjetischen Gesellschaftswissenschaften einschließlich der Psychologie müssen in ihrer Eigenart und Funktion selber wieder aus dem Entwicklungsstand der Produktivkräfte und Produktionsverhältnisse in der Sowjetunion begriffen werden. Die objektive Möglichkeit der Kritik der bürgerlichen Gesellschaft, wie sie von *Marx* realisiert wurde, war an einen bestimmten Ausprägungsgrad des Widerspruchs zwischen Produktivkräften und Produktionsverhältnissen der kapitalistischen Gesellschaftsformation gebunden. In den sozialistischen Übergangsgesellschaften ist ein Grad an Produktivkraft-Entfaltung, der an die Grenzen der sozialistischen Produktionsverhältnisse stößt und damit den konkreten »Begriff« ihrer historischen Bestimmtheit und ihres transitorischen Charakters hervortreiben würde, möglicherweise noch nicht erreicht. In diesem Falle wäre die objektive Funktion der Gesellschaftswissenschaften zur Weiterentwicklung der sozialistischen Gesellschaften gegenwärtig zuvörderst ihr Beitrag zur Produktivkraft-Steigerung; die konkrete Negation historisch bestimmter gesellschaftlicher Verhältnisse und Herausarbeitung ihrer in Richtung auf eine kommunistische Lebensform vorantreibenden Widersprüche wäre erst in späteren historischen Entwicklungsphasen möglich und notwendig.

Gleichviel, wieweit solche Überlegungen im Ansatz berechtigt sind (was nur in eingehenden Analysen abgeklärt werden könnte): Unsere psychologische Konzeption bezieht sich nicht auf den Menschen in sozialistischen Gesellschaften, sondern auf den Menschen in der bürgerlichen Gesellschaft, einer Gesellschaftsformation, deren antagonistische Widersprüche einen historischen Ausprägungsgrad erreicht haben, wo nicht nur ihre wissenschaftliche Erfassung möglich und notwendig wurde, sondern wo diese Widersprüche im Bewußtsein der Massen so weit zur materiellen Gewalt geworden sind, daß den kapitalistischen Gesellschaften ihre eigene Vergänglichkeit und Zukunft als anderer Teil der Welt – den sozialistischen Gesellschaften mannigfacher Ausprägungsform – in historischer Gleichzeitigkeit gegenübersteht. Der Gesellschaftswissenschaftler in der bürgerlichen Gesellschaft kann seine Aufgabe als Wissenschaftler nur erfüllen, wenn seine Denk- und Vorgehensweisen die Gewinnung von Einsichten in die historische Besonderheit kapitalistischer Lebensverhältnisse prinzipiell möglich machen. Unter diesen Prämissen ist *für uns* ein psychologischer Grundansatz, der die historische Bestimmtheit des Menschen in der bürgerlichen Gesellschaft nicht erfaßt, *nach wissenschaftlichen Kriterien unzulänglich.*

Die psychologische Konzeption der »Aneignung gesellschaftlicher Erfahrung durch den Menschen«, wie sie von *Leontjew* und seinen Mitarbeitern entwickelt wurde, hat die formalistisch-organismischen Befangenheiten der bürgerlichen Psychologie weit hinter sich gelassen. Die Erforschung der menschlichen Individualgeschichte als Einheit von historisch-gesellschaftlicher Vergegenständlichung und individueller Aneignung, der Aufweis, daß nicht »geheimnisvolle psychische Prozesse, sondern« die »gegenständliche Tätigkeit zum unmittelbaren Gegenstand der Psychologie« gemacht werden muß (*Galperin* 1967, S. 370) und die auf dieser Basis gewonnenen theoretischen Ansätze und empirischen Befunde enthalten wichtige und bleibende Erkenntnisse. *Diese Erkenntnisse sind auch für die psychologische Erforschung des Menschen in der bürgerlichen Gesellschaft von entscheidendem Wert, sofern man sie als die Explikation der allgemeinen Züge an der individuellen Entwicklung des gesellschaftlichen Menschen versteht, die durch die besonderen Bedingungen der bürgerlichen Gesellschaftsstruktur ihre historische Bestimmtheit gewinnen.* Die Erkenntnisse, wie sie die *Leontjew*-Schule erbracht hat, verkehren sich indessen *für uns* zu *schädlichen Irrtümern*, wenn wir die dort herausgearbeiteten allgemeinen Züge der Entwicklung des gesellschaftlichen Menschen *als konkrete Züge menschlicher Gesellschaftlichkeit unter kapitalistischen Produktionsbedingungen* mißdeuten. Damit wäre die *»kritische« Funktion, die gesellschaftswissenschaftlicher Erkenntnis in der bürgerlichen Gesellschaft von ihrem Gegenstand aufgezwungen wird,* für die Psychologie verfehlt.

Unsere Auseinanderlegungen der Wahrnehmungsentwicklung durch Aneignung von Gegenstandsbedeutungen erheben den Anspruch, »richtige«, angemessene Heraushebungen allgemeiner Züge des individualgeschichtlichen Gewordenseins der Wahrnehmungstätigkeit und -funktion des Menschen in der bürgerlichen Gesellschaft zu sein, womit die so erreichten »vortheoretischen« Klärungen bei jeder wahrnehmungspsychologischen Theoriebildung zu berücksichtigen wären. Dieser Anspruch schließt ein, daß an den historischen Besonderheiten der menschlichen Wahrnehmung unter bürgerlichen Lebensverhältnissen sich die herausgehobenen allgemeinen Momente stets abstraktiv aufweisen lassen müssen. Wir haben in den folgenden Analysen die bisherigen allgemeinen Einsichten über die menschliche Wahrnehmung in ihrer Gewordenheit weder hinter uns zu lassen noch zu revidieren, sondern auf die historische Bestimmtheit von individualgeschichtlichen Entwicklungsprozessen in der bürgerlichen Gesellschaft hin zu *konkretisieren*.

Die individualgeschichtliche Entwicklung der Wahrnehmung ist die empirische Wirklichkeit, an der die ontogenetische Ausfaltung der phylogenetisch gewordenen Möglichkeiten der Orientierung erfolgt, und in welcher gleichzeitig durch den Aneignungsprozeß die Ebene menschlicher Erkenntnistätigkeit gemäß den allgemeinsten Notwendigkeiten gesellschaftlicher Lebenserhaltung erreicht werden muß. Die Individualgeschichte ist mithin auch der Ort, an welchem die psychologische Forschung – nachdem der Zwischenschritt der abstrakten Charakterisierung der Wahrnehmungsentwicklung als gesellschaftliche Funktion nun vollzogen ist – die individuelle Entwicklung der Wahrnehmungstätigkeit des Menschen in der bürgerlichen Gesellschaft hinsichtlich der Mannigfaltigkeit ihrer konkreten Bestimmungen aufzuweisen hat. – Damit sind wir präzise an der Stelle, wo im Gang unserer Gesamtuntersuchung, wie er früher geschildert wurde (vgl. S. 60 ff.), die Abstraktion zur Konkretisierung umschlagen muß.

7.2 Die individualgeschichtliche Wahrnehmungsentwicklung in ihrer Bedingtheit durch Bedeutungsmomente der bürgerlichen Gesellschaftsstruktur

Unter allen Teilbedingungen der Gewordenheit menschlicher Wahrnehmung sind es allein die gegenständlichen (und symbolischen) Bedeutungsstrukturen, die objektive Momente gesellschaftlicher Strukturen darstellen, sich mit der Veränderung solcher Strukturen verändern und demnach auch durch die historische Bestimmtheit der bürgerlichen Gesellschaftsformation charakterisiert sind. – Besonderheiten der Wahrnehmungstätigkeit und Wahrnehmungsfunktion des Menschen in der bürgerlichen Gesellschaft sind abhängig von den Besonderheiten des Prozesses der Bedeutungs-Aneignung; der Aneignungsprozeß selbst ist wiederum abhängig von den Besonderheiten der objektiven Bedeutungsstrukturen, auf die der individualgeschichtliche Aneignungsvollzug gerichtet ist.

Die von uns zu leistende Konkretisierung des Aufweises von Zügen der Wahrnehmungsaneignung unter bürgerlichen Lebensverhältnissen, die lediglich »allgemeine« Merkmale der Entwicklung zur vollen Gesellschaftlichkeit des Menschen *überhaupt* sind, auf die Herausarbeitung solcher Züge hin, deren resultativer Ausdruck in historischen *Besonderheiten* der Wahrnehmungstätigkeit und -funktion des Menschen in der *bürgerlichen* Gesellschaft liegt, setzt also eine *Explikation der Eigenart der bürgerlichen Gesellschaftsformation so weit voraus, daß gegenständliche Bedeutungen und Bedeutungsbezüge als ihr orientierungsrelevanter Aspekt in wesentlichen Merkmalen deutlich werden.*

Die bürgerlichen Gesellschaften haben im Laufe ihrer Entwicklung einen solchen Grad an Komplexität erreicht, daß innerhalb der gleichen Gesellungseinheit widerstreitende Tendenzen mannigfacher Art gegeben sind und die verschiedenen Gesellungseinheiten sich hinsichtlich wichtiger ökonomischer, politischer und »kultureller« Faktoren unterscheiden, was auch unterschiedliche Entwicklungsperspektiven impliziert. Wir können Versuche, unter marxistischen Prämissen zu differenzierten Einsichten in die Strukturen moderner bürgerlicher Gesellschaftformen zu kommen, hier nicht berücksichtigen und stützen uns *ausschließlich auf die klassische Marxsche »Kritik der politischen Ökonomie«.* – Dieses Vorgehen erscheint einmal dadurch berechtigt, daß die Analysen moderner komplexer Formen der kapitalistischen Produktionsweise zwar teilweise eine abweichende Gewichtung der von *Marx* aufgewiesenen Zusatzbedingungen, damit andersartige Tendenzeinschätzungen nötig machen, wobei sich auch Schwierigkeiten bei der Funktionsbestimmung der mannigfaltigen gesellschaftlichen Gruppierungen ergeben etc., die *Grundkategorien der ursprünglichen Marxschen Analyse aber nicht nur nicht revisionsbedürftig sind, sondern in ihrem wissenschaftlichen Erklärungswert keineswegs schon ausgeschöpft wurden.* Weiterhin spricht vieles dafür, daß die Bedeutungsmomente als orientierungsrelevante Aspekte der gesellschaftlichen Strukturen sich nicht mit Modifikationen bestimmter Subsysteme in ihren wesentlichen Merkmalen ändern, sondern, wenn auch in vielfältigen Brechungen und Vermittlungen, die zentralen Struktureigentümlichkeiten repräsentieren, die die Identität einer Gesellschaftsform als bürgerliche ausmachen. Schließlich ist darauf zu verweisen, daß unsere Bemühungen, die menschliche Wahrnehmungstätigkeit und -funktion in ihrer Bestimmtheit durch die bürgerliche Gesellschaft zu charakterisieren, vorerst ohnehin nur auf exemplarische Resultate abzielen können, aus welchen die Eigenart und der mögliche wissenschaftliche Ertrag unseres Gesamtansatzes deutlich werden. Auch unter diesem Gesichtspunkt erscheinen weitergehende Differenzierungen als entbehrlich.

Wenn wir im folgenden die Struktureigentümlichkeiten der bürgerlichen Gesellschaft gemäß der *Marxschen* »Kritik« soweit darlegen, wie das für unsere späteren Ausführungen erforderlich ist, so kann dies niemals bedeuten, daß wir hier die wissenschaftliche Begründetheit von

Marx' Kritik der politischen Ökonomie für alle nachvollziehbar belegen könnten. Eine entwickelnde Auseinanderlegung der *Marx*schen »Kritik« samt ihrem logisch-historischen Begründungsverfahren würde den Rahmen dieser Arbeit weit überschreiten; hier muß auf *Marx'* Originalabhandlungen, besonders das »Kapital«, sowie die einschlägige marxistische Literatur verwiesen werden. Unsere anschließende schematische Darstellung, in welcher nur Ergebnisse konstatiert werden, nicht aber der Weg ihrer Gewinnung durchsichtig gemacht wird, hat lediglich den Sinn, den Gesamtzusammenhang anzudeuten, aus dem die Gesichtspunkte für unsere späteren Analysen gewonnen werden[59]. – Manche Züge der *Marx*schen Konzeptionen werden sich allerdings noch im Laufe der späteren Untersuchungen verdeutlichen, besonders in Zusammenhang mit einer Diskussion methodischer Aspekte der Kritik der politischen Ökonomie im letzten Kapitel (vgl. S. 363 ff.).

Die bürgerliche Gesellschaft ist eine *warenproduzierende Gesellschaft*, die – trotz aller sekundären Schichtungen und Gruppierungen – ihrem Wesen nach eine *Klassengesellschaft* ist, in welcher die Klasse der Lohnarbeiter, die bloß über ihr Arbeitsvermögen verfügen, und die Klasse der Kapitalisten, die im Besitz der Produktionsmittel sind, sich antagonistisch gegenüberstehen, der vom Lohnarbeiter gesellschaftlich produzierte Wert vom Kapital privat angeeignet wird. – Der freie Lohnarbeiter als unmittelbarer Produzent gesellschaftlichen Reichtums besitzt allein seine eigene Arbeitskraft, die er, um zu leben, als Ware an den Kapitalisten, der die zur Anwendung der Arbeitskraft nötigen Produktionsmittel besitzt, verkaufen muß. Gemäß dem Vertrag, den Kapitalist und Arbeiter miteinander eingehen, wird dem Arbeiter allein der Wert der zur Erhaltung seiner Arbeitskraft notwendigen Lebensmittel abgegolten[60], während der Kapitalist die von ihm damit erworbene Arbeitskraft des Arbeiters über die Zeit, die zur Schaffung des für ihre Reproduktion

---

[59] Das Problem, wieweit bestimmte Struktureigentümlichkeiten, die als charakteristisch für die bürgerliche Gesellschaft herausgehoben werden, auch noch den Strukturen sozialistischer Übergangsgesellschaften eigen sind, in welchem Maße und in welcher Hinsicht hier grundsätzliche Wandlungen zu konstatieren sind, muß hier außer Betracht bleiben. Auch in diesem Zusammenhang ist auf den lediglich exemplarischen Charakter unserer nachfolgenden Darlegungen zu verweisen.

[60] Der so bestimmte Wert der Arbeitskraft ist keine konstante Größe, variiert mit aus dem Entwicklungsstand der Produktivkräfte sich herleitenden Veränderungen der Bedürfnisse des Arbeiters. (Wir haben früher dargelegt, daß die Entwicklung der Bedürfnisse ein Moment der gesellschaftlich-historischen Entwicklung darstellt, und daß die gesellschaftliche wie individuelle »Lebensnotwendigkeit« ein dynamischer Tatbestand ist, die menschliche Lebenserhaltung sich nicht mit der Erhaltung der physischen Existenz deckt; vgl. S. 139 f.) Der Wert der Arbeitskraft überschreitet unter kapitalistischen Produktionsverhältnissen aber niemals die enge Grenze, jenseits derer sich die Arbeiterklasse in gesamtgesellschaftlich erheblicher Größenordnung aus ihrer Freiheit von Produktionsmitteln und damit Lohnabhängigkeit lösen könnte.

erforderten Wertes notwendig ist, hinaus beansprucht und sich den durch solche Mehrarbeit geschaffenen Mehrwert ohne Gegenleistung aneignet. Der Vertrag zwischen Kapitalist und Arbeiter erscheint nur auf dem Arbeitsmarkt innerhalb der Zirkulationssphäre, wo Arbeitskraft angeboten und gekauft wird, als ein in »Gleichheit« und »Freiheit« gegründetes Rechtsverhältnis. Sobald der Arbeiter dem Verwertungsprozeß der kapitalistischen Produktion unterworfen ist, erweist sich, daß er durch den Verkauf seiner Arbeitskraft, den er, um zu leben, vollziehen *mußte,* die Bestimmung über seine eigene Person und die Möglichkeit zur Entfaltung seiner menschlichen Wesenskräfte preisgegeben hat. Das scheinbare Rechtsverhältnis ist die Oberflächengestalt eines Ausbeutungsverhältnisses. – Das Kapital, in dem es im Verwertungsprozeß den vom Arbeiter geschaffenen Mehrwert in sich einsaugt, akkumuliert sich beständig und maßlos. Der Arbeiter vergrößert unabhängig von seinem Willen durch seine eigene Wertschöpfung immer mehr die Macht des Kapitals, das ihn ausbeutet, produziert damit (selbst bei absoluten Verbesserungen seiner Lebenslage) den Anstieg der relativen Armut seiner Klasse. Der Lohn, den der Arbeiter vom Kapitalisten erhält, scheinbar die vertraglich festgelegte Leistung des Kapitals für das Recht der Anwendung der Arbeitskraft, stammt in Wirklichkeit aus dem durch Lohnarbeit produzierten Mehrwert; der Kapitalist gibt hier aus dem durch die gesamte Arbeiterklasse geschaffenen und vom Kapitalisten angeeigneten Mehrwert lediglich den Teil wieder an die einzelnen Arbeiter zurück, den diese für den Erwerb der zur Erhaltung ihrer Arbeitskraft notwendigen Lebensmittel brauchen.

In der *Warenproduktion,* die notwendige, wenn auch nicht hinreichende Voraussetzung für die Entstehung der bürgerlichen Gesellschaft ist, werden nicht in bewußter arbeitsteiliger Kooperation Gebrauchswerte geschaffen, die nach einsichtigen Kriterien gesellschaftlicher Umverteilung unterliegen. Die Waren sind vielmehr Resultat unabhängig voneinander betriebener Privatarbeiten, die auf dem Markt gegeneinander getauscht werden. Der Tausch erheischt, in dem Maße, wie er bestimmende gesellschaftliche Verkehrsform wird, eine allgemeine quantitative Vergleichbarkeit der zu tauschenden Produkte. Eine solche Vergleichbarkeit kann sich nicht aus den Gebrauchswert-Vergegenständlichungen ergeben, da diese nicht abstrakt quantitativ gegeneinander verrechenbar sind; Maßstab für den Warenvergleich ist vielmehr der *Tauschwert,* der – wie *Marx* aufbauend auf der klassischen Ökonomie eingehend nachgewiesen hat – *auf dem Markt realisierter Warenwert* ist, welcher sich nach der zur Herstellung des Produktes *im gesellschaftlichen Durchschnitt benötigten Arbeitszeit* bemißt, also eine von aller Inhaltlichkeit entkleidete *abstrakt-quantitative Größe* darstellt.

In der entwickelten Tauschgesellschaft werden die Waren nicht direkt oder vermittelt über wechselnde Warenarten gegeneinander ausgetauscht, sondern über *ein Drittes, ein allgemeines »tertium comparationis«,* das *Geld.* Geld ist eine *bestimmte Art von Ware,* die sich in dem Maße historisch herausbildete, wie der Tausch universelles Mittel gesellschaftlicher Umverteilung wurde. Im Geld hat sich die Tauschfunktion verselbständigt. Der einzige Gebrauchswert der Geldware als solcher ist, durch Ermöglichung des quantitativen Vergleichs von allem und jedem den universellen Tausch zu ermöglichen. Geld ist mithin nicht Voraussetzung, sondern historische Konsequenz des sich immer weiter entwickelnden Tauschverhältnisses. »Die Waren werden nicht durch das Geld kommensurabel. Umgekehrt. Weil alle Waren als Werte vergegenständlichte menschliche Arbeit, daher an und für sich kommensurabel sind, können sie ihre Werte gemeinschaftlich in derselben spezifischen Ware messen und diese dadurch in ihr gemeinschaftliches Wertmaß oder Geld verwandeln. Geld als Wertmaß ist notwendige Erscheinungsform des immanenten Wertmaßes der Waren, der Arbeitszeit« (*Marx*, MEW 23, S. 109). – Der *Preis* der Ware weicht durch mannigfache Zusatzbedingungen von ihrem nach der zu ihrer Herstellung nötigen Durchschnittsarbeitszeit bemessenen Wert ab, was hier nicht näher dargelegt werden kann und im folgenden vernachlässigt wird (vgl. etwa *Marx*, MEW 25, S. 33 ff.).

In den Waren als Ergebnissen menschlicher Arbeit ist also nicht nur *Gebrauchswert* vergegenständlicht, sondern auch *Wert,* der nicht an wirklichen Beschaffenheiten des Arbeitsprodukts bestimmbar ist, sondern lediglich eine am Maßstab gesellschaftlicher Durchschnittsarbeitszeit gemessene abstrakte Größe darstellt. Demgemäß hat auch die menschliche Arbeit einen Doppelcharakter, ist *einerseits nützliche, gebrauchswertschaffende Arbeit, andererseits damit und darin gleichzeitig wertschaffende, allein nach ihrer Zeitdauer bestimmte abstrakt-menschliche Arbeit.* – Gebrauchswert und Tauschwert einer Ware stehen in einem *Widerspruchsverhältnis* zueinander, indem während des Tauschakts vom Käufer allein der *Gebrauchswertstandpunkt* eingenommen wird, der Tauschwert dagegen nur ein Vehikel darstellt, über den der Besitz der Ware und damit die Realisation ihres Gebrauchswertes erlangt werden kann, während vom Verkäufer nur der *Tauschwertstandpunkt* eingenommen wird, der Gebrauchswert lediglich als Köder dient, mit dem der Käufer zum Kauf der Ware veranlaßt werden soll. Jede Ware enthält in ihrer gegenständlichen Hülle beide widersprüchlichen Momente: ihrer wirklichen Beschaffenheit nach dieses bestimmte nützliche Ding zu sein und gleichzeitig unabhängig von seinen realen Eigenschaften über den Maßstab des Geldes mit jeder anderen Ware auf quantitativ-abstrakte Weise vergleichbar.

In der bürgerlichen Gesellschaft, in welcher die gesellschaftliche Umverteilung von Gütern nicht der gemeinsamen Planung nach einsichtigen Prinzipien unterliegt, sondern sich nach den kapitalistischen Marktgesetzen unabhängig von einem gemeinsamen Willen der Beteiligten naturwüchsig quasi »von selbst« herstellt, enthalten scheinbar die Waren als solche in ihrem Tauschwert als gegenständlicher Beschaffenheit den Maßstab, nach welchem die Waren gegeneinander getauscht werden. Der Tauschwert, der der Ware *als gegenständliches Merkmal zuzukommen scheint, findet dennoch in ihrer Naturalform keinerlei Niederschlag, da er tatsächlich ein sachlich eingebundenes rein gesellschaftliches Verhältnis ist.* Die Losgelöstheit der gesellschaftlichen Bewegung von ihren menschlichen Trägern, der Schein des gesellschaftlichen Tauschverhältnisses als eines Verhältnisses von Sachen, nach dem die menschlichen Verhältnisse sich regulieren, führt *Marx* zu dem Konzept des *»Fetischcharakters der Ware«*: »Das Geheimnisvolle der Warenform besteht ... darin, daß sie den Menschen die gesellschaftlichen Charaktere ihrer eignen Arbeit als gegenständliche Charaktere der Arbeitsprodukte selbst, als gesellschaftliche Natureigenschaften dieser Dinge zurückspiegelt, daher auch das gesellschaftliche Verhältnis der Produzenten zur Gesamtarbeit als ein außer ihnen existierendes gesellschaftliches Verhältnis von Gegenständen ... Es ist nur das bestimmte gesellschaftliche Verhältnis der Menschen selbst, welches hier für sie die phantasmagorische Form eines Verhältnisses von Dingen annimmt« (*Marx*, MEW 23, S. 86). Da die Warenbesitzer sich nicht als Menschen gegenübertreten, die in der Kooperation bewußt aufeinander bezogen sind und ihre arbeitsteilige Produktion vernünftig planen, sondern als isolierte Privatpersonen, jeder nur seinem eigenen Interesse verpflichtet, besitzt die »eigne gesellschaftliche Bewegung« der Austauschenden »für sie die Form einer Bewegung von Sachen, unter deren Kontrolle sie stehen, statt sie zu kontrollieren« (*Marx*, MEW 23, S. 89). Die gesellschaftliche Arbeitsteilung setzt sich so unabhängig von den Zwecken des einzelnen durch, die gesellschaftliche Bewegung vollzieht sich »hinter dem Rücken« der Produzenten, folgt scheinbar selbständigen, von den menschlichen Angelegenheiten abgelösten, undurchschaubaren »Naturgesetzen«.

Die Ware, in welcher das versachlichte, abstrakte gesellschaftliche Grundverhältnis des Warentauschs sich am reinsten kristallisiert, in welcher der *Warenfetisch zugleich seine höchste Ausprägungsform gewinnt*, ist das *Geld*. »Daher die Magie des Geldes. Das bloß atomistische Verhalten der Menschen in ihrem gesellschaftlichen Produktionsprozeß und daher die von ihrer Kontrolle und ihrem bewußten individuellen Tun unabhängige, sachliche Gestalt ihrer eignen Produktionsverhältnisse erscheinen zunächst darin, daß ihre Arbeitsprodukte allgemein die Warenform annehmen. Das Rätsel des Geldfetischs ist daher nur das sichtbar gewordene, die Augen blendende Rätsel des Warenfetischs« (*Marx*, MEW 23, S. 107 f.). »Das Geld ist ... unmittelbar zugleich das *reale Gemeinwesen*, insofern es die allgemeine Substanz des Bestehns für alle ist, und zugleich das gemeinschaftliche Produkt aller. Im Geld ist aber ... das Gemeinwesen zugleich bloße Abstraktion, bloße äußerliche, zufällige Sache für den Einzelnen, und zugleich bloß Mittel seiner Befriedigung als eines isolierten Einzelnen« (*Marx*, Gr., 1939/41, S. 137).

In der bürgerlichen Gesellschaft, die das voll entwickelte Tauschverhältnis voraussetzt, deren historische Bestimmtheit aber im Antagonismus zwischen Lohnarbeit und Kapital liegt, ist die Warenproduktion zwar notwendiges, aber nicht hinreichendes Charakteristikum der gesellschaftlichen Produktionsweise. »Die kapitalistische Produktion ist nicht nur Produktion von Ware, sie ist wesentlich Produktion von Mehrwert. Der Arbeiter produziert nicht für sich, sondern für das Kapital. Es genügt daher nicht länger, daß er überhaupt produziert. Er muß Mehrwert produzieren« (*Marx*, MEW 23, S. 532)[61]. Das Geld erscheint hier nicht mehr nur als universelles Tauschmittel, sondern als »Kapital«, welches, indem es den vom Arbeiter produzierten Mehrwert in sich einsaugt, scheinbar zum selbständigen Träger der gesellschaftlichen Entwicklung, zum »*sich selbst verwertenden Wert*« wird. »Die Entwicklung des Kapitals ... *unterstellt* schon die volle Entwicklung des Tauschwerts der Ware

---

[61] Die »Produktivität« der Arbeit ist je nach dem gesellschaftlichen Standpunkt unterschiedlich bestimmt: Vom allgemeingesellschaftlichen Standpunkt ist »produktive« Arbeit solche, die gesellschaftlichen Reichtum für alle schafft. Vom Partialstandpunkt des Kapitals ist »produktive Arbeit« das gleiche wie mehrwertschaffende Arbeit.

und daher seine Verselbständigung in Geld. Im Produktions- und Zirkulationsprozeß des Kapitals wird von dem Wert als selbständiger Gestalt ausgegangen, der sich erhält, vermehrt, seine Vermehrung an seiner ursprünglichen Größe mißt in allen changes, die die Waren, in denen er sich darstellt, durchlaufen, und abgesehen davon, ob er sich selbst in den verschiedensten Gebrauchswerten darstellt, die Waren wechselt, die ihm als Leiber dienen. Das Verhältnis des der Produktion vorausgesetzten zu dem aus ihr resultierenden Werts ... bildet das Übergreifende und Bestimmende des ganzen kapitalistischen Produktionsprozesses. Es ist nicht nur selbständige Darstellung des Werts wie im Geld, sondern prozessierender Wert, Wert, der sich erhält in einem Prozeß, worin die Gebrauchswerte die verschiedensten Formen durchlaufen. Im Kapital tritt die Verselbständigung des Werts also in viel höhrer Potenz auf als im Geld« (*Marx*, MEW 26,3, S. 128 f.). Gemäß der Verselbständigung des Kapitals als sich selbst verwertendem Wert, in dem der »Umweg« über die Mehrwert-Schöpfung des Lohnarbeiters als unmittelbarem Produzenten spurlos verschwindet, erscheint das *Kapital als die eigentliche Produktivkraft* (der Kapitalist demgemäß als der eigentliche »Produzent«): »Weil die gesellschaftliche Produktivkraft der Arbeit ... nicht von dem Arbeiter entwickelt wird, bevor seine Arbeit selbst dem Kapital gehört, erscheint sie als Produktivkraft, die das Kapital von Natur besitzt, als seine immanente Produktivkraft« (*Marx*, MEW 23, S. 353).

Da in der bürgerlichen Gesellschaft die gesellschaftliche Produktion darauf basiert, daß der Arbeiter seine Arbeitskraft als Ware an den Kapitalisten verkaufen muß, ist hier der arbeitende Mensch in das versachlichte Verhältnis zwischen den Waren einbezogen. Die *Ware Arbeitskraft* hat zwar hinsichtlich ihrer Gebrauchswert-Charakteristik eine Sonderstellung, weil sie die einzige Ware ist, die selber Wert schafft, *hinsichtlich ihrer Tauschwert-Charakteristik ist sie aber grundsätzlich mit allen anderen Waren unabhängig von ihren besonderen »menschlichen« Natureigenschaften durch das Geld abstrakt-quantitativ kommensurabel.* Der Lohnarbeiter als Verkäufer seiner Arbeitskraft muß diese, und darin in gewisser Weise mit Arbeit selbst, auf dem »Arbeitsmarkt« dem Kapitalisten feilbieten; der Köder, mit welchem er den Kapitalisten zum Kauf verlockt, ist der Gebrauchswert der Arbeitskraft, durch den dem Kapitalisten Mehrwert erzeugt wird. Der Arbeiter, indem er seine Arbeitskraft an den Kapitalisten verkauft, gibt damit die Bestimmung über seine Arbeit an diesen ab. Der Arbeiter wird vom Kapitalisten gemäß dessen Zwecken angewendet.

Unter den historischen Bedingungen des kapitalistischen Verwertungsprozesses, in welchem der Arbeiter als unselbständiger Teil der Produktion angewendet wird, kann die *körperliche Arbeit mit der geistigen nicht zusammengeführt werden*. Die fortschreitende Entwicklung der dem Verwertungsprozeß unterworfenen kapitalistischen Produktion bedeutet eine fortschreitende Vereinseitigung und Verstümmelung der Lebensmöglichkeiten des Arbeiters: »Während die Maschinenarbeit das Nervensystem aufs äußerste angreift, unterdrückt sie das vielseitige Spiel der Muskeln und konfisziert alle freie körperliche und geistige Tätigkeit. Selbst die Erleichterung der Arbeit wird zum Mittel der Tortur, indem die Maschine nicht den Arbeiter von der Arbeit befreit, sondern seine Arbeit vom Inhalt. Aller kapitalistischen Produktion, soweit sie nicht nur Arbeitsprozeß, sondern zugleich Verwertungsprozeß des Kapitals, ist es gemeinsam, daß nicht der Arbeiter die Arbeitsbedingung, sondern umgekehrt die Arbeitsbedingung den Arbeiter anwendet, aber erst mit der Maschinerie erhält diese Verkehrung technisch handgreifliche Wirklichkeit. Durch seine Verwandlung in einen Automaten tritt das Arbeitsmittel während des Arbeitsprozesses selbst dem Arbeiter als Kapital gegenüber, als tote Arbeit, welche die lebendige Arbeitskraft beherrscht und aussaugt. Die Scheidung der geistigen Potenzen des Produktionsprozesses von der Handarbeit und die Verwandlung derselben in Mächte des Kapitals über die Arbeit vollendet sich ... in der auf Grundlage der Maschinerie aufgebauten großen Industrie. Das Detailgeschick des individuellen, entleerten Maschinenarbeiters verschwindet als ein winzig Nebending vor der Wissenschaft, den ungeheuren Naturkräften und der gesellschaftlichen Massenarbeit, die im Maschinensystem verkörpert sind« (*Marx*, MEW 23, S. 445 f.).

Die Art und Weise, in welcher der Arbeiter durch den Verkauf seiner Arbeitskraft unter das Kapital subsumiert ist, wird erst voll verständlich, wenn man das Moment der *Kooperation* in die Betrachtung zieht. Die Kooperation, die – wie früher dargelegt – ein Grundcharakteristikum gesellschaftlicher Arbeit ist, gewinnt erst in der bürgerlichen Gesellschaft im Stadium der großen Industrie durch das Aufeinanderbezogensein der vielfältigen maschinellen Arbeitsmittel gesamtgesellschaftliche Größenordnung und ist damit wesentliche Bedingung für das ungeheure Wachstum der Produktivkräfte. Dadurch erhält die Verfügungsgewalt des Kapitals über den Arbeiter die besondere Qualität: Erschien »ursprünglich das Kommando des Kapitals über die Arbeit nur als formelle Folge davon, daß der Arbeiter statt für sich, für den Kapitalisten und daher unter dem Kapitalisten arbeitet...«, so entwickelt sich mit der »Kooperation vieler Lohnarbeiter ... das Kommando des Kapitals zum Erheischnis für die Ausführung des Arbeitsprozesses selbst, zu einer wirklichen Produktionsbedingung. Der Befehl des Kapitalisten auf dem Produktionsfeld wird jetzt so unentbehrlich wie der Befehl des Generals auf dem Schlachtfeld« (*Marx*, MEW 23, S. 350). – Die Kooperation im kapitalistischen Produktionsprozeß ist keineswegs eine von den unmittelbaren Produzenten selbst bewußt geplante gemeinsame Tätigkeit. Der Arbeiter ist von der *geistigen und praktischen Verfügung über die kooperative menschliche Tätigkeit notwendig ausgeschlossen*. »Die Kooperation der Lohnarbeiter ist ... bloße Wirkung des Kapitals, das sie gleichzeitig anwendet. Der Zusammenhang ihrer Funktionen und ihre Einheit als produktiver Gesamtkörper liegen außer ihnen, im Kapital, das sie zusammenbringt und zusammenhält. Der Zusammenhang ihrer Arbeiten tritt ihnen daher ideell als Plan, praktisch als Autorität des Kapitalisten gegenüber, als Macht eines fremden Willens, der ihr Tun seinem Zweck unterwirft« (*Marx*, MEW 23, S. 351). Der Lohnarbeiter steht zwar objektiv in ineinandergeschachtelten Kooperationsverhältnissen verschiedener Größenordnung, von der aktuellen Koordination der Teilarbeiten bis hin zu übergreifenden Kooperationsstrukturen zwischen ganzen Industriezweigen. *Durch die Abtrennung der Arbeiter von der bewußten Planung des Produktionsprozesses entfällt aber für das Bewußtsein der Arbeiter das »Dritte«, die »gemeinsame Sache«, über die, wie früher dargelegt, die freie Kooperation zwischen unmittelbaren Produzenten vermittelt* ist, und durch welche jeder individuelle Beitrag seinen einsehbaren gesellschaftlichen Sinn erhält. Der Arbeiter ist mithin subjektiv nicht nur von der gesellschaftlichen Aufgabe, die er erfüllt, abgetrennt, sondern befindet sich im Hinblick auf diese Aufgabe auch in *Isolation zu jedem anderen Arbeiter.*

Da der Arbeiter von der bewußten Planung der kooperativ arbeitsteiligen Produktion ausgeschlossen ist, kann auch sein *Beitrag zur Lebenserhaltung und Lebensentfaltung der Gesellschaft*, den er objektiv leistet, nicht das *bewußte Ziel seiner Tätigkeit* sein. Als subjektive Zwecksetzung verbleibt deshalb nur der Lohn, den er vom Kapitalisten für seine Arbeit erhält, und den er für seine individuelle Konsumtion verwendet. »Das Produkt seiner Tätigkeit ist daher auch nicht der Zweck seiner Tätigkeit. Was er für sich selbst produziert, ist nicht die Seide, die er webt, nicht das Gold, das er aus dem Bergschacht zieht, nicht der Palast, den er baut. Was er für sich selbst produziert, ist der *Arbeitslohn,* und Seide, Gold, Palast lösen sich für ihn auf in ein bestimmtes Quantum von Lebensmitteln ... Die zwölfstündige Arbeit ... hat ihm keinen Sinn als Weben, Spinnen, Bohren usw., sondern als *Verdienen,* das ihn an den Tisch, auf die Wirtshausbank, ins Bett bringt« (*Marx,* MEW 6, S. 400 f.). – Die spezifisch »menschliche« Einheit zwischen erkenntnisgeleiteter gesellschaftlicher Produktion und individueller Konsumtion (vgl. etwa *Marx,* Gr., 1939/41, S. 11 ff.) ist also in der Lebenstätigkeit des Arbeiters auseinandergerissen. *Wo er faktisch gesellschaftlich tätig ist, im Produktionsbereich, gehört er nicht sich selbst, weil er sich an das Kapital verkaufen mußte, wodurch ihm die bewußte Bestimmung über seine Arbeit versagt ist. Im Privatbereich hingegen, in dem der Arbeiter scheinbar sich selbst gehört, ist er von der gesellschaftlichen Produktion und damit jeder gesellschaftlich, d. h. menschlich sinnvollen Tätigkeit abgeschnitten.*

Die damit global gekennzeichneten Struktureigentümlichkeiten der bürgerlichen Gesellschaft[62] finden sich – wenn auch in mannigfach verkürzter und vermittelter Form – bereits in der Lebenswirklichkeit des Kindes, charakterisieren die gegenständlichen Bedeutungsstrukturen, durch deren Aneignung sich beim Kind die Wahrnehmungstätigkeit und -funktion in ihrer gesellschaftlichen Geprägtheit entwickeln. Wenn bei der theoretischen Durchdringung und empirischen Erforschung der Wahrnehmung in ihrer Gewordenheit durch den Aneignungsprozeß die »abstrakte« Konzeption der individuellen Aneignung als eines Prozesses der »Vergesellschaftung« überhaupt in Richtung auf die Erfassung des Aneignungsvorganges und seiner Resultate in ihrer historischen Bestimmtheit konkretisierbar sein soll, so müssen die Momente an den Gegenstandsbedeutungen der kindlichen Umwelt, in denen sich objek-

---

[62] Unsere Darlegungen sind bis zu dieser Stelle deswegen in gewisser Hinsicht einseitig, weil die in der kapitalistischen Produktionsweise, wenn auch in widersprüchlicher Form, angelegten Möglichkeiten eines gesamtgesellschaftlichen Fortschritts nicht hinreichend verdeutlicht worden sind. Dieses Moment wird im Laufe späterer Ausführungen noch klarer herauszuheben sein.

tive Besonderheiten der bürgerlichen Gesellschaftsstruktur ausdrücken, von Anfang an mitberücksichtigt werden.

Die alltäglichen Gebrauchsdinge in der Welt des Kindes, Klapper, Löffel, Tasse, Puppe, Vase, sind nicht nur das Resultat konkret-nützlicher Arbeit, sondern damit und darin auch Resultat abstrakt-menschlicher Arbeit, stellen also objektiv nicht nur Gebrauchswert-Vergegenständlichungen, sondern auch Wert- bzw. Tauschwert-Vergegenständlichungen dar. Es reicht also nicht hin, die sachlichen Gegenstandsbedeutungen solcher Dinge lediglich als den orientierungsrelevanten Aspekt von Gebrauchswert-Vergegenständlichungen zu bestimmen. *Die sachlichen Gegenstandsbedeutungen von realen Welttatbeständen in der bürgerlichen Gesellschaft, soweit sie den Charakter von »Waren« i. w. S. haben, sind der orientierungsrelevante Aspekt des widersprüchlichen Zueinander und Ineinander von Gebrauchswert- und Tauschwert-Vergegenständlichungen.*

Die *Tauschwert-Charakteristik der gegenständlich-bedeutungsvollen Dinge*, in der abgeleiteten Form ihres »Wertes« im alltäglichen Sinne[63], der mehr oder weniger eindeutig in der Form des »Preises« zum Ausdruck kommt, gehört von vornherein zu den *»sachlichen« Eigenarten des Dinges, deren Notwendigkeiten im Aneignungsprozeß sowohl die Tätigkeit des helfenden Erwachsenen wie die Tätigkeit des Kindes tendenziell unterworfen* sind. In die Gestalt der Tätigkeit, die das Kind durch Vermittlung des Erwachsenen allmählich den sachlichen Erfordernissen des Gegenstandes anmißt, gehen neben den Gebrauchswert-Charakteristika, zunächst implizit und unausgesprochen, auch die Tauschwert-Charakteristika der Dinge ein. Ein »wertvolles« Ding muß »vorsichtig« behandelt werden, bekommt seinen »besonderen Platz«, steht nur zu bestimmten Anlässen zur Verfügung, wird bevorzugt vorgeführt, gegenüber anderen Dingen auf mannigfache Weise hervorgehoben, vor dem Zugriff Dritter bewahrt etc. *In dem Maße, wie das Kind das »gegenständliche« Niveau seiner Tätigkeit erreicht und damit die gegenständliche Bedeutung der Dinge erfassen kann, sind sowohl Tätigkeitsgestalt wie wahrgenommene Gegenstandsbedeutungen nicht nur von den Gebrauchseigentümlichkeiten, sondern auch von »Wert«-Eigentümlichkeiten der dinglichen Gegebenheit geprägt.* – Je mehr in die Interaktion und Kommunikation zwischen Kind und Erwachsenem im Aneignungsprozeß *nicht nur gegenständliche, sondern auch symbolische Bedeutungen eingehen, ist auf den »Wert« der Dinge nicht nur in der faktischen Tätigkeitsgestalt, sondern auch in der sprachlichen Kennzeichnung verwiesen.* Das »Etikett«, mit welchem der »Wert« des Dinges sprachlich bezeichnet wird, ist sein »Preis«,

---

[63] Vgl. dazu die nähere Erläuterung auf S. 212.

die Dimension »teuer-billig«, die mit der Dimension »wertvoll-wertlos« (im alltäglichen Sinne) mehr oder weniger weitgehend kontaminiert ist. Das Kind *lernt so allmählich, den »Wert« bzw. »Preis« eines Dinges durch die sprachlich-symbolische Dimension des »Wertes« bzw. »Preises« hindurch zu erfassen; in den sich herausbildenden funktionalen Systemen ist so durch Interiorisierung in immer höherem Grade auch die Möglichkeit zur verallgemeinernden, vergleichenden Auffassung von »Werten« bzw. »Preisen« und »Wertunterschieden« bzw. »Preisunterschieden« der Dinge beschlossen.*

Die individuelle Aneignung von Tauschwertcharakteristika der Gegenstandsbedeutungen erfolgt in der bürgerlichen Gesellschaft im Zusammenhang der auf Lebensbewältigung gerichteten Alltagspraxis ohne das Bewußtsein davon, daß der Tauschwert der Dinge, damit in abgeleiteter Form auch ihr Preis, den versachlichten Ausdruck des Quantums an abstrakt-menschlicher Arbeit, das zu ihrer Herstellung im gesellschaftlichen Durchschnitt erfordert ist, darstellt. Der »normale«, alltägliche Aneignungsprozeß ist an der oberflächenhaften *»Wirklichkeit« der bürgerlichen Gesellschaft* orientiert, und in dieser Wirklichkeit finden sich der *»Wert« und der »Preis«, der den »Wert« mehr oder weniger adäquat ausdrückt, nicht in ihrem Wesen als gesellschaftliches Verhältnis, sondern in ihrer objektiven Scheinhaftigkeit als den Dingen unmittelbar einwohnende Natureigenschaften*. – Die Unterscheidung zwischen »Wert« und »Preis«, die im alltäglichen Sprachgebrauch gemacht wird (ein Ding kann, gemessen an seinem »Wert«, zu »teuer« oder besonders »billig« sein), verbleibt demgemäß ebenfalls in der Sphäre des gesellschaftlich notwendigen Scheins: In die Vorstellung des »Wertes«[64] mögen Gebrauchswert-Bestimmungen eingehen, im Hinblick auf die der »Preis« einer Ware mehr oder weniger angemessen erscheint; darüber hinaus dürfte der »Wert« bestimmte rohe Erfahrungsdaten über den »Durchschnittspreis« einer Ware repräsentieren: manchmal wird die Ware zu teuer verkauft, manchmal besonders billig. Wenn man all solche Schwankungen in Rechnung stellt, bleibt der »wahre Wert« der Ware als eine ihr wirklich zukommende Eigenschaft übrig etc.

Das Kind, indem es nicht nur Gebrauchswert-Charakteristika, sondern mit den Tauschwert-Charakteristika der Gegenstandsbedeutungen auch Momente des Warenfetischs sich aneignet, gelangt dazu, *nicht nur Bezeichnungen wie »spitz«, »rot« oder »hohl« unmittelbar auf wirkliche Eigenschaften des bedeutungsvollen Dinges zu beziehen, sondern genauso Bezeichnungen wie »teuer«, »billig«, »wertvoll« etc. Es trägt*

---

[64] Wenn wir »Wert« im alltäglichen Sinne meinen, schreiben wir »Wert« stets in Anführungszeichen.

damit dem in der Ware objektiv vergegenständlichten Widerspruch zwischen Gebrauchswert und Tauschwert in der Wahrnehmungstätigkeit faktisch Rechnung, dem Umstand, daß die *Ware nicht nur »ordinäres sinnliches Ding«, sondern »sinnlich übersinnliches Ding« ist* (*Marx*, MEW 23, S. 85; Hervorh. *K. H.*), weil dem Menschen in ihr ein abstraktes gesellschaftliches Verhältnis scheinhaft in unmittelbar anschaulich sinnlicher Form entgegentritt. – Dem steht der objektive Tatbestand gegenüber, daß *es keine wirklichen, figural-qualitativen Merkmale an den Dingen gibt, die als unmittelbar sinnliche Träger von Tauschwert bzw. Preisquantitäten und -unterschieden wahrnehmbar wären*. Das Wesen des Tauschwertes liegt, wie früher dargestellt, ja gerade darin, daß hier verschiedene Waren nicht primär hinsichtlich wirklicher Eigenschaften, sondern an einem abstrakten Maßstab, dem Quantum der in den Waren vergegenständlichten abstrakt-menschlichen Durchschnittsarbeitszeit ins Verhältnis gesetzt sind. Ein gesellschaftlich geregelter Warentausch nach natürlichen Eigenschaften der Waren ist praktisch wie logisch ein Unding, weil mit den Gebrauchswert-Vergegenständlichungen schlechterdings in keiner Hinsicht eine Vergleichbarkeit zwischen den Waren besteht, durch welche sie beim Tausch untereinander oder über ein Drittes in gesamtgesellschaftlichem Maßstab als Äquivalente gesetzt werden könnten. *»Bisher hat noch kein Naturforscher entdeckt, durch welche natürlichen Eigenschaften Schnupftabak und Gemälde in bestimmter Proportion ›Äquivalente‹ füreinander sind«* (*Marx*, MEW 26, 3; S. 127; Hervorh. *K. H.*). – Während – wie früher dargelegt – die gegenständlichen Bedeutungsmomente, soweit Gebrauchswert-Vergegenständlichungen, in den figural-qualitativen Merkmalen von Dingen ihren wirklichen, materiellen Ausdruck finden, *entspricht den gegenständlichen Bedeutungsmomenten, sofern Tauschwert-Vergegenständlichungen, unmittelbar nichts in den wirklichen Beschaffenheiten der »Reizgegebenheiten«, wie sie abstraktiv an den bedeutungsvollen Dingen herausgehoben werden können*. Zusammenhänge zwischen Tauschwert und wirklichen Gebrauchswertbeschaffenheiten sind, wo sie auftreten, durch die Variable des zur Herstellung jeweils gesellschaftlich notwendigen Quantums an Durchschnittsarbeitszeit vermittelt.

Der damit gekennzeichnete objektiv widersprüchliche, »sinnlich-übersinnliche« Charakter der Warenwelt wird in der *Wahrnehmung nicht »eingesehen«* (und kann, wie später zu zeigen sein wird, in bloß *sinnlicher* Erkenntnis grundsätzlich niemals erfaßt werden). Demnach wird der Widerspruch, daß in der Tauschwert-Charakteristik von Dingen etwas sinnlich nicht unmittelbar Gegebenes als sinnlich warhnehmbar erscheint, *in der Wahrnehmungstätigkeit faktisch ausgeklammert: Der objektive Widerspruch ist subjektiv nicht repräsentiert.* – Welche

Eigenarten der Wahrnehmungsfunktion sind es nun, durch welche hier die objektive Widersprüchlichkeit nicht zur subjektiven Erfahrung werden kann? Offenbar »lernt« das Individuum im Prozeß der Aneignung von Gegenstandsbedeutungen *den »Wert« bzw. »Preis« eines Dinges so an Gebrauchswert-Bestimmungen dieses Gegenstandes festzumachen, daß »Wert« und »Preis« scheinhaft-unmittelbar zu Momenten von gebrauchswertbedingten Gegenstandsbedeutungen,* die sich in sinnlich wahrnehmbaren figural-qualitativen Merkmalen des Dinges ausdrücken, werden können. Wirkliche, sinnliche Eigenschaften der Dinge werden hier auf eine Weise als »Vehikel« für die »sinnlich-übersinnlichen« Tauschwert-Charakteristika benutzt, durch welche die Widersprüchlichkeiten unsichtbar bleiben, der Schein der wirklich-dinglichen Beschaffenheit des »Wertes«, der sich im Preis ausdrückt, immer wieder hergestellt und befestigt wird. Dies kann – allgemein gesehen – nur dadurch geschehen, *daß die Wirklichkeitsmomente, die objektiv im Widerspruch miteinander stehen, durch die Wahrnehmung so voneinander isoliert sind, daß der Zusammenhang zwischen ihnen nicht erfaßbar wird, womit auch der Widerspruch nicht sinnlich erkannt werden kann.*

Die damit formulierte theoretische Annahme[65] könnte durch wahrnehmungs- bzw. denkpsychologische Erkundungsexperimente folgender Art differenziert und spezifiziert werden: Zur Einführung der »unabhängigen Variablen« wären den Versuchspersonen bestimmte Warenarten in unterschiedlichen Varietäten (Autos, Gemälde, Nahrungsmittel, Präzisionsinstrumente, Häuser, Schmuck etc. in jeweils verschiedenen Ausführungen) darzubieten mit der Instruktion, die verschiedenen Varietäten einer Warenart jeweils danach einzustufen, wie »wertvoll« (im Sinne des »Ihren-Preis-wert-Seins«) die einzelnen Warenexemplare sind und dabei die Prinzipien zu benennen, nach denen gemäß wirklichen Eigenschaften der Dinge der »Wert« geschätzt wurde. – Die Bedingungen können hier so gestaltet werden, daß die Reaktionen der Vpn. weitgehend festgelegt sind. Bei verschiedenen Exemplaren der jeweils gleichen Warenserie schlagen sich die Unterschiede der zu ihrer Herstellung gesellschaftlich notwendigen Durchschnittsarbeitszeit u. U. soweit in den Unterschieden der wirklichen Gebrauchsbeschaffenheiten nieder, daß häufig die Möglichkeit besteht, bestimmte dingliche Merkmalsverschiedenheiten anzugeben, die scheinbar den Dingen als wirkliche, ihren »Wert« ausdrückende Natureigenschaften zukommen. Die Prinzipien, nach welchen der »Wert« als wirkliche, den Dingen einwohnende Beschaffenheit »beschrieben« wird, müssen aber deswegen zwangsläufig von Warenart zu Warenart auf völlig »zufällige« inkonsistente und widersprüchliche Weise wechseln, weil sich ein Mehr an aufgewendeter gesellschaftlicher Durchschnittsarbeitszeit in Warenarten verschiedener Gebrauchswert-Bestimmung notwendig auf unterschiedliche Weise

---

[65] Die hier angedeutete Konzeption wird später, im 8. Hauptteil, noch sehr viel genauer auseinandergelegt und begründet.

in bestimmten wirklichen Beschaffenheiten manifestiert. (Ein »teueres« Auto ist u. U. deswegen ein »schnelleres« Auto, ein »teueres« Präzisionsinstrument ein »kleineres« Präzisionsinstrument, ein »teueres« Haus ein »größeres« Haus, weil zur Herstellung »schnellerer« Autos, »kleinerer« Präzisionsinstrumente, »größerer« Häuser im gesellschaftlichen Durchschnitt ein größeres Quantum abstrakt menschlicher Arbeit erfordert ist[66].) *Die Unterschiede natürlicher Eigenschaften, in denen sich der »Wert«-Zuwachs scheinhaft-unmittelbar manifestiert, sind also, je nach Warenart, ein Zuwachs an »Schnelligkeit«, an »Schönheit«, an »Größe«, an »Kleinheit«, an »Neuheit«, an »Alter« etc.* Die Zufälligkeit, Inkonsistenz und Widersprüchlichkeit der unterschiedlichen wirklichen Beschaffenheiten, die alle scheinhaft den »Wert« der Dinge als tatsächliche Eigenschaft ausmachen, wird unserer Konzeption nach hier deswegen nicht erfaßt, *weil in der Wahrnehmung jedes einzelne Bedeutungsmoment durch seine Gebundenheit an die sinnliche Präsenz der Gegenstände isoliert an seinem Ort erscheint, so daß, da der Zusammenhang in der Wahrnehmung nicht repräsentiert ist, auch die Widersprüchlichkeit nicht erfahrbar wird.* – Übergreifende, die scheinhaft-anschauliche Oberfläche durchdringende Zusammenhänge können niemals in sinnlicher, sondern der Möglichkeit nach nur in denkender Erkenntnis (einer bestimmten gnostischen Stufe) erfaßt werden (was später ausführlich dargelegt wird, vgl. S. 360 ff.).

Zur Gewinnung der eigentlichen »abhängigen Variablen« des Experiments wären die Vpn. explizit mit der Tatsache zu konfrontieren, daß die von ihnen wahrgenommenen Eigenschaften, die den Wert der Dinge ausmachen sollen, gänzlich zufällig und inkonsistent sind und sich teilweise geradezu ausschließen. Den Vpn. wäre die Instruktion zu geben, in »lautem Denken« Begründungen für derartige Zufälligkeiten, Inkonsistenzen, Widersprüchlichkeiten zu liefern. Die Vpn. müßten, indem man für jeden ihrer Begründungsversuche sachlich korrekte Gegenbeispiele vorlegt, *schrittweise zu der Einsicht gebracht werden, daß der im »Preis« ausgedrückte »Wert« der Dinge keine wirkliche, sinnliche Eigenschaft sein kann.* – Die gleiche Prozedur wäre, quasi in verschärfter Form, dadurch zu wiederholen, daß man den Vpn. *aus verschiedenen Warenarten* jeweils *ein* Exemplar darbietet (»Schnupftabak«, »Gemälde« etc.), nach einer Fraktionierungsmethode hinsichtlich des Verhältnisses ihrer »Preise« einstufen und wiederum die Prinzipien, nach denen gemäß dinglichen Eigenschaften die Schätzungen vorgenommen worden seien, angeben läßt. Hier dürften solche »Merkmale« kaum mehr anzugeben sein. Auch dieser Teil der Untersuchung wäre von den Vpn. durch »lautes Denken« zu begleiten. Im Fortgang des Experiments wären eventuelle von den Vpn. geäußerte vulgärökonomische Deutungen (etwa die Auffassung, das Verhältnis zwischen Angebot und Nachfrage bedinge nicht nur bestimmte temporäre und regionale Preisschwankungen, sondern sei konstituierendes Moment des »Warenwertes« und des aus ihm abgeleiteten »Preises« selber, vgl. Marx, MEW 25, etwa S. 182 ff.) mit widersprechenden Tatsachen in stringenter Weise zu konfrontieren und von den Vpn. Deutungen für den Widerspruch abzufordern etc.

---

[66] Die mannigfachen Zusatzbedingungen, durch welche der Preis vom Wert abweicht, werden hier außer acht gelassen.

Mit solchen Erkundungsexperimenten könnte zweierlei erreicht werden: Einmal wäre durch inhaltsanalytische Auswertung der jeweiligen Begründungsversuche der Vpn. (als »abhängige Variablen«) ein erster Aufschluß darüber zu gewinnen, durch *welche unbewußten Interiorisierungs-Mechanismen die genannten objektiven Widersprüchlichkeiten im vordergründig-alltäglichen Denken der Menschen nicht repräsentiert sind,* so daß der Schein des Wertes als einer unmittelbar sinnlichen Wareneigenschaft auch nicht »durch seinen Begriff hindurch« als solcher erkannt werden kann; weiter wäre zu eruieren, über welche *»Verarbeitungstechniken« die Individuen, wenn sie unausweichlich mit den objektiven Widersprüchlichkeiten konfrontiert sind, zur Rechtfertigung ihrer eigenen Sichtweise verfügen,* womit Aufschluß über bestimmte Momente der Subjektivität des Menschen in der bürgerlichen Gesellschaft erlangt werden könnte etc. – Zum anderen hätten derartige Experimente *selber einen »aufklärerischen« Aspekt,* indem bei den Vpn. *bestimmte Denkanstöße gesetzt würden, die zu einer Erkenntnis der Widersprüche und Einsicht in die wahre Natur des Tauschwertes der Waren beitragen könnten* (wobei hier natürlich nicht der einzelne Fall, sondern die Entwicklung der Verfahren zur Förderung derartiger Einsichtsprozesse wichtig wäre). Das Verständnis der Tatsache, daß die Unvereinbarkeiten und Widersinnigkeiten der »sinnlich-wirklichen« Merkmale des »Wertes« und »Preises« dadurch entstehen, daß hier das gesellschaftliche Verhältnis der Durchschnittsarbeitszeit »sachliche« Form angenommen hat und daß die Unvereinbarkeiten und Widersinnigkeiten mit Bezug auf den Maßstab abstrakt-menschlicher Arbeit erklärlich, wenn auch als gesellschaftlich notwendiger Schein keineswegs aufhebbar sind, ist allerdings nicht *allein* durch solche »Denkanstöße« zu vermitteln, auch nicht durch lediglich formale Denkoperationen zu gewinnen, sondern erfordert die begreifende gedankliche *Reproduktion der Wirklichkeit bürgerlicher Lebensverhältnisse anhand von konkretem, inhaltlichem Wissen.* Erst am Ende eines solchen bestimmt gearteten Prozesses des Wissenerwerbs kann die Feststellung wirklich begriffen werden: Der Tauschwert, aus dem der Warenpreis sich ableiten läßt, ist die im Produkt vergegenständlichte, zur Produktion einer Ware gesellschaftlich notwendige Durchschnittsarbeitszeit, die sich »in den zufälligen und stets schwankenden Austauschverhältnissen ... als regelndes Naturgesetz gewaltsam durchsetzt«. »Die Bestimmung der Wertgröße durch die Arbeitszeit ist daher ein unter den erscheinenden Bewegungen der relativen Warenwerte verstecktes Geheimnis. Seine Entdeckung hebt den Schein der bloß zufälligen Bestimmung der Wertgrößen der Arbeitsprodukte auf, aber keineswegs ihre sachliche Form« (*Marx*, MEW 23, S. 89). Erst wenn das Wesen des Warenwertes begreiflich geworden ist, ist auch der Weg frei, um die Produktion von Mehrwert durch die unmittelbaren Produzenten und in der Folge den Antagonismus zwischen Lohnarbeit und Kapital in der bürgerlichen Gesellschaft in einem fortgesetzten Prozeß denkenden Wissenserwerbs angemessen zu verstehen.

Den damit exemplifizierten Typ von Experimenten könnte man als *»Widerspruchs-Experiment«* bezeichnen. Solche Experimente wären allgemein folgendermaßen charakterisiert: Die *unabhängigen Variablen* werden dadurch eingeführt, daß man die Vpn. mit objektiven gesellschaftlichen Widersprüchlichkeiten konfrontiert, indem die Vpn. sich zunächst in ihrer Wahrnehmung bzw. ihrem Urteil auf bestimmte scheinhafte Evidenzen festlegen, die objektiv widersprüchlich sind, wobei der Widerspruch aber wegen der isolierten Auffassung der Einzelmomente nicht erfahrbar wird; danach wird den Vpn. durch gegenüberstellendes In-Beziehung-Setzen ihrer eigenen Aussagen deutlich gemacht, daß die Aussagen unvereinbar sind, so daß eine Aussage oder beide Aussagen falsch sein müssen. Die *abhängigen Variablen* bestehen in den Deutungen, mit denen die Vpn. auf die Widersprüchlichkeit ihrer eigenen Äußerungen reagieren. Der *Forschungszweck* besteht hier darin, die »Eliminierungs«-Mechanismen aufzuhellen, die zur Verkennung des Widerspruchs im alltäglichen Denken führen, und die »Bewältigungs-Techniken« zu erfassen, mit denen explizit aufgewiesene gesellschaftliche Widersprüche so »eingeordnet«, uminterpretiert, etc. werden, daß Konsequenzen für die eigene Gesellschaftserkenntnis und Lebenspraxis nicht entstehen; mit dem Fortgang der Forschung wird man hier von der nachträglichen inhaltsanalytischen Auswertung der Vpn.-Deutungen immer mehr zu gezielten Hypothesen kommen, die strengerer empirischer Prüfung zugänglich sind. Der mit dem Forschungszweck verbundene *praktische Zweck* besteht darin, Verfahren zu erproben, mit denen den *Vpn. schrittweise das »Ausweichen« vor den jeweils aufgewiesenen gesellschaftlichen Widersprüchen auf eine Weise verwehrt wird, die sie der Erkenntnis der wirklichen Ursachen der Widersprüche soweit näher bringt, daß konkretes gesellschaftspolitisches Wissen auf angemessenere Weise denkend rezipiert werden kann.* Auf diesem Wege könnte »*Unterrichtsmaterial*« für verschiedene Anlässe erarbeitet werden, in welchem durch die *Verbindung zwischen Konfrontation mit Widersprüchen und Information über gesellschaftliche Tatsachen* gesellschaftstheoretische Einsichten gefördert werden, die nicht so leicht durch die scheinhaften Evidenzen der gesellschaftlichen Oberflächengestalt immer wieder zurückgenommen und neutralisiert werden können[67].

In derartigen Experimenten wäre *nichts vorgetäuscht oder fingiert*. Die widerspruchsetzenden Daten müßten *stets aus der konkreten gesellschaftlichen Realität stammen und jeder Nachprüfung standhalten*. Nur so wäre eine Loslösung der experimentellen Situation von der wirklichen gesellschaftlichen Lage der Vpn. zu vermeiden und der Forschungszweck wie der damit verbundene praktisch-aufklärerische Zweck zu erfüllen. – Die theoretischen und methodischen Probleme der hier angeregten Experimentierweise werden sich erst nach den ersten wirklich durchgeführten Untersuchungen genauer bestimmen und klären lassen.

In den bisherigen Darlegungen über die individualgeschichtlich anzueignenden Tauschwertcharakteristika der Gegenstandsbedeutungen und die darin eingeschlossenen Beziehungen zu den »Oberflächen-Variablen« des »Wertes« (im alltäglichen Sinne) und »Preises« ist das *Geld*

---

[67] Die Entwicklung gesellschaftstheoretischer Einsichten ist natürlich noch von mannigfachen anderen Bedingungen abhängig, die hier nicht diskutiert werden können. Besonders wesentlich ist dabei der wechselseitige Zusammenhang zwischen Einsichtgewinnung und Gewinnung wirklicher Perspektiven gesellschaftlicher Praxis (vgl. S. 391 ff.).

zwar immer mitgemeint, aber in seiner Eigenart als Wahrnehmungsgegenstand nicht explizit herausgehoben worden. – In der Umwelt des Kindes kommt neben den verschiedenen Dingen des alltäglichen Gebrauchs bald auch das *Geld als selbständiger Tatbestand,* meist zunächst in Form von *Münzen,* vor. Die Münzen mögen anfangs als Gebrauchsdinge unter anderen, runde Metallplättchen, die man rollen oder aufeinanderschichten kann, auf denen Bilder und Zeichen zum Befühlen oder Betrachten sind etc., erscheinen. In dem Maße wie durch die Vermittlung des Erwachsenen Tauschwertcharakteristika als gegenständliche Bedeutungsmomente der Dinge angeeignet und in der praktischen Tätigkeit berücksichtigt werden, *gewinnt das Geld allmählich immer ausgeprägter eine absolute Sonderstellung unter allen Dingen der kindlichen Welt.* Während an den übrigen Gebrauchsdingen der »Wert«, auf den sich der »Preis« mehr oder weniger eindeutig bezieht, als sinnlich-übersinnliche »Natureigenschaft« der Gegenstände wahrgenommen wird, in welcher der Gebrauchswert der Dinge auf eine inkonsistente, uneinheitliche Weise (deren Widersprüchlichkeit gleichwohl nicht erfaßt werden kann) manifestiert (und gleichzeitig verborgen) ist, lernt das Kind im Aneignungsprozeß am »Geld« ein gegenständliches Bedeutungsmoment kennen, das auf einen *zusätzlichen »Gebrauchswert« verweist, der von dem Gebrauchswert, den das Geld mit anderen Dingen gemeinsam hat, gänzlich verschieden ist.* Das Kind erfährt faktisch, wenn auch nicht bewußt, daß der »Gebrauchswert der Geldware verdoppelt« ist. »Neben ihrem besonderen Gebrauchswert als Ware, wie Gold z. B. zum Ausstopfen hohler Zähne, Rohmaterial von Luxusartikeln usw. dient, erhält sie einen formalen Gebrauchswert, der aus ihrer spezifischen gesellschaftlichen Funktion entspringt« (*Marx,* MEW 23, S. 104). Dieser formale Gebrauchswert besteht, in der Oberflächensicht, darin, daß der *»Preis« der unterschiedlichen »normalen« Gebrauchsgegenstände sich im Geld als einem allgemeinen quantitativen Maßstab verselbständigt ausdrückt und das Geld demgemäß als einziges Ding dazu zu »gebrauchen« ist, jede Ware, sofern der Geldbesitzer nur das ihrem »Preis« entsprechende Geldquantum aufbringen kann, durch Tausch zwischen Geld und Ware in sein Eigentum zu überführen.* Das Kind »lernt« im Aneignungsprozeß, die besondere Gegenstandsbedeutung des Geldes als allgemeines Tauschmittel wahrnehmend zu erfassen, das Geld entsprechend zu schätzen und zu gebrauchen.

Im Geld als verselbständigtem Träger der Tauschfunktion finden sich die *Widersprüchlichkeiten des Warenfetischs als Geldfetisch quasi in »reiner« Form verkörpert.* Einerseits erscheint *das Geld als einfacher numerischer Maßstab für etwas,* das den Dingen, die man damit »kaufen« kann, als natürliche Eigenschaft zukommt, für ihren »Wert« (im alltäglichen Sinne), damit ihre »Güte«, »Qualität«, auch ihre »Größe«, »Menge« etc. *Andererseits aber ist das Verhältnis des Geldes zu den Waren, die man dafür eintauschen kann, in kein wie auch immer konsistentes und durchschaubares Skalierungssystem zu bringen.* Innerhalb der gleichen Warenart erhält man für eine größere Geldsumme manchmal Größeres, manchmal Kleineres, manchmal Brauchbares, manchmal Nutzloseres, manchmal auch nur »Teureres«. Verschiedene Warenarten von gleichem Preis lassen sich hinsichtlich irgendwelcher figural-qualitativ manifestierter Gebrauchswert-Charakteristika schlechterdings auf keinerlei Weise nach eindeutig angebbaren wirklichen Eigenschaften gleichsetzen. Man kann mit zwei Mark eine große Tüte Süßigkeiten, ein Matchbox-Auto oder ein Comic-Heft kaufen; man kann sie auch zu Silvester als Rakete in die Luft schießen etc. Da die »Eigenschaften« an dem Ding, die im Geldmaßstab ausgedrückt scheinen, gleichwohl der Bestimmtheit entbehren, da man die vermeintlich unmittelbar sinnlichen Kriterien für den Preis eines Dinges auf zufällige und uneinheitliche Weise wechseln muß, stellt sich die »Abstraktheit« der in der Geldware (über mannigfache Vermittlungsprozesse) verselbständigten allgemeinen Äquivalentform, in der die Wertvergegenständlichungen aller anderen Waren sich darstellen – wenn auch nicht eingesehen, so doch faktisch –, in der gegenständlichen Bedeutung des Geldes und dem bedeutungsgemäßen Umgang mit ihm her. Die zwei Mark in der Tasche sind *abstrakte Verkörperung einer unbestimmten Zahl gänzlich inkompatibler Möglichkeiten des Eintauschs von Gebrauchsgegenständen*; der Zusammenhang, der sich über meine zwei Mark zu jenen Dingen herstellt, die alle zwei Mark kosten, ist nur sporadisch und inkonsistent an Merkmalen der Dinge selbst ausmachbar, im übrigen als blinde Tatsache, als »Gegebenheitszufall« hinzunehmen.

Die Eigentümlichkeiten der im Aneignungsprozeß entwickelten Wahrnehmungsfunktion, durch welche die sinnliche Gewißheit entsteht, daß im Geld wirkliche Eigenschaften der Dinge, »Wert«, »Güte«, »Qualität« etc., sich unmittelbar ausdrücken, wobei die Zufälligkeiten, Inkonsistenzen, Widersprüchlichkeiten des Geldmaßstabs von dieser Gewißheit spurlos in sich hineingezogen werden, so daß dem objektiven Widerspruch kein sinnlich erkannter Widerspruch entspricht, wären in Widerspruchsexperimenten nach dem Muster des vorgeschlagenen Experiments (vgl. S. 214 ff.) genauer zu erforschen[68]. Auch hier

---

[68] Ein Entwurf von Versuchsanordnungen erübrigt sich hier, da auf Möglichkeiten zur experimentellen Behandlung der dargelegten theoretischen Ansätze nur jeweils exemplarisch verwiesen werden soll. In den Einzelheiten vertretbare Versuchskonstellationen sind aufgrund entsprechender Vorversuche erst in zukünftiger empirischer Forschungsarbeit zu entwickeln. – In

müßte der Forschungzweck mit dem praktischen Zweck verbunden werden, didaktische Möglichkeiten, »Unterrichtsmaterial« i. w. S. zu entwickeln, in welchem durch planvolles Widerspruchsetzen und stufenweise standartisierte Information die Individuen der Einsicht näher gebracht werden können, daß die Widersprüchlichkeiten des Geldmaßstabs nur dann in ihren Ursachen begreiflich, wenn auch nicht aufzuheben sind, wenn man einsieht, daß das Geld – als scheinbar sich selbst genügender Wertmaßstab für wirkliche Eigenschaften der Dinge – in Wahrheit letzte historische Konsequenz und reinste Inkarnation des gesellschaftlichen Verhältnisses ist, durch welches in den Wertvergegenständlichungen der Warenwelt als Ausdruck des jeweils zur Herstellung der Ware erforderten durchschnittlichen Arbeitsquantums die Beziehung zwischen Menschen diesen selbst in der fetischierten Gestalt als Beziehung zwischen Sachen gegenübertritt: Der falsche Schein »ist vollendet, sobald die allgemeine Äquivalentform mit der Naturalform einer besonderen Warenart verwachsen oder zur Geldform kristallisiert ist. Eine Ware scheint nicht erst Geld zu werden, weil die anderen Waren allseitig ihre Werte in ihr darstellen, sondern sie scheinen umgekehrt allgemein ihre Werte in ihr darzustellen, weil sie Geld ist. Die vermittelnde Bewegung verschwindet in ihrem eignen Resultat und läßt keine Spur zurück. Ohne ihr Zutun finden die Waren ihre eigne Wertgestalt fertig vor als einen außer und neben ihnen existierenden Warenkörper. Diese Dinge, Gold und Silber, wie sie aus den Eingeweiden der Erde herauskommen, sind zugleich die unmittelbare Inkarnation aller menschlichen Arbeit. Daher die Magie des Geldes. Das bloß atomistische Verhalten der Menschen in ihrem gesellschaftlichen Produktionsprozeß und daher die von ihrer Kontrolle und ihrem bewußten individuellen Tun unabhängige, sachliche Gestalt ihrer eignen Produktionsverhältnisse erscheinen zunächst darin, daß ihre Arbeitsprodukte allgemein die Warenform annehmen. Das Rätsel des Geldfetischs ist daher nur das sichtbar gewordne, die Augen blendende Rätsel des Warenfetischs« (*Marx*, MEW 23, S. 107 f.).

In mehr abgeleiteten Fragestellungen wäre im einzelnen zu klären, in welchen Beziehungen wechselseitiger Beeinflussung und Durchdringung in der menschlichen Wahrnehmung die Tauschwert-Charakteri-

diesem Zusammenhang sei daran erinnert, daß Experimente zur »Geld-Wahrnehmung« in der Nachfolge der Untersuchung von *Bruner & Goodman* (1947) innerhalb der Wahrnehmungslehre einen gewissen psychologiegeschichtlichen Rang hatten, weil mit dem *Bruner & Goodman*schen Experiment die »Social perception«-Forschung als »new look« der Wahrnehmungspsychologie eingeleitet wurde. In den Untersuchungen über »coin-perception« wurden den Vpn. Münzen jedoch lediglich als austauschbare Träger eines »subjektiven Wertes«, ohne Berücksichtigung ihrer Eigenart als Kristallisation eines objektiven gesellschaftlichen Verhältnisses, dargeboten (vgl. S. 179 ff.).

stika, Gebrauchswert-Charakteristika und figural-qualitativen Attribute der Gegenstandsbedeutungen stehen. Dabei ist die *Wahrnehmung auch hier unter dem Aspekt ihrer widerspruchseliminierenden Funktion zu betrachten.* Die allgemeine theoretische Konzeption, aus der jeweils speziellere Hypothesen abzuleiten wären, besteht in der Annahme, daß in der Wahrnehmung objektive Widersprüchlichkeiten subjektiv eingeebnet, Unvereinbarkeiten in ihren Bestimmungsmomenten isoliert und damit unerkennbar gemacht werden, den Zufälligkeiten und Beliebigkeiten der objektiven Zusammenhänge sekundär Geordnetheit und Geschlossenheit aufgeprägt wird (wie im 8. Hauptteil ausführlich zu entwickeln).

Eine bestimmte derartige Hypothese, die experimentell zu prüfen wäre, läßt sich auf folgende Überlegung gründen: Da im Warenfetisch der Tauschwert, in Wahrheit ein abstraktes gesellschaftliches Verhältnis, als natürliche Eigenschaft der Dinge erscheint, steht hier der Tauschwert mit den Gebrauchswertbestimmungen als wirklichen Beschaffenheiten des Dinges sozusagen scheinhaft »auf einer Stufe«. Dies kann u. U. dazu führen, daß der »Wert« eines Dinges *mehr oder weniger ausgeprägt selber als scheinhafter »Gebrauchswert« dem wirklichen Gebrauchswert des Dinges zugeschlagen wird.* Der »Preis«, in welchem sich der »Wert« ausdrückt, erschiene hier als Merkmal des Gebrauchswertes eines Dinges, das seinen »Preis« wiederum rechtfertigt. Diese Verkehrung läßt sich auf die zugespitzte Formel bringen: Wer ein »teueres« Ding haben will, muß eben mehr Geld ausgeben. – Falls beim Gegebensein einer solchen anschaulichen Gleichung »teuer = nützlich« Diskrepanzen zwischen den gebrauchswertbestimmten Gegenstandsbedeutungen und dem »Preis« bzw. »Wert« eines Dinges gegeben sind, müßte dies zu einer subjektiven Diskrepanz-Verringerung in der Wahrnehmung führen.

Sofern diese Annahme unter bestimmten Umständen richtig ist, müßten, da der »Preis« bzw. »Wert« als scheinbarer »Gebrauchswert« ja keinen unmittelbaren Ausdruck in figural-qualitativen Eigenarten des Dinges findet, die figural-qualitativen Gegebenheiten, in denen sich der tatsächliche Gebrauchswert manifestiert, so umstrukturiert und umakzentuiert werden, daß die Diskrepanz zum »Preis« verringert wird. Demnach würden im Experiment bei zwei gleichen Dingen, von denen eines als »teuer« und das andere als »billig« exponiert wird, die figural-qualitativen Eigenschaften in der Richtung durch die Wahrnehmung modifiziert, daß im ersten Falle solche Züge hervortreten, die den Gebrauchswert über sein tatsächliches Ausmaß erhöhen würden, im zweiten Falle solche Züge (»Fehler«, »Mängel« bestimmter Ausrichtung) hervortreten, die den Gebrauchswert gegenüber seinem tatsächlichen Ausmaß mindern würden. Auf diese Weise wären die Widersprüchlichkeiten der Gleichung »teuer = nützlich« durch Umstrukturierung der Wirklichkeit, also »Realitätsverlust«, im Erleben mehr oder weniger ausgeklammert, da diskrepante Erfahrungen subjektiv abgeschwächt sind. – Wir müssen allerdings davon ausgehen, daß die Gleichung »teuer = nützlich«, also die anschauliche Rechtfertigung des »Preises« durch den »Preis«, keineswegs unter allen Bedingungen für die Wahrnehmung bestimmend ist, sondern von gewissen objektiven Momenten der gesellschaftlichen Lebenslage des Individuums abhängt, möglicherweise einen bestimmten Grad von »Zahlungsfähigkeit« voraussetzt. Derartige »differenzielle« Gesichtspunkte werden später genauer behandelt (vgl. S. 283 ff.).

Die damit formulierte Hypothese und der angedeutete Entwurf einer Versuchsanordnung zu ihrer Prüfung haben auch hier nur Beispiel-Charakter. Aus der vorausgesetzten theoretischen Konzeption ist eine Vielzahl weiterer, in sich zusammenhängender Hypothesen abzuleiten, was in der späteren Forschungsarbeit deutlich werden wird.

Wir haben bisher die historische Bestimmtheit der Wahrnehmungsfunktion durch Prozesse der Bedeutungsaneignung in der bürgerlichen Gesellschaft allein unter dem Aspekt des widersprüchlichen Zueinander von Gebrauchswert-Vergegenständlichungen und Tauschwert-Vergegenständlichungen als Moment *sachlicher* Gegenstandsbedeutungen betrachtet. Wie früher dargelegt, stehen die sachlichen und personalen Gegenstandsbedeutungen in einem objektiven Verhältnis gegenseitigen Aufeinander-Verwiesenseins (vgl. S. 146). Die mit den Gebrauchswert-Vergegenständlichungen widerspruchsvoll verbundenen Tauschwert-Vergegenständlichungen als Moment der historischen Bestimmtheit bürgerlicher Lebensverhältnisse prägen mithin nicht nur die sachlichen, sondern auch die personalen Gegenstandsbedeutungen. Demnach gewinnt durch den Prozeß der individuellen Aneignung von Bedeutungsmomenten, die Gebrauchswert- wie Tauschwert-Vergegenständlichungen enthalten, auch die *interpersonale Wahrnehmung* Besonderheiten als Funktion des Menschen in der bürgerlichen Gesellschaft.

Indem das Kind im Aneignungsprozeß praktisch zu berücksichtigen und als gegenständliches Bedeutungsmoment wahrnehmend zu erfassen lernt, daß den Gebrauchsdingen neben den Kennzeichen ihrer jeweiligen Verwendbarkeit ein »Wert« als »natürliche Eigenschaft« zukommt, die sich auf bestimmte Weise im »Preis« niederschlägt, erfährt es auch, daß das *»Geldhaben« ein zentraler menschlicher Lebensumstand* ist: Mit dem Ausmaß des »Geldhabens« verringert sich die Distanz zwischen mir und den Dingen, die ich brauche. Wer »Geld hat«, kann sich dabei nicht nur das, was er braucht, verschaffen, er hat auch die Macht, anderen die Möglichkeit zu geben oder zu verwehren, an die benötigten Dinge heranzukommen. *Das »Geldhaben«, oder (verallgemeinert) »Haben«, wäre demnach ein Moment personaler Gegenstandsbedeutungen, das dem anderen Menschen neben und in den personalen Bedeutungsmomenten, die aus sachlich vermittelten kooperationsbedingten Tätigkeitscharakteristika entstehen, zukommt.*

Die personalen Bedeutungsmomente, die das Kind z. B. am »Vater« zu erfassen lernt, sind nicht nur auf die Gebrauchsdinge bezogene Tätigkeitsgestalten, die allmählich zu »Fertigkeiten«, »Fähigkeiten«,

»Eigenschaften« des Vaters verallgemeinert werden; es sind auch Attribute des »Habens«, die über Tätigkeiten wie »Mitbringen«, »Verweigern«, später »Taschengeld geben« und viele indirektere Tätigkeitsmerkmale erfahren werden, und denen gegenüber sich das Kind in der Lage des »Bittenden«, »Fordernden«, der »Hilflosigkeit«, »Dankbarkeit« etc. sieht. Das »Haben« als personales Bedeutungsmoment des Vaters, das bald durch seinen verallgemeinerten »Begriff« hindurch wahrgenommen werden kann, bestimmt dabei nicht nur die Beziehung zwischen Vater und Kind, sondern ist ein entscheidendes strukturierendes Moment der interpersonalen Beziehungen innerhalb der Familie, wie sie vom Kind wahrgenommen werden. *Die verschiedenen quantitativen und qualitativen Ausprägungsformen der Momente an personalen Gegenstandsbedeutungen, die die Variable des »Habens« charakterisieren, werden allmählich zu wesentlichen generellen Gesichtspunkten für die menschliche Kommunikativ-Orientierung in interpersonaler Wahrnehmung überhaupt* (die dahin führende Entwicklung wäre durch empirische Untersuchungen genauer zu erforschen).

Aus der Tatsache, daß in der bürgerlichen Gesellschaft die »Werte« der Waren und der »Wert« des Geldes nicht als gesellschaftliches Verhältnis, sondern als »natürliche Eigenschaften« erscheinen, in denen der vermittelnde Prozeß spurlos verschwunden ist, ist die Annahme ableitbar, daß *auch dem personalen Bedeutungsmoment des »Habens« als »Verfügung über Werte« eine Art von »Fetischcharakter« zukommt, indem das »Haben«, das in Wirklichkeit ein am Geldquantum gemessenes, dem wirklichen Menschen »äußerliches« Attribut ist, als «natürliche«, dem Menschen wirklich zukommende Eigenschaft wahrgenommen wird*. Wenn man vom »Fetischcharakter« des »Habens« spricht, so ist dies nicht wörtlich, sondern mehr analogisch zu nehmen. Während der »Fetischcharakter der Waren« die primäre subjektive Spiegelung eines objektiven Moments der ökonomischen Bewegung in der bürgerlichen Gesellschaft ist, wäre die Fetischierung des »Habens« ein aus der ökonomischen Bewegung sich herleitender, mehr sekundär- »psychologischer« Tatbestand.

Wie der »Wert« als scheinbar »natürliche« Eigenschaft der Dinge dennoch weder eindeutig an wirklichen Merkmalen der Dinge festzumachen noch mit dem Geldmaßstab in ein geordnetes, konsistentes und widerspruchfreies Verhältnis zu bringen ist (was in der Wahrnehmung durch deren wiederspruchseliminierende Funktion nicht erkannt werden kann), ist auch das *»Haben« als scheinbar »natürliche« Eigenschaft von Menschen gleichwohl an wirklichen Tätigkeitscharakteristika und ihren Ableitungen oder sonstigen figuralqualitativen Merkmalen nicht auf konsistente, widerspruchsfreie Weise ablesbar*. Auch hier wäre theoretisch und empirisch aufzuweisen, daß die Prinzipien, nach denen das »Haben« als wirkliche Eigenschaft erkennbar sein soll, zufällig, unzusammenhängend und widerspruchsvoll sind und sich gegenseitig aufheben. Der Umstand, daß *dennoch der Schein des »natürlichen« Charakters des »Habens« in der Wahrnehmung bestehen kann, ist auch in diesem Zusammenhang mit der Gebundenheit gegenständlicher Bedeutungsmomente (hier »personaler« Art) an die sinnliche Präsenz der Gegenstände, damit ihre Isolation voneinander zu erklären:* Da so die Beziehung zwischen den verschiedenen Momenten nicht wahrgenommen wird, kann auch ihr zufälliges, inkonsistentes, widersprüchliches Verhältnis zueinander nicht sinnlich erkannt werden (vgl. dazu die grundsätzlichen Ableitungen im 8. Hauptteil). – Genauere Darlegungen über die hier zu formulierenden Hypothesen und zu konzipierenden Versuchsanordnungen sollen unterbleiben, da sie gegenüber früheren Ausführungen nichts grundsätzlich Neues erbringen würden.

Das »Haben«, als abstrakte, am Geldmaßstab – dem Äquivalent für das Quantum an in Waren vergegenständlichter abstrakt-menschlicher Durchschnittsarbeitszeit – bemessene Variable, die als natürliche Eigenschaft des Menschen erscheint, wird nicht stets in vollem Maße als heraushebbare, für sich identifizierbare Eigenart am anderen Menschen wahrgenommen. Es ist vielmehr anzunehmen, daß das »Haben« – je nach der konkreten Wahrnehmungssituation mehr oder weniger – hinter den kooperationsbedingten Momenten personaler Gegenstandsbedeutungen, die in wirklichen, sinnlich wahrnehmbaren Merkmalen des tätigen Menschen bestehen oder aus diesen abgeleitet sind, versteckt ist: *Der Effekt von Veränderungen der »Habens«-Variablen in der Personwahrnehmung bestünde hier in einer »Umfärbung« des Gesamts personaler Bedeutungsmomente, die wahrnehmend aufgefaßt werden.* – »Was durch das *Geld* für mich ist, was ich zahlen, d. h., was das Geld kaufen kann, das *bin ich*, der Besitzer des Geldes selbst. So groß die Kraft des Geldes, so groß ist meine Kraft. Die Eigenschaften des Geldes sind meine – seines Besitzers – Eigenschaften und Wesenskräfte. Das, was ich *bin* und *vermag*, ist also keineswegs durch meine Individualität bestimmt... Ich – meiner Individualität nach – bin *lahm,* aber das Geld verschafft mir 24 Füße; ich bin also nicht lahm; ich bin ein schlechter, unehrlicher, gewissenloser, geistloser Mensch, aber das Geld ist geehrt, also auch sein Besitzer. Das Geld ist das höchste Gut, also ist sein Besitzer gut...; ich bin *geistlos,* aber das Geld ist der *wirkliche Geist* aller Dinge, wie sollte sein Besitzer geistlos sein? ... Ich, der durch das Geld *alles,* wonach ein menschliches Herz sich sehnt, vermag, besitze ich nicht *alle* menschlichen Vermögen? Verwandelt also mein Geld nicht alle meine Unvermögen in ihr Gegenteil?« (*Marx,* MEW Ergbd. 1, S. 564 f.).

Die Strukturierung und Umstrukturierung der personalen Gegenstandsbedeutungen bei unterschiedlichem Ausprägungsgrad der »Habens«-Variablen wäre genau empirisch zu untersuchen. Dabei wäre davon auszugehen, daß das »Haben« eine »zentrale« Eigenschaft im Sinne von *Asch* (1946) ist, d. h., daß mit der Veränderung des wahrgenommenen »Habens« auch andere personale Bedeutungsmomente sich mitverändern, das Zueinander der verschiedenen Bedeutungsinhalte sich modifiziert und umakzentuiert. Die Annahme über die »Zehntralität« der »Habens«-Variablen leitet sich aus folgender Überlegung her: Die »richtige« Auffassung des Grades des »Habens« ist ein wichtiges Moment der individuellen Lebensbewältigung (dies wird später noch in anderem Zusammenhang ausgeführt; vgl. S. 235 f.). Die Adäquanz der Wahrnehmung des »Habens« eines anderen Menschen darf demnach nicht durch andere wahrgenommene Bedeutungsmomente verfälscht werden. Da das »Haben« als »natürliche« Eigenschaft des Menschen wahrgenommen wird, kann es mit anderen Eigenschaften in geringerem oder höherem Grad konsistent bzw. inkonsistent erscheinen. Die damit gegebene Widersprüchlichkeit wäre nicht durch subjektive Modifikation der »Habens«-Variablen zu reduzieren, weil dies eine größere Inadäquanz der Wahrnehmung des anderen auf für die Lebensbewältigung wichtigen »Habens«-Variablen beinhalten würde. Demnach reduziert sich die genannte Widersprüchlichkeit in der Wahrnehmung durch Modifikation der übrigen personalen Bedeutungsmomente in Richtung auf eine geringere Inkonsistenz mit der »Habens«-Variablen. – Aus derartigen Überlegungen ließen sich auch genauere »Vorhersagen« darüber ableiten, welche Bedeutungsvariablen sich in welchem Ausmaß und welchem Sinne mit der Habens-Variablen mitverändern müßten. Demnach könnte hier eine »theoretische« Faktorenstruktur konstruiert werden. Es wäre zu prüfen, wieweit man annehmen darf, daß die faktorenanalytisch gewonnene empirische Faktorenstruktur dieser theoretischen Faktorenstruktur entspricht, in welchem Maße sich also die theoretischen Annahmen hier empirisch bewährt haben. – Genauere Angaben über die in diesem Zusammenhang relevanten Fragestellungen, durchzuführenden empirischen Untersuchungen und zu bewältigenden methodischen Probleme müssen auch hier unterbleiben.

Wie schon dargelegt, wird in der individuellen Aneignung nicht nur die Möglichkeit gewonnen, die »Habens«-Variable als Moment des Gesamts personaler Bedeutungsmomente jeweils *eines* anderen Menschen wahrnehmend zu erfassen. Auch die *Geprägtheit der Beziehungen zwischen mehreren anderen Menschen durch die »Habens«-Variable wird, in wachsender Verallgemeinerung und Losgelöstheit von aktuellen Kommunikationssituationen,* erfahrbar. Es wird in der Wahrnehmungsfunktion sinnlicher Erkenntnis zugänglich, daß, in Überformung der kooperativen oder aus kooperationsbestimmten Beziehungen ableitbaren Kommunikations- und Interaktionsformen, das *»Habens«- Gefälle zwischen den Menschen ein zentrales Regulationsmittel interpersonaler Beziehungen darstellt.* »Wenn das *Geld* das Band ist, das mich an das *menschliche* Leben, das mir die Gesellschaft, das mich mit der Natur und den Menschen verbindet, ist das Geld nicht das Band aller *Bande*? Kann es nicht alle Bande lösen und binden? Ist es darum nicht auch das allgemeine *Scheidungsmittel*? Es ist die wahre *Scheidemünze*, wie das wahre *Bindungsmittel*, die ... chemische Kraft der Gesellschaft« (*Marx*, MEW Ergbd. 1, S. 565).

Die »Habens«-Variable als Regulativ zwischenmenschlicher Beziehungen unterscheidet sich von den kooperationsbedingten Kommunikations- und Interaktionsformen durch ihre *Abstraktheit und Allgemeinheit*. Da das Tauschverhältnis in der bürgerlichen Gesellschaft die gesamtgesellschaftliche Synthese darstellt und das Geld als verselbständigte Inkarnation abstrakt-menschlicher Arbeit das generelle Medium des Tausches ist, *muß auch das »Haben« als zur menschlichen »Eigenschaft« fetischiertes Maß der individuellen Zahlungsfähigkeit die zwischenmenschlichen Beziehungen in allen Aktualitätsgraden und in allen Größenordnungen prägen*. Die »Habens«-Dimension wäre demnach als ein abstraktes und allgemeines »Binde- und Scheidungsmittel« in all den inhaltlich unterschiedlichen Weisen menschlicher Interaktion und Kommunikation in irgendeinem Grad und irgendeiner Form enthalten. – Diese Annahme müßte spezifiziert und empirischer Prüfung zugänglich gemacht werden.

Unter den weiteren Ansatzpunkten, die im gegenwärtigen Zusammenhang zur Konzipierung empirischer Untersuchungen führen könnten, sei – wiederum lediglich beispielhaft – noch auf zwei hingewiesen: Indem das Kind in der Aneignung lernt, wahrnehmend zu berücksichtigen, daß man nicht nur dingliche Ware, sondern auch unter bestimmten Bedingungen auch Zuwendung und Freundschaft »kaufen«, sich von Strafe und Mißachtung »loskaufen« kann, steht es dem objektiven gesellschaftlichen Tatbestand gegenüber, *daß man jemandem um so mehr zahlen muß, je mehr er schon hat*. Einen gleichaltrigen Kameraden aus »einfachen Verhältnissen« kann man vielleicht schon mit 20 Pfennigen dazu bringen, etwas Bestimmtes zu tun oder zu lassen. Einem bereits »selbst verdienenden« Halbwüchsigen etwa braucht man die 20 Pfennige, etwa um sich von Geprügelt- und Gequältwerden »loszukaufen«, erst gar nicht anzubieten; er würde einen nur auslachen. – Wir haben hier einen (natürlich gleichermaßen in der Erwachsenenwelt vorfindlichen) *merkwürdigen Anwendungsfall des Weberschen Gesetzes aus der Psychophysik vor uns*, in dem ausgesagt ist, daß die »Reizmenge«, die notwendig ist, damit ein eben merklicher Unterschied wahrgenommen wird, zur jeweiligen absoluten »Reizgröße« in einem konstanten Verhältnis steht (man z. B. einem Gewicht, das zehnmal so schwer ist wie ein anderes, auch einen zehnmal so großen Gewichtsbetrag hinzufügen muß, damit der Gewichtsunterschied bemerkt wird, womit der Quotient zwischen absolutem Gewicht und hinzuzufügendem Gewicht immer gleich bliebe). Offensichtlich stellen auch die Ausgeprägtheit des »Habens« eines Menschen und der Betrag, den man aufwenden muß, um ihn in irgendeiner Weise zu »kaufen«, der für ihn also einen »eben merklichen« Betrag darstellt, unter sonst gleichen Bedingungen ein konstantes Verhältnis dar. Es wäre genauer theoretisch zu durchdenken und empirisch zu untersuchen, wie in zwischenmenschlichen Beziehungen die Widersprüchlichkeit zwischen der kooperationsbestimmten Gleichung »Wer-nicht-hat-dem-muß-man-geben« und der von der abstrakten »Habens«-Dimension bestimmten Gleichung »Wer-hat-dem-muß-man-geben« in der Personenwahrnehmung eliminiert wird bzw. von welchen Zusatzbedingungen es abhängt, ob die eine oder die andere Gleichung prävaliert.

Ein anderer alltäglicher Tatbestand in der bürgerlichen Gesellschaft, dessen theoretische und empirische Analyse möglicherweise zu besonders bedeutsamen Resultaten führen könnte, ist die *Geheimnistuerei*, in die bei der Geldregulation interpersonaler Beziehungen *Geld, Preis und Besitz* eingehüllt sind. – Das Kind muß im Aneignungsprozeß erfahren, daß es »unmöglich« ist, nach dem Preis eines Geschenkes zu fragen, obwohl oder gerade weil man – wie jeder weiß – daran sehr interessiert ist. Jeder möchte wissen, was der andere verdient, aber niemand darf danach fragen. Der Kellner versteckt in »feinen« Lokalen die Rechnung unter einer Serviette. Es ist unanständig, Geld »nackt« zu verschenken (lieber riskiere man, dem anderen etwas zu kaufen, das er nicht brauchen kann). Geld in seiner nackten Form hat offensichtlich etwas *Obszönes* und das verheimlichte Interesse am Geld ähnelt phänomenal *bigottem, hinter Schamhaftigkeit und Tugendhaftigkeit verstecktem Sexualinteresse*. Der Grund für diese »Bigotterie« liegt u. E. allgemein gesehen darin, daß die zwischenmenschlichen Beziehungen in der Oberflächensicht der bürgerlichen Gesellschaft *allein* »kooperativ«, *geregelt, auf Anerkennung wirklicher Beiträge und gegenseitiger Hilfeleistung* basierend erscheinen; die »*Käuflichkeit*« *des Menschen* in verschiedensten Ausprägungsformen und Lebensbezügen als gesellschaftliche Realität ist mit dieser Oberflächensicht unvereinbar, wird deswegen »verdrängt« und *schlägt gleichwohl auf indirekte Weise* – etwa als »Reaktionsbildung« – *in die manifesten Lebensäußerungen des Menschen durch* (wir kommen später darauf zurück).

Ein zentrales Problem, das sich teilweise als Konsequenz aus dem bisher Behandelten ergibt, ist die Frage nach der besonderen Weise, in der als Resultat der Aneignung personaler Gegenstandsbedeutungen in der bürgerlichen Gesellschaft *soziale Ungleichheiten, Unterschiede zwischen* »arm« und »reich« wahrgenommen werden.

Untersuchungen über die Entwicklung der Wahrnehmung und des Verständnisses sozialer Ungleichheiten sind rar. Drei ältere Erhebungen von *Jalkotzki* (1925), *Hetzer* (1929) und *Böge* (1932) erbrachten, weil ihnen die theoretische Fundierung weitgehend fehlte, kaum aufschlußreiche Befunde. Danach kehrte sich die Entwicklungspsychologie weitgehend von inhaltlichen Fragen des individualgeschichtlichen Aufbaus konkret-historischer Erfahrungen ab. Erst in neuester Zeit wandte sich *Wacker* (1972) von einem kritisch-theoretischen Ansatz aus in einer kleinen Studie erneut dem Problem zu. 67 elf- bis vierzehnjährige Volksschüler aus dem Ruhrgebiet, deren Väter fast durchgehend den Familienunterhalt durch körperliche Arbeit verdienten, wurden unter verschiedenen Aspekten hinsichtlich ihrer Wahrnehmung und Deutung des Unterschieds zwischen »arm« und »reich« befragt.

Dabei ergaben sich, ähnlich wie schon bei *Böge,* Hinweise darauf, daß unter bestimmten Bedingungen die Armut der eigenen Familie in der Wahrnehmung der Kinder nicht repräsentiert ist: »Dieselben Kinder, die in der Mehrzahl angeben, in ihrem Bekanntenkreis seien mehr arme Leute zu finden, nehmen wiederum in der Mehrzahl ihre Eltern aus.« Hier scheinen sich bestimmte Beobachtungen aus dem Schülerladen »Rote Freiheit« zu bestätigen: »Auch bei Gegenüberstellungen wie: reiche Kapitalisten, die immer reicher werden, arme Arbeiter, die relativ verarmen, stießen wir häufig auf den Widerstand oder besser die Abwehr der Kinder: Sie wollten ihre Eltern keinesfalls als arm hingestellt sehen, sondern betonten wider allen Augenschein, wie gut sie doch verdienten und wohnten, wie zufrieden sie mit ihrem Leben sein könnten« (Autorenkollektiv am Psychologischen Institut der Freien Universität Berlin, 1971, S. 124). – Ein weiterer, vielleicht wichtigster Hinweis liegt in *Wackers* Befund, daß die Kinder ein »inkongruentes Erklärungsmodell der Verursachung von Armut und Reichtum erkennen lassen: Während Armut überwiegend als durch unbeeinflußbare Gegebenheiten (andere Lebensumstände) verursacht gesehen wird, soll Reichtum wesentlich die Frucht individueller Bemühungen sein«. In der Terminologie von *Heider* (vgl. etwa 1944 u. 1958) würde dies bedeuten, die Armut sei im Lebensraum der Kinder Ergebnis externer, der Reichtum interner Kausalitätsattribution. – Als wesentlich mag sich auch das Resultat erweisen, daß die Kinder auf die Frage nach dem potentiellen Träger der Maßnahmen zur Beseitigung der Armut 4mal »wir«, 4mal »der Staat«, 14mal »die Reichen«, 3mal »die Armen«, dagegen 42mal das anonymunbestimmte »man« nannten.

Die Untersuchung wird von *Wacker* nur als eine Vorstudie betrachtet, der differenzierter geplante und umfassendere Untersuchungen folgen werden (wobei über das Verfahren einer bloßen Meinungsbefragung, die allzu leicht lediglich Oberflächen-Daten liefert, hinausgelangt werden müßte).

Die Hauptschwierigkeit bei der theoretischen Grundlegung von Untersuchungen der genannten Art besteht darin, daß die Frage nach Unterschieden zwischen »arm« und »reich« und ihren Ursachen, *sofern primär auf Personen bezogen, bereits als Frage falsch ist*. Ob nun angenommen wird, Unterschiede zwischen »arm« und »reich« seien auf Intelligenzunterschiede, unterschiedlichen Fleiß, unterschiedliche Lernchancen etc. zurückzuführen: in jedem Falle bleibt man im Scheinhaft-Oberflächlichen haften. Der Untersucher muß zunächst für sich selbst die objektiven gesellschaftlichen Verhältnisse richtig erfassen: Die für die bürgerliche Gesellschaft historisch bestimmende Bewegung ist *nicht Geld als bloßes allgemeines Äquivalent für den Warentausch, sondern Geld als scheinhaft »sich selbst verwertender Wert«, als Kapital. Armut und Reichtum sind –* wie früher dargelegt *– keine ursprünglichen, sondern abgeleitete gesellschaftliche Tatbestände*. Sie entspringen dem Grundwiderspruch zwischen Lohnarbeit und Kapital: Der Arbeitslohn, da mit ihm immer nur der Wert der Arbeitskraft des Arbeiters ersetzt wird, ist in einer bestimmten Variationsbreite festgehalten und hält damit, wenn auch nicht jeden einzelnen, der der Arbeiterklasse entstammt, so doch *die Arbeiterklasse als solche mit gesellschaftlicher Notwendigkeit an ihrem Platz.* Das *Kapital* dagegen, da es seinem Wesen nach im *Verwertungsprozeß durch Einsaugung des vom Arbeiter produzierten Mehrwerts sich maßlos akkumuliert,* erlaubt auch allen jenen, die mit ihrer individuellen Revenue mehr oder weniger indirekt an der Kapital-Akkumulation beteiligt sind, *prinzipiell eine ebenso »maßlose« Steigerung ihrer persönlichen Zahlungsfähigkeit*[69]. In der Fetischierung des »Habens« zu einer »wirklichen« Eigenschaft des Menschen ist, sofern der Gegensatz zwischen »Armut« und »Reichtum« in der bürgerlichen Gesellschaft zum Gegenstand der interpersonalen Wahrnehmung wird, ein Widerspruch besonderer Schärfe unterdrückt: *Der Widerspruch, daß die scheinbar auf wirklichen Eigenschaften der Menschen beruhenden Unterschiede zwischen »Armen« und »Reichen« in ihrer »Maßlosigkeit« von einer Größenordnung sind, die jedes »menschliche« Maß, nach welchem Fähigkeits- oder Eigenschaftsunterschiede von Individuen bestimmt werden könnten, radikal überschreitet.*

Um dem Problem, auf welche Weise dieser Widerspruch in der Wahrnehmung und im vordergründigen Denken des täglichen Lebens unterdrückt oder eliminiert wird, näher zu kommen, könnte man vielleicht folgendes *Widerspruchs-Experiment* genauer planen und durchführen: Im ersten Untersuchungsschritt müßte man die Vpn. mit dafür konstruierten Skalen die Größenordnung maximaler zwischenmenschlicher Unterschiede in verschiedenen Dimensionen schätzen lassen, etwa nach der psychophysischen Methode der Fraktionierung oder Multiplakation Daten darüber erlangen, in welchem quantitativen Verhältnis durchschnittlich die Faulheit der Faulsten zum Fleiß der Fleißigsten, die Dummheit der Dümmsten zur Schlauheit der Schlausten, die Verantwortungslosigkeit der Verantwortungslosesten zur Verantwortlichkeit der Verantwortlichsten etc. gemäß der Sichtweise der Vpn. stehen. Die so gewonnenen Quotienten können eine bestimmte Größenordnung nicht unterschreiten, weil die Vpn. bei der Wahrnehmung zwischenmenschlicher Unterschiede auf bestimmte natürliche Grenzen, z. B. bei der Bestimmung von Fleißunterschieden die Grenze der Länge des Arbeitstages etc., stoßen. Danach müßte mit den Vpn. durch Kombination der Werte auf verschiedenen Dimensionen ein *maximaler Einkommensunterschied von Personengruppen* (unter Außerachtlassung von Extremfällen wie »Idioten«, »Genies« etc., also auf der Grundlage von Modalwerten) errechnet werden, der gemäß den Schätzungen der Vpn. *der Größenordnung nach gerade noch möglichen maximalen »wirklichen« Unterschieden zwischen Menschen* entspricht.

[69] Die mannigfachen Zusatzbedingungen, von denen es abhängig ist, welcher Anteil am Profit tatsächlich als individuelle Revenue verzehrt werden kann, müssen hier beiseite bleiben.

In der zweiten Stufe des Experiments wären dann die Vpn., über mehrere Zwischenschritte, mit dem Widerspruch zu konfrontieren, daß die tatsächlichen maximalen Einkommensunterschiede (die wieder nachweisbar an der gesellschaftlichen Wirklichkeit orientiert sein müssen) jeden auf wirkliche zwischenmenschliche Unterschiede beziehbaren Einkommensunterschied der Größenordnung nach weit überschreiten, darüber hinaus wäre zu dokumentieren, daß das tatsächliche Einkommensgefälle beim Anwachsen des gesellschaftlichen Reichtums immer größer wird, wobei die extremen Fähigkeitsgrenzen sich nicht in gleicher Größenordnung mitverändern etc. Dabei könnten nach jedem Zwischenschritt durch Intensivbefragungen und ihre systematische inhaltsanalytische Auswertung die hier wirksamen Mechanismen der subjektiven Widerspruchselimination genauer erforscht werden und wäre zum anderen zu eruieren, mit welchen Mitteln man hier die Einsicht fördern kann, daß jeder Versuch, die »sozialen Ungleichheiten« in der bürgerlichen Gesellschaft sich allein aus dem Verhalten individueller menschlicher Subjekte begreiflich zu machen, den Schein für die Wirklichkeit nimmt. Es wären auch in diesem Zusammenhang didaktische Formen zu erproben, mit denen durch eine Verbindung zwischen Widerspruchsetzung und Information gesellschaftliche Realitäten der bürgerlichen Gesellschaft – hier die wahren Ursachen von »Armut« und »Reichtum« – angemessener begreiflich werden.

Der Umstand, daß »soziale Ungleichheiten« in der interpersonalen Wahrnehmung als lediglich *individuell verursacht* erscheinen, mithin das »auf dem Kopfe stehende« Verhältnis, in welchem »Armut« und »Reichtum« nicht als Wirkung, sondern als Ursache des Klassenantagonismus aufgefaßt werden, »richtig« und »natürlich« zu sein scheint, muß unter allgemeineren Aspekten mit einer generellen Eigenart der Wahrnehmungsfunktion in Zusammenhang gebracht werden, wie sie schon mehrfach von uns herausgehoben wurde: die *Eingebundenheit der wahrgenommenen Bedeutungsmomente in die sinnliche Präsenz des Wahrnehmungsgegenstandes,* damit die *isolierende* Auffassung von einzelnen, konkreten Menschen in ihrer raumzeitlichen Besonderheit als Bedeutungsträger. Wie hier »Armut« und »Reichtum«, die extremen Positionen auf der »Habens«-Variablen, als Kennzeichen je einzelner Menschen gegeben sind, so *beziehen sich auch die personalen Bedeutungsmomente, die als Bedingungen für »Armut« und »Reichtum« erscheinen, nur jeweils auf den Einzelfall.* Es besteht hier demnach nur die Alternative der »internen« bzw. »externen Kausalitätsattribution« im *Heider*schen Sinne. Bei »interner Kausalitätsattribution« erscheinen »in« der Person liegende Momente, wie unterschiedliche »angeborene Begabung«, unterschiedlicher »natürlicher« Fleiß etc. als Ursachen für Unterschiede zwischen »arm« und »reich«. Bei »externer Kausalitätsattribution« werden »Armut« und »Reichtum« auf »äußere« Ursachen, wie unterschiedliche »Erziehung«, unterschiedliche »Lernchancen« etc., zurückgeführt. Je nachdem, ob in der interpersonalen Wahrnehmung »Armut« bzw. »Reichtum« als »intern« bzw. »extern« verursacht erscheinen, muß der Unterschied zwischen »arm« und »reich« als unveränderlich hingenommen oder als durch Verbesserung der »Erziehung«, der »Lernchancen« etc. der jeweiligen Individuen reduzierbar angesehen werden[70].

Der Schein der individuellen Ursachen des Unterschieds zwischen »arm« und »reich« ist in der interpersonalen Wahrnehmung niemals als solcher zu erkennen. In der Wahrnehmung und dem wahrnehmungsnahen »anschaulichen« Denken (vgl. S. 336 ff.) findet die *sinnliche Evidenz des Zusammenhangs zwischen »Armut« bzw. »Reichtum« und der Bedingungen für »Armut« bzw. »Reichtum« in einem je einzelnen, isolierten Menschen in der Wirklichkeit notwendig stets ihre »Bestätigung«*, weil andere Formen des Zusammenhangs nicht sichtbar werden: Konträre Informationen sind nur im Hinblick auf die Alternative der internen oder externen Verursachung, nicht aber im Hinblick auf eine Problematisierung der – ob nun internen oder externen – *individuellen* Verursachung von »Armut« und »Reichtum« verwertbar. Denkbewegungen, sofern in der »Anschaulichkeit« verhaftet, finden sich hier *stets in der Sphäre von »Beispielen« und »Gegenbeispielen«* (wobei jedes einzelne der Beispiele richtig sein mag). Einem Menschen, dem der soziale Aufstieg trotz aller »Erziehung« nicht gelungen ist, steht ein anderer gegenüber, bei dem dies offensichtlich doch der Fall war. Auch Beispiele dafür, daß ein Mensch trotz ungünstiger »Erziehungsbedingungen« seinen sozialen Status halten konnte, lassen sich immer durch Beispiele dafür beantworten, daß ein Mensch, weil ihm keine hinreichende »Erziehung« zuteil wurde, sozial absteigen mußte etc. Alle derartigen Beispiele, so kontrovers sie auch zueinander stehen, haben eines gemeinsam, daß sie *implizite »Bestätigungen« für die individuelle Bedingtheit von Gewinn, Verlust oder Erhalt der »Armut« bzw. des »Reichtums« sind.*

Von der Wahrnehmung und dem anschaulichen »Beispiel«-Denken führt kein direkter Weg zu der Einsicht, daß die kapitalistische Gesellschaftsordnung zu ihrer Selbsterhaltung den *Antagonismus zwischen Lohnarbeit und Kapital aufrechterhalten muß, womit der Gegensatz zwischen wachsendem Reichtum und relativer Verarmung sich notwendigerweise permanent reproduziert.* Diese Reproduktion beruht auf einem *Regulationsprozeß, der die strukturelle Identität des Kapi-*

---

[70] Das Problem, von welchen Bedingungen es abhängt, ob in der Personwahrnehmung »intern« oder »extern« attribuiert wird, braucht hier nicht erörtert zu werden. Der Umstand, daß die externe Kausalitäts-Attribution im gegenwärtigen Falle vergleichsweise vernünftiger und realitätsangemessener ist, wird nicht geleugnet, steht aber ebenfalls nicht zur Diskussion.

talismus trotz wechselnder Elemente aufrechterhält, der dazu führt, daß die Arbeiterklasse – innerhalb gewisser, für die Systemidentität noch nicht »kritischer« Toleranzgrenzen – nicht in jedem ihrer Mitglieder, aber im gesellschaftlichen Durchschnitt »an ihrem Platz bleibt«. – Beispiele und Gegenbeispiele sind also in diesem Zusammenhang unthematisch. Mehr noch: *Die Verhaftetheit am sinnlich gegebenen Einzelfall befestigt nur immer wieder die Evidenz des »verkehrten« Verhältnisses.* Durch in anschauungsgebundenem Denken aufgewiesene Ursachen für Armut bzw. Reichtum des jeweils einzelnen Menschen wird gerade dann, wenn ein derartiger Aufweis richtig ist, ein *Begreifen der wahren Verhältnisse* verhindert. *Die unmittelbare Anschauung zeugt hier nicht für, sondern gegen die Wahrheit.* – Die auf den einzelnen Menschen zentrierten »Mikrobedingungen« seiner gesellschaftlichen Lage und die historischen »Makrobedingungen« der gesamtgesellschaftlichen Bewegung sind nicht von *vornherein und lückenlos durch anschaulich-empirische Zwischenglieder vermittelt.* Umgekehrt: Erst wenn die *Reproduktion des Klassenantagonismus in logisch-historischer Analyse als gesellschaftliche Notwendigkeit im Kapitalismus erkannt worden ist, verfügt man über die Kategorien, unter denen der Empirie des Selbstregulationsprozesses, der die Arbeiterklasse an ihrem Platz hält, in all ihren vielfältigen Vermittlungsschritten nachgegangen werden kann.*

Im individualgeschichtlichen Aneignungsprozeß stellt sich der falsche »Augenschein« der individuellen Bedingtheit sozialer Ungleichheiten im Medium des praktischen Umgangs mit anderen Menschen als Trägern personaler Gegenstandsbedeutungen notwendig immer wieder her. Mit fortschreitender Aneignung personbezogener symbolisch-sprachlicher Bedeutungsstrukturen besteht die Möglichkeit, den Schein als solchen zu erkennen. Diese Möglichkeit wird jedoch in der »normalen«, auf individuelle Lebensbewältigung gerichteten Alltagspraxis innerhalb der bürgerlichen Gesellschaft nicht realisiert. Die »Natürlichkeit« des verkehrten Verhältnisses individuumzentrierter Betrachtung bleibt Grundlage auch der denkenden Auffassung von sozialen Unterschieden. Durch eine solche *falsche »Psychologisierung« der gesellschaftlichen Realität* können die strukturellen Antagonismen der bürgerlichen Gesellschaft nicht im Erkennen erfaßt werden. – Hier stellt sich die Frage nach den Bedingungen, unter denen im Aneignungsprozeß die vordergründigen Evidenzen der Ursprünge sozialer Verhältnisse aus der Eigenart anschaulich-isolierter Individuen in Richtung auf ein Begreifen der wirklichen Ursprünge der Lage des Menschen in der bürgerlichen Gesellschaft zu überschreiten sind, wie also *der objektive Widerspruch zwischen den »Selbstverständlichkeiten« alltäglicher personbezogener Erfahrungen und den tatsächlichen Regu-*

lationsprozessen menschlicher Lebensverhältnisse zum erkannten Widerspruch werden kann. Diese Frage verweist auf das Problem der Beziehung zwischen *Wahrnehmung,* »*anschaulichem Denken*«*,* »*logischem Denken*« und *denkendem Begreifen der gesellschaftlichen Wirklichkeit im menschlichen Erkennen,* ein Problem, das später im 8. Hauptteil in umfassenderen Zusammenhängen entwickelt werden wird.

7.3 Dimensionen der Wahrnehmung in ihrem Ursprung aus dem Kapitalverhältnis

Bei dem Versuch, die Wahrnehmungstätigkeit und -funktion des Menschen in den Eigenarten näher zu charakterisieren, die ihre historische Bestimmtheit als Momente menschlicher Subjektivität in der bürgerlichen Gesellschaft ausmachen, haben wir bisher gewisse gegenständliche Bedeutungsmomente der alltäglichen Umwelt unter bürgerlichen Lebensverhältnissen, die orientierungsrelevante Aspekte der bürgerlichen Gesellschaftsstruktur sind, exemplarisch herausgehoben und dargelegt, auf welche Weise die menschliche Wahrnehmung durch die individualgeschichtliche Aneignung solcher Bedeutungsmomente geprägt sein könnte – wobei Forschungsperspektiven zur weiteren wissenschaftlichen Durchdringung des Problems angedeutet wurden.

Jetzt soll die Analyse dadurch vertieft werden, daß das Problem der *Entstehung von gegenständlichen Bedeutungsmomenten in ihrer historischen Besonderheit aus den Produktionsbedingungen der kapitalistischen Gesellschaft* klarer herausgearbeitet wird (was wiederum nur exemplarisch geschehen kann). Den Ansatz für diesen nächsten Schritt der Analyse bildet das Konzept der »*Dimensionalität*« der Wahrnehmung, wie es früher hergeleitet wurde. – Die Wahrnehmungsdimensionen wurden als generalisierte Fassungen solcher Bedeutungsunterschiede an Personen und Sachen gekennzeichnet, die modal (im gesellschaftlichen Durchschnitt) durch ihren »Begriff« hindurch angemessen wahrnehmbar sein müssen, damit die gesellschaftliche Lebenserhaltung einer bestimmten Gesellungseinheit als möglich verständlich wird, die also für die Erhaltung des gesellschaftlichen Lebens *Funktionalität* besitzen. Die Dimensionsstrukturen haben einerseits objektiven Charakter, da sie den Notwendigkeiten der gesellschaftlichen Produktion entspringen, müssen sich aber andererseits, wie die Momente an den Gegenstandsbedeutungen, die sie durch ihren Begriff hindurch repräsentieren, mit der Entwicklung der Produktionsweise verändern (vgl. S. 153 f.). – Dieser Konzeption zufolge müssen die Dimensionalitätsstrukturen, auf denen Bedeutungsmomente an Personen und Sachen innerhalb der bürgerlichen Gesellschaft wahrnehmend unterschieden werden, *aus der besonderen Weise der gesellschaftlichen und individuellen Lebenserhaltung auf der historischen Entwicklungsstufe der kapitalistischen Gesellschaftsformation ableitbar sein.*

Wahrnehmungsdimensionen, soweit sie sich auf sachliche Gegenstandsmomente als Gebrauchswert-Vergegenständlichungen beziehen, sind solche, hinsichtlich deren Unterschiede zwischen Dingen modal angemessen wahrgenommen werden müssen, wenn die gesellschaftliche Produktion in einer bestimmten historischen Ausprägungsform möglich sein soll. Derartige Dimensionen sinnlicher Erkenntnis als Bestandteil gebrauchswertschaffender Produktion lassen sich – wenigstens prinzipiell – schlüssig herleiten, sofern einfache Gesellschaftsformen mit einheitlicher Produktionsweise, etwa steinzeitliche Sammler- und Jäger-Kulturen oder neolithische Feldbau-Kulturen, zur Diskussion stehen. Die moderne »Industriegesellschaft«[71] mit ihren vielfältigen, hochdifferenzierten Produktionsweisen bietet indessen kaum Angriffspunkte zur Herleitung gebrauchswertbezogener Wahrnehmungsdimensionen, die so genereller Natur sind, daß sie als Notwendigkeiten sinnlicher Erkenntnis im Zusammenhang mit der gebrauchswertschaffenden Produktion überhaupt ausgewiesen werden können. Dies gilt genauso für Dimensionen der Wahrnehmung, die sich auf personale Bedeutungsmomente als Merkmale gebrauchswertbezogener Tätigkeit oder daraus abgeleiteten »Fähigkeiten«, »Eigenschaften« etc. beziehen. – Um hier Ansatzstellen für weitere Forschung zu finden, wäre die Funktionalität der wahrnehmenden Unterscheidung auf gewissen gebrauchswertbedingten Bedeutungsdimensionen für die Produktion zunächst unter differentiellem Aspekt für unterschiedliche Produktionszweige getrennt zu untersuchen (vgl. dazu das nächste Kapitel dieser Abhandlung). Möglicherweise sind auf diesem Wege später Verallgemeinerungen auf umfassendere Dimensionen der sinnlichen Erkenntnis innerhalb der Produktion der »Industriegesellschaft« möglich. – Ein anderer Zugang zum vorliegenden Problem besteht in *ethnopsychologischer Forschung*: Der Zusammenhang zwischen der Eigenart der gebrauchswertschaffenden Produktionsweise und den produktionsrelevanten Wahrnehmungsdimensionen wäre hier dadurch zu untersuchen, daß man bei verschiedenen Ethnien mit unterschiedlicher Produktionsweise Hypothesen über die davon abhängende unterschiedliche Dimensionalität der Wahrnehmung herleitet und diese Hypothesen sodann empirisch prüft. (Pionierarbeit auf diesem Gebiet, wenn auch ohne klare theoretische Konzeption und mit noch unentwickelter Methodik, leisteten *Segall, Campbell & Herskovits* 1963, die ethnische Unterschiede hinsichtlich des Grades der »Täuschbarkeit« durch

---

[71] Die Bezeichnung »Industriegesellschaft« ist hier keineswegs konvergenztheoretisch zu verstehen. Es soll lediglich abstrahierend auf gewisse Gemeinsamkeiten der »industriellen« Produktion verwiesen werden, die konkret nur als historisch bestimmt durch die Produktionsverhältnisse gegeben ist. Die kapitalistische »Industrie« und die »Industrie« in den sozialistischen Übergangsgesellschaften ist auch in ihrer scheinbar bloß »technischen« Seite durch die unterschiedlichen Produktionsverhältnisse charakterisiert.

drei »optische Illusionen«, die *Müller-Lyer*-Täuschung, die *Sander*sche Täuschung und die »Horizontalen-Vertikalen«-Täuschung, feststellten und die unterschiedliche Täuschbarkeit aus der Funktionalität bestimmter Wahrnehmungsweisen im Hinblick auf die jeweils besondere Ökologie der verschiedenen Ethnien erklärten.) Viele Fragen im Zusammenhang mit dem von uns vertretenen kritisch-psychologischen Ansatz werden sich nur in vergleichend-ethnopsychologischer Forschung hinreichend abklären lassen[72].

Die historische Bestimmtheit der bürgerlichen Gesellschaft liegt – wie dargestellt – nicht primär in der Eigenart ihrer gebrauchswertschaffenden Produktion, sondern in ihrer Eigenart als warenproduzierende Gesellschaft mit antagonistischer Klassenstruktur. – Momente sachlicher Gegenstandsbedeutungen als *Tauschwert-Vergegenständlichungen*, wie sie im vorigen Abschnitt erörtert wurden, in ihren vordergründigen Formen als »Wert« (im alltäglichen Sinne), auf den sich das Etikett des »Preises« bezieht, können *als Wahrnehmungsdimensionen interpretiert werden*. – Die bürgerliche Gesellschaft reproduziert sich nicht nur in Herstellung und Verwendung von »Gebrauchsgütern« verschiedener Art, sondern auch in der Fähigkeit ihrer Mitglieder, das *der Tauschgesellschaft adäquate Verhalten zu zeigen*. Dieses Tauschverhalten impliziert *gewisse Möglichkeiten sinnlicher Erkenntnis*, in welcher – unter Berücksichtigung des wahrgenommenen Gebrauchswerts, des wahrgenommenen »Werts«, des »Preises« und der eigenen Zahlungsfähigkeit – im gesellschaftlichen Durchschnitt Kaufentschlüsse auf eine Weise zustande kommen, die für die Lebensbewältigung »funktional« sind; ebenso müssen beim Verkaufenden bestimmte Erkenntnisprozesse, die die Wahrnehmungstätigkeit einschließen, modal möglich sein, die im Hinblick auf die »Existenz« der Verkaufs-Instanzen Funktionalität besitzen. Der »Gebrauchswert-Standpunkt« des Kaufenden und der »Tauschwert-Standpunkt« des Verkaufenden stehen dabei insofern im Verhältnis der Komplementarität zueinander, als vom Standpunkt des Käufers nur der bedürfnisgerechte Gebrauchswert der Ware relevant ist, der »Preis« dagegen lediglich die Barriere darstellt, die überwindbar sein muß, wenn der Gebrauchswert erreichbar sein soll (wobei, wie früher dargelegt, der wahrgenommene Preis u. U. auf den wahrgenommenen Gebrauchswert »zurückschlägt« vgl. S. 221 f.); vom Standpunkt des Verkäufers dagegen gilt »jede Ware, ihrer besonderen Gestalt ungeachtet, als bloßer Tauschwert, der noch als Geld verwirklicht (realisiert) werden muß und für den Gebrauchswertgestalt nur Durchgangsstadium und Gefängnis ist« (W. *Haug* 1971, S. 15). Daraus ergibt sich das Auseinandertreten von wirklichem Gebrauchswert und *sinnlichem Gebrauchswertschein*, der mit der Ware mitproduziert wird und den Käufer unter sonst gleichen Umständen eher zum Kaufentschluß bringt, womit der Tauschwert leichter in Geld realisierbar ist. Der »Gebrauchswertschein« der Waren als objektiver Niederschlag der Komplementarität von Gebrauchswert- und Tauschwertstandpunkt, wie er von W. *Haug* (1971) expliziert worden ist, ist ein wichtiges Moment, das bei der

---

[72] Der von *Wulff* (etwa 1969) auf marxistischer Grundlage entwickelte Ansatz einer *transkulturellen Psychiatrie* ist dabei sowohl hinsichtlich des methodischen Vorgehens wie hinsichtlich mancher der gewonnenen Resultate aufzuarbeiten.

Erforschung der tauschwertbezogenen Wahrnehmungsdimensionalität berücksichtigt werden muß. – Nicht nur die richtige Wahrnehmung von Tauschwert-Charakteristika der Waren, sondern auch die richtige Wahrnehmung der personalen Variablen des »Habens« (vgl. S. 222 ff.) als Inbegriff der *Zahlungsfähigkeit des anderen* gehört zum angemessenen Tauschverhalten, womit das »Haben« ebenfalls in diesem Zusammenhang den *Charakter einer Wahrnehmungsdimension* hätte (was nicht näher ausgeführt wird). – Es sollte hier angedeutet werden, daß zur Lebenserhaltung der bürgerlichen Gesellschaft als warenproduzierende Gesellschaft bestimmte über den Aneignungsprozeß erworbene, bei den Gesellschaftsmitgliedern »durchschnittlich« hinreichend vorhandene Fähigkeiten zu angemessener auf Tauschwert-Vergegenständlichungen und ihre Derivate bezogener sinnlicher Erkenntnis notwendig sind; *eine modal »richtige« wahrnehmende Differenzierung von Sachen und Menschen auf der Dimension des »Tauschwerts« bzw. des »Habens« sind konstituierende Momente des gesellschaftlichen Regulationsprozesses, durch welchen die Struktur der bürgerlichen Gesellschaft als Tauschgesellschaft im Wechsel ihrer Elemente erhalten wird.*

Die Wahrnehmung und gnostische Verarbeitung von Tauschwert-Charakteristika als Moment der Lebensbewältigung des Menschen in der bürgerlichen Gesellschaft ist ein wichtiger Gegenstand zukünftiger kritisch-psychologischer Forschungstätigkeit. Im Zusammenhang mit unserem gegenwärtigen Vorhaben, die Besonderheiten von Dimensionen der Wahrnehmung aus ihrem Ursprung in der bürgerlichen Produktionsweise exemplarisch zu verdeutlichen, soll dennoch das Schwergewicht nicht auf die Warenproduktion gelegt werden, weil diese als Kennzeichen der bürgerlichen Gesellschaft zwar notwendig, aber nicht hinreichend ist. Die Eigenart und die Problematik des »Dimensionalitäts«-Konzeptes läßt sich prägnanter herausheben, wenn wir mit den ausführlicheren Analysen an dem wesentlichen Merkmal der historischen Bestimmtheit der bürgerlichen Gesellschaftsformation ansetzen: *dem Antagonismus zwischen Lohnarbeit und Kapital, dem Kapitalverhältnis*. – Weil mithin die weiteren Überlegungen sich primär weder auf die Beziehung zwischen Mensch und Natur bei gebrauchswertschaffender Arbeit noch auf die als Beziehungen zwischen Dingen versachlichten menschlichen Beziehungen im Warentausch zentrieren, sondern auf die kapitalistischen Produktionsverhältnisse als besondere historische Form von Beziehungen, *die Menschen bei der gesellschaftlichen Arbeit untereinander eingehen,* steht im folgenden nicht die sachbezogene Wahrnehmung, sondern die *interpersonale Wahrnehmung* hinsichtlich der Herleitbarkeit ihrer Dimensionen aus dem Kapitalverhältnis im Mittelpunkt der Diskussion.

Bei unserer allgemeinen Explikation der »Wahrnehmungs-Dimensionen« in ihrem Ursprung aus den *Notwendigkeiten sinnlicher Erkenntnis im Zusammenhang mit der gesellschaftlichen und individuellen Lebenserhaltung auf einer bestimmten Entwicklungsstufe* sind wir – da lediglich die generellen Charakteristika der Orientierungsaktivität des »gesellschaftlichen Menschen überhaupt« in Abhebung von der organismischen Orientierung herausgehoben werden sollten – von der Annahme ausgegangen, daß *gesellschaftliche und individuelle Lebenserhaltung* (= Lebensentfaltung) insofern *konkordant* sind, als in der kooperativen Produktion die Gesellschaft die Lebenserhaltung der einzelnen gewährleistet, wobei der einzelne durch seinen Beitrag die Voraussetzung zu Erhaltung und Entfaltung des gesellschaftlichen Lebens, damit indirekt auch seines eigenen Lebens, schaffen hilft. Diese »abstrakte« Kennzeichnung kooperativer gesellschaftlicher Produktion in ihrer Allgemeinheit muß bei Zentrierung der Analyse auf die bürgerliche Gesellschaft im Hinblick auf die historische Bestimmtheit kapitalistischer Produktionsverhältnisse konkretisiert werden. Zwar ist auch in der bürgerlichen Gesellschaft die individuelle Lebenserhaltung mit dem gesellschaftlichen Leben vermittelt, zu dessen Erhaltung der einzelne beiträgt. *Diese kooperative Struktur reproduziert sich aber nur um den Preis des Klassenantagonismus,* durch welchen die unmittelbaren Produzenten des gesellschaftlichen Reichtums von der bewußten gesellschaftlichen Planung der Produktion ausgeschlossen und durch objektive Strukturmerkmale der Gesellschaft bei der Nutzung der gesellschaftlichen Güter (materieller und ideeller Art), gemessen an den gesellschaftlichen Möglichkeiten, radikal eingeschränkt sind. In der bürgerlichen Klassengesellschaft gibt es keine widerspruchsfreien gesellschaftlichen Lebensnotwendigkeiten, denen der einzelne sich nur bewußt zu unterstellen braucht, um auch seinem individuellen Interesse zu dienen. Die Bestimmung der gesellschaftlichen Lebensnotwendigkeit in ihrem Zusammenhang mit der individuellen Lebenserhaltung und -entfaltung geschieht immer und unausweichlich von einem *Klassenstandpunkt* aus. Die Tatsache, daß hier eine »neutrale«, vom Klassenstandpunkt unabhängige Bestimmung nicht möglich ist, ist selbst ein Merkmal der antagonistischen Klassenstruktur der bürgerlichen Gesellschaft.

Für die *Kapitalistenklasse,* die Funktionäre des Kapitals, ist *gesellschaftliche Lebenserhaltung gleichbedeutend mit der Erhaltung der bürgerlichen Gesellschaftsstruktur,* wobei die Erhaltung des Kapitalismus nicht nur mit dem Individualinteresse des einzelnen Kapitalisten als konkordant erscheint, sondern in der *bürgerlichen Ideologie als konkordant mit dem allgemeingesellschaftlichen Interesse aller Gesellschaftsmitglieder an ihrer individuellen Lebenserhaltung und -entfaltung.* – Die bürgerliche Ideologie von der Konkordanz des Kapitalinteresses mit dem gesamtgesellschaftlichen Interesse wird vom Arbeiter stets insoweit übernommen, wie er *sich als jeweils einzelner dem Kapital gegenübersieht.* Hier erscheint der Kapitalist als der »Arbeitgeber«, der dem Arbeiter nur soweit Arbeit »geben« und damit zum Lebensunterhalt verhelfen kann, wie die kapitalistische Wirtschaft sich entfaltet. – Auch sofern sich die Arbeiter zur gemeinsamen *Durchsetzung von Lohnforderungen, Verbesserungen von Arbeitsbedingungen, Sozialleistungen etc. gegen das Kapital* organisiert *zusammenschließen*, ist die Konkordanz zwischen Kapitalinteresse und Allgemeininteresse noch *nicht grundsätzlich in Frage gestellt*. Arbeitnehmer und Arbeitgeber erscheinen hier als gegensätzliche *Vertreter von Partialinteressen innerhalb der bestehenden Gesellschaftsformation*; die Forderungen und Kämpfe der Arbeiterschaft finden stets da ihre Grenze, wo der Bestand der kapitalistischen Produktionsweise als solcher in Frage gestellt würde, weil man dem Kapital Zugeständnisse zur Verbesserung der Lebenslage der Arbeiter nur unter der Voraussetzung abringen kann, daß die kapitalistische Produktion bestehen bleibt und sich entwickelt. – Der Schein der Konkordanz zwischen Kapitalinteresse und gesamtgesellschaftlichem Interesse ist nur dann von der Arbeiterschaft als Schein zu erkennen, wenn die Arbeiter über den Standpunkt der Vertretung von Partialinteressen gegen das Kapital hinaus das Bewußtsein der historischen Gewordenheit und gesellschaftlichen Funktion der Arbeiterschaft als Klasse in der bürgerlichen Gesellschaft gewinnen. Erst von einem solchen *bewußten Klassenstandpunkt des Proletariats* aus wird begreiflich, daß die bürgerliche Klasse zwar in früheren Phasen des Kapitalismus durch die im Kapitalverwertungsprozeß sich vollziehende ungeheure Produktivkraftsteigerung, damit verbundene Entwicklung der Technologie, des Verkehrswesens, die Heraustreibung der Menschen aus unterentwickelten Produktionsweisen, den Aufbau immer umfassenderer kooperativer Zusammenhänge der Produktion, damit auch die Heranbildung und Weiterentwicklung menschlicher Möglichkeiten, wenn auch stets auf widersprüchliche Weise und um den Preis der Entwurzelung, Verelendung, Vereinseitigung der Massen, ein Motor des gesellschaftlichen Fortschritts war (*Marx* spricht hier von der »*transitorischen Notwendigkeit*« des Kapitalismus), daß aber gerade durch die immer weitergehende Entfaltung der Produktivkräfte das Klasseninteresse des Kapitals in stets steigendem Maße zu einem Partialinteresse wird, das den *weiteren gesellschaftlichen Fortschritt behindert*: In dem Grade, wie durch das Entstehen immer umfassenderer und universeller Kooperationsstrukturen eine bewußte gesamtgesellschaftliche Planung der Produktion nicht nur möglich, sondern zu einer weiteren Steigerung der Produktivkräfte notwendig wird, verschärft sich der Widerspruch zwischen der gesellschaftlichen Produktion und der privaten Verfügung über Produktionsmittel, damit der dem Partialinteresse der Kapitalistenklasse unterliegenden Produktionsplanung, die gesamtgesellschaftlich zu semichaotischen Bewegungsformen, naturwüchsigem Sich-Durchsetzen unkontrollierter »Gesetze« etc. führt, also geplante Planlosigkeit bedeutet. Der Kampf des klassenbewußten Proletariats um eine Beteiligung aller Gesellschaftsmitglieder an der bewußten kooperativen Planung gesellschaftlicher Produktion, die volle Verfügung aller über die materiellen und ideellen Güter der Gesellschaft, damit allseitige Entwicklung körperlicher und geistiger Möglichkeiten, ist mithin nicht nur ein Kampf zur Durchsetzung eines Partialinteresses, desjenigen des Proletariats, gegen ein anderes Partialinteresse, desjenigen der Bourgeoisie, sondern der *Kampf um die Durchsetzung gesamtgesellschaftlicher Interessen gegen das Partialinteresse des Kapitals*. Der *Klassenstandpunkt des um seine Emanzipation kämpfenden Proletariats fällt also tendenziell mit dem gesamtgesellschaftlichen Standpunkt zusammen*. Die *gesellschaftliche Lebenserhaltung* ist demgemäß immer weniger gleichbedeutend mit der Erhaltung der bürgerlichen Gesellschafts-

struktur. Die gesamtgesellschaftlichen Lebensnotwendigkeiten stehen immer zwingender unter der Perspektive der Notwendigkeit einer Überwindung der kapitalistischen Gesellschaftsformation. Die Perspektive zur Schaffung einer Gesellschaftsform, in der *die allgemeingesellschaftlichen Bestimmungen einer Konkordanz zwischen gesellschaftlichen Lebensnotwendigkeiten und den individuellen Lebensinteressen jedes einzelnen Gesellschaftsmitgliedes nicht nur durch Abstraktion von den jeweils besonderen historischen Bedingungen einer gesellschaftlichen Entwicklungsstufe gewinnbar sind, sondern eine Charakterisierung des wirklichen gesellschaftlichen Lebens darstellen,* ist die aus der bestimmten Negation bürgerlicher Lebensverhältnisse entstehende *sozialistische Perspektive* (vgl. dazu etwa W. *Haug* 1972). – Der Klassenstandpunkt des Proletariats mit seiner sozialistischen Perspektive ist nicht nur von empirischen Subjekten einzunehmen, die faktisch dem Proletariat angehören, sondern auch von anderen Menschen, die ihre eigene objektive gesellschaftliche Lage so weit aus umfassenderen gesellschaftlichen Zusammenhängen heraus bewußt erfassen können, daß sie die gesamtgesellschaftliche Notwendigkeit einer Emanzipation des Proletariats durch Überwindung kapitalistischer Produktionsverhältnisse begreifen und in solidarische gesellschaftliche Praxis als kritische Praxis umsetzen.

Diese wenigen Bemerkungen zu einem schwierigen und komplexen Problem, das zu seiner hinreichenden Explikation einer logisch-historischen Gedankenentwicklung bedürfte, müssen hier genügen, sind aber unerläßlich zu einer richtigen Behandlung der Wahrnehmungs-Dimensionalität in der bürgerlichen Gesellschaft. Gewisse weitere Klärungen werden sich im Laufe späterer Ausführungen ergeben.

Basis gesellschaftlichen Lebens jeder Art ist die materielle, gegenständliche Produktion, in welcher die Mittel für die Lebenserhaltung und die Voraussetzungen für die Lebensentfaltung der Gesellschaft wie des einzelnen geschaffen werden. Die Weise der materiellen Produktion ist bestimmend für die jeweiligen Formen zwischenmenschlicher Beziehungsstrukturen, von denen die Möglichkeiten, Begrenzungen und die besondere qualitative Eigenart der aktuellen Interaktions- und Kommunikationsweisen der Menschen abhängen. *Die menschliche Grundsituation materieller Produktion in der bürgerlichen Gesellschaft ist die Situation des Lohnarbeiters, der – indem er die Mittel für die Lebenserhaltung und Voraussetzungen für die Lebensentfaltung der Gesellschaft produziert – dem Kapitalverhältnis unterworfen ist.* Die Interaktions- und Kommunikationsform des Lohnarbeiters in der Produktion ist demgemäß die *Grundkonstellation zwischenmenschlicher Beziehungsstrukturen,* von der, wie immer vermittelt, *die Möglichkeiten, Grenzen und Eigenarten der aktuellen Interaktions- und Kommunikationsweisen des Menschen in der bürgerlichen Gesellschaft, auch in Bereichen, die von unmittelbarer Produktion mehr oder weniger weit entfernt sind, abhängen.* Demgemäß können die *Besonderhei-*

ten der Dimensionalität interpersonaler Wahrnehmung in der bürgerlichen Gesellschaft nur dann in wesentlichen Zügen angemessen herausgearbeitet werden, wenn man dabei an den Formen interpersonaler Wahrnehmung als Moment der Interaktion und Kommunikation des Lohnarbeiters unter dem Kapitalverhältnis ansetzt. Wir gehen also von der Annahme aus, daß die *Dimensionen personaler Gegenstandsbedeutungen, auf denen die wahrnehmende Unterscheidung zwischen Menschen modal gesehen für die Lebenserhaltung in der bürgerlichen Gesellschaft* (nach Maßgabe der genannten Widersprüchlichkeiten) *»funktional« ist, nur dann richtig bestimmt werden können, wenn man solche Dimensionen als abgeleitete Formen der durch das Kapitalverhältnis bestimmten Dimensionalität interpersonaler Wahrnehmung des Lohnarbeiters* betrachtet.

Es sei daran erinnert, daß mit dem Versuch solcher Herleitungen nicht der Anspruch verbunden ist, das Problem der Funktionalität der interpersonalen Wahrnehmung in der bürgerlichen Gesellschaft im ganzen zu klären. Die Wahrnehmung enthält, wie dargelegt, immer auch lebensnotwendige Orientierungsmöglichkeiten, die auf organismischem Spezifikations-Niveau und dem Spezifikations-Niveau allgemein-gesellschaftlicher »Kooperation« liegen. Wenn von Dimensionalität der Personwahrnehmung in der bürgerlichen Gesellschaft gesprochen wird, dann geht es nicht um die Frage der Eigenart und des Ursprungs der Funktionalität sinnlicher Erkenntnis überhaupt – davon war in früheren Hauptteilen die Rede; hier steht lediglich das Problem der *Geprägtheit und Überformtheit* der Dimensionalität interpersonaler Wahrnehmung durch die zwischenmenschliche Grundkonstellation der unmittelbaren Produktion unter dem Kapitalverhältnis in der bürgerlichen Gesellschaft zur Diskussion.

Die personalen Bedeutungsmomente, die in interpersonaler Wahrnehmung aufgefaßt werden, sind – sofern man die gesellschaftliche Produktion lediglich in ihrer allgemeinsten Charakteristik berücksichtigt – *Tätigkeitsmerkmale des anderen* samt ihren *Verallgemeinerungen* in wahrgenommenen *»Fertigkeiten«, »Fähigkeiten«, »Eigenschaften« etc.*, die seinen Beitrag, oder möglichen Beitrag, zur kooperativen gesellschaftlichen Produktion kennzeichnen (vgl. S. 143 ff.). Die *Wahrnehmungsdimensionen* sind hier die Variablen der personalen Bedeutungsmomente, auf denen Unterschiede zwischen Menschen hinsichtlich der besonderen Eigenart ihres Beitrags zur »gemeinsamen Sache«, zum Zweck der Steuerung und Abstimmung der Einzelarbeiten, gemäß den Notwendigkeiten der jeweils besonderen Produktionsweise wahrnehmbar sein müssen. *Die wechselseitige Einschätzung der Qualität der einzelnen Beiträge würde sich dabei nur am Fortschritt der gemeinsamen Sache bemessen.*

Die Wahrnehmungsdimensionen, auf denen die Menschen sich hinsichtlich ihrer Möglichkeiten zum Erbringen gesellschaftlich nützlicher, gebrauchswertschaffender Beiträge wechselseitig einschätzen, wobei vom Ergebnis solcher Einschätzungen die Anerkennung des anderen und die Anerkennung durch den anderen abhängt, sind zwar in der kapitalistischen Produktion nicht verschwunden (sie gehören zu den Grundmerkmalen jeder Art von gesellschaftlicher Arbeit), aber durch andere dimensionale Momente der interpersonalen Wahrnehmung überdeckt und pervertiert[73]. Da im Kapitalverhältnis der Arbeiter von seinem Produkt getrennt und ihm die Verfügung über die bewußte Planung gesellschaftlicher Arbeit entzogen ist, gehört hier die »gemeinsame Sache«, über die objektiv die Teilarbeiten der Arbeiter vermittelt sind, nicht zum mittelbaren Lebensraum des Arbeiters. Die »Sache«, um die es in der Produktion geht, ist nicht »seine Sache«, sondern »Sache« des Kapitalisten[74]. Demnach können im kapitalistischen Produktionsbereich die Dimensionen, auf denen die Arbeiter sich hinsichtlich der Möglichkeiten wahrnehmen, einen Beitrag zur gemeinsamen Sache zu leisten, nicht für die Interaktion und Kommunikation maßgeblich sein.

Da der Arbeiter darauf angewiesen ist, seine Arbeitskraft als Ware an den Kapitalisten zu verkaufen, ist *für die Lebenserhaltung des jeweils einzelnen Arbeiters nicht zuvörderst die Einschätzung und Anerkennung seiner Arbeit durch die anderen Arbeiter, sondern die Einschätzung und Anerkennung seiner Arbeit durch das Kapital existenziell bedeutsam.* Der Kapitalist (als Funktionär des Kapitals) wird die Ware Arbeitskraft, die der Arbeiter ihm anbietet, um so eher kaufen, ebenso wird der Kapitalist den Kaufvertrag, durch welchen dem Arbeiter sein Arbeitsplatz garantiert ist, um so eher einhalten und verlängern, je höher unter sonst gleichen Umständen der Gebrauchswert ist, den ihm die Arbeitskraft des Arbeiters verspricht bzw. erbracht hat. *Der Gebrauchswert der Ware Arbeitskraft für den Kapitalisten hängt aber davon ab, in welchem Maße durch die aus der Arbeitskraft entspringende lebendige Arbeit Mehrwert geschaffen wird*, wieweit also aus der Arbeitskraft über die gesellschaftlich notwendige Arbeitszeit hinaus Quantum an Mehrarbeit ausgepreßt werden kann.

---

[73] Das Problem der Wahrnehmungsdimensionalität in warenproduzierenden Gesellschaften ohne den Widerspruch zwischen Lohnarbeit und Kapital wird hier ausgeklammert.
[74] Die Bemühungen des »human engineering« in der kapitalistischen Produktion sind zu einem großen Teil darauf gerichtet, zu Zwecken der Steigerung des Arbeitseinsatzes und der Arbeitsmoral dem Arbeiter vorzuspiegeln, das herzustellende Produkt, die »Sache« des Kapitalisten, sei auch »Sache« des Arbeiters.

Der Gebrauchswert der Arbeitskraft des Arbeiters besteht mithin *vom Verwertungsstandpunkt des Kapitals aus* nicht primär darin, daß durch sie neue Gebrauchswerte geschaffen werden können (die Gebrauchswerte dienen ja nur als Vehikel zur Realisierung des geschaffenen Mehrwerts in Profit), sondern in ihrer Fähigkeit, *Wert und Mehrwert als Vergegenständlichung abstrakt-menschlicher Arbeit zu produzieren.* An dem Beitrag des Arbeiters zur gesellschaftlichen Lebenserhaltung wird damit gegenüber dem Moment der konkret-nützlichen Arbeit das Moment der *abstrakt-menschlichen, wertvergegenständlichenden Arbeit* akzentuiert, daß wir »Leistung« in einem festgelegten und eingeengten Sinne nennen wollen. Dementsprechend ist die Arbeitskraft des Arbeiters, sofern Ware zum Verkauf an den Kapitalisten, reduziert auf »*Leistungsfähigkeit*«, verstanden als ein abstrakt-menschliches Vermögen, das gemessen wird an der aus ihr *durchschnittlich entspringenden Menge an rein quantitativ bestimmter »Leistung«, die sich in einem entsprechenden Quantum an Wert und Mehrwert vergegenständlicht.*

Der jeweils einzelne Arbeiter wird unter dem Verwertungsstandpunkt des Kapitals *hinsichtlich seiner so verstandenen »Leistungsfähigkeit« mit anderen Arbeitern verglichen.* Vom Ergebnis dieses Vergleichs hängt es ab, wieweit (alle anderen Bedingungen als gleich vorausgesetzt) seine Arbeitskraft gegenüber der Arbeitskraft anderer Arbeiter beim Kauf vom Kapitalisten bevorzugt wird bzw. wie groß die Aussicht ist, daß – sofern die Zahl der »Arbeitskräfte« vom Kapitalisten durch Entlassungen verringert wird – der mit dem Arbeiter geschlossene Kaufvertrag gegenüber anderen Arbeitern bevorzugt verlängert wird. *In der vom Verwertungsstandpunkt vorgenommenen vergleichenden Prüfung der »Leistungsfähigkeiten« verschiedener Arbeiter wird also tendenziell über die Möglichkeit der Gewinnung und Behauptung eines Arbeitsplatzes, damit der Existenzgrundlage für den Arbeiter befunden.*

Durch den Maßstab der »Leistungsfähigkeit«, mit dem das Kapital jeden einzelnen Arbeiter mißt, sehen sich die Arbeiter auch untereinander ins Verhältnis gesetzt: Sie finden sich in der Lage als *mögliche Konkurrenten bei der Bemühung um Gewinnung und Erhaltung des Arbeitsplatzes.* Diese potentielle Konkurrenz wird aktuell nach Maßgabe der zyklischen Krisen beim Verwertungsprozeß des Kapitals, damit des Drucks der industriellen Reservearmee etc. – Die *»Leistungsfähigkeit des anderen«* wird demgemäß zu einer Dimension der innerhalb des Produktionsbereichs in interpersonaler Wahrnehmung zu erfassenden personalen Gegenstandsbedeutungen, durch welche die *kooperationsbezogenen Dimensionen* (»Fertigkeiten«, »Fähigkeiten« etc. des anderen im früher dargelegten Sinne) auf *widersprüchliche Weise* *überformt werden.* Während in der Wahrnehmung der *kooperationsbedingten Bedeutungsmomente die Arbeiter durch die »gemeinsame Sache« miteinander verbunden sind,* sind sie in der Wahrnehmung des Bedeutungsmomentes der *»Leistungsfähigkeit des anderen« durch das individuelle Konkurrenzverhältnis voneinander getrennt.* Jeder einzele Arbeiter übernimmt hier implizit den *Verwertungsstandpunkt des Kapitals*: Er sieht hinsichtlich der »Leistungsfähigkeit« *sich selbst in seiner Beziehung zu anderen Arbeitern quasi mit den prüfenden, vergleichenden und potentiell verwerfenden Augen des Kapitalisten.* Die höhere »Leistungsfähigkeit« des anderen im Vergleich zur eigenen »Leistungsfähigkeit« *bedeutet stets eine mögliche Bedrohung der eigenen Existenzgrundlage.* – Der Widerspruch zwischen den »autonomen« kooperationsbedingten Momenten von Personbedeutungen und dem »heteronomen«, aus dem Verwertungsstandpunkt des Kapitals abgeleiteten Bedeutungsmoment der »Leistungsfähigkeit« des anderen läßt sich so präzisieren: *Während die wahrnehmende Erfassung der »Fähigkeit« des anderen zu einem, verglichen mit dem eigenen, bedeutenderen Beitrag eine positive Einschätzung des anderen Arbeiters beinhaltet, weil jeder Beitrag, ob der eigene oder der fremde, dem Fortgang der gemeinsamen Sache dient, muß die wahrgenommene höhere »Leistungsfähigkeit« des anderen als potentielle Bedrohung der eigenen Existenz negativ eingeschätzt werden* und umgekehrt (wobei das Maß der sachgerechten Anerkennung der Fähigkeiten des anderen in kooperationsrelevanten Dimensionen gleichzeitig das Maß der potentiellen Bedrohtheit durch den anderen in der Leistungsdimension erhöhen muß). Daraus resultiert in der kapitalistischen Produktion bei der interpersonalen Wahrnehmung ein widersprüchliches, *ambivalentes Verhältnis zwischen dem Grad der bei anderen wahrgenommenen gebrauchswertschaffenden »Fähigkeiten« und der aus dem Verwertungsstandpunkt abgeleiteten »Leistungsfähigkeit«.*

Die implizite Übernahme des Verwertungsstandpunktes durch den Arbeiter in der Dimension der »Leistungsfähigkeit« ist – wie deutlich werden sollte – nicht Ausdruck einer direkten Interessenkonkordanz zwischen dem Kapitalisten und dem jeweils einzelnen Arbeiter. Der Arbeiter übernimmt hier nicht das Interesse des Kapitals an der Mehrwertproduktion: Da das vom Arbeiter geschaffene Produkt nicht dem Arbeiter, sondern dem Kapitalisten gehört, somit der Arbeiter von der Verfügung über das Produkt objektiv ausgeschlossen ist, *müssen ihm der im Produkt vergegenständlichte Gebrauchswert wie der im Produkt vergegenständlichte Wert weitgehend »gleichgültig« sein.* Der Verwertungsstandpunkt des Kapitals wird vom Arbeiter vielmehr auf eine »reaktive« Weise übernommen: *In der Dimension der »Leistungsfähigkeit des anderen« liegt das rückbezogene Urteil des Kapitals über die Verwertbarkeit der Arbeitskraft des Arbeiters, im Vergleich zur Verwertbarkeit der Arbeitskraft der anderen Arbeiter, beschlossen und verborgen.* – Durch die *Gleichgültigkeit des Arbeiters gegenüber dem Produkt,* daß insoweit aus seinem Lebensraum quasi »ausgeblendet« ist, erscheinen die *»Leistung« und die »Leistungsfähigkeit« als von gesellschaftlichem Inhalt weitgehend entleert*; da die objektive Verbundenheit der Einzelleistungen über die kooperative Struktur gesellschaftlicher Produktion für den von seinem Produkt und der Planung kooperativer Arbeit abgetrennten Arbeiter nicht sichtbar ist, *reduziert sich die »Leistungsfähigkeit« scheinhaft auf eine jeweils dem einzelnen, individuellen Arbeiter naturhaft zukommende abstrakt-leere Leistungspotenz.*

Durch die Reduzierung des gesellschaftlichen Charakters der Leistung auf eine lediglich individuelle Beschaffenheit erscheint auch der Zweck der »Leistung« als ein lediglich subjektiv-individueller; dieser *subjektive Zweck ist nicht die Schaffung eines gesellschaftlichen Produkts, sondern der »Arbeitslohn«,* der der Lebenserhaltung des Arbeiters und seiner Familie dient (vgl. S. 210). Die *kurzschlüssige Verbindung zwischen abstrakt-leerer individueller »Leistungsfähigkeit« und individuell zu erlangendem Arbeitslohn ist ein Oberflächen-Charakteristikum der kapitalistischen Lohnarbeit.*

Die Mehrwertproduktion durch abstrakt-menschliche Arbeit und der Arbeitslohn haben, wie früher dargelegt (vgl. S. 204 f.), gesellschaftlich verschiedene Ursprünge: Der Kapitalist ersetzt dem Arbeiter den Wert seiner Arbeitskraft als Wert der zu ihrer Erhaltung notwendigen Lebensmittel. Für den Arbeitslohn erkauft sich das Kapital das Recht, die Arbeitskraft des Arbeiters über die Zeit, in der sie ihren eigenen Wert reproduziert, hinaus anzuwenden, dem Arbeiter mehrwertschaffende Mehrarbeit abzupressen. Vom Kapitalisten wird also die Arbeits*kraft* bezahlt und damit die Berechtigung zu ihrer Anwendung erworben, *keineswegs aber wird die »Arbeit« selbst bezahlt.* Dieses Verhältnis erscheint dem einzelnen Arbeiter, dem der gesellschaftliche Sinn seiner Arbeit verborgen ist, auf den Kopf gestellt. *Der notwendige Schein, daß dem Arbeiter mit dem Lohn seine Arbeit vergütet wird, entspringt aus objektiven Strukturen kapitalistischer Produktionsverhältnisse.*

»Auf der Oberfläche der bürgerlichen Gesellschaft erscheint der Lohn des Arbeiters als Preis der Arbeit, ein bestimmtes Quantum Geld, das für ein bestimmtes Quantum Arbeit gezahlt wird. Man spricht hier vom Wert der Arbeit und nennt seinen Geldausdruck ihren notwendigen oder natürlichen Preis« (*Marx*, MEW 23, S. 557). »Die Form des Arbeitslohns löscht also jede Spur der Teilung des Arbeitstags in notwendige Arbeit und Mehrarbeit, in bezahlte und unbezahlte Arbeit aus. Alle Arbeit erscheint als bezahlte Arbeit ... Man begreift daher die entscheidende Wichtigkeit der Verwandlung von Wert und Preis der Arbeitskraft in die Form des Arbeitslohns oder in Wert und Preis der Arbeit selbst. Auf dieser Erscheinungsform, die das wirkliche Verhältnis unsichtbar macht und gerade sein Gegenteil zeigt, beruhn alle Rechtvorstellungen des Arbeiters wie des Kapitalisten, alle Mystifikationen der kapitalistischen Produktionsweise« (a.a.O., MEW 23, S. 562). – Die »Maßeinheiten«, nach welchen sich der Preis der Arbeit zu bestimmen scheint, sind je nach der Form des Lohnes verschiedener Art. Im Stundenlohn z. B. wird der Schein der Vergütung der Arbeit dadurch erzeugt, daß der Tageswert der Arbeitskraft durch die Stundenzahl des Arbeitstages dividiert wird. Der Lohn erscheint hier als die Aufsummierung des Preises der einzelnen Arbeitszeit-Einheiten. Beim Stücklohn bzw. Akkordlohn bildet die vom Arbeiter hergestellte Stückzahl das Maß für den Lohn; hier scheint das einzelne Werkstück dem Arbeiter vom Kapitalisten quasi »abgekauft« zu werden. In jedem Falle ist die Tatsache, daß dem Arbeiter der Wert seiner Arbeitskraft voll ersetzt wird, damit er über die notwendige Arbeitszeit hinaus Mehrarbeit für den Kapitalisten leistet, also das Wesen der kapitalistischen Produktionsverhältnisse, hinter der scheinhaften Beziehung zwischen Lohnquantum und Arbeitsquantum (sei es nach Zeiteinheiten, nach Stücken etc. bemessen) verborgen (zum Verständnis der Vermittlung zwischen dem Schein des Arbeitslohns und den zugrunde liegenden wirklichen Verhältnissen vgl. *Marx*, Kapital I, MEW 23, bes. Kapitel 15, 17, 18, 19).

Die »Leistungsfähigkeit« ist Ausdruck der Potenzen des Arbeiters zu wertschaffender Arbeit. Der Lohn ist abgeleiteter Ausdruck eines gesellschaftlichen Verhältnisses: der zur Reproduktion des Wertes der Ware Arbeitskraft gesellschaftlich notwendigen Arbeitszeit. In der Wahrnehmung des Arbeiters erscheint der *Lohn als der »Leistung« auf unmittelbare und »natürliche« Weise entsprungen, »Verdienst« im doppelten Sinne als verdientes Geld und als Geld, das er »verdient« hat, das ihm aufgrund seiner Arbeitsleistung gerechterweise zusteht.*

Die Beziehung zwischen der Leistung und dem aus ihr entspringenden »Verdienst« enthält die für Oberflächen-Erscheinungen der bürgerlichen Gesellschaft charakteristische (in der Wahrnehmung und im anschaulichen Denken nicht als solche erkennbare) *Widersprüchlichkeit zwischen scheinhafter »Natürlichkeit« und unmittelbarer Evidenz auf der einen Seite und Undurchschaubarkeit, »Zufälligkeit«, Irrationalität auf der anderen Seite.* Trotz des scheinbar »natürlichen« Ursprungs des Lohns aus der Leistung ist schlechterdings *kein eindeutiges, durchschaubares und in sich konsistentes Skalierungssystem gegeben, nach welchem die Lohnhöhe mit der Leistungshöhe im Zusammenhang stünde.* Dies erklärt sich daraus, daß – da sich im Lohn tatsächlich nicht der Wert der Arbeit, sondern der Wert der zur Reproduktion der Arbeitskraft notwendigen Lebensmittel ausdrückt – auch der Lohn trotz aller durch vielfältige Zusatzbedingungen hervorgerufenen

Schwankungen sich gemäß dem kapitalistischen Wertgesetz im gesellschaftlichen Durchschnitt naturwüchsig auf die Wertvergegenständlichung des Quantums abstrakt-menschlicher Arbeit, das zur Schaffung der für die Reproduktion der Arbeitskraft nötigen Lebensmittel erfordert ist, reduziert. – Die Zusatzbedingungen, die die Lohnschwankungen hervorrufen, partialisierte Lohn-Leistungs-Kovariationen erzeugen etc., sind nur teilweise Resultat des Durchschlagens des Wertgesetzes durch die »zufälligen« Komponenten, werden zum anderen Teil vom Kapital bewußt reguliert, um unter der Vorspiegelung eines »leistungsgerechten« Lohns den Arbeiter quasi durch Selbststeuerung, »automatisch«, im Sinne des Verwertungsprozesses zu disziplinieren, ihn etwa bei Voraussetzung des Normal-Arbeitstages zur Verbesserung seiner Arbeit, Intensivierung der Arbeitsleistung zu zwingen und damit die Erhöhung der Rate des relativen Mehrwerts, der vom Arbeiter geschaffen wird, zu erreichen etc. Wesentliche Voraussetzung für den »Erfolg« solcher Regulationen ist, daß dem Arbeiter die »Kriterien« für die »Bewertung« seiner Arbeit immer nur so weit zugänglich gemacht werden, daß sein Arbeitseinsatz sich entsprechend erhöht, wobei der manipulative Charakter und die Funktion der »Arbeitsbewertungs-Verfahren« dem Arbeiter aber verborgen bleiben müssen (genauere Ausführungen über die, teilweise »wissenschaftliche«, Methodik der Arbeitsbewertungs-Verfahren sind hier nicht möglich). – Der Arbeiter kann in jedem Falle nur – ob nun innerhalb der zufälligen Schwankungen sich durchsetzende oder vom Kapital manipulierte – Teilzusammenhänge zwischen »Lohn« und »Leistung« wahrnehmen, wobei diese Teilzusammenhänge Verschiedenheiten in unterschiedlichen Sektoren der Produktion, in unterschiedlichen Abteilungen, ja selbst bei verschiedenen einzelnen Arbeitern aufweisen, sich auf unvorhersehbare und uneinsichtige Weise ändern etc. Ein konsistenter, übergreifender Zusammenhang zwischen »Leistungshöhe« und »Lohnhöhe« kann vom Arbeiter nicht erkannt werden, weil ein solcher Zusammenhang nicht besteht.

Durch den Umstand, daß einerseits die Lohnhöhe scheinbar unmittelbar aus der »Leistungshöhe« entspringt, andererseits die einer bestimmten »Leistungshöhe« angemessene Lohnhöhe vom Arbeiter nicht angebbar ist, Veränderungen der Lohn-Leistungsrelation von ihm nicht auf ihre »Berechtigung« hin überprüfbar sind, erhält die Wahrnehmungs-Dimension der »Leistungsfähigkeit des anderen« eine besondere Qualität der *Unsicherheit hinsichtlich der Angemessenheit des Lohnes, den ein anderer für seine »Leistung« erhält* (verglichen mit der *Lohn-»Leistungs«-Relation bei einem selbst*). Kommt der andere bei gleicher Leistung vielleicht besser weg als ich? Oder muß ich für das gleiche Geld mehr arbeiten? Zum Umfeld der reziproken Wahrnehmung der »Leistungsfähigkeit« bzw. »Leistung« des anderen gehören also *Regungen des Lohneides bzw. der erlebten Bedrohtheit durch den Lohneid des anderen*. Damit hängt die aus Mißtrauen entspringende Tendenz zur Geheimhaltung der jeweils eigenen Lohn-»Leistungs«-Relation vor den anderen Arbeitern zusammen. Niemand könnte vor dem anderen wirklich stringent ausweisen, daß er das Geld, das er verdient, aufgrund seiner »Leistungshöhe« auch wirklich »verdient«. Er muß also stets des *berechtigten Lohneides des anderen gewärtig sein, dabei befürchten, daß der andere den Nachweis führt, man habe seinen Lohn nicht »verdient«, womit die eigene Lebensgrundlage problematisiert wäre* etc. (vgl. dazu die Ausführungen über die »Geheimnistuerei« um Preis und Verdienst, S. 227).

Durch die Qualitäten der Unsicherheit, des Lohneides, des befürchteten Lohneides des anderen, des Mißtrauens, der Geheimhaltungstendenz als Umfeldtatbestände der Wahrnehmungs-Dimension der »Leistungsfähigkeit« wird das früher geschilderte, aus der Eigenart der »Leistung« und »Leistungsfähigkeit« unter kapitalistischen Produktionsverhältnissen stammende – potentielle oder aktuelle – *Konkurrenz-Verhältnis zwischen den Arbeitern noch verschärft*. Die Arbeiter werden noch *stärker voneinander isoliert, jeder auf sein individuelles Schicksal zurückgeworfen*: Wesentliches Kennzeichen der Lebensthematik des Arbeiters ist so *die jeweils individuelle Sorge um die eigene Zukunft* (und die Zukunft seiner Familie); die Unsicherheit über die Beziehung zwischen Lohn und Leistung bedeutet auch Unsicherheit hinsichtlich des *zukünftigen Schicksals auf dem »Arbeitsmarkt«*; es ist nicht vorhersehbar, wo bei künftigen Krisen, Rezessionen etc. der »cut off« liegen wird, von dem ab die Arbeiter ihren Arbeitsplatz verlieren werden, und es bestehen auch keinerlei eindeutige Anhaltspunkte dafür, wieweit durch die gegenwärtige »Leistung« der zukünftigen Existenzgefährdung vorgebeugt werden könnte. Die gegen Nebenbedingungen naturwüchsig sich durchsetzenden, einer rationalen Kontrolle entzogenen, »zufälligen« Schwankungen unterworfenen Bewegungen der kapitalistischen Entwicklung spiegeln sich in der elementaren, objektiv begründeten Existenzunsicherheit jener wider, die durch Schwankungen und Krisen am meisten betroffen werden, der Lohnarbeiter.

Zur Aufhellung der Dimensionsstruktur interpersonaler Wahrnehmung unter kapitalistischen Produktionsverhältnissen im Ansatz an der Situation des dem Kapitalverhältnis unterworfenen Lohnarbeiters müssen wir noch einen Schritt weitergehen. Wir haben bisher nur die Wahrnehmungsweisen innerhalb solcher Interaktions- und Kommunikationsformen des Arbeiters analysiert, die aus den Notwendigkeiten der Lebenserhaltung und Selbstbehauptung des einzelnen Arbeiters durch seine »berufliche« Tätigkeit in der Produktion entspringen, ihn also quasi als »*Berufsmenschen*« betreffen. Der Arbeiter ist aber *nicht nur, sofern er »beruflich« tätig ist, dem Kapitalverhältnis unterworfen, sondern – auf eine genauer zu bestimmende Weise – auch in seinem außerberuflichen Leben.*

Im Gesellschaftsprozeß, sofern man ihn unter allgemeingesellschaftlichem Aspekt als Inbegriff bewußter kooperativer Produktion betrachtet, sind Arbeit und Muße, Produktion und individuelle Konsumtion als verschiedene Momente eines einheitlichen Vollzugs zu betrachten, der der gemeinschaftlichen Planung im Interesse aller unterliegt. Eine Trennung zwischen »Beruflichem« und »Außerberuflichem« ist aus den allgemeinsten Bestimmungen der gesellschaftlichen Entwicklung nicht abzuleiten, sondern verdeutlicht sich erst bei der Konkretisierung der Analyse auf die bürgerliche Gesellschaft als Wesensmerkmal der kapitalistischen Produktion. *Der »berufliche« Bereich ist der Teil der Lebenstätigkeit des Arbeiters, für den er seine Arbeitskraft an den Kapitalisten verkauft hat, also unter dem Kommando des Kapitals gesellschaftlich produziert. Der »außerberufliche« Bereich ist der Teil der Lebenstätigkeit des Arbeiters, der nicht unmittelbar dem Kapitalisten gehört, aber gleichwohl in seinem Wesen durch das Kapitalverhältnis bestimmt ist.*

Vom Standpunkt des Kapitalisten hat der Teil des Tages, den der Arbeiter »außerberuflich« verbringt, in welchem er den an ihn gezahlten Lohn aufzehrt, die Funktion der Reproduktion der Arbeitskraft des Arbeiters, damit er in dem Teil des Tages, in dem er produziert, dem Kapitalisten den mehrwertschaffenden Gebrauchswert seiner Arbeit in immer gleicher Qualität erbringen kann. Das außerberufliche Dasein des Arbeiters ist unter dem Verwertungsstandpunkt des Kapitals lediglich ein Anhängsel der Produktion; auch die vom Arbeiter außerberuflich verbrachte Zeit gehört, wenn schon nicht de jure, so doch de facto, dem Kapitalisten.

Vom Standpunkt des Arbeiters dient die Zeit seines außerberuflichen Daseins zwar auch der Erholung und dem Kräftesammeln für die jedesmal erneute Anstrengung der beruflichen Arbeit, darin kann sich der Sinn seines außerberuflichen Lebens für ihn jedoch keinesfalls erschöpfen. Da der Arbeiter von der bewußten Planung der Produktion ausgeschlossen und von seinem Produkt getrennt ist, verkehrt sich für ihn – wie früher dargestellt (S. 210 und S. 243 f.) – notwendig der subjektive Zweck seiner Arbeit: Dieser Zweck liegt nicht in dem von ihm geschaffenen gesellschaftlichen Produkt, sondern im Lohn, im Verdienen. Der Verdienst aber ist für den Arbeiter Inbegriff der Möglichkeit zu individueller Konsumtion während seines außerberuflichen Daseins.

Das Verhältnis zwischen Arbeit und Muße ist deswegen hier notwendig auf den Kopf gestellt. Die Muße und Freizeit können aus objektiven Gründen nicht als Moment und Voraussetzung der gesellschaftlichen Produktivität des Menschen anerkannt werden. *Umgekehrt: Die Produktion, von deren gesellschaftlicher Planung und bewußter Kontrolle der Arbeiter abgeschnitten, deren einziger subjektiver Zweck das »Verdienen« ist, erscheint als in sich sinnlos, als bloße Vorbedingung für die Möglichkeit individueller Konsumtion im »privaten« Dasein.*

Im »Privatleben« innerhalb des außerberuflichen Bereichs müßte demnach für den Arbeiter das »eigentliche« sinnvolle Dasein, in welchem er seine menschlichen Möglichkeiten voll entfalten kann, stattfinden. Dazu steht aber der Tatbestand in Widerspruch, daß der Arbeiter im außerberuflichen Bereich von der gesellschaftlichen Produktion ausgeschlossen, lediglich auf individuelle Konsumtion zurückgeworfen ist: *Im beruflichen Bereich, in welchem der Arbeiter objektiv gesellschaftlich nützliche und wertvolle Arbeit leistet, gehört er sich nicht selbst, untersteht er dem Kommando des Kapitals, so daß die Produktion nicht zum subjektiven Zweck seiner Tätigkeit werden kann; im außerberuflichen Bereich, wo der Arbeiter sich scheinbar selbst gehört, kann er keine gesellschaftlich sinnvolle Tätigkeit leisten, verfügt er – im Rahmen seiner Zahlungsfähigkeit – lediglich über die individuelle Konsumtion.* Die eigentlich »menschliche« Einheit zwischen gesellschaftlicher Produktion und individueller Konsumtion ist also hier gewaltsam zerrissen; die Möglichkeiten zu produktiver, bewußter, erkenntnisgeleiteter Tätigkeit sind notwendig verstümmelt, da sie nicht in der Perspektivik der Steigerung der Produktivkräfte und Entfaltung gesellschaftlichen Lebens stehen.

Der »Privatbereich« des Arbeiters, da er die abstrakte Negation der subjektiv sinnentleerten Arbeit im beruflichen Bereich darstellt, ist in der Perspektivelosigkeit bloß individueller Konsumtion befangen und deswegen genauso sinnentleert wie dieser. Demgemäß stehen auch in der Person des Arbeiters die Funktionssysteme des »Berufsmenschen« und des »Privatmenschen« sich in komplementärer Abhängigkeit gegenüber. Während der Arbeiter »Berufsmensch« ist, kann er nicht »Privatmensch« sein, weil er sich nicht selbst gehört; während er »Privatmensch« ist, kehrt er der subjektiv sinnentleerten Berufstätigkeit den Rücken zu, *sucht die Entfaltung seiner Lebensmöglichkeiten notwendig außerhalb der produktiven Tätigkeit – und kann die Erfüllung seiner Lebensansprüche in der gesellschaftlichen Perspektivelosigkeit seines »privaten« Daseins notwendig niemals finden.*

Der *tatsächliche »außerberufliche Bereich«*, der ein unselbständiges Teilmoment der kapitalistischen Produktion ist und die Funktion hat, dem Arbeiter die Reproduktion seiner Arbeitskraft zu ermöglichen, wobei die individuelle Konsumtion ganz und gar vom »Verdienst« im beruflichen Bereich abhängt, ist mithin zu unterscheiden vom »*Privatbereich*« *als dem* »*außerberuflichen Bereich*«, *wie er dem Arbeiter aufgrund seiner objektiven Situation notwendig erscheinen muß, als Ort des* »*eigentlichen*« *Lebens in Negation der Lohnarbeit, damit der* »*Arbeit*« *schlechthin* (eine andere Form gesellschaftlicher Arbeit als die Lohnarbeit existiert für den Arbeiter nicht). *Die tatsächliche Ausgerichtetheit des außerberuflichen Bereichs auf den beruflichen Produktionsbereich und seine scheinhafte Autonomie als* »*Privatleben*« *treten auf vielfältige Weise in Widerspruch miteinander* (wie später noch deutlicher werden wird).

Die Gestaltung *zwischenmenschlicher Interaktion und Kommunikation*, sofern unter dem Aspekt des »*privaten Daseins*« betrachtet, ist gekennzeichnet durch die *abstrakte Negation* der aus der reaktiven Übernahme des Verwertungsstandpunkts stammenden »*Leistungs*«-Anforderung. Während der einzelne Arbeiter durch den Zwang zur »Leistung«, aus der der »Verdienst« scheinhaft entspringt, zum anderen Arbeiter, der potentiell seinen Arbeitsplatz und seine Existenz bedroht, im *isolierenden Verhältnis der Konkurrenz steht,* sind die *Interaktions- und Kommunikationsformen des privaten Daseins auf Gemeinsamkeit gerichtet*: Gemeinsamkeit des Konsumierens, des Lebensgenusses, der Daseinsentfaltung. Dieses Streben nach Gemeinsamkeit im privaten Leben kann aber den gesetzten Anspruch nicht erfüllen. Zwar entfällt hier – mindestens primär – das Trennende des Kokurrenzverhältnisses; *ebenso fehlt aber die Verbundenheit der Menschen über eine* »*gemeinsame Sache*«, *über eine gesellschaftliche sinnvolle Aufgabe.* Die private Gemeinsamkeit enthält zwar in der Tendenz nach Aufhebung der Isolation zwischen Menschen *gewisse Elemente der gesellschaftlichen Kooperation, kann diese Kooperation aber durch die Abgetrenntheit des außerberuflichen Bereichs von der gesellschaftlichen Produktion nicht verwirklichen.* Demgemäß ist *auch die Isolation hier nicht tatsächlich überwindbar.* Die »privaten« Beziehungen sind gekennzeichnet durch ein *kurzschlüssiges In-sich-Zurücklaufen, durch den vergeblichen Anspruch, im unvermittelten Aufeinander-Bezogensein von vereinzelten Subjekten Daseinserfüllung zu finden.* Kurzschlüssigkeit und Perspektivelosigkeit der »privaten« Gemeinsamkeit sind die Voraussetzungen für die Gebrechlichkeit der »rein menschlichen« Beziehungen, Abkapselungen von einzelnen oder Gruppen und für jene »privaten« Konflikte, die aus dem immer erneuten Versuch und dem immer erneuten Scheitern des Versuchs der Gestaltung eines sinnvollen gemeinsamen Lebens auf »privater Basis« entstehen.

Gemäß der geschilderten Eigenart »privater« Interaktion und Kommunikation steht auch die Dimensionalität *interpersonaler Wahrnehmung im »Privatbereich«* in einem Verhältnis abstrakter Negation zum Dimensionalitäts-Syndrom der »Leistungsfähigkeit des anderen«. Weder die »Leistung« noch der »Verdienst« sind hier vordergründig für die Wahrnehmung thematisch, vielmehr werden *solche personalen Bedeutungs-Unterschiede wahrnehmend herausgehoben, nach denen sich unabhängig von »Leistung« und »Verdienst« die Möglichkeit einer Gemeinsamkeit mit dem anderen Menschen bemessen soll.* Die hier wahrgenommenen Bedeutungsmomente am anderen sind anschaulicher Ausdruck seiner vermeintlich *»rein menschlichen«* Qualitäten, die ihn für eine persönliche Bindung zum Wahrnehmenden als mehr oder weniger geeignet erscheinen lassen. Wir nennen die *Wahrnehmungsdimension rein persönlicher Zuneigungen und Abneigungen die Dimension der »Sympathie«* (wiederum in einem bestimmten, festgelegten Sinn dieses Wortes).

Die personalen Bedeutungsmomente des »Sympathisch-Seins« sind als Negation der Bedeutungen des produzierenden Menschen nicht durch die vergegenständlichende Tätigkeit geprägt, weder durch die Tätigkeitsgestaltung und deren Ableitungen bei gebrauchswertschaffender Arbeit noch durch das Maß an abstrakt-menschlicher, wertvergegenständlichender Arbeit. Die Sympathiebeziehung, da nicht auf erfahrene Entäußerungen des Menschen in seiner Tätigkeit gegründet, ist also *ihrem Wesen nach kriterienlos und inhaltsleer.* Die Frage: warum ist dieser mir sympathisch, jener mir unsympathisch, widerstreitet schon als Frage der Eigenart der »Sympathie«, weil es für »Sympathie« eben keinerlei objektivierbare Gründe gibt. »Sympathie« als das scheinhaft »rein subjektive« Bindemittel zwischen Privatmenschen konstituiert und speist sich auf *zirkuläre Weise aus ihrer vermuteten Reziprozität: Du bist mir sympathisch, weil ich dir sympathisch bin; ich bin dir sympathisch, weil du mir sympathisch bist. Diese Zirkularität der »Sympathiebeziehung« ist ein Moment des früher dargelegten, perspektivelosen In-sich-Zurücklaufens »privater« Interaktion und Kommunikation zwischen Menschen.*

Da in der »Sympathie«-Dimension einerseits sachlich aufweisbare Kriterien für eine Unterscheidung zwischen Menschen hinsichtlich des Grades ihres »Sympathisch-Seins« nicht bestehen, andererseits eine solche Unterscheidung zur wechselseitigen Wahl der Menschen, die »private« Beziehungen miteinander eingehen wollen, funktional unerläßlich ist, wird die *Sympathie-Einschätzung an sekundären, sachlich beliebigen, äußerlichen, der Mode unterworfenen Merkmalen des anderen festgemacht*: »Aussehen«, Kleidung, Haartracht, Bart ja oder nein, »Manieren«, Art sich zu geben, Merkmale der Sprechweise. Dabei dürften besonders solche Kennzeichen des anderen wesentlich sein, die eine *Ähnlichkeit zwischen der wahrnehmenden und der wahrgenommenen Person anzuzeigen scheinen,* weil so die *Zirkularität des Sich-wechselseitig-Bestätigens* in der »Sympathie«-Beziehung sich eher einspielen kann[75].

Man hat die »Sympathie«, die einem entgegengebracht wird, nicht »verdient«, und man kann sie auch nicht »verdienen«, da »Sympathie« kriterienlos »verschenkt« wird. Dies bedeutet, daß den *auf wechselseitiger »Sympathie« beruhenden privaten Beziehungen zwischen Menschen genuin ein Moment der Unsicherheit und Unzuverlässigkeit anhaftet.* – In einer voll entfalteten kooperativen Beziehung ist die wechselseitige Wertschätzung der Kooperierenden in dem Beitrag zur »gemeinsamen Sache«, den einer leistet, begründet. Jeder kann offenlegen, worin sein Anspruch auf Anerkennung durch den anderen fundiert ist; er kann sich mit Argumenten gegen Fehleinschätzungen wehren und auch dann im Hinblick auf die Sache, der er dient, die gesellschaftliche Nützlichkeit seines Beitrags vor sich selbst ausweisen und seine Selbstwerteinschätzung darin gründen, wenn ihm die Anerkennung der anderen, die er verdient hätte, zeitweilig nicht zuteil wird. Die kurzschlüssig sachentbundene »Sympathie«-Beziehung dagegen *kann genauso »grundlos« aufgekündigt werden, wie sie eingegangen wurde.* Es gibt kaum ein Mittel, sich die Sympathie des anderen zu erhalten, außer der permanenten Sympathie-Bekundung dem anderen gegenüber. *Der Stabilisierungs-Mechanismus der wechselseitigen Bestätigung tritt aber stets dann außer Funktion, wenn die Lebenskonstellation des anderen sich aus irgendwelchen Gründen so geändert hat, daß er auf meine »Sympathie« jetzt »keinen Wert mehr legt«.* Die Sympathie-Bekundung, eben noch Stabilisierungs-Moment der Beziehung, gerät nunmehr in das phänomenale Umfeld von »Aufdringlichkeit«, »Lästigkeit«, »Sich-anbiedern-Wollen« etc. und forciert eher den manifesten Abbau der Beziehung (die allerdings ohnehin »innerlich« nicht mehr bestand). Der Zurückgewiesene hat, wenn er einmal außerhalb der »Sympathie«-Beziehung steht, keinerlei Möglichkeiten, sich zu wehren, zu rechtfertigen, Argumente ins Feld zu führen. Es gibt eben *keine Gründe, mit denen man die »Sympathie« eines anderen Menschen beanspruchen kann.* Es bleibt einem einerseits keine Wahl, als sein Ausgeschlossensein wie ein Schicksal hinzunehmen, während man sich auf der anderen Seite gegen die »menschliche« Unzuverlässig-

---

[75] Hier ergibt sich ein theoretischer Ansatz, der die »Stereotypen«-Forschung in der Sozialpsychologie aus der Begriffslosigkeit, mit der sie Zusammenhänge zwischen figural-qualitativen Merkmalen und Eindrucksurteilen wahllos und summativ empirisch ermittelt, herausführen und sinnvolle Fragestellungen erbringen könnte.

keit, Treuelosigkeit, Verräterei des anderen ohnmächtig zur Wehr setzt. – *Die Scheinhaftigkeit des Anspruchs auf Lebenserfüllung in »privater« Gemeinsamkeit, die Perspektivelosigkeit und sterile Konflikthaftigkeit »rein privater« menschlicher Interaktion und Kommunikation spiegeln sich in der Inhaltsleere und Unfaßbarkeit der Wahrnehmungsdimension wechselseitiger »Sympathie« wider.*

Der damit abgeschlossene Versuch, die Dimensionalitätsstruktur interpersonaler Wahrnehmung in der bürgerlichen Gesellschaft – die Reduktion, Entleerung, Pervertierung der gesellschaftlich grundlegenden kooperationsbezogenen Dimensionsmomente im Dimensionssyndrom der dem reaktiven Verwertungsstandpunkt entstammenden »Leistungsfähigkeit des anderen« samt dem daraus scheinhaft-unmittelbar entspringenden »Verdienst« einerseits und dem Dimensionssyndrom des »Sich-sympathisch-Seins« als abstrakte Negation von »Leistungsfähigkeit« und »Verdienst« in Richtung auf sachentbunden-»private« Gemeinsamkeit andererseits – aus der Grundsituation des dem Kapitalverhältnis unterworfenen Arbeiters abzuleiten, sollte nicht mehr als ein Rahmenkonzept erbringen. – Die Klassenlage des Lohnarbeiters, der den materiellen gesellschaftlichen Reichtum als Grundlage für die Lebenserhaltung der Gesellschaft produziert, findet sich innerhalb der verschiedenen »horizontalen« Schichtungen der lohnabhängigen Massen und der abhängig Beschäftigten in verschiedengradigen Brechungen und Vermittlungen, vermischt sich bei den privilegierten Schichten der Abhängigen, die auf indirekte oder direkte Weise am Profit des Kapitals teilhaben, mit der Klassenlage des Kapitalisten etc. Die »vertikalen« Bereiche des beruflichen und außerberuflichen Lebens sind in vielfältige informelle und institutionalisierte Teilbereiche gegliedert, wobei die außerberuflichen Teilsektoren in unterschiedlich gearteter objektiver Beziehung zum Bereich der gesellschaftlichen Produktion stehen. In den verschiedenen Schichten und Gesellschaftsbereichen müssen auch die Dimensionsstrukturen interpersonaler Wahrnehmung in unterschiedlicher Akzentuierung und phänomenaler Erscheinungsweise auftreten, was im einzelnen theoretisch und empirisch abzuklären ist.

Genauer zu analysieren wären etwa die vielfältigen Formen des widersprüchlichen Zueinander von »Verwertungs«-Momenten und »Sympathie«-Momenten der interpersonalen Wahrnehmung in Abhängigkeit von den Anforderungen der Lebensbewältigung innerhalb unterschiedlicher gesellschaftlicher Konstellationen. Dabei ist auch hier davon auszugehen, daß die verschiedenen widersprüchlichen Momente in der Wahrnehmung zu scheinhaft-geschlossenen Oberflächen-Evidenzen verschmolzen sind, die nicht in der Anschauung, sondern nur in begreifender Analyse in ihren Komponenten aufgeschlüsselt werden können.

Im Zusammenhang mit der früher aufgewiesenen Fetischierung des »Habens« (vgl. S. 222 ff.) muß angenommen werden, daß die »Leistungsfähigkeit«, die – wie dargelegt (S. 242 ff.) – durch die objektive Abtrennung der wertvergegenständlichenden Tätigkeit vom Produkt als inhaltsleer-subjektive Potenz des einzelnen Individuums erscheint, mit dem zur »Natureigenschaft« des Menschen fetischierten »Haben« zu einer einheitlichen natürlichen Eigenschaft des Menschen, die man »*Tüchtigkeit*« nennen könnte, zusammengezogen wird, in welcher die Heteronomie des »Leistungs«-Standpunktes und der gesellschaftliche Ursprung des »Habens« spurlos verschwinden. Das Dimensionssyndrom der »Tüchtigkeit« ist nicht nur im beruflichen Bereich, sondern auch im außerberuflichen Bereich von großer funktionaler Relevanz. In unterschiedlichsten Sektoren des beruflichen und außerberuflichen Lebens muß zu einer angemessenen Situationsbewältigung der andere Mensch hinsichtlich seiner »Tüchtigkeit« richtig wahrgenommen werden. Der Mensch wird hier in – wie immer abgeleiteten – Formen des *kapitalistischen Verwertungs-Standpunktes* mit anderen hinsichtlich seiner *in ihn hineinverlegten quantitativ-abstrakten Möglichkeit, über das allgemeine Äquivalent des Geldes an Gebrauchswert heranzukommen*, verglichen: Welche »Sicherheit« bietet er, welchen »Kredit« kann man ihm einräumen, über welche »Mittel« verfügt er, wobei in der Bewertung am Geldquantum immer auch der andere als »Mensch« gemeint ist, ohne daß man damit nur »ein Gran Naturstoff« an ihm erfaßt. Der Mensch sieht sich hier *nach einem ihm äußerlichen Maßstab, der sich auf etwas bezieht, das mit ihm »nichts zu tun« hat, und von dem dennoch sein »in ihm« liegender menschlicher Wert abhängt, mit anderen Menschen in Konkurrenz gesetzt*: Man »schätzt ihn ein«; das Ergebnis ist »Hochschätzung« oder »Geringschätzung« seiner Person gegenüber anderen. – Bei einer faktoriellen Aufhellung der verschiedenen oberflächenhaften Bedeutungsmomente wahrgenommener »Tüchtigkeit« wäre ein besonderes Augenmerk auf die *Geldmetaphorik bei der alltäglichen Beurteilung von »Persönlichkeitseigenschaften«* zu richten. In Bezeichnungen wie »Verdienst« und »Vermögen« sind in einem quantitative Bestimmungen der Zahlungsfähigkeit und des Besitzes wie »menschliche« Werte und Potenzen des anderen gemeint, so daß hier schon durch den »Begriff« hindurch »Leistungsfähigkeit« und »Haben« zu dem unanalysierten anschaulichen Gesamt einer »natürlichen« Eigenschaft des Menschen zusammengeschmolzen wäre. Weiterhin ist zu untersuchen, wieweit in Eigenschaftsbezeichnungen wie »Solidität«, »Seriosität«, »Zuverlässigkeit«, die explizit sich nicht eindeutig aufs Geldquantum beziehen, Konnotationen der Zahlungsfähigkeit und des Besitzes von wesentlicher Bedeutung sind etc.

In dem Maße, wie in den außerberuflichen Gesellschaftsbereichen besondere Bezirke »*privaten*« Daseins artikuliert sind, muß in interpersonaler Wahrnehmung das Dimensionssyndrom der »*Tüchtigkeit*« mit seiner abstrakten Negation, der »*Sympathie*«-Dimension, in objektivem Widerspruch stehen. Das Problem, wie hier der objektive Widerspruch in der Wahrnehmung eliminiert wird, läßt sich an dem »privatesten« aller privaten Daseinsbezirke, der *Familie* samt ihren Vor- und Nebenformen, besonders deutlich herausheben.

Die Familie ist *objektiver Bereich der wesentlichen Reproduktion der Arbeitskraft für das »berufliche« Leben und der Erzeugung und Frühaufzucht von Nachwuchs für den Produktionsprozeß*. Deswegen ist schon von der

Partnerwahl für die Familiengründung an die richtige Einschätzung der »Tüchtigkeit« – »Leistungsfähigkeit« als Quelle von »Verdienst« des Partners von quasi »biologischer« Wichtigkeit, weil davon abhängt, wieweit die Versorgtheit, Sicherheit, Konsistenz, die zur angemessenen Aufzucht und Pflege des Nachwuchses erforderlich sind, innerhalb der Familienkonstellation erreicht werden können. Der in den Augen des Kindes »mächtige« Vater ist der »vermögende« Vater, der die Mittel, von denen Möglichkeiten der Lebenserhaltung und -entfaltung des Kindes abhängen, in der Hand hat, gewähren und verweigern kann. Die Funktionalität der angemessenen Wahrnehmung der Kinder durch die Eltern auf der Dimension der »Leistungsfähigkeit« (schon im Laufstall, im Kindergarten, in der Schule etc.) beruht u. a. darauf, daß aus der gegenwärtigen »Leistungsfähigkeit« der Kinder Rückschlüsse auf ihre »Tüchtigkeit« im späteren Leben gezogen werden. In der Antizipation der mehr oder weniger großen »Tüchtigkeit« der Kinder, wenn sie erwachsen sind, wird von den Eltern gleichzeitig der mögliche Grad der späteren eigenen Versorgtheit, die Höhe des eigenen durch die »Unterstützung« der Kinder erreichbaren »Lebensstandards« im Alter antizipiert; etc.

Die ökonomische Funktion der Familie besteht in der Organisation und Effektsteigerung individueller Konsumtion in Ausrichtung auf den Produktionsprozeß. Von der Beteiligung an der Planung und Gestaltung der gesellschaftlichen Produktionstätigkeit und damit allseitigen Entwicklung menschlicher Möglichkeiten ist die Familie als Institution des außerberuflichen Bereichs abgetrennt. In abstrakter Negation der inhaltsentleerten Berufsarbeit unter – direktem oder indirektem – Kommando des Kapitals wird die Familie für ihre Mitglieder mit notwendiger Scheinhaftigkeit zum »Privatbereich«, in welchem auf der Basis »rein menschlicher« Gemeinsamkeit das »eigentliche Leben« stattfinden muß (vgl. S. 249). Als *»Bindemittel« für die Familie erscheint demgemäß nicht der ökonomische Vorteil und die ökonomische Abhängigkeit im Zusammenhang mit individueller Konsumtion, sondern die »Liebe« als Voraussetzung und Inbegriff »privaten Glücks«, die ausgeprägteste Form der »Sympathie« als »private« Verbundenheit zwischen Menschen.* Für die »Liebe« gilt zugespitzt, was früher über die »Sympathie« gesagt worden ist: Die »Liebe« als abstrakte Negation der »Tüchtigkeit«, die dadurch charakterisiert ist, daß sie sich »auszahlt«, ist »Zweck in sich«. »Wirkliche Liebe« – sei es Geschlechtsliebe, sei es Liebe zwischen Eltern und Kindern, etc. – ist *eine Liebe, in der die Partner sich buchstäblich für »nichts« lieben.* Mehr noch: Eine solche »Liebe« beweist sich gerade darin, daß sie in ihrem Fortbestand und ihrer Intensität gänzlich unberührt davon ist, ob der Partner mit seinem Benehmen die Interessen des anderen verletzt; der Anspruch, um *seiner selbst willen geliebt* zu werden bedeutet den Anspruch auf Liebe obwohl, oder gerade weil man in seinen Lebensäußerungen nicht »liebenswert« ist.

Die Bezogenheit der Liebe auf die von sichtbarer Tätigkeit unabhängigen *»eigentlich-menschlichen« Potenzen* beinhaltet ein bedingungsloses Akzeptieren des jeweils anderen, ein »Alles-Verstehen« und »Alles-Verzeihen«, das sich als solches quasi selbst aufhebt: Das »Eigentlich-Menschliche«, um dessentwillen der andere Mensch »geliebt« wird, ist ein *ungreifbares, abstrakt im Menschen hockendes »Wesen«, das sich keinesfalls in menschlicher Tätigkeit äußern darf, weil es sonst sofort von seinem Gegenteil, der allgegenwärtigen*

Tüchtigkeits-Dimension, okkupiert wird. – »Private« Beziehungen nach Art der »Liebe« implizieren, je enger sie sind, um so mehr, einen wechselseitigen Anspruch an die Echtheit, Eigentlichkeit und Permanenz der Bindung, der nie erfüllt werden kann, weil er auf dem Widerspruch beruht, daß, sofern ich anspruchsgemäß nur um meiner selbst willen akzeptiert werde, ich dies als ungenügend erleben muß, weil der andere keinen Grund dazu haben kann, andererseits, wenn ich dem anderen Grund gegeben habe, mich zu akzeptieren, ich nicht mehr um meiner selbst willen akzeptiert werde. – Auch die »Liebe« basiert gänzlich auf dem zirkulären Verhältnis der Wechselbestätigung, hat keine Kriterien und keine Gründe. Wenn ein Partner die »Liebe« aufkündigt, hat der andere schlechterdings keinerlei Möglichkeiten, argumentativ den Anspruch auf Liebe zu reklamieren. Die mannigfachen Formen des »Wir-gegen-die-ganze-Welt«, des Hochstilisierens der »Einmaligkeit« des »Glücks« innerhalb der jeweiligen Liebesbindungen, des Sich-Abkapselns, der wechselseitigen Abschirmung von Kontakten mit anderen, der »Eifersucht«, die gerade in ihrer »Grundlosigkeit« wohl begründet ist, sind Ausdruck der Tatsache, daß man den Anspruch auf »Liebe« essentiell nicht ausweisen kann, daß man dem Verlust der »Liebe« eines anderen Menschen prinzipiell nichts entgegenzusetzen hat und daß hinsichtlich des *»Eigentlich-Menschlichen«, in dem die »Liebe« sich zu gründen scheint, gerade weil es das »tiefste« Wesen des anderen als ein qualitätenloses Abstraktum meint, die Partner letztlich austauschbar sind.*

Der Widerspruch zwischen der objektiv ökonomischen Funktion der Familie, die sich in der wechselseitigen Wahrnehmung nach der »Tüchtigkeit« manifestiert, und dem scheinhaft auf »Liebe« gegründeten privaten »Glück« der Familienbindung, muß zu der charakteristischen »Bigotterie« der Beziehungen zwischen Familienmitgliedern führen, wobei verschiedene »typische« Verlaufsformen herauszuheben sind. Die Perspektivelosigkeit der von gesellschaftlicher Produktivität abgeschnittenen individuellen Konsumtion und der sachentbunden-zirkulären »Liebes«-Beziehung führt unter bestimmten Bedingungen zur Auflösung des Familien-Verbandes (und häufig zur Gründung einer neuen Familie gleicher Perspektivelosigkeit). Unter anderen Bedingungen »schlägt« die ökonomische Funktion der Familie im Bewußtsein der Familienmitglieder so weit »durch«, daß die »Illusion« der Liebesbeziehung resignativ aufgegeben wird, womit der Familienverband zwar erhalten bleibt, aber seine Funktion als scheinhafter Hort des »eigentlichen«, »privaten« Lebens mit seinem »Glücks«-Anspruch verliert. In Rechnung zu stellen sind dabei die verschiedenartigen *Surrogate für eine gemeinsame gesellschaftliche Aufgabe,* die kooperationsähnliche Formen der Interaktion und wechselseitigen Wahrnehmung für kürzere oder längere Zeit hervortreten lassen und damit eine Stabilisierung der Familienbeziehung bewirken. So eröffnet gemäß der Alltagserfahrung der Aufbau einer »Existenz« (Wohnung, Möbel, Haushaltsgeräte, Auto etc.) bestimmte gemeinsame Perspektiven, die die Familienbeziehung stabilisieren, wobei die Inhaltsleere und Zirkularität des »Familienlebens« erst in dem Grade in der Befindlichkeit der Familienmitglieder Niederschlag findet, wie beim »Existenz«-Aufbau ein stationärer Zustand erreicht ist. Eine ähnliche »Surrogat«-Funktion haben »gemeinsame Interessen (Hobbys)« der Familienangehörigen (Kunst, Literatur, »Wissenschaft« etc.), die dem

Zusammenleben in der Familie im Blick auf eine »gemeinsame Sache« gewisse kooperative Züge verleihen können, wobei der Surrogat-Charakter hier darin liegt, daß die Förderung einer gemeinsamen Sache nicht als gesellschaftliche Aufgabe gesetzt ist, sondern nur ein Mittel zum Zweck der »privaten« Daseinserfüllung darstellt. Derartige Surrogate sind in dem »entlasteteren« Dasein und der höheren »Bildung« von Familien in »höheren« Schichten der Gesellschaft natürlich häufiger aufzubauen. Der Übergang von Surrogaten dieser Art zu wirklichen gemeinsamen gesellschaftlichen Perspektiven der Familienmitglieder (die dann keineswegs mehr das Privileg der »oberen« Schichten sind) muß im übrigen als fließend betrachtet werden (s. u.). – Diese groben Andeutungen über die interpersonale Wahrnehmung innerhalb der Familie wären präziser zu durchdenken und empirisch zu prüfen. Einzubeziehen wären dabei u. a. die Forschungen über die »Pseudogemeinschaft« in Familienbeziehungen (vgl. etwa *Wynne, Ryckoff, Day & Hirsch* 1972). Der von uns entwickelte Ansatz bietet u. E. die Möglichkeit, von den mehr deskriptiven Kennzeichnungen der Familienkonstellation zur Kausalanalyse der familialen »Pseudogemeinschaften« in der bürgerlichen Gesellschaft vorzudringen (wobei auch manche deskriptiven Bestimmungen einer Revision bedürftig erscheinen). In diesem Zusammenhang wären erheblich genauere wissenschaftliche Aussagen über den früher (S. 195 f.) besprochenen *durch die Familienmitglieder vermittelten Prozeß der individuellen Aneignung von Bedeutungsstrukturen* und die Konsequenzen solcher Aneignungsvorgänge für die Persönlichkeitsentwicklung unter kapitalistischen Lebensverhältnissen zu gewinnen.

Die zur »Tüchtigkeits«-Dimension in Widerspruch stehende »Sympathie«-Dimension interpersonaler Wahrnehmung ist nicht nur in ihrer Ausprägungsform als »Liebe« für die Beziehungsform der Familie (samt ihren Vor- und Nebenformen) bedeutsam, sondern auch für anders geartete »private« Beziehungen, etwa *»Freundschafts«-Beziehungen innerhalb von Peer-Gruppen* etc. Die wechselseitige »Sympathie«, die solche Beziehungen trägt und kennzeichnet, hat zwar im Vergleich zur »Liebe« eine andere phänomenale Qualität, aber den *gleichen zirkulär-sachentbundenen Charakter* und steht im gleichen Spannungsverhältnis zur »Habens«-Variablen (»beim Geld hört die Gemütlichkeit auf«). – So sind z. B. die »privaten« Männer-Zirkel, Stammtisch-Gemeinschaften etc., die meist in Kneipen abgehalten werden und – besonders in den unteren Schichten des Proletariats – Ersatzfunktion für das unerträgliche »Familienleben« haben, auf einer abstrakten »Sympathie«-Beziehung gegründet, in welcher das bloße Beieinandersein Selbstzweck ist[76]. Das zirkuläre Sich-wechselseitig-Bestätigen in solchen Gruppierungen ist auch hier durch den Anspruch gekennzeichnet, vom jeweils anderen »für nichts« akzeptiert zu werden. Jeder kann damit rechnen, daß seine durch Alkoholverbrauch forcierten inhaltslosen und sachfremden Selbstdarstellungen und Meinungskundgaben von den anderen akklamiert werden, was die Zustimmung aber gleichzeitig für einen selber wertlos macht, wodurch die für solche Gemeinschaftsformen typische widersprüchliche Umgangsweise abwechselnder Zutunlichkeit, Resi-

---

[76] Hier sind nicht die außerberuflichen Zusammenkünfte von in der Produktion kooperierenden Arbeitern, sondern Gemeinschaften auf »nachbarschaftlicher« Grundlage im Wohnbezirk gemeint.

gnation und Aggressivität entsteht⁷⁷. – Auch andere Formen außerfamilialer »privater« Gemeinschaften, die vielfältigen Weisen der Kumpanei in Betrieben, Vereinen, Schulen, Hochschulen, beim Militär, in Parteien usw. wären unter dem Aspekt ihrer Sachentbundenheit, Zirkularität und Perspektivelosigkeit näher zu untersuchen. Von großer Wichtigkeit ist dabei die klare Unterscheidung zwischen bloßem, auf wechselseitiger »Sympathie« beruhendem »Gemeinschaftsgefühl« und wirklicher Solidarität: *Solidarität ist kein »Gefühl«, auch nicht bloß abstrakte Artikulation des Umstandes, daß man »gemeinsam mehr erreicht«, sondern entspringt der Einsicht in die Notwendigkeit des gemeinsamen Kampfes zur Durchsetzung tendenziell gesamtgesellschaftlicher Interessen gegen die Partialinteressen des Kapitals,* erfordert damit *inhaltliches Wissen* über die objektiven gesellschaftlichen Bedingungen, aus denen die gemeinsame Aufgabe erwächst.

Zum Aufweis der unterschiedlichen Akzentuierung der Dimensionalität interpersonaler Wahrnehmung in verschiedenen Gesellschaftsbereichen sollen bestimmte Kommunikations- und Wahrnehmungsweisen innerhalb eines Typs von Institutionen, der, obwohl außerberuflicher Art, äußerlich sichtbar auf das berufliche Leben hin zentriert ist, andeutend herausgehoben werden: die wechselseitige Wahrnehmung mit dem Akzent auf der »Leistungsfähigkeit des anderen« in Schule und Hochschule. – In den schulischen Institutionen wird zusammen mit der Vermittlung von Wissen und Fähigkeiten eine Grundhaltung gegenüber Sachen und Menschen implizit eingeübt, die charakteristisch ist für das sachlich-menschliche Grundverhältnis im kapitalistischen Produktionsbereich (und »beruflichen« Bereich i. w. S.): *Die Gleichgültigkeit gegenüber dem Produkt, die Reduktion des sachlichen Beitrages auf eine bloß subjektive, individuell meßbare Qualifikation* und darin die Pervertierung der Kooperationsbeziehung zu einer Art von *Konkurrenzbeziehung,* in der ein wertvoller Beitrag des anderen nicht im Blick auf die gemeinsame Sache geschätzt und gefördert, sondern als relative Abwertung der eigenen »Leistung« gefürchtet wird – dies mit all den Umfeld-Momenten der Isolation, des Neides, Mißtrauens und der potentiellen Bedrohtheit durch den anderen.

Vordergründigster Ausdruck der »schulischen« Grundkonstellation ist die »Leistungsbewertung« durch »Zensur«, »Notengebung« etc. – Wie im Produktionsbereich der »Leistung« der »Lohn« scheinhaft unmittelbar entspringt, so entspringt der Schulleistung scheinhaft-unmittelbar die »Note«. *Die »Note« ist die Ersatzform des »Lohns« in der Schulsituation.* Die »Leistung« in der Produktion wie die »Leistung« im schulischen Bereich *hat nicht das zu schaffende Produkt zum subjektiven Ziel*; das Ziel der Leistung ist vielmehr der Lohn bzw. die Note. Der Zusammenhang zwischen Lohn und »Leistung« wie Note und »Leistung« ist immer nur innerhalb isolierter Variablen scheinhaft zu finden bzw. zu Manipulationszwecken vortäuschbar. Auch eine »wissenschaftliche« Leistungsbewertung (in der Produktion durch Arbeitsbewertungs-Verfahren, in der Schule durch »Schultests«) kann einen rationalen

---

[77] Die von *Bernstein* (1970) und *Bernstein* u. a. (1970) erarbeiteten Konzeptionen des »restringierten Codes«, der öffentlichen Sprache, des »Kreisgesprächs« etc. als Kennzeichen von Sprachbarrieren« zwischen »Unterschicht« und »Mittelschicht« wären von den hier angedeuteten Konzeptionen aus neu zu durchdenken.

Wahrnehmungsdimensionen: Ursprung aus dem Kapitalverhältnis 259

Zusammenhang zwischen Leistung und Lohn bzw. Note nicht herstellen, weil ein solcher Zusammenhang durch die Form des Lohns bzw. der Notengebung essentiell ausgeschlossen ist. Wohl lassen sich durch Schultests partialisierte Beziehungen zwischen »Leistungen« und »Standartwerten« etc. auf einzelnen Variablen konstruieren. Die objektive Absurdität, daß das Verständnis eines Gedichtes, die Fähigkeit, ein Lied sauber zu intonieren, und der Umstand, daß man in der Turnstunde ein Pferd überspringen konnte, alle durch die Note »Zwei«, die dann weiter verrechnet wird, quantitativ vergleichbar gemacht sind, verschwindet auch dann nicht, wenn die »Zwei« durch einen Test-Score ersetzt ist. – *Die Notengebung repräsentiert den kapitalistischen Verwertungsstandpunkt in der Schule.* Wer in der Schule gelernt hat, seine Arbeit nicht als kooperativen Beitrag zu einer gemeinsamen Sache, sondern als abstrakte Fähigkeit zur Hervorbringung von Notenquantum zu sehen, für den ist auch eine Lebensform »selbstverständlich«, in der der unmittelbare Produzent von seinem Produkt getrennt und seine Arbeitskraft vom Kapitalisten als abstrakte Fähigkeit zur Mehrwertproduktion gekauft wird, wobei die Arbeit für den Arbeiter selbst scheinhaft die Fähigkeit zur unmittelbaren Hervorbringung von Lohnquantum ist.

Durch das System der Notengebung wird Sachinteresse implizit bestraft. Der Prozeß der Vergleichgültigung gegenüber dem Produkt, der durch das schulische Lernen zustande kommt, findet seinen Ausdruck z. B. im »Betrug« als Mittel, ohne sachlichen Beitrag zur »guten Note« zu kommen. Die Reaktion der Schule auf den »Betrug« ist nicht etwa der Versuch einer Beseitigung der Gründe, aus denen »betrogen« wird. Diese Gründe liegen in der Gleichgültigkeit gegenüber dem Produkt und sind ein Moment der gesellschaftlichen Funktionalität der Schule im Kapitalismus. Vielmehr wird versucht, den »Betrug« durch »Maßnahmen« zu unterbinden (»Aufsicht«, »Taschenkontrolle«, »Auseinandersetzen« etc.). Es wird also vorausgesetzt, daß der Mensch zu einer inhaltsleeren, für ihn sinnlosen »Leistung« gezwungen werden muß; eine realistische Voraussetzung für die Lohnarbeit im Kapitalismus. – Die in der Notengebung ausgedrückte Gleichgültigkeit gegenüber dem Produkt als Erziehungsziel führt zur *Isolation und dem Konkurrenzverhältnis zwischen den Lernenden*. In der traditionellen Schule ist das »Jeder-für-Sich« oberstes Gebot. Kooperation wird als »Betrug« bestraft. Aber selbst, wo, etwa an der Universität, im Unterricht kooperative Arbeitsformen erprobt werden, sind die Lernenden durch das System der Notengebung immer wieder auseinanderdividiert. *Die gute Examensnote des anderen verringert objektiv meine Aussichten auf dem Arbeitsmarkt.* Deswegen nehme ich den anderen in den jeweiligen kritischen Situationen auch als jemanden wahr, *dessen gute »Leistung« potentiell meine Existenz bedroht.* Die Dimension der »Leistungsfähigkeit des anderen« mit ihren Umfeldmomenten von erlebter Bedrohung durch den anderen, Mißtrauen, Isolation, tritt hier durch objektive Lebensnotwendigkeiten aus dem Dimensionsgesamt hervor – auch der beste Wille zur Kooperation hält dann nicht mehr stand.

Die Vorstellung wäre naiv, daß man durch einfache »Abschaffung« der Notengebung kooperative Interaktions- und Wahrnehmungsweisen fördern könnte. Die Dimension der »Leistungsfähigkeit des anderen« entspringt, wie gezeigt werden sollte, dem Kapitalverhältnis als entscheidender Struktureigentümlichkeit der bürgerlichen Gesellschaft. Ebensowenig angemessen ist es, zu Zwecken der eigenen Entlastung einen Kampf gegen »Leistungszwänge« etc. zu führen; dadurch sind vielleicht temporäre Erleichterungen für einzelne zu erreichen, im ganzen folgt aus solchen Verweigerungen die gesellschaftliche Wirkungslosigkeit, die gleichzeitig politische Wirkungslosigkeit bedeutet. Niemand kann für sich folgenlos einen Dispens von den Lebensnotwendigkeiten der kapitalistischen Gesellschaft erreichen. – Es geht hier gegenwärtig zuvörderst darum, zu begreifen und begreiflich zu machen, *wie eine Gesellschaftsform beschaffen ist, die die Vergleichgültigung gegenüber dem Produkt und Verhinderung von kooperativen Interaktionsformen in den schulischen Institutionen als angemessene Vorbereitung auf das »Leben« erfordert.* – Der Kampf gegen das Notensystem und für kooperative Arbeitsformen in Schule und Hochschule darf niemals durch die Illusion geleitet sein, daß die volle Durchsetzung derartiger Ziele in der bürgerlichen Gesellschaft möglich oder auch nur wünschenswert sei. Ein solcher Kampf kann nur praktisches Teilmoment einer Aufklärungsarbeit sein, durch welche die *Irrationalität interpersonaler Beziehungen als gesellschaftliche Notwendigkeit im Kapitalismus bewußt gemacht wird.*

Auch mit diesen Hinweisen auf mögliche Umakzentuierung innerhalb der aus den Notwendigkeiten kapitalistischer Produktion entspringenden Dimensionalität interpersonaler Wahrnehmung im Hinblick auf verschiedene Schichten und Lebensbereiche der bürgerlichen Gesellschaft konnten lediglich in mehr »impressionistischer« Art globale Andeutungen gemacht werden, die zu Forschungsfragen, welche empirische Überprüfung ermöglichen, präzisiert und verdichtet werden müssen.

Zu Beginn unseres Versuchs, Dimensionen interpersonaler Wahrnehmung, auf denen modal gesehen zur Lebensbewältigung in der bürgerlichen Gesellschaft angemessene Urteile der Menschen übereinander möglich sein müssen, aus dem Kapitalverhältnis herzuleiten, wiesen wir auf die Problematik des Konzepts gesellschaftlicher und individueller Lebensnotwendigkeiten in der antagonistischen Klassengesellschaft hin (vgl. S. 237 ff.). Bei dem herausgearbeiteten Dimensionalitäts-Syndrom um die Dimension der abstrakten »Leistungsfähigkeit des anderen« und scheinhaft daraus entspringendem »Verdienst« auf der einen Seite und der sachentbunden-zirkulären »Sympathie« als Bindemittel »privater« Beziehungen auf der anderen Seite ist die modal angemessene Unterscheidung zwischen Menschen *sowohl im Interesse der Lebensbewältigung des jeweils einzelnen wie im Interesse der Lebenserhaltung der kapitalistischen Gesellschaft.* – Der Arbeiter z. B., der unter Berücksichtigung der »Leistungsfähigkeit des anderen« in Relation zur eigenen »Leistungsfähigkeit« in Konkurrenz mit den anderen Arbeitern bemüht ist, seinen Arbeitsplatz zu erhalten oder zu sichern, also seinen Vorteil zu wahren und »gut abzuschneiden« (wobei er zwangsläufig andere Arbeiter unter den »cut off« der Existenzsicherung herabdrückt), übernimmt dabei (wie dargelegt) gleichzeitig reaktiv den Verwertungsstandpunkt des Kapitals, trägt automatisch zur Reproduktion von Arbeitsverhältnissen bei, in denen der unmittelbare Produzent einerseits von seinem Produkt und bewußter Planung gesellschaftlicher Produktion getrennt, damit zur Verkümmerung seiner allseitigen menschlichen Möglichkeiten verurteilt ist, andererseits durch Isolierung von den anderen Arbeitern und Zurückgeworfensein auf sein jeweils individuelles Schicksal die Bedingungen, unter denen er produziert, als naturgegeben und unveränderlich hinnimmt, das Wesen des Kapitalismus und das Interesse seiner Klasse nicht erkennen kann. – Der abhängig Arbeitende, der in seinem außerberuflichen Dasein dem beruflichen Bereich abstrakt negierend »den Rücken kehrt«, sich in sein auf »Sympathie« gegründetes »Privatleben« zurückzieht, findet so einerseits gemäß seinem individuellen Interesse durch Auswahl von Menschen, die mit ihm das zirkuläre Wechselbestätigungsverhältnis der »Sympathie« eingehen wollen, das unter den jeweiligen Bedingungen mögliche Maß an »privatem Glück« durch »menschliche« Gemeinsamkeit, reproduziert dabei andererseits gemäß dem Kapitalinteresse automatisch mit seinem Verhalten gesellschaftliche Verhältnisse, in welchem dem arbeitenden Menschen nur die Alternation zwischen den beiden Lebenssituationen bleibt: Fremdbestimmte inhaltsleere gesellschaftliche Produktion unter dem Kommando des Kapitals und Abgetrenntheit von gesellschaftlich sinnvoller Tätigkeit, Reduktion menschlicher Lebensvollzüge auf individuelle Konsumtion im zirkulär-perspektivelosen »privaten« Dasein.

Wir müssen uns in Erinnerung rufen, daß die dem reaktiven Verwertungsstandpunkt des Kapitals mehr oder weniger vermittelt entstammenden Dimensionen – seien es die Dimensionen im Umfeld von »Leistung« und »Verdienst«, seien es die Dimensionen im Umfeld des inhaltsleeren Wechselbestätigungsverhältnisses der »Sympathie« – immer nur die eine Seite der Dimensionsstruktur interpersonaler Wahrnehmung im kapitalistischen Produktionsbereich darstellen, daß *kooperationsrelevante Wahrnehmungsdimensionen* daneben und darin in je nach den konkreten Umständen unterschiedlicher Stärke für die wechselseitige Wahrnehmung bedeutsam werden. Die *sinnliche Auffassung des anderen als eines Menschen in gleicher objektiver Lage, unter gleichen Lebensverhältnissen und Arbeitsbedingungen, in gleicher Position gegenüber dem Kapital, die Schätzung des anderen als eines Menschen, mit dem gemeinsam man Gebrauchswerte als Grundlage des gesellschaftlichen Lebens schafft,* kann der durch den übernommenen Verwertungsstandpunkt bedingten Vereinzelung, Isolation, Konkurrenz, Bedrohtheit durch den anderen etc. *in Richtung auf erfahrene Verbundenheit mit dem anderen entgegenwirken.* Hier liegt die in den objektiven Verhältnissen gegebene *sinnlich-anschauliche Grundlage,* aus der unter bestimmten Bedingungen die Möglichkeit zur gemeinsamen Vertretung von Interessen der Arbeiterschaft gegen das Kaptial erwächst; dabei ist zuvörderst an die *organisierten Lohnkämpfe,* den *Streik* etc. gedacht, aber auch an die mehr informellen Kampfformen des »*collective bargaining*«, der »*restriction of productivity*« etc., durch welche sich die Arbeiter gemeinsam den Leistungsanforderungen des Kapitals so weit entziehen, wie es die längerfristige Erhaltung eines Minimums an Vitalität und Gesundheit erfordert. – Es ist allerdings hervorzuheben, daß auf der Basis der sinnlich erfahrenen gemeinsamen Lebens- und Interessenlage immer nur das Interesse der Arbeiterschaft als ein dem Partialinteresse des Kapitals entgegenstehendes Partialinteresse auf der Grundlage der unbefragten Hinnahme bestehender Produktionsverhältnisse der bürgerlichen Gesellschaft sich artikulieren kann. Der bewußte Klassenstandpunkt des Proletariats, von dem aus die Konkordanz des Interesses der Arbeiterklasse mit dem gesamtgesellschaftlichen Interesse gegen das Partialinteresse des Kapitals und die sozialistische Perspektive der Überwindung kapitalistischer Produktionsverhältnisse als gesamtgesellschaftliche Notwendigkeit erkannt werden können (vgl. S. 237 ff.), hat zwar das Stadium des Kampfes um Partialinteressen der Arbeiterschaft zur Voraussetzung und schließt es in sich ein, ist aber als solcher *nicht aus der unmittelbaren sinnlichen Erfahrung und Anschauung* gewinnbar, sondern nur durch begreifendes Erkennen der wesentlichen Züge bürgerlicher Klassenwirklichkeit, was gerade *einen Bruch mit den vordergründigen Evidenzen der sinnlich-anschaulich gegebenen gesellschaftlichen Lebenswelt bedeutet* (dies wird später noch ausführlich begründet).

In durch begreifendes Erkennen gesellschaftlicher Wirklichkeit geleiteter kritischer gesellschaftlicher Praxis sind die Antagonismen der bürgerlichen Gesellschaft durch Antizipation einer zukünftigen Gesellschaft der bewußt den Notwendigkeiten gesamtgesellschaftlichen Interesses unterstellten selbstbestimmten Kooperation aller Menschen transzendiert. Damit ist die Vereinzelung nicht nur im Hinblick auf das »naheliegende« Gemeinsame durchbrochen: In dem Maße, wie die Klassenstruktur der bürgerlichen Gesellschaft durch die gesellschaftlichen Oberflächengegebenheiten hindurch erfaßt und für die eigene Praxis bestimmt wird, ist auch die Anarchie und Irrationalität menschlicher Interaktions- und Kommunikationsformen in der bürgerlichen Gesellschaft erkennbar; Interaktions- und Kommunikationsweisen bewußter vernünftiger Kooperation, in welcher Menschen weder durch die Absurdität der individuellen Konkurrenz voneinander geschieden und in die Sorge um die individuelle Existenz eingeschlossen noch auf individuelle Konsumtion zurückgeworfen, sondern durch die gemeinsame Aufgabe nach Maßgabe der objektiven Möglichkeiten bewußt zu gestaltender gesellschaftlicher Lebensverhältnisse miteinander verbunden sind, so daß nur noch die Alternative der Anerkennung des fremden Beitrags oder der Hilfeleistung gegenüber dem anderen besteht, werden zu Perspektiven gesellschaftlicher Praxis und sind dadurch in bestimmter Weise bereits unter den bestehenden Verhältnissen verwirklicht: Solange die bewußte gemeinsame Planung menschlicher Lebensverhältnisse unter Beteiligung aller, darin die vielseitige Entfaltung menschlicher Lebensmöglichkeiten, nicht gesellschaftliche Wirklichkeit geworden ist, ist der *bewußte solidarische Kampf um die Schaffung einer solchen gesellschaftlichen Wirklichkeit die einzige sinnvolle übergreifende Lebensperspektive.* Die »gemeinsame Sache«, über welche die Menschen verbunden sind, ist hier die *sozialistische Perspektive kritischer gesellschaftlicher Praxis*; diese Perspektive mündet mit dem Grade ihrer Verwirklichung in die gemeinsame Sache bewußter gesellschaftlicher Lebensgestaltung unter Beteiligung aller ein. — Damit treten schon in solidarischer kritischer Praxis tendenziell die *kooperationsbezogenen Dimensionen aus ihren mannigfachen Reduktionen und Verkehrungen als bestimmende Weisen interpersonaler Wahrnehmung* in neuer Weise hervor; der andere Mensch erscheint nicht mehr charakterisiert durch »Leistungs«-Eigenarten, »rein menschliche« Qualitäten etc., die als bloße abstrakt-subjektive Kennzeichen in ihm hocken; die *objektive dialektische Einheit zwischen den menschlichen Entäußerungen in gesellschaftlicher Arbeit und menschlichen Fähigkeiten und Eigenschaften, die Identität zwischen dem »Wesen« eines Menschen und dem Beitrag, den er in seiner Tätigkeit leistet oder zu leisten vermag* (wobei der Beitrag seiner Eigenart und Möglichkeit nach von den objektiven gesellschaftlichen Bedingungen abhängt, auf die er wiederum zurückwirkt), stellen sich auch in bewußtem sinnlichem Erkennen des anderen Menschen her und werden für die gesellschaftliche Praxis unter sozialistischer Perspektive bestimmend.

Kooperative Interaktions- und Kommunikationsformen gemäß der aus Wissen stammenden Einsicht in gesellschaftliche Notwendigkeiten der Überwindung des Kapitalismus bilden sich zuvörderst mit der Rekonstruktion des Klassenbewußtseins und dem solidarischen Kampf des organisierten Proletariats. Aber auch im außerberuflichen Bereich bis in die scheinbare »privatesten« Bezirke der Familie hinein werden die Sterilität und Perspektivelosigkeit des Wechselbestätigungsverhältnisses der »Sympathie« und die Hoffnungslosigkeit der Suche nach dem individuellen »Glück« in »privater« Gemeinsamkeit dann überwunden, wenn die Aufgabe des Begreifens und Begreiflichmachens der Verstümmelung menschlicher Lebensmöglichkeiten unterm Kapitalverhältnis und der solidarischen Aktivität zur Durchsetzung menschlicher Interessen gegen das Kapitalinteresse zur zentralen gemeinsamen Lebensperspektive werden:

LOB DER DRITTEN SACHE

Immerfort hört man, wie schnell
Die Mütter die Söhne verlieren, aber ich
Behielt meinen Sohn. Wie behielt ich ihn? Durch
Die dritte Sache.
Er und ich waren zwei, aber die dritte
Gemeinsame Sache, gemeinsam betrieben, war es, die
Uns einte.
Oftmals selber hörte ich Söhne
Mit ihren Eltern sprechen.
Wieviel besser war doch unser Gespräch
Über die dritte Sache, die uns gemeinsam war
Vieler Menschen große, gemeinsame Sache!
Wie nahe waren wir uns, dieser Sache
Nahe! Wie gut waren wir uns, dieser
Guten Sache nahe!

(Bertolt Brecht, Die Mutter, 1968, S. 878.)

7.4 Individuelle Unterschiede der Wahrnehmungsfunktion durch differentielle Aneignung in Abhängigkeit von Standort und Perspektive

Bei dem Versuch, zu zeigen, auf welche Weise die Wahrnehmungstätigkeit und -funktion des Menschen der bürgerlichen Gesellschaft in ihrer »menschlichen« Spezifik und historischen Bestimmtheit durch ontogenetisch fundierte individualgeschichtliche Aneignung von objektiven Bedeutungsmomenten der bürgerlichen Gesellschaftsstruktur sich herausbildet, und darüber hinaus aufzuweisen, wie die individualgeschichtlich anzueignenden Wahrnehmungsdimensionen als zentrale Kategorien, hinsichtlich deren Unterschiede zwischen dinglichen und personalen Gegebenheiten zur gesellschaftlichen und individuellen Lebenserhaltung modal gesehen angemessen erfaßbar sein müssen, aus den Notwendigkeiten der Daseinsbewältigung unterm Kapitalverhältnis hergeleitet werden könnten, sind personale Verschiedenheiten zwischen einzelnen Wahrnehmenden zwar immer wieder angesprochen, aber nicht ausdrücklich behandelt worden. Dies soll nun nachgeholt werden. – Eine Analyse individueller Unterschiede der Wahrnehmungsfunktion, da hier das Eingehen auf vielfältige Bedingungsgefüge kleinerer Größenordnung gefordert wäre, ist eine umfängliche Aufgabe der

Theorienbildung und empirischen Forschung. Wir können auch diese Aufgabe hier nicht im einzelnen in Angriff nehmen, sondern nur darzulegen suchen, wie sie zu bewältigen wäre: Es soll deutlich gemacht werden, *auf welche Weise das Problem der zwischenmenschlichen Verschiedenheiten der Wahrnehmungstätigkeit und -funktion von unserem Gesamtansatz aus behandelt werden muß.*

Zwischenmenschliche Unterschiede der Wahrnehmungsfunktion können durch *Verschiedenheiten der biologisch-organismischen Momente* der Wahrnehmungsentwicklung, die in der Ontogenese ausgefaltet werden, bedingt sein. Derartige Verschiedenheiten werden beim Menschen, der als »selbstdomestiziertes« Lebewesen innerhalb seiner Phylogenese immer weniger unter direktem Selektionsdruck stand, ein beträchtliches Ausmaß haben. Hinsichtlich welcher Variablen die biologischen Wahrnehmungsvoraussetzungen interindividuell schwanken, wäre in wahrnehmungsphysiologischer Forschung zu klären, wobei Schwierigkeiten daraus entstehen, daß theoretische Konzeptionen, aus denen die Kategorien für die Erfassung derartiger Schwankungen abzuleiten wären, kaum verfügbar sind und daß, wie früher dargelegt, eine Isolierung der ontogenetischen Momente von den Aneignungs-Momenten der Wahrnehmungsentwicklung methodisch sehr schwierig ist, zumal die Aneignungsresultate sich kontinuierlich auch in physiologischen Veränderungen ausdrücken. – Wir lassen die interindividuellen Differenzen der biologisch-organismischen Grundlagen der Wahrnehmung im folgenden außer Betracht; da diese Differenzen der Zufallsvariation unterliegen, muß in Rechnung gestellt werden, daß *durch die biologischen Unterschiede sich die Varianz, die »Streuung«, der zu diskutierenden systematischen zwischenmenschlichen Unterschiede der Wahrnehmungsfunktion in einem nicht genau angebbaren Ausmaß erhöht.*

Sofern man von der ontogenetischen Komponente der Gewordenheit der Wahrnehmungsfunktion absieht, gilt gemäß unserer Konzeption, daß zwischenmenschliche Unterschiede hinsichtlich der Wahrnehmungsfunktion das Ergebnis zwischenmenschlicher Unterschiede der Aneignungsprozesse sein müssen. Interindividuelle Differenzen der Wahrnehmungsfunktion, sofern Resultat der Vergesellschaftung des Menschen (auf der Basis seiner phylogenetisch entstandenen, biologischen Möglichkeit zur Gesellschaftlichkeit), sind als *Resultat der differentiellen, von Mensch zu Mensch verschiedenen, Aneignung sachlicher und personaler Gegenstandsbedeutungen* (und auf Wahrnehmungsgegenstände bezogener Symbolbedeutungen) zu verstehen.

Gemäß dem Aneignungskonzept hängen der Aneignungsvollzug und das Aneignungsresultat – wenn auch über mehr oder weniger komplexe Vermittlungsschritte – von der *objektiven Eigenart der angeeigneten*

Bedeutungsstrukturen ab. Deswegen müssen *interindividuelle Unterschiede der Wahrnehmungsfunktion* als resultativer Ausdruck verschiedenartiger Aneignungsprozesse auf *Unterschiede der angeeigneten gegenständlichen Bedeutungsstrukturen zurückzuführen sein.* – Wenn man historische und regionale Verschiedenheiten von Gesellschaftsformen außer acht läßt und nur die bürgerliche Gesellschaft als solche berücksichtigt, so sind unterschiedliche Gegenstandsbedeutungen, die über die Aneignung zu unterschiedlichen Eigenarten der Wahrnehmungsfunktion führen, als abhängig vom räumlichen *Standort und der sich daraus ergebenden Perspektive des wahrnehmenden Menschen innerhalb der bürgerlichen Gesellschaft* zu betrachten.

»Standort« und »Perspektive« sind dabei hier im lediglich ökologisch-räumlichen Sinne zu verstehen. Menschen, die den Hauptteil ihrer Lebenszeit an bestimmten räumlichen Standorten innerhalb des gesellschaftlichen Lebens, etwa auf dem Land, in der Stadt, in der Fabrik, im Büro, im Gefängnis, verbringen, nehmen im Laufe ihrer Biographie jeweils besonders häufig bestimmte Arten von sachlich und personal bedeutungsvollen Gegebenheiten wahr; auf dem Lande häufiger Vieh, Landschaft, weitentfernte Gegenstände, bekannte, mitarbeitende Menschen; in der Stadt häufiger große, nahe Häuser, Autos, fremde Leute; in der Fabrik häufiger bestimmte mechanische Produktionseinrichtungen, Materialien, andere Arbeiter, die die gleiche Tätigkeit ausführen; im Büro häufiger aus sehr geringer Entfernung Manuskript-Bogen, die in die Schreibmaschine eingespannt sind; im Gefängnis enge Wände und in regelmäßigen Abständen Wärter, etc. Verallgemeinert kann man diesen Sachverhalt so ausdrücken: *Menschen in einer unterschiedlichen Ökologie innerhalb der bürgerlichen Gesellschaft nehmen unterschiedliche »Stichproben« von Weltgegebenheiten wahr* (eine derartige Betrachtungsweise hat *Brunswik*, etwa 1956, in die Wahrnehmungslehre eingeführt). Da somit in Abhängigkeit von dem jeweiligen ökologischen Standort und der damit verbundenen Perspektive die Menschen *durchschnittlich mit verschiedenartigen gegenständlichen Bedeutungsstrukturen konfrontiert sind, müßte auch die Wahrnehmungsfunktion als Aneignungsresultat unterschiedlich beschaffen sein.*

Wenn man sich zur Konkretisierung dieser Feststellungen vergegenwärtigt, daß »Wahrnehmen« nicht passives Aufnehmen, sondern als Wahrnehmungstätigkeit Teilmoment umfassenderer Tätigkeitsvollzüge ist, so wird klar, daß die standortabhängigen Unterschiede der Aneignungsvollzüge nicht nur durch die bloße Anwesenheit unterschiedlicher Gegenstandsbedeutungen zustande kommen, sondern darin auch durch die *Verschiedenartigkeit der Tätigkeiten, die durch die jeweils bestimmten gegenständlichen Bedeutungszusammenhänge provoziert werden*, wobei – wie früher dargestellt – diese Tätigkeitseigenarten wiederum Rückwirkungen auf die Wahrnehmung haben. Man kann demnach davon ausgehen, daß die *individuellen Unterschiede der Wahrnehmungsfunktion in gewisser Weise die Struktur der Arbeitsteilung in einer Gesellschaftsformation spiegeln.* Dabei ist zu berücksichtigen, daß auch die Art und Weise, in welcher, besonders in der Kindheit, die Aneignung von Gegenstandsbedeutungen durch unterstützende Tätigkeiten anderer Menschen vermittelt ist, zum Gesamt der sachlich-personalen Bedeutungsstrukturen gehört, die je nach dem gesellschaftlichen Standort unterschiedlich sind. – In einem erweiterten Sinne, der die eben genannten Momente in sich einbegreift, ist der gesellschaftliche Standort und die Perspektive eines Menschen der *Standort seiner sozialen Gruppe, Gruppierung, Schicht* und, als allen sekundären Gliederungen der Gesellschaft zugrunde liegend, der *Standort seiner Klasse.* Damit wären die umfassenden Gesichtspunkte genannt, von denen aus standortabhängige Bedeutungsunterschiede als Voraussetzungen aneignungsbedingter interindividueller Unterschiede der Wahrnehmungsfunktion zu analysieren sind. – »Standort« und »Perspektive« müssen dabei hier stets, auch in ihrer allgemeinsten Fassung, *real räumlich* verstanden werden; die unterschiedlichen Gegenstandsbedeutungen, durch deren Aneignung Unterschiede der Wahrnehmungsfunktion entstehen, sind an die *sinnliche Präsenz des Wahrnehmungsgegenstandes* gebunden und somit immer *an einen bestimmten Ort im Raum,* werden demnach *immer und notwendig in einer bestimmten Perspektive wahrgenommen* (vgl. dazu unsere früheren phänographischen Ausführungen, S. 27 ff.). – Es muß hervorgehoben werden, daß, wie aus den allgemeinen Darlegungen über Standortgebundenheit und Perspektivität ersichtlich ist, von verschiedenen gesellschaftlichen Standorten aus in der Wahrnehmung nicht etwa voneinander unabhängige, verselbständigte Bedeutungsstrukturen gegeben sind: unter jeder der unterschiedlichen Perspektiven erscheint die *sinnlich-anschauliche Lebenswelt der bürgerlichen Gesellschaft von einer bestimmten »Seite«*; durch die jeweilige Perspektive als »Verweisungsganzheit« (*Graumann*) ist *gerade in der Begrenztheit des Blickwinkels auf das gesellschaftliche Ganze verwiesen,* in welchen Mystifikationen und Verkehrungen es auch immer erscheinen mag, und wie dunkel seine Horizonte auch sein mögen.

Der räumliche Standort und die damit jeweils zusammenhängende räumliche Perspektive (hier verallgemeinert auf die von der jeweiligen gesellschaftlichen Ökologie abhängige Stichprobe von solchen Standorten und Perspektiven) sind mit aller Schärfe zu unterscheiden vom *Klassenstandpunkt* innerhalb der bürgerlichen Gesellschaft. – Wir haben früher ausführlich dargelegt, daß im Bereich der lediglich sinnlich-anschaulichen Weltbegegnung zwar das Erfassen von gemeinsamen

Partialinteressen der Arbeiterschaft im Gegensatz zum Partialinteresse des Kapitals möglich ist, daß aber der *bewußte Klassenstandpunkt des Proletariats mit seiner sozialistischen Perspektive gerade das begreifende Erkennen der wesentlichen Struktureigentümlichkeiten der bürgerlichen Gesellschaft unter Durchdringung der vordergründigen sinnlich-anschaulichen Evidenzen, also den Bruch mit dem Unmittelbaren einschließt.* »Standpunkt« und »Perspektive« in diesem Sinne (wir wollen hier von »Perspektive i. w. S.« sprechen) bedeuten mithin gerade eine *Überschreitung der an die stoffliche Präsenz der Wahrnehmungsgegenstände gebundenen, deswegen standort- und perspektiveabhängigen bloß sinnlichen Erfahrung.* – Dabei muß betont werden, daß hier die Notwendigkeit einer Unterscheidung keineswegs die Berechtigung zu einer gedanklichen Zerreißung einschließt. Die Herausbildung des Klassenstandpunkts des Proletariats hat die von räumlichen Standorten abhängige sinnliche Erfahrung der alltäglichen Lebenswelt der Arbeiterschaft zur Voraussetzung, wobei die *sinnlichen Evidenzen hier allerdings nicht bewußtseinsbestimmend sind, sondern begreifend in ihrer Scheinhaftigkeit und »Verkehrtheit« erkannt werden.* Unter keinen Umständen dürfen der Klassenstandpunkt des Proletariats und die sozialistische Perspektive als bloße Verallgemeinerung sinnlicher Erfahrung der Lebenswelt der Arbeiterschaft interpretiert werden. Diese sinnliche Erfahrung erhält hier – durch eine neue Qualität des die Vordergründigkeiten und »Selbstverständlichkeiten« bloß anschaulicher Welterfassung überschreitenden begreifenden Erkennens – in ihrem Stellenwert innerhalb des Gesamts des Erkenntnisprozesses ebenfalls eine neue Qualität (was später ausführlich zu begründen ist). – Die Vermitteltheit und Widersprüchlichkeit von standortabhängiger räumlicher Perspektive (i. e. S.) der Wahrnehmung und begreifendem Erkennen entspringendem proletarischem Klassenstandpunkt und sozialistischer Perspektive (i. w. S.) würden zu ihrer vollen Entfaltung eindringende Explikationen nötig machen, die hier nicht geleistet werden können.

Da »Wahrnehmung« der Möglichkeit nach angemessene sinnliche Erkenntnis von gegenständlich bedeutungsvollen Gegebenheiten als objektiven Welttatbeständen ist, sind auch zwischenmenschliche Unterschiede der Wahrnehmungsweise verschiedene Arten und Grade der *Adäquatheit der wahrnehmenden Welterfassung hinsichtlich bestimmter Momente sachlicher und personaler Gegenstandsbedeutungen.* Wir sprechen deshalb hier von Unterschieden der *»individuellen Wahrnehmungskompetenz«.* – Das Konzept der »individuellen Wahrnehmungskompetenz« ist als *notwendige Ergänzung des Konzepts der »Wahrnehmungsdimensionalität«* zu verstehen. Wahrnehmungsdimensionen beziehen sich, wie gesagt, auf solche Unterschiede der Gegenstandsbedeutungen von Sachen und Personen, die *modal, im gesellschaftlichen Durchschnitt*, angemessen sinnlich erkennbar sein müssen, damit gesellschaftliche Lebenserhaltung auf einer bestimmten Entwicklungsstufe möglich ist. – Die »modale« Betrachtensweise innerhalb der Dimensions-Konzeption (und genereller unter dem »funktionalen« Aspekt, wie er von uns bestimmt wurde) ist unerläßlich, wenn der Zusammenhang zwischen gesellschaftlichen Struktureigentümlichkeiten und Eigenarten der Wahrnehmungstätigkeit wissenschaftlich erfaßbar sein soll. Ein solcher *Zusammenhang kann nur im Hinblick auf die zentrale Tendenz der Wahrnehmungseigenart, also unter Absehung von individuellen Unterschieden der Wahrnehmungsweise, die auf Bedingungsgefüge kleinerer Größenordnung zurückgehen, aufgewiesen werden.* – *Im Konzept der »individuellen Wahrnehmungskompetenz« ist hingegen gerade auf solche durch Bedingungsgefüge kleinerer Größenordnung entstandenen zwischenmenschlichen Verschiedenheiten Bezug genommen, wobei diese Bedingungsgefüge als Besonderheiten der angeeigneten Bedeutungsstrukturen in Abhängigkeit von Standort und Perspektive innerhalb der Gesellschaft näher bestimmt sind.*

Wenn sich die Frage nach der individuellen Wahrnehmungskompetenz stellt, ist das Problem des gesellschaftlichen Ursprungs der Wahrnehmungsdimensionen in ihrer »modalen« Funktionalität für die gesellschaftliche und individuelle Lebenserhaltung im Prinzip als geklärt vorausgesetzt. Unterschiede hinsichtlich der Wahrnehmungskompetenz sind *unterschiedliche individuelle Qualifikationen des gesellschaftlichen Menschen* bei der Bewältigung und Gestaltung seines alltäglichen Daseins. Die *relevanten Variablen unterschiedlicher Wahrnehmungskompetenz und somit auch die Kategorien, mit denen relevante Unterschiede der Wahrnehmungskompetenz erfaßbar sind, bestimmen sich also nach der Wahrnehmungsdimensionalität gemäß den Notwendigkeiten gesellschaftlicher Lebenserhaltung* (dies gilt für die qualitative wie quantitative Ausprägung der individuellen Wahrnehmungskompetenz). Nur wenn eingesehen wird, daß man die in den objekten Bedeutungsstrukturen vergegenständlichten Orientierungserfordernisse materieller gesellschaftlicher Produktion und Reproduktion wissenschaftlich erfaßt haben muß, sofern man Art und Grad der Wahrnehmungskompetenz als Ergebnis der Bedeutungsaneignung in Abhängigkeit von Standort und Perspektive des Wahrnehmenden angemessen erforschen will, ist auch die je individuelle Besonderheit der Wahrnehmungsfunktion als Eigenart der Subjektivität des *gesellschaftlichen Menschen* zu begreifen.

Das Problem zwischenmenschlicher Unterschiede der Wahrnehmungsweise läßt sich mithin unter diesem Aspekt als die Forschungsfrage nach dem *Zusammenhang zwischen den vom jeweiligen gesellschaftlichen Standort abhängigen Besonderheiten gegenständlicher Bedeutungsdimensionen und der durch Bedeutungsaneignung bedingten besonderen Ausprägungsform der individuellen Wahrnehmungskompetenz* präzisieren.

Für die formalistische bürgerliche Wahrnehmungslehre (vgl. S. 176 ff.) muß dieser Zusammenhang, da er über die objektiven Gegenstandsbedeutungen vermittelt ist, unsichtbar bleiben. Die Ansätze und Befunde über den Erwerb perzeptueller Kompetenzen durch »Lernen« und die Ansätze und Befunde über zwischenmenschliche Unterschiede der Wahrnehmungsweise stehen hier notwendig unverbunden nebeneinander.

Charakteristisch für die formalistischen Theorien und Befunde über Wahrnehmungsentwicklung und »Wahrnehmungslernen«, wie sie früher geschildert wurden (vgl. S. 177 ff.), ist die Reduktion der gegenständlichen Bedeutungsmomente, an denen das Lernen sich vollziehen müßte, auf bloß figural-qualitative »Stimulus«-Variablen und dementsprechend die Reduktion der gegenständlich-bedeutungsbezogenen Aneignungstätigkeit auf bloßes »Lernen« durch äußerlich gesetztes Reinforcement oder durch mechanisch wiederholte »Reizdarbietung«. – Die verschiedenen Arten von »Reizvariablen«, an denen die Fortschritte durch Wahrnehmungslernen bestimmt wurden, sind bereits früher in einer allgemeinen Klassifikation dargestellt worden (vgl. S. 177). – Sofern ausdrücklich und speziell der Erwerb von *perzeptuellen Kompetenzen* (»*perceptual skills*«) untersucht werden sollte, kam man häufig noch zu eingeengteren Bestimmungen der zu erforschenden »skills« als abhängigen Variablen, wie dem Grad, in dem schwache oder maskierte Reize wahrgenommen werden können, der Fähigkeit, eingebettete Figuren zu entdecken etc. (»detection«), der Fähigkeit, selten und unregelmäßig auftretende Signale aufzufassen (»vigilance«), der Fähigkeit, in einer Gruppe unterschiedlicher »Reizelemente« durch aufmerksames Durchgehen ein bestimmtes Element zu identifizieren (»scanning«), der Fähigkeit, minimale Reizverschiedenheiten zu erkennen (»differential limens«), der Fähigkeit, gesehene Reize und Bezeichnungen zuzuordnen (»labelling«), wobei auch komplexe, »multivariate« Reizkonfigurationen benutzt wurden etc. Die unabhängigen Variablen bestanden hier so gut wie durchgehend in »practice« oder »training«, definiert als Wiederholung der Reizdarbietung. Derartige Experimente konnten gemäß ihrer Anlage nichts anderes erbringen als mehr oder weniger ausgeprägte Verbesserungen der »perceptual skills« in Abhängigkeit von der Wiederholungszahl der Reizdarbietungen (zusammenfassende Darstellungen vgl. etwa *Epstein* 1967, S. 87 ff., und *E. J. Gibson* 1969, S. 163 ff.). – Generell gesehen ist der *Zuwachs an »perceptual skills« ein Zuwachs an Adäquatheit der wahrnehmenden Erfassung figural-qualitativer Eigentümlichkeiten von Wahrnehmungsgegenständen.* Da die konkreten Gegenstandsbedeutungen, die sich in den figural-qualitativen Momenten ausdrücken, aber abstraktiv ausgeklammert werden, ist theoretisch nicht herleitbar, warum die »skills« zur Erfassung gerade dieser und nicht beliebig anderer Reizeigentümlichkeiten untersucht worden sind; die Art der geprüften »skills« erscheint abhängig von der vom

Experimentator den Vpn. willkürlich gestellten Wahrnehmungsaufgabe; es bleibt meist gänzlich unausgewiesen, in welchem realen Tätigkeitszusammenhang Menschen über solche »skills« verfügen müssen[78]. Demgemäß können von diesem Ansatz aus auch *interindividuelle Unterschiede von Wahrnehmungskompetenzen nicht aus standortabhängigen Verschiedenheiten der individualgeschichtlich angeeigneten gesellschaftlichen Bedeutungsstrukturen* verstanden werden. Zwischenmenschliche Unterschiede der »skills« wären hier nur auf einen unterschiedlichen Grad an »practice« zurückführbar, wobei diese mögliche »Erklärung« zirkulärer Art ist, weil offenbleiben muß, woher denn der unterschiedliche Grad an »practice« stammt (wenn nicht aus der Versuchsplanung des Experimentators).

Weitgehend unabhängig von Fragen der Wahrnehmungsentwicklung und des Wahrnehmungslernens wurde in der formalistischen Wahrnehmungslehre das Problem der *individuellen Unterschiede der Wahrnehmungsweise* behandelt. Unter den »klassischen« *Wahrnehmungstypologien* sind folgende die wichtigsten: *Ehrensteins* Unterscheidung zwischen einem *»ganzheitlichen«* und einem *»analytischen«* Wahrnehmungstyp (gemessen an der Höhe des Täuschungsbetrages beim *Sander*-Parallelogramm, vgl. *Ehrenstein* 1935); *Achs* Unterscheidung zwischen einem *»fusionierenden«* und einem *»sejunktiven«* Wahrnehmungstyp (gemessen am Grad des binokularen Einfachsehens trotz disparater Abbildung im Stereoskop, vgl. *Fürstenberg* 1937); *Krohs* Unterscheidung zwischen »*Farbbeachtern*« und »*Formbeachtern*« (gemessen etwa mit dem tachistoskopischen Farb-Form-Versuch nach *Lutz* 1929). In der modernen Wahrnehmungs- bzw. Persönlichkeitspsychologie kam man zur Einführung interindividuell verschiedener *perzeptuell-kognitiver Stile*, wie der Unterscheidung von *Klein* und seinen Mitarbeitern zwischen *»levelling«* und *»sharpening«* (Nivellierung bzw. Artikulation von Stimulus-Unterschieden, gemessen an der Neigung zur Unterschätzung von Unterschieden der Seitenlänge zwischen jeweils zwei aufeinanderfolgenden innerhalb einer Serie von Quadraten, vgl. z. B. *Holzman & Klein* 1950), der *Stroop*schen Unterscheidung zwischen *hoher* und *geringer Interferenz-Neigung* (Fähigkeit zur analytischen Ausfilterung irrelevanter Information, gemessen am Grad, in welchem beim Vorlesen von Farbnamen die von der Bezeichnung abweichende Farbe des geschriebenen Wortes die Lesegeschwindigkeit reduziert, vgl. etwa *Hörmann* 1960), der Unterscheidung von *Witkin* und seinen Mitarbeitern zwischen *Feldabhängigkeit* und *Feldunabhängigkeit* (Fähigkeit, analytisch bestimmte Stimulus-Charakteristika aus dem anschaulichen Umfeld herauszulösen, gemessen z. B. an der Genauigkeit, mit der ein im Sinne der eigenen Körperachse senkrechter Stab unabhängig von der Kippung eines rechteckigen Rahmens, in dem der Stab dargeboten ist, als senkrecht beurteilt wird, vgl.

---

[78] Eine Ausnahme bildet die Variable der »Vigilanz«, die tatsächlich im Zusammenhang mit Problemen der Radarbeobachtung eingeführt wurde und sodann in die experimentelle Wahrnehmungspsychologie Eingang fand. Auch andere der genannten Variablen haben bestimmte Ähnlichkeiten mit Inspektionsaufgaben, die sich aus bestimmten technischen Notwendigkeiten - etwa in der Produktion - ergeben. Solche Beziehungen sind aber nicht systematisch herausgearbeitet und weder bei der Konzeption der theoretischen Annahmen noch bei der Planung der Versuchsanordnungen explizit berücksichtigt.

etwa *Witkin* et al. 1954); etc. – Die dargestellten Ansätze über zwischenmenschliche Unterschiede der Wahrnehmungsweise stehen in verschiedenartigem theoretischen Kontext und erheben in verschiedenem Grade den Anspruch, mit den herausgehobenen Wahrnehmungsmodi generelle Persönlichkeitseigenarten des Wahrnehmenden zu treffen. Einerseits sind dabei Gemeinsamkeiten der jeweiligen Unterscheidungsmerkmale offensichtlich. Man könnte mit einem gewissen Recht alle der hier erwähnten (und auch viele der nicht erwähnten) Differenzierungen unter die *Gesamtüberschrift »ganzheitlich-analytisch«* bzw. *»Nivellieren-Pointieren«* stellen. Dabei ist der analytische bzw. pointierende Wahrnehmungsmodus in den meisten Fällen auch *die Wahrnehmungsweise, die in bestimmter Hinsicht eine adäquatere Umwelterfassung* (auf figural-qualitativem Niveau) *ermöglicht, insoweit die höhere Wahrnehmungskompetenz darstellen würde*[79]. Andererseits ist die *starke Divergenz der konkreten experimentellen Anordnungen, mit welchen die jeweiligen Unterschiede der Wahrnehmungsweise gemessen werden sollen*, zu konstatieren. Die Prüfsituationen scheinen auf mehr oder weniger *»spontane« Einfälle der Experimentatoren* zurückzugehen, sind nicht aus theoretischen Konzeptionen zwingend hergeleitet, sondern *weitgehend willkürlich*.

Der entscheidende Fehler der formalistischen Ansätze über zwischenmenschliche Unterschiede der Wahrnehmungsweisen liegt in der Voraussetzung, daß diese Unterschiede *primär Charakteristika des jeweiligen Subjekts* sind. Dabei ist es unter diesem Aspekt gleichgültig, ob die subjektiven Unterschiede – wie in den älteren Wahrnehmungs-Typologien – als solche konstitutioneller Art verstanden werden, oder ob man – wie in manchen der neueren Konzeptionen über perzeptuell-kognitive Stile – bestimmte individuelle Erfahrungen als Bedingungsmomente der Besonderheit des Wahrnehmungsmodus ansehen will: Auch derartige »Erfahrungen« werden weitgehend als dem Subjekt zukommende Eigenarten betrachtet; es wird nicht danach gefragt, wodurch die Unterschiedlichkeit der individuellen Erfahrungen selber wieder bedingt sein könnte. – Gemäß der Auffassung vom primär subjektiven Charakter der Wahrnehmungsunterschiede kann *das Entstehen der jeweiligen Wahrnehmungsmodi nicht eigentlich erklärt werden, sondern muß als blindes Faktum, als Gegebenheitszufall, mehr oder weniger hingenommen werden.* Die Unausgewiesenheit und Beliebigkeit der experimentellen Prüfsituationen zur Messung des Wahrnehmungsmodus ist aus diesem Zusammenhang verständlich. Die faktischen Wahrnehmungskonstellationen erscheinen hier ja nur als die Reizkonstellationen, in welchen die Vp. *Gelegenheit bekommt, ihre »subjektiven« Wahrnehmungstendenzen zum Ausdruck zu bringen.* Die Anordnungen müssen deshalb keine anderen Kriterien erfüllen, als im Hinblick auf die jeweilige Variable zwischen den Vpn. zu »differenzieren«.

Das Entstehen interindividueller Verschiedenheiten der Wahrnehmungs-

---

[79] Auch die analytische bzw. pointierende Wahrnehmungsweise entspricht sicherlich allgemeinen Forderungen an Wahrnehmungsleistungen im technischen Bereich, besonders in der Produktion. Dieser Zusammenhang ist aber nur sehr globaler Art und auch hier theoretisch nicht reflektiert, deswegen bei der Theorienbildung und experimentellen Forschung nicht systematisch berücksichtigt.

kompetenz kann nur dann richtig begriffen werden, wenn man erkennt, daß die *relativ überdauernden subjektiven Unterschiede der Wahrnehmungsweise nicht die Ursache, sondern die Folge unterschiedlicher Wahrnehmungstätigkeit des Subjekts sind*, und daß die *unterschiedliche Wahrnehmungstätigkeit*, die schließlich zu verschiedenen personalen Wahrnehmungsmodi führt, auf *standortbedingte Unterschiede objektiver Bedeutungsstrukturen in der durch gesellschaftliche Arbeit des Menschen geprägten Welt* zurückgeht. Auf diese Weise wird auch der *Zusammenhang zwischen den individuellen Besonderheiten der Wahrnehmungskompetenz und der Wahrnehmungsentwicklung bzw. dem Wahrnehmungslernen* in angemessener Weise als wissenschaftliches Problem sichtbar. Das Wahrnehmungslernen ist kein freischwebender, durch Reinforcement oder »practice« vorangetriebener Vorgang, sondern die individuelle Aneignung gegenständlicher Bedeutungsmomente. Der *»Lernprozeß« muß demnach je nach der vom gesellschaftlichen Standort abhängigen Verschiedenheit von Bedeutungsstrukturen, die im Zusammenhang mit der Tätigkeit des Menschen relevant werden, in seinem Resultat, der funktionalen Eigenart individueller Wahrnehmungskompetenz, verschieden sein*. Von diesem Ansatz aus sind *zwischenmenschliche Unterschiede der Wahrnehmungsweise nicht nur als gegeben hinzunehmen, sondern in ihrer Entstehung erforschbar*.

Der Zusammenhang zwischen vom gesellschaftlichen Standort abhängigen Besonderheiten gegenständlicher Bedeutungsdimensionen und Besonderheiten individueller Wahrnehmungskompetenzen läßt sich am unmittelbarsten im Hinblick auf die nach Art der geschaffenen Gebrauchswerte *unterschiedlichen Zweige der Produktion* aufweisen. In den verschiedenen Produktionszweigen sind sowohl in den Arbeitsmitteln wie in den Arbeitsprodukten je besondere Gebrauchswerte vergegenständlicht bzw. durch die Arbeit zu vergegenständlichen. Damit sind in Abhängigkeit von den Gebrauchswert-Vergegenständlichungen *besondere Formen der Gestaltung »sachgemäßer« Tätigkeit und darin auch besondere Weisen sachadäquater sinnlicher Erkenntnis erfordert.* Demnach müßten sich in den einzelnen Produktionszweigen gemäß *den aus Notwendigkeiten der Produktion sich ergebenden Dimensionsstrukturen*, in welchen die für eine sachangemessene Tätigkeit objektiv erforderten speziellen Wahrnehmungsleistungen repräsentiert sind, bei *Individuen, die ihrem gesellschaftlichen Standort nach längere Zeit in dem Produktionszweig arbeiten, durch aneignungsbedingte Modifikationen der Wahrnehmungsfunktion immer ausgeprägter jeweils qualitativ spezifische Wahrnehmungskompetenzen herausbilden.*

In einer Reihe von Untersuchungen, die sowjetische Psychologen durchgeführt haben, erwies sich z. B., »daß Weber, die an schwarzen Geweben arbeiten, Dutzende von Schwarztönen unterscheiden, während andere Menschen nicht mehr als drei bis vier unterscheiden können. Erfahrene Schleifer unterscheiden mit dem Auge Abstände von $^1/_{2000}$ Millimeter, während der Mensch gewöhnlich nur Abstände bis zu ¹/₁₀₀ Millimeter unterscheiden kann. Stahlgießer erkennen feinste Nuancen des hellbraunen Farbtons, die Signale für die Schmelztemperaturen sind. Bei Arbeitern in der Steingut- und Porzellanindustrie, welche die Qualität der Erzeugnisse nach dem Ton bestimmten, der bei leichtem Klopfen hörbar wird, bildet sich ein feines ›technisches‹ Gehör aus ... In speziellen psychologischen Untersuchungen wurde nachgewiesen, daß alle Arten der Sensibilität von der praktischen Tätigkeit abhängen, bei der sie entstanden sind, beispielsweise Untersuchungen über das Gehör des Geigers und des Klavierstimmers (*W. I. Kaufmann*), über den Geschmack des Geschmackprüfers (*N. K. Gussew*) usw.« (*Rubinstein* 1972, S. 92)[80].

Bei Untersuchungen über die industrielle (bzw. i. w. S. professionelle) *Inspektion* wurde aufgewiesen, daß je nach der Art der Inspektionstätigkeit zur Qualitätskontrolle von Produkten sich bei den Inspektoren bestimmte *überdauernde funktionale Eigenarten der Wahrnehmung* herausbilden, die eine besondere Weise der Organisation des Wahrnehmungsfeldes ermöglichen. So entwickelten nach Befunden von *Thomas* (1962) Inspektoren, die Mängel an gespritzten Farbflächen festzustellen hatten, und Inspektoren, die nach der Oberflächenbeschaffenheit von Gießereiprodukten beurteilen mußten, wieweit bestimmte Mängel nach der anschließenden Farbspritzung sichtbar bzw. durch die Farbe überdeckt sein würden, gewisse überdauernde Fähigkeiten zur *Figur-Grund-Differenzierung* auf für den »normalen« Beobachter völlig homogenen Flächen. Ein Inspektor in einer Staubsauger-Fabrik war in der Lage, allein nach dem Geräusch des laufenden Staubsaugers eine Vielzahl unterschiedlicher Produktionsfehler zu bestimmen. Sehr aufschlußreich sind in diesem Zusammenhang Befunde von *Abercombie* (1960), aus denen hervorgeht, wie Medizinstudenten durch die unterstützende Tätigkeit von erfahrenen Röntgenologen das »Lesen« von Röntgenbildern lernen: hier werden allmählich die funktionalen Möglichkeiten zu einer Zentrierung und Durchgliederung des Röntgenbildes angeeignet, die von der Gliederung nach dem, was »normalerweise« ins Auge springt, weitgehend abweichen; bestimmte Rahmenmerkmale von Wahrnehmungsgegebenheiten führen »automatisch« zu genauer, differenzierender Wahrnehmungstätigkeit, die auf einen kleinen umschriebenen Bezirk gerichtet ist, während weite Bereiche mit prägnanten figural-qualitativen Unterschieden gänzlich unbeachtet bleiben; wenn der Lernprozeß einen bestimmten Stand erreicht hat, wird das gesamte Röntgenbild in der Wahrnehmung unmittelbar auf eine Weise gegliedert, die den objektiv diagnoserelevanten Wahrnehmungsdimensionen weitgehend entspricht; etc.

In derartigen Untersuchungen, wenn hier auch das Konzept der Gegenstandsbedeutungen und der Wahrnehmungsdimensionalität nicht explizit theoretisch erfaßt und in der Versuchsplanung berücksichtigt ist, wird faktisch die Wahrnehmung als notwendiges gnostisches Moment der Tätigkeit des

---

[80] Die Originaluntersuchungen sind alle in russischer Sprache erschienen und schwer zugänglich, so daß wir bisher nur auf zusammenfassende Darstellungen zurückgreifen konnten und das methodische Vorgehen wie die Eigenart der Befunde noch nicht im einzelnen analysiert wurden (vgl. auch *Ananjew* 1963).

Menschen aufgefaßt. Der Erwerb von Kompetenzen hinsichtlich der Erfassung figural-qualitativer Eigenarten der Wahrnehmungsgegenstände wird richtig in seiner Abhängigkeit von dem konkreten, gesellschaftlich geprägten Inhalt der Arbeit erforscht. An den Resultaten solcher Untersuchungen läßt sich von unserer Konzeption aus exemplifizieren, wie *die vom Standort in der Produktion (bzw. der beruflichen Tätigkeit i. w. S.) abhängigen jeweils besonderen Wahrnehmungskompetenzen im differentiellen Aneignungsprozeß an den für einen Produktionszweig (bzw. einen beruflichen Tätigkeitsbereich) relevanten Wahrnehmungsdimensionen, die sich aus den objektiven Erfordernissen der Tätigkeit ergeben, ausgerichtet sind.* – Die verschiedenen Schwarztöne sind für die geschilderte Tätigkeit des Webens relevante Wahrnehmungsdimensionen, auf denen modal angemessene Unterscheidungen vollziehbar sein müssen, damit die besondere Art der Produktion von schwarzen Geweben möglich ist. Ebenso sind für die genannte Art der Stahlproduktion die Nuancen des hellbraunen Farbtons, die auf die Schmelztemperaturen hinweisen, relevante Wahrnehmungsdimensionen; Unterscheidungen der Brauntöne müssen hier gemäß den objektiven Erfordernissen der Produktion modal angemessen möglich sein; etc. Die gegenständlichen Bedeutungsmomente, die in den Dimensionen sich figural-qualitativ manifestieren, sind Momente der in der Produktion vergegenständlichten oder zu vergegenständlichenden Gebrauchswerte in ihrem orientierungsrelevanten Aspekt. Mit der über die Aneignung vermittelten immer angemesseneren Erfassung der Gegenstandsdeutungen wächst auch die Fähigkeit zu immer präziseren Unterscheidungsleistungen gemäß den aus Notwendigkeit der Produktion erwachsenen Dimensionen. *Der Erwerb der Wahrnehmungskompetenz steht hier im Zusammenhang mit der wachsenden Sachadäquatheit der praktischen Tätigkeit und ist Ausdruck des Grades, in welchem der Arbeiter in der sinnlichen Erkenntnis den jeweils besonderen objektiven Erfordernissen der Produktion gerecht zu werden vermag.* – Das gleiche gilt nicht nur für Kompetenzen, die in spezifischen Verringerungen der Unterschiedsschwelle bestehen, sondern auch für Kompetenzen zu neuen Figur-Grund-Gliederungen, zur Erfassung neuer qualitativer Nuancen, zur sachgemäßen Umakzentuierung und Neugliederung von Wahrnehmungsgegebenheiten, nicht nur im engeren Produktionsbereich, sondern auch im weiteren professionellen Bereich. In jedem Falle ist die Herausbildung der Wahrnehmungskompetenz hier abhängig von den standortbedingten Besonderheiten der Gegenstandsbedeutungen in ihrer aus Sachnotwendigkeiten der auszuführenden Tätigkeit erwachsenen Dimensionsstruktur.

Mit der technischen Entwicklung der gesellschaftlichen Produktion verändern sich auch die gegenständlichen Bedeutungsstrukturen und die jeweiligen Dimensionalitätseigentümlichkeiten der im Produktionsprozeß modal notwendigen Leistungen sinnlicher Erkenntnis. Demgemäß werden andersgeartete individuelle Wahrnehmungskompetenzen sachlich erforderlich und müssen über die Aneignung vom Arbeiter erworben werden. Besondere Relevanz gewinnen gewisse neue Wahrnehmungskompetenzen mit *wachsender Automation der Produktion*, und zwar deswegen, weil »unter dem Einfluß der Automation der motorische Funktionsteil vieler Arbeitstätigkeiten auf einige wenige elementare Tätigkeiten reduziert wurde und das Hauptgewicht jeder Tätigkeit auf ihrem orientierenden Teil liegt, also auf den Wahrnehmungsprozessen, d. h. der Aufnahme und Verarbeitung von Information. Die Arbeitstätigkeit ist zu einem großen Teil in Wahrnehmungstätigkeit umgewandelt worden. Bei den handwerklichen oder einfachen maschinellen Arbeitsvorgängen war die Wahrnehmung nur ein notwendiger Bestandteil der Tätigkeit. Heute ist die Wahrnehmung im Arbeitsprozeß zu einem äußerst komplizierten System von Prozessen der Suche, Entdeckung, Identifizierung und Beobachtung geworden« (*Leontjew & Gippenreiter* 1971, S. 132; vgl. dazu etwa *Klix, Neumann, Seeber & Timpe* 1971). Entsprechendes gilt für das Entstehen neuer Wahrnehmungsanforderungen im Zusammenhang mit technischen Entwicklungen außerhalb des engeren Produktionsbereichs. – Hier wird wiederum deutlich, daß individuelle Fähigkeiten wie die dargestellten Wahrnehmungskompetenzen in ihrer funktionalen Eigenart vom historischen Entwicklungsstand der gesellschaftlichen Arbeit abhängen (und auf diesen zurückwirken).

Die Herleitung von Besonderheiten der Wahrnehmungskompetenz aus den sachlichen Anforderungen eines jeweiligen Produktionszweiges und der damit gegebenen Dimensionsstruktur, die im Hinblick auf sachliche Gegenstandsbedeutungen versucht wurde, müßte im Prinzip auf die gleiche Art auch für die Entstehung *personbezogener, »sozialer« Wahrnehmungskompetenzen* in Abhängigkeit von den für einen bestimmten Produktionszweig charakteristischen, *aus den Kooperationsanforderungen entspringenden, Notwendigkeiten interpersonaler Wahrnehmung* möglich sein. Einschlägige Untersuchungen sind uns nicht bekannt.

Mit dem Aufweis von Zusammenhängen zwischen besonderen Produktionsnotwendigkeiten und daraus sich herleitenden Wahrnehmungsdimensionen in bestimmten Zweigen der Produktion und der durch den Standort im Produktionszweig bedingten Herausbildung entsprechender besonderer Wahrnehmungskompetenzen ist die Eigenart des aus unserer Gesamtkonzeption hergeleiteten Erklärungsansatzes über die Entstehung interindividueller Unterschiede der Wahrnehmungsfunktion veranschaulicht, aber keineswegs schon eine zum theoretischen Verständnis und der empirischen Erforschung solcher Unterschiede hinreichend tragfähige und allgemeine Position gewonnen. Um hier zu einigen weiterführenden Hinweisen zu kommen, muß zunächst das Konzept des räumlichen *gesellschaftlichen Standorts* (und der sich daraus ergebenden Perspektive) als Bedingungsmoment von zwischenmenschlichen Verschiedenheiten der Wahrnehmungsweise genauer analysiert werden. – In der bürgerlichen Gesellschaft, die durch den Klassenantagonismus und sekundäre soziale Schichtungen charakterisiert ist, bedeutet »Standort« nicht einfach den Platz, den jemand gemäß vernünftigen, dem gesamtgesellschaftlichen Interesse unterstellten Vereinbarungen für kürzere oder längere Zeit im gesellschaftlichen Leben einnimmt, sondern den Platz innerhalb einer Klasse oder »Schicht«, dessen Grenzen zwar vorübergehend (für einzelne auch dauernd) überschreitbar sind, der aber als Moment der Klassenlage in der zentralen Tendenz durch die blind sich durchsetzenden strukturerhaltenden Mechanismen der kapitalistischen Gesellschaftformation sich immer wieder reproduziert[81]. Ein solcher »Platz« ist also der Norm, dem Durchschnitt nach für den Menschen ein *naturwüchsig unveränderbarer* »*Gegebenheitszufall*«; der Mensch hat sich diesen »Platz« nicht ausgesucht und kann ihn im Normalfall auch nicht verlassen (vgl. S. 228 f.). – Wenn hier von einem »Platz« innerhalb einer bestimmten Klasse oder Schicht die Rede ist, so ist dies nicht im übertragenen, sondern im wörtlichen Sinne zu verstehen: Der klassen- bzw. schichtspezifische »Platz« ist ein *bestimmter räumlicher Standort* – genauer; *ein bestimmter Typ von räumlichen Standorten* –, *von dem aus für die Wahrnehmung bestimmte, besondere Perspektiven* (i. e. S.) *auf gewisse Ausschnitte,* »*Stichproben*« *von Gegebenheiten der gesellschaftlichen Lebenswelt, eine bestimmte* »*gesellschaftliche Ökologie*« *bestehen.* Demnach müßte – unserer Konzeption über die Entstehung von interindividuellen Unterschieden der Wahrnehmungsweise entsprechend – hier, *bedingt durch die Aneignung verschiedenartiger gegenständlicher Bedeutungsstrukturen, auch ein klassen- bzw. schichtspezifischer Unterschied der Wahrnehmungsfunktion auftreten*[82]. Diese These soll *im Hinblick auf das Proletariat*, in welchem die Klassenbedingtheit der Lebenslage des Menschen in der bürgerlichen Gesellschaft am schärfsten sich ausdrückt, konkretisiert werden.

Wenn – wie früher dargestellt – die Arbeiterklasse in der kapitalistischen Gesellschaft als solche unverrückbar an ihrem Platz festgehalten wird, so impliziert das auch ein modal gesehen *unverrückbares Fixiertsein auf einen bestimmten Typ von räumlichen Standorten*, von denen aus sich eine bestimmte Art von Perspektiven auf die gesellschaftliche Lebenswelt, eine *bestimmte gesellschaftliche Ökologie* ergibt. Die gesellschaftliche Ökologie des Arbeiters ist Inbegriff der *sinnlich präsenten, gegenständlich bedeutungsvollen Welttatbestände, die der Arbeiter mit großer Häufigkeit immer wieder wahrnehmen muß, weil er den für seine Klasse typischen Standorten und Perspektiven (im gesellschaftlichen Durchschnitt) notwendig für den weitaus überwiegenden Teil seiner Lebenszeit nicht entkommen kann.* Die in der Ökologie des

---

[81] Dies gilt für die primären Klassen in höherem Grade als für die sekundären Schichten.
[82] Die in den letzten Jahren zahlreichen Untersuchungen über die »Schichtspezifität« des Denkens, der Intelligenz, des Sprachverhaltens etc. enthalten für unsere Fragestellung kaum Hinweise. Untersuchungen zur Schichtspezifität der Wahrnehmung (abgesehen von einigen Arbeiten, in denen »Wahrnehmung« im Sinne von »Einstellung« ausgeweitet wird) liegen unseres Wissens nicht vor.

Arbeiters gegebenen gegenständlich bedeutungsvollen Tatbestände erfordern »von der Sache her« auch *einen bestimmten Typ von Tätigkeiten*; dadurch entwickeln sich unserer Annahme nach über den Aneignungsprozeß *beim Arbeiter klassenspezifische Modifikationen der Wahrnehmungsfunktion*.

Die früheren Darlegungen über den Zusammenhang zwischen den gegenständlichen Bedeutungsdimensionen in einem je besonderen Produktionszweig und der Herausbildung entsprechender besonderer Wahrnehmungskompetenzen müssen unter dem Gesichtspunkt der klassenspezifischen Ökologie konkretisiert werden.

In der kapitalistischen Produktion seit Beginn der Epoche der großen Industrie wurde der einzelne Arbeiter im technisch vermittelten objektiven Kooperationszusammenhang immer mehr zum Teilindividuum, bloßen Träger einer isolierten Detailfunktion im Produktionsprozeß. »Die Scheidung der geistigen Potenzen des Produktionsprozesses von der Handarbeit und die Verwandlung derselben in Mächte des Kapitals über die Arbeit vollendet sich ... in der auf Grundlage der Maschinerie aufgebauten großen Industrie. Das Detailgeschick des individuellen, entleerten Maschinenarbeiters verschwindet als ein winzig Nebending vor der Wissenschaft, den ungeheuren Naturkräften und der gesellschaftlichen Massenarbeit, die im Maschinensystem verkörpert sind« (*Marx*, MEW 23, S. 446). »Während die Maschinenarbeit das Nervensystem aufs äußerste angreift, unterdrückt sie das vielseitige Spiel der Muskeln und konfisziert alle freie körperliche und geistige Tätigkeit. Selbst die Erleichterung der Arbeit wird zum Mittel der Tortur, indem die Maschine nicht den Arbeiter von der Arbeit befreit, sondern seine Arbeit vom Inhalt. Aller kapitalistischen Produktion, soweit sie nicht nur Arbeitsprozeß, sondern zugleich Verwertungsprozeß des Kapitals, ist es gemeinsam, daß nicht der Arbeiter die Arbeitsbedingung, sondern umgekehrt die Arbeitsbedingung den Arbeiter anwendet, aber erst mit der Maschinerie erhält diese Verkehrung technisch handgreifliche Wirklichkeit. Durch seine Verwandlung in einen Automaten tritt das Arbeitsmittel während des Arbeitsprozesses selbst dem Arbeiter als Kapital gegenüber, als tote Arbeit, welche die lebendige Arbeit beherrscht und aussaugt« (a.a.O., S. 445 f.). – Die Spezialisierung des einzelnen Arbeiters auf ein bloßes Detailgeschick im außer ihm gesetzten Kooperationszusammenhang bedeutet eine Erhöhung der Produktivität des »Gesamtarbeiters«, in dem sich die verschiedenen Spezialgeschicke vereinen. Auch an dieser Stelle wird die Widersprüchlichkeit der kapitalistischen Form der Steigerung der Produktivkräfte deutlich: Das Gattungsvermögen wird nur um den Preis der Vereinseitigung und Verkümmerung des einzelnen immer weiter entwickelt, wobei diese Verkümmerung und Vereinseitigung von einem bestimmten Stadium an selbst wieder der weiteren Produktivkraftentfaltung entgegensteht. Dies ist ein Aspekt der Produktionsverhältnisse des Kapitalismus in ihrer transitorischen Notwendigkeit, wobei gleichzeitig in der Widerspruchsverschärfung die objektive Möglichkeit zu ihrer Auflösung hervorgetrieben wird. Durch die Weiterentwicklung der Produktivkräfte muß bereits im

Kapitalismus, zukünftig in stets steigendem Maße, die Vereinseitigung und Festgelegtheit des je einzelnen Arbeiters immer mehr mit den Erfordernissen der Produktion in Gegensatz geraten. Es wird damit immer mehr »zu einer Frage von Leben oder Tod, ... das Teilindividuum, den bloßen Träger einer gesellschaftlichen Detailfunktion, durch das total entwickelte Individuum, für welches verschiedne gesellschaftliche Funktionen einander ablösende Betätigungsweisen sind«, zu ersetzen (a.a.O., S. 512). Um den Erfordernissen der Vielseitigkeit und Disponibilität der Einsatzmöglichkeiten des Arbeiters im Produktionsprozeß nachzukommen, wäre demnach eine immer vielseitigere technologisch-wissenschaftliche Qualifikation des Arbeiters nötig. Es »unterliegt ... keinem Zweifel, daß die unvermeidliche Eroberung der politischen Gewalt durch die Arbeiterklasse auch dem technologischen Unterricht, theoretisch und praktisch, seinen Platz in den Arbeiterschulen erobern wird. Es unterliegt ebensowenig einem Zweifel, daß die kapitalistische Form der Produktion und die ihr entsprechenden ökonomischen Arbeiterverhältnisse im diametralsten Widerspruch stehn mit solchen Umwälzungsfermenten und ihrem Ziel, der Aufhebung der alten Teilung der Arbeit. Die Entwicklung der Widersprüche einer geschichtlichen Produktionsform ist jedoch der einzig geschichtliche Weg ihrer Auflösung und Neugestaltung« (a.a.O., S. 512). – Es ist ein schwieriges und in der marxistischen Forschung, soweit wir sehen, noch kaum hinreichend geklärtes Problem, in welchem Umfang die durch die Produktionserfordernisse innerhalb des Kapitalismus notwendig werdende vielseitige Qualifikation des Arbeiters bereits Wirklichkeit ist und mit welcher Schnelligkeit die Entwicklung in dieser Richtung verlaufen wird. Wir gehen in unseren exemplarischen Analysen im folgenden (ohne den Versuch einer näheren Begründung) davon aus, daß im gegenwärtigen Stadium die Förderung der Qualifikation des »Gesamtarbeiters« durch die vereinseitigende Ausbildung von Detailfunktion und -geschick des je einzelnen empirischen Arbeiters im großen gesehen noch für die kapitalistische Produktionsweise charakteristisch ist.

Die Tätigkeit in den verschiedenen Zweigen der kapitalistischen Produktion bildet nicht nur bestimmte Wahrnehmungskompetenzen als Differenzierung und Ausweitung menschlicher Wahrnehmungsmöglichkeiten heraus. Durch die Unausweichlichkeit und Dauer, mit denen der Arbeiter bestimmten ökologischen Konstellationen, in welchen sein »Detailgeschick« abgefordert wird, ausgesetzt ist, muß auch die Wahrnehmungsfunktion zu einer *»Detailfunktion« werden, in welcher, indem bestimmte Wahrnehmungskompetenzen entstehen, andere verkümmern.*

Je nach der Eigenart des Produktionszweiges wird es in geringerem oder höherem Grade durch die Permanenz bestimmter globaler sensorischer Affektationen, wie Lärm, Geruch, Hitze, zu Schwellenerhöhungen kommen, wodurch bestimmte Momente der Realität nicht mehr wahrnehmend erfaßbar wären. Gleichartige Dauerbelastungen der Rezeptorsysteme (»Monotonie«) können zu Sättigungserscheinungen führen, die nicht mehr voll kompensierbar sind, womit die sensorische Ansprechbarkeit in bestimmten Bereichen reduziert wäre. Neben solchen *funktionalen Entdifferenzierungen* der Wahrnehmung werden auch bestimmt geartete *funktionale Vereinseitigungen* auftreten. Von der jeweiligen Bedeutungsdimensionalität der Produktionssituation abhängige Weisen der habitualisierten Strukturierung des Wahrnehmungsfeldes, der Entstehung neuer Figur-Grund-Differenzierungen, der Umakzentuierung der Erfassung der Realitätsgliederung etc., sofern sie nicht als Teilmomente eines vielseitig ausgebildeten funktionellen Systems der Wahrnehmung je nach den Situationserfordernissen abrufbar sind, sondern durch die erzwungene Detailarbeit unter weitgehender Ausschaltung von Alternativen andersgearteter wahrnehmungsgeleiteter Tätigkeit sich zu rigiden Organisationsformen der Wahrnehmung überhaupt verfestigen, führen gleichzeitig zu einem *Verlust vielseitiger Möglichkeiten der sinnlichen Welterfahrung*. Dies gilt auch, und vielleicht in besonderem Maße, für die Überwachungsaufgaben innerhalb der automatisierten Produktion, sofern hier die Reduzierung des wahrnehmenden Menschen zu einem Sensoren-System, das nur auf bestimmte, selten auftretende Signale anspricht, einseitig als Spezialgeschick des Detailarbeiters ausgebildet wird.

Wenn wir davon ausgehen, daß die vom Produktionszweig abhängigen jeweils besonderen Formen der *Entdifferenzierung und Vereinseitigung der Wahrnehmungsweise* in der kapitalistischen Produktion genauso aneignungsbedingte generalisierte Eigentümlichkeiten der Wahrnehmungsfunktion darstellen wie die je besonderen Wahrnehmungskompetenzen, deren Zustandekommen und Beschaffenheit empirisch untersucht worden ist, so können wir feststellen, daß hier durch die Standortfixierung des Arbeiters auf bestimmte ökologische Konstellationen innerhalb des Produktionsprozesses, quasi als Kehrseite der erworbenen Kompetenzen, eine *Einschränkung der Möglichkeiten sinnlicher Erfahrung* entsteht, die ein allgemeines Kennzeichen der wahrnehmenden Weltbegegnung darstellt. Durch eine derartige Einschränkung gehören *bestimmte Ausschnitte und Beschaffenheiten der in der historischen Entwicklung kumulierten gegenständlichen Bedeutungsstrukturen nicht zu den sinnlich erfahrbaren Weltgegebenheiten*. – Diese Annahme wäre theoretisch zu präzisieren und empirisch zu überprüfen.

Die Standortfixierung des Arbeiters in der kapitalistischen Produktion bedeutet – wie ausführlich dargestellt – mit der unausweichlichen Festgelegtheit auf Detailgeschick und Detailfunktion die Abtrennung von der bewußten gesellschaftlichen Planung der Arbeit, damit die Entleertheit der Tätigkeit, deren geistige Gehalte in der Maschine als tote Arbeit verkörpert sind, die der lebendigen Arbeit ihren Inhalt nimmt: Die lebendige Arbeit wird so gleichgültig gegenüber ihrem gesellschaftlichen Produkt; ihr subjektiver Zweck ist das scheinhaft aus ihr entspringende »Verdienen«. – Während der Arbeiter einerseits durch gebrauchswertschaffende materielle Arbeit über die Aneignung auch Formen der unmittelbar in die Wirklichkeit eindringenden sinnlichen Erkenntnis herausbilden kann, wird er andererseits der sinnlichbedeutungshaften Wirklichkeit des Arbeitsergebnisses gegenüber vergleichgültigt. Die Distanz gegenüber einem Produkt, mit dem der Arbeiter, obgleich es von ihm geschaffen ist, »nichts zu tun hat«, könnte zu einer generellen Reduzierung der Unmittelbarkeit des sinnlichen Kontaktes mit der Realität, zu einer *»Gleichgültigkeit« gegenüber der Welt im elementaren Verstande der Intensitätsminderung sinnlicher Welterfahrung überhaupt führen*. Gegenüber einer Welt, die einen »nichts angeht«, wären die Akte der wahrnehmdenden Bedeutungserfassung zurückgenommen und eingeebnet, womit die weitergehenden gedanklichen Verarbeitungsprozesse an Realitätshaltigkeit einbüßen würden.

Die Besonderheiten der Ökologie durch Standortfixierung im kapitalistischen Produktionsbereich müssen zu aneignungsbedingten Modifikationen funktionaler Eigentümlichkeiten nicht bloß der sachbezogenen, sondern auch der *interpersonalen Wahrnehmung* führen. – Die jeweiligen objektiven Anforderungen der gebrauchswertschaffenden Produktion beinhalten – wie erwähnt – nicht nur sachliche, sondern auch personale Bedeutungsdimensionen, die beim Arbeiter die Ausbildung bestimmter *Kompetenzen interpersonaler Wahrnehmung* im Hinblick auf die Notwendigkeiten kooperativer Tätigkeitssteuerung fördern müssen. Auch hier ist jedoch anzunehmen, daß durch die Eingeschränktheit der Tätigkeitsentfaltung und die Festgelegtheit auf Detailgeschick und Detailfunktion *Entdifferenzierungen und Vereinseitigungen der personbezogenen Wahrnehmungsweise* entstehen, die die funktionale Eigenart interpersonalen Wahrnehmens auf eine generelle Weise bestimmen. Mithin könnte die klassenspezifische Ökologie des kapitalistischen Produktionsprozesses auch *allgemeine Einschränkungen der Formen interpersonaler sinnlicher Erfahrung* zur Folge haben, womit bestimmte gesellschaftlich mögliche Weisen zwischenmenschlicher Beziehungen für den Arbeiter nicht realisierbar wären.

Dem Widerstreit zwischen der Verbundenheit mit der Sache durch gebrauchswertschaffende Tätigkeit und der Getrenntheit von der Sache durch Sinnentleerung der Arbeit entspricht der Widerstreit zwischen der Verbundenheit mit dem anderen durch die Kooperation und der Getrenntheit vom anderen durch das Konkurrenzverhältnis gemäß dem reaktiven Verwertungsstandpunkt der »Leistungsfähigkeit« (vgl. S. 242 ff.). Demnach wäre die Wahrnehmungsweise des Arbeiters in ihrer klassenspezifischen Besonderheit nicht nur durch das mit den gebrauchswertbezogenen Momenten im Widerspruch stehende Moment der Intensitätsminderung sachlicher Welterfahrung charakterisiert, sondern auch durch ein mit den kooperationsbezogenen Momenten in Widerspruch stehendes Moment der Minderung der allgemeinen sinnlichen Anteilnahme am anderen Menschen, der *»Entwirklichung« der sinnlichen Realität der fremden Person durch die konkurrenzbedingte Isolierung und Zurückgeworfenheit auf die vom anderen potentiell bedrohte eigene Existenz.* (Auch diese Thesen bedürfen genauer theoretischer Ausarbeitung und empirischer Überprüfung.)

Die klassenbedingte Fixiertheit auf einen bestimmten Typ gesellschaftlicher Standorte und damit auf einen bestimmten Ausschnitt der wahrnehmbaren Lebenswelt der bürgerlichen Gesellschaft besteht nicht nur innerhalb der Produktion, sondern auch im *außerberuflichen Bereich* des Arbeiters.

So sind die Arbeiter – je nach der Schicht des Proletariats, der sie angehören, auf unterschiedliche Weise und in unterschiedlichem Maße – an eine bestimmte Art der *bebauten Umwelt*, den *»Arbeiter-Bezirk«*, das *»Arbeiter-Viertel«*, die *»Arbeiter-Siedlung«* etc., damit an eine bestimmte Anordnung und Beschaffenheit der Bauten wie der Wohnungen, gebunden, was den alltäglichen Aufenthalt in anders gearteten Ausschnitten bebauter Umwelt ausschließt. – Das Problem der Modifikation der Wahrnehmungsfunktion durch solche *ökologische* Einfriedung des Arbeiters gehört zu den Themen der in Entstehung begriffenen »Umwelt-Psychologie« (»environmental psychology«, vgl. etwa *Proshansky, Ittelson & Rivlin* 1970). Dabei müßte allerdings das formalistische Niveau der bloßen Berücksichtigung figural-qualitativer Momente wie der räumlichen Gliederung, des örtlichen Zueinander in Beziehung zu Sättigung bzw. Aktivation, zu bestimmten Formen der zwischenmenschlichen Interaktion und Kommunikation etc. überschritten und die *objektive gegenständliche Bedeutungshaftigkeit des klassenspezifischen Typs der bebauten Welt mit ihrer Wahrnehmung durch den Arbeiter ins Verhältnis gesetzt werden.*

In den Bauten und Wohnungen der Arbeiterbezirke etc. sind *bestimmte gesellschaftliche Konzeptionen darüber, wie Arbeiter leben und wohnen sollen, vergegenständlicht.* Von der Entwicklung solcher Konzeptionen ist der Arbeiter als der Betroffene ausgeschlossen. Er kann so wenig wie über seine Produktion über die Beschaffenheit der Welt, in der er sein außerberufliches Leben verbringen will, in bewußter Planung bestimmen, sondern ist durch Regulationsmechanismen wie das Mietpreisgefälle etc. auf den für ihn »bestimmten« Wohnbereich verwiesen. In der bebauten Welt der Arbeiterbezirke ist objektiv ein *gewisser Aspekt des Kapitalstandpunktes, von dem aus über den Arbeiter auch im außerberuflichen Leben mittelbar verfügt wird, zur gegenständlich-bedeutungsvollen Wirklichkeit geworden.* Der einzelne Arbeiter findet diese Welt als die für ihn »normale« und »natürliche« Umgebung vor. Die objektiven gesellschaftlichen Widersprüche, die sich in den »Zumutungen« jeder Straßenzeile, jedes Hauses, jeder Wohnung verkörpern, sind durch die scheinhafte Evidenz der selbstverständlichen Wirklichkeit der sinnlich gegebenen Lebenswelt »unsichtbar«. – Die klassenspezifische Prägung der Wahrnehmungsfunktion durch die besonderen Weisen der Aneignung von Gegenstandsbedeutungen der bebauten Welt des »Arbeiterbezirks« und die dabei wirksamen besonderen Weisen der Widerspruchselimination wären genauer zu untersuchen, wobei analysiert werden muß, in welcher Art hier die anschaulichen Gewißheiten das für die Lebenserhaltung des einzelnen Arbeiters »funktionale« Sich-Abfinden, Sich-Einrichten, Sich-Zurechtfinden begünstigen.

Im außerberuflichen Bereich des Arbeiters ist nicht nur die gebaute Umwelt, sondern auch die *Welt der alltäglichen Gebrauchsgüter* Teil der vom gesellschaftlichen Standort abhängigen *klassenspezifischen Ökologie.* Der entscheidende *Selektionsmechanismus oder Filter,* durch welchen jeweils nur eine bestimmte *einseitige Auswahl von Gebrauchsgütern und damit Lebenswerten* in die Alltagswelt des Arbeiters gelangt, ist die *klassenbedingte Beschränktheit der Zahlungsfähigkeit des Arbeiters,* dessen Lohn immer nur dem Wert der zur Reproduktion seiner Arbeitskraft notwendigen Lebensmittel entspricht (vgl. S. 204). Darüber hinaus gibt es eine Reihe von weiteren sekundären Faktoren (auf klassenspezifische Sozialisationseigenarten zurückzuführende Ausklammerung von Gebrauchsgütern als Verkörperung von Lebenswerten), durch welche *bestimmte Gebrauchswerte (dazu gehören auch ideelle, ästhetische etc. Gebrauchswerte) in der Welt des Arbeiters unterrepräsentiert sind. Demnach können gewisse Arten nicht nur von symbolischen, sondern auch von gegenständlichen Bedeutungsmomenten, die mit der gesellschaftlichen Erfahrungskumulation entstanden sind, auf den Aneignungsprozeß innerhalb der individuellgeschichtlichen Entwicklung des Arbeiters keinen Einfluß haben.* Auch unter diesem Aspekt sehen wir uns vor dem Problem der *klassenbedingten Reduzierung sinnlicher Erfahrungsmöglichkeiten.* »Die *Bildung* der 5 Sinne ist«, wie *Marx* es ausdrückte, »das Ergebnis der ganzen bisherigen Weltgeschichte« (vgl. S. 172). *Wo diese »Bildung« vereinseitigt oder verkümmert ist, bleibt der Mensch schon durch die Verarmung seines elementaren sinnlichen Zugangs zur gegenständlich bedeutungsvollen Lebenswirklichkeit (einschließlich der anschaulich-sinnlichen ikonischen Symbolwelten, vgl. S. 154 ff.) hinter den auf der gegenwärtigen gesell-*

schaftlichen Entwicklungsstufe gegebenen Möglichkeiten der Lebensentfaltung und Lebensgestaltung zurück. (Auch diese globalen Annahmen sind theoretischer Präzisierung und empirischer Prüfung zugänglich.)

Die bisherigen Andeutungen über mögliche funktionale Besonderheiten der Wahrnehmungsweise des Arbeiters in Abhängigkeit von seinem gesellschaftlichen Standort und der dadurch bedingten klassenspezifischen Ökologie können nur angemessen verstanden und wissenschaftlich weiterentwickelt werden, wenn man dabei die *Eigenart frühkindlicher Aneignungsprozesse, vornehmlich die klassenspezifischen Besonderheiten der Unterstützungstätigkeit der Erwachsenen,* berücksichtigt. – Wie früher ausführlich geschildert (vgl. S. 195 f.), wird durch die unterstützende Tätigkeit des Erwachsenen die Aktivität des Kindes in den verschiedensten Bereichen auf das gegenständliche Niveau bedeutungsadäquater Tätigkeit gebracht, womit gleichzeitig die Erfassung der in den Welttatbeständen vergegenständlichten Bedeutungsmomente gefördert ist. Die besonderen Möglichkeiten und Grenzen der sinnlichen Bedeutungserfassung, zu welcher der Mensch über die Aneignung gelangt, sind also wesentlich mitgeprägt *von der Bevorzugung bzw. Vernachlässigung bestimmter Gegenstandsbereiche durch die bedeutungsvermittelnde Unterstützungstätigkeit des Erwachsenen. Die klassenspezifischen Besonderheiten der Wahrnehmungsfunktion müssen demnach auch mit klassenspezifischen Besonderheiten der Unterstützungstätigkeit des Erwachsenen während früher Stadien des Aneignungsprozesses im Zusammenhang gesehen werden.*

Die Eigenart der Unterstützungstätigkeit des Erwachsenen darf gemäß unserer Gesamtkonzeption *keineswegs als ein selbständiger, zu den diskutierten Momenten hinzukommender Faktor* angesehen werden (wobei Irrmeinungen, in welchen derartige »Erziehungseinflüsse« i. w. S. als Ursache für Klassenunterschiede und die dadurch bedingten Persönlichkeitseigenarten angesehen werden, keine Erwähnung mehr verdienten). – Der Erwachsene wird *durch seine Unterstützungstätigkeit stets nur in dem Maße die Aneignung gegenständlicher Bedeutungsmomente eines bestimmten Bereichs beim Kinde fördern können, wie sich ihm selbst diese Gegenstandsbedeutungen erschlossen haben.* Die Zirkularität und der mechanische Charakter einer solchen Feststellung ist dann überwunden, wenn man sich klar macht, daß im Aneignungsprozeß *Kind wie Erwachsener modal unter den gleichen durch die objektive Klassenlage bedingten Lebensumständen stehen. Die Bedeutungsmomente der gegenständlichen Welt, die der Erwachsene nicht erfaßt hat und deswegen auch dem Kind im Aneignungsprozeß nicht vermitteln kann, sind gleichzeitig Momente, die im gegenwärtigen Leben des Erwachsenen und im zukünftigen Leben des Kindes in der Klassenlage des Proletariats keine Relevanz besitzen, weil durch die* objektive Eingeschränktheit der dem Arbeiter gegebenen Tätigkeitsmöglichkeiten auch die Möglichkeiten der wahrnehmenden Bedeutungserfassung bei der Tätigkeitssteuerung eingeschränkt sind. Das Kind »lernt« durch die unterstützende Tätigkeit des Erwachsenen die adäquate Bedeutungserfassung nur solcher Momente an Gegenstandsbedeutungen, die es »später brauchen kann«. – Damit haben wir einen bestimmten Aspekt der früher (vgl. S. 231 f.) diskutierten *Selbstregulationsprozesse* angedeutet, durch welche sich das Proletariat aufgrund objektiver Bedingungen durch sein eigenes Verhalten quasi automatisch an seinen gesellschaftlichen Platz bindet. Die Reproduktion der kapitalistischen Klassenstruktur bedeutet auch die *Reproduktion solcher persönlichen Fähigkeiten, Eigenschaften, Funktionscharakteristika, die der Klassenlage des Proletariats »gemäß« sind.*

Durch die klassenspezifischen Besonderheiten der Unterstützungstätigkeit der Erwachsenen im kindlichen Aneignungsprozeß sind die vom gesellschaftlichen Standort abhängigen Besonderheiten der Wahrnehmungskompetenzen ebenso wie die mögliche Entdifferenzierung, Vereinseitigung, Verarmung der sinnlichen Welterfahrung des Arbeiters in ihrer Abgehobenheit noch wesentlich verschärft. Die funktionalen Möglichkeiten der Wahrnehmungsweise des Arbeiters sind nicht nur dadurch geprägt, daß innerhalb der Ökologie, in welcher er sein alltägliches Leben verbringen muß, bestimmte tätigkeitsrelevante gegenständliche Bedeutungsmomente mit großer Häufigkeit, andere dagegen selten gegeben sind, sondern auch dadurch, daß *die Bedeutungsmomente, die nicht zu den in der Ökologie am meisten vertretenen gehören, wenn sie dem Arbeiter begegnen, von ihm aufgrund der geschilderten Einseitigkeit des durch den Erwachsenen vermittelten frühkindlichen Aneignungsprozesses in ihrer objektiven Bedeutungshaftigkeit nicht adäquat erfaßt werden können* (wobei die Eigenart des frühkindlichen Aneignungsprozesses selbst wiederum ein Moment des gesellschaftlichen Standorts des Arbeiters darstellt). Die frühen Prägungen der Wahrnehmungsfunktion durch die Unterstützungstätigkeit des Erwachsenen haben also quasi einen *Optimierungs- bzw. Minimierungseffekt auf die späteren, von den Besonderheiten der klassenspezifischen Ökologie abhängigen Modifikationen der funktionalen Möglichkeiten der Wahrnehmungsweise.*

Das Zueinander der Bedeutungsmomente, deren Erfassung durch die über den Erwachsenen vermittelten frühkindlichen Aneignungsvorgänge bevorzugt gefördert wird und der Bedeutungsmomente, die den Schwerpunkt der Ökologie des Arbeiters ausmachen, ist nicht als lückenloses Ineinanderverschränktsein zu verstehen. Aufgrund einer Reihe von Zusatzbedingungen können die beiden Komponenten der klassenspezifischen Prägung der Wahrnehmungsweise auch in gewissem Grade auseinandertreten. Wenn z. B. durch immanente Entwicklungstendenzen der bürgerlichen Gesellschaft der Lebensraum des Arbeiters, die Aufgaben, die er zu erfüllen hat, und die Tätigkeitsmöglichkeiten, die ihm dabei gegeben sind, sich ausweiten und differenzieren, so wird *temporär eine Diskrepanz zwischen den tätigkeitsrelevanten Bedeutungsmomenten seiner Ökologie und den durch frühe Aneignungsprozesse erworbenen Fähigkeiten zur wahrnehmenden Bedeutungserfassung auftreten.* Gerade für den jungen Arbeiter könnte mit der Vielfalt des »Angebotes« an Welttatbeständen, die für die Tätigkeit und Lebensführung relevant wären, auf der einen Seite und der Möglichkeit, nur einen Teil davon adäquat in seiner Bedeutung zu erfassen, zu »verstehen« und zu »verarbeiten«, auf der anderen Seite eine *objektive Überforderungssituation* vorliegen, deren Niederschlag in der Subjektivität des Arbeiters genauer zu untersuchen wäre (wobei auch die Funktion der sekundären Sozialisationsagenturen berücksichtigt werden müßte; vgl. *Holzkamp* 1963).

In dem (damit abgeschlossenen) Versuch, den Zusammenhang zwischen den vom gesellschaftlichen Standort abhängigen Besonderheiten gegenständlicher Bedeutungsmomente und der besonderen funktionalen Ausprägungsform der Wahrnehmungsweise am Beispiel der möglichen Einflüsse ökologischer Bedingungen auf die Entwicklung und Modifikation der Wahrnehmungsfunktion innerhalb der Arbeiterklasse zu verdeutlichen, war von besonderen Wahrnehmungskompetenzen, aber auch von Entdifferenzierungen, Vereinseitigungen, Verarmungen der sinnlichen Erfahrung des Arbeiters (als quasi »negativen« Kompetenzen) die Rede. Das *Mißverständnis* muß abgewehrt werden, daß damit einfach – in der innerhalb der »Sozialisationsforschung« üblichen Weise – *auf eine spezielle Art von »Defiziten« oder »Benachteiligungen« des Arbeiters gegenüber anderen Klassen und Schichten der Gesellschaft,* z. B. der »Mittelschicht«, verwiesen werden sollte. Den Bezugrahmen für die Heraushebung von möglichen funktionalen Eingeschränktheiten der Wahrnehmung des Arbeiters bildeten – wie aus den jeweiligen Darlegungen ersichtlich – nicht andere gesellschaftliche Gruppen mit geringeren Einschränkungen, sondern die *durch den gegenwärtigen Stand der gesellschaftlichen Entwicklung prinzipiell gegebenen Möglichkeiten sinnlicher Erkenntnis.* Auch bei der Analyse der Wahrnehmungsweise von Schichten der Gesellschaft außerhalb der Arbeiterklasse wäre die Frage der *jeweilig besonderen Eigenart des Zurückbleibens der sinnlichen Erfahrung hinter den gesellschaftlich möglichen Erkenntnisformen zu stellen* (vgl. dazu die gnoseologischen Ausführungen auf S. 360 ff.).

Gerade im Hinblick auf die »Mittelschicht«, der gegenüber gemeinhin die »Defizite« der Arbeiterklasse hervorgehoben werden[83], wird bereits bei oberflächlicher Betrachtung deutlich, daß hier eine genaue Analyse der ökologischen Einflüsse auf die Wahrnehmungsfunktion auch *gravierende »Defizite« gegenüber der Arbeiterklasse erbringen würde.* Zwar sind auf dem Standort der »Mittelschicht« die Fixierungen an eine bestimmte Art von bedeutungsvollen Weltgegebenheiten und entsprechende Einschränkungen des Aneignungsprozesses nicht so gravierend wie in der Arbeiterklasse; man wird bei der Mittelschicht von einer in höherem Grade »offenen« Ökologie sprechen dürfen. Andererseits aber ist die »Mittelschicht« *von der unmittelbaren Produktion gesellschaftlichen Reichtums genauso ausgeschlossen, wie die Arbeiterklasse in sie eingeschlossen ist.* Demgemäß hat das Proletariat, nicht aber die »Mittelschicht« die objektiven Möglichkeiten, in der gebrauchswertschaffenden materiellen Produktion, welche die Grundlage des gesellschaftlichen Lebens bildet, *jene menschlichen Fähigkeiten und Eigenschaften mit Einschluß der sinnlichen Erkenntnistätigkeit herauszubilden, die die kooperative gesellschaftliche Arbeit als spezifisch »menschliche« Form der Lebenserhaltung und Lebensentfaltung erfordert. Gerade weil die gesellschaftliche Tätigkeit, und damit persönliche Eigenart des Arbeiters, auf Schaffung von Gebrauchswerten in Kooperation mit anderen, durch die gemeinsame Sache untereinander verbundenen, Arbeitern sich gründet, entfaltet sich mit aller Schärfe der Widerspruch, daß der Arbeiter gleichzeitig durch das Kapital von den Produktionsmitteln, damit von der bewußten Planung gesellschaftlicher Arbeit, und vom anderen Arbeiter getrennt ist.* Dadurch verfügt der Arbeiter nicht nur objektiv, *sondern auch subjektiv* über die Potenzen, durch Gewinnung eines die vordergründigen Evidenzen bloß sinnlich-anschaulicher Erfahrung durchdringenden bewußten Klassenstandpunktes in solidarischer politischer Aktion die Fesselung durch das Kapitalverhältnis zu überwinden, die objektive kooperative Struktur der kapitalistischen Produktionsweise in ihrer historischen Konsequenz, der *bewußten Planung der gesellschaftlichen Produktion unter Aufhebung der klassenbedingten Teilung von körperlicher und geistiger Arbeit zu entwickeln und so mit der Durchsetzung des gesamtgesellschaftlichen Interesses gegen das Partialinteresse des Kapitals die volle Entfaltung der menschlichen Persönlichkeit gemäß dem Stand der gesellschaftlichen Entwicklung innerhalb aller »Schichten« der Gesellschaft zu ermöglichen.*

Sofern gemäß den von uns gemachten Andeutungen eine umfassende Konzeption über den Zusammenhang zwischen gesellschaftlichem

---

[83] Gemeint ist hier die »Schicht« der außerhalb der unmittelbaren Produktion abhängig Beschäftigten, der kleinbürgerlichen Berufe etc.

Standort und der damit gegebenen Perspektive (i. e. S.) auf der einen Seite und den interindividuellen Unterschieden hinsichtlich der Möglichkeiten und Beschränktheiten sinnlichen Erkennens auf der anderen Seite erarbeitbar sein soll, müssen – auch aufgrund klassenanalytischer Befunde – genauere theoretische und empirische Resultate *über die ökologischen Besonderheiten des Lebensraumes verschiedener gesellschaftlicher Klassen und Schichten verfügbar sein*; für die psychologische Forschung besonders wichtig ist dabei die Heraushebung solcher ökologischen Merkmale im beruflichen und außerberuflichen Bereich, die *gemäß ihrem Bedeutungsgehalt bestimmend für schichtspezifische Tätigkeitsformen und damit Aneignungsprozesse sind* (Vorarbeiten zur Klärung des damit genannten Problems sind im Gange).

Ein wesentliches Problem, in welchem allerdings der Bereich der Wahrnehmung überschritten ist und das Verhältnis zwischen Wahrnehmen und Denken in die Betrachtung einbezogen wird, ist die Frage nach den *klassen- bzw. schichtspezifischen Formen der Verkennung der Wirklichkeit der bürgerlichen Gesellschaft durch Widerspruchselimination*. Es wäre unter diesem Gesichtspunkt in übergreifenden Analysen herauszuarbeiten, *wie die einzelnen Klassen und Schichten die Tatsache ihres jeweiligen gesellschaftlichen Standortes gnostisch erfassen*. – Wir haben früher ausführlich diskutiert, auf welche Weise in der Wahrnehmung und dem wahrnehmungsnahen anschaulichen Denken die »sozialen Unterschiede« durch das Eingebundensein der personalen Gegenstandsbedeutungen in die sinnliche Präsenz des anderen Menschen als den – gleichviel ob intern oder extern attribuierten – Eigenschaften des je individuellen Menschen entspringend erscheinen, wobei diese Sichtweise in der Sphäre von »Beispiel und Gegenbeispiel« immer wieder ihre Scheinbestätigung erhält (vgl. S. 231 ff.). Es ist davon auszugehen, daß in der Wahrnehmung bzw. Anschauung von einem bestimmten, klassen- oder schichtspezifischen gesellschaftlichen Standort aus die Perspektive (i. e. S.) auf die gesellschaftliche Wirklichkeit immer wieder die *sinnliche Evidenz der »Natürlichkeit« und »Normalität« der Gebundenheit an den jeweilig eigenen Standort* erbringt, womit eine – für die Strukturerhaltung der kapitalistischen Gesellschaft – funktionale *implizite Rechtfertigung einer gesellschaftlichen Praxis* gegeben wäre, die den *jeweils eigenen Platz in der Gesellschaft und damit auch den Platz der anderen Klassen bzw. Schichten als eine »Selbstverständlichkeit«* voraussetzt.

Für die Kapitalistenklasse und ihre Verbündeten wird diese Rechtfertigungskonstellation von *Rubinstein* (1972, S. 277) zugespitzt so charakterisiert: »Die ›natürlichen Fähigkeiten‹ des Menschen sind ... durch die gesellschaftlich-historischen Umstände bedingt. Unter den

Bedingungen der Ausbeutergesellschaft wird die Formung der Fähigkeiten bei den ausgebeuteten Klassen in jeder Weise gehemmt. Dann wird das *Ergebnis* dieser Klassenpolitik als ihre *Grundlage* ausgegeben: Die Existenz der Klassengesellschaft selbst und die Lage der ausgebeuteten Klassen werden damit ›begründet‹, daß es bei deren Angehörigen an hochqualifizierten Fähigkeiten fehle. Auf diese Weise wird« eine »theoretische Mystifikation zu einer verabscheuenswerten politischen Mystifikation. Eine falsche theoretische These wird zum ideologischen Mittel, die Ausbeutung des Menschen durch den Menschen zu rechtfertigen.« – Die Annahme ist – unabhängig von allen »moralischen« Wertungen – zwingend, daß vom Standpunkt der Kapitalistenklasse und der privilegierten Schichten die scheinhafte Evidenz des individuellen Ursprungs der eigenen Privilegierung und der Unterprivilegierung der anderen Klassen und Schichten zur Basis für die gnostische Strukturierung der gesellschaftlichen Wirklichkeit gemacht wird, *da diese Sichtweise in voller Konkordanz mit dem Interesse des Kapitals an seiner eigenen Selbsterhaltung steht.* Daraus leitet sich auch her, daß das Kapital – ob nun noch selbst in einer solchen Sichtweise befangen oder bereits in zynisch-bewußter Verteidigung seines Bestandes gegen die Interessen der Massen – die Auffassung von der *Konstituierung »sozialer Ungleichheiten« aus unterschiedlichen persönlichen Eigenschaften bzw. unterschiedlichen individuellen »Lernchancen« etc. als »gesamtgesellschaftliche« Ideologie im Bewußtsein der Massen* durchzusetzen versuchen muß (wobei die bürgerlichen Sozialwissenschaften, besonders die bürgerliche Psychologie, die »wissenschaftliche« Begründung für diese Gesellschaftsinterpretation liefern).

Eine schwierigere und für die kritisch-psychologische Forschung sehr viel wichtigere Fragestellung ist das Problem, *warum bzw. unter welchen Umständen die lohnabhängigen Massen und die anderen abhängigen Schichten die Beschränkung und Unterdrückung ihrer eigenen menschlichen Möglichkeiten und die Entfaltungsmöglichkeiten der herrschenden Klassen als primäres Resultat zwischenmenschlicher Unterschiede* – seien es nun Unterschiede der Fähigkeiten oder der Ausbildung etc. – auffassen, damit in den *scheinhaften Evidenzen des individuellen Ursprungs personaler Bedeutungsmomente verhaftet bleiben und ihre eigene Lage als »natürlich« hinnehmen.* – Ein Ansatz für die Klärung dieses Problems ist nur zu gewinnen, wenn man berücksichtigt, daß (wie früher ausführlich dargestellt, vgl. S. 237 ff.) das Interesse des jeweils einzelnen Arbeiters (bzw. Angehörigen abhängiger Schichten) an seiner individuellen Lebenserhaltung sich mit dem Kapitalinteresse deckt, daß in den auf sinnlich erfahrbare Gemeinsamkeiten der Lebens- und Interessenlage sich gründenden Lohnkämpfen, informell organisierten Produktivitäts-Restriktionen etc. lediglich das Partialinteresse der Arbeiterklasse gegen das Partialinteresse des Kapitals unter Anerkennung bestehender Produktionsverhältnisse artikulierbar zu sein scheint und daß nur mit dem die Evidenzen der sinnlich-anschaulich gegebenen Lebenswelt durchdringenden Bewußtsein der Klassenlage als Moment solidarischer politischer Praxis das Klasseninteresse der Abhängigen als gesamtgesellschaftliches Interesse in seinem Widerspruch zum Partialinteresse des Kapitals begreifbar wird.

Der Arbeiter im kapitalistischen *Produktionsbereich* ist – dies haben die vielfältigen Untersuchungen der bürgerlichen Betriebspsychologie und -soziologie über »Arbeitszufriedenheit«, »job satisfaction« ergeben – *mit seinem Arbeitsplatz und seiner Tätigkeit mehr oder weniger »zufrieden«, zum mindesten nicht unzufrieden.* Aufschlußreich ist die sorgfältige mit Fabrikarbeitern in Detroit durchgeführte Erhebung von *Kornhauser* (1965), deren Resultate eine differenzierte Interpretation der »Arbeitszufriedenheit« erfordern: »Many more of the total group are well satisfied with their jobs, everything considered, than are dissatisfied... At the same time, however, *relatively few would choose to go into the same work again and most do not speak well of factory employment, particularly of production jobs, compared to other types of work.* In a word, the predominant feelings of job satisfaction connote only a moderately contented adjustment to the job *in the absence of realistic alternatives that would be better liked.* Reasonably happy acceptance, yes, but with large unrealized possibilities for more positive motivation and increased satisfaction« (S. 183; Hervorh. *K. H.*)[84]. In der Arbeitszufriedenheit ist ein Sich-Abfinden und Sich-Einrichten ausgedrückt, mit welchem man die schlechte Wirklichkeit als unabänderlich hinnimmt und »das Beste aus ihr zu machen« sucht. Eine solche Sichtweise ist realistisch und vernünftig, funktional für den Arbeiter wie für das Kapital, sofern der Blick auf den individuellen Arbeiter, seine Eigenschaften und Fähigkeiten beschränkt bleibt. In der sinnlich-anschaulichen Erfahrung bestehen für den *jeweils einzelnen tatsächlich keine realisierbaren Alternativen für die eigene Lebenslage* und auch durch Lohnkämpfe etc. sind *nur partielle Verbesserungen eingeschränkter Größenordnung zu gewinnen,* so daß im *Adaptationsniveau, dem »Nullpunkt« für die erlebte »Zufriedenheit« oder »Unzufriedenheit«, Lebensmöglichkeiten jenseits des objektiv Erreichbaren ausgeklammert bleiben müssen.*

Im außerberuflichen Bereich der Lohnabhängigen, sofern die Weltsicht in den scheinhaften Evidenzen der Wahrnehmung und An-

---

[84] Viele weitere Untersuchungen erbrachten ähnliche Ergebnisse; vgl. etwa *Deppe* (1971), bes. S. 72 ff.

schauung befangen ist, erscheint die »bebaute Umwelt« der »Arbeiterbezirke« etc. als der ökologische Standort, der dem Arbeiter aufgrund seiner Fähigkeiten und Eigenschaften »selbstverständlich« zukommt. Die Wohnökologien in anderen Stadtteilen außerhalb der eigenen »Wohngegend« sind für die anschauliche Perspektive des Arbeiters keine Alternativen menschlicher Lebensmöglichkeiten, sondern liegen quasi am Rande des eigenen Welthorizontes, sind exotische Gebiete, deren realen gesellschaftlichen Zusammenhang mit der eigenen Lebenssituation man nicht sehen kann. Die Menschen, die in den Vierteln der »Reichen« wohnen, sind eine *andere Art von Menschen*, denen ihre *ökologische Lebensform genauso »natürlich« zugehört*, wie dem Arbeiter die seine.

Beobachtungen aus dem »Schülerladen Rote Freiheit« (Autorenkollektiv 1971) wurden wie folgt zusammengefaßt: »Die jegliche Anstrengung als vergeblich abwehrende, resignierte Haltung zwölfjähriger Kinder drückt bereits die bewußte, aber uneingestandene Ohnmachtserfahrung der Unabänderlichkeit der Klassenlage aus... Während einer Autofahrt nach Dahlem sollte den Arbeiterkindern aus dem Abrißviertel Kreuzberg (verfallene Häuser, bröckelnder Putz, schlechte oder keine sanitären Anlagen, Ofenheizung, im Winter 69/70 ohne Kohlen, drei oder vier Hinterhöfe, im Winter zugefrorene Wasserleitungen usw.) der für unsere Begriffe krasse und schockierende Gegensatz zu den Villen und Gärten der Bürger sinnlich anschaulich werden. Aber den Kindern erschien – zu unserer Überraschung – der Besitz eines Hauses ebenso wohlverdient wie die für sechs Personen gemietete Zweizimmerwohnung. Sie begriffen also die Gesellschaft hier nicht in Klassenantagonismen, sondern als einen allen leistungsfähigen und -willigen Individuen offenen Bereich, in dem man sich durch die individuelle Qualifikation und die Naturgabe der Intelligenz den entsprechenden Lebensstandart und Status verdienen könne« (a.a.O., S. 123). – Sinnliche Erfahrung und Anschauung sind – wie später deutlicher werden wird – nicht nur hier, sondern prinzipiell keine Erkenntnisweisen, mit welchen gesellschaftliche Widersprüche in primärem Zugriff erfaßbar sein könnten.

Die »psychologisierende« Sichtweise auf den Ursprung gesellschaftlicher Verhältnisse, die im Bereich des Anschaulichen unverrückbare Evidenz der menschlichen Lebenslage als Resultat individueller persönlicher Beschaffenheiten, wird als die für die Kreuzberger Kinder charakteristische Weise der Welterfahrung herausgehoben: »Die individuelle Leistungsorientierung führt Klassenlage und persönliche Lebensverhältnisse auf individuellen Verdienst zurück. Zwar seien die Reichen Schweine, aber doch kluge und intelligente Schweine, die mehr leisten können als Arbeiter, weil sie mehr gelernt haben; ihre Privilegierung sei von daher gerechtfertigt... Gesellschaftliche Zwangs- und Herrschaftsverhältnisse werden im Bewußtsein der Kinder als an bestimmte konkrete Personen gebunden verstanden, die diese besondere Herrschaft ausüben. Sie kennen einzelne Hausbesitzer, Fabrikbesitzer oder Politiker, aber sie bilden sich keinen Begriff von der herrschenden Klasse oder sogar der Herrschaft des Kapitals, deren Exponenten, Charaktermasken, die einzelnen Bürger als Eigentümer sind. Die Personalisierung der Klassenherrschaft lenkt Unwillen, Unzufriedenheit, Zorn und Empörung z. B. über soziale Mißstände und Benachteiligungen auf unsoziale, profitsüchtige, sozusagen schlimme Einzelfälle ab. Alle diese einzelnen herrschenden Individuen abzuschaffen oder abzusetzen, verändert die Verhältnisse nicht. Die Kinder stellen sich vor, es wäre dann schon viel geholfen, aber: die seien ja immer schon oben gewesen, man habe schon immer nichts gegen sie machen können, man selbst wolle ja durchaus was tun, aber die anderen machen nicht mit« (a.a.O., S. 138).

Auch die Unzugänglichkeit des Bereichs von alltäglichen Gebrauchsgütern, deren »Preise« der Größenordnung nach die klassenbedingte eigene Zahlungsfähigkeit überschreiten, der Umstand, *daß die Waren, »die wir uns kaufen können«, jeweils nur eine engbegrenzte Teilmenge aller Waren, »die man sich kaufen kann«, darstellen,* muß im Bereich der Wahrnehmung und des anschaulichen Denkens den Lohnabhängigen als selbstverständliche Folge der Beschränktheit des eigenen »Habens«, »Verdienstes«, »Vermögens«, damit persönlichen Wertes als »natürlichen« personalen Beschaffenheiten erscheinen (vgl. etwa S. 222 ff.), wobei in der Sicht der arbeitenden Massen, sofern sie in der sinnlichen Evidenz ihrer Lebenslage befangen sind, die besitzenden Klassen als eine *andere »Rasse« von Menschen, deren unbeschränkten persönlichen Eigenschaften und Fähigkeiten eine Unbeschränktheit von »Verdienst« und »Vermögen« entspringt, erscheinen.* Das der Tauschgesellschaft adäquate Verhalten, in welchem modal auf für den Erhalt der bürgerlichen Gesellschaft und des einzelnen »funktionale« Weise unter Berücksichtigung der Dimensionen des »Wertes« (im alltäglichen Sinne) und »Preises« der Waren angemessene Kaufentschlüsse zustande kommen (vgl. unsere früheren Ausführungen auf S. 235 f.), ist also für die Lohnabhängigen ein Verhalten, in welchem man sich *in den klassenbedingten Schranken der eigenen Zahlungsfähigkeit so einrichtet, als ob es sich dabei um naturhaft-unvermeidliche Grenzen der menschlichen Lebensmöglichkeiten handele.* Die Wahrnehmungsweisen der Warenwelt, die durch solches Sich-Einrichten und Sich-Abfinden bedingt sind, die besondere Art, in der hier das »Teuer-« oder »Billigsein« den Waren als natürlicher Gebrauchswert zugeschlagen wird (wobei möglicherweise widersprüchliche Überformungen der Gleichung »teuer = wertvoll« auftreten könnten; vgl. S. 221 f.), das Ausweichen auf »Irrealitätsebenen« etc. wären in zukünftiger Forschungsarbeit genauer zu untersuchen.

Eine besondere Form des Sich-Abfindens und -Einrichtens mit der vom klassenspezifischen Standort abhängigen Begrenzung der Zahlungsfähigkeit ist das habituelle Klauen, wie es besonders bei Kindern innerhalb der unteren Schichten der Arbeiterklasse auftritt. Aus dem »Schülerladen Rote Freiheit« wird berichtet, daß das Klauen, neben der Sexualität, die zentrale Lebensthematik der Kreuzberger Kinder darstellte. »Wer sich die begehrten Konsumartikel oder Geld, mit dem man sie bekommt, einfach klaut, ist im Sinne der Kinder in bestimmter Weise ein Held. Er verschafft sich umstandslos, was ihm vorenthalten wird« (Autorenkollektiv, S. 117). »Wer nichts besitzt und sich nur mit Mühe einen kleinen Betrag sparen kann, wer sieht, wie die Ratenzahlungen der Familie nur mit Mühe über die Runden gebracht werden können, und weiß, daß das Haushaltsgeld knapp ist, wer manchmal allenfalls ein paar Groschen besitzt, aber täglich überall auf der Straße und im Fernsehen den Warenfetisch als glänzend lockendes, großartiges, massenhaft produziertes Konsum- und Besitzangebot aufgedrängt bekommt, hat kaum eine andere Wahl, sich dieser nicht als Konsumterror bewußt erlebten, ihn aber permanent frustrierenden Diskrepanz zwischen dem provozierten verdinglichten Bedürfnis und den reduzierten Möglichkeiten seiner Erfüllung anders zu entziehen, als sich die begehrten Gegenstände zu nehmen, wo sie massenhaft liegen. Meist ist es den Kindern völlig einerlei, welchen *Gegenstand* sie klauen, sie holen sich einen aus der Masse der Waren. Er steht dann für alle und befriedigt kurzfristig das Bedürfnis, am Schein des Warenreichtums teilzuhaben. Weniger also der konkret nützliche Gebrauchswert als der attraktiv-unerreichbare, abstrakte Tauschwert der Ware ohne ein Atom Naturstoff bildet die Motivationsgrundlage, jeweils ›aus Lust am Spaß‹ (!) ein solches ›Ding‹ zu klauen. Erstaunen dürfte nicht die rapide zunehmende Jugendkriminalität in Arbeitervierteln, erklärungsbedürftig ist vielmehr die *liebe Sanftmut, das besinnungslose Stillhalten, das illusionäre Sichbescheiden und in die Besitzverhältnisse Fügen bei der großen Mehrzahl der Arbeiterkinder*« (a.a.O., S. 118; Hervorh. *K. H.*). In welchem Maße hier das Klauen eine zugespitzte extreme Form des innerhalb der bürgerlichen Gesellschaft »angepaßten« Verhaltens ist (wobei selbst das Erwischtwerden und die Heimeinweisung als »natürlich« und letzten Endes »richtig« hingenommen werden), ist aus den Protokollen des Schülerladens in vielfältigen Varianten ersichtlich (vgl. etwa a.a.O., S. 83 f.). – Die Beobachtungen des Schülerladenkollektivs müssen natürlich durch theoretisch präzisierte, empirisch abgesicherte Untersuchungen differenziert und überprüft werden.

Wir haben andeutend darauf verwiesen, in welcher Art durch die Wahrnehmung im Umfeld anschaulichen Denkens der gesellschaftliche Standort der Arbeiterklasse immer wieder in seiner Selbstverständlichkeit als den Lohnabhängigen »natürlich« zukommend sich bestätigt und die gesellschaftlichen Widersprüche in einer individuumzentriert-»psychologisierenden« Gesellschaftsdeutung, in der »alles seine Richtigkeit hat«, verschwinden. Zu fragen wäre, wie ein Denken beschaffen sein muß, in welchem die sinnliche Erfahrung nicht lediglich die Funktion der Isolierung sinnlich eingebundener Bedeutungseinheiten, damit der Verdeckung wirklicher Zusammenhänge, der Eliminierung von Widersprüchen in der oberflächlichen Geschlossenheit sinnlicher Evidenzen und der Reproduktion des Scheins des individuellen Ursprungs gesellschaftlicher Verhältnisse etc. hat, sondern Teilmoment einer gedanklichen Erfassung der wesentlichen Strukturmomente bürgerlicher Lebensverhältnisse ist. Das Problem der Eigenart eines solchen Denkens und der Voraussetzungen für seine Möglichkeit, damit der Gewinnbarkeit eines bewußten proletarischen Klassenstandpunktes im Zusammenhang kritischer gesellschaftlicher Praxis unter sozialistischer Perspektive, erfordert zu seiner Klärung einen umfassenderen Ansatz, der im folgenden letzten Hauptteil entwickelt wird.

8 Gnoseologische Implikationen der Konkretisierung der historischen Rekonstruktion auf Funktionseigentümlichkeiten der Wahrnehmung in ihrer Bestimmtheit durch die bürgerliche Gesellschaft

Da Wahrnehmung notwendig als sinnliche *Erkenntnis* begriffen werden muß, sind — wie in den methodologischen Vorüberlegungen (S. 56 ff.) ausgeführt — theoretische Ansätze über die Wahrnehmung immer auch »Erkenntnis-Theorie«; die psychologische Erforschung der Wahrnehmung und die Herbeiführung gnoseologischer Klärungen sind demnach nicht voneinander zu trennen; jede empirische Aussage über Eigenart und Funktionsweise der Wahrnehmungstätigkeit des Menschen enthält — mindestens implizit — Auffassungen über die Eigenart und die Möglichkeitsbedingungen sinnlicher Erkenntnis. Gemäß dem Aufbauplan dieses Buches (vgl. S. 60 ff.) stellen wir die von uns vertretenen gnoseologischen Positionen nicht vorab als verselbständigte »Positionen« dar, sondern leisten zunächst die inhaltlichen Analysen, um sodann am nunmehr vorliegenden Material die gnoseologischen Implikationen, auf die innerhalb der Darstellung jeweils am Ort schon verwiesen wurde, im Zusammenhang zu verdeutlichen. Solche ausdrücklichen gnoseologischen Erörterungen sind — dies wurde im Aufbauplan erwähnt — innerhalb der Gedankenführung dieser Abhandlung an zwei Stellen erforderlich: am Ende der historischen Rekonstruktion der biologisch-organismischen und generellen gesellschaftlich-historischen Grundcharakteristika der Wahrnehmung, wo auf hoher Abstraktionsstufe die Beziehung zwischen »psychischen« und »physiologischen« Prozessen und die Beziehung zwischen »Subjekt« und »Objekt« in ihrer Eigenart aus der Funktion menschlicher Erkenntnis im materiellen gesellschaftlichen Lebensprozeß überhaupt verständlich werden sollten (vgl. 6. Hauptteil, S. 159 ff.); ebenso am Ende der Konkretisierung der Analyse auf die Herausarbeitung der Besonderheiten der menschlichen Wahrnehmungstätigkeit und -funktion in der kapitalistischen Gesellschaft, wo die sinnliche Erkenntnis im Zusammenhang mit der Erkenntnistätigkeit der wirklichen Menschen unter bürgerlichen Lebensverhältnissen zu kennzeichnen ist. Damit ist die Aufgabe des folgenden letzten Hauptteils umrissen.

Innerhalb der vielfältigen Versuche, die aneignungsbedingte Geprägtheit der Wahrnehmungsfunktion durch gegenständliche Bedeutungsmomente der bürgerlichen Gesellschaft, die Dimensionalität der Wahrnehmung, nach welcher sich die »Funktionalität« der sinnlichen Erkenntnis für die gesellschaftliche Lebenserhaltung bemißt, und die vom gesellschaftlichen Standort abhängigen individuellen Unterschiede der Wahrnehmungsweise herauszuarbeiten, wurde das Problem, wieweit in der Wahrnehmung die Realität der bürgerlichen Lebensverhältnisse adäquat erkannt werden kann und welcher Stellenwert dabei dem wahrnehmenden Erkennen im Gesamt des Erkenntnisprozesses zukommt, immer wieder angesprochen. Wir verwiesen mehrfach auf die *widerspruchseliminierende*

Funktion der Wahrnehmung, die Scheinhaftigkeit sinnlicher Evidenzen, die Oberflächenhaftigkeit und vordergründig-naturhafte »Selbstverständlichkeit« des Wahrgenommenen, den in der Wahrnehmung gegebenen scheinhaft-subjektiven Ursprung gesellschaftlicher Verhältnisse als Grundlage einer individuumzentriert-»psychologisierenden« Gesellschaftsdeutung, hoben die »Verkehrtheit« eines primär an der sinnlichen Erfahrung ausgerichteten »anschaulichen« Denkens hervor und bezogen uns auf eine Weise des Denkens, in welcher die Wirklichkeit der Lebenswelt in der bürgerlichen Gesellschaft in ihren zentralen Widersprüchlichkeiten als bewußtes Wissen gedanklich reproduzierbar ist. All diese Hinweise, wenn sie nicht unverbindlich bleiben sollen, müssen nunmehr von einem expliziten Begründungszusammenhang her einer systematischen Klärung näher gebracht werden. Die verschiedenen Formen des Denkens sind in ihrem Verhältnis zum wahrnehmenden Erkennen präzise zu bestimmen, wobei die Funktion der Erkenntnis im Gesamt gesellschaftlicher Lebenspraxis des Menschen auch hier (spezifiziert auf die Praxis des Menschen in der bürgerlichen Gesellschaft) den grundlegenden Gesichtspunkt der Argumentation darstellt. Dabei haben wir *die zentrale Frage zu behandeln, wie die in diesem Buch von allem Anfang an zugrunde gelegte Tatsache, daß Wahrnehmung ihrer gesellschaftlichen Funktion nach sinnliche Erkenntnis, also adäquate Erfassung realer Gegebenheiten ist, mit dem Umstand vereinbart werden kann, daß ein durch sinnliche Evidenzen geleitetes Denken nicht zum Erkennen, sondern zum Verkennen der wesentlichen Zusammenhänge der bürgerlichen Lebenswelt führt. Es ist herauszuarbeiten, durch welche Eigenarten der Prozeß des Erkenntnisgewinns im einzelnen gekennzeichnet ist, und von welchen konkreten Bedingungen seine Möglichkeit abhängt, innerhalb dessen die Wahrnehmungstätigkeit einen unzweideutigen Beitrag zur Erweiterung und Vertiefung menschlichen Wissens* — sei es unter dem Aspekt individuellen Wissenserwerbs, sei es unter dem der Weiterentwicklung gesellschaftlichen Wissens — *leisten kann.*

Die anschließenden gnoseologischen Darlegungen fügen sich noch weniger als die des 6. Hauptteils dem Anspruch der traditionellen »Erkenntnistheorie«, eine von der empirischen Wissenschaft abgesonderte »philosophische« Disziplin zu sein. Die früher begründete Auffassung, daß die empirische Erforschung und die gnoseologische Explikation der Wahrnehmung als sinnliche Erkenntnis, da sie sich auf die gleiche »Sache« beziehen, auch gedanklich nicht auseinandergerissen werden dürfen (vgl. S. 57 f.), bleibt auch für die folgenden Klärungsversuche bestimmend.

8.1 Der Zusammenhang zwischen Erkenntnis und Täuschung in der Wahrnehmungstätigkeit

Die allgemeine funktionale Eigenart der Wahrnehmung innerhalb von umfassenderen Erkenntnisprozessen ergibt sich – wie in der einleitenden phänographischen Charakterisierung hervorgehoben – aus ihrer

Erkenntnis und Täuschung in der Wahrnehmungstätigkeit 297

Gebundenheit an die stoffliche Präsenz des zu erkennenden Gegenstandes (vgl. S. 22 ff.). Dabei ist auch das Ding, sofern es wahrnehmend erkannt wird, *an die stofflich-körperliche Anwesenheit des wahrnehmenden Menschen gebunden*. Die Möglichkeit der sinnlichen Erkenntnis basiert auf dem Gegebensein einer *direkten stofflichen Wechselwirkung zwischen dem Körper des Wahrnehmenden* (in seinen »sensiblen« Zonen) *und dem wirklichen Ding in der Außenwelt*. Wo diese Wechselwirkung nicht besteht oder unterbrochen ist, findet Wahrnehmung nicht statt. – Demgemäß ist die generellste Funktion der Wahrnehmung im Erkenntnisprozeß die *Gewinnung unmittelbarer Erfahrung über die stofflich-gegenständliche Außenwelt*. In der Wahrnehmung und nur in der Wahrnehmung »hat« der Mensch die wirkliche, objektive Außenwelt, »in« der er sich an einem bestimmten Ort selber vorfindet. Die Gebundenheit der Wahrnehmung an die wechselseitige direkte stoffliche Anwesenheit des Wahrnehmenden und des wahrgenommenen Gegenstandes und ihre Funktion der unmittelbaren Erfassung von Eigenschaften der objektiven Welt, wie sie für den Menschen jeweils sinnlich präsent ist, sind zwei Seiten desselben Sachverhaltes.

Das naturgeschichtliche Gewordensein der biologisch-organismischen Funktionseigenart der Wahrnehmung, wirkliche Eigenschaften der objektiven Welt unmittelbar erfahrbar zu machen, ist früher ausführlich als *Herausbildung der gegenständlichen Weltauffassung unter relativer Verselbständigung der Orientierungsfunktion* geschildert worden (vgl. S. 82 ff.). Es wurde gezeigt, wie auf den verschiedenen Stufen der Phylogenese sich Rezeptorsysteme samt ihren übergeordneten zentralnervösen Auswertungseinrichtungen, den Rezeptoren zugeordnete Gebrauchssysteme und gesamtorganismische reafferente Steuerungssysteme entwickeln, mit welchen auf der einen Seite die »Störung« der sensorischen (und perzeptiven) Welterfassung durch innerorganismische Zuständlichkeitsschwankungen und die Eingeschränktheit der Orientierungsaktivität durch ihre Gekoppeltheit mit primären (konsumatorischen, »vermeidenden« etc.) Lebensaktivitäten immer mehr reduziert werden und auf der anderen Seite durch immer weitergehende Möglichkeiten der Hervorhebung eines jeweils gesonderten Dinges aus seiner Umgebung und der In-Rechnung-Stellung oder reafferenten Ausfilterung von wechselnden »zufälligen« Zusatzbedingungen in der äußeren Welt die *überdauernden Eigenschaften der soliden, dinglich-kompakten gegenständlichen Einheiten an ihrem wirklichen Ort in der Umwelt des Organismus auf immer adäquatere Weise auffaßbar sind*. Sowohl die relative Verselbständigung der Orientierungsaktivität wie die Verstärkung des gegenständlichen Weltbezuges sind – wie dargelegt – durch ihren *Effekt der Erhöhung der Fortpflan-*

zungs-Wahrscheinlichkeit von Organismen-Populationen, also ihre Funktionalität für die biologische Lebenserhaltung innerhalb der selektionsgesteuerten Evolution zustande gekommen.

Auf »menschlichem« Spezifitätsniveau stellt sich der gegenständliche Weltbezug der Wahrnehmung als Bezogenheit auf die durch Arbeit entstandenen *sinnlich eingebundenen gegenständlichen Bedeutungen der Dinge dar*, wobei die Erfassung der wirklichen Eigenschaften der bedeutungsvollen Gegenstände ein Teilmoment der bewußt gesteuerten Tätigkeit des Menschen, damit selber Wahrnehmungs*tätigkeit* wird, somit nicht nur ein organismisches Faktum, sondern auch eine *bewußte Intention* des Menschen darstellt. Der Mensch muß bei seiner produktiven gesellschaftlichen Tätigkeit *bewußt intendieren, in der Wahrnehmung die überdauernden, wirklichen Eigenschaften des sinnlich präsenten Gegenstands (hinsichtlich der jeweils relevanten Dimensionen) möglichst differenziert und adäquat aufzufassen*. Die Reduzierung innerorganismischer Bedingungen, die die Wahrnehmungsadäquanz beeinträchtigen, die Heraushebung des Gegenstandes aus seinem Umfeld und die In-Rechnung-Stellung bzw. reafferente Ausfilterung von überdeckenden Zusatzbedingungen, damit die präzise Erfassung des Dinges in seinen relevanten Beschaffenheiten an seinem Platz in der objektiven Außenwelt, sind bei der menschlichen Wahrnehmungstätigkeit eine – die entsprechenden organismischen Möglichkeiten überformende – *»perzeptive Aufgabe«, von deren Bewältigung die Funktionalität der Wahrnehmung im Zusammenhang mit der menschlichen Lebenstätigkeit abhängt* (vgl. die Darlegungen über den »Beobachtungscharakter der Wahrnehmung«, S. 31 f.).

Die Möglichkeit, in der Wahrnehmung unmittelbar wirkliche Eigenschaften der sinnlich präsenten Realität zu erfahren, damit das Eingebettetsein der Wahrnehmungsbeziehung in die direkte unspezifisch-»stoffliche« Wechselwirkung zwischen dem Körper des Wahrnehmenden und dem wahrgenommenen Gegenstand, bedeutet gleichzeitig, daß der Bereich des sinnlich Erkannten wie die Bedingungen, von denen eine adäquate Erfassung des Gegenstandes abhängt, sowohl in der physischen Körperlichkeit des Wahrnehmenden wie der physischen Realität des Wahrnehmungsgegenstandes an eine *Zone des Undurchdringlichen grenzt, die sich der vollen Verfügbarkeit durch den sinnlich Erkennenden entzieht*, wobei auch mit der Ausdehnung des Bereichs des durch das wahrnehmende Subjekt Verfügbaren stets ein unbestimmter Bezirk des Nicht-Durchdrungenen und Nicht-Durchdringbaren der Beherrschung durch den Menschen entzogen bleibt.

Die in Beschaffenheiten des eigenen Körpers liegenden Bedingungen, die der Wahrnehmende in seiner Intentionalität auf den Gegenstand kontrollieren und ausrichten kann, sind stets begrenzt und durchsetzt von »*Prozessen dritter Person*« (*Merleau-Ponty* 1966), die an meinem Körper wie etwas Fremdes »ablaufen«, die ich weder durchschauen noch beherrschen kann: »ich kann den Leib nicht auseinandernehmen und wieder zusammensetzen, um eine klare Vorstellung von ihm zu gewinnen. Seine Einheit ist eine beständig nur implizite und konfuse« (a.a.O., S. 234). Der Körper, so wie er mir als »mein« Körper, den ich erfahre und über den ich verfügen kann, gegeben ist, ist sozusagen eingetaucht in ein Umfeld der bloßen Stofflichkeit des Körpers, das der Erhellung und dem Zugriff meines Bewußtseins sich verschließt. – Ebenso ist der wahrgenommene Gegenstand, gerade weil ich ihn durch die Wahrnehmung in direkter Wechselwirkung mit ihm in seiner wirklichen, stofflichen Existenz sinnlich erfahren kann, von meinem Standort aus immer nur in bestimmten Ansichten und Hinsichten gegeben, die, *indem sie bestimmte Eigenschaften des Gegenstandes offenbaren, notwendig eine unbestimmte Mannigfaltigkeit anderer seiner Eigenschaften verbergen*. »Was die ›Realität‹ des Dinges ausmacht, ist eben dasselbe, das es unserem Besitz entzieht. Das An-sich-Sein des Dinges, seine unabweisliche Gegenwart wie die beständige Abwesenheit, in der es sich verschanzt, sind zwei voneinander unlösliche Aspekte der Transzendenz« (a.a.O., S. 273).

Die sinnliche Erfahrung des wahrnehmenden Menschen ist also »die Kommunikation eines endlichen Subjekts mit einem undurchdringlichen Sein, aus dem es emportaucht, worin es aber gleichwohl engagiert bleibt ... Wir haben Erfahrung von einer Welt nicht im Sinne eines Systems von Beziehungen, die jedes Vorkommnis in ihr vollständig determinieren, sondern im Sinne einer offenen Totalität, deren Synthese unvollendbar bleibt« (a.a.O., S. 257). – Mit der Intention auf den Gegenstand, dabei vor der perzeptiven Aufgabe der Kontrolle bzw. Berücksichtigung aller organismischen und außenweltlichen Bedingungen, die eine Erfassung der wirklichen, überdauernden Eigenschaften des Dinges an seinem Ort in der Welt behindern, wird der Mensch mithin quasi *in einem unspezifischen Milieu bloßer Stofflichkeit der Wechselwirkung zwischen dem Körper und dem Wahrnehmungsgegenstand zurückgehalten*, wobei dieses Zurückgehaltensein andererseits gerade ein Charakteristikum der Funktion der Wahrnehmung, unmittelbare Erfahrung der präsenten Welt zu sein, darstellt. *Der wahrnehmende Mensch »erreicht« den in der sinnlichen Erkenntnis intendierten wirklichen Gegenstand in seinen objektiven Beschaffenheiten und seinen objektiven außenweltlichen Platz demgemäß notwendig immer nur partiell und angenähert, wobei die Kontrolle über die Bedingungen, durch welche die Gegenstandserfassung optimiert werden könnte, dem Menschen lediglich teilweise und unvollkommen möglich ist.*

Der Grad, in welchem gemäß der Gegenstandsintention durch die Wahrnehmung das Ding in seinen wirklichen Beschaffenheiten »erreicht« werden kann, ist (u. a.) abhängig von bestimmten Eigenarten eines *globalen »Normalstatus« des innerorganismischen Milieus,* der als Tatbestand »dritter Person« vom Individiuum nicht in freier Verfügung gesteuert werden kann. Die Beeinträchtigung der Wahrnehmung durch Störung bestimmter Momente des innerorganismischen Normalstatus gehört zu den im Alltagswissen und der Alltagspraxis bekannten Tatsachen. Wenn ich »müde« bin, nach Alkoholkonsum, noch ausgeprägter nach Drogengebrauch, kann ich in der Wahrnehmung *trotz aller Anstrengung nicht in der mir sonst möglichen Weise zu dem wirklichen Ding in der Außenwelt »durchdringen«*; ich kämpfe vergeblich gegen Prozesse in meinem Körper an, die außerhalb meiner Kontrolle »ablaufen«, meine Intention auf den wirklichen Gegenstand ist durch eine *Befangenheit in mir selbst,* der ich ausgeliefert bin, mehr als »gewohnt« zurückgehalten. Erst nachdem die temporäre Störung bestimmter körperlicher Vorgänge sich »von selbst« wieder auf den Normalstatus hin einreguliert hat, kann ich die gegenständliche Welt in der Wahrnehmung in dem mir vertrauten Grade »erreichen«. Neben den temporären gibt es auch mehr oder weniger lang erstreckte generelle Störungen des innerorganismischen Milieus, »krankhafte« körperliche Veränderungen, durch welche das Individuum in geringerem oder höherem Grade (und auf qualitativ unterschiedliche Weise) durch eine Befangenheit in sich selbst, der es ausgeliefert ist, die wirkliche Welt, auf die es sich in der Wahrnehmung richtet, nicht auf »normale« Weise erreichen kann. In diesem Zusammenhang wären etwa auch die »illusionären Verkennungen«, »Halluzinationen« etc. bei psychotischen Erkrankungen zu diskutieren (a.a.O., S. 385 ff.).

Wenn man nicht nur globale innerorganismische Statuseigentümlichkeiten als dem Zugriff der Gegenstandsintentionalität entzogene Voraussetzungen für die Wahrnehmungsadäquanz berücksichtigt, sondern die Besonderheit des Eingebettetseins der Wahrnehmungsbeziehung in die direkte stoffliche Wechselwirkung zwischen Organismus und Außenwelt heraushebt, so wird deutlich, daß der Hinweis auf einen körperinternen Normalstatus hier unzureichend ist: Der Organismus in seiner Beziehung zur Welt ist – wie früher dargelegt (vgl. S. 67) – als »offenes System« zu betrachten, das seine Identität nach Art eines »Fließgleichgewichtes« durch Aufnahme und Verarbeitung von Energie und Information aus der Außenwelt bewahrt. Die Möglichkeit, in der Wahrnehmung wirkliche Eigenschaften des Dinges-an-seinem-Ort zu erfassen, damit die Funktionalität der Wahrnehmung im Erkenntnisprozeß sind (u. a.) abhängig von der *Aufrechterhaltung eines labilen Fließgleichgewichtes zwischen einer bestimmten Quantität und*

Eigenart der außenweltlichen »Stimulierung« des Organismus und den zugeordneten Verarbeitungsprozessen innerhalb der Rezeptorsysteme samt ihren zentralnervösen Einrichtungen auf stofflich-organismischem Spezifitätsniveau.

Die Gebundenheit der Orientierungsfunktion an einen optimalen Stimulationsgrad äußert sich z. B. in den Wirkungen des Reizentzugs, der *»sensorischen Deprivation«*. – Wir haben innerhalb der naturgeschichtlichen Rekonstruktion der organismischen Wahrnehmungseigenarten dargelegt, daß bei tierischen Organismen durch sensorische Deprivation u. U. ein Zustand vitaler Gefährdung des Tieres erreicht wird, durch welchen der *»Reizhunger«* quasi zu einem »primären Trieb« wird, der stärker werden kann als auf Nahrung oder Wasser gerichtete »Triebe« (vgl. S. 100). Dabei wurde unter evolutionstheoretischem Aspekt auf den »lebenserhaltenden« Effekt (den Effekt der Erhöhung der Fortpflanzungswahrscheinlichkeit) der Tendenz in Richtung auf einen Stimulationsgrad, durch welchen die Möglichkeit zur Informationsaufnahme optimiert ist, hingewiesen. – Wie sich in vielen experimentellen Untersuchungen zeigte, ist auch beim Menschen das Funktionieren der Wahrnehmung an einen »optimalen Stimulierungsgrad« auf organismischem Spezifitätsniveau gebunden, so daß es bei sensorischer Deprivation zu Störungen der Wahrnehmung (und darüber hinaus zu gesamtorganismischen Störungen) kommt. Wenn Versuchspersonen in experimentelle Situationen gebracht werden, bei welchen die »Reiz«-Zufuhr in den verschiedenen Sinnesmodalitäten soweit wie möglich verhindert wird (Dunkelmaske vor den Augen, absolute Abschirmung gegen Geräusche, Manschetten an den Fingern, die taktile Reizungen ausschließen sollen, weiche Lagerung und Ruhigstellung des ganzen Körpers zur Reduzierung kinästhetischer Reizung etc.), so treten nach kürzerer oder längerer Zeit »Mangelerscheinungen« auf, durch welche die Vpn. dazu gebracht werden, in immer gesteigerter motorischer Unruhe irgendeine Art von »Reizung« anzustreben; bei vielen Vpn. kommt es zu echten Halluzinationen, die einen peinigenden Charakter gewinnen; die Situation wird für die Vpn. bald so unerträglich, daß sie – auch wenn ihnen für die Fortsetzung eine hohe Bezahlung in Aussicht gestellt wird – den Versuch abbrechen; die meisten Vpn. haben noch längere Zeit nach Beendigung des Versuchs Wahrnehmungsstörungen, halluzinatorische Erscheinungen etc. (vgl. etwa *Bexton, Heron & Scott* 1954, *Heron, Doane & Scott* 1956, *Lilly* 1956 u. v. a.; Gesamtüberblick bei *Solomon* et al. 1961 und, ausführlicher, *Schultz* 1965).

Bei dem Versuch einer genaueren experimentellen Klärung der Frage, *welche Art der Stimulierung* es ist, von der die Funktionsfähigkeit der Wahrnehmung abhängt, ist – im Anschluß an gewisse gestaltpsychologische Überlegungen – die Hypothese formuliert worden, daß bei länger andauernder *Abwesenheit von Konturen im Wahrnehmungsfeld* eine adäquate Erfassung der Realität durch die Wahrnehmung nicht mehr möglich ist, daß also der zu Wahrnehmungsstörungen führende Ungleichgewichts-Zustand durch eine Deprivation der Kontur-Wahrnehmung zustande kommt. Diese Hypothese wurde mit der – von *Metzger* (1930) inaugurierten – *»Ganzfeld«-Methode* überprüft. Das »Ganzfeld« ist eine experimentelle Anordnung, durch welche der Vp. nur die Möglichkeit gegeben ist, eine helle (farbige oder unbunte) Fläche wahrzunehmen, die *das gesamte Gesichtsfeld ausfüllt und völlig homogen ist*. Mit einer solchen »Ganzfeld«-Anordnung hat z. B. *Cohen* (1958) festgestellt, daß bei *Darbietung farbiger Flächen im Ganzfeld die Vpn. bereits nach drei Minuten die Farbe nicht mehr erkennen können, daß das in Wirklichkeit farbige Feld ihnen unbunt erscheint*. Ebenso ergab sich eine *Erschwerung der Identifizierung von einzelnen Figuren, die ins Ganzfeld eingeführt wurden* etc. (*Cohen* 1957). Bei der Interpretation derartiger Befunde könnte man zu der Auffassung kommen, daß das »Angebot« eines bestimmten figuralen Strukturiertheitsgrades des Reizfeldes eine allgemeine Voraussetzung für die Möglichkeit einer adäquaten Wahrnehmung von Weltgegebenheiten darstellt.

Ein anderes »Stimulierungs«-Merkmal, von dem angenommen wird, daß es eine notwendige Bedingung für die Möglichkeit einer adäquaten Erfassung der gegenständlich gegliederten Welt durch die Wahrnehmung bildet, ist die *permanente Bewegung des Netzhautbildes relativ zu verschiedenen Rezeptor-Stellen auf der Retina*, wie sie im normalen Sehen durch (auch bei scheinbar ruhendem Blick) vorhandene Augenbewegungen gegeben ist. – *Riggs, Ratliff, Cornsweet & Cornsweet* (1953) benutzten im Experiment einen (später noch vielfach verbesserten) Apparat, mit welchem durch eine Kontaktlinse, verbunden mit einem Spiegelsystem (später mit Kleinstprojektoren), ein *absolut unbewegliches Retinabild auf die Netzhaut projiziert werden konnte*. Die Autoren kamen zu dem Befund, daß bei Exposition eines solchen *stabilisierten Retinabildes* Linien, die zunächst deutlich wahrgenommen werden konnten, *schon nach wenigen Sekunden »verschwanden«* und für die Vp. nicht wieder sichtbar wurden. In späteren Untersuchungen, bei denen komplexe Figuren verschiedener Art als stabilisierte Retinabilder dargeboten wurden, kam es zu einem partiellen Verschwinden mancher Bereiche der »Reiz-Konfiguration«, auch zum alternierenden Auftauchen und Verschwinden bestimmter »Reiz«-Momente etc. (vgl. u. a. *Pritchard* 1961 und *Evans* 1965 und 1967). Zur Erklärung des Phänomens wurden u. a. der elektrophysiologische Befund herangezogen, daß die meisten Netzhaut-Rezeptoren nicht auf stetiges Licht, sondern nur auf Beleuchtungswechsel reagieren (vgl. *Granit* 1955). *Hebb* (1963) hat sein physiologisches Erklärungsmodell der Wahrnehmungsorganisation aufgrund der experimentellen Resultate mit stabilisierten Retinabildern modifiziert etc. Unabhängig von dem Problem der präzisen Interpretation der eingebrachten Befunde kann die Annahme als gesichert gelten, daß ein (proximaler) *Bewegungsreiz auf der Netzhaut eine generelle Voraussetzung für die volle Funktionsfähigkeit der Wahrnehmung bei der Erfassung gegenständlicher Welttatbestände darstellt*.

Durch die Ergebnisse der Untersuchungen mit stabilisierten Netzhautbildern werden die Resultate der geschilderten »Ganzfeld«-Experimente insofern zweideutig, als im Ganzfeld nicht nur Konturen, sondern auch Bewegungen als »Stimulus«-Momente reduziert sind, so daß die geschilderten Wahrnehmungs-Ausfälle im Ganzfeld nicht zwingend auf die Abwesenheit figuraler Strukturierung des Gesichtsfeldes zurückzuführen sind, auch der fehlende proximale Bewegungsreiz die Ursache für die Ganzfeld-Effekte sein könnte.

Die Störungen oder Ausfallserscheinungen bei der Wahrnehmung aufgrund von (global oder hinsichtlich bestimmter Variablen) unteroptimaler Reizung verdeutlichen in einer gewissen Hinsicht die Abhängigkeit der Wahrnehmungstätigkeit von bestimmt gearteten labilen Gleichgewichtszuständen innerhalb der unspezifisch-stofflichen Wechselwirkung des Organismus mit der Welt; die geschilderten Effekte des Reizentzuges sind für das Individuum undurchdringliche »Prozesse dritter Person«, durch welche es bei seiner Wahrnehmungsintention zur Erfassung wirklicher Eigenschaften der Gegenstände zurückgehalten wird. – Nähere Rückschlüsse auf Eigenarten des zeitlichen Verlaufs der an Gleichgewichtszuständen ausgerichteten Prozesse des stofflichen Milieus, von denen das »Erreichen« der wirklichen Gegenstände in der Wahrnehmung abhängig ist, ermöglichen die – mit den gerade geschilderten Phänomenen verwandten – sog. *Nacheffekte,* die durch besondere experimentelle Konstellationen erzeugt werden können.

»Nacheffekte« sind vorübergehende Modifikationen, Verzerrungen, Verfälschungen wirklicher Eigenschaften des Gegenstandes in der Wahrnehmung als Wirkung vorhergehender »einseitiger«, länger dauernder, im Experiment herbeigeführter Belastungen der Rezeptor-Systeme. Jede experimentelle Untersuchung von Nacheffekten hat also eine *»Inspektionsphase«*, in der eine Dauerdarbietung bestimmter festgelegter figural-qualitativer »Stimulus«-Eigenarten erfolgt, und eine *»Testphase«*, in welcher die dadurch bedingten Abweichungen der Wahrnehmung von wirklichen Gegenstandsbeschaffenheiten festgestellt werden. Die in der »Inspektionsphase« dargebotenen »Stimuli« sind mithin die »unabhängigen Variablen«, die Abweichungen der Wahrnehmung von wirklichen Beschaffenheiten der »Stimuli« (die mit den in der Inspektionsphase dargebotenen nicht identisch sein müssen) die »abhängigen Variablen« innerhalb von »Nacheffekt«-Experimenten.

Die verschiedenen, bisher experimentell aufgewiesenen Nacheffekte unterscheiden sich hinsichtlich der Art der »einseitigen« Dauerdarbietung von »Stimulus«-Eigenarten in der Inspektionsphase und auch hinsichtlich der Art der dadurch bedingten Abweichungen der Wahrnehmung von den wirklichen figural-qualitativen Gegenstandsbeschaffenheiten in der Testphase. – Besonders berühmt geworden sind die sogenannten *»Brillenversuche«*, wie sie von *Stratton* (1896) inauguriert, von *J. J. Gibson* (etwa 1933), *Ivo Kohler* (vgl. 1966) u. v. a. weitergeführt wurden. Den Versuchspersonen werden hier in der Inspektionsphase Brillen mit prismatischen Gläsern oder anderen optischen Systemen aufgesetzt, durch welche für die Vpn. die wirkliche Wahrnehmungswelt auf eine konsistente Weise verändert ist, etwa (bei Verwendung einfacher »Umkehrbrillen«) die Welt »auf dem Kopf steht« oder auch, bei entsprechenden Brillen-Anordnungen, alle Senkrechten um 45° gedreht, alle Geraden gekrümmt sind etc. Während der Inspektionsphase, die hier sehr lange (Tage oder sogar Wochen) dauern muß, »adaptiert« sich das Individuum allmählich so an die geänderten Wahrnehmungsbedingungen, daß die Wirklichkeit wieder »richtig« aufgefaßt wird. In der Testphase, in welcher den Vpn. die Brillen abgenommen werden, sehen sie *nunmehr die Welt mit bloßem Auge verkehrt*, und zwar in *einem den durch die Brillen erzeugten Veränderungen entgegengesetzten Sinne*. Wurden z. B. durch die Brillen-Anordnung die Senkrechten um 45° nach links gekippt oder mit der Öffnung nach links gekrümmt, so erscheinen ohne Brille die Senkrechten um 45° nach rechts gekippt bzw. mit der Öffnung nach rechts gekrümmt. Diese Wahrnehmungsverfälschung mit bloßem Auge läßt erst allmählich wieder nach. Allgemein kann man die Brillen-Nacheffekte so kennzeichnen, daß durch die adaptive Kompensation der von der Brillen-Anordnung erzeugten Wahrnehmungsfehler das rezeptorische System aus seiner Gleichgewichtslage gebracht, ausgesteuert worden ist, wobei diese Aussteuerung, wenn wieder »normale« optische Wahrnehmungsbedingungen bestehen, nicht sofort verschwindet, so daß jetzt »Komplementär-Fehler« auftreten, die erst in dem Grad reduziert werden, wie das Ungleichgewicht der Aussteuerung wieder auf den »normalen« Gleichgewichtszustand zurückgeht.

Eine andere Gruppe von Nacheffekten sind die sog. »figuralen Nachwirkungen« (vgl. etwa *Köhler & Wallach* 1944). Die »Stimuli« der Inspektionsphase sind hier einfache Linien oder geometrische Figuren, die die Vpn. einige Minuten zu »fixieren«, d. h. mit möglichst bewegungslos[85] auf einen vorgegebenen Markierungspunkt gerichtetem Blick zu betrachten haben. In der Testphase werden den Vpn. Figuren so dargeboten, daß ihr »Netzhautbild« mit dem Netzhautbild des »Inspektionsstimulus« entweder zusammenfällt oder in einem bestimmten geringfügigen Grade von diesem abweicht (was durch den »Fixationspunkt« zu kontrollieren ist). Die Abweichungen zwischen den »Reizvorlagen« und der Wahrnehmung in der Testphase bestehen z. B. in »Verschiebungen«: alle Konfigurationen der Testfigur, die nahe den vorher dargebotenen Konturen der Inspektionsfigur liegen, erscheinen von diesen »weggeschoben«, wobei das Ausmaß der metrischen Abweichungen und das Ausmaß der »Verschiebungs«-Effekte im Verhältnis einer umgekehrten U-Kurve zueinander stehen (bei einem bestimmten »mittleren« Abstand ist die »Verschiebung« am stärksten, das sog. »Distanz-Paradoxon«). Die figuralen Nachwirkungen haben meist nur einen kurzen zeitlichen Erstreckungsgrad; es sind jedoch bei Vpn., die sehr häufig den »einseitigen« Belastungen der Inspektionsphase ausgesetzt waren, auch mehrere Monate anhaltende Dauernachwirkungen festgestellt worden. *Köhler & Wallach* (1944) haben zur Erklärung der »figuralen Nachwirkungen« eine theoretische Konzeption der »Sättigung« und der Veränderung des »Elektrotonus« innerhalb der »gereizten« Felder des Kortex entwickelt, die – anders als das Phänomen selbst – stark umstritten ist (vgl. z. B. das »stochastische« Gegenmodell zur Erklärung der »figuralen Nachwirkungen«, das von *Osgood & Heyer* 1952 konzipiert wurde).

Ein weiterer Typ von Nacheffekten sind die sog. *»Bewegungs-Nacheffekte«*. Werden in der Inspektionsphase z. B. Versuchspersonen bei fixiertem Blick

---

[85] Eine völlige Bewegungslosigkeit des Blickes ist, wie bei Darstellung der Versuche mit »stabilisierten Retinabildern« festgestellt, ohne spezielle Apparaturen nicht zu erreichen und würde zu einem – hier nicht erwünschten – (mindestens teilweisen) »Verschwinden« der Inspektionslinien führen.

waagerechte Streifen, die sich langsam nach oben bewegen, dargeboten, so sehen die Vpn. in der Testphase, in der die objektive Bewegung gestoppt wird, eine gewisse Zeit lang eine scheinbare Bewegung der Streifen nach unten (»Wasserfall-Effekt«); das gleiche Phänomen läßt sich im umgekehrten Sinne bei Abwärtsbewegung der Streifen in der Inspektionsphase erzielen. Besonders eindrucksvoll ist der sog. »Spiralen-Nacheffekt«: In der Inspektionsphase wird den Vpn. eine sich drehende Spirale gezeigt, deren Mittelpunkt zu fixieren ist. Dreht sich die Spirale nach »innen«, so wird in der Testphase, bei objektiv still stehender Spirale, eine Nach-außen-Drehung wahrgenommen und umgekehrt. Dieser Effekt ist auch auf andere Wahrnehmungsgegenstände übertragbar. Werden in der Testphase unmittelbar nach Darbietung der sich drehenden Spirale beliebige andere Gegenstände, etwa der Kopf des Versuchsleiters oder die eigene Hand, betrachtet, so scheinen sich diese Gegenstände nach vorheriger Innendrehung der Spirale quasi »aufzublähen«, sie werden »größer«, ihre Konturen streben nach außen, während nach vorheriger Außendrehung der Spirale die Gegenstände sich »zusammenzuziehen«, einzuschrumpfen scheinen (vgl. etwa *Holland* 1965). In den Bewegungsnacheffekten stehen die Wahrnehmungsphänomene in der Testphase also ebenfalls, wie bei den Brillen-Nacheffekten, in einem komplementären Verhältnis zu den Darbietungen der Inspektionsphase (wirkliche Bewegung in der Inspektionsphase aufwärts bzw. abwärts bzw. einwärts bzw. auswärts; scheinbare Bewegung in der Testphase abwärts bzw. aufwärts bzw. auswärts bzw. einwärts), so daß man auch hier von einer durch einseitige Belastung des Sensoriums entstehenden Aussteuerung sprechen kann, die erst allmählich wieder auf das »normale« Gleichgewicht zurückschwingt. Allerdings fehlt bei den Bewegungsnacheffekten naturgemäß die Zwischenphase der »Adaption«; außerdem haben sie einen sehr viel kürzeren zeitlichen Erstreckungsgrad.

Die »Nacheffekte«, von denen hier nur wenige auf grobe Weise dargestellt wurden, sind von beträchtlicher wahrnehmungstheoretischer Bedeutung. Der allgemeine Ansatz folgt hier dem Prinzip, daß aus der Art der Reaktion eines Systems bei Belastung Rückschlüsse auf die Beschaffenheit des Systems im Normalzustand möglich sein müssen. Die physiologischen Erklärungen der Nacheffekte sind bisher – trotz einer unübersehbaren Anzahl einschlägiger Untersuchungen – im Hinblick auf die einzelnen Nacheffekte kontrovers und im Hinblick auf die verschiedenen Nacheffekte unterschiedlich. Eine einheitliche Theorie der Nacheffekte ist noch kaum sichtbar (ausführliches Sammelreferat bei *Rock* 1966).

Im gegenwärtigen Darstellungszusammenhang kann das Problem der angemessenen theoretischen Erklärung der Nacheffekte in der Wahrnehmung vernachlässigt werden. Wichtig für uns ist der generelle Rückschluß, der sich aus der Tatsache der Nacheffekte auf die besondere Eigenart von Zeitabläufen der Gleichgewichtsprozesse innerhalb der stofflichen Wechselwirkungsbeziehung zwischen dem Wahrnehmenden und der Welt, und damit bestimmter Besonderheiten der sinnlichen Erkenntnis, ableiten läßt (es gibt keine vergleichbaren »Nacheffekte« im Denken): Die *Kompensation von Effekten der Aussteue-*

rung durch »einseitige« Belastung erfolgt hier mit einer Art von *eigengesetzlicher Trägheit*, die sich der Verfügung des Wahrnehmenden grundsätzlich entzieht; die Wahrnehmung »hinkt« quasi hinter den veränderten objektiven Orientierungsanforderungen einer neuen Situation »hinterher«, stellt sich auf eine Weise allmählich um und ein und findet ihr neues optimales Gleichgewicht, *die durch die Intention des Wahrnehmenden auf die wirklichen Eigenschaften des Gegenstandes nicht beeinflußt werden kann*. Man könnte verallgemeinernd von einer Art »Zähigkeit« oder »*Viskosität*« sprechen, die dem unspezifischen, stofflich-organismischen Milieu eigen ist, in das die Wahrnehmungsbeziehung eingebettet ist.

Der Zurückgehaltenheit der Gegenstandsintention der Wahrnehmung in körperlich-stofflichen Wahrnehmungsbedingungen »dritter Person« (dem Grad der »Normalität« des innerorganismischen Milieus bzw. dem Bestehen eines Fließgleichgewichtes zwischen »Stimulierung« und organismischen Verarbeitungsvorgängen etc.) entspricht – wie angedeutet – die partielle Unzugänglichkeit und Undurchdringlichkeit des außenweltlichen »Dinges-an-seinem-Ort« für die sinnliche Erkenntnis, wobei die bewußtseinsunabhängig-dingliche Wirklichkeit des in der Wahrnehmung zu erkennenden Gegenstandes und die objektive Eingeschränktheit seiner Erkennbarkeit unmittelbar zusammenhängen. – Demgemäß entspricht der partiellen Unkontrollierbarkeit, Verselbständigung, »Trägheit« der »inneren« Wahrnehmungsbedingungen eine analoge *partielle Unkontrollierbarkeit, Verselbständigung, »Trägheit« der außenweltlichen Wahrnehmungsbedingungen gegenüber der Intention des Wahrnehmenden auf das wirkliche »Ding-an-seinem-Ort«*.

Der Wahrnehmende befindet sich gegenüber dem Wahrgenommenen (anders als der Denkende gegenüber dem Gedachten) in einer jeweils bestimmten *real-räumlichen Entfernung und Lage*. In der Wahrnehmung wird die Entfernung und Lage des eigenen Körpers zum Ding in gewissem Grade mit wahrgenommen und stellt sich dadurch in Richtung auf eine erhöhte Adäquanz der Auffassung der wirklichen Größe und figurativen Beschaffenheit des Dinges in Rechnung; in der Größenwahrnehmung setzt sich *die Intention auf die wahre Gegenstandsgröße über die kompensatorische Berücksichtigung der Entfernung des Dinges vom Wahrnehmenden in gewissem Grade durch*, in der *»Form«-Wahrnehmung die Intention auf die wahre Gegenstandsform über die kompensatorische Berücksichtigung der relativen Lage des Wahrnehmenden zum Ding (Größenkonstanz bzw. Formkonstanz der Sehdinge im Entfernungs- bzw. Lagewechsel* vgl. etwa S. 115). Da die Entfernung bzw. Lage zum Ding aber für den Wahrnehmenden nicht voll verfügbar, quasi in einer geometrischen Konstruktion verwertbar, sondern ihm als reale, von ihm getrennte, Außenwelt-Verhältnisse partiell entzogen und nur unvollkommen zu kontrollieren sind, *können in der Gegenstandsintention der Wahrnehmung die äußeren Bedingungen der Entfernung bzw. Lage immer nur mehr oder weniger angenähert, nicht aber vollständig und präzise in Richtung auf eine adäquate Erfassung der Dinggröße bzw. Dingform kompensiert werden* (demgemäß spricht man von »relativer« Größen- bzw. Formkonstanz). Auch in dieser Hinsicht ist die Intention der Wahrnehmung auf das wirkliche »Ding-an-seinem-Ort« in dem unspezifisch-stofflichen Wechselwirkungsgesamt zwischen dem Wahrnehmenden und dem Ding zurückgehalten. – Das gleiche gilt im Hinblick auf die Kontrolle der *außenweltlichen Wahrnehmungsbedingungen der Beleuchtungshelligkeit bzw. Beleuchtungsfarbe.* Eine Annäherung der Wahrnehmung an die wirkliche Helligkeit bzw. Farbe als Eigenschaften des Dinges erfolgt hier durch *kompensatorisches In-Rechnung-Stellen der Helligkeit bzw. Farbe der Beleuchtung (Helligkeits- bzw. Farbkonstanz).* Da aber auch die Helligkeit bzw. Farbe einer Lichtquelle samt ihrer physikalischen Wechselwirkung mit dem Ding als wirkliche, objektive Gegebenheiten dem Wahrnehmenden immer nur unvollkommen und in bestimmten Hinsichten zugänglich sind, verwirklicht sich auch die *Intention des Wahrnehmenden auf die reale Dinghelligkeit bzw. -farbe nur relativ und angenähert.* – Die mehr oder weniger angenäherte Kompensation von Entfernung, Lage, Helligkeit, Farbigkeit im Sinne einer Erhöhung der Adäquanz gegenständlicher Welterfassung (Größen-, Form-, Helligkeits-, Farbkonstanz)[86] – *Piaget* nennt solche unvollständigen Kompensationen in Abhebung von der vollen Reversibilität logischer Operationen »*Regulationen*« (vgl. etwa 1953, S. 45 f.) – ist, wie dargestellt (vgl. S. 92 f.), ein Resultat selektionsbedingter naturgeschichtlicher Entwicklung tierischer Organismen in Richtung auf eine wachsende Angemessenheit der gegenständlichen Welterfassung und findet sich bereits beim menschlichen Säugling (vgl. S. 175 f.), muß also ebenfalls als *von der Gegenstandsintention überformtes Charakteristikum der Wahrnehmungsfunktion auf organismischem Spezifitätsniveau angesehen werden.*

Die nur partielle Kontrollierbarkeit, die Undurchdringlichkeit, »Trägheit«, mit denen die außenweltlichen Wahrnehmungsbedingungen der Gegenstandsintention Widerstand entgegensetzen, läßt sich auch im Hinblick auf die früher (vgl. S. 30 ff.) dargestellte »*Optimierung*« *der äußeren Wahrnehmungsbedingungen als Merkmal des* »*Beobachtungscharakters*« *der Wahrnehmung* verdeutlichen. Die Optimierung der Wahrnehmungsbedingungen besteht, wie gesagt, in der

---

[86] Weitere »Konstanz«-Arten bleiben hier undiskutiert.

Herstellung günstiger Beobachtungsvoraussetzungen hinsichtlich verschiedener Variablen, etwa Herstellung einer optimalen Entfernung zum Erkennen der Dingstruktur (ca. 1 m), Herstellung einer optimalen Lage zum Erkennen der Dingform (orthogonale Aufsicht), Herstellung einer optimalen Beleuchtungshelligkeit zum Erkennen der wirklichen Textur und Helligkeitsqualität etc. des Dinges (»mittlerer« Helligkeitsgrad), Herstellung einer optimalen Beleuchtungsfarbe zum Erkennen der wirklichen Farbqualität des Dinges (»neutrale« Lichtquelle) etc. Die Schaffung derartiger optimaler äußerer Wahrnehmungsbedingungen bedeutet nun – darin kommt unter einem weiteren Aspekt die Besonderheit der *sinnlichen* Erkenntnis zum Ausdruck – jedesmal *die wirkliche Veränderung der Lage von trägen stofflichen Gegebenheiten im Raum, sei es die Lokomotion des eigenen Körpers oder von Außenwelt-Dingen bzw. der wirkliche Eingriff in trägestoffliche Weltsachverhalte*. Ich muß zur Erreichung der optimalen Entfernung bzw. optimalen Lage meinen Körper oder das wahrgenommene Ding oder beides im Raum bewegen, zur Erreichung einer optimalen Beleuchtungshelligkeit die Lichtquelle oder das Ding bewegen, die Lichtquelle verändern etc. Die Gegenstandsintention, die auf die Erfassung des wirklichen präsenten Dinges gerichtet ist, ist *damit gleichzeitig und notwendig bei der Tendenz zur Optimierung der äußeren Wahrnehmungsbedingungen durch den außenweltlichen, trägen, widerständigen Charakter dieser Bedingungen eingeschränkt*. Dieser Umstand, damit die Besonderheit des Wahrnehmens gegenüber dem Denken, das durch symbolische Repräsentanzen den Einschränkungen außerweltlicher Stofflichkeit in gewissem Sinne enthoben ist, wird besonders deutlich, wenn man sich vergegenwärtigt, daß in manchen Fällen *die Optimierung der Wahrnehmungsbedingungen ganz und gar dem Zugriff des Wahrnehmenden entzogen ist und einfach abgewartet werden muß*. Nachdem man nachts in einer bestimmten Gegend eingetroffen ist, muß man abwarten, bis es hell genug ist, ehe man den Charakter der Landschaft erkennen kann etc. – Dabei muß man sich vergegenwärtigen, daß selbst dann, wenn durch Lokomotion oder Eingriff innerhalb der träge-widerständigen Realität bzw. durch »Abwarten« optimale Wahrnehmungsbedingungen entstehen, die Partialität und Unvollkommenheit der wahrnehmenden Welterfassung zwar nach Maßgabe des Möglichen reduziert, aber keineswegs überwunden ist. Die relative Unzugänglichkeit, Undurchdringlichkeit, Entzogenheit des Gegenstandes ist – wie dargelegt – ein Merkmal seiner Transzendenz als wirkliches, vom Menschen unabhängiges außenweltliches Ding: *Die besondere Eigenart der Wahrnehmung als Erkenntnis der gegenständlich präsenten Realität bedeutet notwendig ihre Begrenztheit* (in den geschilderten Hinsichten).

Wenn wir uns nun auf den Gesamtzusammenhang, in dem die Wahrnehmungstätigkeit steht, den übergreifenden Erkenntnisprozeß, der seinerseits nur ein Teilmoment der menschlichen Lebenspraxis ist, rückbeziehen, so haben wir festzuhalten, daß die Wahrnehmung ihre besondere Funktion der adäquaten Erfassung von Eigenschaften der wirklichen Welt (in den jeweils relevanten Dimensionen) schon ihrem »Wesen« als Erkenntnis der *äußeren Welt* nach, selbst beim *Gegebensein optimaler »innerer« und »äußerer« Wahrnehmungsbedingungen gemäß der »Zurückgehaltenheit« der Gegenstandsintention im undurchdringlichen, der Verfügbarkeit entzogenen Milieu der stofflichen Wechselwirkung zwischen Organismus und Außenwelt, immer nur approximativ erfüllen kann.* – Darüber hinaus muß man sich deutlich machen, daß in den meisten Fällen durch den lebenspraktischen Zusammenhang, in welchem die Wahrnehmungstätigkeit steht, *selbst die gegebenen begrenzten Möglichkeiten der sinnlichen Erkenntnis notwendigerweise nicht voll ausgenutzt werden können.* Der Mensch ist zur Bewältigung seiner lebenspraktischen Aufgaben häufig auch *dann auf eine adäquate Wahrnehmung der wirklichen Welt angewiesen, wenn die undurchdringlichen, viskösen »Normalisierungs«- und Gleichgewichtungsprozesse, die als »Vorgänge dritter Person« an ihm ablaufen, gerade nicht ihren optimalen Status als Wahrnehmungsvoraussetzungen erreicht haben.* Noch stringenter ist dies im Hinblick auf die *außenweltlichen Wahrnehmungsbedingungen.* Das Individuum kann bei seiner lebenspraktischen Tätigkeit *meist nicht erst durch Lokomotion oder Eingriff optimale äußere Wahrnehmungsbedingungen herstellen (bzw. das Entstehen solcher Bedingungen »abwarten«), sondern muß auch bei unteroptimalen Bedingungen relevante gegenständliche Eigenschaften in dem Grade adäquat erfassen, wie es die Aufgabe erfordert.* Dies braucht wohl nicht ausführlich exemplifiziert zu werden, wenn man sich die Frage beantwortet, wann z. B. bei der gebrauchswertschaffenden Produktion, aber auch bei alltäglichen Tätigkeiten wie Im-Haushalt-Arbeiten, Die-Treppe-Heruntergehen, Autofahren etc. tatsächlich Situationen gegeben sind, bei denen *die permanente Betrachtung eines Dinges in 1 m Entfernung bei orthogonaler Draufsicht, »mittlerer« Helligkeit, neutraler Beleuchtung etc. nicht durch die Art der Tätigkeit von vornherein ausgeschlossen ist.*

Da – wie wir unter einer Reihe von Aspekten aufgewiesen haben – Wahrnehmung als solche nicht nur partiell adäquate sinnliche Erkenntnis der Realität darstellt, sondern damit und darin – wenn auch je nach den Umständen in verschiedenem Grade und verschiedener Hinsicht – *immer auch ihren Gegenstand teilweise verfehlt, also eine »halb-*

irrtümliche«, »semierratische« Funktion ist[87], erhebt sich die Frage, *unter welchen Bedingungen, auf welche Weise und mit welchen notwendigen Beschränktheiten die Wahrnehmung trotz ihres semierratischen Charakters ihre »Aufgabe« innerhalb des Gesamts menschlicher Erkenntnistätigkeit und Lebenspraxis, in den jeweils relevanten Dimensionen adäquate sinnliche Erkenntnis über die sachliche und personale Lebenswelt des Menschen zu erbringen, erfüllen kann.* – Bei dem Versuch, uns einer Klärung dieser Frage zu nähern, sehen wir uns im Zusammenhang mit der Entwicklung unserer Konzeption vor einem Problem, das – im Kontext anders gearteter Grundauffassungen – in der bestehenden Wahrnehmungslehre an zentraler Stelle steht, dem gnostisch-gnoseologischen Problem der »*Organisation*« *des Wahrnehmungsfeldes*.

In weiten Bereichen der traditionellen Wahrnehmungspsychologie wird das Problem der Wahrnehmungsorganisation mit der Frage nach dem *Zustandekommen* der gegenständlichen Gliederung der Wahrnehmungswelt gleichgesetzt. Man macht hier die unangemessene Voraussetzung, daß die Welt, wie sie das Sensorium des Menschen affiziert, in ihrer physikalischen Eigenart diffus, ungegliedert, atomisiert ist, aus Einzelreizen in vielfältigen, kontinuierlich ineinander übergehenden Mischungsverhältnissen besteht. Mit dem Problem der Organisation des Wahrnehmungsfeldes wäre demgemäß zu klären, wie die Welt dennoch vom Menschen als gegliedert und geordnet wahrgenommen wird, und wie es kommt, daß dabei gerade eine bestimmte, nämlich die vorfindliche, und keine andere Gliederung auftritt. Diese falsche Fragestellung ist besonders von der Gestaltpsychologie (*Köhler, Wertheimer, Koffka* etc.) prägnant zum Ausdruck gebracht und als Grundlage für die gestalttheoretische Wahrnehmungslehre genommen worden (vgl. etwa *Metzger* 1966 b, wo auch eine kurze historische Darstellung derartiger Auffassungen zu finden ist).

Gegenüber dem sensualistischen Irrtum, daß die von der objektiven Außenwelt herstammenden »physikalischen« Impulse, die die Rezeptoren affizieren, in irgendeinem Sinne diffus und ungegliedert sind, und daß erst in den durch solche Impulse ausgelösten »physiologischen« Prozessen im Organismus die anschaulich gegebene, gegenständlich gegliederte Wahrnehmungswelt entsteht, ist von uns früher zur Geltung gebracht worden, daß weder den physikalischen Impulsen, die die Sinnesorgane treffen, noch den durch die Rezeptor-Reizung ausgelösten physiologischen Prozessen eine selbständige Wirklichkeit zukommen, sondern daß es sich dabei um realabstraktive Heraushebungen bestimmter Momente der sinnlichen Erkenntnis auf physikalisch-physiologischem Spezifitätsniveau handelt (vgl. S. 164 ff.). Der sensualistische Irrtum hat

---

[87] Der Terminus »semierratisch« stammt von *Brunswik*, der aus der Einsicht in die »Halbirrtümlichkeit« der Wahrnehmung seine probabilistische Wahrnehmungslehre entwickelte (vgl. etwa 1956); eine Darstellung und Kritik von *Brunswiks* Auffassungen ist hier nicht möglich (vgl. dazu *Holzkamp*, »Wahrnehmung«, voraussichtlich 1974).

unausweichlich idealistisch-agnostizistische Konsequenzen. Da die Organisation des Wahrnehmungsfeldes hier als ein Produkt des Subjekts erscheint, ist das *Problem notwendig ausgeklammert, wie eine gemäß den vermeintlichen organismisch-subjektiven »Organisationsprinzipien« gegliederte Wahrnehmungswelt sinnliche Erkenntnis wirklicher Eigenschaften der Außenwelt sein kann.* Damit gewinnen Organisationsprinzipien wie die »Gestaltprinzipien« einen quasi ästhetischen Charakter. Die Gliederung und Ordnung der subjektiven Welt erscheint als eine Art von Selbstzweck. Zwar läßt sich mit der Annahme, daß bei verschiedenen Individuen die gleichen Gesetzmäßigkeiten der Wahrnehmungsorganisation bestehen, die Übereinstimmung der »subjektiven« Welten untereinander erklären, *unverständlich bleibt aber, wie in der allen gemeinsamen »Gliederung« der Wahrnehmungswelt gemäß den Organisationsprinzipien wirkliche Eigenschaften der realen, subjektunabhängigen Außenwelt erfaßbar sein können.* – Eine genaue kritische Herausarbeitung des subjektiv-idealistischen, »machistischen« Charakters der geschilderten Auffassung über Wahrnehmungsorganisation in der traditionellen Psychologie, besonders klar ausgedrückt in der Gestaltpsychologie, kann hier nicht geleistet werden[88]. Der deskriptive Wert der »Gestaltprinzipien«, die Wichtigkeit vieler von der Gestaltpsychologie erbrachter experimenteller Befunde und ihre allgemeine historische Bedeutung wird durch unsere Zurückweisung des ihr zugrunde liegenden gnoseologischen Ansatzes nicht in Zweifel gezogen.

Wir haben im 4. Hauptteil ausführlich dargelegt, *auf welche Weise die generelle Möglichkeit, in der Wahrnehmung wirkliche Eigenschaften der gegenständlich gegliederten Welt zu erfassen, als Ergebnis der naturgeschichtlichen Herausbildung der gegenständlichen Welterfassung evolutionstheoretisch zu erklären ist.* Ebenso haben wir aufgewiesen, wie die *spezifisch »menschlichen« Möglichkeiten zur wahrnehmenden Erfassung der für die gesellschaftliche Lebenstätigkeit wesentlichen Eigenschaften der gegenständlich-bedeutungsvollen Welt historisch als Resultat der Entwicklung gegenständlicher Bedeutungsstrukturen im Funktionszusammenhang gesellschaftlicher Arbeit*

---

[88] Genauer zu diskutieren wäre dabei auch die Berechtigung und Begrenztheit der gestaltpsychologischen Kritik an der Elementenpsychologie. Von gestaltpsychologischen Positionen aus ist mit Recht aufgewiesen worden, daß die anschauliche Wahrnehmungswelt nicht als Ergebnis einer Synthese aus Bewußtseins-Elementen aufgefaßt werden darf, sondern als solche gegenständlich gegliedert ist. Unangemessen war dabei indessen die Beibehaltung der Annahme einer bewußtseinstranszendenten physikalischen Welt ungegliedert-diffuser Impulse. Nur durch einen solchen physikalischen Elementarismus konnte es überhaupt zur Aufstellung der »Gestaltprinzipien« als wahrnehmungspsychologischen Erklärungsansatz kommen: Mit den Gestaltprinzipien sollte erklärbar sein, wie die physikalischen Impuls-Elemente im Organismus strukturiert und gegliedert werden. Durch den falschen erkenntnistheoretischen Ansatz und die fehlende naturgeschichtlich-geschichtliche Dimension bei der Bestimmung des Verhältnisses zwischen wahrnehmendem Subjekt und Außenwelt mußte das Problem der Rückbeziehbarkeit der anschaulichen »Gestalten« auf die zu erkennende Wirklichkeit unsichtbar bleiben (und dies trotz des *Köhler*schen »Isomorphie«-Konzeptes); ausführlichere Darlegungen darüber werden in späteren Arbeiten erfolgen.

und individualgeschichtlich als Resultat der Aneignung dieser Bedeutungsstrukturen zu verstehen sind (vgl. 5. und 7. Hauptteil). – Zur Klärung des Problems, *wie die Wahrnehmungstätigkeit sinnliche Erkenntnis der Wirklichkeit sein kann, leisten die »organisationstheoretischen« Ansätze der bestehenden Psychologie keinen Beitrag.*

Demgemäß steht das Problem der Wahrnehmungsorganisation in der hier entwickelten Konzeption, anders als in der traditionellen Wahrnehmungspsychologie, systematisch nicht an zentraler Stelle. Für uns ist die Frage nach den Prinzipien der Wahrnehmungsorganisation ein mehr spezielles Problem, das allerdings – wie sich zeigen soll – für das Begreifen der Besonderheiten der Wahrnehmung im Erkenntnisprozeß und dabei auch der *Inadäquanz und Scheinhaftigkeit sinnlicher Erkenntnis und anschaulichen Denkens bei der Erfassung der Lebenswelt des Menschen in der bürgerlichen Gesellschaft von großer Wichtigkeit ist.*

In der Organisation des Wahrnehmungsfeldes, wie wir sie verstehen, wird die gegenständliche Gliederung der wahrgenommenen Welt keinesfalls konstituiert, die Möglichkeit einer partiell adäquaten Erfassung gegenständlicher Beschaffenheiten der wirklichen Welt ist Voraussetzung der »organisierenden« Wirkung als Moment der Wahrnehmungsfunktion. Die Wahrnehmungsorganisation ist vielmehr quasi *die andere Seite der hergeleiteten notwendigen »Halbirrtümlichkeit«* der Wahrnehmung. Durch den organisierenden Effekt der Wahrnehmungsfunktion wird auf eine bestimmte Weise und in bestimmter Richtung *über das, was dem Menschen durch die sinnliche Erkenntnis an der Realität tatsächlich zugänglich ist, hinausgegangen.* – Dies ist nun näher auszuführen.

Die Annahmen über die verschiedenen Organisationsprinzipien der Wahrnehmung, wie sie in der bestehenden Wahrnehmungspsychologie formuliert wurden, lassen sich durchgehend um so überzeugender experimentell bestätigen, je reduzierter und labilisierter die den Vpn. dargebotenen »Reizvorlagen« und je eingeschränkter die Wahrnehmungstätigkeit der Vpn. im Vergleich zu optimalen Wahrnehmungsbedingungen und optimaler Wahrnehmungstätigkeit in der außerexperimentellen Wirklichkeit sind. Demgemäß sind hier die bevorzugten »Reizkonstellationen« bestimmte Anordnungen von Punkten, geometrische Figuren, schematische Zeichnungen von labiler Struktur und mehrdeutigem Inhalt etc. Die Vpn. sind gegenüber der »Reizvorlage« auf ihrem Stuhl festgehalten, so daß eine Erkundung der Eigenart des Wahrnehmungsgegenstandes durch Lokomotion, Eingriff etc. nicht möglich ist. Bei Berücksichtigung des geschilderten sensualistischen Fehlansatzes der Wahrnehmungsorganisation mag man darin eine Art von Nachkonstruktion der vermeintlichen Diffusität und Ungeordnetheit der physikalischen Reizwelt, die vom Subjekt gegliedert und geordnet wird, sehen.

Im Zusammenhang mit unserer Gesamtkonzeption erscheint der Umstand, daß die »Organisationsprinzipien« sich um so stärker durchsetzen, je ungünstiger die Wahrnehmungsbedingungen sind, als Beleg für die Annahme, daß die Organisation des Wahrnehmungsfeldes keinesfalls die gegenständliche Gliederung der Welt in der Wahrnehmung erst schafft, sondern daß der Einfluß der Organisationsprinzipien auf die Wahrnehmung in dem Maße steigt, wie die – durch die geschilderten Prozesse der naturgeschichtlichen, gesellschaftlich-historischen und individuellen Entwicklung ermöglichte – Erfassung gegenständlicher Beschaffenheiten der wirklichen Welt in der sinnlichen Erkenntnis behindert, eingeschränkt, »zurückgehalten« ist. Die »Organisation« des Wahrnehmungsfeldes gewinnt, wie noch genauer aufgewiesen wird, bis zu einem bestimmten Punkt in dem Grade an funktionaler Bedeutung, wie die Semierratik der Wahrnehmung wächst. Da – wie dargelegt – die Wahrnehmung ihrem Wesen nach notwendig immer in gewissem Maße erratisch ist, *das Gegebensein »ungünstiger Wahrnehmungsbedingungen« demnach* den notwendig nicht voll überwindbaren *»Normalfall« der sinnlichen Erkenntnis darstellt*, ist das Problem der Wahrnehmungsorganisation indessen auch für uns – wenn auch in anderem Kontext – *für eine angemessene Kennzeichnung der funktionalen Besonderheit der Wahrnehmung im Erkenntnisprozeß von genereller Bedeutung.*

Bei der folgenden Kurzdarstellung der Organisationsprinzipien des Wahrnehmungsfeldes werden die verschiedenen, experimentell fundierten Ansätze von uns auf eine Weise zusammenfassend herausgehoben, durch die schon aus der Bezeichnung deutlich werden soll, daß unserer Konzeption nach die Wahrnehmungsorganisation nicht die Erfassung wirklicher gegenständlicher Eigenschaften der Welt konstituiert, sondern in bestimmter Richtung über das tatsächlich sinnlich Erfahrbare hinausgeht. Wir können dabei hier nur zu ganz globalen Zuordnungen kommen, deren Korrektheit in späteren Arbeiten theoretisch und experimentell zu kontrollieren ist. Ebenso müssen wir die Diskussion von Ausnahmen und Sonderfällen außer acht lassen.

Das grundlegende Organisationsprinzip ist u. E. die *Überverdeutlichung der Abgehobenheit.* – In sich geschlossene Konturen werden, wenn keine weitere Information vorliegt, nicht als »Linien« wahrgenommen, sondern als *Grenzen eines Dinges, durch welche es vom Umfeld abgehoben ist* (*»Figur-Grund«-Differenzierung*, vgl. Rubin 1921). Der Helligkeitsunterschied von aneinander grenzenden Flächen verschiedener Helligkeit wird in der Wahrnehmung (im Bereich mittlerer Helligkeitsdifferenzen) *überbetont* (*Helligkeits-Kontrast*); entsprechendes läßt sich für Größenunterschiede aufweisen (*Größen-Kontrast*). Einzelne Kleingebilde im Sehfeld, etwa gezeichnete Punkte, die relativ zu anderen *nahe beieinander liegen*, erscheinen als *zu figuralen Einheiten zusammengefaßt*; die Wahrnehmung hat also die *»Tendenz«*, nach innen möglichst dichte und nach außen möglichst scharf abgegrenzte Gruppierungen entstehen zu lassen (»Gestaltfaktoren« der »Nähe« und der »größten Dichte«, Wertheimer 1923, vgl. Metzger 1966b, S. 702) etc.

Entsprechend erfolgt in der Wahrnehmungsorganisation – unter der Voraussetzung ungünstiger Wahrnehmungsbedingungen – eine *Überhomogenisierung von Infeldern.* – Beim Erkennen von wirklichen Farb- oder Helligkeitsunterschieden ist die *Schwelle dann erhöht, wenn diese Unterschiede innerhalb einer »Figur« auftreten,* im Vergleich zu niedrigeren Unterschiedsschwellen innerhalb des »Grundes« (*Gelb & Granit* 1923, *Granit* 1924). Umgekehrt werden Ansammlungen von Kleingebilden dann zur »Figur« zusammengefaßt, wenn sie (unter sonst konstanten Bedingungen und in »unstrukturierten Reizsituationen«) *gleich oder ähnlich sind* (kleine Kreise, kleine Dreiecke etc.): Die Wahrnehmung nimmt also quasi die *Merkmalshomogenität von Kleingebilden als »Anzeichen« dafür, daß sie als ein abgehobener Sachverhalt »zusammengehören«* (Gestaltfaktor der *»Gleichheit«* und *»Ähnlichkeit«* bzw. der *»geringsten Inhomogenität«*, Wertheimer 1923, vgl. *Metzger* 1966b, S. 700) etc.

Verwandt mit dem Prinzip der Abgehobenheit vom Umfeld ist das Organisationsprinzip der *Überakzentuierung der Geschlossenheit*. – Innerhalb von Linienanordnungen werden (unter sonst gleichen Umständen) solche Konstellationen durch die Wahrnehmung bevorzugt als »Figuren« herausgehoben, die sich *optimal auf einen »Schwerpunkt«, ein virtuelles Zentrum beziehen lassen*: der Kreis, bei dem alle Punkte auf der Peripherie gleich weit vom Mittelpunkt entfernt sind, ist unter diesem Aspekt das »ideale« Gebilde (Gestaltfaktor der *»Geschlossenheit«*; Gesetz der *»guten Gestalt«*, Wertheimer 1923, vgl. *Metzger* 1966b, S. 708; *»Prägnanz«*-Gesetz, vgl. *Koffka* 1935, S. 110)[89]. Sofern einzelne Elemente im Wahrnehmungsfeld außerhalb einer sonst aufgrund der »Geschlossenheit« zusammengefaßten Figur liegen, *werden diese Elemente* (unter erschwerten Wahrnehmungsbedingungen) *durch die Wahrnehmung in die Figur einbezogen* (vgl. *Fuchs* 1921, 1922) etc.

Damit ist übergeleitet zum wichtigen Organisationsprinzip der *Komplettierung bei optimaler Ausnutzung vorhandener Information,* wobei verschiedene Unterformen dieses Prinzips herauszuheben sind. – In Anordnungen mit sich überkreuzenden Linien werden jeweils *solche Linienstücke zu Gesamtlinien zusammengefaßt, deren Verlauf sich aus dem jeweils anderen Linienstück mit dem geringsten Ausmaß an zusätzlicher Information ergibt* (Gestaltfaktor der *»durchgehenden Kurve«* oder des *»glatten Verlaufs«*, Wertheimer 1923, vgl. *Metzger* 1966b, S. 706). – Sofern bei bestimmten Reizanordnungen, die das Merkmal der »Geschlossenheit« aufweisen, *bestimmte Teilstücke fehlen* (eine »natürliche« Lücke dieser Art ist der blinde Fleck auf der Netzhaut), werden die Figuren, bei ungünstigen Wahrnehmungsbedingungen und nach Maßgabe des Grades der »Geschlossenheit«, dennoch als ein Ganzes aufgefaßt; *die Lücken werden »übersehen« oder »vernachlässigt«* (*»totalisierende Gestaltauffassung«*, vgl. *Fuchs* 1921). – Dieses Phänomen geht kontinuierlich über in die sogenannten *»amodalen Ergänzungen von Wahrnehmungsstrukturen«* (vgl. *Michotte, Thinès & Crabbé* 1966). Beim Ausfall bestimmter ausgedehnterer Figurteile für die Wahrnehmung, etwa durch »Verdeckungen« oder »Überschneidungen« verschiedener Figur-Flächen, *werden die objektiv nicht gegebenen Figurteile unter optimaler Ausnutzung der vorhandenen Information ergänzt, das Fehlende wird hier quasi »interpoliert« bzw. »extrapoliert«.* Dieses »amodal«, d. h. ohne erlebte figural-qualitative Eigenschaften Gegebene (*Michotte*: »donné amodal«) ist dennoch keineswegs »erschlossen« oder »hin-

---

[89] Theoretische und experimentelle Differenzierungen, etwa hinsichtlich verschiedener »Prägnanzstufen« (vgl. etwa *Rausch* 1966b, S. 904 ff.), werden hier außer acht gelassen.

zugedacht«, sondern hat *unmittelbare Wahrnehmungsevidenz*. — Besondere Bedeutung haben die »amodalen Ergänzungen« als *Totalisierung der Wahrnehmungsgegenstände, von denen gemäß der Standortgebundenheit und Perspektivität der Wahrnehmung immer nur eine »Seite« gegeben ist, zu soliden, räumlichen Dingen. Die jeweiligen »Rückseiten« werden dabei auch hier mit Wahrnehmungsevidenz durch »Interpolationen« aufgrund der Information auf den »Vorderseiten« und mit der impliziten Voraussetzung, daß auf den »Rückseiten« keine zusätzliche Information gegeben ist,* ergänzt (vgl. Brockmann, noch unveröffentl.[90]; mögliche Einflüsse des Wissens über die Beschaffenheit der »Reize« sind — wie bei allen einschlägigen Experimenten über Wahrnehmungsorganisation — durch Darbietung von zu Versuchszwecken hergestellten, den Vpn. unbekannten Wahrnehmungsgegenständen, Abbildungen usw. ausgeschlossen) etc.

Auch in bezug auf reale, in der Zeit verlaufende *Veränderungen innerhalb der wahrgenommenen Welt* lassen sich bestimmte, mit den bisher dargestellten auf »statische« Gegebenheiten bezogenen Prinzipien verwandte Organisationsprinzipien herausarbeiten, die man zusammenfassend mit *»Überakzentuierung von Invarianzen innerhalb von Geschehensverläufen«* kennzeichnen kann. — Schon *Wertheimer* (1923) hatte beobachtet, daß zwei Kleingebilde in einem sonst wenig strukturierten Wahrnehmungsfeld dann als zusammengehörig herausgehoben werden, wenn sie sich *gemeinsam in gleicher Entfernung voneinander und mit gleicher Geschwindigkeit bewegen* (Gestaltfaktor des *»gemeinsamen Schicksals«*). Gemäß daran anschließenden umfangreichen Untersuchungen von *Johansson* (etwa 1966) über Ereignis-Wahrnehmung »event perception«) kann man grob verallgemeinernd feststellen, daß unter sonst gleichen Bedingungen *bevorzugt solche Elemente innerhalb von Geschehensverläufen als zusammengehörend wahrgenommen werden, deren Abstand voneinander und Lage zueinander im Veränderungsprozeß relativ invariant bleiben.* — Sofern in unstrukturierten Wahrnehmungssituationen die Möglichkeit besteht, bestimmte figurale oder qualitative Änderungen sowohl auf eine Änderung der äußeren Wahrnehmungsbedingungen wie auf eine Änderung der Dingeigenschaften zurückzuführen, werden die *Änderungen*

---

[90] Im Experiment von *Brockmann* wurden den Vpn. massive Standkörper verschiedener Form und Textur jeweils von einer bestimmten Seite dargeboten. Im zweiten Teil des Experiments hatten die Vpn. unter einer Anzahl von Körpern, die sich nur hinsichtlich der Rückseiten, nicht aber hinsichtlich der Vorderseiten von dem vorher gezeigten Körper unterschieden, den auszuwählen, den sie vorher »gesehen« hatten. Die Vpn. wählten stets, ohne zu zögern, den Körper, dessen »Rückseite« eine Extrapolation der »Vorderseite« darstellte. Die Wahrnehmungsevidenz solcher amodaler Ergänzungen wurde hier darin besonders deutlich, daß eine Reihe von Vpn., selbst nachdem ihnen der Versuchsleiter ihnen erklärt hatte, warum eine richtige Entscheidung, welchen der Körper sie vorher gesehen hatten, aufgrund der vorhandenen Information unmöglich sei, dabei blieben, sie hätten den gewählten und keinen anderen Körper wahrgenommen, und zur Aufrechterhaltung dieser Aussage Hilfsannahmen einführten wie, sie wären während des ersten Versuchsteils unbemerkt aufgestanden und hätten den dargebotenen Körper von hinten betrachtet.

unter sonst gleichen Umständen als *durch den Wandel der äußeren Wahrnehmungsbedingungen entstanden wahrgenommen, der Gegenstand selbst wird also als invariant gesehen.* Bietet man z. B. Versuchspersonen auf einem Schirm Projektionen von geometrischen Figuren dar, deren metrische Größe man mit Hilfe einer Gummilinse in allen Teilen proportional verändern kann, so wird die so erzeugte Veränderung der »Reizkonstellation« *nicht einfach* als (in Abhängigkeit von der Reizkonfiguration mehr oder weniger ausgeprägte) *Verkleinerung bzw. Vergrößerung der Figuren selbst wahrgenommen, sondern als Sich-Entfernen bzw. Näherkommen von Figuren, deren Größe im Entfernungswechsel konstant bleibt*; die Veränderung wird also nicht den Figuren selbst, sondern der äußeren Wahrnehmungsbedingung der Entfernung zugeschlagen (*Jaeger*, noch unveröffentl.). – Auch die Wahrnehmungsorganisation von Geschehnissen kann man als *optimale Ausnutzung von Information* charakterisieren: Zusammenhänge zwischen verschiedenen Einheiten innerhalb von Geschehensverläufen werden in dem Maße durch die Wahrnehmung hergestellt, wie man zur Beschreibung der Bewegungsgeschwindigkeit und -richtung der unterschiedlichen Einheiten mit der gleichen Information auskommt. Information, die eine Veränderung von Wahrnehmungsgegenständen anzeigen könnte, wird dann als »überschüssig« nicht berücksichtigt, wenn nichts dagegen spricht, die Veränderung auf Zusatzbedingungen, die dem Gegenstand äußerlich sind, zurückzuführen etc.

Unter bestimmten Bedingungen werden die Bewegungen verschiedener Einheiten im Wahrnehmungsfeld als ein *Aufeinandereinwirken* erlebt (»*Kausalitätswahrnehmung*«, vgl. *Michotte* 1966). Die Art und das Ausmaß des wahrgenommenen Aufeinandereinwirkens kann dabei als Organisationsprinzip der »*minimalen Energiemenge*« (das dem Prinzip der optimalen Informationsausnutzung ähnlich ist) beschrieben werden. – Wenn im Experiment ein bewegtes Gebilde an ein ruhendes Gebilde »stößt« und sich dann beide Gebilde im Berührungskontakt in der Richtung der Bewegung des ersten Gebildes fortbewegen, so wird dies mit Wahrnehmungsevidenz als ein »*Fortschieben*« des zweiten Gebildes durch das erste Gebilde aufgefaßt. Bleibt bei sonst gleicher »Reizanordnung«, das erste Gebilde nach der Berührung des zunächst ruhenden zweiten Gebildes stehen und nur das zweite Gebilde bewegt sich fort, so erscheint dies als ein »*Fortstoßen*« des zweiten durch das erste Gebilde (*Michotte* 1966, S. 95). In beiden Fällen wird die *Bewegungsenergie des ersten Gebildes auf das zweite Gebilde übertragen. Eine mögliche selbständige Bewegung des zweiten Gebildes aus eigener Energie wird hier in der Wahrnehmung nicht in Rechnung gestellt.* – Wenn bei Abwesenheit anderer »Reize« zwei in einem gewissen Abstand nebeneinander befindliche Lichtquellen dargeboten werden, wobei die Lichtintensität beider Quellen alternierend in ihrem Verhältnis so verändert wird, daß der Zunahme der Helligkeit einer Lichtquelle eine gleich starke Abnahme der Helligkeit der anderen Lichtquelle entspricht und umgekehrt, so entsteht für die Wahrnehmung zwischen den beiden Lichtquellen ein *amodaler Wirkungszusammenhang*: Die *Lichtenergie scheint in einem unsichtbaren Tunnel o. ä. zwischen den beiden Lichtquellen hin und her zu wandern* (»W-Phänomen«, »wandering phenomenon«, *Ekman* 1951/52). Auch hier wird der Wirkungszusammenhang in der Wahrnehmung so organisiert, daß beide Lichtquellen sozusagen mit einem *Minimum an Licht-*

energie, nämlich einer *konstanten Lichtmenge,* die für beide Lichtquellen hinreicht, auszukommen scheint etc.

Wie sind die dargestellten, jeweils bestimmten »Prinzipien« folgenden Organisationseffekte der Wahrnehmung *theoretisch zu erklären?* — Gemäß unserem historisch-funktionalen Gesamtansatz haben wir einmal danach zu fragen, *wie die Herausbildung der Organisationseffekte im Zusammenhang mit der Entwicklung der Orientierung naturgeschichtlich zu begreifen ist,* auf welche Weise also unter evolutionstheoretischen Gesichtspunkten die »Funktionalität« der Organisationseffekte (bzw. ihrer Vorformen) für die organismische Lebenserhaltung (die Erhöhung der Fortpflanzungswahrscheinlichkeit von Organismen-Populationen) verständlich gemacht werden kann. Weiter müssen wir klären, wie die Tatsache, daß durch die Organisationstendenzen die Realität, wie sie vom Menschen wahrgenommen wird, über das wirklich sinnlich Erfahrbare hinaus in bestimmter Richtung modifiziert und komplettiert wird, unter dem Gesichtspunkt des *Verhältnisses zwischen Ontogenese und Aneignung in der individualgeschichtlichen Entwicklung zu explizieren ist, welche besondere Funktion und welcher Stellenwert demgemäß den Organisationseffekten im Zusammenhang mit der Erkenntnistätigkeit als Moment der gesellschaftlichen Praxis des Menschen in der bürgerlichen Gesellschaft zukommt.* — Wir vertreten die Auffassung, daß die Organisationseffekte in ihrer wesentlichen Eigenart ein *Charakteristikum der Wahrnehmungsfunktion auf organismischem Spezifitätsniveau sind, daß mithin die Erklärung der Besonderheiten der Wahrnehmungsorganisation unter evolutionstheoretischem Aspekt zu erfolgen hat* und daß also in der individualgeschichtlichen Entwicklung das Entstehen der Organisationseffekte *primär ein Ergebnis der ontogenetischen Ausfaltung phylogenetisch gewordener Entwicklungsvoraussetzungen ist,* wobei dem Aneignungsprozeß hier nur untergeordnete Bedeutung zukommt. Die *Semierratik wie die Organisationseffekte der Wahrnehmung wären also relativ unspezifische »organismische« Charakteristika der menschlichen Wahrnehmung,* womit auch die *Besonderheiten und Beschränktheiten* der sinnlichen Erkenntnis im Gesamt des menschlichen Erkenntnis- und Lebensprozesses in gewisser Weise näher bestimmbar wären. — Diese Auffassung muß nun schrittweise verdeutlicht und begründet werden.

Die Haupttheorien der Wahrnehmungsorganisation innerhalb der bestehenden Psychologie sind die *gestaltpsychologische »Feldtheorie« und das Konzept der Isomorphie* von Wolfgang Köhler (1920 u. v. a.), in welchen die Organisation des Wahrnehmungsfeldes durch Annahme von autochthon-dynamischen Selbstgliederungsprozessen, die auf physikalischem, physiologischem und psychischem Niveau unter gleichen Bedingungen zu »isomorphen« Strukturen führen, erklärt wird, der *lerntheoretische Organisationsansatz von Hebb* (zuerst 1949, vgl. 1967), in welchem in individualgeschichtlicher Betrachtensweise die Entstehung der gegenständlichen Gliederung der Welt aus dem Aufbau von im ganzen stimulierbaren neuronalen Systemen wachsenden Komplexitätsgrades erklärt werden soll, und *J. J. Gibsons* Theorie der *objektiven Wahrnehmungsdeterminanten* (zuerst 1950), in welcher Zugeordnetheiten zwischen »Stimulus«-Parametern der objektiven Welt (Dichte- und Helligkeitsgradienten, bestimmten Energieverteilungsmustern, »Ecken« und »Rändern« etc.) und der Organisation des Wahrnehmungsfeldes herausgearbeitet werden; *Gibson* betont dabei, daß wahrgenommene Formen keine selbständige Realität haben, sondern nur verschiedengradige Abstraktionen von wirklichen, soliden Dingen in der Außenwelt darstellen (1951). – Eine zusammenfassende Schilderung der drei Ansätze findet sich bei *Zusne* (1970, S. 108 ff.).

Jede der drei Organisationstheorien enthält wesentliche wahrnehmungstheoretische Aussagen, die in späteren Phasen des Ausbaus unserer theoretischen Konzeption eingehend kritisch diskutiert und, wo nötig, berücksichtigt werden müssen. Dennoch können die Annahmen und Befunde dieser Lehren für uns grundsätzlich nur sekundäre Bedeutung haben, weil das *umfassendere Problem der Erklärung von Organisationseffekten aus ihrer naturgeschichtlichen und gesellschaftlich-historischen Gewordenheit in keiner der drei Theorien gesehen wird.* Wir können von diesen Theorien also auch keine Beiträge zur Klärung der Frage nach den Anteilen der phylogenetisch bestimmten Ontogense und der gesellschaftlich-historisch bestimmten Aneignung bei der individualgeschichtlichen Herausbildung der Organisationseffekte erwarten. Daraus rechtfertigt sich, daß wir im gegenwärtigen Darstellungszusammenhang die Lehren von *Köhler, Hebb* und *J. J. Gibson* nicht näher behandeln.

Die Organisationseffekte sind unserer Auffassung nach deswegen in der naturgeschichtlichen Entwicklung entstanden, weil sie *»funktionale«* Ergänzungen der Orientierung zur Steuerung der lokomotorischen Aktivitäten von Organismen sind. Wir gehen davon aus, daß die Organisationseffekte als »ergänzende« Momente der notwendig semierratischen Orientierungsfunktion, *obwohl (oder gerade weil) sie über die tatsächlich gegebene Information hinausgehen, die Überlebenschancen von Organismen (die Fortpflanzungswahrscheinlichkeit von Organismen-Populationen) erhöhen und sich deswegen in der Evolution durchgesetzt haben.* Die evolutionäre Herausbildung von Organisationseffekten ist dabei an den Grad der evolutionären Herausbildung der Möglichkeit zur (partiellen) Erfassung wirklicher Eigenschaften der Außenwelt in der Orientierung gebunden.

Die tierpsychologischen und ethologischen Experimente über Formauffassung und Formunterscheidung bei Tieren verschiedener Entwicklungshöhe gehen in die Hunderte. Auch das Problem, wieweit man Organisationseffekte aus tierischem Verhalten rückschließen kann, ist dabei vielfach behandelt worden, wobei zumeist positive Resultate erlangt wurden (vgl. die umfassende Bibliographie bei *Zusne* 1970, S. 493 ff.). Derartige Untersuchungen leiden häufig an dem Mangel, daß die beiden Momente der Orientierungsaktivität, halbirrtümliche Wirklichkeitserfassung und »ergänzende« Organisationseffekte, hier nicht hinreichend klar theoretisch und methodisch voneinander abgehoben worden sind. Präzisere Experimente, in denen die geschilderten »Gestaltgesetze«, die auf Geschehensverläufe bezogenen Invarianzprinzipien, die optimale Informationsausnutzung, die Stiftung von Wirkungszusammenhängen etc. in ihrer Bedeutung für das orientierungsgesteuerte tierische Verhalten auf bedingungsanalytisch überzeugende Weise untersucht werden, sind dringend erforderlich (prinzipielle methodische Schwierigkeiten dürften sich dabei kaum ergeben). – Wir stellen in Rechnung, daß sich auf Grund der Befunde derartiger Untersuchungen Korrekturen der folgenden Ausführungen als nötig erweisen können.

Die dargestellten Organisationseffekte (Überverdeutlichung der Abgehobenheit vom Umfeld, Überakzentuierung der Geschlossenheit, Komplettierung bei optimaler Ausnutzung von vorhandener Information, Überakzentuierung von Invarianzen innerhalb von Geschehensverläufen, Stiftung von Wirkungszusammenhängen mit optimaler Energieausnutzung) lassen sich unter einem Teilaspekt folgendermaßen verallgemeinernd charakterisieren: *Sofern in der wahrgenommenen Welt bestimmte Merkmalskomplexe gegeben sind, die zwar notwendige, aber nicht hinreichende Kennzeichen für das Vorhandensein wirklicher dinglich-gegenständlicher Einheiten darstellen, so werden (ein gewisser Ausprägungsgrad solcher Merkmalskomplexe vorausgesetzt) durch Überschreitung der gegebenen Information die Merkmalskomplexe in Richtung auf reale, abgehobene, räumliche, solidstoffliche Dinge modifiziert oder komplettiert.* – Man mag sich die Gültigkeit dieser generalisierenden Kennzeichnung an den verschiedenen Organisationsprinzipien veranschaulichen: Abgehobenheit vom Umfeld, homogenes Infeld, Vollständigkeit der Konturen, räumlichmassiver Gebildecharakter, Ortsveränderung von Merkmalen in gleichem Ausmaß und gleicher Richtung etc., das alles sind Eigenschaften, durch die ein wirkliches, reales Ding in der äußeren Welt ausgezeichnet ist. Wenn bestimmte Kombinationen von Merkmalen wahrgenommen werden, die einzelnen oder mehreren solcher Eigenschaften in gewissem Grade angenähert sind, so erscheinen die Merkmalskombinationen dem Wahrnehmenden aufgrund von Organisationseffekten durch überverdeutlichende Modifikation und Komplettierung mit sinnlicher Evidenz als *real-solide gegenständliche Einheiten.*

Wir gehen schematisch davon aus, daß es im Hinblick auf die Identifizierung von wirklichen Dingen zwei Arten von *»Wahrnehmungsfehlern«* gibt: *Die sinnliche Evidenz des Vorhandenseins eines bestimmten Dinges, obgleich kein solches Ding da ist, und die fehlende* sinnliche Auffassung des Vorhandenseins eines bestimmten Dinges, obgleich ein solches Ding da ist (man könnte hier in Anlehnung an die Inferenzstatistik vom »Fehler erster Art«, Zurückweisung der Nullhypothese, obgleich sie richtig ist, und »Fehler zweiter Art«, Annahme der Nullhypothese, obgleich sie falsch ist, sprechen). *Durch die Organisationseffekte der Wahrnehmungsfunktion werden in der, notwendigerweise »semierratischen«, Wahrnehmungstätigkeit unter sonst gleichen Umständen die »Fehler erster Art«, Evidenz eines bestimmten nicht vorhandenen Dinges, zu ungunsten der »Fehler zweiter Art«, Nichtevidenz eines bestimmten vorhandenen Dinges, in ihrer Auftretens-Wahrscheinlichkeit erhöht.*

Um einen ersten Anhaltspunkt darüber zu gewinnen, warum sich die Organisationseffekte als unspezifische Wahrnehmungseigenarten im Zusammenhang mit der tierischen Orientierung zur Steuerung lokomotorischer Aktivität in der Evolution herausgebildet haben, obwohl sie keine Erfassung wirklicher Welteigenschaften sind, machen wir die Annahme, daß die *»Fehler zweiter Art«, Nichtidentifizierung einer vorhandenen gegenständlichen Weltgegebenheit, die Überlebenschancen eines Organismus* (Fortpflanzungswahrscheinlichkeit einer Organismen-Population) *in höherem Grade vermindern, als die »Fehler erster Art«, »Identifizierung« einer nicht vorhandenen gegenständlichen Weltgegebenheit.* Wenn ein Organismus eine gegebene Nahrungsquelle in der Orientierung nicht identifiziert, die Bedrohung durch einen Feind nicht perzipiert etc., demgemäß nicht zu den jeweils entsprechenden lokomotorischen Aktivitäten (Annäherung, Flucht etc.) kommt, so verringert sich damit seine Überlebenschance (bzw. die Fortpflanzungswahrscheinlichkeit der Organismen-Population) in stärkerem Maße, als wenn der Organismus »irrtümlich« einen bestimmten Merkmalskomplex für eine Nahrungsquelle, einen »Feind« etc. »gehalten« hätte. Damit müßte sich *durch natürliche Selektion die Häufigkeit des Auftretens von »Fehlern erster Art«, quasi als »gute Fehler«, im Verhältnis zum Auftreten von »Fehlern zweiter Art«, als »schlechte Fehler«, erhöhen.* Dies aber wäre *gleichbedeutend mit der evolutionären Herausbildung der Organisationseffekte.* Die Organisationseffekte wären unter diesem Aspekt (grob gesprochen) die »Überinterpretation« von sensorisch erfaßten Merkmalen als gegenständliche Einheiten zur Verringerung der Zahl vital bedeutsamer Orientierungsfehler unter »Inkaufnahme« der damit verbundenen Erhöhung der Zahl vital nicht bedeutsamer Orientierungsfehler. – Von diesem Erklärungsansatz aus wäre auch evolutionstheoretisch verständlich zu machen, daß es im Laufe der *phylogenetischen Entwicklung zu Formen von Organisationseffekten kommt, durch welche die vorhandene Information auf immer angemessenere Weise als Anzeichen für* das Gegebensein bestimmter gegenständlicher Tatbestände in der wirklichen Welt ausgeschöpft werden kann: Die vitalen Orientierungsfehler (»zweiter Art«), die die Fortpflanzungswahrscheinlichkeit vermindern, müssen unter sonst gleichen Bedingungen in dem Maße immer seltener werden, wie *bei gegebener Informationsmenge die Identifizierung des Daseins bzw. Soseins einer Weltgegebenheit häufiger bzw. genauer wird und – dementsprechend – je geringer die Informationsmenge ist, mit welcher eine bestimmte Identifizierungshäufigkeit und -genauigkeit erreicht werden kann.* – Dieser evolutionstheoretische Erklärungsansatz für die Entstehung unspezifisch-organismischer Organisationseffekte der Wahrnehmung muß natürlich theoretisch präzisiert und empirisch genauer geprüft werden.

Die dargestellten Organisationseffekte lassen sich noch unter einem anderen Aspekt (der mit dem eben genannten zusammenhängt) in gewissem Grade verallgemeinernd kennzeichnen: Durch die Organisationseffekte wird über die sinnliche Erfahrung stets in der Weise hinausgegangen, in welcher die *Modifikationen bzw. Komplettierungen ausschließlich gemäß der Struktur der eindeutig erfaßbaren Merkmale der tatsächlich wahrgenommenen präsenten Wirklichkeit gebildet werden. In die sinnlichen Evidenzen der Organisationseffekte findet die Möglichkeit verborgener Eigenschaften, verborgener Zusammenhänge und verborgener Ursachen, durch deren Kenntnis zusätzlicher Aufschluß über die Wirklichkeit zu erlangen wäre, keinen Eingang.* – Dies wird um so deutlicher, je mehr die Organisationseffekte nicht nur in Richtung auf die Ausfilterung, die »Vernachlässigung« von Momenten im Wahrnehmungsfeld, die der Globalstruktur der gegenständlichen Gliederung nicht entsprechen, gehen (wie bei der Überverdeutlichung der Abgehobenheit, Überhomogenisierung des Infeldes und Überakzentuierung der Geschlossenheit), sondern in Richtung auf Ergänzungen in Bereiche des (von einem bestimmten Standort) objektiv »Unsichtbaren« hinein (wie bei den verschiedenen Arten der Komplettierungen, dem »Sehen« von Invarianzen unter optimaler Informationsausnutzung und von Wirkungszusammenhängen bei Minimalisierung der Energiemenge etc.).

Auch an diesen zweiten Allgemeinaspekt der Organisationseffekte lassen sich Hypothesen über die *phylogenetische Entstehung ihrer besonderen unspezifisch-organismischen Eigenarten* knüpfen. – In der Orientierung, die der Steuerung lokomotorischer Aktivitäten von Tieren (Annäherung an die Nahrungsquelle, »Angriff«, »Flucht« etc.) dient, muß die »Übergeneralisierung« der globalen, eindeutig sensorisch erfaßbaren Gliederung der Realität unter Angleichung oder Ausfilterung von Zwischenstufen oder Einzelmerkmalen die Schnelligkeit und auch die Wahrscheinlichkeit einer Adäquanz der Reaktion im

»überlebensfördernden« Sinne erhöhen. Die immer stärkere Entwicklung der funktionalen Möglichkeiten, die Struktur der sensorisch gegebenen Information im Hinblick auf die Beschaffenheit sensorisch nicht gegebener Weltteile auszuschöpfen, könnte ebenfalls selektionstheoretisch erklärt werden, wenn man annimmt, daß *durch die gegenständliche Konsistenz vieler vital relevanter Welttatbestände mit »Extrapolationen« oder »Interpolationen« von sensorisch erfaßten auf sensorisch nicht erfaßte Eigenschaften der Realität häufiger das »Richtige« als das »Falsche« getroffen wird, womit durch derartige Organisationstendenzen die die Überlebenswahrscheinlichkeit steigernde Adäquatheit der Reaktionen auf sensorische oder perzeptive Information sich vergrößern müßte.* – Auch diese Thesen bedürfen der Präzisierung und Überprüfung.

Aus den bisherigen Darstellungen ist auch eine Begründung für die früher formulierte Behauptung ableitbar, daß in der Evolution die Herausbildung der gegenständlichen Welterfassung und die Herausbildung der Organisationseffekte eng miteinander zusammenhängen. Nur in dem Grade, wie durch die Entwicklung des tatsächlichen Weltaufschlusses wirkliche Merkmale der gegenständlich gegliederten Welt partiell adäquat erfaßt werden können, bestehen auch die Voraussetzungen zur Entwicklung der Organisationstendenzen, weil die modifizierende und komplettierende Ausschöpfung von vorhandenen Merkmalen in Richtung auf dinglich-gegenständliche Einheiten *nur in dem Maße möglich ist, wie die wirklichen Merkmale tatsächlich sensorisch-perzeptiv erfaßbar sind.* – Manches spricht für die Auffassung, daß die Entwicklung des gegenständlichen Weltbezuges und die Entwicklung der Organisationseffekte zwei Seiten des gleichen evolutionären Prozesses sind.

Zum angemessenen Verständnis der durch die Organisationstendenzen (als Kompensat der Semierratik) charakterisierten unspezifisch-organismischen Eigenarten der Wahrnehmungsfunktion muß noch ein Phänomen berücksichtigt werden, das – innerhalb andersgearteter wissenschaftlicher Fragestellungen – für die bestehende Wahrnehmungslehre stets beträchtliche Bedeutung hatte, die sogenannten *»geometrisch-optischen Täuschungen«.*

Geometrisch-optische Täuschungen sind künstlich hergestellte geometrische Konfigurationen, in welchen hinsichtlich bestimmter figuraler Teilmomente eine systematische Abweichung zwischen wahrgenommener und metrischer Beschaffenheit besteht. Es sind viele unterschiedliche geometrische Figuren bekannt, bei denen derartige »Täuschungen« auftreten. Eine der berühmtesten,

Erkenntnis und Täuschung in der Wahrnehmungstätigkeit 323

weil schlagendsten »Täuschungsfiguren« dieser Art ist die *Müller-Lyer*sche Täuschung:

Die beiden waagerechten Strecken sind metrisch gleich lang.

Die »optischen Täuschungen« haben, seit *Oppels* erster Publikation zu diesem Thema (1854, 1856, 1860), bis heute ein starkes und gleichmäßiges Interesse innerhalb der wahrnehmungspsychologischen Forschung gefunden. Der Grund dafür liegt wohl im wesentlichen darin, daß man aus dem Verständnis der so überraschenden und zunächst rätselhaften Täuschungseffekte einen Zuwachs an Verständnis für die Eigenart der Wahrnehmung im ganzen zu gewinnen hoffte. Die Versuche einer Klärung der optischen Täuschungen von Beginn an bis heute spiegeln in gewisser Weise die Geschichte der wahrnehmungspsychologischen Theorienbildung überhaupt wider (Beiträge zur Geschichte der Erforschung optischer Täuschungen vgl. etwa *Rausch* 1966a, S. 787 ff., und *Zusne* 1970, S. 150 ff.; in beiden Arbeiten auch umfassende Literatur-Überblicke). Es ist für uns im gegenwärtigen Darstellungszusammenhang nicht erforderlich, auf die Einzeldiskussionen um das Zustandekommen der optischen Täuschungen einzugehen. Es sollen nur einige globale, für die weiteren Überlegungen wichtige Momente hervorgehoben werden.

Bei den Bemühungen um theoretische und experimentelle Klärung des Phänomens der optischen Täuschungen ist man, besonders durch die Beiträge der Gestaltpsychologie, in immer höherem Grade zu der Einsicht gelangt, daß die optischen Täuschungen nicht als »Sonderphänomene« betrachtet werden dürfen, für die man – möglicherweise auch noch hinsichtlich jeder Täuschungsfigur unterschiedliche – Sondererklärungen zu finden habe, sondern daß die theoretischen Konzeptionen zum Verständnis der Wahrnehmung überhaupt auch die optischen Täuschungen erklären müssen, wobei diese Forderung als eine Art von Prüfstein für die Fruchtbarkeit von Wahrnehmungstheorien anzusehen ist. Im Kontext unserer Gedankenführung ist es *zwingend, davon auszugehen, daß die optischen Täuschungen durch die Organisationseffekte der Wahrnehmung, wie wir sie dargestellt und theoretisch abgeleitet haben, bedingt sind.*

Bei Berücksichtigung des gegenwärtigen Standes der Forschung kann nicht kontrovers sein, *daß* optische Täuschungen Ergebnis von Organisationseffekten sind, sondern nur, auf *welchen* Organisationseffekten sie beruhen. So mag die *Müller-Lyer*sche Täuschung Ergebnis der »*Überverdeutlichung der Abgehobenheit*« sein (die nach außen offenen Winkel der oberen Zeichnung werden als Begrenzungen von zwei nach rechts bzw. links zu ergänzenden Figuren aufgefaßt, die nach innen offenen Winkel der unteren Zeichnung als Begrenzungen einer Mittelfigur; gemäß dem Prinzip der möglichst großen Abgehobenheit nach außen und der möglichst großen Dichte nach innen wird so die

Strecke a als Verbindungslinie zwischen zwei getrennten Figuren »auseinandergezogen«, während die Strecke b als innere Verbindungslinie zwischen den Ecken einer einzigen Figur »zusammengedrückt« ist); oder die *Müller-Lyer*sche Täuschung ist der Effekt der *»Überaktzentuierung der Geschlossenheit«* (die obere und die untere Zeichnung werden als jeweils gegensinnige »Verzerrungen« der »prägnanteren« Figur eines Rechtecks aufgefaßt: durch die Tendenz der Wahrnehmung zur »Entzerrung«, d. h. hier Begradigung der Winkel in Richtung auf prägnantere Konturen, wird die Strecke a »auseinandergezogen«, die Strecke b »zusammengedrückt«, vgl. *Rausch* 1952); oder die *Müller-Lyer*sche Täuschung ist Ergebnis einer *Komplettierung der Zeichnungen in Richtung auf räumliche Gliederung unter optimaler Informationsausnutzung* (die nach außen geöffneten Winkel erscheinen als perspektivische Fluchtlinien eines räumlichen Gebildes, dessen *hintere Begrenzung* die Linie a darstellt; die nach innen geöffneten Winkel erscheinen als Seitenlinien eines räumlichen Gebildes, dessen *vordere Begrenzung* die Linie b darstellt; die Linie a liegt also für die Wahrnehmung weiter hinten im Raum als die Linie b; durch die Kompensation ihres scheinbaren Weiter-entfernt-Seins – Größenkonstanz – ist Linie a phänomenal länger als Linie b; vgl. *Tausch* 1954) etc. – Welche Arten von Organisationseffekten in welchem Grad des Zusammenwirkens die einzelnen »optischen Täuschungen« hervorrufen, kann nur durch sorgfältige experimentelle Bedingungsanalyse geklärt werden und ist hier für uns nicht von Belang.

Die optischen Täuschungen als Resultat von Organisationseffekten sind nicht – wie man früher angenommen hatte – Urteilstäuschungen, unbewußte Schlüsse etc., sondern *elementare Wahrnehmungstatbestände* (vgl. bereits *Kenkel* 1913 und *Schwirz* 1914). Da die Organisationseffekte *Eigenarten der Wahrnehmung auf organismischem Spezifitätsniveau* sind, lassen sich auch *»optische Täuschungen« bereits bei Tieren nachweisen* (in Versuchen mit Fischen: vgl. *Herter* 1953, mit Hühnern: *Révész* 1924, mit Affen: *Dominguez* 1954, u. a.)[91].

Die Frage, warum die Organisationseffekte im Hinblick auf die »Täu-

---

[91] Experimentelle Befunde, denen gemäß durch wiederholte Darbietung von Täuschungsfiguren der Täuschungsbetrag (bei menschlichen Versuchssubjekten) geringer wird (vgl. etwa *Azuna* 1952, *Piaget* 1961, *Day* 1962, *Parker & Newbigging* 1963 u. a.), dürfen u. E. nicht als Evidenz gegen die (durch Experimente mit Tieren unterstützte) Annahme aufgefaßt werden, daß die Täuschungen Sonderfälle von Organisationseffekten auf unspezifisch-organismischem Spezifitätsniveau sind, sondern sprechen nur für den unbezweifelbaren Tatbestand, daß die in der Wahrnehmung aufgehobenen Momente organismischer Orientierungsaktivität durch die von der Gegenstandsintention geleitete *Wahrnehmungstätigkeit* des Menschen (anschauungsgebundene Bedingungsanalyse, Umzentrierung, Vergleichen, Optimierung von Wahrnehmungsbedingungen etc., vgl. S. 30 ff. u. 307 ff.) je nach den besonderen Umständen in geringerem oder höherem Grade überformt sind. Aus diesem Zusammenhang sind auch mögliche »kulturspezifische« Unterschiede der optischen »Täuschbarkeit« als bedingt durch unterschiedliche Formen der Wahrnehmungstätigkeit gemäß den jeweiligen gesellschaftlichen Lebensnotwendigkeiten zu interpretieren (vgl. S. 234 f. und auch weiter unten, S. 326, Fußnote).

schungs«-Figuren zu systematischen Abweichungen bestimmter wahrgenommener von bestimmten metrischen Beschaffenheiten führen, läßt sich allgemein so beantworten: Die Funktionalität der Organisationseffekte für die Orientierung zur Steuerung von Lokomotionen und anderen motorischen Reaktionen bedeutet, wie ausgeführt, nicht das Verschwinden, sondern nur die Häufigkeitsverringerung bestimmter »Fehler«. Die Täuschungsfiguren stellen nicht den Fall dar, in welchem die Modifikation oder Komplettierung von Merkmalskomplexen in Richtung auf abgehobene, solid-räumliche gegenständliche Einheiten unter optimaler Ausnutzung gegebener Information den wirklichen Sachverhalten entspricht. Im Gegenteil: die Täuschungsfiguren sind *vorsätzlich so ausgewählt bzw. konstruiert, daß die sonst für die Orientierung durchschnittlich funktionalen Organisationseffekte hier konstant und systematisch zu »Fehlern« führen müssen*. Dies geschieht dadurch, daß in der *perzeptiven Aufgabe,* die Vpn. hier gemäß der Instruktion des Experimentators zu erfüllen haben, nicht die durch die Merkmalskomplexe der Täuschungsfigur möglicherweise angezeigten gegenständlichen Gliederungen richtig erfaßt werden sollen, sondern Teilmomente der Figur, die *durch die Organisationseffekte in Richtung auf eine Überverdeutlichung der gegenständlichen Gliederung notwendigerweise verzerrt sind*. Wenn es in der *Müller-Lyer*-Figur darum ginge, die hier angedeuteten gegenständlichen Einheiten unter den gegebenen Umständen so schnell und präzise wie möglich aufzufassen, dann wäre ein »Auseinanderrücken« der beiden in den nach außen gerichteten Winkeln angezeigten »Figuren« und ein »Zusammendrängen« der Konturen der in den nach innen gerichteten Winkeln angezeigten Figur als Überverdeutlichung der gegenständlichen Gliederung durchaus »funktional«; ebenso käme der optimalen Auswertung der Winkel als Information über räumliche Tiefe dann Funktionalität zu, wenn es darum ginge, die in der Täuschungsfigur gegebenen Anzeichen für gegenständliche Tiefengliederung möglichst richtig zu komplettieren; die Aufgabe, Linie a und Linie b in ihrer Länge zu vergleichen, muß dagegen hier ein falsches Ergebnis erbringen, da die Linien durch jeweils entgegengerichtete Organisationstendenzen gegensinnig verzerrt sind. Derartige Fehler können auch in der Alltagsorientierung gelegentlich bedeutsam werden (bei *Luckiesh* 1965 finden sich dafür Beispiele). Eine systematisches Auftreten solcher Fehler gibt es aber nur bei den geometrisch-optischen Täuschungen, *weil hier die Unvereinbarkeit zwischen den generell gesehen biologisch funktionalen Organisationstendenzen der Wahrnehmung und den zu lösenden perzeptiven Aufgaben vorsätzlich künstlich erzeugt worden ist.* — Die optischen Täuschungen sind so gesehen eine *besondere Art von Beispielen für die Funktionalität der Organisationseffekte bei der »normalen« Orientierung im Dienste angemessener lokomotorisch-motorischer Aktivitäten.*

Wir haben die Auseinanderlegung von wesentlichen gnostischen Eigenarten und Beschränktheiten der Wahrnehmung als Charakteristik auf organismischem Spezifitätsniveau jetzt so weit vorangetrieben, daß wir die hier gestellte Aufgabe, die Herausarbeitung der besonderen Funktion der Wahrnehmung im Gesamt des Prozesses menschlicher Erkenntnis und Praxis in der bürgerlichen Gesellschaft, nunmehr explizit in

Angriff nehmen können. – Wir müssen uns darauf besinnen, daß die Rede von Merkmalen und Merkmalskomplexen als figural-qualitative Beschaffenheiten wahrgenommener Welttatbestände eine *Abstraktion von der gegenständlichen Bedeutungshaftigkeit der Wahrnehmungsgegebenheiten darstellt*. Weiterhin haben wir uns die Beziehung zwischen Gegenstandsbedeutungen und figural-qualitativen Merkmalen der wahrgenommenen Realität zu vergegenwärtigen: *Die Gegenstandsbedeutungen sind* – wenn das »menschliche« Spezifitätsniveau der Orientierung einmal erreicht ist – *notwendig an die figural-qualitativen Merkmale, in denen sie zur sinnlich wahrnehmbaren Erscheinung werden, gebunden* (vgl. etwa S. 192 f.). – Damit ist gesagt, daß die Wahrnehmung gegenständlicher Bedeutungsmomente und Bedeutungsstrukturen stets den *gnostischen Eigenarten und Beschränktheiten unterworfen ist, die unter Abstraktion von den Gegenstandsbedeutungen an der Wahrnehmung figural-qualitativer Merkmale auf organismischem Spezifitätsniveau aufweisbar sind*. Durch die Eingebundenheit der gegenständlichen Bedeutungsmomente in die sinnliche *Präsenz der wahrgenommenen Dinge* ist die Wahrnehmung *in ihrer Bedeutungsbezogenheit im unspezifisch-stofflichen Milieu der Wechselwirkung zwischen Außenwelt und Organismus mit seinen Randzonen der Undurchdringlichkeit und Unverfügbarkeit eingeschlossen und befangen*. Alles, was über die Semierratik und die »ergänzenden« Organisationseffekte als unspezifisch-organismische Kennzeichen der Wahrnehmungsfunktion ausgesagt wurde, charakterisiert mithin auch die *besonderen Eigentümlichkeiten und Beschränktheiten der wahrnehmenden Erfassung gegenständlicher Bedeutungsmomente*[92]. Die mensch-

---

[92] Es muß für möglich gehalten werden, daß die Organisationseffekte in ihrer besonderen Ausprägung als Funktionseigentümlichkeiten der menschlichen Wahrnehmung überformt sind durch bestimmt geartete Momente der individuellen Aneignung von Gegenstandsbedeutungen. Die organisationsbedingten Überverdeutlichungen, Überakzentuierungen, Komplettierungen etc. samt den dadurch entstehenden »Täuschungen« dürften im Hinblick auf die Häufung gewisser figural-qualitativer Eigentümlichkeiten bei Arbeitsprodukten als Wahrnehmungsgegenständen besondere Ausrichtungen erfahren. Wirkliche Geraden, Ebenen, rechtwinklige Kanten, Kreisformen etc. kommen weniger »in der Natur« vor, sondern sind aus technischen Produktionsnotwendigkeiten entstandene Merkmale von durch Arbeit hergestellten Dingen; dies gilt z. B. auch für das Verhältnis zwischen vertikaler und horizontaler Ausdehnung, das je nach der Art der zu vergegenständlichenden Gebrauchswerte bestimmten objektiven Erfordernissen der Statik unterliegt. Demnach spricht vieles für die Annahme, daß die Zentrierung der Wahrnehmungsorganisation auf Überverdeutlichung, Komplettierung etc. von vorhandener Information in Richtung auf quasi »ideale« Gebilde (Geraden, Ebenen, Kreise, Senkrechte) durch die über die Tätigkeit vermittelte Aneignung figural-qualitativer Merkmale als Kennzeichen der Gegenstandsbedeutung produzierter Dinge verstärkt wird. Diese Annahme wäre, etwa durch vergleichend-ethnopsychologische

liche Wahrnehmung kann – wie ausgeführt – der Zurückgehaltenheit in organismisch bedingten Erkenntnisschranken deswegen nicht entkommen, weil sie gerade wegen ihrer Gerichtetheit auf die vom Menschen unabhängige stoffliche Außenwelt mit der notwendigen partiellen Undurchdringlichkeit und Unzugänglichkeit der wirklichen Dinge und des wirklichen menschlichen Körpers, der mit den Dingen in physicher Wechselwirkung steht, unausweichlich konfrontiert ist.

Die Funktion der Organisationseffekte, die zu ihrer evolutionären Herausbildung führte, die Verringerung der Zahl vital relevanter »Fehler« bei der Orientierung in der gegenständlichen Welt im Dienst einer angemesseneren Lokomotions- und Reaktionssteuerung (bei automatischer Entstehung von »Täuschungen«, wenn die Orientierungsaufgaben mit den Organisationstendenzen unvereinbar sind), *schließt so lange auch eine »Funktionalität« für die bedeutungsbezogene Wahrnehmung des Menschen ein, wie die Wahrnehmungstätigkeit der Steuerung von Lokomotionen und anderen motorischen Reaktionen innerhalb von gegenständlichen Einheiten der Außenwelt dient, deren Bedeutung sich in einfachen figural-qualitativen Merkmalen und Merkmalskomplexen ausdrückt und erschöpft.* – Die gegenständlichen Bedeutungsstrukturen der bürgerlichen Gesellschaft in ihrer historischen Bestimmtheit bestehen (wie im 7. Hauptteil aufgewiesen) aber keineswegs lediglich aus einfachen Gegebenheiten, deren gegenständliche Bedeutung in ihrer figural-qualitativen Beschaffenheit restlos und widerspruchsfrei aufgeht; wir haben es hier vielmehr mit *in sinnlicher Hülle erscheinenden komplex-widersprüchlichen sachlich-personalen Verhältnissen zu tun, die in vielfältigen Gebrochenheiten Ausdruck des Produktions- und Verwertungsprozesses der bürgerlichen Gesellschaftsformation sind.* Die menschliche Praxis erfordert nicht nur eine angemessene Orientierung zur Steuerung von lokomotorisch-motorischen Tätigkeiten, sondern eine *angemessene Erkenntnis der in sinnlicher Hülle vorliegenden sachlich-personalen gesellschaftlichen Verhältnisse der bürgerlichen Lebenswelt.* – In diesem Kontext ist die Rolle der sinnlichen Erkenntnis im Gesamt des menschlichen Erkenntnisprozesses weiter aufzuklären.

Die Organisationseffekte als unspezifisch-organismisches Moment der Wahrnehmungstätigkeit haben, gerade wegen – quasi als »Kehr-

Wahrnehmungsforschung, zu überprüfen. – Trotz derartiger möglicher Überformungen auf »menschlichem« Spezifitätsniveau haben wir – wie dargelegt – davon auszugehen, daß die Organisationseffekte sowohl ihrer Entstehung wie ihren wesentlichen Funktionen nach als ein gnostisches Charakteristikum der Wahrnehmung auf biologisch-organismischem Spezifitätsniveau betrachtet werden müssen.

seite« – *ihrer Funktionalität für die lokomotions- und reaktionsrelevante Orientierung in der gegenständlichen Welt*, im Zusammenhang mit der Aufgabe des *Begreifens sinnlich eingebundener Bedeutungsmomente bürgerlicher Lebensverhältnisse* unter bestimmten Bedingungen *eher das Verkennen als das Erkennen der Wirklichkeit zum Resultat*. – Während die unspezifisch-organismisch bedingte *Semierratik*, »Halbirrtümlichkeit« der Wahrnehmung, wie sie früher aufgewiesen wurde, für sich allein *nur zur Unsicherheit über die Beschaffenheit der Wirklichkeit führen würde*, führen die Organisationseffekte als unspezifisch-organismisches Kompensat der semierratischen Wahrnehmungsfunktion in bezug auf die gegenständlich bedeutungsvolle Lebenswelt der bürgerlichen Gesellschaft unter gewissen Voraussetzungen zu *falschen Evidenzen, zu Irrtümern mit der Qualität sinnlicher Gewißheit.* – Die als funktionaler Ausgleich der Semierratik entstandenen Organisationseffekte sind die Kennzeichen der Wahrnehmungstätigkeit, durch welche, wie früher in mannigfachen Zusammenhängen angedeutet, *objektive Scheinhaftigkeiten, Oberflächencharakteristika, Widersprüche, Verkehrungen der Lebenswelt in der bürgerlichen Gesellschaft in der sinnlich-anschaulichen Erfahrung als naturhaft-selbstverständliche Wirklichkeit gegeben sind.* – Dies ist nun näher auszuführen.

Die Modifikationen und Komplettierungen der gegenständlich-bedeutungsvollen Realität durch die Organisationstendenzen der Wahrnehmung haben – wie aus früheren Darlegungen hervorgeht – *phänomenal den gleichen Charakter unmittelbarer Wirklichkeitserfahrung wie die wahrnehmende Erfassung von Beschaffenheiten dieser Realität selbst.* Auch der »*Normalfall« der Funktionalität der Organisationseffekte für die lokomotorisch-motorische Orientierung ist von dem »Sonderfall« der Wahrnehmungstäuschung aufgrund der Erscheinungsweise in der Wahrnehmungswelt keineswegs in irgendeiner Hinsicht unterscheidbar.* »Geometrisch-optische Täuschungen« haben, wie aufgewiesen, die gleiche Wahrnehmungsevidenz wie für die Orientierung funktionale Organisationseffekte. Dies versteht sich daraus, daß in diesen beiden Fällen nur die gegenständliche Gliederung der realen Verhältnisse, an denen gewisse Momente erkannt werden sollen, unterschiedlich ist, *die dadurch ausgelösten Organisationsprozesse, die einmal zu funktionaler Angemessenheit, das andere Mal zur »Täuschung« führen, aber den gleichen Gesetzmäßigkeiten folgen, durch welche die sinnlich evidenten Überverdeutlichungen und Komplettierungen unter optimaler Informationsausschöpfung quasi automatisch mit »biologischer« Zwangsläufigkeit entstehen.*

Die Organisationseffekte sind als einbezogen in das unspezifisch-stoffliche Milieu der Wechselwirkung zwischen Organismus und Welt unterhalb des »menschlichen« Spezifitätsniveaus dem *Zugriff der Wahrnehmungsintention auf den wirklichen, gegenständlich-bedeutungsvollen Sachverhalt gegenüber nur sehr begrenzt zu unterwerfen.* – Dies gilt, wie aus den einschlägigen Experimenten hervorgeht, für die unterschiedlichen Organisationseffekte im Bereich der Orientierungs-Funktionalität. (Die Abhängigkeit der Wirksamkeit der »Gestaltgesetze« von den sachlichen Gegebenheiten im »Reizfeld«, damit die relative Unbeeinflußbarkeit der gestaltbedingten Gliederungseffekte durch die bewußt die Beachtung steuernde »Aufmerksamkeit«, lieferte eines der Hauptargumente der Gestalttheorie gegen »aufmerksamkeitstheoretische« Versuche einer Lösung des Problems der Wahrnehmungsorganisation; vgl. die berühmte Kontroverse zwischen Wolfgang *Köhler* und *G. E. Müller; Müller* 1923, 1926; *Köhler* 1925, 1926). Dies gilt demgemäß, und läßt sich hier besonders eindrucksvoll demonstrieren, auch dann, wenn die Organisationseffekte zu »optischen Täuschungen« führen. *Die Täuschungen in ihrer sinnlichen Evidenz sind durch die bewußte Intention des Wahrnehmenden zur Erfassung der wirklichen metrischen Gegebenheiten innerhalb der Täuschungsfiguren nur durch tätige Beachtungslenkung reduzierbar und stellen sich bei globaler Wahrnehmungseinstellung wie zwangsläufig immer wieder her* (wie man sich anhand der Zeichnungen auf S. 323 überzeugen möge). Es *nützt hier auch wenig,* wenn man *weiß,* daß z. B. die Strecken a und b in der *Müller-Lyer-*Figur metrisch gleich lang sind, und wenn man über mehr oder weniger angemessene Vorstellungen über das Zustandekommen der Täuschung verfügt. *Die Organisationseffekte, hier in ihrem Resultat als »Täuschung«, behalten* (wenngleich der Täuschungs*betrag* im Wahrnehmungsurteil in Abhängigkeit von der Wahrnehmungtätigkeit innerhalb gewisser Grenzen variabel ist) *prinzipiell ihren Charakter des unmittelbaren So-und-nicht-anders-Seins der sinnlich erfahrenen Wirklichkeit, ihre dem rationalen Zugriff entzogene »Natürlichkeit« und »Selbstverständlichkeit« wider jede bewußte Intention und wider jedes bessere Wissen.*

Da wir im gegenwärtigen Darstellungszusammenhang nicht mehr das Problem der biologischen Funktionalität der Organisationstendenzen, sondern das Problem der Besonderheiten und Beschränktheiten der Wahrnehmung im Gesamt des menschlichen Erkenntnisprozesses innerhalb der bürgerlichen Gesellschaft behandeln, müssen auch die durch die Organisationseffekte mit sinnlicher Evidenz gegebenen Modifikationen und Komplettierungen im neuen Kontext gesehen werden. Die »Überverdeutlichung der Abgehobenheit«, »Überhomogenisierung von Infeldern«, »Überakzentuierung der Geschlossenheit«, die verschiedenen Formen der Komplettierung etc., durch welche gegebene Merkmalskomplexe in Richtung auf reale, abgehobene, räumliche, solid-stoffliche Dinge modifiziert und ausgeschöpft werden, haben gerade in ihrer früher dargestellten biologischen Funktion der Reduzierung vital bedeutsamerer zugunsten vital weniger bedeutsamer Orientierungsfehler (vgl. S. 319 ff.) im Hinblick auf den Stellenwert der Wahrnehmung innerhalb des Erkenntnisprozesses eine »Kehrseite«: Die Überverdeutlichung der dinglichen Abgehobenheit und Geschlossenheit von Weltgegebenheiten heißt gleichzeitig eine *Überbetonung der Isoliertheit verschiedener Einheiten der gegenständlichen Welt voneinander, wobei auch die sinnlich eingebundenen Gegenstandsbedeutungen von dieser Überisolierung mitbetroffen sind.* Dies ergibt sich bei der Analyse jedes Teilprinzips der diskutierten Organisationseffekte, läßt sich aber auch hier besonders eindringlich an den »optischen Täuschungen« aufweisen. In Abhängigkeit von der Struktur der tatsächlich gegebenen, notwendig unvollkommenen Information ziehen sich im Wahrnehmungsfeld »automatisch« um bestimmte Zentren in ihrer dinglichen Geschlossenheit und Abgehobenheit überakzentuierte, isolierte Einheiten zusammen, die *quasi eine von der anderen »nichts zu wissen« scheinen.* »Die beiden Strecken der *Müller-Lyer*schen Täuschung ... sind weder gleich noch ungleich lang; denn zwingend ist diese Alternative nur in der Welt der Objektivität. Das Gesichtsfeld ist ein einzigartiges Milieu, in dem widersprüchliche Begriffe sich kreuzen, da Gegenstände in ihm – die *Müller-Lyer*schen Geraden z. B. – nicht auf den Boden des Seins gesetzt sind, auf dem ein Vergleich erst möglich wird, sondern jeder in *seinem* Zusammenhang begegnet, *als gehörten sie nicht zu derselben Welt*« (*Merleau-Ponty* 1966, S. 24; letzte Hervorh. *K. H.*).

Am Tatbestand der Überisolation sinnlich eingebundener Bedeutungseinheiten durch die Wahrnehmungsorganisation läßt sich die »Irrationalität« der der Gegenstandsintentionalität entzogenen scheinhaften Evidenz der Organisationseffekte in bestimmter Hinsicht noch verdeutlichen: Es gibt *in der sinnlichen Erfahrung kein übergreifendes Bezugssystem, an welchem die einzelnen Wahrnehmungsgegebenheiten auf konsistente und »einsichtige« Weise in ihrem Zusammenhang zueinander erkennbar wären.* So ist bereits die Feststellung, es handle sich bei den optischen Täuschungen um »Täuschungen«, kein autochthones Resultat sinnlicher Erfahrung, sondern setzt die gesellschaftliche Entwicklung des *Meßverfahrens als durch bewußte realabstraktive Herstellung von Invarianzen ermöglichte Methode der Erfassung metrisch streng vergleichbarer Erstreckungen objektiver Weltgegebenheiten voraus* (nur weil man die wirkliche Länge der *Müller-Lyer*-Geraden exakt messen kann, offenbart sich hier »Täuschungs«-Charakter der Wahrnehmung). Als bloß sinnlich erfahrene Gegebenheiten stehen die gegenständlichen Einheiten *unbeschadet ihrer objektiven Verfäl-*

schung durch Organisationseffekte und der Unvereinbarkeit ihrer phänomenalen mit ihrer metrischen Beziehung zueinander jede für sich in unangreifbar selbstverständlicher scheinhaft durch und durch »wirklicher Evidenz« da. – Der Erkenntnisvollzug, sofern er sich unmittelbar auf die Evidenzen der Wahrnehmung und Anschauung einläßt und gründet, enthält also durch die organismisch-biologische Verhaftetheit der Wahrnehmungsfunktion *gerade in der Gebundenheit an das »Sichtbare« notwendig ein Moment der Blindheit für objektive Zusammenhänge.*

Dies läßt sich weiter verdeutlichen, wenn man die zweite der früher herausgehobenen Grundeigenarten der Wahrnehmungsorganisation, die *optimale Ausschöpfung vorhandener sensorischer Information im Hinblick auf die Beschaffenheit der ganzen Wirklichkeit, auch in ihren vom jeweiligen Standort aus »unsichtbaren« Aspekten oder Ausschnitten*, mit in die Betrachtung nimmt. Gemäß dem evolutionären Ursprung und der biologischen Funktionalität auch dieses Momentes der Organisationstendenzen haben die gekennzeichneten *»amodalen« Phänomene, nicht sichtbaren »Rückseiten«*, sensorisch nicht repräsentierten scheinbaren Bewegungsursachen und Wirkungszusammenhänge, *dennoch volle Wahrnehmungsevidenz*. Vermeine ich, »zu sehen oder zu empfinden, *so sehe oder empfinde ich zweifellos, wie auch immer es mit dem äußeren Gegenstande stehen mag*. Hier erscheint die Wirklichkeit ganz und gar, *Wirklichsein und Erscheinen sind ein und daselbe, es gibt keine andere Wirklichkeit als die Erscheinung*« (Merleau-Ponty 1966, S. 342; Hervorh. K. H.). Für die sinnliche Erfahrung fallen die *»wirklichen« gegenständlichen Bedeutungsstrukturen und die erscheinenden Bedeutungsstrukturen zusammen*. Die Gegenstandsbedeutungen, mögen die Beschaffenheiten, in denen sie sich ausdrücken, nun tatsächlich vorhanden oder nur »komplettiert« bzw. unterlegt sein, erschöpfen sich gänzlich in ihrer Erscheinung, *haben als Eigenarten der »ganzen« Wirklichkeit die Qualität sinnlicher Gewißheit*.

Auch die Gestaltung der mit Wahrnehmungsevidenz erfahrenen ganzen Wirklichkeit durch die optimale Ausnutzung der tatsächlich vorhandenen Information offenbart im Blick auf ihren Stellenwert im Gesamt des Erkenntnisvollzuges die »Kehrseite« ihrer Funktionalität für die lokomotions- und reaktionsrelevante Orientierung: Die beim Vorliegen bestimmter Eigenarten und/oder Veränderungsformen von Merkmalskomplexen als Interpolation oder Extrapolation der gegebenen Information ausgelösten Organisationseffekte der Ergänzungsreihen, Bewegungs- und Wirkungszusammenhänge führen als solche zu einer *zwangsläufig-»automatischen« Kurzschlüssigkeit und Oberflächenhaftigkeit sinnlich evidenter Beziehungen*. Die voneinander isolierten gegenständlichen Einheiten stehen, bei Gegebensein entsprechender

Merkmalskomplexe, *für die sinnliche Erfahrung in einem Netz von Zusammenhängen als »sparsamste« Resultanten der vorhandenen Information*, wobei jedes neue Informationsmoment zu der jeweils minimalen notwendigen Veränderung des Zusammenhangsgeflechts in Richtung auf optimale Informationsausnutzung führt. Die so wahrgenommenen Zusammenhänge sind *keine falsche, sondern eine oberflächliche Kennzeichnung der Wirklichkeit*. Sofern die wahrzunehmende Realität vorwiegend aus äußerlich miteinander kovariierenden und aufeinander einwirkenden gegenständlichen Einheiten besteht, wird mit der für lokomotorisch-motorische Reaktionen funktionalen sparsamsten Ausnutzung vorhandener Information im Hinblick auf Bewegungs- und Wirkungszusammenhänge diese Realität global im ganzen richtig getroffen. Sofern in der Realität der menschlichen Lebenswelt der bürgerlichen Gesellschaft in sinnlicher Hülle komplex-widersprüchliche sachlich-personale Verhältnisse verborgen sind, *verschwinden für die Wahrnehmung die wesentlichen objektiven Zusammenhänge in der glatten Oberfläche der sinnlichen Gewißheit eines nach dem Modus des Sichtbaren konstituierten Gesamts tatsächlicher Eigenschaften und Beziehungen der Wirklichkeit.*

Wir haben jetzt den Stand unserer Gedankenführung erreicht, von dem aus die bei der Auseinanderlegung der Wahrnehmungstätigkeit in ihrer Bestimmtheit durch die bürgerliche Gesellschaft (7. Hauptteil) jeweils auf konkrete Bedeutungsmomente bezogenen mannigfachen Explikationen von Beschränktheiten der Wahrnehmung – ihrer Unmöglichkeit, den gesellschaftlichen Schein als solchen zu erfahren, ihrer widerspruchseliminierenden Funktion, ihrer Befangenheit in der »Natürlichkeit« der Verkehrtheit gesellschaftlicher Verhältnisse als individuell verursacht, ihrer Auffassung zufälliger, sinnwidriger, chaotischer, absurder menschlicher Lebensumstände als selbstverständlich-naturhafte Ordnungen – von umfassenderen gnoseologischen Zusammenhängen her begreiflich sind. Wir verstehen nun, daß durch die mit der Eigenart ihrer positiven Erkenntnismöglichkeiten unauflöslich verschränkten funktionalen Besonderheiten der Wahrnehmung auf organismischem Spezifitätsniveau: *ihrer in »Kompensation« der geschilderten Semierratik naturgeschichtlich entstandenen Organisationstendenzen, eine primär sinnlich-anschauliche Erkenntnis der wesentlichen Bestimmungen bürgerlicher Lebenswirklichkeit prinzipiell ausgeschlossen ist.*

Die Oberflächenerscheinungen der bürgerlichen Gesellschaft, in denen die wirklichen gesellschaftlichen Bewegungen verdinglicht, zerrissen, verkürzt, verkehrt, durchdrungen und überdeckt von einer Vielzahl sich überkreuzender Nebenbedingungen enthalten sind, werden durch die sinnliche Erfahrung zu einer hintergrundslosen, hermetischen, massiven »Wirklichkeit«, deren Bedeutung in ihrer Sichtbarkeit voll aufgeht, in der jeder Tatbestand den anderen erschöpfend erklärt. Innerhalb einer solchen Welt des »Naheliegenden«, des »Sich-von-selbst-Verstehens« der Phänomene, ist der *Schein als objektives Charakteristikum gesellschaftlicher Wirklichkeit*, der Schein der Versachlichung menschlicher Beziehungen im Warenfetisch etwa, der Schein der Bezahlung der Arbeit statt der Arbeitskraft im Arbeitslohn, oder der Schein der Selbstverwertung des Kapitals, *niemals erkennbar*. Die Wahrnehmung kennt *nicht den objektiven Schein*, sondern nur den *Irrtum als Mangel des wahrnehmenden Subjekts und/oder der zufälligen Wahrnehmungsumstände*. Der Wahrnehmungsirrtum stellt sich jedesmal in einem späteren Stadium der Wahrnehmungstätigkeit heraus: Erst *glaubte* ich, es sei... nun *sehe* ich, es ist... Mit der Überwindung des Irrtums ist die volle Evidenz und Endgültigkeit der unmittelbaren sinnlichen Erfahrung der nach dem Modus des Sichtbaren gestalteten ganzen Wirklichkeit in ihrer vordergründigen Klarheit und Ordnung, wo alles seinen »natürlichen« Platz hat und seine »natürliche« Erklärung findet, gefestigt und bestätigt.

Demgemäß sind *Widersprüche* als Einheit des Gegensätzlichen in der objektiven gesellschaftlichen Bewegung, wie der Widerspruch zwischen Gebrauchswert und Wert, zwischen konkret-nützlicher und abstraktmenschlicher Arbeit etc. (die von uns jedesmal am Ort genau expliziert worden sind) *niemals möglicher Bestandteil der Wirklichkeit, soweit sie primär sinnlich erfaßbar ist*. Die Wahrnehmung in ihren Organisationstendenzen geht auf Eindeutigkeit, Abgehobenheit, Geschlossenheit: Dies Ding ist *entweder* dies *oder* das. Durch die Überisolation von gegenständlichen Einheiten, die sich in der wahrgenommenen Welt »nicht umeinander kümmern«, die Zerreißung von objektiven Zusammenhängen und ggf. die Stiftung von Oberflächenbeziehungen als sparsamsten Resultanten der sensorisch gegebenen Information ist »Wahrnehmung« als Zusammenhangsblindheit (im früher geschilderten Sinne) gleichzeitig auch und notwendig *Widerspruchsblindheit*. *Objektive Widersprüche gesellschaftlicher Verhältnisse werden in der Wahrnehmung nicht als solche erkennbar und damit in ihrer Wirklichkeit nicht anerkannt, sondern Widersprüche werden als ein »subjektiver« Mangel der Wahrnehmungsweise aus der sinnlichen Erfahrung ferngehalten bzw. eliminiert*. Die Übervereindeutigung der gegenständlichen Gliederung der Welt ist gerade wegen ihrer Funktionalität für die lokomotions- und reaktionsrelevante *Orientierung* mit einer *sinnlichen* Erkenntnis der objektiven Widersprüche bürgerlicher Lebensverhältnisse unvereinbar.

Im Medium der sinnlichen Erfahrung, in der die Welt gemäß den Organisationstendenzen der Wahrnehmung modifiziert und komplettiert ist, müssen die *gesellschaftlichen Beziehungen des Menschen mit unaufhebbarer Evidenz als nach dem jeweiligen Einzelfall konstituiert erscheinen. Der einzelne, sinnlich präsente Mensch als Objekt von Einflüssen, Träger von Eigenschaften und Subjekt von Aktivitäten, in seiner aktuellen Beziehung zu anderen einzelnen, sinnlich präsenten Menschen ist für die Wahrnehmung und Anschauung notwendig eine unhintergehbare Letztheit;* hierin ist sozusagen das *sinnliche Merkmalsmuster gegeben, nach welchem »automatisch« unter optimaler Informationsausnutzung, Stiftung sparsamster Resultanten, die gesellschaftlichen Verhältnisse komplettierend aufgebaut werden,* wobei das so konstruierte Beziehungsgeflecht *auch außerhalb der Sphäre des Sichtbaren nach Art des »amodal Gegebenen« Wahrnehmungsevidenz hat.* So müssen auch die früher ausführlich analysierten *»sozialen Unterschiede«* für die sinnliche Erfahrung als *Aufsummierung von Unterschieden vieler einzelner Menschen hinsichtlich der auf sie ausgeübten Einflüsse, der ihnen zukommenden Eigenschaften und der von ihnen ausgeführten Aktivitäten erscheinen.* Die Frage, woher die unterschiedlichen Einflüsse, Eigenschaften, Aktivitäten der vielen einzelnen Menschen kommen, wird in der Sphäre des Anschaulichen, in welcher der einzelne Mensch nicht Zu-Erklärendes, sondern letzter Erklärungsgrund ist, zirkulär in die Frage nach dem individuellen Schicksal, der persönlichen Eigenart etc. des einzelnen umgebogen (wobei es, wie früher dargelegt, in diesem Kontext keinen Unterschied macht, ob extern attribuierend die äußeren Einflüsse auf den einzelnen oder intern attribuierend seine ihm zukommenden Fähigkeiten betont werden). Die aufgewiesene *Verhaftetheit der interpersonalen Wahrnehmung und Anschauung im Bereich von »Beispiel« und »Gegenbeispiel«, die Selbstverständlichkeit und »Natürlichkeit« des verkehrten Verhältnisses, in welchem die klassen- und schichtspezifische Eigenart der menschlichen Subjektivität nicht als (über die Aneignung vermittelter) resultativer Ausdruck der bürgerlichen Gesellschaftsformation, sondern als deren naturhafte »Ursache« erscheint,* der gesellschaftliche Mensch also quasi zur *causa sui* wird, sind aus dem Zusammenhang der in vielfältigen Aspekten aufgewiesenen Beschränktheit der sinnlichen Erfahrung durch die unspezifischen Wahrnehmungscharakteristika der Semierratik und der Organisationseffekte zu verstehen.

Durch die sinnliche Erfahrung organisiert sich die Alltagswelt des Menschen in der bürgerlichen Gesellschaft zu einer festgefügten, überschaubaren, fraglosen Ordnung, bei der man stets »weiß, woran man ist«, die sich mit der vordergründig-alltäglichen Praxis, in der der Mensch »wie ein Fisch im Wasser« schwimmt, nahtlos zusammenfügt. – Die biologische Funktionalität der Wahrnehmung, durch Überverdeutlichung gegenständlicher Einheiten und optimale Ausnutzung der vorhandenen Information vital bedeutsame Fehler bei der lokomotions- und reaktionsrelevanten Orientierung weniger wahrscheinlich zu machen, gewinnt im Hinblick auf die sinnliche Erfahrung der bürgerlichen Lebenswelt in sich etwas Widersprüchliches: Die Organisationseffekte der Wahrnehmung haben sich in der Evolution herausgebildet, weil sie über die tatsächlich für den Organismus gegebene Information hinaus durch überakzentuierende Heraushebung und »Vereinfachung« der dinglichen Gliederung und des stofflichen Wirkungszusammenhanges die *sensorische Auffassung der Welt, wenn auch nicht immer in den einzelnen Beschaffenheiten, so doch im Prinzip, der bewußtseinsunabhängigen Realität der objektiven Außenwelt annäherten. Der Typus der durch die Organisationseffekte überverdeutlichten Ordnung entspricht hier dem Typus der gegenständlichen Ordnung der Realität selbst* (und bedingt so eine Erhöhung der Überlebenswahrscheinlichkeit der Organismen-Population). – Die Organisation der sinnlichen Erfahrung führt indessen dann nicht zu einem Gewinn, sondern zu einer Einbuße an Wirklichkeitserkenntnis, wenn nicht die notwendig unvollkommene, lückenhafte, halbirrtümliche sensorische Information in Richtung auf die Grundbeschaffenheiten einer als solcher eindeutigen, gegliederten dinglichen Realität, die es zu erfassen gilt, modifiziert und komplettiert wird, sondern wenn die bürgerliche Lebenswelt mit ihren in sinnlicher Hülle gegebenen historisch gewordenen Scheinhaftigkeiten, Widersprüchlichkeiten, Verkehrtheiten, mit Bewegungsformen, die sich dem Menschen gegenüber als mehr oder weniger chaotische, irrationale, sich überkreuzende, dem Zugriff der Vernunft sich immer wieder entziehende Prozesse verselbständigt haben, zum Gegenstand der sinnlichen Erfahrung wird. *Hier entspricht der Typus der zu erkennenden Wirklichkeit nicht dem Typus der durch die Wahrnehmungsorganisation überakzentuierten Eigenschaften der Realität. Die »Weisheit« der evolutionären Entwicklung der Orientierung, in welcher die Semierratik der sensorischen Information auf funktionale Weise in den Organisationseffekten kompensiert wird, verfängt nicht mehr gegenüber einer Realität, die als solche ihrem Wesen nach durch »Semierratik« und immer nur unzureichend eingedämmtes Chaos gekennzeichnet ist.* Die Ordnung, Vereindeutigung, sparsamste Durchstrukturierung der bürgerlichen Lebenswelt durch die sinnliche Erfahrung führt hinsichtlich der wesentlichen Bestimmungen nicht an die gesellschaftliche Wirklichkeit heran, sondern von der Wirklichkeit hinweg, fördert nicht das Erkennen, sondern befestigt das Verkennen der vielfältigen Erscheinungsformen des bürgerlichen Lebens in ihrer Geprägtheit durch die kapitalistische Gesellschaftsstruktur.

Wie ist aber die Tatsache, daß die Wahrnehmung hier gegen den Augenschein durchgesetzt werden muß, mit der Tatsache zu vereinen, daß der Augenschein der sinnlichen Erfahrung die einzige Basis der Erkenntnis der objektiven Realität der Außenwelt in ihrer wirklichen Beschaffenheit darstellt, daß wir auf den Augenschein – auch da, wo wir ihm nicht trauen können – dennoch im Erkenntnisprozeß unentrinnbar angewiesen sind?

8.2 Anschauliches und »problemlösendes« Denken: Orientierende Erkenntnistätigkeit

Da in bloß sinnlicher Erkenntnis durch ihre Verhaftetheit im undurchdringlichen Milieu der Wechselwirkung zwischen Wahrnehmendem und dem stofflich anwesenden Außenwelt-Ding, ihrer besonderen Art der Semierratik und den daraus erwachsenen Organisationstendenzen, die Wirklichkeit bürgerlicher Lebensverhältnisse unausweichlich in ihren wesentlichen Bestimmungen verfehlt werden muß, ist für ein angemessenes Begreifen der Lage des Menschen unter kapitalistischen Produktionsbedingungen ein *Erkenntnisprozeß vorausgesetzt, der sich auf bestimmte Weise aus den Befangenheiten der unmittelbaren »Wahrnehmungs-Evidenzen« löst*. Während die Wahrnehmung durch ihre Zurückgehaltenheit in der unspezifisch-organismischen Funktionalität für die lokomotions- und reaktionsrelevante Orientierung den Beschränktheiten der Halbirrtümlichkeit und der Organisationseffekte grundsätzlich nicht entgehen kann, besteht für das präsenzentbundene »Denken«, wie es früher phänographisch charakterisiert wurde (vgl. S. 32 ff.), *beim gegenwärtigen Stand gesellschaftlicher Entwicklung* prinzipiell die *Möglichkeit*, durch den *»Bruch mit dem Unmittelbaren« (Merleau-Ponty 1966, S. 343) die komplex-widersprüchlichen Realzusammenhänge bürgerlicher Lebenswirklichkeit im Erkennen zu reproduzieren*. Ein Denken, das nach dem Muster der Wahrnehmung geschieht, das sich als *anschauliches Denken im Unmittelbaren* einrichtet, das sich als solches von den gleichen *Organisationsprinzipien* leiten läßt, in denen die Wahrnehmung verhaftet ist, das allein auf die Bewältigung von *Orientierungsaufgaben* der Alltagspraxis des Menschen abzielt, erlegt sich also *faktisch Beschränktheiten lediglich sinnlicher Erkenntnis auf, denen es der funktionalen Möglichkeit nach nicht unterworfen ist*: anschauliches Denken *verschließt sich gegenüber der Wirklichkeit der bürgerlichen Gesellschaft in ihrer historischen Bestimmtheit, obwohl die Erkenntnis dieser Wirklichkeit im historischen Entwicklungsgang der kapitalistischen Gesellschaftsformation nicht nur möglich, sondern als Erkenntnis des Proletariats und seiner Verbündeten gesamtgesellschaftlich notwendig geworden ist* (vgl. S. 237 f.). – In einem Erkenntnisprozeß, der den gesellschaftlichen Möglichkeiten und

Notwendigkeiten der Erkenntnis entspricht, müssen die Unvereinbarkeiten zwischen sinnlicher Evidenz und wirklicher Struktureigenart bürgerlicher Lebensverhältnisse reflektierbar und auf ihre Bedingungen zurückführbar sein. Nur so gewinnt die sinnliche Erfahrung ihren angemessenen Stellenwert im Ganzen des Erkenntnisvollzugs. Die sinnlichen Gewißheiten, durch welche die realen Scheinhaftigkeiten, Widersprüche, Verkehrtheiten, chaotischen Bewegungsformen der bürgerlichen Gesellschaft den Charakter selbstverständlicher, natürlicher, unabänderlicher Lebensordnungen gewinnen, werden dann zwar in der Anschauung nicht auflösbar, können aber im Denken als Barrieren einer durch die Erkenntnis gesamtgesellschaftlicher Notwendigkeiten geleiteten gesellschaftlichen Praxis begriffen werden. – Die Voraussetzungen für die Möglichkeit einer solchen erkenntnisgeleiteten Praxis entstehen allerdings keineswegs *nur* in der individuellen Anstrengung zu richtiger denkender Erfassung bürgerlicher Lebensverhältnisse, was noch deutlich werden wird.

Wir gehen davon aus, daß im gegenwärtigen Zustand unserer Gesellschaft *anschauliches Denken ein wesentliches Charakteristikum der Denkweise des Menschen im täglichen Leben darstellt* (wobei wir die Unbestimmtheit dieser Feststellung und die mangelnde Präzision der Bezeichnung »tägliches Leben« in Kauf nehmen). Die gesellschaftliche Wirklichkeit, wie sie sinnlicher Erfahrung und anschaulichem Denken im täglichen Leben gegeben ist, entspricht weitgehend dem, was *Kosik* als *»Pseudokonkretheit«* und *»utilitaristische Praxis«* deskriptiv herausgehoben hat:

»Die unmittelbare utilitaristische Praxis und das ihr entsprechende geläufige Denken ermöglichen es ... dem Menschen, sich in der Welt auszukennen, sich mit den Sachen bekannt zu machen und mit ihnen zu manipulieren, führen ihn aber nicht zum Begreifen der Sachen und der Wirklichkeit. Marx kann deshalb sagen, daß in den Erscheinungsformen, die den inneren Zusammenhängen entfremdet und in dieser Isoliertheit völlig unsinnig sind, die praktischen Träger der Verhältnisse sich ebenso daheim fühlen wie ein Fisch im Wasser. In dem, was durch und durch widersprüchlich ist, liegt für sie nichts Rätselhaftes, sie nehmen keinen Anstoß an der Verkehrung von Rationalem und Irrationalem« (*Kosik* 1967, S. 8). »Der Komplex der Erscheinungen, die die alltägliche Umgebung und die geläufige Atmosphäre des menschlichen Lebens ausfüllen und durch ihre *Regelmäßigkeit, Unmittelbarkeit und Selbstverständlichkeit,* mit der sie in das Bewußtsein der handelnden Individuen treten, den *Schein der Selbständigkeit und Natürlichkeit erlangen,* ist die Welt der *Pseudokonkretheit* ... Dazu gehören: die Welt der äußeren Erscheinungen, die sich an der Oberfläche der wirklichen, wesentlichen Prozesse abspielen; die Welt der Versorgung und Manipulation, d. h. die zum Fetisch erhobene Praxis des Menschen (die mit der revolutionär-kritischen Praxis der Menschheit nicht identisch ist); die Welt der geläufigen Vorstellungen, die eine Projektion der äußeren Erscheinungen in das Bewußtsein der Menschen und ein Gebilde der fetischisierenden Praxis, ideologische Formen ihrer Bewegung sind; die Welt der fixierten Objekte, die den Eindruck natürlicher Bedingungen machen und nicht unmittelbar als Ergebnisse der gesellschaftlichen Tätigkeit des Menschen erkennbar sind« (a.a.O., S. 9).

Die richtige Explikation und Erforschung des menschlichen Denkens als Wirklichkeitserfassung erfordert einen Ansatz, der zwar die sinnliche Erfahrung und das anschauliche Denken in sich einschließt, von dem aus aber auch verständlich zu machen ist, auf welche Weise und unter welchen Bedingungen für die denkende Erkenntnis die Möglichkeit besteht, die Befangenheiten der Anschaulichkeit zu durchdringen und damit den Standpunkt der Pseudokonkretheit in Richtung auf das Begreifen der wesentlichen Realzusammenhänge bürgerlicher Lebensverhältnisse zu überwinden. – Ein solcher Ansatz ist *von vornherein verfehlt, wenn man,* wie in bestimmten Bereichen der bürgerlichen Psychologie, *die Gesetzmäßigkeiten der Wahrnehmung und des Denkens nach den gleichen theoretischen Prinzipien erklären will,* höchstens graduelle, aber keine qualitativen Unterschiede zwischen Wahrnehmung und Denken anerkennt.

Die *Gestalttheorie* und aus ihr abgeleitete Konzeptionen kommen – wie dargelegt (S. 310 ff.) – zu einer falschen Bestimmung des Stellenwertes der Organisationseffekte im Prozeß sinnlicher Erkenntnis, da sie die Gestaltprinzipien als *konstituierende Momente* der wahrnehmenden Wirklichkeitserfassung und nicht als Modifizierung und Komplettierung unvollkommen erkannter Merkmalskomplexe in Richtung auf die Reduzierung von lokomotions- und reaktionsrelevanten Fehlern bei der Orientierung in der Gegenstandswelt betrachten. Damit ist eine *agnostizistische Position* eingenommen, die die Wahrnehmung als sinnliche *Erkenntnis* objektiver Eigenschaften der Realität nicht begreiflich machen kann. – Die Gestalttheorie versteht sich nun keineswegs lediglich als Wahrnehmungslehre, sondern hat den Anspruch, eine psychologische Universaltheorie zu sein. Demgemäß soll *nicht nur die Wahrnehmung, sondern auch das Denken in seiner Eigenart und seinem Verlauf mit Hilfe der »Gestaltprinzipien« erklärbar zu machen sein.* Hauptvertreter der gestaltpsychologischen Denktheorie, die eine Reihe von Nachfolgern gefunden haben, sind *Wertheimer* (1964) und – mit einer differenzierteren und weniger dogmatischen Vorgehensweise – *Duncker* (1966).

Damit ist der ästhetisierende Agnostizismus der Gestaltpsychologie auch auf die Theorie des Denkens ausgedehnt. *Wertheimer* stellt als Resümee seiner experimentellen Analysen des Denkvorganges fest, er habe etwas gefunden,

Anschauliches und problemlösendes Denken: Orientierende Erkenntnis 339

das »*echte, schöne, saubere, unmittelbare, produktive Denkvorgänge*« genannt werden dürfe (1945, S. 219; Hervorh. *K. H.*). »Meine These ist, daß nichts anderes als die strukturellen Eigentümlichkeiten« der Sache »mit ihrer besonderen konkreten Natur es sind, die die Vektoren, damit ihre Richtung, Qualität, Stärke hervorbringen, die ihrerseits zu den Schritten und Operationen führen, die dynamisch zu den Forderungen der Sache passen. Diese Entwicklung ist bestimmt durch das sogenannte *Prägnanz-Prinzip, durch die Tendenz zur guten Gestalt, durch die verschiedenen Gestaltgesetze*« (a.a.O., S. 225; Hervorh. *K. H.*). – Die »Sache«, von der nach *Wertheimers* Meinung das Denken geleitet ist, wird keinesfalls als Bestandteil der historisch gewordenen, bedeutungsvollen Lebenswelt des gesellschaftlichen Menschen, die es zu begreifen gilt, betrachtet, sondern als Inbegriff von in bestimmter Hinsicht unvollständigen formalen Aufgabenstrukturen, die gemäß ihrer jeweils besonderen Gliederung zwangsläufig gewisse von den »Feldkräften« abhängige Organisationsprozesse im Sinne der Gestalttendenzen auslösen. Wie durch solche Gestaltprinzipien im Denken eine Erkenntnis wirklicher Sachverhalte möglich sein kann, wie man begründen will, daß in der Tendenz zur »Prägnanz«, zur »guten Gestalt« etc. sich das Denken der objektiven Realität, die es zu erfassen gilt, anmißt, diese Frage wird hier nicht gesehen. *Brunswik* hat die subjektivistisch-agnostizistische Fehlkonzeption, den »Ästhetizismus« der gestaltpsychologischen Wahrnehmungslehre scharf herausgehoben: »Retouching of form may beautify the world, and it may be helpful in other ways; at the same time it is inaccurate, and it *cannot in and by itself reconstruct environmental realities* ... Tendency toward geometric regularity and good form does not in essence go beyond the tradition of the study of *subjestivistic illusion* ... The dynamic interaction in a closed brain field which is assumed to underlie the tendency toward prägnanz amounts to a kind of self-sufficient encapsulation of the perceptual system« (1949/50, S. 56; Hervorh. *K. H.*). Der Agnostizismus, die subjektiv-idealistische (»machistische«) Grundauffassung der Gestaltpsychologie erfahren ihre Zuspitzung, indem auch das Denken nicht als Möglichkeit erkennender Wirklichkeitserfassung durch den Menschen begriffen, sondern als bloßes Resultat von automatisch wirkenden, auf »Prägnanz« gerichteten Feldkräften mißdeutet wird.

Wertheimer und besonders *Duncker* leisten scharfsinnige und erhellende empirische Deskriptionen und Analysen von Denkvorgängen. Falsch ist nur die allgemeine Interpretation ihrer Resultate durch die »Gestaltprinzipien«. Wo das Denken gemäß den Gestaltprinzipien zu verlaufen scheint, *handelt es sich um bloß analoge Vorgänge aufgrund der Besonderheit der gestellten Aufgabe*. Bei Problemen der gedanklichen Vereinfachung, Komplettierung vorgegebener Konstruktionen, mathematischen Reihen etc. mag es so *scheinen*, als ob der Lösungsweg hier gemäß der Prägnanz-Tendenz verläuft. Bei genauerem Hinsehen zeigt sich jedoch, daß die Befunde *Wertheimers* und *Dunckers durchgehend gegen die Annahme eines Wirksamseins von Gestaltprinzipien bei sachangemessenem Denken* sprechen. Die vielfältigen Akte der Explikation, Umstrukturierung, Neugliederung, Aussonderung und In-Beziehung-Setzung, Erprobung und Verwerfung, Analyse und Synthese, die die hier beschriebenen Wege zu richtigen Problemlösungen kennzeichnen, wären *in ihrem Zustandekommen völlig unverständlich, wenn das Denken tatsächlich durch prägnanzgerichtete Feldkräfte, die sich notwendig aus der figuralen Struktur der Aufgabe ergeben, determiniert wäre.*

Wertheimers und Dunckers denkpsychologische Untersuchungen sind, entgegen der Absicht und Auffassung der Autoren, Belege dafür, daß bereits mit Bezug auf einfache mathematische, praktisch-manipulatorische etc. Aufgaben die Denkprozesse, die zu richtigen Ergebnissen führen, *das Problem unabhängig von den Organisationstendenzen, und gegebenenfalls sogar gegen diese Tendenzen, gedanklich rekonstruieren und entfalten müssen.* Statt einer hier nicht zu leistenden ausführlichen Dokumentation dieser Tatsache sei nur darauf hingewiesen, daß *Duncker* mit dem Konzept der *»Gebundenheit des Denkmaterials«* (1966, S. 102 ff.) selbst unvermerkt zu einer Interpretation seiner empirischen Befunde gelangt, in welcher die *Behinderung* des Denkens durch Organisationseffekte verschiedener Art deutlich wird. Hier kommt, wenn auch nicht explizit, so doch eindeutig zum Ausdruck, daß unter bestimmten Umständen, nämlich *wenn durch die Gestalttendenzen sachlich Zusammengehörendes isoliert ist, wesentliche Beziehungen überdeckt sind, falsche Einheitsbildungen sinnlich evident auftreten, die Gestaltprinzipien eine angemessene Strukturierung des Problems und damit richtige Lösung der Aufgabe erschweren oder unmöglich machen.* Damit soll natürlich nicht geleugnet werden, daß es – gerade *bei einfachen lebenspraktischen Orientierungsproblemen* – häufig auch zu organisationsbedingten Modifikationen und Komplettierungen kommt, die eine denkende Problembewältigung erleichtern. Wenn indessen die Organisationseffekte beim Vorliegen gewisser Bedingungen zu Behinderungen und Verfälschungen des Denkens führen können, so ist es *wissenschaftlich falsch, den Prozeß denkenden Erkennens als solchen unter Bezug auf die Organisationseffekte, etwa die »Gestaltgesetze«, erklären zu wollen.* Es ist vielmehr eine umfassendere theoretische Konzeption über die Eigenart individueller Erkenntnisprozesse nötig, aus der herleitbar ist, *bei welchen Arten von zu erkennenden Wirklichkeitsstrukturen und bei welcher Art von »Aufgaben« die Organisationstendenzen mit dem denkenden Erkennen konkordant sind, und bei welchen Wirklichkeitsstrukturen und »Aufgaben« die Organisationstendenzen in Richtung auf Verkennungen und Verblendungen hinsichtlich wesentlicher Züge realer Verhältnisse wirken, so daß sich die gedankliche Realitätserfassung gegen die Organisationseffekte durchsetzen muß.* – Eine solche Konzeption ist von uns im vorigen Kapitel entwickelt worden und soll im folgenden noch weiter verdeutlicht werden.

Unter den Ablegern und Ausläufern der Gestalttheorie ist eine Gruppe von theoretischen Ansätzen innerhalb der bestehenden Sozialpsychologie zu besonderer Bedeutung gelangt, die sich mehr oder weniger eindeutig aus der *Lewin*schen Feldtheorie herleiten und die man mit dem Sammelnamen *»Theorien der kognitiven Konsistenz«* bezeichnet.

In diesen Theorien geht man von der Grundannahme aus, daß der Mensch eine Tendenz zur Reduzierung von Inkonsistenzen zwischen verschiedenen Urteilen, zwischen emotionalen und kognitiven Momenten, zwischen unterschiedlichen kognitiven Momenten etc. hat, also auf einen Zustand des *Gleich-*

Anschauliches und problemlösendes Denken: Orientierende Erkenntnis 341

gewichts, der Ausgewogenheit, der Harmonie innerhalb der Person bzw. in der Beziehung zwischen Person und Welt gerichtet ist. Konsistenz-Theorien gibt es in mannigfachen Versionen und Varianten, die viele Hunderte von Experimenten mit uneinheitlichen und widersprüchlichen Ergebnissen nach sich zogen, wodurch die Einführung einer Vielzahl von Modifikationen, Rahmenbedingungen, Einschränkungen der theoretischen Annahmen nötig wurden, die aber keineswegs zu einer größeren Einheitlichkeit der experimentellen Befunde geführt haben (einen umfassenden Überblick über den Zustand konsistenztheoretischer Forschung geben *Abelson, Aronson* et al. 1968). Eine eingehendere Darstellung der Konsistenztheorien ist hier weder möglich noch nötig.

Die bekannteste und am meisten überprüfte Konsistenztheorie ist die Theorie der »*kognitiven Dissonanz*« von *Festinger* (zuerst 1957). In dem Konstruktum der »kognitiven Dissonanz« sind dem Subjekt gegebene Unvereinbarkeiten zwischen verschiedenen kognitiven Elementen, etwa der kognitiven Repräsentation von realen Ereignissen, eigenen Handlungen, eigenen Meinungen, eigenen Äußerungen, eigenen »Motiven« etc. gemeint; in der Theorie wird generell angenommen, daß das Individuum die Tendenz hat, die Dissonanzen zu reduzieren, wobei allmählich immer genauere Hypothesen über die jeweiligen Bedingungen der Art und des Ausmaßes der Dissonanz-Reduktion formuliert und geprüft wurden. Besonders wichtige Fragestellungen wurden behandelt in den Untersuchungen zur Dissonanz-Reduktion bei »forced compliance« (erzwungenem öffentlichen Eintreten für einen Standpunkt, den das Individuum nicht einnimmt), zur Reduktion der »Nach-Entscheidungs-Dissonanz« (z. B. der subjektiven Eliminierung oder Umdeutung solcher Argumente, die für die nicht gewählte andere Alternative gesprochen hätten) und über Änderungen physiologisch meßbarer »Motivations«-Parameter in Verringerung der Dissonanz zu nicht modifizierbaren kognitiven Variablen (Übersicht bei *Brehm & Cohen* 1962, zum letzten Problem vgl. bes. *Zimbardo* 1969). – Die experimentellen Daten zur Überprüfung der Dissonanz-Theorie sind, wie die der anderen Konsistenz-Theorien, uneinheitlich und wenig überzeugend. Es bleibt abzuwarten, welchen Erfolg die verschiedenen eingeschlagenen Strategien zur Verteidigung der Theorie durch Definition von Rahmenbedingungen bzw. Ausweitung des Anwendungsbereichs haben werden (vgl. *Irle* 1970).

Um zu Einschätzungen darüber zu gelangen, welchen wissenschaftlichen Stellenwert die Konsistenz-Theorien, besonders die Dissonanz-Theorie, haben könnten, und wie man hier zu einheitlicheren wissenschaftlichen Konzeptionen und eindeutigeren empirischen Befunden gelangen könnte, ist es nötig, sich den allgemeinen Charakter dieser Theorien zu verdeutlichen. – Die entscheidende Eigenart der Konsistenz-Theorie besteht darin, daß die hier untersuchten kognitiven Prozesse nicht auf das Erkennen der Wirklichkeit gerichtet sind, sondern zu einer Wirklichkeitsverkennung führen. Die Theorien der kognitiven Konsistenz sind *Theorien über Bedingungen der Realitätsausklammerung in menschlichem Denken*. *Irle* hat dies für einen bestimmten Aspekt der Dissonanz-Theorie klar ausgesprochen: »Diese Theorie ... erklärt, wie Menschen gegenüber sich und der sozialen Umwelt ihr Gesicht wahren können: Interne und externe Realität wird so weit verzerrt, daß eine Entscheidung nachher doch richtig ist« (1970, S. 84). Da das Streben nach Konsistenz, Ausgewogenheit, Harmonie im Denken global als Denkprozeß nach dem Modus der Organisationstendenzen gekennzeichnet werden kann, sind die konsistenztheoretischen Ansätze und Befunde *Hinweise auf Verfälschungen der Wirklichkeitserkenntnis durch ein Denken, das sich nach Art des anschaulichen Denkens den Organisationseffekten überläßt.* In den Konsistenz-Theorien wird an gewissen Konstellationen aufgewiesen, unter welchen Umständen Menschen *Widersprüchlichkeiten verschiedener Momente ihrer Lebenstätigkeit, Widersprüchlichkeiten zwischen bestimmten erkannten Welttatbeständen und eigenem Verhalten oder Meinen, Widersprüchlichkeiten zwischen Weltgegebenheiten, die Rückwirkungen für die eigene Lebensführung haben müßten etc. in organisationsgeleitetem Denken eliminieren, sich unter Realitätsverlust eine harmonisierte, ausgewogene Selbst- und Weltansicht schaffen.* Die von *Brunswik* herausgehobene »*Einkapselung*« eines durch Prägnanztendenzen etc. geleiteten Kognizierens wäre in diesem Zusammenhang nicht mehr Charakteristikum einer verfehlten subjektivistischen Theorie des Erkennens, sondern Charakteristikum der menschlichen Wirklichkeitsverfehlung als *Gegenstand* psychologischer Forschung. Insoweit liegt in den Konsistenz-Theorien ein wichtiger, weiterführender Ansatz.

Die bisherige konsistenztheoretische Forschung macht indessen den Fehler, das Streben nach Konsistenz als eine allgemeinmenschliche Tendenz anzusehen, gleichviel, ob dabei das Konsistenzstreben mehr als »biologischer« Trieb oder mehr als kulturell gelernt betrachtet wird. *Wirklichkeitsverfälschung erscheint so als ein normales menschliches Verhalten.* Die Frage wird so gesehen, wie wohl in der Naturgeschichte der »Trieb« zur falschen Weltauffassung sich herausgebildet haben könnte bzw. wie die Lebenserhaltung einer »Kultur« möglich sein kann, die von ihren Mitgliedern das Erlernen von Tendenzen zur Realitätsausklammerung als allgemeine Technik der Lebensbewältigung abfordert.

Der genannte Fehler ist Symptom einer umfassenderen Fehlkonzeption, die die Konsistenz-Theorien als Ansätze bürgerlicher Psychologie generell kennzeichnet. Der Mensch erscheint hier als abstrakter Ursprung von möglichem Konsistenzstreben bzw. möglicher Dissonanzreduktion als unabhängiger Variablen, und die Forschung sieht sich vor der Aufgabe, durch ein immer engeres Netz von im Experiment einzuführenden abhängigen Variablen herauszufinden, unter welchen Bedingungen »der« Mensch tatsächlich Konsistenztendenzen zeigt bzw. Dissonanz reduziert. Diese Aufgabe ist ebenso sinnleer wie uferlos. – Man hat zuvörderst in Rechnung zu stellen, daß, wie ausführlich dargestellt, die hier untersuchten kognitiven Prozesse in Wirklichkeit funktionale Eigenarten der Erkenntnisweise des Menschen in der bürgerlichen Gesellschaft, damit resultativer Ausdruck der Aneignung von Bedeutungsmomenten bürgerlicher Lebensverhältnisse vom Standort einer bestimmten Klasse und Schicht sind. Danach stellt sich das Problem der »kognitiven Konsistenz« auf andere Weise: Es ist zu fragen, *warum bzw. unter welchen Bedingungen Menschen einer jeweils bestimmten Klassen- und Schichtzugehörigkeit in der bürgerlichen Gesellschaft nicht zu einer angemessenen Erkenntnis der widerspruchsvoll-komplexen Realität bürgerlicher Lebensverhältnisse und ihrer eigenen, durch Aneignung von Strukturmomenten der bürgerlichen Ge-*

sellschaft geprägten widersprüchlich-komplexen personalen Eigenarten kommen, sondern in anschauungsnahem Denken sich eine widerspruchsfrei-ausgewogene harmonisierte Welt- und Selbstsicht schaffen, in welcher wesentliche Charakteristika der Lebenswelt und der eigenen Person in ihrer Geprägtheit durch die kapitalistischen Produktionsbedingungen verzerrt oder ausgeklammert sind. In einer so angesetzten »konsistenztheoretischen« Forschung wären die kognizierten Inhalte nicht mehr gleichgültig. Man könnte nicht mehr davon ausgehen, daß es keinen Unterschied macht, ob man z. B. kognitive Dissonanzen dadurch erzeugt, daß man Vpn. zunächst durch Belohnung dazu bringt, eigentlich nicht gemochte Gemüsesorten dennoch im Experiment zu essen und die Vpn. danach mit der Tatsache konfrontiert, daß man den vollzogenen Verzehr des Gemüses an die Familie weitergemeldet habe (vgl. Brehm 1959), oder dadurch, daß man unter gewissen Vorspiegelungen Vpn. dazu veranlaßt, einen langweiligen Versuch der folgenden »Vp.« als interessant und fesselnd darzustellen (vgl. *Festinger & Carlsmith* 1959) etc. Die Tendenzen zur harmonisierenden Verkennung der gesellschaftlichen Wirklichkeit in Abhängigkeit von der konkreten Lebenslage eines Menschen können nur dann angemessen theoretisch und empirisch erfaßt werden, *wenn man die inhaltliche Eigenart der verfälschten oder ausgeklammerten Wirklichkeitsbereiche in ihrer Beziehung zu den klassen- und schichtbedingten Interessen und Perspektiven (i. w. S.) der kognizierenden Menschen expliziert.* In dieser Ausweitung berührt sich der konsistenztheoretische Ansatz mit generellen Fragestellungen dieses Hauptteils, worauf später in umfassenderen Zusammenhängen zurückzukommen ist.

Durch die Diskussion der Wirkung von »Gestaltprinzipien« bzw. »Konsistenz«-Tendenzen innerhalb des Denkprozesses hat sich die aus unserer theoretischen Erklärung der Wahrnehmungsorganisation hergeleitete Auffassung verdeutlicht, daß die Überwindbarkeit von Begrenzungen und Befangenheiten sinnlicher Erkenntnis durch denkendes Erkennen mit Bezug auf Organisationstendenzen (im von uns dargelegten Sinne) nicht verständlich zu machen ist. Die These ist bekräftigt worden, daß im auf Geschlossenheit, Einheitlichkeit, Einfachheit etc. gerichteten »organisierenden« Denken *die Möglichkeiten, in der Distanz denkenden Erkennens die Verhaftetheiten des Erkenntnisprozesses in den vordergründigen Evidenzen bloß »anschaulichen« Wirklichkeitsbezuges zu überwinden, gerade nicht genutzt sind.* **Die Organisationstendenzen im Denken führen bei bestimmten Wirklichkeitskonstellationen zu für eine Problembewältigung »günstigen« Gliederungen, bei anderen Wirklichkeitskonstellationen führen sie – wie bei dem Phänomen der »Gebundenheit des Denkmaterials«, besonders aber an den durch die konsistenztheoretische Forschung erbrachten Befunden deutlich wird – zu systematischen Realitätsverfälschungen:** *In keinem Falle aber ermöglichen sie ein begreifendes Durchdringen der Pseudokonkretheit einer durch die utilitaristische Praxis des Menschen be-*

stimmten Alltagswelt. Vielmehr ist das »organisierend«-anschauliche Denken gerade ein charakteristisches Moment des *fraglosen Sich-zurecht-Findens in einer unbegriffenen Wirklichkeit*[93].
Wenn es gilt, die Möglichkeiten denkenden Erkennens herauszuarbeiten, durch welche die Beschränktheiten bloß sinnlicher Erkenntnis überwindbar sein können, so ist es unangemessen, gerade solche Eigenarten des Denkens zu explizieren, die den Organisationstendenzen der Wahrnehmung entsprechen. Die Organisationseffekte sind es – wie aufgewiesen – ja gerade, durch welche als »Kehrseite« der Funktionalität für die lokomotions- und reaktionsrelevante Orientierung jene sinnlichen Evidenzen entstehen, die die Scheinhaftigkeiten, Widersprüchlichkeiten, Verkehrtheiten, chaotischen Bewegungsformen bürgerlicher Lebensverhältnisse als fraglos-selbstverständliche, »natürliche« Ordnungen befestigen. Wir haben uns den ausführlich dargelegten Umstand zu vergegenwärtigen, daß die Organisationseffekte nicht die sinnliche Erkenntnis konstituieren, sondern lediglich die »funktionale« Ergänzung einer Wahrnehmungstätigkeit darstellen, *die, wenn auch mit charakteristischen Unvollkommenheiten und Ungenauigkeiten, eine Erfassung gegenständlicher Welttatbestände ermöglicht*. Die Wahrnehmungstätigkeit enthält – wie unter dem Terminus »Beobachtungscharakter« hervorgehoben (vgl. S. 31 f.) bestimmte *bedingungsanalytische Momente, Möglichkeiten des kompensatorischen In-Rechnung-Stellens* von dem Gegenstand äußerlichen Zusatzbedingungen, der *Optimierung von Wahrnehmungsbedingungen* etc. (vgl. S. 30 ff. und S. 307 ff.), *durch welche die Grenzen bloß passiven Aufnehmens durch gezielte Untersuchungsaktivitäten bis zu einem gewissen Grade in Richtung auf die Erfassung der wirklichen Weltbeschaffenheiten ausgedehnt werden können*. Es sind die trotz der bedingungsanalytischen Beobachtungstätigkeit unüberwindlichen, als »Semierratik« dargestellten, Begrenztheiten und Zurückgehaltenheiten der Gegenstandsintention in der sinnlichen Erkenntnis, an denen man ansetzen muß, um abhebend die Möglichkeiten denkender Erkenntnis, *die über die Mög-*

---

[93] Es ist hervorzuheben, daß, wenn von »organisierendem« anschaulichem Denken die Rede ist, der Begriff der Organisationseffekte hier nicht mehr in seiner ursprünglichen Bedeutung von Modifikationen und Komplettierungen der sinnlichen Erfahrung als unspezifisch-organismischer Funktionseigenart der Wahrnehmung in Richtung auf eine Reduktion von lokomotions- und reaktionsrelevanten Orientierungsfehlern verstanden wird. Organisierendes Denken ist vielmehr lediglich als Denken, sofern es – cum grano salis – *nach dem Modus der Organisationseffekte* verläuft, zu verstehen. Der Organisationseinschlag ist keine generelle funktionale Eigenart des denkenden Erkennens, sondern kennzeichnet gerade den Mangel eines vollen Zur-Geltung-Bringens der Erkenntnismöglichkeiten des Denkens gegenüber bloß sinnlichem Erkennen (wobei über die »Funktionalität« eines solchen Mangels noch zu sprechen sein wird).

lichkeiten sinnlicher Erkenntnis grundsätzlich hinausgehen, schrittweise herauszuarbeiten. Gerade jene Leistungsfähigkeiten des Denkens müssen auf den Begriff gebracht werden, durch die das denkende Erkennen, anders als die sinnliche Komponente des Erkennens, sich von den Organisationseffekten als »funktionalen« Ergänzungen der Semierratik sinnlicher Orientierung distanzieren kann.

Der Versuch, Gemeinsamkeiten und Unterschiede zwischen Wahrnehmung und Denken durch Verdeutlichung der Möglichkeiten und Grenzen der bedingungsanalytisch-kompensatorischen Wahrnehmungstätigkeit und der Weise der Überschreitung solcher Grenzen durch die Denkfähigkeit aufzuweisen, wird von *Piaget* unternommen, der dabei einen individualgeschichtlichen Ansatz der Herausbildung von Denkformen wachsender Strukturhöhe aus den frühesten, sensomotorisch eingebundenen Orientierungsleistungen verfolgt.

Das Denken ist, wie früher in der phänographischen Darlegung aufgewiesen (S. 33 f.) und historisch expliziert (S. 154 ff.), insofern eine entwickeltere Form menschlichen Erkennens, als es anders als das Wahrnehmen weder an die sinnliche Anwesenheit der Gegenstände noch an die stoffliche Affektation sensibler Bereiche der Körperoberfläche, noch auch an einen bestimmten räumlichen Standort, von dem aus die Gegenstände in jeweils begrenzter Perspektive gegeben sind, gebunden ist, sondern in Prozessen *symbolischer Repräsentation* der Wirklichkeit abläuft. Präsenzentbundenheit und Repräsentanz sind die notwendigen Voraussetzungen für die wesentlichen Leistungsmöglichkeiten der Denktätigkeit, wie *Piaget* sie heraushebt.

Piaget kommt zu einer Charakterisierung der Stufen der individualgeschichtlichen Entfaltung des logischen Denkens, indem er von einem idealisierten Endzustand »formaler Operationen« als Inbegriff hypothetico-deduktiven Argumentierens mittels beweglich-umkehrbarer Relationsgefüge ausgeht, wobei die inhaltlichen Voraussetzungen der Argumentation akzeptiert oder verworfen werden können und die Relationsgefüge ihrerseits Momente beweglich umkehrbarer Beziehungen höherer Ordnung sind. Das empirisch-individuelle Denken in seiner Entwicklung wird sodann in seiner jeweils besonderen Begrenztheit als vom Endzustand mehr oder weniger weit entfernte Vorstufe, in der erst Teilmomente, aber noch nicht alle Bestimmungen der »formalen Operationen« erfüllt sind, aufgefaßt (vgl. etwa *Piaget* 1972).

Entscheidendes Charakteristikum des Entwickeltheitsgrades des logischen Denkens ist für *Piaget* die Umkehrbarkeit, »*Reversibilität*« von Denkoperationen, die gleichzeitig eine *Invarianz* von Bestimmungen innerhalb voll beweglicher geistiger Strukturen bedeutet. Die voll entfaltete logische Reversibilität im Sinne *Piagets* ist – nach Formulierung von *Seiler* – »die bewußte Möglichkeit ... logische Operationen durch ihre strikte Umkehrung wieder aufzuheben. Darum ist die Reversibilität Grundlage und Voraussetzung aller logischer Denkoperationen. Ohne Reversibilität sind keine rationalen Schlüsse, keine komplexen Koordinationen, keine logischen Gruppierungen, keine notwendige Kohärenz und keine Einsicht möglich... Sie ist Kriterium für Widerspruchsfreiheit und logische Notwendigkeit, und umgekehrt ist das Kriterium für das Vorhandensein von Reversibilität die Tatsache, daß Begriffe und Begriffssysteme innerlich widerspruchsfrei und logisch notwendig sind. Diese Aussagen sind nicht kontradiktorisch, weil in der logischen Analyse Reversibilität und Widerspruchsfreiheit (logische Notwendigkeit) nur die zwei Aspekte ein und desselben Phänomens darstellen, d. h. schlechterdings dasselbe bedeuten... Die Reversibilität unterscheidet... einsichtige und zwingende Denkoperationen von bildhaften und inkonsequenten Denkvorgängen. Damit ist die logische Reversibilität gleichzeitig auch notwendige Bedingung und konstitutive Eigenschaft eines jeden logischen Gleichgewichtssystems« (*Seiler* 1968, S. 54). – »Die ganze Entwicklung der Intelligenz... ist als eine Einbahnentwicklung aufzufassen, die auf ein mobiles Endgleichgewicht hinsteuert, das eben von dieser reversiblen Komposition gebildet wird... Die Entdeckung der logischen inversen Operationen ist also das Resultat der Entwicklung der mentalen Reversibilität« (*Piaget* 1950, S. 210, zitiert nach *Seilers* Übersetzung, 1968, S. 50). Während das menschliche Denken, bevor es das Stadium der vollen Reversibilität erlangt hat, von empirisch-kausalen Momenten abhängig ist, erreicht es mit der logischen Reversibilität die implikative Ebene von Denkstrukturen... »sie verwandelt die trägen Handlungen in trägheitslose Operationen, für die nur noch eine implikative Analyse in Frage kommt« (*Seiler* 1968, S. 50). – Die in die logische Reversibilität eingeschlossene *Invarianz* von Denkstrukturen ist als Inbegriff eindeutiger kompensatorischer Zuordnungen innerhalb beweglicher logischer Systeme zu verstehen (eine einfache Invarianz ist etwa der Flächeninhalt eines Rechtecks als Produkt der beiden Seitenlängen; *Piaget* ist der individuellen Entwicklung von Invarianzen verschiedener Art und der Herausbildung von invariant-reversiblen Operationen wachsender Strukturhöhe in ausführlichen theoretischen und empirischen Analysen nachgegangen).

Die als »Beobachtungscharakter« der Wahrnehmungstätigkeit herausgehobenen bedingungsanalytisch-kompensatorischen Akte des In-Rechnung-Stellens von den Dingeigenschaften »äußerlichen« Faktoren, der Optimierung von Wahrnehmungsbedingungen etc. *sind unter diesem Aspekt als unvollkommene Vorform der reversibel-invarianten Denkstrukturen zu verstehen.* Durch die Trägheit der an die stoffliche Wechselwirkung zwischen Wahrnehmendem und Wahrnehmungsgegenstand gebundenen Beobachtungstätigkeit (vgl. dazu etwa S. 307 ff.), sind in der Wahrnehmung lediglich grob angenäherte Umkehrungen und Kompensationen möglich. Bei der Größenkonstanz z. B. wird in der wahrnehmenden Auffassung der Dinggröße die wechselnde Entfernung nicht absolut, sondern immer nur angenähert, »semierratisch«, in Rechnung gestellt. Demgemäß ist das Verhältnis zwischen Größe und Entfernung hier ebenfalls nur angenähert invariant. *Die volle Reversibilität und Invarianz ist nicht durch die in das undurchdringliche, der Verfügung partiell entzogene, visköse Medium sinnlicher Präsenz und stofflicher Wechselwirkung eingebundene Wahrnehmungstätigkeit, sondern erst durch die von der Gegenwärtigkeit zur Vergegenwärtigung, von der Präsenz zur Repräsentation fortgeschrittene Denktätigkeit zu erreichen.* – Erkenntnisprozesse, in denen noch keine völlige Reversibilität und damit keine absolute Invarianz von Koordinationen er-

Anschauliches und problemlösendes Denken: Orientierende Erkenntnis 347

langt werden kann, nennt *Piaget* »*Regulationen*«: »They are to be concieved of as partial compensations or partial returns to the starting point, with compensatory adjustments accompanying changes in the direction of the original activity. Such regulations are found in the sensori-motor field (perceptions etc.) and they come more and more to govern the representations preceding the operational level« (*Piaget* 1953, S. 46 f.). – Das *Verhältnis der gnostischen Leistungsmöglichkeiten der Wahrnehmungstätigkeit und der Denktätigkeit* wäre also in dieser Sicht als das Verhältnis zwischen lediglich unvollkommen und angenähert reversiblen und invarianten, damit unkontrollierten Einflüssen und Gegebenheitszufällen etc. unterworfenen semierratischen *Regulationen* und absolut reversiblen und invarianten, ausschließlich durch logische Notwendigkeiten bestimmten *Operationen,* die als formale Operationen ihre volle Ausprägung erreicht haben, zu kennzeichnen (weitere Darlegungen über das Verhältnis zwischen Wahrnehmung und Denken vgl. etwa *Piaget* 1972, S. 61 ff.).

Mit der Herausarbeitung des Aspektes der *reversiblen* »*Operationen*« hat *Piaget* ein wesentliches Charakteristikum denkenden Erkennens, durch welches die Befangenheiten bloß sinnlicher Erfahrung und anschaulichen Denkens potentiell überwindbar sind, auf den Begriff gebracht. *Weitertreibende Erkenntnis zur Erfassung immer wesentlicherer Bestimmungen der Wirklichkeit enthält tatsächlich zwingend die Tendenz zur repräsentationalen Aneignung der Realität in reversiblen, innerlich widerspruchsfreien, logisch notwendigen Gedankenentwicklungen,* was später noch genauer dargelegt wird. – Der Unterschied zwischen *Piagets* Ansatz, die Möglichkeiten menschlichen Denkens nach der Strukturhöhe der Operationen zu bestimmen, und den Versuchen der Gestalttheorie, die Denkleistungen als »Gestaltprinzipien« entspringend aufzuweisen, muß mit aller Deutlichkeit gesehen werden. Die Gestalttendenzen implizieren keineswegs Reversibilität, sondern gehen vielmehr auf einen von den jeweiligen Merkmalskonstellationen bzw. Aufgabenstrukturen determinierten Endzustand eines durch die Verteilung der Feldkräfte bedingten Status optimaler Gestaltetheit. Von der »guten Gestalt«, der »Prägnanz« etc. führt sozusagen »kein Weg zurück«. Wenn *Piaget* von reversibel-invarianten Denkstrukturen als »Gleichgewichtssystemen« spricht, so bedeutet dies mithin etwas gänzlich anderes als die Rede der Gestalttheoretiker von den Gestalten als Ergebnis des »Gleichgewichts« von Feldkräften. Die »Gleichgewichtszustände« der Gestalttheoretiker sind Resultanten des Kräfteausgleichs im Feld gemäß seiner jeweiligen Struktur. Jeder Feldstruktur entspricht dabei ein einziger starrer Gleichgewichtszustand, die jeweils »prägnanteste« Gliederung. »Gleichgewichtssysteme« im Sinne von *Piaget* sind reversible Denkstrukturen, die insofern »gleichgewichtig« sind, als in logischen Relationsgefügen verschiedene Variablen einander eindeutig-kompensatorisch zugeordnet sind (so daß, was in der einen Variablen «weggenommen», der anderen präzise hinzugefügt ist). – Da die Gestaltprinzipien die Möglichkeit reversibler Denkstrukturen nicht zu erklären vermögen, Gestaltprozesse vielmehr in ihrer einsinnigen Gerichtetheit nur als Hemmnisse der Entstehung reversibler Operationen wirksam werden können, leistet die Gestaltpsychologie – wie dargelegt – keinen Beitrag zum Verständnis der Leistungsmöglichkeiten des die Anschaulichkeit tendenziell transzendierenden menschlichen Denkens.

Im Zusammenhang mit unserer Interpretation der Organisationseffekte, also auch der Gestaltprinzipien, als unspezifisch-funktionale Eigenarten der lokomotions- und reaktionsrelevanten Orientierung, durch welche menschliches Denken in bestimmten Befangenheiten der bloß sinnlichen Erfahrung und Anschaulichkeit zurückgehalten wird, ergibt sich aus unseren letzten Überlegungen die Konsequenz, daß *in dem Aufweis der Möglichkeiten denkenden Erkennens zu Gedankenentwicklungen als reversiblen, logisch notwendigen Operationen in bestimmten Hinsichten auch die Möglichkeit zur Überwindung von durch die Organisationseffekte bedingten Beschränktheiten anschauungsgebundenen Erkennens verständlich wird.* – Operationsgeleitetes, auf logische Notwendigkeit gehendes Denken impliziert stets ein Moment der *Distanzierung von der sinnlich evidenten, durch die Überverdeutlichungen, Überisolierungen, optimalen Informationsausnutzungen etc. der Organisationstendenzen entstandenen anschaulichen Gliederung der Wirklichkeitserfahrung.* Reversible Denkbewegungen haben sich von der scheinhaften Selbstverständlichkeit und Endgültigkeit einer bestimmten anschaulichen Ordnung der Realität gelöst; die Invarianz der jeweils durch die organisationsbedingten Ergänzungen der Realitätsstruktur entstandenen fixierten Einheitenbildungen, Abgrenzungen, Relationen ist durch die übergeordnete Invarianz von reversiblen Denkoperationen zwar nicht aufhebbar, aber *unter dem Aspekt logischer Notwendigkeiten als eine bloß zufällige »empirische« Konstellation, als ein besonderer Anwendungsfall zwingender logischer Ableitungsgefüge zu bestimmen.* (Eine »rechteckige« Form – um ein einfaches Beispiel für das Gemeinte zu geben – ist als Anschauungsding unter dem Einfluß der Organisationseffekte – Prägnanztendenzen, Komplettierungen, Entzerrungen etc. – in Abhängigkeit von den Merkmalskonstellationen des Wahrnehmungsfeldes immer in Richtung auf ein bestimmtes Gebilde mit einem fixierten Verhältnis der Seiten zueinander überverdeutlicht und abgehoben. Sofern im operationsgeleiteten Denken in Distanzierung von der anschaulich-konkreten Gliederung des Wahrnehmungsfeldes der »Flächeninhalt« eines Rechtecks als Invarianz des reversibel-kompensatorischen Produktes der beiden

Seitenlängen begriffen worden ist, wird das anschaulich gegebene »Rechteck« in seinem jeweils fixierten Seitenverhältnis als zufällig-empirische Ausprägungsform des gedanklichen Typus »Rechteck« erfaßbar. Das durch die sinnliche Erfahrung »festgelegte« anschauliche Denken wäre damit hier in beweglich-reversibles operatives Denken überführt.)

Der Umstand, daß menschliches Denken, sofern es der Möglichkeit nach die Befangenheiten bloßer Anschaulichkeit überwinden kann, auf Widerspruchsfreiheit, logische Notwendigkeit gerichtetes operatives Denken ist, *darf nicht zu dem Fehlschluß führen, die Herstellung reversibler Operationen sei sozusagen der Zweck des Denkens. Ebenso falsch ist es, die individualgeschichtliche Entwicklung des Denkens so zu deuten, als ob dabei das über verschiedene Vorstufen gehende Erreichen der Strukturhöhe der »formalen Operationen« als selbständiges Entwicklungsziel begriffen werden dürfte.* – Die funktionale Charakteristik des Denkens als eines Teilmoments des menschlichen Erkenntnisprozesses ist – wie aus unserer Gesamtargumentation hervorgeht – *die gnostische Erfassung immer wesentlicherer Züge der Wirklichkeit im Zusammenhang der Lebenstätigkeit des Menschen.* Die immer vollkommenere Verfügung über reversible operative Denkstrukturen ist nicht *Zweck* des Denkens, sondern *Mittel* einer der Möglichkeit nach immer adäquateren Wirklichkeitserfassung in denkendem Erkennen. Ebenso ist die individualgeschichtliche Herausbildung von Operationen wachsender Strukturhöhe bis hin zu den formalen Operationen zwar bestimmt gearteter Ausdruck einer Entwicklung der Möglichkeiten des Individuums, durch Lösung aus den Begrenzungen und Befangenheiten bloß regulatorischer Bedingungsanalysen und organisationsbedingter Gliederung anschaulicher Erfahrung zu immer angemessenerer Wirklichkeitserkenntnis zu gelangen, keinesfalls aber identisch mit dieser Erkenntnis-Entwicklung selbst.

Piaget hat die »logizistische« Fehldeutung, die Operationen seien nicht Mittel der Wirklichkeitserkenntnis, sondern trügen quasi ihren Zweck in sich selbst, mindestens nicht klar zurückgewiesen. Aus manchen seiner Formulierungen scheint hervorzugehen, daß er das Denken nicht in seiner Wirklichkeitsbezogenheit, sondern lediglich in seinem »Bei-sich-Sein«, seinen formalen Struktureigenarten, verstehen kann. Diese unangemessene Verkürzung findet in *Piagets* empirischen Untersuchungen Scheinbestätigungen von einer Art, wie sie in der bestehenden Psychologie nicht selten sind. *Piaget* konstruierte die in den Experimenten benutzten Aufgaben gemäß seiner Theorie so, daß das Verhalten der Vpn. (Kinder verschiedener Altersstufen) immer nur zwei Arten von »Daten« liefern konnte: entweder das Erreichen oder das Nichterreichen von Operationen einer bestimmten Strukturhöhe. Das »Denken« der Vpn. war also hier notwendig auf die Dimension der Operationen unterschiedlicher Strukturhöhe beschränkt; demnach konnte sich auch die Entwicklung des Denkens nicht anders darstellen denn als Folge von operativen Möglichkeiten wachsender Strukturhöhe. Andere Aspekte des Denkens und der Denkentwicklung als der Aspekt der Operationen (mit ihren regulatorischen Vorformen) waren durch die Versuchsanordnung ausgeschlossen, so daß die zu gewinnenden Ergebnisse nur das zeitliche Zueinander des Erreichens der verschiedenen operativen Möglichkeiten im Entwicklungsgang betrafen, aber nicht der in der experimentellen Konstellation vergegenständlichten Auffassung von der Natur des Denkens und seiner Entwicklung widerstreiten konnten. Sofern der Schritt der »theoriegemäßen Realitätsgestaltung« im psychologischen Experiment nicht selbst in der Theorie mitreflektiert wird, kommt man in die Gefahr, den untersuchten Teilaspekt mit dem ganzen Phänomen zu konfundieren. – Eine genauere Analyse des methodischen Vorgehens in *Piagets* Experimenten ist hier nicht möglich.

Das Gerichtetsein auf Widerspruchsfreiheit, logische Stringenz reversibler Gleichgewichtssysteme ist eine *notwendige, aber keine hinreichende Charakterisierung* der Erkenntnismöglichkeiten des Denkens. Das denkende Erkennen ist mit dem Hinweis auf seinen operativen Charakter *unterbestimmt*. – Anders ausgedrückt: Die Heraushebung der logischen Operationen betrifft nicht das Denken im ganzen, sondern stellt *lediglich die abstraktive Kennzeichnung einer bestimmten »Seite« des Denkprozesses* dar. Durch die Herausarbeitung der reversiblen Operationen ist nur dann ein Beitrag zum Verständnis menschlichen Denkens geleistet, wenn man die Operationen nicht mit den Prozessen denkenden Erkennens in ihren konkreten Beschaffenheiten verwechselt. Andernfalls ist der Weg zur richtigen Bestimmung des Denkens von vornherein verstellt. – Die von uns in diesem Hauptteil zu diskutierende Frage, wie man die Voraussetzungen zu spezifizieren habe, unter denen in denkendem Erkennen die Befangenheit in bloßer Anschaulichkeit so überwunden werden kann, daß die Pseudokonkretheit des Alltagslebens in Richtung auf die Erfassung der wesentlichen Züge der Lebenswelt der bürgerlichen Gesellschaft explizierbar ist, und welcher Stellenwert dabei der sinnlichen Erkenntnis zukommt, *ist mit der Einsicht, daß ein solches Denken das Streben nach Reversibilität und Invarianz, damit Widerspruchsfreiheit im Sinne logischer Notwendigkeit einschließen muß, zwar um einen Schritt vorangetrieben, aber keineswegs schon hinreichend geklärt.* Wir müssen herauszuarbeiten suchen, *auf welche Weise und unter welchen Bedingungen operatives Denken tatsächlich zur Wirklichkeitserkenntnis, insbesondere der Erkenntnis der komplex-widersprüchlichen Wirklichkeit bürgerlicher Lebensverhältnisse, führen kann.*

Anschauliches und problemlösendes Denken: Orientierende Erkenntnis 351

In der bürgerlichen Denkpsychologie nimmt die Frage nach den *Bedingungen und Prozessen richtigen, fruchtbaren, schöpferischen Denkens* breiten Raum ein. Die einschlägige Forschung steht dabei in mehr oder weniger engem Zusammenhang mit praktischen Anliegen, besonders dem Streben, das »Denken« im pädagogischen Bereich auf möglichst wirksame Weise »lehrbar« zu machen, dem Bemühen, herauszufinden, wie man das Denken so beeinflussen kann, daß es in höherem Maße für die Produktion technologisch verwertbare Resultate erbringt, und auch mit der Entwicklung von Verfahren zur »Messung« der individuellen Denkkapazität (»Intelligenz«) z. B. im Interesse der Auslese bzw. des effektiven Einsatzes von Arbeitskräften. Ein Ansatz der in gewisser Weise eine Schlüsselstellung innerhalb dieser Art denkpsychologischer Forschung einnimmt, ist das Konzept des *»problem solving«*, des »Problemlösens«. Der Prozeß des »Problemlösens« wird dabei nicht nur als Paradigma für die Bedingungen und den Verlauf erfolgreicher Denkvorgänge als solcher genommen, sondern z. B. auch als theoretisches Modell zur Erklärung der Bewältigung »sozialer« Situationen, so der Bewältigung der Situation des »Unterrichtens« durch den Lehrer in der Schulklasse (*Turner* u. a. 1963), und zur Charakterisierung von Denkverläufen in Gruppen (»group problem solving« vgl. *Kelley & Thibaut* 1969) herangezogen. Wir müssen (in gebotener Kürze) zu klären versuchen, welche Konsequenzen sich aus dem Ansatz des »Problemlösens« für die Entwicklung unserer Fragestellung ergeben.

Für die denkpsychologische Forschung, sofern sie nicht, wie die »Würzburger Schule«, mehr deskriptive Ziele hatte, war der Denkprozeß, wie er faktisch untersucht wurde, von Anfang an mehr oder weniger eindeutig der Prozeß, der zur Lösung oder auch zur Lösungsverfehlung von logischen, mathematischen oder praktischen Denkaufgaben führte, die der Experimentator den Vpn. stellte. Dies gilt, wie dargelegt, für die Arbeiten *Piagets*; dies gilt auch für die gestaltpsychologisch beeinflußte Denkforschung, wie sie mit *Wertheimer* und *Duncker* begann und über *N. R. F. Maier* (von 1930 an, Lit. vgl. *Maier* 1945; s. a. *Maier* 1960) in bald modifizierter Form innerhalb der amerikanischen Psychologie Fuß faßte. Die Verschärfung denkpsychologischer Ansätze zum ausdrücklichen und programmatischen Konzept des »problem solving« erfolgte indessen unter dem Einfluß funktionalistisch-pragmatistischer Strömungen, die in den Behaviorismus verschiedener Spielarten samt seiner kognitionstheoretischen Weiterbildung in neuester Zeit übergingen. – Ein frühes Zeugnis der pragmatistischen Sicht auf das Denken ist das zuerst 1909 erschienene Buch von *Dewey*, »How we think« (dt. Ausg. 1951), das jahrzehntelang bevorzugtes Textbuch an Colleges und Universitäten war und die amerikanische Denkforschung direkt oder indirekt nachhaltig beeinflußte. Bezeichnend für *Deweys* Auffassung ist die Hervorhebung des *instrumentellen Charakters des Denkens*: Das Denken ist in dieser Sicht seiner Natur nach nicht in erster Linie auf Reflexion und Gewinnung von Einsichten gerichtet, sondern ein *Instrument zur praktischen Bewältigung von Problemen in der Alltagswelt*. Diese Auffassung ist auf dem Hintergrund pragmatistischer Philosophie zu sehen: »*Dewey* bevorzugt die Bezeichnung ›Instrumentalismus‹ für seine Philosophie, damit hervorhebend, daß der Geist als ein *Instrument im biologischen und sozialen Wettbewerb dient*. Bei aller Verfeinerung dieser Position, besonders in den logischen und ethischen Schriften, hat *Dewey* an der funktionellen Rolle des Denkens festgehalten, dessen ›natürlicher‹ Ursprung für identisch mit seinem Zwecke gehalten wird. ›*The brain is primarily an organ of a certain kind of behavior, not of knowing the world*‹.« (*Deuel*, in *Dewey* 1951, S. X; Hervorh. *K. H.*). *Deweys* Denktheorie ist demgemäß eine Theorie der *Denkschulung*, in die Fehlerquellen des Denkens aufgewiesen, die Stufen, in denen man vom ersten Auftauchen einer Schwierigkeit an über ihre genaue Abgrenzung, vorläufige Hypothesen hinsichtlich ihrer Natur, Prüfung empirischen Materials, gedankliche Analyse und abschließende Bestätigung schließlich zur Lösung vordringt, herausgehoben werden etc. Lebenspraktisches und wissenschaftliches Denken sind dabei für *Dewey* lediglich dem Grade nach verschieden, wobei auch die Wissenschaft instrumentalistisch als nicht primär auf Erkenntnis, sondern als auf praktische Lebensbewältigung in verbesserter und wirkungsvollerer Form gerichtet aufgefaßt wird.

Neuere Entwicklungen der Psychologie des »Problemlösens« sind – außer durch die genannten Einflüsse der Gestalttheorie und der Lehre *Piagets* (in mehr oder weniger ausgeprägt »funktionalistischer« Wendung) – gekennzeichnet durch die Erweiterung »klassischer« SR-theoretischer Ansätze des Lernens zu kognitionstheoretischen Konzeptionen über die zwischen »Stimulus« und »Response« eingeschobenen »mediativen« Prozesse des Problemlöse-Verhaltens und durch die Einbeziehung kybernetisch-informationstheoretischer Modelle, wobei der Versuch, »Denkvorgänge« im Computer zu programmieren bzw. zu simulieren, Rückwirkungen auf die theoretische und empirische Erforschung des menschlichen Denkens hatte (Überblick bei *Kleinmutz* 1966). – Besonders der kybernetisch-informationstheoretische Ansatz führte von der Mitte der fünfziger Jahre an zu einem wesentlichen Aufschwung bei der theoretischen und experimentellen Klärung des Problemlösens (vgl. *Reitman* 1965). Die hier gewonnenen Einsichten über die verschiedenen Stufen und Aspekte der Problemlösungsprozesse haben inzwischen einen hohen Stand an Differenziertheit und Präzision theoretischer Durchdringung erreicht, wie etwa aus der genauen und umfassenden Darstellung von *Klix* (1971, bes. S. 637 ff.) hervorgeht.

Ein besonderer Entwicklungszug bei der Untersuchung des »problem solving« ist die aus der klassischen Intelligenzforschung entstandene *Kreativitäts-Forschung*. Hier geht es um die theoretische und empirische Klärung der Bedingungen, die zu *schöpferischen Problemlösungen* auf künstlerischem und wissenschaftlichem Gebiet, besonders aber im Bereich der industriell verwertbaren Technologie führen. Eine wesentliche Forcierung erfuhr diese von Anfang an auch durch die Industrie geförderte Forschungsrichtung nach 1957 durch den »Sputnik-Schock« in Amerika, die Angst, im technologischen Wettkampf und dabei wesentlich auch im Rüstungswettlauf gegen die Sowjetunion zu unterliegen. Erfindungen, Neuerungen, Weiterentwicklungen auf technischem Gebiet sollten nicht mehr dem Zufall überlassen bleiben, sondern durch

Anschauliches und problemlösendes Denken: Orientierende Erkenntnis 353

genaue Kenntnis des kreativen Prozesses lehrbar werden. Man erarbeitete Kriterien zur Beurteilung eines kreativen Produktes, es sollte neu, nützlich, befriedigend und wertvoll bzw. angemessen sein (vgl. *Mednik* 1963 und *Jackson & Messik* 1965). Aufbauend auf den Pionierarbeiten von *Guilford* (vgl. 1967) u. a. kam man zur Annahme über die Eigenart und die Bedingungen kreativen Problemlösens, in welchem durch »*divergentes Denken*« die Schranken eingefahrener Lösungen durchbrechbar sein sollen. Der Kreativitätsansatz fand auch in die Unterrichtsforschung Eingang und wurde, besonders durch *Bruner* und seine Mitarbeiter (vgl. etwa *Bruner* 1962), zum didaktischen Konzept des Lernens durch »discovery« verarbeitet (eine eingehende Schilderung der Kreativitätsforschung bei *Ulmann*, 1968, die auch eine Analyse der gesellschaftlichen Hintergründe des Interesses an »Kreativität« leistet, 1973). – Gerade an der Kreativitätsforschung wird der pragmatistische Einschlag der amerikanischen Denkpsychologie, der nur ein Spezialfall der wesentlich pragmatistischen Prägung der amerikanischen Psychologie überhaupt ist, besonders deutlich.

Die denkpsychologische Erforschung des »Problemlösens« bedeutet – besonders in ihren modernen kybernetischen Ansätzen – eine wesentliche Konkretisierung der Analyse des Denkvorganges über den Aufweis der Tendenz zur Reversibilität, damit logische Notwendigkeit als Merkmal angemessenen Denkens hinaus. Hier stehen die *Verlaufsformen des Denkens* im Mittelpunkt der Untersuchung. Die *Strategien* werden herausgearbeitet, die bei gegebenen Ausgangslagen einer bestimmten Struktureigenart über Suchvorgänge verschiedener Art vermittels Analyse, Synthese, Verallgemeinerung, Verwerfung, Korrektur, Annahme aufgestellter Hypothesen etc. schließlich zur Problemlösung führen. Als besonders fruchtbar erwies sich die Möglichkeit, durch Computer die jeweils optimalen Strategien bzw. Hierarchien von Strategien unterschiedlichen Grades an Optimalität zu bestimmen und die faktisch realisierten Strategien der konkreten Lösungsverläufe auf diese Weise hinsichtlich der Art und der Bedingungen ihrer Abweichungen von optimalen Strategien genauer zu erfassen. Dabei verdeutlichte sich, daß die Tendenz auf Widerspruchsfreiheit, logische Notwendigkeit zwar leitend für »erfolgreiche« Problemlösungsprozesse ist, und daß die »Lösung« selbst sich immer in Form einer reversiblen logischen Gleichgewichtsstruktur darbietet, daß aber mit dem Rückgriff auf die »Operationen« (im Sinne *Piagets*) weder die Lösungsstrategien noch die Lösungen selbst in ihrer konkreten Eigenart hinreichend gekennzeichnet sind. – Die Problemlösungsforschung erbringt mit ihrer Explikation der Verlaufseigenarten von Denkprozessen und der Bedingungen der Möglichkeit zur Verbesserung von Denkstrategien zweifellos wichtige Einblicke in die Natur menschlichen Denkens und damit nützliches Wissen, wobei die Brauchbarkeit dieses Wissens für die Denkschulung – sei es im pädagogischen Bereich, sei es unmittelbar im Dienste der technologisch vermittelten Produktivkraftsteigerung – abstrakt gesehen einen großen Vorzug darstellt.

Fragwürdig wird der denkpsychologische Ansatz des »Problemlösens« in dem Maße, wie man das *»Lösen« von Problemen, wie es hier bestimmt ist, nicht als einen besonderen Fall des Denkens erkennt, sondern mit menschlichem Denken überhaupt gleichsetzt.* – Die Besonderheit des Denkens nach Art des »Problemlösens« besteht zunächst darin, daß jeweils *bestimmte, isolierte »Probleme« vorgegeben,* »gestellt« sind, wobei *das einzig zugelassene Verhalten der Vp. die Inangriffnahme der Lösung dieser Probleme ist.* Ausgeblendet aus dem Denkprozeß bleibt dabei notwendig die Frage, *warum jeweils gerade dieses und kein anderes Problem sich stellt oder gestellt wird, aus welchen Zusammenhängen das Aufkommen des Problems selbst wieder zu verstehen ist.* Ebenso ausgeklammert ist die Frage, *was die angestrebte bzw. erreichte »Lösung« eigentlich bedeutet,* aus welchen Realzusammenhängen man begreifen kann, wieweit und in welcher Hinsicht die Lösung eine Klärung, Weiterführung etc. erbringt. *Der Lösungsprozeß erscheint hier lediglich als eine individuelle »Aufgabe«, und mit dem Erreichen der »Lösung« ist das Problem erledigt.* – Eine besonders wichtige Eigenart des »Problemlösens« (im Sinne der »problem-solving«-Forschung) ist das ausschließliche *Angebot von Problemen, die tatsächlich allein im »Denken« lösbar sind* (bzw. über deren Lösbarkeit oder Unlösbarkeit allein durch »Denken« befunden werden kann). Der Erfolg des Denkprozesses ist hier demgemäß ausschließlich *von dem Endzustand der gedanklichen »Lösung« her bestimmt.* Auch Widersprüche erscheinen *nur als Widersprüche im Denken, die auf dem Wege zur Problemlösung beseitigt werden müssen.* Denkprozesse, sofern sie sich *nicht auf den Endzustand des »Lösens« von Problemen, sondern des Begreifens der Eigenart von Wirklichkeitsstrukturen richten, und sofern Widersprüche nicht als bloße Denkwidersprüche zu beseitigen, sondern als Realwidersprüche zu erkennen sind,* bleiben außerhalb des Blickfeldes.

Denkendes Erkennen ist – wie dargelegt – seiner Möglichkeit nach *Begreifen der Wirklichkeit;* Prozesse der »Problemlösung« dürfen immer nur als Teilaspekte und Stufen des Erkenntnisganges betrachtet werden, in welchen Strukturmomente der Wirklichkeit so isoliert und abstraktiv reduziert werden, daß sie als im Denken lösbare »Aufgaben« vorliegen, bei denen die erreichte »Lösung« einen Zwischenabschluß des (als solchen unabgeschlossenen und unabschließbaren) Erkenntnisprozesses darstellt. Sofern das *»problemlösende« Denken nicht als unselbständiges Teilmoment des begreifenden Denkens verstanden,*

Anschauliches und problemlösendes Denken: Orientierende Erkenntnis 355

sondern *als Denken überhaupt verabsolutiert wird, ist die Eigenart des Denkens* als denkendes *Erkennen* prinzipiell verfehlt.

Die allgemeineren Implikationen der falschen Reduktion des Denkens auf »Problemlösen« werden in dem Maße deutlich, wie *im Sinne der geschilderten pragmatistischen Konzeption der Anspruch erhoben wird, das denkende Verhalten des Menschen bei der praktischen Lebensbewältigung im Alltag als »Problemlösen« angemessen und vollständig zu erfassen*, wobei hier durch die genannten i. w. S. pädagogischen Zielsetzungen mehr oder weniger ausgeprägt ein normatives Moment eingeht: Der Mensch *soll* sich – und er muß durch entsprechende »Denkschulung« dazu gebracht werden – *gegenüber den ihm gestellten lebenspraktischen Aufgaben als ein erfolgreicher »Problemlöser« verhalten* (wobei es keinen Unterschied macht, wieweit hier eine »Kreativität« der Problemlösung mitgemeint ist oder nicht). – Die bestehende Psychologie, indem sie die denkende Daseinsbewältigung des Menschen überhaupt zu erforschen und zu befördern vermeint, erfaßt in Wirklichkeit lediglich das *Denken als Moment der utilitaristischen Praxis, in welcher der Mensch sich in der Pseudokonkretheit seiner alltäglichen Umwelt fraglos einrichtet, allein auf »Sich-zurecht-Finden« aus ist, weder die Möglichkeit noch die Notwendigkeit des begreifenden Durchdringens der gesellschaftlichen Wirklichkeit im Zusammenhang bewußter gesellschaftlicher Praxis einsehen kann.*

Der »problemlösende« Mensch, wie er sich in den Vorstellungen der bestehenden Psychologie niederschlägt, sieht sich vor »Schwierigkeiten« kognitiver, lebenspraktischer, »sozialer« Art, die innerhalb seiner individuellen Lebensführung entstehen und deren Bewältigung ihm als einzelnem aufgegeben und auch prinzipiell möglich ist. Die individuelle Übernahme einer solchen Schwierigkeit als »Problem«, dessen »Lösung« der Mensch in Angriff nimmt, bedeutet eine Ausrichtung der Denktätigkeit auf den Endzustand der Lösung jeweils dieses Problems, womit die gedankliche *Isolierung des Problems aus seinen umfassenderen Realzusammenhängen nicht nur nicht aufgehoben, sondern zwangsläufig befestigt wird.* Da das Problem nur »Problem« für einen einzelnen Menschen (oder eine Gruppe von einzelnen Menschen) war, ist es *nach seiner »Lösung« verschwunden.* Es bleibt kein Rest an Problematik oder Fragwürdigkeit, so lange, bis das nächste isolierte Problem sich stellt oder gestellt wird. Kommt man bei der »Lösung« eines Problems nicht »voran«, so liegt das an *unzulänglichen Lösungsanstrengungen des Problemlösers,* die soweit möglich durch Denkschulung oder auch Denk-Motivierung zu beseitigen sind. – Das »Problem« erscheint hier als ein *Hindernis, das vor den Individuen auf dem Wege zur Erreichung ihrer Ziele, Erfüllung an sie gestellter Forderungen, Verwirklichung ihrer Lebenspläne etc. »auftaucht« und einen dem Problem angemessenen Sondereinsatz als quasi symbolisches Umwegverhalten verlangt, so lange, bis das Problem gelöst ist und der Weg ungehindert fortgesetzt werden kann.* – Für den »Problemlöser« verlaufen die *einzelnen Problemlösungsprozesse also auf dem Hintergrund einer im ganzen unverstandenen Wirklichkeit, aus der Problem um Problem naturhaft oder auch schicksalhaft »auftaucht«.* Mehr noch: Die Behauptung, daß es an der gesellschaftlichen Realität des Menschen, *sofern sie dem einzelnen nicht als sein »Zurechtkommen« und »Weiterkommen« behinderndes Problem begegnet, irgend etwas zu bedenken und zu begreifen geben könnte, daß Widersprüche nicht im Denken »lösbar«,* sondern als objektive gesellschaftliche Widersprüche Erkenntnis*gegenstände* sein könnten, ist für das auf die utilitaristisch-individuelle Praxis innerhalb der Pseudokonkretheit des täglichen Lebens reduzierte Denken, das in der Psychologie als »Problemlösen« stilisiert wird, *als solche unverständlich.*

An dieser Stelle wird deutlich, daß auch bei der Konkretisierung der Analyse auf Denkverläufe als Problemlösungsprozesse (in welche das früher als notwendige, aber nicht hinreichende Bestimmung denkenden Erkennens herausgestellte Gerichtetsein auf Widerspruchsfreiheit, logische Notwendigkeit eingeschlossen ist) unsere Fragestellung, auf welche Weise und unter welchen Bedingungen im Denken die Beschränktheiten und Befangenheiten sinnlicher Erfahrung und Anschaulichkeit im Begreifen wesentlicher Zusammenhänge der bürgerlichen Lebenswirklichkeit überwindbar sein können, immer noch nicht hinlänglich geklärt ist. Zwar muß davon ausgegangen werden, daß bei der Lösung des jeweils aufgetauchten Problems in dem Maße, wie die Lösungsstrategien optimalisiert und das Denken auf das Niveau reversibler Operationen gehoben werden kann, auch eine Distanzierung von der »regulatorischen« Semierratik und den organisationsbedingten sinnlichen Evidenzen der Wahrnehmung möglich ist. Damit ist aber keineswegs gesagt, daß der Wirklichkeitsbereich »zwischen« den einzelnen »Problemen«, die Struktur der gesellschaftlichen Realzusammenhänge, aus denen die Probleme entstehen, in die ihre Lösungen hineinwirken und nach denen sich ihre praktische Bedeutung bestimmt, durch das Problemlösen ebenfalls in einer das anschauliche Denken überschreitenden Weise begreiflich würden. Im Gegenteil: Mit der Fixierung des logischen Denkens und der gnostischen Orientierungsstrategien auf jeweils isolierte, individuell lösbare »Probleme« ist das *oberflächenhaft-anschauliche Zur-Kenntnis-Nehmen der umfassenderen gesellschaftlichen Realität als naturhaft-selbstverständlicher Pseudokonkretheit, an der es nichts zu begreifen gibt, in der man sich lediglich individuell zurechtfinden muß, als einzig vorstellbares, daher angemessenes menschliches Verhalten bekräftigt und legitimiert.* Die

Möglichkeit einer individuellen Lebensführung, die ihre Ziele nach der *Einsicht in gesellschaftliche Notwendigkeiten* bestimmen will, sich demgemäß als *persönlicher Beitrag zu übergreifender erkenntnisgeleiteter gesellschaftlicher Praxis* versteht, ist mit dem verabsolutierten Konzept des »Problemlösens« *faktisch geleugnet*, das gesellschaftliche Verhalten ist als etwas eingestuft, das mit Einstellungen (»attitudes«), Überzeugungen, Wertungen, Gefühlen, sozialen Einflüssen, Traditionen, individuellen Erfahrungen, persönlicher Herkunft etc. zu tun haben mag, *auf keinen Fall aber etwas mit denkender Erkenntnis gesellschaftlicher Wirklichkeit zu tun haben kann.*

Rückschauend ist festzustellen, daß mit der Herausarbeitung der Gerichtetheit auf reversible Operationen, logische Notwendigkeit, mit der theoretischen und empirischen Analyse der Verlaufsform des Denkens, der Divergenzen zwischen wirklichen und optimalen Strategien des Problemlösens etc., wesentliche Einsichten über die Charakteristik menschlichen Denkens gewonnen wurden. Dennoch ist hinsichtlich der Bestimmung der *gnostischen Beziehung des Menschen zur gesellschaftlichen Realität* in den diskutierten Konzeptionen die *Auffassung der denkenden Wirklichkeitsbewältigung nach dem Muster organismischer Orientierung in der Umwelt an keiner Stelle überwunden.* Wo man überhaupt den Bereich des immanent »Logischen«, die Bezirke von Detailfragen der Deskription und Bedingungsanalyse von Denkverläufen, Formalisierung von Lösungsstrategien usw. überschritt und sich dem Denken als Moment menschlicher Lebenspraxis zuwandte, ergab sich wie von selbst als einzig mögliche Sichtweise, das Denken als Mittel des individuellen Sich-Zurechtfindens, der Überwindung von Hindernissen, der Bewältigung von Schwierigkeiten innerhalb einer vom Menschen unabhängigen, naturhaft vorgegebenen Wirklichkeit, damit als eine Tätigkeitsform, die sich *zwar dem Grade, aber nicht der Art nach von der perzeptiven Orientierung unterscheidet*, zu betrachten. Die geschilderte pragmatistische Auffassung, der Geist sei ein Instrument im biologischen und sozialen Wettbewerb, nicht aber eine Möglichkeit zur Erkenntnis der Welt, drückt mithin nur explizit und programmatisch eine Vorstellung aus, die der bestehenden Denkpsychologie, soweit sie sich »praktisch« wenden will, generell zugrunde liegt.

Wir sind damit im gegenwärtigen Darstellungszusammenhang wiederum an die Grenzen gestoßen, die von der bürgerlichen Psychologie generell nicht überschritten werden können. Wie in der bürgerlichen Wahrnehmungsforschung der qualitative Sprung von der Orientierung als Moment organismischer Lebenserhaltung zur sinnlichen Erkenntnis als Moment vergegenständlichender gesellschaftlicher Arbeit, mithin der aneignungsvermittelten Geprägtheit der Wahrnehmungsfunktion durch die bürgerliche Gesellschaftsformation in ihrer historischen Bestimmtheit, nicht erfaßbar ist, demgemäß in der früher (vgl. S. 176 ff.) herausgehobenen formalistisch-organismischen Manier die menschliche Wahrnehmung lediglich auf »Reizgegebenheiten«, nicht aber als auf gegenständliche gesellschaftliche Bedeutungsstrukturen bezogen erfaßt werden kann, muß in der bürgerlichen Denkforschung der gesellschaftliche Charakter der Denktätigkeit verfehlt werden: Sofern die historische Bestimmtheit der gesellschaftlichen Menschen unter bürgerlichen Lebensverhältnissen wissenschaftlich nicht repräsentiert ist, kann die Frage nach der Möglichkeit der denkenden Erkenntnis wesentlicher Züge der bürgerlichen Gesellschaftsstruktur sich gar nicht erst stellen. Übrig bleibt zwangsläufig entweder die Ausblendung des Problems der Funktionalität des Denkens oder die reduktive Verkennung der gnostischen Möglichkeiten der Denktätigkeit als eines gegenüber *der bloßen Wahrnehmung verbesserten Instruments zur individuellen Daseinsbewältigung durch Orientierung in einer naturhaften Umwelt, darin Gleichsetzung des in der Pseudokonkretheit befangenen Denkens der utilitaristischen Praxis des Menschen mit menschlicher Erkenntnis gesellschaftlicher Wirklichkeit überhaupt* – eine Verkennung, die im biologistischen Funktionalismus und Sozialdarwinismus der pragmatistischen Denk-Konzeption lediglich ihre gröbste Manifestation findet.

Aufgrund der Analysen dieses Kapitels haben sich Möglichkeiten zu einer differenzierteren Erfassung des Problems der Überwindbarkeit der Befangenheiten sinnlicher Erfahrung im Erkenntisprozeß und der gnostischen Beziehung der wahrnehmenden und denkenden Erkenntnis zueinander ergeben. Zunächst hat sich die Eigenart einer Denkweise verdeutlicht, die, obwohl die Präsenzbezogenheit und Eingebundenheit in das unspezifisch-stoffliche Milieu der Wahrnehmungsbeziehung in symbolischen Prozessen transzendierend, dennoch dem Modus wahrnehmenden Erkennens, damit den Evidenzen der Organisationseffekte, grundsätzlich verhaftet bleibt, wobei ein solches »anschauliches Denken« als wesentliches Charakteristikum der individuell-utilitaristischen Praxis des Menschen in der »Pseudokonkretheit« der unbegriffenen Alltagsrealität herausgehoben wurde: es zeigte sich, daß denkpsychologische Theorien, sofern sie den Denkverlauf mit Hilfe von Organisationsprinzipien, etwa Gestaltgesetzen, erklären wollen, indem sie das Denken überhaupt zu erfassen vermeinen, tatsächlich lediglich das »anschauliche Denken« untersuchen, das die Wirklichkeit in dem Grade erfaßt bzw. verfehlt, wie die zu erkennenden Realitätsstrukturen selber einem »organisierenden« gnostischen Prozeß gemäß sind bzw.

widerstreiten; die Theorien der »kognitiven Konsistenz« wurden als Ansätze zur Erforschung organisationsbedingter, kognitiver Wirklichkeitseinbuße oder -verfälschung im »sozialen« Bereich diskutiert. – Weiter erwies sich, daß die Gerichtetheit des Denkens auf *reversible Gleichgewichtssysteme, Widerspruchsfreiheit, logische Notwendigkeit, zwar eine unabdingbare, aber keine hinreichende Voraussetzung für die Überwindbarkeit der Befangenheiten sinnlicher Erfahrung und anschaulichen Denkens ist.* Dies wurde konkretisiert durch die Darstellung und Analyse des *»problemlösenden« Denkens* im Sinne der bestehenden Denkpsychologie. Es erwies sich, daß beim »Problemlösen« zwar eine Distanzierung von falschen Evidenzen der sinnlichen Erfahrung und Anschaulichkeit im Hinblick auf das jeweils zu lösende *isolierte* »Problem« möglich ist, wobei der gnostische Hintergrund einer *im ganzen* begriffslos-anschaulichen Welt- und Selbstsicht hier aber erhalten bleibt, wenn nicht befestigt wird. Die Psychologie des »Problemlösens« wurde als wissenschaftliche Stilisierung des Denkens innerhalb der utilitaristischen Lebenspraxis expliziert, durch welche das individuelle Sich-Zurechtfinden, die Orientierung im Interesse persönlicher Daseinsbewältigung innerhalb der Pseudokonkretheit einer scheinbar naturhaft-selbstverständlichen »Umwelt« lediglich perfektioniert wird, die Möglichkeit und Notwendigkeit eines Begreifens der widersprüchlich-komplexen Realität bürgerlicher Lebensverhältnisse als Moment bewußer gesellschaftlicher Praxis aber nicht einsehbar ist.

Damit ist der Rahmen einer i. w. S. *»orientierenden« Erkenntnistätigkeit* abgesteckt, in welcher das Verhältnis zwischen sinnlicher und denkender Erkenntnis sich als eine partielle Überwindbarkeit der Anschaulichkeit, logisch stringente Verarbeitbarkeit sinnlicher Daten unter Optimierung von Denkstrategien im Zusammenhang »auftauchender« Probleme, darstellt, mit deren Lösung jeweils ein »Hindernis« des Sich-Zurechtfindens, »Vorankommens« der individuellen Menschen in einer Lebenswelt beseitigt ist, die im ganzen nicht als geprägt durch die bürgerliche Gesellschaftsstruktur in ihrer historischen Bestimmtheit begriffen, sondern auf dem Niveau anschaulicher Evidenzen hingenommen wird. – Mit der Herausstellung der *»orientierenden Erkenntnis« sind in einem die notwendigen Beschränktheiten menschlichen Erkennens als Moment individuell-utilitaristischer Praxis in der bürgerlichen Gesellschaft und die notwendigen Beschränktheiten der bürgerlichen Psychologie bei der Erforschung menschlicher Erkenntnistätigkeit bezeichnet.*

8.3 Von der orientierenden zur begreifenden Erkenntnistätigkeit: Utilitaristische und kritische Praxis

Wie sind von empirischen Subjekten vollzogene Akte denkenden Erkennens, in denen über die bloße »Orientierung« hinaus ein Begreifen der Scheinhaftigkeiten, Widersprüche, Verkehrtheiten, chaotischen Bewegungsformen der bürgerlichen Gesellschaft gelingen kann, nicht nur in Negation der Beschränktheiten bürgerlichen Denkens, sondern »positiv« in ihren Bedingungen und Verlaufsformen theoretisch und empirisch zu erfassen? – In dieser Frage ist die Aufgabe einer Konzipierung »kritischer« Denkpsychologie umrissen, deren volle Realisierung die Themenstellung dieses Buches weit überschreiten würde[94]. Dennoch müssen wir die Prozesse *»begreifenden Erkennens«* hier wenigstens so weit gedanklich entfalten, daß der früher jeweils am Ort aufgewiesene *Stellenwert sinnlicher Erkenntnis im Gesamt des Erkenntnisprozesses als Teil der utilitaristische Praxis überschreitenden bewußt-kritischen gesellschaftlichen Praxis des Menschen in der bürgerlichen Gesellschaft* sich über die bisher aus der Kritik von Positionen der bestehenden Psychologie gewonnenen Gesichtspunkte hinaus hinreichend gnoseologisch verdeutlicht.

Die Explikation des bloß »orientierenden Erkennens« als einer – von der bürgerlichen Psychologie blind reproduzierten – Erkenntnisweise, die, in der Pseudokonkretheit unbegriffener alltäglicher Lebensumstände befangen, *die historische Bestimmtheit ihres Gegenstandes, der bürgerlichen Gesellschaft, und die über die Aneignung bürgerlicher Bedeutungsstrukturen vermittelte historische Bestimmtheit des Erkenntnisprozesses selbst im Erkennen nicht miterfassen kann,* setzt die Grundkonzeption dieses Buches, die Rekonstruktion des Erkennens in seiner historischen Gewordenheit und gesellschaftlichen Funktion, voraus: *Die historische Bewußtlosigkeit orientierenden Erkennens ist Charakteristikum ihrer historischen Bestimmtheit als einer Erkenntnisweise innerhalb der bürgerlichen Gesellschaft.*

Wenn wir nun gegenüber dem bloß »orientierenden Erkennen« eine umfassendere, das orientierende Erkennen einschließende, Erkenntnisweise als *»begreifendes Erkennen«* herausstellen, so gehen wir davon aus, daß das »orientierende Erkennen« *nicht die einzige dem Menschen unter bürgerlichen Lebensumständen* (in der gegenwärtigen historischen Entwicklungsstufe) *mögliche Erkenntnisweise ist,* daß der Mensch im Alltagsleben der bürgerlichen Gesellschaft unter bestimmten Umständen die Möglichkeit hat, *im Erkennen Momente der bürgerlichen*

---

[94] Diese Aufgabe soll auf der Basis des hier erarbeiteten Ansatzes in einem der nächsten Bände der »Texte zur kritischen Psychologie« in Angriff genommen werden.

Gesellschaftsstruktur in ihren wesentlichen Zügen angemessen zu begreifen und dabei die Geprägtheit des eigenen Erkennens durch diese Strukturmomente reflektierend mitzuerfassen. – Gleichzeitig ist dabei vorausgesetzt, daß *in der bürgerlichen Gesellschaft nicht nur die »bürgerliche« Psychologie möglich ist,* die das »begreifende Erkennen« als Weise menschlicher Erkenntnistätigkeit notwendig verfehlen muß, sondern auch eine *»kritische Psychologie«*, die (u. a.) das »begreifende Erkennen« als empirisch-individuellen Prozeß in seiner Beschaffenheit und seinen Bedingungen erforschen kann (dabei selbst ihre Eigenart, ihre Funktion und ihre Grenzen als historisch bestimmte Psychologie in der bürgerlichen Gesellschaft mitreflektiert und darin die Geschichtsblindheit der bürgerlichen Psychologie gegenüber sich selbst überwindet)[95].

Wie in unserem ersten, abstrahierenden gnoseologischen Hauptteil dargelegt (vgl. S. 169 ff.), ist das »gnoseologische Subjekt« die Gesellschaft. Durch die historisch-gesellschaftliche Entwicklung (auf einer bestimmten Stufe) hat sich (über die Erfahrungskumulation, die selbst wieder erkenntnisgeleitet ist) der jeweils *gesellschaftlich mögliche Erkenntnisstand* (der wie die gesellschaftliche Entwicklung selbst prinzipiell niemals definitiv, sondern notwendig unabgeschlossen ist) herausgebildet. Das *gnoseologische Subjekt als Inbegriff gesellschaftlich möglicher Erkenntnis* ist die Voraussetzung für die *durch die empirische Subjektivität der Gesellschaftsmitglieder hindurch erreichbare wirkliche Erkenntnis.*

Mit der Auseinanderlegung »orientierender« und »begreifender« Erkenntnistätigkeit gehen wir global davon aus, daß das *Begreifen* der wesentlichen Struktureigenarten der bürgerlichen Gesellschaftsformation in ihrer historischen Bestimmtheit aufgrund der gegenwärtigen Entwicklung der bürgerlichen Gesellschaft als »gnoseologisches Subjekt« *gesellschaftlich möglich* ist. Gleichzeitig gehen wir davon aus, daß *diese objektive Erkenntnismöglichkeit durch die gesellschaftliche Entwicklung erst in Ansätzen hervorgetrieben, aber noch nicht voll entfaltet ist.* Demgemäß hat sich die Möglichkeit zum Begreifen der bürgerlichen Gesellschaft nur partiell und unvollkommen, je nach den konkreten Umständen in verschiedenem Grade, im Bewußtsein der Gesellschaftsmitglieder als empirisch wirkliche Erkenntnis realisiert, damit

---

[95] Das Verhältnis zwischen »bürgerlicher« und »kritischer« Psychologie darf nicht isoliert gesehen werden, sondern steht im Zusammenhang mit der Gesamtentwicklung der Sozial- bzw. Gesellschaftswissenschaften in der bürgerlichen Gesellschaft, wobei diese Entwicklung selbst wieder nur aus der konkreten Entwicklung der Widersprüche im gegenwärtigen Stadium des Kapitalismus verständlich wird (was in späteren Veröffentlichungen dieser Reihe im einzelnen aufzuweisen ist).

die Befangenheit in bloß orientierender Erkenntnistätigkeit überwunden. In dem *Widerspruch zwischen orientierender und begreifender Erkenntnistätigkeit manifestiert sich unter einem bestimmten Aspekt der Widerspruch zwischen den vorantreibenden, progressiven und den zurückhaltenden, reaktionären Kräften innerhalb der bürgerlichen Gesellschaft.*

Die gesellschaftliche *Möglichkeit* begreifender Erkenntnis des Wesens bürgerlicher Lebensverhältnisse bedeutet gleichzeitig die *Notwendigkeit des Wirklichwerdens* einer solchen Erkenntnis als bestimmendes Moment gesellschaftlicher Lebenstätigkeit, weil nur in von begreifender Erkenntnis geleiteter Praxis gesellschaftliche Verhältnisse gemäß dem Allgemeininteresse entwickelt und umgestaltet werden können. Die Wirklichkeit begreifender Erkenntnis, obzwar vom »Reifegrad« der objektiven gesellschaftlichen Bedingungen abhängig, stellt sich aber nicht mit wachsendem Reifegrad automatisch von selber her, sondern muß durch *Vermassung der Theorien und Befunde des Wissenschaftlichen Sozialismus* geschaffen werden. Damit ist das Ziel von *Aufklärung i. w. S. unter bürgerlichen Lebensverhältnissen* umrissen. Solche Aufklärung kann je nach dem gesellschaftlichen Entwicklungsstand in unterschiedlichen Lebensbereichen als Erziehung, Ausbildung, Beratung, Information, Agitation etc. in Erscheinung treten und findet in der Schulung und Selbstschulung der organisierten Arbeiterklasse ihre höchste Ausprägung. Aller Aufklärung ist gemeinsam, daß sie als Beitrag zur Veränderung utilitaristischer Praxis in Richtung auf bewußt-kritische, von begreifender Erkenntnis geleitete gesellschaftliche Praxis selbst ein Moment der Widerspruchsentwicklung und damit tendenziell der Überwindung kapitalistischer Produktionsverhältnisse ist. – Die kritisch-psychologische Erforschung der Behinderungen und Bedingungen der begreifenden Erkenntnistätigkeit von empirischen Subjekten in der bürgerlichen Gesellschaft soll ihrem Anspruch nach ein (wenn auch in seinem Stellenwert wechselnder und schwer genau bestimmbarer) *Faktor der Wissenschaftlichkeit von Aufklärung* werden. (Sie ist gleichzeitig auch unter diesem Aspekt eine Kritik der bürgerlichen Wahrnehmungs- und Denkpsychologie, die durch ihre Stilisierung der orientierenden Erkenntnis als »der« menschlichen Erkenntnisweise überhaupt das Zurückbleiben der subjektiven Erkenntniswirklichkeit hinter den progressivsten gesellschaftlichen Möglichkeiten des Begreifens der Lage des Menschen unter bürgerlichen Lebensverhältnissen scheinbar »wissenschaftlich« rechtfertigt und damit befestigt.)

Wie ist nun das durch den Menschen im täglichen Leben vollzogene begreifende Erkennen der bürgerlichen Klassenwirklichkeit hinsichtlich seiner »Methode«, der einzelnen Stufen des Erkenntniserwerbs, dabei insbesondere des Zueinander sinnlichen und denkenden Erkennens, genauer psychologisch zu bestimmen und zu erforschen? Wie ist dabei unter Berücksichtigung gnoseologischer Gesichtspunkte verständlich zu machen, daß bzw. unter welchen Bedingungen das begreifende Alltagserkennen sich der gesellschaftlich möglichen Erkenntnis bürgerlicher Lebenswirklichkeit in ihren wesentlichen Zusammenhängen, damit Einsicht in die objektiven Scheinhaftigkeiten, Widersprüchlichkeiten, Verkehrtheiten, chaotisch-irrationalen Bewegungen, die in der Oberfläche der alltäglichen Pseudokonkretheit verborgen sind, annähern kann? – Es gilt im Rückblick auf die hinter uns liegende Analyse der Wahrnehmung und im Ausblick auf die folgende Publikation über das Denken verallgemeinernd zu verdeutlichen, in welchem Begründungszusammenhang der Anspruch einer kritisch-psychologischen Erforschung menschlicher Erkenntnistätigkeit, einen (wie immer begrenzten) Beitrag zur wissenschaftlichen Weiterentwicklung aufklärerischer Aktivitäten in der bürgerlichen Gesellschaft zu leisten, realisierbar sein könnte.

Marx umreißt die »wissenschaftlich richtige Methode« der politischen Ökonomie, zum Begreifen der wesentlichen Bestimmungen der bürgerlichen Gesellschaft zu gelangen, wie folgt: »Das Konkrete ist konkret, weil es die Zusammenfassung vieler Bestimmungen ist, also Einheit des Mannigfaltigen. Im Denken erscheint es daher als Prozeß der Zusammenfassung, als Resultat, nicht als Ausgangspunkt, obgleich es der wirkliche Ausgangspunkt und daher auch der Ausgangspunkt der Anschauung und Vorstellung ist. Im ersten Weg [dem Aufsteigen vom Vorstellungskonkreten zum Abstrakten] wurde die volle Vorstellung zu abstrakter Bestimmung verflüchtigt; im zweiten führen die abstrakten Bestimmungen zur Reproduktion des Konkreten im Weg des Denkens. Hegel geriet daher auf die Illusion das Reale als Resultat des sich in sich zusammenfassenden, in sich vertiefenden, und aus sich selbst sich bewegenden Denkens zu fassen, während die Methode vom Abstrakten zum Konkreten aufzusteigen, nur die Art für das Denken ist, sich das Konkrete anzueignen, es als ein geistig Konkretes zu reproduzieren. Keineswegs aber der Entstehungsprozeß des Konkreten selbst. Zum Beispiel die einfachste ökonomische Kategorie, sage z. B. Tauschwert, unterstellt Bevölkerung, Bevölkerung produzierend in bestimmten Verhältnissen; auch gewisse Sorte von Familien- oder Gemeinde- oder Staatswesen etc. Er kann nie existieren außer als abstrakte, einseitige Beziehung eines schon gegebenen konkreten, lebendigen Ganzen. Als Kategorie führt dagegen der Tauschwert ein antediluvianisches Dasein. Für das Bewußtsein daher . . ., dem das begreifende Denken der wirkliche Mensch und daher die begriffne Welt als solche erst das Wirkliche ist – erscheint daher die Bewegung der Kategorien als der wirkliche Produktionsakt – der leider nur einen Anstoß von außen erhält –, dessen Resultat die Welt ist; und dies ist – dies ist aber wieder eine Tautologie – soweit richtig, als die konkrete Totalität als Gedankentotalität, als ein Gedankenkonkretum, in fact ein Produkt des Denkens, des Begreifens ist; keineswegs aber des außer oder über der Anschauung und Vorstellung denkenden und sich selbst gebärenden Begriffs, sondern der Verarbeitung von Anschauung und Vorstellung in Begriffe. Das Ganze, wie es im Kopfe als Gedankenganzes erscheint, ist ein Produkt des denkenden Kopfes, der sich die Welt in der ihm einzig möglichen Weise aneignet« (*Marx*, Gr., 1939/41, S. 21 f.). – »Arbeit scheint eine ganz einfache Kategorie. Auch die Vorstellung derselben in dieser Allgemeinheit – als Arbeit überhaupt – ist uralt. Dennoch, ökonomisch in dieser Einfachheit gefaßt, ist ›Arbeit‹ eine ebenso moderne Kategorie, wie die Verhältnisse, die diese einfache Abstraktion erzeugen« (a.a.O., S. 24). »Die Gleichgültigkeit gegen eine bestimmte Art der Arbeit setzt eine sehr entwickelte Totalität wirklicher Arbeitsarten voraus, von denen keine mehr die alles beherrschende ist. So entstehn die allgemeinsten Abstraktionen überhaupt nur bei der reichsten konkreten Entwicklung, wo Eines vielen gemeinsam erscheint, allen gemein. Dann hört es auf, nur in besonderer Form gedacht werden zu können... Die einfachste Abstraktion also, welche die moderne Ökonomie an die Spitze stellt, und die eine uralte und für alle Gesellschaftsformen gültige Beziehung ausdrückt, erscheint doch nur in dieser Abstraktion praktisch wahr als Kategorie der modernsten Gesellschaft... Dies Beispiel der Arbeit zeigt schlagend, wie selbst die abstraktesten Kategorien, trotz ihrer Gültigkeit – eben wegen ihrer Abstraktion – für alle Epochen, doch in der Bestimmtheit dieser Abstraktion selbst ebensosehr das Produkt historischer Verhältnisse sind und ihre Vollgültigkeit nur für und innerhalb dieser Verhältnisse besitzen« (a.a.O., S. 25). »Die bürgerliche Gesellschaft ist die entwickeltste und mannigfaltigste historische Organisation der Produktion. Die Kategorien, die ihre Verhältnisse ausdrücken, das Verständnis ihrer Gliederung, gewähren daher zugleich Einsicht in die Gliederung und die Produktionsverhältnisse aller der untergegangnen Gesellschaftsformen, mit deren Trümmern und Elementen sie sich aufgebaut, von denen teils noch unüberwundne Reste sich in ihr fortschleppen, bloße Andeutungen sich zu ausgebildeten Bedeutungen entwickelt haben etc. In der Anatomie des Menschen ist ein Schlüssel zur Anatomie des Affen. Die Andeutungen auf Höhres in den untergeordneten Tierarten können dagegen nur verstanden werden, wenn das Höhere selbst schon bekannt ist. Die bürgerliche Ökonomie liefert so den Schlüssel zur antiken etc.... Die sogenannte historische Entwicklung beruht überhaupt darauf, daß die letzte Form die vergangnen als Stufen zu sich selbst betrachtet« (a.a.O., S. 25 f.). »Wie überhaupt bei jeder historischen, sozialen Wissenschaft, ist bei dem Gang der ökonomischen Kategorien immer festzuhalten, daß, wie in der Wirklichkeit, so im Kopf, das Subjekt, hier die moderne bürgerliche Gesellschaft, gegeben ist, und daß die Kategorien daher Daseinsformen, Existenzbestimmungen, oft nur einzelne Seiten dieser bestimmten Gesellschaft, dieses Subjekts ausdrücken, und daß sie daher *auch wissenschaftlich* keineswegs da erst anfängt, wo nun von ihr *als solcher* die Rede ist« (a.a.O., S. 26 f.).

Der Passus, aus dem hier zitiert wurde, ist eine der wenigen Stellen, wo *Marx* seine Methode des Begreifens bürgerlicher Lebensverhältnisse nicht nur *anwendet*, sondern *darstellt*. *Marx'* Formulierungen bilden die Grundlage ausgedehnter, bis in die neueste Zeit reichender Methodendiskussionen unter Marxisten, wobei erkannt wurde, daß man die *Marx*schen Ausführungen über die »Methode« nur dann richtig verstehen und beurteilen kann, wenn man die

Begreifende Erkenntnis; utilitaristische und kritische Praxis 365

getroffenen allgemeinen Bestimmungen aus dem Zusammenhang der wirklich durchgeführten Analyse der Kritik der Politischen Ökonomie im »Kapital« konkretisiert. – Ein volles Verständnis der *Marx*schen Methode ist ohne die Einbeziehung von *Hegels* dialektischer Logik, die *Marx* mit seinem dialektischen Geschichtsmaterialismus »vom Kopf auf die Füße stellte«, nicht möglich (vgl. etwa *Lenins* »Konspekt zu Hegels ›Wissenschaft der Logik‹«, LW Bd. 38, 1970, S. 77 ff.; sowie *Zelený* 1969, *Iljenkow* 1969, *Kopnin* 1970 u. v. a.). Ausführlichere Darlegungen über die »große Methode« (*Brecht*) der Kritik der Politischen Ökonomie sind hier nicht möglich.

Es wurde mehrfach der Versuch gemacht, den von *Marx* herausgearbeiteten Gang des wissenschaftlichen Begreifens der wesentlichen Züge bürgerlicher Lebensverhältnisse, den Weg vom *Vorstellungskonkreten über die Abstraktion zum Gedankenkonkretum* als Prozeßeigentümlichkeit denkenden Erkennens zu verallgemeinern. So bemüht sich etwa *Rubinstein* (1972, S. 98 ff.) zu zeigen, daß auch die großen Entdeckungen in den Naturwissenschaften ihrer gnostischen Struktur nach als Ansetzen am Vorstellungskonkreten, Gewinnen von Abstraktionen und »Aufsteigen vom Abstrakten zum (Gedanken-)Konkreten« charakterisiert werden können. Es ist problematisch, wieweit die hergestellten Beziehungen zur »Methode« der Kritik der Politischen Ökonomie, die hier als bloßer Anwendungsfall einer allgemeineren Methodik erscheint, nicht mehr oder weniger äußerlicher Art sind. Entscheidendes Moment der *Marx*schen »Methode« ist das Begreifen der wesentlichen Bestimmungen der bürgerlichen Gesellschaft als konkrete »Einheit in der Mannigfaltigkeit« durch mit den Kategorien der entwickeltsten Gesellschaftsform zu leistende *logisch-historische* Entfaltung des Gewordenseins der gegenwärtigen Zusammenhangsstrukturen (s. u.). Nur sofern ein bestimmtes methodisches Vorgehen ein in diesem Sinne *genuin historisches Verfahren der Erkenntnisgewinnung ist*, darf es sich auf die *Marx*sche »Methode« berufen.

Es ist klar, daß der methodische Weg, auf welchem im Alltagsleben der bürgerlichen Gesellschaft das bloß orientierende durch begreifendes Erkennen überwindbar ist, nicht mit der *Marx*schen »Methode« der Kritik der Politischen Ökonomie identisch sein kann. Ebenso klar ist es, daß *zwischen dem Prozeß des Begreifens der bürgerlichen Gesellschaftsstruktur durch Menschen innerhalb ihrer alltäglichen Praxis und dem Erkenntnisprozeß der Kritik der politischen Ökonomie dennoch wesentliche Gemeinsamkeiten bestehen müssen.* – Ein oberflächlicher Unterschied zwischen der »Kritik der Politischen Ökonomie« und dem begreifenden Erkennen im Alltag springt in die Augen: Im ersten Falle handelt es sich um ein i. e. S. wissenschaftliches Verfahren, das durch spezialisierte Forschung Erkenntnisse über die wesentlichen Bestimmungen der bürgerlichen Gesellschaft erbracht hat und in neuerer marxistischer Untersuchungstätigkeit zu einer fortschreitend erweiterten und differenzierten Erkenntnis sich wandelnder bürgerlicher Lebensverhältnisse führt; im zweiten Falle handelt es sich um die erkennende Erfassung wesentlicher Bestimmungen der Wirklichkeitsausschnitte und -aspekte der bürgerlichen Gesellschaft, wie sie dem Menschen außerhalb der institutionalisierten Forschung vom Standort seiner alltäglichen Lebenspraxis aus jeweils gegeben sind. – Es wäre jedoch falsch, anzunehmen, daß das begreifende Alltagserkennen lediglich in der Rezeption gesellschaftswissenschaftlicher Erkenntnisse des Marxismus bestehen könne. Die »Kritik der Politischen Ökonomie« ist nicht selbstgenügsamer Gegenstand des Wissens und Verstehens, sondern ein *Mittel* zur Erkenntnis der bürgerlichen Klassenwirklichkeit als Bestandteil kritischer gesellschaftlicher Praxis des Proletariats und seiner Verbündeten. So bestimmte erkenntnisgeleitete Praxis kann sich nicht lediglich auf fertige wissenschaftliche Ergebnisse stützen, erfordert vielmehr eine *immer erneute begreifende Analyse der vielfältigen, jeweils begegnenden Erscheinungsformen bürgerlicher Lebensverhältnisse*. Ein solches Begreifen ist auch deswegen nicht einfach an die »Wissenschaft« delegierbar, weil nicht durch lediglich äußerliche Adaption vorhandenen Wissens, sondern nur im Vollzug einer *eindringenden gnostischen Aneignung der gesellschaftlichen Realität des Kapitalismus die Welt- und Selbstsicht des Menschen so umgestaltet werden kann, daß sie eine Veränderung der individuellen Lebensführung von utilitaristischer Praxis zu bewußt-kritischer, aus der Einsicht in gesamtgesellschaftliche Notwendigkeiten entspringender Praxis zwingend einschließt*. – Die dichotomisierende Trennung der wissenschaftlichen von der alltäglichen Erkenntnis der bürgerlichen Lebenswirklichkeit erscheint noch auf eine grundsätzlichere Weise problematisch. Die Erkenntnistätigkeit des Menschen im täglichen Leben und die institutionalisiert-wissenschaftliche Erkenntnis sind, wie aufgewiesen, nicht unabhängig voneinander, sondern haben im objektiven Entwicklungsstand der Gesellschaft ihren gemeinsamen Ermöglichungsgrund. *Marx* hat in vielfältigen Zusammenhängen (in dem gerade zitierten Passus anhand der Kategorie der Arbeit) gezeigt, daß die gesellschaftliche Entwicklung selbst jeweils die *historische Möglichkeit* erweiterter und vertiefter Gesellschaftserkenntnis hervorgetrieben haben muß, ehe wirkliche Subjekte eine entsprechende Einsicht gewinnen können (die selbst wieder ein vorantreibendes Moment der Entwicklung darstellt). *Demgemäß* ist von *Marx* in seiner Kritik der Politischen Ökonomie gesellschaftlich mögliche Erkenntnis wissenschaftlich aufgeschlossen worden, die grundsätzlich auch anderen Menschen zugänglich ist. Hier wurde lediglich das wissenschaftlich auf den Begriff gebracht, was jeder hätte wissen können und wissen sollen (und in bestimmtem Sinne auch »im Grunde« gewußt hat). Nur daraus erklärt sich, daß die *Marx*sche Theorie im Bewußtsein der Massen zur materiellen Gewalt werden kann. – Wir haben mithin davon auszugehen, daß die Methoden und Ergebnisse gesellschaftswissenschaftlicher Forschung des Marxismus nicht nur die Entwicklung begreifenden Alltagserkennens der bürgerlichen Gesellschaft fördern, sondern eine solche Entwicklung auch voraussetzen: Die Gesellschaftswissenschaften nehmen Einsichten, die durch die Verschärfung gesellschaftlicher Widersprüche im Alltag hervortreten, in methodisch strenger und gedanklich disziplinierter Weise auf und spiegeln diese Erkenntnisse korrigiert, verallgemeinert, vertieft ins allgemeine Bewußtsein zurück; das Verhältnis des wissenschaftlichen Begreifens zum alltäglichen Begreifen ist hier also nicht das des einseitigen Gebens, sondern eine komplizierte Wechselwirkungsbeziehung (wobei es vom Aspekt abhängt, welches Relat als wichtiger anzusprechen ist).

Da die marxistische »Methode« der Kritik der Politischen Ökonomie und das Verfahren des begreifenden Alltagserkennens – wenn auch in unterschiedlichen Ausschnitten und Hinsichten sowie verschiedenem Allgemeinheitsgrad – auf den gleichen Gegenstand, die wesentlichen Züge der bürgerlichen Klassenwirklichkeit, gerichtet sind, ist die Frage sinnvoll, in welchem Grade und mit welchen Modifikationen die *Transformation der orientierenden in begreifende Erkenntnistätigkeit im täglichen Leben mit Bezug auf die Grundeigenarten der marxistischen »Methode« charakterisiert werden kann.* – Die Explikation des Ganges, der Stufen und Formen des Erkenntnisgewinns der Methode der Kritik der Politischen Ökonomie ist Aufgabe der Wissenschaftslogik des historisch-dialektischen Materialismus. Die am Leitkonzept der *Marx*schen »Methode« orientierte theoretische und empirische Abklärung des Ganges, der Stufen und Formen begreifenden Alltagserkennens samt den Bedingungen seiner Förderung oder Behinderung ist eine mögliche Forschungsaufgabe kritischer Psychologie im Zusammenhang ihres Beitrags zur wissenschaftlich begründeten Aufklärung.

Das begreifende Erkennen (stets: im Alltag der bürgerlichen Gesellschaft) ist gegenüber dem bloß orientierenden Erkennen – zwar nicht notwendig reflektiert, aber im faktischen Vollzug – durch ein neues, richtigeres Verständnis der gesellschaftlichen Realität in ihrer Beziehung zum Menschen charakterisiert. – Für das orientierende Erkennen (in seinen beiden Stufen des anschaulichen und des problemlösenden Denkens) ist, wie ausführlich dargestellt, die in der Wahrnehmung sinnlich erfahrene Wirklichkeit in der Art naturhaft-undurchdringlicher Fakten gegeben, denen der Mensch äußerlich gegenüberzustehen scheint, in welchen er sich zum Zwecke seiner individuellen Daseinsbewältigung »zurechtfinden«, dabei Hindernisse auf seinem Lebensweg überwinden muß etc. (Die »Wirklichkeit«, auf die sich orientierendes Erkennen bezieht, hat implizit all jene Kennzeichen, die in der formalistisch-organismischen Wahrnehmungskonzeption der bürgerlichen

Psychologie als Welt von »Stimulus-Konstellationen«, »Reizgegebenheiten« o. ä. »wissenschaftlich« stilisiert werden; vgl. S. 176 ff.) Die denkende Verarbeitung der sinnlich erfahrenen Wirklichkeit, ob als anschauliches Denken gänzlich in den organisationsbedingten Wahrnehmungsevidenzen befangen oder als problemlösendes Denken zu partieller logischer Vereindeutigung und Optimierung von Lösungsstrategien gelangt, geschieht im orientierenden Erkennen lediglich im Hinblick auf die Tätigkeitskonsequenzen innerhalb der utilitaristischen Praxis des je einzelnen Individuums (was, wie gezeigt, in der bürgerlichen Psychologie des Denkens als menschliche Erkenntnisweise überhaupt herausgestellt ist). Auch in den entwickeltsten Formen des an logischen Notwendigkeiten ausgerichteten Problemlösungsverhaltens erscheinen die logischen Operationen und Lösungsstrategien als bloße »Instrumente« des Subjekts zur Daseinsbewältigung in einer »Umwelt« hinzunehmender Tatsächlichkeiten; sprachlich-symbolische Bedeutungsstrukturen erscheinen als Mittel, in Hinsicht auf eine für sich zusammenhanglose und bedeutungslose Wirklichkeit Zusammenhänge zu »stiften« und Bedeutungen zu »verleihen«, so dem Subjekt ein denkendes Zurechtfinden zu ermöglichen (was im pragmatistischen Erkenntniskonzept bzw. in der positivistischen Theorie der »designativen« Funktion der Sprache, vgl. S. 151 f., in die Sphäre der »Wissenschaftlichkeit« erhoben wurde). – Begreifendes Erkennen schließt das Verständnis der Gewordenheit, damit bewußte Bezogenheit auf gegenständliche Bedeutungsstrukturen als historisch bestimmt durch die bürgerliche Gesellschaft ein (wie in diesem Buch zu einer wahrnehmungspsychologischen Grundkonzeption entwickelt). Durch begreifendes Erkennen wird im Erkenntnisvollzug praktisch eingesehen, daß gedankliche Strukturen nicht von außen an eine bedeutungslose Umwelt »herangetragen«, sondern aus einer durch den materiellen gesellschaftlichen Prozeß vergegenständlichender Arbeit als solcher gegenständlich bedeutungsvollen Wirklichkeit »herausgeholt« werden, daß im Denken, ob nun begrenzter oder umfassender, verzerrter oder »richtiger«, sinnlich gegebene Gegenstandsbedeutungen in Symbolbedeutungen »auf den Begriff gebracht« sind, womit das *Denken genauso durch die konkrete, historisch bestimmte gesellschaftliche Wirklichkeit geprägt ist wie die denkend erfaßten Gegenstandsbedeutungen* (dieser Ansatz sollte in unserer Konzeption über die Beziehung zwischen Gegenstandsbedeutungen und Symbolbedeutungen in die psychologische Forschung eingebracht werden).

Begreifendes Erkennen, da es sich der historischen Bestimmtheit seines Gegenstandes und seiner selbst bewußt ist, richtet sich ausdrücklich auf den Erwerb immer umfassenderen *inhaltlichen Wissens* über jeweils spezielle Ausprägungsformen der bürgerlichen Lebenswelt auf dem

Hintergrund ihres Realzusammenhanges mit den zentralen Widerspruchsverhältnissen der kapitalistischen Produktionsweise. Dies heißt natürlich nicht, daß jede Art von »Wissen« auch schon begreifendes Erkennen wäre; wohl aber, daß umgekehrt begreifendes Erkennen als gedankliche Reproduktion der Wirklichkeit bürgerlicher Lebensverhältnisse notwendig eine bestimmt geartete (später näher zu kennzeichnende) Weise des *begreifenden Wissens* darstellt. Die *Auseinanderreißung von »formalen«, allein nach logischen Regeln etc. bemeßbaren Denkprozessen auf der einen Seite und einem begriffslosen Wissenserwerb auf der anderen Seite ist ein Charakteristikum des in bloß orientierendem Erkennen befangenen problemlösenden Denkens, das sich von der inhaltlich-bestimmten Wirklichkeit der bürgerlichen Gesellschaft abtrennt.*

Indem begreifendes Erkennen sich als *begreifendes inhaltliches Wissen* über historisch bestimmte Eigenarten bürgerlicher Lebensverhältnisse versteht, erfaßt es *sich selbst in seiner Geprägtheit durch die gesellschaftlichen Strukturen,* die es zu erkennen gilt; hier ist praktisch zum Bewußtsein gebracht, daß *der Erkennende einerseits empirisches Subjekt des Erkennens ist, aber andererseits als gesellschaftlicher Mensch ein Moment der zu erkennenden Wirklichkeit bürgerlicher Lebensverhältnisse darstellt.* (Der konkrete Prozeß der Vermittlung zwischen der Gesellschaft als Erkenntnisgegenstand und dem gesellschaftlichen Menschen als Erkenntnissubjekt ist innerhalb der Gesamtkonzeption dieses Buches als *individualgeschichtliche Aneignung von Bedeutungsstrukturen der bürgerlichen Gesellschaft herausgestellt*; im Aneignungsprozeß in seinen verschiedenen Stufen des Funktionsaufbaus, der Interiorisierung etc. entstehen im System der Gesamtpersönlichkeit funktionale Subsysteme als individuelle Voraussetzungen sinnlicher und denkender Erkenntnis, die in ihrer »menschlichen« Spezifik und historischen Besonderheit durch eben die gesellschaftlichen Bedeutungsstrukturen geprägt sind, auf die sich der Mensch im Erkennen richtet.) Der faktische Zusammenhang zwischen Erkanntem und Erkennendem ist in bloß orientierendem Erkennen von einem scheinbaren »Standpunkt außerhalb«, das sich einer naturhaften, lediglich gegebenen Welt, mit der der Mensch nichts zu tun hat, gegenübergestellt sieht, nicht reflektiert; der faktische Zusammenhang wird in begreifendem Erkennen zum gewußten Zusammenhang; es umschließt die Einsicht, daß durch die Vermittlung zwischen menschlicher Gesellschaft und gesellschaftlichem Menschen (in jeweils historischer Bestimmtheit) *die Erkenntnis der gesellschaftlichen Realität und die Erkenntnis des eigenen Selbst in gewisser Weise zwei Seiten des gleichen Erkenntnisprozesses sein müssen, wirkliche Gesellschaftserkenntnis immer auch Selbsterkenntnis impliziert und umgekehrt.*

Das Verständnis der Tatsache, daß der erkennende Mensch durch die zu erkennende gesellschaftliche Wirklichkeit geprägt ist, ihr als ein Teilmoment zugehört, beinhaltet auch ein *richtigeres Verständnis der Beziehungen von Menschen untereinander.* Bloß orientierendes Erkennen ist, wie aufgewiesen, *individuumzentriert-subjektivistisch*: Jeder Mensch erscheint vom anderen isoliert, das gesellschaftliche Zusammenleben erscheint als Resultante von naturhaft und unhinterfragbar aus dem einzelnen und seiner Biographie entspringenden Bedürfnissen, Interessen, Zielen etc. (diese Sichtweise ist als Basisvoraussetzung von der bürgerlichen Psychologie aufgenommen). In begreifendem Erkennen wird erfaßt, daß der Erkennende mit anderen Menschen, vermittelt über die *objektiven gesellschaftlichen Verhältnisse,* nicht nur situativ, sondern auch durch *Bedürfnisse, Interessen, Ziele, Eigenschaften, Kennzeichen der Welt- und Selbstsicht verbunden ist,* die den gleichen gesellschaftlichen Ursprung haben, *wobei der Klassencharakter der bürgerlichen Gesellschaft* (gemäß unserer Konzeption: durch differenzielle Aneignung) *sich in der Klassengeprägtheit der menschlichen Persönlichkeit bis in ihre »intimsten« Beschaffenheiten hinein niederschlägt.* Die Isoliertheit zwischen Menschen, das utilitaristische Verfolgen vermeintlich je eigener, »privater« Interessen, der »Individualismus« als Zielvorstellung persönlicher Lebensführung, wird hier als eine der über objektive gesellschaftliche Verhältnisse vermittelten Gemeinsamkeiten von Menschen in einer bestimmten Lage innerhalb der bürgerlichen Gesellschaft erkannt; es wird gesehen, daß die *millionenfache Konformität von scheinhaften »Einmaligkeiten« isolierter individueller Persönlichkeiten ein Moment der bürgerlichen Ideologie* darstellt, durch welche die arbeitenden Menschen ihre objektiv gemeinsamen Interessen, die die gesamtgesellschaftlichen Interessen gegen das Kapitalinteresse zur Geltung bringen, nicht begreifen und nicht in gesellschaftliche Praxis umsetzen können. – Die Selbsterkenntnis ist also nicht nur ein notwendiges Implikat der begreifenden Gesellschaftserkenntnis: *Selbsterkenntnis, wenn sie zum Verständnis der Gesellschaftlichkeit des eigenen Selbst durchdringt, beinhaltet auch Erkenntnis des »Selbst« von anderen Menschen in der gleichen objektiven gesellschaftlichen Lage* (vgl. unsere Ausführungen über »interpersonale Wahrnehmung« etwa auf S. 196 ff.).

Die Wahrnehmung als sinnliche Erfahrung – da allein in ihr der Mensch Zugang zur präsenten, materiellen Realität außerhalb seiner selbst hat – ist die Basis jeder Art von Erkenntnis. Die Wahrnehmung geht der denkenden Erkenntnis nicht vorher, sie ist deswegen auch keine besondere »Stufe« des Erkennens, sondern gehört der denkenden Erkenntnis stets als Teilmoment zu. Das Wahrgenommene ist Ausgangspunkt und Endpunkt des denkenden Erkennens in einem; auch wo das Denken sich scheinbar weit vom sinnlich Erfahrbaren entfernt, kann es doch nur in der Rückkehr zum Wahrgenommenen (das in einem bestimmten Sinne nie verlassen wurde) Wirklichkeitserkenntnis werden. Das Wahrnehmen selbst ist dabei notwendig stets vom Denken mitgeprägt. Es hängt – wie früher gezeigt – auch von der »Begrifflichkeit«, durch die hindurch die Wirklichkeit in ihrer gegenständlichen Bedeutungshaftigkeit sinnlich erfahren wird, ab, welcher Art und welchen Grades der Wirklichkeitsaufschluß im Gesamt des Erkenntnisprozesses ist. – Orientierende wie begreifende Erkenntnis gewinnen demnach ihren Wirklichkeitsbezug allein durch die sinnliche Erfahrung, die sie als notwendiges Moment einschließen. Die von uns herausgehobenen Stufen des anschaulichen Denkens, des problemlösenden Denkens und des begreifenden Erkennens sind mithin als *gnostische Stufen* immer *sachadäquaterer, das »Subjektive« in immer höherem Maße in Richtung auf »Objektivität« überwindender denkender Verarbeitung sinnlicher Erfahrung zu verstehen*, wobei die Überschreitung der Stufe des bloß orientierenden Erkennens den im Hinblick auf die *gedankliche Durchdringung bürgerlicher Lebensverhältnisse entscheidenden Übergang von orientierender zu begreifender Erkenntnis darstellt*[96].

Das Fortschreiten von der gnostischen Stufe des anschaulichen Denkens zu der des problemlösenden Denkens im Rahmen orientierender Erkenntnistätigkeit schließt eine bestimmte Art von *Abstraktion* ein. In den logischen Operationen als Moment problemlösenden Denkens ist – wie ausführlich dargelegt (S. 345 ff.) – eine Lösung aus den Befangenheiten der organisationsbedingten Wahrnehmungsevidenzen insofern vollziehbar, als die verschiedenen Variablen der Wirklichkeitsgliederung in reversible, strenger logischer Notwendigkeit unterworfene gedankliche Systeme überführt werden können, womit von einer *je bestimmten Wirklichkeitskonstellation in Richtung auf umkehrbar-logische Zuordnungsverhältnisse abstrahiert* wird und Wirklichkeitskonstellationen eines gewissen Typs als besondere Fälle einer allgemeineren logischen Beziehung verstanden werden können. Eine solche Abstraktion von den Zufälligkeiten der empirischen Einzelfälle in logisch notwendigen Operationen, sofern sie im funktionalen Kontext problemlösenden Denkens steht, verkürzt jedoch – auch dies wurde früher dargelegt (vgl. S. 354 ff.) – die Abstraktionsergebnisse als von der zu erkennenden Wirklichkeit abgelöste vereinzelte Gedankengebilde; der Denkprozeß

---

[96] Die »gnostischen Stufen« als Adäquatheitsstufen der Erkenntnis bürgerlicher Lebensverhältnisse dürfen nicht als Stufen mißdeutet werden, in denen die empirische Reihenfolge des Erkenntniserwerbs bezeichnet ist. Der zeitliche Gang individuellen Erkenntnisgewinns kann vielmehr durch vielfältige Zusatzbedingungen von der Folge der gnostischen Stufen abweichen.

erscheint demgemäß als bloß subjektiver Vorgang, jedes »Problem« als im Denken lösbar und mit seiner Lösung erledigt; der Inhalt, auf den das Lösungsschema angewendet werden kann, wird zu einem sekundären und austauschbaren Sachverhalt. Da hier die einzelnen »Probleme« gedanklich von der Wirklichkeit abgetrennt sind, *geht auch ihr realer Zusammenhang, der durch das konkrete Gesamt wirklicher gesellschaftlicher Verhältnisse vermittelt ist, im Denken verloren* (vgl. S. 354 ff.).

Orientierendes Erkennen, auch in seinen ausgeprägtesten Formen problemlösenden Denkens, läßt sich mithin unter einem gewissen Aspekt als ein *Erkennen nach dem Modus des »Entweder-Oder«* kennzeichnen – bei der denkenden Strukturierung der Wirklichkeit auf »lösbare« Probleme hin können immer nur bestimmte Konstellationen so herausgehoben werden, daß der Schein der gedanklichen Lösbarkeit entsteht, wobei andere Konstellationen, die der »Lösung« entgegenstehen, ausgeblendet sind und umgekehrt. Problemlösendes Denken findet seinen »Endzustand« der Lösung immer nur im Verfolgen *entweder* dieses *oder* jenes Gedankenzuges, es weicht Unstimmigkeiten entweder in dieser oder in jener Richtung aus und erreicht, indem es sozusagen dauernd von einem Extrem ins andere verfällt, stets nur gedankliche Klärungen, die nicht falsch, aber einseitig sind, weil sie die Bedingungen und Grenzen ihrer eigenen Gültigkeit nicht aus den wesentlichen Bestimmungen des Gesamts historisch gewordener gesellschaftlicher Verhältnisse explizieren können. *Das statische Sich-Festlegen auf jeweils diese und keine andere Lösung, die das Problem »für mich« erledigt, ist gleichwohl für die utilitaristische Praxis nicht nur hinreichend, sondern eine wichtige Voraussetzung ihres »Erfolges« – bloß orientierendes Erkennen, und damit ist eins seiner entscheidenden Merkmale herausgehoben, ist seiner Grundeigenart und seiner gesellschaftlichen Funktion nach notwendig »einseitiges« Erkennen.*

Auch begreifendes Erkennen kann sich nicht unvermittelt auf das »Ganze« der Gesellschaft richten, sondern muß durch abstraktives Herausheben jeweils besonderer Züge der gesellschaftlichen Wirklichkeit bestimmte Aspekte als klärbare oder lösbare Probleme akzentuieren. Begreifendes Erkennen hält sich jedoch von Anfang an bewußt, daß der Mensch in einer Totalität gesellschaftlicher Realstrukturen, denen er selber zugehört, steht, die vor dem Einsatz der denkenden Verarbeitung jene konkreten historischen Bestimmungen als lediglich »bekannt« enthält, die es im Erkennen in ihren wesentlichen Zügen zu begreifen gilt (dies ist der von *Marx* dargelegte Ansatz am *»Vorstellungs-Konkretum«*). Die Pseudokonkretheit wird hier nicht als hinzunehmende naturhafte »Umwelt«, an der es nichts zu begreifen gibt, in der man sich nur orientieren muß, hingenommen, sondern als ein im Begreifen zu Durchdringendes erfaßt. Die »Abstraktion« wird demgemäß nicht als verselbständigter, losgelöster Denkvorgang verkürzt; es wird im tatsächlichen Denkvollzug *praktisch eingesehen, daß im Abstrahieren, in der Erkenntnisdistanz, durch welche sich der Erkennende die gesellschaftliche Wirklichkeit, der er gleichwohl weiter angehört, in bestimmten Hinsichten als Erkenntnisgegenstand gegenüberstellt, bestimmte Züge der gesellschaftlichen Wirklichkeit vereinseitigend herausgehoben werden. Die Abstraktion wird als ein notwendiger methodischer Zwischenschritt der passageren »Vereinseitigung« im Zuge denkender Aneignung der gesellschaftlichen Wirklichkeit verstanden, wobei die Resultate der verschiedenen verfahrensbedingten Vereinseitigungen im Fortgang des Begreifensprozesses in ihrem Realzusammenhang zueinander expliziert werden müssen.* Jeder Akt der abstrahierenden Heraushebung bestimmter Züge oder Seiten des Konkreten hat also stets *das gesellschaftliche Ganze vor Augen, dessen wesentliche Bestimmungen in der unanalysierten sinnlich-anschaulich erfahrenen Pseudokonkretheit verhüllt sind, Bestimmungen, die es Schritt für Schritt im Denken zu reproduzieren und in ihren realen Beziehungen zueinander zu verdeutlichen gilt* (das »gesellschaftliche Ganze« ist dabei natürlich kein fertiges Etwas, das ein für allemal, und auch noch total, erkannt werden kann, sondern Inbegriff der sich wandelnden gesellschaftlichen Wirklichkeit selber, auf die hin sich der notwendig stets unabgeschlossene Erkenntnisprozeß immer erneut auszurichten hat, die quasi ein Regulativ für die Angemessenheit des »methodischen« Vorgehens denkender Wirklichkeitsreproduktion ist).

Hier wird schon deutlich, daß mit dem Erreichen der gnostischen Stufe begreifenden Alltagserkennens der Denkprozeß, wie vereinfacht auch immer, das Moment des »Aufsteigens vom Abstrakten zum Konkreten« enthalten muß, wie es die *Marx*sche »Kritik der Politischen Ökonomie« als wissenschaftliches Erkenntnisverfahren voll entfaltet hat: Indem durch Herausheben und damit gedankliches Erfassen immer weiterer Züge der Pseudokonkretheit, damit »Verarbeitung von Anschauung und Vorstellung in Begriffe« (*Marx*, Gr. 1939/41, S. 22) das Konkrete aufs Abstrakte reduziert wird, wird durch den analytisch-synthetischen Akt der schrittweisen Reproduktion wesentlicher Momente gesellschaftlicher Wirklichkeitsbereiche in ihrer historischen Gewordenheit *auf dem Wege der Abstraktion gleichzeitig das nur angeschaute zum begriffenen Konkreten, das »Vorstellungskonkretum« in ein »Gedankenkonkretum«, dessen vielfältige Bestimmungen in ihrem Realzusammenhang als »Einheit in der Mannigfaltigkeit« gedanklich erfaßt werden können*, überführt. Das begreifende Erkennen als historische Rekonstruktion der unterschiedlichen und gegensätzlichen Bestimmungsmomente geschichtlich bestimmter gesellschaftlicher Realität, damit Erwerb von *in »Begriffen« verarbeitetem inhaltlichem Wissen über die Wirklichkeit bürgerlicher Lebensverhältnisse, da es die verschiedenen abstraktiv herausgehobenen Momente des zu erkennenden gesellschaftlichen Gesamts in ihrem Realverhältnis zueinander simultan gedanklich gegenwärtig hat*, ist eine Überwindung des »einseitigen« Denkens der orientierenden Erkenntnistätigkeit zur Verarbeitung der sinnlichen Erfahrung und Anschauung in *»mehrseitigem Denken«*, das nicht in dieser oder jener »Lösung« subjektive Problembewältigung und damit »Entspannung« sucht, sondern die objektive, gespannte Mannigfaltigkeit realer gesellschaftlicher Verhältnisse in der Spannung und Spannweite des Gedankens umgreifen und adäquat erfassen will (vgl. etwa *Iljenkow* 1969).

Die Eigenart der gnostischen Stufe des begreifenden Erkennens ist dann von Grund auf mißdeutet, wenn man meint, es solle sich hier lediglich um einen bestimmten Formalismus des Denkverlaufs handeln, etwa einen Denkprozeß, der sich der Forderung unterstellt, »Einseitigkeiten« zu vermeiden, einen Gegenstand möglichst »vielseitig« zu erfassen etc. Entscheidendes Charakteristikum begreifenden Erkennens ist ein gegenüber bloß orientierendem Erkennen *erweitertes und vertieftes Konzept von dem, was »Erklären«, »Verstehen«, »Begreifen«* sein soll. Verschiedene abstraktiv an der gesellschaftlichen Wirklichkeit herausgehobene Momente sind dann »begriffen«, wenn man die wesentlichen Bestimmungen ihres realen Zusammenhanges in *seinem historischen Gewordensein gedanklich rekonstruieren konnte*. Während im Umkreis orientierenden Erkennens das historische Verfahren ein bloßes Sammeln und Klassifizieren historischer Fakten ist, die sodann zum Gegenstand gedanklicher Analyse gemacht werden können, ist für *das begreifende Erkennen das historische Verfahren ein entscheidendes Moment des Erkenntnisgewinns selbst*. Die früher dargelegte *Einheit von inhaltlichem Wissen und Begreifen* ist als Einheit von *inhaltlich-historischer Aufarbeitung und logischer Durchdringung* gewordener Realzusammenhänge gesellschaftlicher Wirklichkeit zu spezifizieren. Die Methode des »Aufsteigens vom Abstrakten zum Konkreten«, damit Überführung des Vorstellungskonkreten in ein Gedankenkonkretum verliert in dem Maße ihre Rätselhaftigkeit und Unfaßbarkeit, wie man einsieht, daß es sich hier um ein *logisch-historisches Verfahren* bestimmter Charakteristik handelt (vgl. etwa *Zelený* 1969). – Das logisch-historische Verfahren des dialektischen Geschichtsmaterialismus, da es der Gedankenentwicklung dieses Buches zugrunde liegt, hat sich in der Darstellung unter verschiedenen Aspekten implizit oder explizit verdeutlicht, ohne daß seine umfassende Abhandlung aus dem Zusammenhang dialektischer Logik im Rahmen unserer Ausführungen angezeigt und möglich wäre. Wir können hier nur gewisse Momente dieses Verfahrens so weit klärend hervorheben, wie es die Skizzierung der Besonderheit begreifenden Alltagserkennens erfordert.

Wenn im Bereich orientierenden Erkennens, ob faktisch im täglichen Leben oder reflektiert in wissenschaftlichem »Problemlöseverhalten«, abstrahiert und klassifiziert wird, so scheinen die abstrahierend herausgehobenen und klassifizierend in Zusammenhang gebrachten Merkmale mit der »Sache«, auf die die Erkenntnis gerichtet ist, nur oberflächlich vermittelt: Das Ziel bestimmter Akte des Abstrahierens und Zusammenhang-»Stiftens« ist nicht das Erfassen eines realen Zusammenhanges, sondern lediglich »Zweckmäßigkeit« bei der Verfolgung individueller Ziele innerhalb utilitaristischer Praxis. Ob ich unter abstrahierender Heraushebung bestimmter Merkmale Apfel und Birne als »Früchte«, Pferd und Kuh als »Säugetiere« klassifiziere oder unter abstrahierender Heraushebung anderer Merkmale Apfel und Löffel als »Stielträger«, Pferd und Fußmatte als »Haarige«, das macht demnach zwar im Hinblick auf den mit der Klassifikation verfolgten Zweck, nicht aber im Hinblick auf die wirklichen Beziehungen zwischen Apfel und Birne, Apfel und Löffel, Pferd und Kuh, Pferd und Fußmatte einen Unterschied (da es »wirkliche« Beziehungen gar nicht geben soll, alle Beziehungen von mir hergestellt seien). Erst im Ansatz der logisch-historischen Analyse wird die Oberflächlichkeit einer solchen (ob nun alltäglichen, ob positivistisch begründeten »wissenschaftlichen«) Auffassung von der Beziehung zwischen Begriff und Wirklichkeit deutlich: »Das Pferd und die Kuh gehen natürlich nicht aus einem ›Tier im allgemeinen‹ hervor, ganz wie die Birne oder der Apfel keine Produkte der Selbstentäußerung des allgemeinen Begriffs der Frucht sind. Es ist jedoch zweifellos so, daß die Kuh und das Pferd irgendwo in der Nacht der Jahrhunderte einen gemeinsamen Ahnen hatten und daß ebenso der Apfel und die Birne Produkte der Differenzierung einer gemeinsamen Fruchtform sind« (*Iljenkow* 1969, S. 125). – Es zeigt sich nun, wie man die Aussage begründen kann, daß in der gemeinsamen Bezeichnung von Apfel und Löffel als »Stielträger« ein sachfremd-willkürlicher Zusammenhang hergestellt, in der begrifflichen Fassung von Apfel und Birne als »Früchten« dagegen ein bestimmt gearteter wirklicher Zusammenhang aus der Sache »herausgeholt«, expliziert worden ist. Der *Realzusammenhang verdeutlicht sich in der Herausarbeitung des Gewordenseins von Apfel und Birne als Differenzierungsprodukte einer gemeinsamen Ursprungsform im wirklichen historischen Prozeß*; der Zusammenhang ist aufweisbar durch Analyse *inhaltlichen naturgeschichtlichen Wissens unter den Prinzipien evolutionstheoretischer Konzeptionen,* womit das »logisch-historische« Verfahren biologischer Forschung gekennzeichnet ist (die in diesem Buch, im 4. Hauptteil, versuchte Rekonstruktion der naturgeschichtlichen Gewordenheit biologisch-organismischer Grundcharakteristika der Wahrnehmung ist eine in diesem Sinne »logisch-historische« Analyse).

Im »mehrseitigen Denken« des begreifenden Erkennens gesellschaftlicher Verhältnisse liegt insofern eine wesentliche Voraussetzung für die Erfassung von Zusammenhängen, als nur in der gleichzeitigen denkenden Vergegenwärtigung verschiedener in jeweils getrennten Abstraktionsprozessen aufgewiesener Züge der gesellschaftlichen Realität, in Überwindung des »Entweder-Oder-Denkens« des Problemlöseverhaltens, die Zusammenhangsstruktur der bürgerlichen Gesellschaft der Möglichkeit nach gedanklich erfaßbar ist. Entscheidendes Kennzeichen der »Mehrseitigkeit« des begreifenden Erkennens ist jedoch die Explikation wirklicher, wesentlicher Zusammenhänge im gesellschaftlichen Ganzen durch *an inhaltlichem Material vollzogene Herausarbeitung des Gewordenseins von Strukturmomenten als Differenzierungsprodukte gemeinsamer Ursprungsformen, hier nicht im lediglich naturgeschichtlichen, sondern im gesellschaftlich-historischen Prozeß*. Das Vorhandensein und die Charakteristik gesellschaftlicher Zusammenhänge ist allein durch die *logisch-historische Ursprungs- und Differenzierungsanalyse* ausweisbar (sei es nun in gesellschaftswissenschaftlicher Forschung oder im mehr nachvollziehenden begreifenden Alltagserkennen).

Nur wenn dies verstanden ist, kann man auch verstehen, was die Rede von den *wirklichen Widersprüchen bürgerlicher Lebensverhältnisse,* die im Denken zu begreifen seien, bedeuten soll. Die Begründung von Aussagen über objektive gesellschaftliche Widersprüche im Kapitalismus ist das gleiche wie die an inhaltlichem Material zu leistende *historisch-logische Herausarbeitung des Gewordenseins von Realzusammenhängen als widersprüchliche Zusammenhänge, Einheit der Gegensätze,* d. h., die Rekonstruktion jener Entwicklungsmomente des gesellschaftlichen Ganzen, die *im wirklichen historischen Differenzierungsprozeß gemäß den Notwendigkeiten gesellschaftlicher Lebenserhaltung widersprüchliche Formen der über die Aneignung der Natur vermittelten, zwischen Menschen bestehenden Verhältnisse hervorgebracht haben.* – Das begreifende Erkennen bürgerlicher Lebensverhältnisse im »mehrseitigen Denken« ist also, indem es auf logisch-historische Erfassung gesellschaftlicher Realzusammenhänge sich richtet, der Möglichkeit nach die logisch-historische Erfassung *gesellschaftlicher Realwidersprüche;* Widerspruchsverhältnisse als verschiedenartige und -gradige Brechungen zentraler gesellschaftlicher Antagonismen sind die wesentlichen Zusammenhangsformen gesellschaftlichen Lebens unter kapitalistischen Produktionsbedingungen.

Das orientierende Erkennen, da es (auch wenn es sich auf historische »Fakten« bezieht) die gedankliche Reproduktion der historischen Gewordenheit gesellschaftlicher Verhältnisse als *Mittel* der Erkenntnis ihrer wesentlichen Bestimmungen nicht einschließt, demnach in dem Schein befangen ist, Begriffe würden von einem Standpunkt außerhalb der Gesellschaft auf diese angewendet, demgemäß nicht einsieht, daß im Denken – ob nun reflektiert oder nicht, wie verkürzt oder verzerrt auch immer – gesellschaftliche Wirklichkeit in Begriffe gefaßt ist, die (als »bewußtes Sein«), ein Moment dieser Wirklichkeit selbst sind, kann, *wie es Zusammenhänge nur als gedachte Zusammenhänge sieht, auch Widersprüche ausschließlich als Widersprüche im Denken auffassen*. Dies ist der entscheidende Grund dafür, warum im – wissenschaftlichen wie alltäglichen – Problemlöseverhalten *bewußtes begreifendes Wissen über die historisch gewordenen Realwidersprüche bürgerlicher Lebensverhältnisse nicht gewinnbar ist*.

Diese zentrale Beschränktheit des orientierenden Erkennens, aus der alle anderen Beschränktheiten sich ableiten, läßt sich besonders prägnant an den Versuchen der bürgerlichen Wissenschaft verdeutlichen, in »wissenschaftlich« stilisiertem Problemlöseverhalten das logisch-historische Verfahren der Herausarbeitung gesellschaftlicher Realwidersprüche der kapitalistischen Gesellschaft in seiner Methodik und seinen Resultaten zu kritisieren – was an der bürgerlichen Kritik an *Marx'* Herausarbeitung der Warenform in ihrem Widerspruch zwischen Gebrauchswert und Wert (vgl. S. 205 ff.) kurz illustriert werden soll.

Die bürgerlichen Kritiker der *Marx*schen Waren-Analyse haben von allem Anfang an aus der Beschränktheit ihres eigenen Denkens heraus »Gebrauchswert« und »Wert« als bloß gedachte Begriffe, Momente einer »Definition« der Ware, demgemäß den Widerspruch zwischen Wert und Gebrauchswert als lediglich gedanklich-logischen Widerspruch mißdeuten müssen. Eine der neuesten Versionen derartiger Mißdeutungen ist *Beckers* »Kritik der Marxschen Wertlehre« (1972); *Becker* benutzt sein Unverständnis der Ableitungen von *Marx* sozusagen als Angriffswaffe, indem er nachweisen will, der Widerspruch zwischen Gebrauchswert und Wert sei in Wirklichkeit ein Widerspruch in der *Marx*schen Theorie, und *Marx* benutze die dialektische Methode quasi als Trick, »um einen eklatanten *Widerspruch* der Theorie in eine *objektive Eigenschaft* des theoretischen Gegenstandes umzumünzen« (*Becker* 1972, S. 61). »Der Gegensatz der Äquivalentform ist nicht, wie Marx lehrt, die objektive Bestimmtheit der bürgerlichen Warenform, sondern ein von ihm gewaltsam konstruierter Gegensatz, der fälschlich als die objektive Bestimmung der Ware ausgegeben wird. Er reflektiert lediglich die Gegensätzlichkeit und Widersprüchlichkeit – mit anderen Worten: die Unhaltbarkeit – der Prämissen der Marxschen Warentheorie. Was sich mit dem Fetischcharakter *eigentlich* enthüllt, ist einzig und allein der Fetischcharakter von Marxens *eigenem* Begriff von der Ware« (a.a.O., S. 101). »Man kann hier wie unter dem Mikroskop studieren, worin die Raffiniertheit dialektischer Theoriebildung generell begründet liegt: darin nämlich, daß solche Theorien, die lediglich falsche Theorien sind und diese ihre eigene Falschheit in ihrem begrifflichen Instrumentarium sogar selber zum Ausdruck bringen, plötzlich mit der Behauptung hervortreten, die Zeichen für ihre Falschheit als *Theorien über* bestimmte Sachverhalte seien die Zeichen der Negativität und Widersprüchlichkeit dieser Sachverhalte« (a.a.O., S. 102).

Marx hat den alten Denkfehler, der in der bürgerlichen Kritik der Lehre von der Warenform immer wieder, und bei *Becker* in besonders militanter Weise, zutage tritt, z. B. in seinen »Randglossen zu *A. Wagners* ›Lehrbuch der politischen Ökonomie‹« (MEW 19) klar herausgestellt. *Marx* entgegnet der bei *Wagner* beifällig referierten Behauptung von *Rodbertus,* dem Begriff des Tauschwerts sei der Begriff des Gebrauchswerts als logischer Gegensatz gegenübergestellt, was logisch nicht angehe: »Wer stellt in logischen Gegensatz? Herr Rodbertus, für den ›Gebrauchswert‹ und ›Tauschwert‹ beides von Natur bloße ›Begriffe‹ sind. In der Tat begeht in jedem Preiskurant jede einzelne Warensorte diesen unlogischen Prozeß, sich als *Gut, Gebrauchswert,* als Baumwolle, Garn, Eisen, Korn etc. von der andern zu unterscheiden, von den anderen toto coelo qualitativ verschiedenes ›Gut‹ darzustellen, aber zugleich ihren *Preis* als qualitativ dasselbe, aber quantitativ verschiedenes *desselbigen Wesens.* Sie präsentiert sich in ihrer Naturform für den, der sie braucht, und in der davon durchaus verschiedenen, ihr mit allen andern Waren ›gemeinschaftlichen‹ *Wertform* sowie als *Tauschwert.* Es handelt sich hier um einen ›*logischen*‹ Gegensatz nur bei Rodbertus und den ihm verwandten deutschen Professoralschulmeistern, die vom ›Begriff‹ Wert, nicht von dem ›sozialen Ding‹ der ›Ware‹ ausgehen, und diesen Begriff sich in sich selbst spalten (verdoppeln) lassen, und sich dann darüber streiten, welche von beiden Hirngespinsten der wahre Jakob ist!« (*Marx,* MEW 19, S. 374 f.).

In der *Becker*schen Variante kommt der rigorose Dogmatismus bürgerlicher *Marx*-Kritik besonders klar zum Ausdruck: *Becker* kennt von seiner Vorstellung über wissenschaftliche Erklärung, die unserer Konzeption nach eine Stilisierung des Problemlöseverhaltens ist, nur eine Art von Widersprüchen: logische Widersprüche, die die Falschheit des Denkens anzeigen und deshalb ausgemerzt werden müssen. *Marx* kann demgemäß hundertmal feststellen, seine Erkenntnisabsicht sei, die reale Widersprüchlichkeit der Ware, *wie sie tatsächlich als gesellschaftliches Ding den Verkehr zwischen Menschen bestimmt,* wissenschaftlich herauszuarbeiten. Professor *Becker* weiß es besser: Der Widerspruch zwischen Wert und Gebrauchswert ist selbstverständlich ein logischer Widerspruch in *Marx'* Theorie, er kann doch gar nichts anderes sein; die Theorie von *Marx* ist demnach falsch; die Auffassung, hier sei die wirkliche Widersprüchlichkeit der über die Ware vermittelten menschlichen Beziehungen (logisch widerspruchsfrei) auf den Begriff gebracht, ist lediglich eine »dialektische« Schutzbehauptung, durch welche die Theorie sich gegen Kritik immunisiert, indem sie ihre eigene Falschheit der zu erkennenden Sache zur Last legt. – Wenn die *Marx*sche Wertlehre von *Becker* nicht gewaltsam in seinen eigenen Denkschematismus gepreßt und der damit selbst hergestellte Unsinn *Marx* zugeschrieben worden wäre, sondern wenn *Becker* einen wirklichen Ansatz zu einer kritischen Analyse der Wertlehre hätte finden wollen, wäre die Waren-Konzeption von *Marx* nicht an den beschränkten Maßstäben bürgerlichen Denkens, die in ihr gerade überwunden werden sollen, zu messen, sondern *am Maßstab ihres eigenen Erkenntnisanspruchs*. Dies würde allerdings eine Überschreitung der Grenzen wissenschaftlich stilisierten bloß orientierenden Erkennens in Richtung auf begreifendes Erkennen voraussetzen.

Die Verfehltheit bürgerlicher Kritik des *Marx*schen Konzeptes der Warenform hat einen entscheidenden Grund in der Unfähigkeit, den Stellenwert der historischen Auseinanderlegungen in der Argumentation von *Marx* zu verstehen; es kann nicht eingesehen werden, daß *Marx*' historische Ausführungen nicht Exkurse oder Illustrationen, sondern *konstituierender Bestandteil seines Begründungsverfahrens* sind. Bei Verkennung des logisch-*historischen* Charakters von *Marx*' Herleitungen muß es z. B. tatsächlich unerfindlich erscheinen, wie *Marx* zu der Behauptung kommen kann, der Widerspruch zwischen Wert und Gebrauchswert stecke »in« der Warenform. Wie soll der Widerspruch denn da hineingekommen sein? Ist dies nicht eine metaphysische Annahme? Vergleiche mit theologischem Denken, die von bürgerlichen *Marx*-Kritikern, auch von *Becker* (1972, etwa S. 60 f.) immer wieder aufgestellt werden, liegen nahe. – Nun hat *Marx* die reale Widersprüchlichkeit der Warenform als »soziales Ding« keineswegs nur behauptet, sondern durch eine logische Analyse des historischen Gewordenseins der Warenform, die die Geldform aus sich hervortreibt, an reichem inhaltlichem Material leisten wollen. Das »Kapital« ist von Anfang bis Ende eine solche logisch-historische Analyse, in die man sich einlassen muß, wenn man sie begreifen und womöglich kritisieren will. Wir können dies hier nur mit einigen kurzen Hinweisen belegen (eine fundierte und klare Darstellung der Beziehungen zwischen historischer und logischer Analyse in der *Marx*schen Methode, auch bei der Entwicklung der Warenform, stammt von *Zeleny* 1969; vgl. etwa auch *Backhaus* 1969).

Einige zusammenfassende Passagen bei *Marx* seien zitiert: »Der unmittelbare Tauschhandel, die naturwüchsige Form des Austauschprozesses, stellt ... die beginnende Umwandlung der Gebrauchswerte in Waren als die der Waren in Geld dar. Der Tauschwert erhält keine freie Gestalt, sondern ist noch unmittelbar an den Gebrauchswert gebunden. Es zeigt sich dies doppelt. Die Produktion selbst in ihrer ganzen Konstruktion ist gerichtet auf Gebrauchswert, nicht auf Tauschwert, und es ist daher nur durch ihren Überschuß über das Maß, worin sie für die Konsumtion erheischt sind, daß die Gebrauchswerte hier aufhören Gebrauchswerte zu sein und Mittel des Austausches werden, Ware. Andrerseits werden die Waren selbst nur innerhalb der Grenzen des unmittelbaren Gebrauchswerts, wenn auch polarisch verteilt, so daß die von den Warenbesitzern auszutauschenden Waren für beide Gebrauchswerte sein müssen, aber jeder Gebrauchswert für ihren Nichtbesitzer. In der Tat erscheint der Austauschprozeß von Waren ursprünglich nicht im Schoß der naturwüchsigen Gemeinwesen, sondern da, wo sie aufhören, an ihren Grenzen, den wenigen Punkten, wo sie in Kontakt mit andern Gemeinwesen treten. Hier beginnt der Tauschhandel und schlägt von da ins Innere des Gemeinwesens zurück, auf das er zersetzend wirkt. Die besonderen Gebrauchswerte, die im Tauschhandel zwischen verschiedenen Gemeinwesen Waren werden, wie Sklave, Vieh, Metalle, bilden daher meist das erste Geld innerhalb der Gemeinwesen selbst. Wir haben gesehen, wie sich der Tauschwert einer Ware in um so höherm Grade als Tauschwert darstellt, je länger die Reihe seiner Äquivalente oder je *größer* die Sphäre des Austausches für die Ware ist. Die allmähliche Erweiterung des Tauschhandels, Vermehrung der Austausche und Vervielfältigung der in den Tauschhandel kommenden Waren, entwickelt daher die Ware als Tauschwert, drängt zur Geldbildung und wirkt damit auflösend auf den unmittelbaren Tauschhandel. Die Ökonomen pflegen das Geld aus den äußeren Schwierigkeiten abzuleiten, worauf der erweiterte Tauschhandel stößt, vergessen aber dabei, daß diese Schwierigkeiten aus der Entwicklung des Tauschwerts und daher der gesellschaftlichen Arbeit als allgemeiner Arbeit entspringen. Z. B.: Die Waren sind als Gebrauchswerte nicht beliebig teilbar, was sie als Tauschwerte sein sollen. Oder die Ware von A mag Gebrauchswert für B sein, während die Ware von B nicht Gebrauchswert für A ist. Oder die Warenbesitzer mögen ihre wechselseitig auszutauschenden unteilbaren Waren in ungleichen Wertproportionen bedürfen« (*Marx*, MEW 13, S. 35 f.). – »Im unmittelbaren Produktionsaustausch ist jede Ware unmittelbar Tauschmittel für ihren Besitzer, Äquivalent für ihren Nichtbesitzer, jedoch nur soweit sie Gebrauchswert für ihn. Der Tauschartikel erhält also noch keine von seinem eigenen Gebrauchswert oder dem individuellen Bedürfnis der Austauscher unabhängige Wertform. Die Notwendigkeit dieser Form entwickelt sich mit der wachsenden Anzahl und Mannigfaltigkeit der in den Austauschprozeß eintretenden Waren. Die Aufgabe entspringt gleichzeitig mit den Mitteln ihrer Lösung. Ein Verkehr, worin Warenbesitzer ihre eigenen Artikel mit verschiedenen andren Artikeln austauschen und vergleichen, findet niemals statt, ohne daß verschiedne Waren von verschiednen Warenbesitzern innerhalb ihres Verkehrs mit einer und derselben dritten Warenart ausgetauscht und als Werte verglichen werden. Solche dritte Ware, indem sie Äquivalent für verschiedne andre Waren wird, erhält unmittelbar, wenn auch in engen Grenzen, allgemeine oder gesellschaftliche Äquivalentform. Diese allgemeine Äquivalentform entsteht und vergeht mit dem augenblicklichen gesellschaftlichen Kontakt, der sie ins Leben rief. Abwechselnd und flüchtig kommt sie dieser oder jener Ware zu. Mit der Entwicklung des Warenaustausches heftet sie sich aber ausschließlich fest an besondere Warenarten oder kristallisiert zur Geldform« (*Marx*, MEW 23, S. 103). – »Die *Verselbständigung des Tauschwerts* der Ware in Geld ist selbst das Produkt des Austauschprozesses, der Entwicklung der in der Ware enthaltenen Widersprüche von Gebrauchswert und Tauschwert und des nicht minder in ihr enthaltenen Widerspruchs, daß die bestimmte, besondre Arbeit des Privatindividuums sich als ihr Gegenteil, gleiche, notwendige, allgemeine und in dieser Form gesellschaftliche Arbeit darstellen muß ... Die Entwicklung des Kapitals ihrerseits *unterstellt* schon die volle Entwicklung des Tauschwerts der Ware und daher seine Verselbständigung in Geld. Im Produktions- und Zirkulationsprozeß des Kapitals wird von dem Wert als selbständiger Gestalt ausgegangen, der sich erhält, vermehrt, seine Vermehrung an seiner ursprünglichen Größe mißt in allen changes, die die Waren, in denen er sich darstellt, durchlaufen, und abgesehen davon, ob er sich selbst in den verschiedensten Gebrauchswerten darstellt, die Waren wechselt, die ihm als Leiber dienen« (*Marx*, MEW 26, 3, S. 128 f.). – »Das Nachdenken über die Formen des menschlichen Lebens, also auch ihre wissenschaftliche Analyse, schlägt überhaupt einen der wirklichen Entwicklung entgegengesetzten Weg ein. Es beginnt post festum und daher mit den fertigen Resultaten des Entwicklungsprozesses. Die Formen, welche Arbeitsprodukte zu

Begreifende Erkenntnis; utilitaristische und kritische Praxis 381

Waren stempeln und daher der Warenzirkulation vorausgesetzt sind, besitzen bereits die Festigkeit von Naturformen des gesellschaftlichen Lebens, bevor die Menschen sich Rechenschaft zu geben suchen nicht über den historischen Charakter dieser Formen, die ihnen vielmehr bereits als unwandelbar gelten, sondern über deren Gehalt... Es ist... eben diese fertige Form – die Geldform – der Warenwelt, welche den gesellschaftlichen Charakter der Privatarbeiten und daher die gesellschaftlichen Verhältnisse der Privatarbeiter sachlich verschleiert, statt sie zu offenbaren. Wenn ich sage, Rock, Stiefel usw. beziehen sich auf Leinwand als die allgemeine Verkörperung abstrakter menschlicher Arbeit, so springt die Verrücktheit dieses Ausdrucks ins Auge. Aber wenn die Produzenten von Rock, Stiefel usw. diese Waren auf Leinwand – oder auf Gold und Silber, was nichts an der Sache ändert – als allgemeines Äquivalent beziehn, erscheint ihnen die Beziehung ihrer Privatarbeiten zu der gesellschaftlichen Gesamtarbeit genau in dieser verrückten Form... Derartige Formen bilden eben die Kategorien der bürgerlichen Ökonomie. Es sind gesellschaftlich gültige, also objektive Gedankenformen für die Produktionsverhältnisse dieser historisch bestimmten gesellschaftlichen Produktionsweise« (*Marx*, MEW 23, S. 89 f.).

Es sollte aus diesen Zitaten wenigstens andeutungsweise hervorgehen, daß *Marx* den Widerspruch zwischen Gebrauchswert und Wert, der in der Warenform beschlossen ist, aus der Gewordenheit der Warenform gemäß den Notwendigkeiten sich stets ausweitender Austauschverhältnisse an konkretem historischem Material logisch rekonstruiert, dabei die wesentlichen Züge der gesellschaftlichen Entwicklung, als deren Resultat der Kapitalismus entstanden ist, herausarbeiten will (dies ist sein durchgängiges methodisches Vorgehen bei der Kritik der Politischen Ökonomie). *Marx* führt nicht das Begriffspaar »Wert–Gebrauchswert« als ein widersprüchliches in seine Theorie ein, sondern weist explizierend auf, daß in der Ware als »sozialem Ding« der Widerspruch zwischen Wert und Gebrauchswert, der in der Warenform beschlossen ist, den Verkehr der Menschen untereinander bestimmt, indem die Ware vom Gebrauchswertstandpunkt des Käufers aus jenes bestimmte nützliche Ding in seiner besonderen Beschaffenheit ist, das er braucht, vom Tauschwertstandpunkt des Verkäufers dagegen in Geld zu realisierender abstrakter Tauschwert, durch welchen das Ding völlig unabhängig von seiner Beschaffenheit als nützliches Ding mit allen anderen Waren durch das allgemeine Äquivalent des Geldes vergleichbar ist, wobei beide widersprüchliche Aspekte der Ware in ihrer gesellschaftlichen Funktion objektiv zukommen. Die Entstehung dieses Widerspruchsverhältnisses leitet *Marx* aus zwei Momenten gesellschaftlicher Lebenserhaltung her, aus der allgemeingesellschaftlichen Notwendigkeit, die in der arbeitsteiligen Produktion hergestellten Güter gemäß ihren jeweils besonderen nützlichen Gebrauchseigenschaften bedürfnisgerecht unter die Gesellschaftsmitglieder zu verteilen, und der mit der Entstehung und Ausbreitung des Warentauschs zwischen privaten Produzenten sich stets stärker herausbildenden gesellschaftlichen Notwendigkeit, zum Zwecke eines immer umfassenderen Tauschs, schließlich in gesamtgesellschaftlicher Größenordnung, die Güter unabhängig von ihren jeweiligen Naturaleigenschaften total gegeneinander austauschbar zu machen. Die die allgemeine Notwendigkeit zur bedürfnisgerechten Umverteilung widersprüchlich überformende historisch bestimmte Notwendigkeit eines abstrakten Maßes für den totalen Tausch führt nach *Marx* historisch zwingend zur Absonderung des abstraktquantitativen Momentes vom konkret-nützlichen Moment der Arbeit, sowohl in dem vergegenständlichten Produkt als Doppelcharakter der Ware (Wert- und Gebrauchswertvergegenständlichung) wie im Arbeitsprozeß selbst als Doppelcharkter der Arbeit (abstrakt-menschliche und konkret-nützliche Arbeit); das Charakteristikum der Arbeit, das übrigbleibt, wenn unterm Tauschgesichtspunkt von ihrer konkret-nützlichen Beschaffenheit abgesehen wird (die gleichwohl vom Gebrauchswertgesichtspunkt aus gesellschaftlich funktional bleibt), ist die zur Herstellung eines Produktes verausgabte, mit dem Gebrauchswert in ihm als dessen Gegensatz vergegenständlichte gesellschaftlich notwendige Quantität an Arbeitszeit, die den Warenwert konstituiert und gemäß den Lebensnotwendigkeiten einer immer totaler auf dem Warentausch basierenden Gesellschaftsform sich in der Geldware als verselbständigtem Ausdruck abstrakt-menschlicher Durchschnittsarbeitszeit zum universalen Tauschmaßstab kritistallisiert. – Die Kennzeichnung als warentauschende Gesellschaft ist, wie früher dargelegt, zwar eine notwendige, aber keinesfalls hinreichende Bestimmung der kapitalistischen Gesellschaftsformation. Indessen: Nur wenn man das Widerspruchsverhältnis der Ware als »soziales Ding« in seiner historischen Gewordenheit begriffen hat, wenn man eingesehen hat, daß der Tauschwert nicht aus der Zirkulationssphäre entspringt, sondern Erscheinungsform des Wertes als Resultat abstrakt-menschlicher Arbeit im Produktionsbereich ist, kann man die historische Besonderheit der *kapitalistischen* Tauschgesellschaft richtig verstehen: das Wesen des kapitalistischen Mehrwerts als Differenz zwischen dem vom Kapitalisten vergüteten Tauschwert der Ware Arbeitskraft und dem vom Arbeiter darüber hinaus geschaffenen Wert, der vom Kapitalisten unentgeltlich angeeignet wird, den Schein des Arbeitslohns als Bezahlung der Arbeit (anstatt als Äquivalent für den gesellschaftlichen Durchschnittswert der zur Erhaltung der Ware Arbeitskraft nötigen Lebensmittel), die historische Gewordenheit der Verwandlung des Geldes in Kapital als scheinhaft sich selbst verwertendem Wert, den Widerspruch zwischen den Notwendigkeiten der Produktivkraftentfaltung und den Notwendigkeiten des kapitalistischen Verwertungsprozesses, den allen Erscheinungsformen der bürgerlichen Gesellschaft zugrunde liegenden zentralen Widerspruch zwischen Lohnarbeit und Kapital (vgl. dazu unsere früheren Darlegungen im 7. Hauptteil, bes. S. 204 ff. und S. 237 ff.). – Ein Begreifen des Kapitalismus ist die in vielseitiger, historisch-logischer Analyse zu leistende Erfassung seiner wesentlichen Strukturmomente in ihrer Gewordenheit, damit gleichzeitig seiner historischen Besonderheit als bestimmte gesellschaftliche Entwicklungsstufe, mithin seines transitorischen Charakters.

In dem genannten Buch von *Becker* (1972) finden sich über die diskutierte Passage hinaus mannigfache Beispiele für die Verfehlung der Kritik der politischen Ökonomie durch einseitig-ahistorisches Denken, in dem die Beschränktheiten bloß orientierenden Erkennens zum »wissenschaftlichen« Verfahren der Gesellschaftsanalyse erhoben werden. So greift *Becker* sich bei seiner »Kritik« der *Marx*schen Herleitung des Mehrwertes den von *Marx* aufgewiesenen Umstand, daß dem Arbeiter der Wert seiner Arbeitskraft, die für den Kapitalisten den Gebrauchswert der Mehrwertproduktion hat, voll vergolten wird,

Begreifende Erkenntnis, utilitaristische und kritische Praxis 383

heraus und konstatiert, nach *Marx'* eigenen Feststellungen gehe es beim Kauf der Arbeitskraft durch den Kapitalisten völlig »gerecht« zu, die *Marx*sche Mehrwerttheorie sei demnach eine »Rechtfertigungstheorie des kapitalistischen Profits auf der Basis der objektiven Wertlehre«. »Wenn man im Rahmen dieser Marxschen Theorie schon unbedingt einen Anhaltspunkt für eine Kritik ... sehen will, kann man eben nur bedauern, daß es eine solche Ware gibt, die die geschilderte Beschaffenheit hat. Sofern man an den christlichen Schöpfergott glaubt, könnte man höchstens ihm den Vorwurf machen, daß er im Menschen ein naturhaftes Wesen geschaffen hat, welches, sofern es als Ware sich anbietet, gekauft und konsumiert wird, die Natureigenschaft hat, mehr an Wert zu produzieren, als sein eigener Tauschwert beträgt. Eine solche Kritik ist sicher nicht im Sinne des Atheisten *Marx,* aber seine Theorie berechtigt einen nicht zu einem Mehr an Kritik« (1972, S. 125). – Hier ist gemäß der Einseitigkeit bloß orientierenden Erkennens das »Rechtsverhältnis« zwischen Arbeiter und Kapitalist im Akt des Kaufs und Verkaufs der Arbeitskraft aus dem gesellschaftlichen Realzusammenhang gerissen, den *Marx* in logisch-historischer Analyse umfassend expliziert. Das Rechtsverhältnis des Warentauschs gründet sich in der Voraussetzung, daß sich hier Warenbesitzer gegenüberstehen, die jeweils durch eigene Arbeit hergestellte Waren gegeneinander austauschen. Wenn unter kapitalistischen Produktionsverhältnissen sich der Kapitalist, der als solcher die Arbeitskraft kauft, und der Arbeiter, der als solcher seine Arbeitskraft verkauft, gegenüberstehen, schlägt, unabhängig davon, ob die Arbeitskraft zu ihrem wirklichen Wert veräußert wird, »das auf Warenproduktion und Warenzirkulation beruhende Gesetz der Aneignung oder Gesetz des Privateigentums durch seine eigne, innere, unvermeidliche Dialektik in sein direktes Gegenteil um. Der Austausch von Äquivalenten, der als die ursprüngliche Operation erschien, hat sich so gedreht, daß nur zum Schein ausgetauscht wird, indem erstens der gegen Arbeitskraft ausgetauschte Kapitalteil selbst nur ein Teil des ohne Äquivalent angeeigneten fremden Arbeitsproduktes ist und zweitens von seinem Produzenten, dem Arbeiter, nicht nur ersetzt, sondern mit neuem Surplus ersetzt werden muß« (*Marx,* MEW 23, S. 609). »Eigentum erscheint jetzt auf Seite des Kapitalisten als das Recht, fremde unbezahlte Arbeit oder ihr Produkt, auf Seite des Arbeiters als Unmöglichkeit, sich sein eignes Produkt anzueignen. Die Scheidung zwischen Eigentum und Arbeit wird zur notwendigen Konsequenz eines Gesetzes, das scheinbar von ihrer Identität ausging« (a.a.O., S. 610). Durch die Scheidung zwischen Eigentum und Arbeit ist der Arbeiter, der im Zirkulationsbereich dem Kapitalisten im scheinhaften Verhältnis eines freien Verkäufers seiner Arbeitskraft gegenübersteht, in Wahrheit, um zu leben, unausweichlich *gezwungen,* sich durch den Verkauf seiner Arbeitskraft den Bedingungen der kapitalistischen Produktion auszusetzen, die seine geistigen Fähigkeiten verstümmeln, seine körperlichen Kräfte untergraben und ihm die allseitige Entfaltung seiner menschlichen Potenzen in bewußter Mitgestaltung des gesellschaftlichen Lebens unmöglich machen. »Man muß gestehn, daß unser Arbeiter anders aus dem Produktionsprozeß herauskommt, als er in ihn eintrat. Auf dem Markt trat er als Besitzer der Ware ›Arbeitskraft‹ andren Warenbesitzern gegenüber, Warenbesitzer dem Warenbesitzer. Der Kontrakt, wodurch er dem Kapitalisten seine Arbeitskraft verkaufte, bewies sozusagen schwarz auf weiß, daß er frei über sich selbst verfügt. Nach geschlossenem Handel wird entdeckt, daß er ›kein freier Agent‹ war, daß die Zeit, wofür es ihm freisteht, seine Arbeitskraft zu verkaufen, die Zeit ist, wofür er gezwungen ist, sie zu verkaufen, daß in der Tat sein Sauger nicht losläßt, ›solange noch ein Muskel, eine Sehne, ein Tropfen Bluts auszubeuten‹. Zum ›Schutz‹ gegen die Schlange ihrer Qualen müssen die Arbeiter ihre Köpfe zusammenrotten und als Klasse ein Staatsgesetz erzwingen, ... das sie selbst verhindert, durch freiwilligen Kontrakt mit dem Kapital sich und ihr Geschlecht in Tod und Sklaverei zu verkaufen« (*Marx*, MEW 23, S. 319 f.). – In der Geschichtsblindheit des bloßen Problemlöseverhaltens erscheint es *Becker* offenbar als ganz »natürlich«, und höchstens Gott zuzurechnen, daß auf dem Markt neben Hemden und Schuhen auch menschliche Arbeitskraft zum Kauf angeboten wird. Indessen: »Die Natur produziert nicht auf der einen Seite Geld- oder Warenbesitzer und auf der andren bloße Besitzer der eignen Arbeitskräfte. Dies Verhältnis ist kein naturgeschichtliches und ebensowenig ein gesellschaftliches, das allen Geschichtsperioden gemein wäre. Es ist offenbar selbst das Resultat einer vorhergegangenen historischen Entwicklung, das Produkt vieler ökonomischer Umwälzungen, des Untergangs einer ganzen Reihe älterer Formationen der gesellschaftlichen Produktion« (a.a.O., S. 183). Die »Arbeitskraft« ist nicht deswegen »Ware«, weil *Marx* sie in seiner Theorie so definiert hat, sondern deswegen, weil gemäß *Marx'* logisch-historischer Analyse in der Epoche der »ursprünglichen Akkumulation« durch die Vertreibung des Landvolkes von Grund und Boden »große Menschenmassen plötzlich und gewaltsam von ihren Subsistenzmitteln losgerissen und als vogelfreie Proletarier auf den Markt geschleudert« wurden (a.a.O., S. 744). So kam es dazu, daß der im doppelten Sinne freie Proletarier, frei von Produktionsmitteln und frei über seine Arbeitskraft verfügend, diese an den Kapitalisten als Besitzer von Produktionsmitteln verkaufen mußte. Hier, und nicht in einer begrifflichen Unterscheidung, liegt der Ursprung des zentralen Widerspruchs von Lohnarbeit und Kapital als eines historisch gewordenen und transitorischen gesellschaftlichen Verhältnisses. Diese Einsicht ist Resultat der Einheit von inhaltlich-historischem Wissen und logischer Analyse in begreifendem wissenschaftlichem Erkennen und muß den verselbständigt-inhaltsentleerten Denkfiguren der sozialwissenschaftlichen Problemlöser notwendig verborgen bleiben.

Nachdem wir andeutend aufgewiesen haben, wie mit Überwindung bloß orientierenden Erkennens in begreifender Erkenntnistätigkeit durch mehrseitige logisch-historische Analyse Realzusammenhänge der bürgerlichen Lebenswelt – wie immer gebrochene und vermittelte – *Widerspruchsverhältnisse* erfaßt werden können, ist die Klärung des Problems nicht länger aufschiebbar, wie in begreifendem Erkennen die *Relation zwischen logischen Widersprüchen im Denken und realen Widersprüchen in der denkend zu erkennenden gesellschaftlichen Wirklichkeit genau zu bestimmen ist*. – Innerhalb des orientierenden Erkennens ist, wie wir anhand von *Piagets* Konzeption der Reversibilität und Invarianz operativer Denkstrukturen aufgewiesen haben (vgl.

S. 345 ff.), der entscheidende gnostische Fortschritt die Überwindung der Befangenheiten des anschaulichen Denkens in den vordergründigen Evidenzen sinnlicher Erfahrung durch die Tendenz zu *logisch notwendiger, widerspruchsfreier Gedankenentwicklung.* Wir haben sodann dargelegt, daß logische Notwendigkeit, Widerspruchsfreiheit, zwar eine *unabdingbare, aber keine hinreichende Voraussetzung für die Adäquatheit denkender Wirklichkeitserkenntnis* ist, und kamen im Anschluß daran zu der konkretisierenden Herausarbeitung des problemlösenden Denkens im Zusammenhang utilitaristischer Praxis des Menschen als einer bestimmten, beschränkten Weise der Wirklichkeitserfassung (deren Adäquatheit von der Struktur der zu erkennenden Wirklichkeit abhängig ist). Aus diesen früheren Überlegungen ist zwingend abzuleiten, daß die *Tendenzen zu logischer Notwendigkeit, Wiederspruchsfreiheit des Denkens, da Grundvoraussetzung für Wirklichkeitserkenntnis überhaupt, ohne jede Einschränkung auch dem begreifenden Erkennen als im Vergleich zum bloß orientierenden Erkennen umfassenderer und richtigerer Erkenntnisweise gesellschaftlicher Verhältnisse der bürgerlichen Gesellschaft zukommen muß.* Es wäre grundfalsch, anzunehmen, daß bei der gedanklichen Reproduktion gesellschaftlicher Realwidersprüche die Forderung, logische Widersprüche zu vermeiden, auch nur im mindesten eingeschränkt werden könnte. Die Bedingungen für das Auftreten von logischen Widersprüchen und die gnostische Funktion der Tendenz zur Ausschaltung solcher Widersprüche müssen allerdings bei der Auseinanderlegung der Eigenart begreifenden Erkennens in größeren Zusammenhängen expliziert werden, als dies bei der Kennzeichnung des Problemlösens nötig war.

Logische Widersprüche können durch bloß subjektive Irrtümer, individuelle Denkfehler entstehen. Solche Irrtümer und Fehler sind, ob nun durch Selbstkorrektur oder fremde Hilfe, umstandslos allein im Denken eliminierbar. Derartige lediglich aus individuellen Denkmängeln herrührende Widerspruchsbedingungen, die einzigen, die das bloß problemlösende Denken kennt, erweisen sich bei der Analyse des Ganges begreifenden Erkennens als Sonderfälle, die unter gnostischem Aspekt nicht weiter von Interesse sind. Zur richtigen Bestimmung der Funktion der Tendenz zur Widerspruchsvermeidung in begreifender Erkenntnistätigkeit ist das Verständnis solcher Bedingungen logischer Widersprüche wesentlich, die aus der *Eigenart der zu erkennenden gesellschaftlichen Wirklichkeit sich ergeben, deren einfache gedankliche »Beseitigung« demgemäß nicht im begreifenden Erkennen, sondern nur durch eine Regression in das einseitige Entweder-Oder-Denken des Problemlöseverhaltens, also durch gedankliche Ausklammerung der einen oder der anderen Seite des Widerspruchsverhältnisses, möglich ist.*

Besinnen wir uns auf den früher explizierten Umstand, daß in gesellschaftsbezogener Erkenntnis der gesellschaftliche Mensch als Erkenntnissubjekt ein Teil der gesellschaftlichen Wirklichkeit ist, die es zu erkennen gilt, daß der Mensch demgemäß sich jeweils bestimmte Momente des gesellschaftlichen Ganzen, dem er zugehört, in der *Erkenntnisdistanz* als Gegenstand setzt, so die gesellschaftliche Realität schrittweise gedanklich reproduzieren kann, ohne der zu erkennenden Wirklichkeit dabei entkommen und einen »Standpunkt außerhalb« gewinnen zu können (daraus ist der aufgewiesene Zusammenhang zwischen Gesellschaftserkenntnis, Selbsterkenntnis und Erkenntnis anderer »Selbste« in gleicher objektiver Lage herzuleiten). Das menschliche Denken ist also von der Struktur der gesellschaftlichen Verhältnisse, die zu erkennen sind (vermittelt über den Aneignungsprozeß), *bis in seine funktionalen Strukturen hinein durchdrungen*. Im Erkenntnisvollzug ist mithin in der Erfassung der gesellschaftlichen Wirklichkeit gleichzeitig die *Geprägtheit des eigenen Denkens von der zu erkennenden gesellschaftlichen Realität reflektierend als Gegenstand des sich von sich selbst distanzierenden Denkens zu setzen*, wobei eine solche Distanz nicht ein für allemal zu erreichen ist, sondern immer neue, analytisch-synthetisch aufeinander bezogene Distanzierungsakte den unabschließbaren Prozeß der gedanklichen Reproduktion des gesellschaftlichen Ganzen ausmachen.

Sofern in begreifendem Erkennen logische Widersprüche auftreten, die nicht einfach als Denkfehler, die sich ohne Ausklammerung bestimmter Resultate der inhaltlichen Wirklichkeitsreproduktion »lösen« lassen, ausweisbar sind, so kann dies ein Anzeichen dafür sein, daß hier das Erkennen auf einer bestimmten Stufe seines Vollzuges *distanzlos in der zu erkennenden Wirklichkeit, von der es durchdrungen ist, verhaftet blieb, daß das Denken widersprüchliche Momente der Wirklichkeit, die es zu erfassen gilt, noch als Denkwidersprüchlichkeit in sich selber trägt, ohne die Möglichkeit, diese Widersprüchlichkeit als Gegenstand der Analyse zu setzen und damit als wirkliche Widersprüchlichkeit der »Sache« sich begreiflich zu machen*. – Die Befangenheit in logischen Widersprüchen als ein Zwischenschritt im Fortgang begreifenden Erkennens kann als solche nur in einem Denken identifiziert werden, das auf *logische Notwendigkeit, Widerspruchsfreiheit gerichtet ist*. Sofern der Denkvollzug nicht der Forderung nach Vermeidung von logischen Widersprüchen einschränkungslos untersteht, kann *das Bestehen von derartigen Widersprüchen und ihre Nichteliminierbarkeit als subjektive »Fehler« überhaupt nicht als Widerstand der Wirklichkeit gegen ihre gedankliche Reproduktion identifiziert werden*. Damit haben wir die spezifische gnostische Funktion der Tendenz zu logisch notwendigem, widerspruchsfreiem Denken in begreifendem Erkennen

Begreifende Erkenntnis; utilitaristische und kritische Praxis 387

in einer wesentlichen Hinsicht aufgewiesen. Indessen: Die Befangenheit des Denkens in logischen Widersprüchen, die als Resultate inhaltlichen Wissensgewinns entstanden sind, zeigt an, *daß die auf Begreifen gerichtete Erkenntnistätigkeit an dieser Stelle noch keinen angemessenen Begriff von der Wirklichkeit erreichen, keine adäquate Erfassung der gesellschaftlichen Realität leisten konnte.*

Da in begreifendem Erkennen als prozessualer Einheit von inhaltlichem Wissenserwerb und Herausarbeitung wesentlicher Strukturmomente der gesellschaftlichen Wirklichkeit, wie dargelegt, der »Ausweg« des Problemlöseverhaltens, in Verkennung wirklichkeitsbedingter als lediglich auf subjektiven Irrtümern beruhender Widersprüche einen »einseitigen« Lösungsweg einzuschlagen, damit Zusammenhänge, die widersprüchliche Momente enthalten, gedanklich zu zerreißen, sich vom vielseitig reproduzierten Wissen zu lösen und so den *Widerspruch unter Realitätsverlust scheinhaft im Denken zu beseitigen,* nicht gegeben ist, muß der Begreifensprozeß, um zu innerer Widerspruchslosigkeit als Voraussetzung für adäquate Wirklichkeitserkenntnis zu gelangen, hier einen anderen Weg einschlagen. – Im Denkvollzug muß die Möglichkeit gesucht werden, eine *neue Ebene* der denkenden Wirklichkeitsverarbeitung zu erreichen, indem Widersprüchlichkeiten, die zunächst als ein die Erkenntnis behinderndes *Moment des Denkens selbst* erschienen, als im Denken erfaßte widersprüchliche Wirklichkeit zum *Gegenstand des Denkens* gemacht werden. Das Denken muß hier insofern eine neue Distanz zu sich selber gewinnen, als es vermeintlich zu *eliminierende logische Widersprüche* seines eigenen Vollzuges sich als *zu begreifende Realwidersprüche,* die im Denken lediglich Niederschlag gefunden haben, gegenüberstellt. Damit wird ein jeweils *übergeordneter Ansatz* begreifenden Erkennens erlangt; es gilt nun, den Widerspruch als einen *objektiven gesellschaftlichen Widerspruch seinen wesentlichen Zügen nach gedanklich zu reproduzieren.* Der Widerspruch ist dann als objektiver Widerspruch »auf den Begriff gebracht«, wenn es gelungen ist, den objektiven Charakter des Widerspruchs als eines Momentes gesellschaftlicher Wirklichkeit *gedanklich widerspruchsfrei zu erfassen.* Der logische Widerspruch ist hier dadurch beseitigt, daß man ihn innerhalb einer umfassenderen Gedankenentwicklung logisch widerspruchsfrei als objektiven Widerspruch begriffen hat. Das Denken erfüllt somit wiederum die Voraussetzungen adäquater Wirklichkeitserkenntnis, da es in einem komplexeren System von Operationen logische Notwendigkeit zurückerlangt hat. Gleichzeitig damit ist – ob nun in wissenschaftlich forschendem oder in alltäglichem, mehr nachvollziehendem Begreifen – ein Schritt zu angemessenerer, tieferer gedanklicher Erfassung bürgerlicher Lebensverhältnisse getan.

Die Überwindung der Befangenheit des Denkens in einem wirklichkeitsbedingten logischen Widerspruch durch distanzierenden Aufweis des realen Charakters des Widerspruchs, damit Zurückgewinnung der logischen Widerspruchsfreiheit, ist – wie nach unseren früheren Ausführungen selbstverständlich – nicht etwa als dem Denken selbst immanenter, als voluntaristischer Akt des denkenden Subjekts zu verstehen. Die Durchdringung eines Denkwiderspruchs in Richtung auf einen begriffenen gesellschaftlichen Realwiderspruch ist vielmehr nur in wirklichkeitsbezogener Untersuchung zu leisten. Das *einzige Verfahren*, wirkliche gesellschaftliche Widersprüche als solche zu identifizieren und in ihren wesentlichen Bestimmungen zu erfassen, ist der *Aufweis der Gewordenheit eines Widerspruchsverhältnisses aus objektiven Notwendigkeiten der gesellschaftlichen Entwicklung durch logisch-historische Analysen an inhaltlichem geschichtlichem Material,* deren Gang von uns früher angedeutet und an *Marx'* wissenschaftlicher, logisch-historischer Herausarbeitung der Gewordenheit der Warenform in ihrer widersprüchlichen Einheit von Wert und Gebrauchswert exemplifiziert wurde. Der logisch-historische Aufweis der Gewordenheit eines Realwiderspruchs, damit die Überwindung eines logischen Widerspruchs auf höherer Verarbeitungsebene, muß keineswegs gelingen: *Er kann auch scheitern,* sei es wegen unzureichender denkmethodischer Möglichkeiten und unangemessener Materialaufschlüsselung des Subjekts, mangelhaften gesellschaftswissenschaftlichen Vorlaufs oder auch zu geringer historischer »Reife« der zu begreifenden Widerspruchsverhältnisse selbst. Im Falle eines solchen Scheiterns muß *offenbleiben, ob ein aufgetretener logischer Widerspruch ein unverstandener Realwiderspruch oder lediglich Ausdruck falschen Denkens ist.*

Man mag sich den von uns aufgewiesenen, in begreifendem Erkennen zu vollziehenden Übergang von wirklichkeitsbedingten logischen Widersprüchen zum logisch-historischen Aufweis von Realwidersprüchen an unserer Auseinandersetzung mit *Beckers Marx-Kritik* verdeutlichen. – *Becker* hat den Widerspruch zwischen Wert und Gebrauchswert zunächst in aller Schärfe (unter Zuhilfenahme logischer Formalisierungen) als logischen Widerspruch herausgestellt. Was ein Zwischenschritt zum Begreifen dieses Widerspruchs als Charakteristikum des wirklichen »sozialen Dinges« der Ware hätte sein können, wurde indessen für *Becker* zum Anlaß für eine Verfehlung des Erkenntnisgegenstandes. *Becker* war außerstande, die Möglichkeit, daß der von ihm aufgewiesene logische Widerspruch ein unreflektiert im Denken beschlossener wirklicher gesellschaftlicher Widerspruch sein könnte, in seiner Argumentation zu berücksichtigen. Für ihn blieb gemäß den Beschränktheiten problemlösenden Denkens nur die eingleisige Interpretation des Widerspruchs als eines bloß subjektiv bedingten Irrtums. Er mußte mithin den Widerspruch für sich selbst in einseitigem Denken unter Realitätsverlust »beseitigen« und *Marx* als falsche Theorie anlasten. Die *Marx*sche Konzeption, der Widerspruch zwischen Wert und Gebrauchswert sei in der Ware als Moment der gesellschaftlichen

Begreifende Erkenntnis; utilitaristische und kritische Praxis 389

Wirklichkeit enthalten, wurde von *Becker* konsequent als ein von *Marx* lediglich in Gedanken vollzogener Akt der Entlastung seiner Theorie durch voluntaristische Hineinverlegung des logischen Widerspruchs in den zu erkennenden Gegenstand mißdeutet. Die methodische Eigenart der *Marx*schen Analyse, die logisch-historische Herausarbeitung des Gewordenseins des Realwiderspruchs zwischen Gebrauchswert und Wert aus den widersprüchlichen gesellschaftlichen Notwendigkeiten der bedürfnisgerechten Umverteilung einerseits und des universalen Warentauschs zwischen Privatproduzenten andererseits, damit die Gewinnung eines *logisch widerspruchsfreien* theoretischen Konzepts über das Wesen der Warenform, wurde von *Becker* als »Problemlöser«, für den ein historisches Verfahren des Erkenntnisgewinns über die kapitalistische Gesellschaft außerhalb der Reichweite seiner gedanklichen Möglichkeiten liegt, überhaupt nicht zur Kenntnis genommen. Demgemäß verfehlte er mit seiner »Kritik« das Thema, konnte nicht einmal den *Ansatz* für eine mögliche Kritik, die nur im Nachvollzug der von *Marx* geleisteten logisch-historischen Herleitung der Warenform ihre Berechtigung erweisen könnte, ausfindig machen.

Aus dem mehrfach hervorgehobenen Umstand der notwendigen Unabgeschlossenheit der begreifenden Reproduktion des Gesamts gesellschaftlicher Verhältnisse ist ableitbar, daß mit der Überwindung eines wirklichkeitsbedingten logischen Widerspruchs in Richtung auf seine logisch-historische Durchdringung zum begriffenen Realwiderspruch niemals ein Endzustand richtiger Gesellschaftserkenntnis erreicht sein kann. Das Denken muß sich vielmehr auf einer jeweils höheren Ebene des »Aufsteigens vom Abstrakten zum Konkreten« wiederum als notwendiger Zwischenschritt in logischen Widersprüchlichkeiten verfangen; nur *Widersprüche, die das Denken zunächst im fortschreitenden Prozeß der Wirklichkeitsaneignung in sich aufgenommen hat, können in der Erkenntnisdistanz als Gegenstand der begreifenden Durchdringung gesetzt werden,* wobei immer neue Seiten des gesellschaftlichen Ganzen bürgerlicher Lebensverhältnisse in ihrem Realzusammenhang zueinander gedanklich reproduzierbar sind. »Widersprüche im Denken entstehen, strenggenommen, nicht einfach im Ergebnis der Abbildung von Widersprüchen der objektiven Realität, sondern durch die Unfähigkeit des Subjekts, das Objekt mit einem Mal und vollständig in seiner ganzen Vielfalt und mit allen seinen Widersprüchen zu erfassen« (*Kopnin* 1970, S. 232).

An dieser Stelle der Auseinanderlegung der logisch-historischen Methode wäre das Problem genauer zu behandeln, auf welche Weise in der gedanklichen Reproduktion widersprüchlicher bürgerlicher Lebenswirklichkeit in ihrer Gewordenheit die *wesentlichen Strukturmomente* dieser Wirklichkeit erfaßbar sein können. Es wäre darzulegen, wie in der logischen Analyse der reale historische Gang, von »störenden« Zufälligkeiten befreit, in seiner »Reinheit« zu rekonstruieren ist, und wie man durch schrittweise Einbeziehung von historisch-faktischen Zusatzbedingungen, die gleichwohl notwendige Erscheinungsformen der Wesensbestimmungen verschiedener Ordnung sind, schließlich zur »Oberfläche« der bürgerlichen Gesellschaft vordringt, die so in ihren zugrunde liegenden Bewegungsformen »strukturgenetisch« begriffen ist (vgl. etwa *Zelený* 1969, bes. S. 51 ff.; *Kopnin* 1970, bes. S. 237 ff.; *Reichelt* 1972; u. v. a.). Allein: Spätestens hier ist der Punkt erreicht, wo unsere Darlegungen mit der Kennzeichnung der *wissenschaftlichen Methode* der marxistischen »Kritik der Politischen Ökonomie« zusammenfallen würden, damit der Rahmen unseres Vorhabens, den Übergang vom orientierenden zum begreifenden *Alltagserkennen* am Leitfaden der *Marx*schen »Methode« zu verdeutlichen, überschritten wäre. So hängt – um nur ein Moment herauszugreifen – die Möglichkeit der Reproduktion der wesentlichen Strukturmomente, die damit auch wesentliche Bestimmungen der erscheinenden Bewegung sind, bei *Marx* notwendig mit der Wahl des *Ausgangspunktes* der Warenform als der »Zelle« der bürgerlichen Gesellschaftsformation und der *Reihenfolge* der analytisch-synthetischen Erfassung der verschiedenen Bestimmungen der bürgerlichen Gesellschaft in ihren historisch gewordenen Realbeziehungen zueinander zusammen. Weder der Ausgangspunkt noch die Reihenfolge der Analyse sind in der menschlichen Alltagspraxis, die sich jeweils in Abhängigkeit vom Standort innerhalb der Gesellschaft und den vorgefundenen Aufgaben der Lebensführung besonderen, begrenzten Wirklichkeitsbereichen gegenübersieht, gemäß den Erkenntnisnotwendigkeiten einzurichten. Außerdem wäre eine im alltäglichen Begreifensprozeß wiederholte Explikation der Wesensbestimmungen der bürgerlichen Gesellschaft weder möglich, noch wäre sie nötig, da ihr Ergebnis als wissenschaftlicher Befund ja vorliegt und in der marxistischen Forschung gemäß der Entwicklung des Kapitalismus selbst differenziert und ausgeweitet wird.

Das begreifende Alltagserkennen hat – wie früher dargelegt – quasi zwei Seiten: Auf der einen Seite setzt es an den vorgefundenen mehr oder weniger vermittelten Widerspruchsverhältnissen der Alltagspraxis an, auf der anderen Seite besteht es in der gezielten Aufarbeitung gesellschafts*wissenschaftlicher* Erkenntnisse marxistischer Forschung, wobei diese beiden Seiten im Begreifensprozeß in Wechselwirkung miteinander stehen; ohne Verfügung über bereits gewonnene wissenschaftliche Erkenntnis der »Kritik der Politischen Ökonomie« ist eine begreifende Durchdringung der jeweiligen Alltagswirklichkeit ausgeschlossen; andererseits: ohne Umsetzung der marxistischen Wissenschaft in aktiv begreifende Erkenntnis von bürgerlichen Lebensverhältnissen alltäglicher Praxis ist der Marxismus zu einer in sich selbst genügsamen wissenschaftlichen »Lehre« verfälscht, seine entscheidende Eigenart als *Theorie der kritischen gesellschaftlichen Praxis* der Menschen in der bürgerlichen Gesellschaft, in höchster historischer Ausprägung als politischer Kampf des Proletariats um seine Emanzipation, verkannt. – Die Resultate der wissenschaftlichen Erforschung der Wesensbestimmungen der bürgerlichen Gesellschaft samt ihren Ausfaltungen in Wesen verschiedener Ordnung und Vermittlungen zur Oberflächengestalt der gesellschaftlichen Bewegung müssen in ihrer konkreten inhaltlichen Eigenart verarbeitend rezipiert worden sein; diese *Rezeption gewinnt ihren Sinn jedoch nur als eine Voraussetzung für die Möglichkeit eines Begreifens vorgefundener Widerspruchsverhältnisse des täglichen Lebens in ihrer Vermitteltheit zu den zentralen Widersprüchen der kapitalistischen Gesellschaft* gemäß den aufgewiesenen Prinzipien des Ganges begreifenden Alltagserkennens, damit der *immer klareren Artikulation menschlicher Lebenspraxis als kritischer Praxis*. (Auf das Problem des Zueinander von Rezeption gesellschaftswissenschaftlicher Befunde und Analyse vorgefundener Wirklichkeit im Prozeß begreifender Erkenntnistätigkeit kann hier nicht näher eingegangen werden.)

Das begreifende Erkennen stellt in gewisser Weise ein Niveau denkender Wirklichkeitsverarbeitung dar, in welchem sich der Mensch *in noch höherem Maße als in problemlösendem Denken aus den bloß natürlichen Bezügen zu der ihm gegebenen Welt heraushebt*. Indem der Mensch *gesellschaftliche Widersprüche, für die die unmittelbare Erfahrung nicht zeugt, dennoch gedanklich erfaßt und »aushält«*, verschärft sich in einer bestimmten Hinsicht der *Widerspruch zwischen der »Natürlichkeit« und der »Geschichtlichkeit« des Menschen*. Damit wäre eine weitere Stufe der Distanzierung des Menschen von seiner »Natur«, der er gleichwohl unentrinnbar verhaftet bleibt, erreicht (vgl. S. 160 ff.). – Die gnostische Stufe des begreifenden Erkennens, die der Mensch nicht ein für allemal besitzt, sondern der Unmittelbarkeit des Sinnlich-Anschaulichen durch unausgesetzte geistige Anspannung immer wieder abringen muß, ist (wie aufgewiesen) eine, perspektivisch gesehen, beim gegenwärtigen Entwicklungsstand des Kapitalismus *gesellschaftlich notwendige Erkenntnisweise*, weil allein in von begreifendem Erkennen geleiteter kritischer Praxis das gesamtgesellschaftliche Interesse gegen das Partialinteresse der Kapitalistenklasse durchgesetzt und in der Aufhebung der bürgerlichen Klassenstruktur die Erhaltung und Entfaltung gesellschaftlichen Lebens gesichert werden kann.

Nachdem wir die Besonderheit der gnostischen Stufe des begreifenden Erkennens gegenüber dem bloß orientierenden Erkennen mit seinen gnostischen Stufen des anschaulichen und problemlösenden Denkens insoweit herausgearbeitet haben, können wir im Anschluß an frühere Überlegungen die *Besonderheiten der durch begreifende Erkenntnistätigkeit geleiteten kritischen Praxis gegenüber der durch orientieren-*

des Erkennen geleiteten utilitaristischen Praxis des Menschen in der bürgerlichen Gesellschaft zusammenfassend klarer herausstellen.

Während die utilitaristische Praxis gemäß den Beschränktheiten bloß orientierender Erkenntnis in den scheinhaft-natürlichen Ordnungen der organisationsbedingten sinnlichen Erfahrung grundsätzlich verhaftet ist, auch in problemlösendem Denken sich nur partiell von den anschaulichen Evidenzen distanziert, die gleichwohl für das Gesamt der Welt- und Selbstsicht bestimmend bleiben, ist in der begreifenden Wirklichkeitsverarbeitung kritischer Praxis der »Bruch mit dem Unmittelbaren« prinzipiell vollzogen: Die vordergründige Welt der Pseudokonkretheit mit ihren wahrnehmungsevidenten Ordnungen bleibt (gemäß der früher aufgewiesenen unspezifisch-»biologischen« Orientierungsfunktionalität der Wahrnehmungsorganisation) zwar auch im Begreifen als *Gegebenheit unmittelbarer sinnlicher Erfahrung notwendig bestehen*; durch die logisch-historische Analyse der Gewordenheit der gesellschaftlichen Wirklichkeit sind indessen die in den Erscheinungen liegenden wesentlichen Strukturmomente bürgerlicher Lebenswelt *in Gedanken zu rekonstruieren*; das begreifende *Wissen* über die *widersprüchlichen, zufälligen, chaotischen Bewegungsformen* der kapitalistischen Gesellschaft steht so der fortbestehenden *sinnlichen Erfahrung vordergründiger Ordnungen*, der Fraglosigkeit und naturhaften Selbstverständlichkeit des Naheliegenden, *selber widersprüchlich* gegenüber; die wahrnehmende Erfahrung ist hier nicht im Einklang mit der denkenden Erfassung der Wirklichkeit. Zwar ist die Wahrnehmung auch in begreifendem Erkennen die einzige Beziehung des Menschen zur realen Außenwelt. In der *begreifenden Verarbeitung des Wahrgenommenen wird aber ein Wissen über die wesentlichen Züge bürgerlicher Lebenswelt erlangt, das mit der Wirklichkeit, wie sie uns in der Wahrnehmung erscheint, in Widerspruch steht*, wobei die *Bedingungen für den Antagonismus zwischen angeschauten vordergründigen Ordnungen und gewußten wesentlichen Strukturen* selber im Begreifensprozeß miterfaßt werden, so daß im Gedankenkonkretum der begriffenen gesellschaftlichen Realität die Beschaffenheit der sinnlich erfahrenen Oberfläche wiederum verständlich wird. – Das *»Durchhalten« des Antagonismus zwischen unspezifisch-organisationsbedingter sinnlicher Erfahrung und begreifendem Wissen über die bürgerliche Gesellschaft ist ein wesentliches Charakteristikum der kritischen Praxis*, die stets dann, wenn sie sich den sinnlichen Evidenzen als unmittelbarem Zeugnis der ganzen Wirklichkeit bürgerlicher Lebensverhältnisse überläßt, sich notwendig auf utilitaristische Praxis reduziert.

Die objektiven Widersprüche der bürgerlichen Gesellschaftsstruktur, die in der gnostischen Stufe anschaulichen Denkens nach dem Modus organisationsbedingter sinnlicher Erfahrung primär eliminiert sind, erst gar nicht zum Bewußtsein kommen, in der gnostischen Stufe problemlösenden Denkens als bloß subjektive logische Widersprüche, die allein im Denken lösbar sind, vereinseitigend zusammenhangsblind unter Realitätsverlust ausgeklammert werden, können in der gnostischen Stufe begreifenden Erkennens als wirkliche Widersprüche gesellschaftlicher Verhältnisse denkend erfaßt werden: die *begreifende Erkenntnis wirklicher gesellschaftlicher Widersprüche des Kapitalismus ist entscheidendes Bewegungsmoment der kritischen Praxis*; hierdurch wird für die je persönliche Lebensführung zwingend, daß die gesellschaftlichen Widersprüche nicht lediglich »im Denken« zu lösen, auch nicht durch Veränderung der je individuellen Lebensumstände zu beseitigen, sondern nur durch *praktische Veränderung objektiver gesellschaftlicher Verhältnisse selbst* zu überwinden sind. Das begreifende Erkennen objektiver gesellschaftlicher Widersprüche treibt also die auf Widerspruchsüberwindung gerichtete kritische gesellschaftliche Praxis quasi aus sich heraus (wobei auch umgekehrt in kritischer Praxis der objektive Charakter der Widersprüche des Kapitalismus immer verschärfter zum Bewußtsein kommt).

Utilitaristische Praxis, als Bewältigung je individueller Lebensprobleme in einer »naturhaften« Umwelt, richtet sich im orientierenden Erkennen an einer Erkenntnisweise aus, die lediglich die denkende Bewältigung von Hindernissen auf dem je persönlichen »Lebensweg« erlaubt, demgemäß nur jeweils *kurzfristige, wechselnde Tätigkeitsperspektiven innerhalb eines im ganzen ungesteuerten, von auftretenden Hindernissen in bald diese, bald jene Richtung gelenkten Lebenslaufs mit einem subjektiv »zufällig« sich ergebenden Endresultat* eröffnet. Kritische Praxis in ihrer Geleitetheit von begreifender Erkenntnis untersteht *langfristigen Perspektiven der Veränderung objektiver gesellschaftlicher Verhältnisse im Interesse der Arbeiterklasse* (damit gesamtgesellschaftlichem Interesse), Perspektiven, die die *zeitlichen Grenzen des eigenen Lebenslaufs überschreiten*, und in denen jede Teilaktivität, jeder durch Gegebenheitszufälle erzwungene Umweg, jeder Fehlschlag seinen *Stellenwert im Gesamtzusammenhang gesellschaftlicher Praxis* als permanenter Selbstkritik unterliegendem, an der Einsicht in jeweils konkrete gesellschaftliche Notwendigkeiten ausgerichtetem, unabschließbarem Prozeß innehat[97].

[97] Das Problem der Abhängigkeit der je individuellen Lebensperspektive von gesellschaftlichen Zielsetzungen, die den eigenen Lebenslauf zeitlich übergreifen, der hierarchischen Gliederung von Teilzielen gemäß den umfassenderen Zielen der Veränderung objektiver gesellschaftlicher Verhältnisse und der »Motiviertheit« der Lebenstätigkeit des einzelnen nicht im Hinblick auf individuell erreichbare »Ergebnisse«, sondern auf die übergreifenden Perspektiven der Gesellschaftsveränderung wird in einem bald in dieser Reihe erscheinenden Buch über »Motivation« von *Osterkamp* genauer auseinandergelegt.

Wie der Mensch in utilitaristischer Praxis von der Gesellschaft als naturhafter »Umwelt« isoliert erscheint, erscheinen auch die Menschen *voneinander isoliert*, jeder »sucht nur das Seine«, das Miteinander oder Gegeneinander der Menschen scheint sich aus der »zufälligen« Konkordanz oder Diskordanz individueller Privatinteressen zu ergeben. Demgemäß ist der utilitaristischen Praxis die früher in verschiedenen Zusammenhängen aufgewiesene *»Verkehrtheit«* der Beziehung zwischen gesellschaftlichen Verhältnissen und menschlicher Persönlichkeit, durch welche menschliche »Bedürfnisse«, »Fähigkeiten«, »Eigenschaften«, »Interessen« genuin aus dem Menschen selbst (ob nun aus seinen Anlagen oder aus seinem individuellen Lernschicksal) zu entspringen und sich in der gesellschaftlichen Bewegung lediglich sekundär zu manifestieren scheinen, »natürlich« und »selbstverständlich«; die *»Introjektion«* (vgl. *Holzkamp* 1972, S. 100 ff.), die *biographisch-psychologisierende »Naturalisierung« von Aneignungsresultaten gesellschaftlicher Verhältnisse als Beschaffenheiten des isolierten Individuums*, bleibt für die Denkweisen der utilitaristischen Praxis notwendig unerkennbar. Demgemäß ist utilitaristische Praxis prinzipiell dem früher aufgewiesenen *»Beispiel-Denken«* im Hinblick auf personale Beschaffenheiten und Unterschiede verhaftet; auch im einseitig-ahistorischen Denkprozeß des Problemlöseverhaltens ist die scheinhafte »Widerlegbarkeit« jedes »Beispiels« eines menschlichen Schicksals durch das »Gegenbeispiel« eines unterschiedlichen Schicksals unter gleichen gesellschaftlichen Umständen (vgl. S. 231 ff.) nicht überwindbar; der Einzelfall bzw. die statistische Verteilung werden zum »Beweismittel« für den Ursprung menschlicher Entwicklung und Entfaltung in individuellen Anlagen oder Lernbedingungen. – In kritischer Praxis wird aus der Einsicht in den Zusammenhang zwischen der menschlichen Gesellschaft und dem gesellschaftlichen Menschen, in der Einheit von Gesellschaftserkenntnis, Selbsterkenntnis und Erkenntnis der »Selbste« anderer Menschen, die über die *historisch bestimmten gesellschaftlichen Verhältnissen vermittelte objektive Verbundenheit der Eigenschaften, Fähigkeiten, Befindlichkeiten, Interessen von Menschen in gleicher Klassenlage*, wie die antagonistische Verbundenheit mit Menschen anderer Klassenlage, konkret erkennbar. Die *Isolation* von Menschen, die in utilitaristischer Praxis befangen sind, der »introjektive« Schein des individuellen Ursprungs menschlicher Eigenschaften und Interessen wird hier selbst als *Ausdruck der historisch bestimmten Verfassung von Menschen in der bürgerlichen Gesellschaft* erkannt. Mit der Entfaltung kritischer Praxis des Proletariats und seiner Verbündeten, da diese Praxis als von begreifender Erkenntnis geleitet zwingend die Einsicht in die Notwendigkeit der Aufhebung der kapitalistischen Klassenspaltung im objektiven Interesse des Proletariats in Übereinstimmung mit dem gesamtgesellschaftlichen Interesse einschließt, ist die *zwischenmenschliche Isolation bereits in der bürgerlichen Gesellschaft tendenziell überwunden.* Kritische Praxis entwickelt sich *als solche mit dem Begreifen gemeinsamer Perspektiven der Veränderung objektiver gesellschaftlicher Verhältnisse, ist ihrem Wesen nach bewußte solidarische Praxis vom Standpunkt der Arbeiterklasse.*

Kritische Praxis ist beim gegenwärtigen Entwicklungsstand unserer Gesellschaft weitgehend *von begreifender Erkenntnis geleitete, solidarische Praxis zur Verbesserung der Lage der Werktätigen unter den bestehenden, kapitalistischen Produktionsbedingungen, wobei in der radikalen Begrenztheit der Möglichkeiten einer solchen Verbesserung stets die Perspektive der Notwendigkeit einer Aufhebung bürgerlicher Produktionsverhältnisse überhaupt mitgegeben ist.* Es wäre Resultat der einseitigen Denkweise bloß orientierenden Erkennens, wenn man leugnen wollte, daß progressive Veränderungen der Lebensbedingungen der Arbeiterklasse im Kapitalismus durch die Praxis des Proletariats und seiner Verbündeten einerseits möglich sind, andererseits aber durch den bürgerlichen Staat in einem Selbstregulierungsprozeß der Bewahrung bestehender Verhältnisse immer wieder rückgängig gemacht, verwässert, auf die Grenzen des dem kapitalistischen System noch Zuträglichen zurückgeschraubt werden, wobei beide sich widersprechende Tendenzen aus den Wesensbestimmungen der kapitalistischen Gesellschaft zu begreifen sind: »Wenn es einerseits unübersehbar ist (und von Marx durch zahlreiche Fakten bestätigt wurde), daß die Widersprüche der kapitalistischen Gesellschaft die Tendenz haben, sich partiell auszugleichen und durch relative Lösungen den Bewegungsprozeß der Grundverhältnisse zu ermöglichen, so ist es andererseits eine Tatsache, daß die bestimmenden Widersprüche der kapitalistischen Gesellschaft sich in der Form ihrer Verschärfung und Zuspitzung entwickeln. Beide Tendenzen stehen selbst im Verhältnis eines dialektischen Widerspruchs, und es ist nach der Form ihrer Durchdringung und Wechselwirkung zu fragen« (*Stiehler* 1967, S. 961).

Ein wesentliches Moment der Entwicklung begreifenden Erkennens im Zusammenhang kritischer Praxis besteht in der gedanklichen Erfassung des vorläufigen Charakters der aus der anschaulich erfahrbaren Lebenslage der Werktätigen erwachsenden Kampfziele, wie »Lohnerhöhung«, »Arbeitszeitverkürzung« etc., und der Einsicht in die *Ansprüche,* die unter sozialistischer Perspektive allein übergreifendes Ziel des Kampfes sein können: *Die volle Teilhabe aller an der Gestaltung des gesellschaftlichen Lebens, damit die Aufhebung der Trennung zwischen geistiger und körperlicher Arbeit, die Möglichkeit für alle, sich die materiellen und geistigen Errungenschaften der menschlichen Geschichte anzueignen und damit die menschlichen Gattungseigenschaften voll zu entfalten.* – Erst unter einer solchen Kampfperspektive tritt der Widerspruch zwischen der menschlichen Lebensgestaltung und -entfaltung, wie sie allgemeingesellschaftlich *möglich* ist, also von den Werktätigen *beansprucht* werden kann, und der *Wirklichkeit* der *Unterdrückung* dieser Möglichkeiten im Kapitalismus in seiner ganzen Schärfe ins Bewußtsein; erst so wird mithin die strukturbedingte Beschränktheit aller reformerischen Bemühungen um die Verbesserung der Lebenslage der Werktätigen im Kapitalismus in vollem Umfang begreiflich.

Kritische gesellschaftliche Praxis, die die *Verbesserung der Lebensbedingungen, der Gesundheitsversorgung, der Erziehung, des Bildungsstandes etc. der Werktätigen, damit Herausbildung von Lebensansprüchen unter sozialistischer Perspektive und gleichzeitig die Aufklärung über die Tatsache und die Ursachen der Begrenztheit dieser Verbesserungen und die Unerfüllbarkeit dieser Ansprüche im Kapitalismus, also die Vermassung begreifender Erkenntnis bürgerlicher Lebenswirklichkeit anstrebt*, ist in verschiedener Ausprägung und in verschiedenen Formen, innerhalb unterschiedlicher beruflicher und nichtberuflicher Tätigkeitsfelder zu leisten. Der organisierte politische Kampf der Arbeiterklasse als solcher um ihre Emanzipation ist die letzte Zuspitzung und Endform kritischer gesellschaftlicher Praxis in der bürgerlichen Gesellschaft. Wollte man darin jedoch die einzige Form kritischer Praxis sehen, so hätte man auf die Perspektive umfassender und vielgestaltiger Beiträge zur Schaffung der Möglichkeitsbedingungen dieser Praxis von vornherein verzichtet[98].

Die Einheit von kritischer Praxis und begreifender Erkenntnis, der Umstand, daß *einerseits begreifendes Erkennen sich nur in der Praxis entfalten kann, in der Praxis seinen Ermöglichungsgrund, sein permanentes Korrektiv und sein letztes Kriterium findet, daß andererseits erst in der Geleitetheit durch begreifende Erkenntnis menschlicher Lebenspraxis in der bürgerlichen Gesellschaft zu kritischer gesellschaftlicher Praxis wird*, hat sich jetzt noch unter einem weiteren Aspekt verdeutlicht. Nicht nur, daß reformerische Aktivitäten zur Verbesserung der Lage der Werktätigen und aufklärerische Aktivitäten zur Verbreitung begreifender Erkenntnis über die bürgerliche Gesellschaft *zwei Seiten* kritischer Praxis sind: Reformerische Bemühungen im Zusammenhang mit kritischer Praxis, dabei die Herausbildung von Lebensansprüchen unter sozialistischer Perspektive, sind geradezu *Voraussetzungen für das präzise Begreifen der jeweils konkreten Formen, in denen eine weiterreichende, grundsätzliche Verbesserung der Lage der Werktätigen in der kapitalistischen Gesellschaft verhindert wird*. Es reicht weder für die Konzipierung kritischer Praxis noch für die aufklärende Verbreitung begreifender Erkenntnis aus, wenn man nachweisen kann, *daß* in der kapitalistischen Gesellschaft die Arbeiterklasse als Ganze notwendig auf ihrem gesellschaftlichen Platz festgehalten ist: Man muß durch Analyse der mannigfachen und wechselnden Vermittlungsebenen zwischen der bestimmenden gesellschaftlichen Bewegung und den unterschiedlichen Bereichen, Institutionen etc. der Gesellschaft *genau die vielfältigen Bedingungen erkennen und aufzeigen können, durch welche die kapitalistische Klassenwirklichkeit (quasi als Fließgleichgewicht) im Wechsel der Erscheinungsformen erhalten bleibt*. Erst

---

[98] Eine gründliche Behandlung der damit angedeuteten Probleme ist hier nicht möglich.

aus den in reformerischen Aktivitäten *in der bürgerlichen Gesellschaft auf der Basis begreifenden Erkennens gewonnenen, jeder Tatsachennachprüfung standhaltenden Einsichten in die jeweiligen Umstände, durch die wirkliche, tiefgreifende Reformen im Interesse der Arbeiterklasse unter kapitalistischen Produktionsverhältnissen unmöglich sind, kann die Notwendigkeit einer langfristigen Perspektive zur Überwindung der bürgerlichen Klassenstruktur konkret genug entwickelt werden.* Dabei darf niemals außer acht gelassen werden, daß eine, wenn auch noch so begrenzte, *Verbesserung der Lage der Werktätigen in der kapitalistischen Gesellschaft natürlich auch einen wesentlichen Zweck in sich selbst* darstellt (der allerdings in kritischer Praxis von dem übergreifenden Zweck einer Transformation der kapitalistischen Klassenwirklichkeit nicht getrennt werden kann).

Die Herausarbeitung der gnostischen Stufen des Alltagserkennens ist als ein *Vorschlag zur theoretischen Grundlegung kritisch-psychologischer »Kognitionsforschung«* zu verstehen. Der hier entwickelte Ansatz hat insofern Ähnlichkeiten mit früher besprochenen Ansätzen der bürgerlichen Denkpsychologie, wie der von *Piaget* konzipierten Stufenfolge des operativen Denkens und der durch die »Problem-solving«-Forschung herausgestellten Stufenfolge von Lösungsstrategien, als die *individuellen Denkprozesse hinsichtlich ihrer Verlaufsformen und ihrer Adäquatheit dadurch empirisch erfaßbar werden sollen, daß man sie im Hinblick auf die Art und den Grad ihrer Abweichung von Endzuständen voll entfalteter kognitiver Möglichkeiten* des Menschen erforscht. Der von uns hergeleitete Endzustand voll entfalteten Denkens ist allerdings nicht, wie bei *Piaget,* die Stufe der »formalen Operationen«, auch nicht, wie in der »Problem-solving«-Forschung, die »optimale Lösungsstrategie«, sondern die volle Entwicklung der Möglichkeit begreifenden Erkennens bürgerlicher Lebensverhältnisse. Die wissenschaftliche Begründung der Konzipierung des Endzustandes erfolgt bei uns nicht durch Aufweis der operativen Implikationen der formalen Logik, auch nicht durch die Computer-Simulation der optimalen Lösungsstrategie (vgl. S. 353 f.), sondern am Leitfaden der »Methode« der Kritik der Politischen Ökonomie. – Der Endzustand des begreifenden Alltagserkennens hat seine entscheidende Besonderheit darin, daß er nicht nur eine in irgendeinem Sinne *optimale Denktechnik* darstellt, sondern *begriffenes inhaltliches Wissen über Strukturmomente der bürgerlichen Gesellschaft in ihrer historischen Bestimmtheit* (im Ansatz an jeweils praktisch relevanten Aspekten und Ausschnitten der Alltagsrealität). Das begreifende Erkennen ist dabei nicht von seinem Inhalt getrennt, sondern selbst bis in seine funktionale Struktur hinein durch die zu erkennende gesellschaftliche Wirklichkeit geprägt. Die Stufe des begreifenden Erkennens ist auch genaugenommen kein End*zustand*, sondern ein unabschließbarer Erkenntnis*prozeß* auf dem gnostischen Niveau des Begreifens.

Konzeptionen bürgerlicher Denkforschung wie die beiden genannten sind damit nicht eliminiert, sie sind nur in ihrem untergeordneten Stellenwert innerhalb der Entfaltung gnostischer Möglichkeiten des Menschen bestimmbar. – Die Erforschung der Art und des Grades des Zurückbleibens der individuellen Denktechnik hinter optimalen Lösungsstrategien dient der Klärung und Verbesserung menschlicher Denkprozesse auf der gnostischen Stufe des problemlösenden Denkens; derartige Forschungen sind einmal deswegen sinnvoll, weil daraus der Übergang von der gnostischen Stufe des anschaulichen zu der des problemlösenden Denkens unter einem bestimmten Aspekt in höherem Maße verständlich wird, zum anderen deswegen, weil, wie aufgewiesen, gegenüber bestimmt gearteten Aufgaben menschlicher Lebenspraxis das problemlösende Denken die einzig adäquate gnostische Tätigkeitsform ist: Im begreifenden Erkennen ist das Problemlöseverhalten nicht abgeschafft, sondern nur in einen übergreifenden gnostischen Zusammenhang gestellt (wie auch kritische Praxis die utilitaristische Praxis, nur nicht blind, sondern in ihrer Funktion und Begrenztheit verstanden, enthält). – Die Erforschung der Stufen des operativen Denkens bleibt insofern wesentlich, als die Entfaltung der Möglichkeiten zu logisch notwendigen, widerspruchsfreien Denkvollzügen (wie aufgewiesen) zwar keine hinreichende, aber eine unerläßliche Voraussetzung auch begreifenden Erkennens ist. Die Heraushebung der Stufen der Reversibilität und Invarianz von »Operationen« ist Ergebnis des abstraktiven Aufweises einer bestimmten Seite des Erkenntnisprozesses. Der wissenschaftliche Ertrag von *Piagets* Forschungsarbeit kann indessen nur dann fruchtbar gemacht werden, wenn die Tatsache der Abstraktion hier theoretisch mitreflektiert ist, eingesehen wird, daß logischer Notwendigkeit unterstelltes Denken sich sowohl in der Weise des bloß problemlösenden Denkens wie in der Weise begreifender Wirklichkeitserkenntnis konkretisieren kann.

Die Untersuchung der Art und des Grades, in welchen individuelle Denkprozesse hinter voll entfaltetem begreifenden Erkennen zurückbleiben, ist gemäß den gnoseologischen Voraussetzungen der hier vorgeschlagenen kritischen Kognitionstheorie die Erforschung der *Bedingungen des Zurückbleibens individuell wirklicher hinter beim gegenwärtigen Entwicklungsstand des Kapitalismus gesellschaftlich möglicher Erkenntnis der bürgerlichen Lebenswirklichkeit* (vgl. S. 360 ff.). – Dabei ist zunächst generell festzustellen, daß in der antagonistischen Klassengesellschaft auch die *individuelle Realisierbarkeit gesellschaftlich möglicher Erkenntnis nicht unabhängig vom Klassenstandpunkt gesehen werden darf.* Man wird davon auszugehen haben, daß die *Kapitalistenklasse ihrer gesellschaftlichen Funktion nach notwendig in den Beschränkungen utilitaristischer Praxis und orientierenden Erkennens befangen bleiben muß. Die begreifende Erkenntnis der historischen Klassenwirklichkeit der bürgerlichen Gesellschaft steht dem Interesse des Kapitals an der Erhaltung des Kapitalismus radikal entgegen*[99]. Dem Kapitalisten als Funktionär des Verwertungsprozesses mag die Adaption bestimmter isolierter Einzelaussagen marxistischer Theorie gelegentlich »nützlich« sein; die Einsicht in die historisch gewordenen Strukturzusammenhänge der bürgerlichen Gesellschaft ist für das Kapital nicht nur überflüssig, sondern schädlich, weil es so handeln muß, *als ob* die kapitalistische Gesellschaftsform die natürliche und prinzipiell optimale, nur immanent verbesserungsbedürftige Weise des gesellschaftlichen Lebens sei. Begreifende Erkenntnis entfaltet sich nur im Zusammenhang kritischer Praxis vom Standpunkt des Proletariats gegen das Partialinteresse der Kapitalistenklasse, *steht zur »funktionalen« Erkenntnisform der Kapitalistenklasse und ihrer Diener somit in einem Ausschließungsverhältnis.* (Dies bedeutet natürlich nicht, daß den einzelnen Kapitalisten oder Verbündeten des Kapitals als »Privatmenschen« das Begreifen der bürgerlichen Lebenswirklichkeit notwendig verschlossen wäre; die so gewonnene Einsicht kann aber niemals in der Tätigkeit als Funktionär bzw. Diener des Kapitals Niederschlag finden.)

Innerhalb der Arbeiterklasse und ihrer potentiellen Verbündeten, die allein ein objektives Interesse an der Wahrheit über die bürgerliche Gesellschaft haben, ist die Realisierbarkeit begreifender Erkenntnis nicht nur vom »Reifegrad« der gesamtgesellschaftlichen Entwicklung, sondern von einer Vielzahl weiterer in historischer Analyse aufweisbarer Faktoren abhängig, vom Stand der zyklischen Krisen des Verwertungsprozesses, von konkreten geschichtlichen Erfahrungen des Proletariats, vom Entfaltungsgrad und Niveau der Organisationen der Arbeiterklasse etc. Weiterhin ist die Schichtzugehörigkeit innerhalb der Arbeiterklasse selbst und innerhalb ihrer Verbündeten ein wesentliches gesellschaftliches Bedingungsmoment der Herausbildung

---

[99] *Iljenkow* bemerkt im Anschluß an eine Fußnote in der »Kritik der Politischen Ökonomie« von *Marx* (MEW 13, S. 24): »Der praktische, auf Nutzen bedachte Verstand ist ... dem Begreifen feindlich und fremd. Einem Unternehmer ist es sogar abträglich, zu sehr über die Frage nach der Natur des Profits nachzudenken. Während er versucht, die Zusammenhänge zu verstehen, sind einfallsreichere und praktischere Geschäftsleute dabei, sich seines Anteils zu bemächtigen. Und ein Geschäftsmann wird niemals einen realen Profit gegen die Einsicht in das vertauschen, was er sein mag« (*Iljenkow* 1969, S. 118).

begreifender Erkenntnis. – Indessen: *Auch wenn man die damit genannten globalen historisch-gesellschaftlichen Bedingungen als gleich setzt, bleiben immer noch gravierende Unterschiede zwischen den Individuen hinsichtlich ihrer Möglichkeit zu begreifender Erkenntnis bürgerlicher Lebenswirklichkeit übrig.* Die gegenwärtige Situation in der Bundesrepublik ist geradezu dadurch gekennzeichnet, daß jeweils *innerhalb bestimmter gesellschaftlicher Schichten* eine *Spaltung* zwischen solchen Menschen besteht, die den Kapitalismus in bloß utilitaristischer Praxis als eine naturhafte Umwelt akzeptieren, in der man sich individuell orientieren und erfolgreich zurechtfinden muß, und solchen, die im Zusammenhang mit dem Begreifen der bürgerlichen Klassenwirklichkeit in ihrer historischen Gewordenheit und Überwindbarkeit Perspektiven kritischer Praxis gewonnen haben. Diese Spaltung zwischen Individuen mit in diesem Sinne »konservativer« bzw. »progressiver« Lebensführung findet sich *innerhalb der verschiedenen Schichten der Arbeiterklasse und der anderen abhängig Beschäftigten. Aber auch innerhalb privilegierter Schichten, wie der wissenschaftlichen Intelligenz an den Universitäten, stehen Gruppen mit konservativer Haltung Gruppen von solchen Individuen gegenüber, die in progressiv-kritischer Praxis tendenziell Verbündete des Proletariats sind,* wobei die konservativen und progressiven Gruppen weitgehend in offenem Kampf miteinander liegen. (Die konservativen und progressiven Studentenverbände auf der Ebene der Studierenden, der »Bund Freiheit der Wissenschaft« und der »Bund demokratischer Wissenschaftler« auf der Ebene der Hochschullehrer sind ein organisatorischer Niederschlag dieses Kampfes.) – Zur Beantwortung der Frage, wie die hier zutage tretenden Befangenheiten in bloß orientierender Erkenntnis einerseits bzw. Möglichkeiten zu begreifender Erkenntnis andererseits zu erklären sind und wie das begreifende gegenüber dem bloß orientierenden Erkennen zu fördern sein könnte, *hat man offensichtlich speziellere als die angeführten globalen gesellschaftlich-historischen Faktoren, Bedingungen kleinerer Größenordnung, aufzuweisen und womöglich zu verändern.* An dieser Stelle liegt eine besondere *Forschungsaufgabe kritischer Kognitionspsychologie.*

Es wäre natürlich verfehlt, wenn man hier im Stile der introjektivsubjektivistischen bürgerlichen Psychologie – sei es durch Anlageunterschiede, sei es durch unterschiedliche Biographien oder Lernschicksale hervorgerufene – lediglich individuell bedingte Verschiedenheiten der kognitven Leistungsfähigkeit als »Erklärung« heranziehen wollte. Es versteht sich aus der in diesem Buch entwickelten Gesamtkonzeption, daß auch die genannten unterschiedlichen »Bedingungen kleinerer Größenordnung« *Unterschiede hinsichtlich individualgeschichtlich angeeigneter objektiver Strukturmomente der bürgerlichen Lebenswelt* des

Individuums sein müssen (wie im Kapitel 7.4 im Hinblick auf die Wahrnehmungsfunktion ausführlich dargelegt). Dabei ist einmal festzustellen, daß der Aufweis solcher Unterschiede objektiver Bedingungen eine *von der kritisch-psychologischen Fragestellung geleitete spezielle Analyse der gesellschaftlichen Wirklichkeit* erfordert. Zum anderen ist daran zu erinnern, daß der *in individualgeschichtlicher Aneignung vollzogene Aufbau der funktionalen Strukturen denkenden Erkennens im Persönlichkeitsgesamt alles andere ist als ein einfacher mechanischer Niederschlag der objektiven gesellschaftlichen Bedingungen im Individuum.* Wir haben früher, u. a. unter Bezug auf die Forschungen *Galperins*, ausführlich dargelegt, wie der *Aufbau der Erkenntnisfunktionen im Aneignungsprozeß von der äußeren, an stofflichen Dingen als Arbeitsprodukten ausgerichteten Tätigkeit des Kindes verschiedene Stufen der Verinnerlichung, »Interiorisierung«, durchgemacht, wobei in solchem Maße symbolische Verarbeitungen, Verkürzungen, Idealisierungen, Umstrukturierungen auftreten, daß die Herkunft der Erkenntnistätigkeit aus der materiell-praktischen Tätigkeit nicht mehr einfach am Phänomen abzulesen, sondern nur in individualgenetischer Analyse aufzudecken ist* (vgl. S. 190 u. 194 f.). Die Befangenheit in bloß orientierendem Erkennen bzw. die Möglichkeit zu begreifendem Erkennen innerhalb jeweils gleicher gesellschaftlicher Schichten müssen demgemäß als *Resultat komplexer, stufenweiser Interiorisierungsprozesse bei der individuellen Aneignung unterschiedlicher gesellschaftlicher Bedingungen* (»kleinerer Größenordnung«) betrachtet werden. Zusätzlich ist zu berücksichtigen, daß die *Erkenntnisfunktionen in ihrer Gewordenheit nicht isoliert, sondern nur im Zusammenhang mit dem in individualgeschichtlicher Aneignung gewordenen dynamischen Persöhnlichkeitsgesamt* theoretisch zu erfassen und empirisch zu untersuchen sind. – Wesentliche Voraussetzung für eine sinnvolle Forschungsarbeit ist hier schließlich die Vergegenwärtigung des Umstandes, daß die *vollzogene klare Abgrenzung* der orientierenden von der begreifenden Erkenntnistätigkeit sich lediglich als Resultat der *Analyse der gnostischen Eigenarten* der verschieden entwickelten Erkenntnisweisen ergab. Bei einer psychologischen Untersuchung der *Bedingungen und Formen jeweils individueller Erkenntnismöglichkeiten muß mit mannigfachen Übergangs- und Mischformen zwischen orientierendem und begreifendem Erkennen, auch mit Alternationen und »Rückfällen« bei je bestimmten Individuen, gerechnet werden.*

Eine der Grundvoraussetzungen dieser Arbeit, die durch die Argumentation schrittweise auseinandergelegt und in ihrer Stringenz verdeutlicht werden sollte, ist die Auffassung, daß die Erkenntnistätigkeit ein notwendiger Bestandteil der materiellen gesellschaftlichen Lebenstätigkeit des Menschen auf den verschiedenen Stufen seiner Entwicklung ist. »Wissenschaft« als Institution hat kein Monopol auf Erkenntnis, sondern ist lediglich ein Ergebnis arbeitsteiliger Spezialisierung, durch welches in der Gesellschaft schon herausgebildete Erkenntnisse aufgegriffen und in einer bestimmten Richtung vorangetrieben werden. Demgemäß greift – wie unter verschiedenen Aspekten dargelegt – auch die Psychologie als Sonderdisziplin Alltagserkenntnisse über die empirische Subjektivität des Menschen unter bestimmten »wissenschaftlichen« Prinzipien der Theorienbildung und Methodik auf und wirkt mit ihren Resultaten ihrerseits in die Erkenntnisweisen des täglichen Lebens zurück.

Im Laufe der Analysen des letzten Hauptteils dieser Abhandlung wurde immer klarer sichtbar, daß die bürgerliche Psychologie in der antagonistischen kapitalistischen Klassengesellschaft nicht Alltagserkenntnisse über menschliche Subjektivität unter bürgerlichen Lebensverhältnissen überhaupt aufnimmt und mit wissenschaftlichem Anspruch bearbeitet, sondern lediglich eine bestimmte eingeschränkte Erkenntnisform im Zusammenhang der bloß utilitaristischen Praxis des Menschen: *Bürgerliche Psychologie ist die wissenschaftliche Stilisierung orientierender Erkenntnis über den Menschen, sie bildet diese Weise der Alltagserkenntnis zwar unter wissenschaftlichen Gesichtspunkten weiter, ohne indessen ihre Beschränktheiten in der wissenschaftlichen Erkenntnis überwinden zu können*; die Ansätze und Befunde der bürgerlichen Psychologie sind mithin durch ihre Rückwirkung in die Alltagserkenntnis eine Befestigung der utilitaristischen Praxis des Menschen, behindern (in welcher Größenordnung ihrer Wirksamkeit auch immer) die Überschreitung des bloß orientierenden Erkennens in Richtung auf begreifendes Erkennen, damit utilitaristischer Praxis in Richtung auf kritische Praxis. – Kritische Psychologie nimmt demgegenüber für sich in Anspruch, die wissenschaftliche Weiterbildung *begreifender* Alltagserkenntnis über die empirische Subjektivität des Menschen in der bürgerlichen Gesellschaft zu sein und als Teilmoment marxistischer Gesellschaftstheorie einen Aspekt des begreifenden Erkennens bürgerlicher Lebenswirklichkeit, damit die Entfaltung kritischer Praxis, tendenziell voranzutreiben zu helfen. – Der Antagonismus zwischen bloß orientierender Erkenntnistätigkeit im Zusammenhang utilitaristischer Praxis und begreifender Erkenntnistätigkeit im Zusammenhang kritischer Praxis würde sich mithin, in einer bestimmten Hinsicht, wenn auch vielfältig vermittelt und gebrochen, im Antagonismus zwischen bürgerlicher und kritischer Psychologie wiederfinden.

Die Beschränktheit der bürgerlichen Psychologie in den Horizonten orientierender Erkenntnis ist innerhalb dieser Abhandlung an der Beschränktheit der Behandlung des Wahrnehmungsproblems im Vergleich zur umfassenderen begreifenden Analyse der Wahrnehmung vom kritisch-psychologischen Ansatz her zutage getreten. – Der Umstand, daß in der bürgerlichen Psychologie die Wahrnehmung als eine – wieweit auch immer anlage- oder lernbedingte – aus dem isolierten Individuum, das als je einzelnes einer naturhaften »Umwelt« gegenübersteht, entspringende Funktion aufgefaßt wird, nicht als Subjektivitätsmoment des gesellschaftlichen Menschen unter bürgerlichen Lebensverhältnissen verstanden werden kann, ist ein Ausdruck der bloß »orientierenden« Erkenntnishaltung der Psychologie. In der Fixiertheit der bürgerlichen Wahrnehmungslehre auf das lediglich organismische Spezifitätsniveau der Wahrnehmungtätigkeit, demgemäß der formalistischen Reduktion der Wahrnehmungsgegenstände auf »Reizgegebenheiten«, dokumentiert sich die Unfähigkeit, die Wahrnehmung aus ihrer historischen Gewordenheit zu begreifen. Weil hier die inhaltlich-historische Analyse nicht zum Mittel des Erkenntnisgewinns werden kann, wird unreflektiert die biologisch-organismische Charakteristik der Orientierungsaktivität in den Bereich der menschlichen Wahrnehmung hinein verlängert; wie vergegenständlichende Arbeit nicht als allgemeinstes Spezifikum gesellschaftlicher Lebenstätigkeit in Abhebung von bloß organismischer Lebensaktivität erfaßt wird, können auch die Gegenstandsbedeutungen nicht als durch die Vergegenständlichung den Arbeitsprodukten objektiv zukommend verstanden werden; mithin wird die Bedeutungsbezogenheit als allgemeinstes spezifisch menschliches Charakteristikum der Wahrnehmungtätigkeit im Zusammenhang der materiellen Produktion und Reproduktion gesellschaftlichen Lebens verkannt. Da so der Zwischenschritt der Abhebung der Bedeutungsbezogenheit als genereller Spezifik der Wahrnehmungstätigkeit des gesellschaftlichen Menschen von bloß organismischer Orientierungsaktivität ausgeklammert ist, muß auch der nächste Schritt von der Abstraktion zur Konkretisierung der historischen Analyse auf die aneignungsvermittelte Besonderheit der Wahrnehmungtätigkeit in ihrer historischen Bestimmtheit durch die bürgerliche Gesellschaft entfallen.

Das Fehlen der historischen Dimension der Analyse schließt auch die Zerreißung von Realzusammenhängen im für orientierende Erkenntnis charakteristischen »Entweder-Oder-Denken« ein. So werden die Bedeutungshaftigkeiten von Wahrnehmungsgegenständen, sofern man sie überhaupt berücksichtigt, als Zutaten des individuellen Subjekts zu den Reizgegebenheiten mißdeutet (was psychologiegeschichtlich u. a. in der Auseinanderreißung der »klassischen« Wahrnehmungslehre, die die Reizfaktoren der Wahrnehmung, und des »new look« der »Social-perception«-Forschung, die die subjektiven Faktoren der Wahrnehmung untersucht, zum Ausdruck kommt; vgl. 179 ff.); die

Symbolbedeutungen werden nicht in ihrer Gewordenheit als Differenzierungsprodukte der Gegenstandsbedeutungen im Entwicklungsprozeß gesellschaftlicher Arbeit verstanden, sondern erscheinen (z. B. in der »designativen« Theorie der Sprache) als den bedeutungslosen, lediglich figural-qualitativ gekennzeichneten Dingen äußerlich gegenüberstehend etc.

Die Zusammenhangsblindheit des bloß orientierenden Erkennens impliziert auch die Blindheit für reale Widerspruchsverhältnisse: Der bürgerlichen Wahrnehmungslehre entgeht der Widerspruch zwischen dem gesellschaftlichen Charakter der Wahrnehmung als durch die Gegenstandsintention geleitetem Moment bewußter Lebenstätigkeit des Menschen und ihrem Eingebettetsein und Zurückgehaltensein in dem unspezifisch-stofflichen Wechselwirkungsverhältnis zwischen dem menschlichen Organismus und dem präsenten Ding; die funktionale Eigenart der Semierratik und der die lokomotions- und reaktionsrelevante Orientierung fördernden Organisationseffekte, durch welche die in sinnlicher Erfahrung unaufhebbaren Wahrnehmungsevidenzen einer vordergründig geordneten, unter optimaler Informationsausnutzung stukturierten, in der Oberflächenhaftigkeit des Zusammenfalls von Wesen und Erscheinung sich erschöpfenden gesellschaftlichen Wirklichkeit entstehen, kann so nicht erfaßt werden. Demgemäß wird auch ein umfassenderes Widerspruchsverhältnis verkannt, nämlich der Widerspruch zwischen der sinnlichen Erfahrung der bürgerlichen Lebensrealität als einer naturhaft-selbstverständlichen Umwelt und der nur im Denken, durch begreifendes Wissen erfaßbaren Chaotik, Widersprüchlichkeit, antagonistischen Struktur der kapitalistischen Gesellschaftsformation in ihrer historischen Gewordenheit und Transitorik. Damit ist von der bürgerlichen Psychologie der Stellenwert der Wahrnehmungstätigkeit im Gesamtprozeß begreifenden Alltagserkennens bürgerlicher Lebensverhältnisse als Moment kritischer Praxis verfehlt, was sich freilich für einen wissenschaftlichen Ansatz, der selbst in bloß orientierender Erkenntnishaltung befangen ist, von selbst versteht.

Die These vom »orientierenden« Erkenntnisansatz der bürgerlichen Wahrnehmungslehre ließe sich aufgrund unserer früheren Darlegungen leicht bis in die Einzelheiten belegen, was hier aber unterbleiben muß. Ebenso unterlassen wir den expliziten Aufweis, daß nicht nur die bürgerliche Wahrnehmungslehre, sondern die bürgerliche Psychologie im ganzen samt ihren wissenschaftstheoretischen Voraussetzungen in der Geschichtsblindheit, dem Subjektivismus, dem fiktiven »Standpunkt außerhalb« der Gesellschaft, der Einseitigkeit, dem »Beispieldenken«, dem Anstreben jeweils isolierter »Problemlösungen« in einer als Ganzer unverstandenen »Umwelt«, befangen ist, die das bloß orientierende Erkennen charakterisieren. Es soll hier genügen, daß sich dieser Aufweis exemplarisch am psychologischen Kernbereich der Wahrnehmungslehre leisten läßt.

Wenn wir davon ausgehen, daß in unserer Analyse der Wahrnehmung als Subjektivitätsmoment des Menschen in der bürgerlichen Gesellschaft die Befangenheiten wissenschaftlich stilisierter orientierender Erkenntnis in Richtung einer kritisch-psychologischen Erfassung des Wahrnehmungsproblems auf der Basis begreifenden Erkennens überschritten werden sollten, so haben wir damit den methodischen Ansatz der Untersuchung, der zu Beginn (vgl. S. 45 ff.) dargelegt wurde, auf dem Wege über die Explikation der Eigenart begreifender Alltagserkenntnis, durch die Untersuchung selbst noch erheblich konkretisiert. Wir stellen in Rechnung, daß viele unserer Einzelableitungen unvollkommen und revisionsbedürftig sein werden: Wir erheben jedoch den Anspruch, daß die von uns auf der Grundlage des historischen Materialismus vollzogene methodische Entwicklung des Wahrnehmungsproblems prinzipiell gesehen ein *Beispiel für die gegenwärtig einzig mögliche Weise ist, innerhalb der bürgerlichen Gesellschaft zu umfassenderen und richtigeren psychologischen Erkenntnissen zu gelangen,* damit die Realitätsabwehr der bürgerlichen Psychologie gegenüber der historischen Bestimmtheit des gesellschaftlichen Menschen unter kapitalistischen Lebensverhältnissen zu überwinden.

Unsere Ausgangskonzeption, daß eine Kritik der bürgerlichen Psychologie, die ihren Gegenstand nicht agnostizistisch verfehlt, immer auch Kritik an der *Wissenschaftlichkeit* der bürgerlichen Psychologie sein muß, und daß eine solche Kritik nur von einem entwickelteren Stand der psychologischen Forschung selbst zu leisten ist (vgl. S. 13 ff.), wurde somit exemplarisch am Forschungsgegenstand der Wahrnehmung konkret inhaltlich entfaltet. Wenn wir bisher auch nur Resultate logisch-historischer Analysen, theoretische Klärungen und den Aufweis von Forschungsfragen, aber noch keine experimentellen Befunde anbieten können, so sollte doch deutlich geworden sein, was gemeint ist, wenn die *Kritik der bürgerlichen Psychologie und ihre wissenschaftliche Weiterentwicklung unter einem bestimmten Aspekt als zwei Seiten eines einheitlichen Prozesses bezeichnet wurden.*

Damit wird klar, daß die bürgerliche Psychologie die kritische Psychologie nicht als einen äußerlich gesetzten »kritischen« Schnörkel oder den Ausfluß einer bestimmten »Weltanschauung« oder »Ideologie« abtun kann, sondern sich *auf ihrem eignen Feld in ihrer Wissenschaftlichkeit in Frage gestellt* sieht, die Auseinandersetzung mithin *nicht lediglich auf der Ebene der Wissenschafts- oder Gesellschaftstheorie, sondern in der Psychologie selber zu führen ist.*

Ebenso klar wird, daß jede »linke« Kritik an der bürgerlichen Psychologie fehl geht, die die bürgerliche Psychologie mit Psychologie in der bürgerlichen Gesellschaft überhaupt gleichsetzt und meint, daß mit der kritischen Zurückweisung einer *subjektivistischen* Psychologie, die gesellschaftliche Widersprüche als Probleme des »Zurechtfindens« des individuellen Menschen in der »Umwelt« verkehrt, die Möglichkeit und Notwendigkeit einer *Psychologie*, die die Subjektivität des gesellschaftlichen Menschen unter bürgerlichen Lebensverhältnissen auf angemessene Weise theoretisch und empirisch erfaßt, geleugnet werden dürfte. Die bürgerliche Gesellschaft bringt nicht nur die orientierende Erkenntnis innerhalb utilitaristischer Praxis, sie bringt auch die Möglichkeit zum Begreifen ihrer widersprüchlichen Strukturen im Zusammenhang kritischer Praxis hervor. Demgemäß ist die empirische Subjektivität des Menschen nicht nur in »wissenschaftlicher« Stilisierung orientierenden Erkennens durch die bürgerliche Psychologie angehbar: Auch begreifendem Erkennen wird die Subjektivität des Menschen in der bürgerlichen Gesellschaft problematisch und ist einer wissenschaftlich-psychologischen Abklärung fähig wie bedürftig, wobei die *Gewordenheit der individuellen Persönlichkeit durch den ontogenetisch fundierten Prozeß individualgeschichtlicher Aneignung gesellschaftlicher Strukturmomente* den speziellen Themenbereich kritisch-*psychologischer* Forschung im Zusammenhang gesellschaftswissenschaftlicher Fragestellungen ausmacht. -- Die kritische Psychologie hebt dabei die bürgerliche Psychologie genauso in sich auf wie die begreifende die orientierende Alltagserkenntnis. Mithin läßt sich, wie in diesem Buch innerhalb mannigfacher Zusammenhänge gezeigt werden sollte, der *relative* Erkenntnisgehalt von Ansätzen und Befunden der bürgerlichen Psychologie (hier: der Wahrnehmungs- und Kognitionsforschung) nur im umgreifenden Zusammenhang der kritisch-psychologischen Analysen angemessen herausarbeiten und bewahren.

Wir haben uns zu vergegenwärtigen, daß -- wie in unseren einleitenden methodischen Ausführungen dargelegt -- eine umfassende historisch-materialistische Abklärung psychologischer Probleme nur im *Zueinander von gegenstandsbezogener und wissenschaftsbezogener historischer Analyse* gelingen kann. In dieser Abhandlung ist die wissenschaftsbezogene Analyse zugunsten der gegenstandsbezogenen vernachlässigt worden. Zwar wurde z. B. vom Ansatz des begreifenden Erkennens her aufgewiesen, auf welche besondere Weise die bürgerliche Psychologie bei der Erforschung der menschlichen Wahrnehmungs- und Denkprozesse durch den »Realitätsverlust« bloß orientierender Erkenntnis beschränkt ist. Das Problem, welcher Ursprung und welche Funktion eine derartige Erkenntnisbeschränkung der bürgerlichen Psychologie im Zusammenhang mit dem Produktions- und Verwertungszusammenhang der bürgerlichen Gesellschaft in ihrem jetzigen

Entwicklungsstand haben könnte, blieb jedoch außerhalb der Untersuchung. Ebensowenig wurde der Stellenwert der Analyse menschlicher Wahrnehmungs- und Denktätigkeit durch die kritische Psychologie innerhalb der bürgerlichen Gesellschaft zum Gegenstand einer wissenschaftsbezogenen historischen Untersuchung gemacht. Unsere Abhandlung stellt mithin auch insofern einen *Zwischenschritt* dar, als die durch klarere und konkretere Herausarbeitung des besonderen Charakters der wissenschaftlichen Begrenztheiten der bürgerlichen Wahrnehmungs- und Denkpsychologie in gegenstandsbezogener historischer Analyse einen Beitrag zu einer präziseren und gehaltvolleren wissenschaftsbezogenen historischen Analyse bürgerlicher Psychologie leisten will. Ebenso sollen durch die exemplarische inhaltliche Ausführung und Konkretisierung der Verfahrensweise und der möglichen Resultate gegenstandsbezogener kritisch-psychologischer Forschung bessere Voraussetzungen für die wissenschaftsbezogene Abklärung der möglichen Funktion und der möglichen Perspektiven kritischer Psychologie in Forschung, Lehre und Berufstätigkeit innerhalb der bürgerlichen Gesellschaft geschaffen werden.

Gewisse Konsequenzen sind allerdings aus unserer Untersuchung *schon jetzt*, nicht nur für Forschung und Lehre, sondern auch für psychologisch geleitete Berufstätigkeit, abzuleiten. – So sollte etwa überall da, wo es im *Sozialisationsbereich* in Einzelfall- oder Organisationsberatung um »Intelligenz«, »Denken«, »Denkschulung« etc. geht, mit Hilfe unserer Überlegungen eine richtigere Beurteilung der eigenen Arbeit möglich sein. Es scheint uns z. B. nicht gleichgültig, ob man, sofern man »Intelligenz«, »Kreativität« etc. messen oder fördern muß, die dabei zugrunde liegenden theoretischen Konzeptionen und entwickelten diagnostischen Zurüstungen als auf die Möglichkeiten menschlichen Denkens überhaupt bezogen verkürzt, oder ob man an der Alternative begreifenden Erkennens die Befangenheiten solcher Ansätze in bloß anschaulichem oder problemlösendem, damit der gesellschaftlichen Wirklichkeit gegenüber abgeschirmtem, Denken erfassen und in seiner Urteilsbildung berücksichtigen kann. Ebenso macht es einen Unterschied, ob man, z. B. bei der psychologischen Mitarbeit an der Entwicklung von Curricula für vorschulische und schulische Erziehung, Berufsausbildung etc., die Abtrennung der Förderung des Denkens von der Vermittlung inhaltlichen Wissens, das verselbständigte »Training« kognitiver Möglichkeiten an inhaltlich gleichgültigem, nichtssagendem austauschbarem Material für ganz »normal« hält, oder ob man in solchen Zerreißungen und Isolierungen den Effekt der Heranbildung von bloßen »Problemlösern« in einer unbegriffenen Realität, die gegenaufklärerische Funktion der Verhinderung der Erkenntnis wesentlicher

Züge der wirklichen Lebenslage des Menschen in der bürgerlichen Gesellschaft identifizieren kann etc.[100]

Eine andere Frage ist, wieweit darüber hinaus hier von unseren Konzeptionen aus eine positive Veränderung psychologisch geleiteter Tätigkeitsfelder, damit die Akzentuierung wenn auch noch so geringfügiger Aspekte kritischer Praxis in psychologischer Berufstätigkeit im Sozialisationsbereich gelingen kann. Die *wissenschaftliche* Erarbeitung von potentiell beruflich relevanten Verfahren zur Ermittlung und Förderung der Möglichkeiten begreifenden Erkennens ist zwar noch nicht erfolgt, aber – wie aus unseren Ausführungen in verschiedenen Zusammenhängen hervorgehen sollte – grundsätzlich zu leisten. – Ob und in welchem Maße solche kritisch-psychologischen Ansätze und Verfahren jeweils *tatsächlich* in beruflicher Tätigkeit umsetzbar sein können, muß durch die historische Funktionsanalyse der verschiedenen beruflichen Bereiche innerhalb der bürgerlichen Gesellschaft, in welchen psychologische Einsichten und Vorgehensweisen im Gebiet der Sozialisation relevant sind, eruiert werden und hängt im übrigen von gesellschaftlichen Entwicklungstendenzen ab, deren Richtung und Ausmaß nur schwer eindeutig vorhersagbar sind. In jedem Falle sollte der psychologisch Tätige hier in seinem fachlichen Wissen und Können dazu gerüstet sein, nicht nur den traditionellen Anforderungen mit kritischer Distanz zu genügen, sondern die objektive Möglichkeit einer progressiven, kritischen Wendung seiner Arbeit im Interesse der Werktätigen, wo immer eine solche Möglichkeit sich andeutet, voll zu realisieren und dabei auch in das Verhältnis organisierter solidarischer Praxis zusammen mit anderen einzutreten.

Innerhalb unserer Darlegungen ergaben sich indessen nicht nur Hinweise auf in weiterer Forschung zu erarbeitende Anwendungsmöglichkeiten im Sozialisationsbereich: Unsere Gedankenentwicklung führte uns verschiedentlich mit Zwangläufigkeit in die Nähe *klinisch-psychologischer* Fragestellungen, so, wenn von subjektivem »Realitätsverlust« durch Widerspruchselimination, der persönlichen Isolation als Resultat spezifischer Aneignungsprozesse in der bürgerlichen Gesellschaft, dem Zusammenhang zwischen Gesellschaftserkenntnis, Selbsterkenntnis und Erkenntnis anderer Selbste die Rede war, wenn die Techniken der Realitätsabwehr durch subjektivistische Verkehrtheiten der Welt- und Selbstsicht, Introjektion, »Beispieldenken«, vereinseitigendes »Lösen«

---

[100] Der für psychologiegeleitete Berufstätigkeit relevante Zuwachs an Einsicht in die Eigenart auch des Denkens und der Intelligenz im Bereich bloß orientierenden Erkennens, der aus unserem Grundansatz der individualgeschichtlichen Aneignung und Interiorisierung gesellschaftlicher Strukturmomente und des Zueinander von sinnlicher Erfahrung und denkender Verarbeitung gewinnbar ist, wurde hier nicht nochmals eigens herausgehoben.

diskutiert wurden etc. Hier deuten sich die Umrisse einer klinisch-psychologischen Konzeption an, die bestimmte psychoanalytisch beeinflußte Vorstellungen über psychische Störungen als bedingt durch subjektive Realitätsausklammerung und -verfälschung verschiedener Art, Angstvermeidung, »Spannungsflucht«, auch den »lebensgeschichtlichen« Ansatz der Erklärung psychischer Störungen einerseits aufgreift, andererseits dadurch »vom Kopf auf die Füße stellt«, daß die psychischen Störungen nicht mehr durch die (schon naturgeschichtlich unhaltbare) Annahme nicht bewältigter Unvereinbarkeiten zwischen Triebansprüchen und gesellschaftlichen Forderungen erklärt werden, sondern durch die Annahme von Unvereinbarkeiten zwischen der eigenen Lebenspraxis und gesellschaftlichen Notwendigkeiten, der Angst, der Spannungsflucht angesichts der Unfähigkeit, seine Lebensführung der begreifenden Einsicht in die Struktur der bürgerlichen Gesellschaft anzumessen und damit in gesamtgesellschaftlichem Interesse aktiv zu werden. Die verschiedenen Interiorisierungsstufen der individualgeschichtlichen Aneignung gesellschaftlicher Strukturmomente, durch welche gesellschaftliche Widersprüche die phänomenale Gestalt von intrapsychischen und interpsychischen subjektiven Konflikten annehmen, mithin der wirkliche Zusammenhang »verdrängt« ist und der Mensch sich von der gesellschaftlichen Wirklichkeit, damit von anderen Menschen isoliert und auf sein rätselhaft-undurchdringliches eigenes Selbst zurückgeworfen sieht, die besonderen biographischen Bedingungen, unter denen dies zu ausgeprägten psychischen Störungen führt etc., müssen sorgfältig theoretisch und empirisch untersucht werden, wenn die hier skizzierten Auffassungen den Status bloßer Spekulation überwinden sollen und die Möglichkeit etwaiger therapeutischer Konsequenzen diskutierbar werden soll. – Wir zweifeln nicht daran, daß die Überwindung bloß utilitaristischer Praxis durch von begreifendem Erkennen geleitete kritische Praxis, darin die Durchbrechung des zirkulären sinnentleerten Wechselbestätigungsverhältnisses »privater« sozialer Beziehungen, die Aufhebung der Vereinzelung in der bewußten Solidarität mit anderen in gleicher Klassenlage, die Gewinnung von allgemeinen Perspektiven des persönlichen Beitrags zur gesellschaftlichen Entwicklung, in welchen der eigene Lebenslauf seinen Stellenwert gewinnt, etwas mit »psychischer Gesundheit« zu tun haben. Andererseits aber wäre es sicherlich unrealistisch und u. U. sogar zynisch, die Ermöglichung kritischer gesellschaftlicher Praxis unvermittelt als »Therapieziel« klinisch-psychologischer Bemühungen aufzustellen. Nicht nur, daß hier die jeweiligen objektiven Bedingungen einer solchen Praxis unproblematisiert blieben: viele Formen psychischer Störungen entstehen aus so rigorosen Begrenzungen und Verkümmerungen individueller Lebensentfaltung und Daseinsbewältigung, daß die Entwicklung von

Perspektiven kritischer Praxis weit jenseits des Erreichbaren liegt. Dennoch ist auch hier der volle therapeutische Einsatz des klinischen Psychologen absolutes Erfordernis etc. – Die damit angedeuteten Fragen sind bisher noch kaum in der Diskussion.

Eine »praktische« Anwendungsmöglichkeit kritisch-psychologischer Forschung in umfassenderen Zusammenhängen als psychologisch geleiteter Berufstätigkeit ist der *aufklärerische Kampf gegen die falsche subjektivistische »Psychologie« in den Köpfen der Menschen*. Es mag auf die Länge der Zeit in gewissen Lebensbereichen der bürgerlichen Gesellschaft durch wissenschaftlich begründeten Aufweis des tatsächlichen Zusammenhanges gesellschaftlicher Verhältnisse und menschlicher Subjektivität (in bestimmten Grenzen und in Abhängigkeit von den objektiven Bedingungen) vermittelbar sein, daß die Introjektion gesellschaftlicher Widersprüche als Probleme des einzelnen, die Schulderlebnisse oder die Resignation angesichts vermeintlich persönlichen Versagens innerhalb einer Gesellschaft, in welcher der Masse der Bevölkerung die elementarsten Voraussetzungen der Entfaltung menschlicher Möglichkeiten und der Teilhabe an den Errungenschaften der menschlichen Geschichte objektiv nicht gegeben sind, auch die Hoffnungen auf ein Davonkommen, auf individuellen Aufstieg oder individuelle Emanzipation unter Umgehung des gemeinsamen Kampfes für eine Veränderung objektiver gesellschaftlicher Verhältnisse, »verkehrten« alltagspsychologischen Vorstellungen entspringen, die durch die bürgerliche Schulpsychologie und die Psychoanalyse eine »wissenschaftliche« Scheinrechtfertigung und Befestigung erhalten.

Literaturverzeichnis

Abelson, R. P., Aronson, E., McGuire, W. J., Newcomb, Th. M., Rosenberg, M. J. & Tannenbaum, P. H.: Theories of cognitive consistency: A sourcebook. Chicago 1968
Abercombie, J. M. L.: The anatomy of judgment. An investigation into the processes of perception and reasoning. New York–London 1960
Ach, N.: Finale Qualität (Gefügigkeitsqualität) und Objektion. Arch. ges. Psychol., Ergänzungsbd. 2, 267–366, 1932
Albert, H.: Konstruktivismus oder Realismus? Anmerkungen zu Holzkamps dialektischer Überwindung der modernen Wissenschaftslehre. Z. Sozialpsychol., 2, 5–23, 1971
Albert, H.: Vom Instrumentalismus zur Hermeneutik des Gesamtsubjekts. Holzkamps Übergang zum verstehenden Marxismus im Lichte realistischer Kritik. In: H. Albert & H. Keuth (Hg.), Kritik der kritischen Psychologie, 179–220, Hamburg 1973
Altmann, St. A.: Primate behavior in review. Science, 150, 1440–1442, 1965
Altmann, St. A. (Hg.): Social communication among primates. Chicago–London 1967
Ananjew, B. G.: Psychologie der sinnlichen Erkenntnis. Berlin (DDR) 1963
Anochin, P. K.: Das Problem von Zentrum und Peripherie in der Physiologie der Nerventätigkeit. In: Sammelband v. Arbeiten unt. Red. v. P. K. Anochin, 7–21. Gorki 1935
– – Physiologie und Kybernetik. In: Kybernetik und Praxis (Sammelschrift), 148–188, Berlin (DDR) 1963
– Das funktionelle System als Grundlage der physiologischen Architektur des Verhaltensaktes. Jena 1967
Asch, S. E.: Forming impressions of personality. J. abnorm. soc. Psychol., 41, 258–290, 1946
Autorenkollektiv am Psychologischen Institut der Freien Universität Berlin: Schülerladen Rote Freiheit. Analysen, Protokolle, Dokumente. Frankfurt/M. (Fischer Bücherei) 1971
Autrum, H.: Nonphotic receptors in lower forms. In: J. Field (Hg.), Handbook of Physiology, Section 1, Neurophysiology, Vol. I, 369–385, Washington 1959
Azuna, H.: The effect of experience on the amount of the Müller-Lyer illusion. Jap. J. Psychol., 22, 111–123, 1952
Backhaus, H.-G.: Zur Dialektik der Wertform. In: A. Schmidt, Beiträge zur marxistischen Erkenntnistheorie, 128–152, Frankfurt/M. 1969
Baerends, G. P.: Fortpflanzungsverhalten und Orientierung der Grabwespe Ammophila campestris. Tijdschr. voor Entomol., 84, 68–275, 1941
– Specializations in organs and movements with a releasing function. In: Symposia of the society for experimental biology, No. IV: Physiological mechanisms in animal behaviour, 337–360, Cambridge 1950
Bartley, S. H.: Principles of perception. New York 1969

Becker, W.: Kritik der Marxschen Wertlehre. Hamburg 1972
Berlyne, D. E.: Novelty and curiosity as determinants of exploratory behaviour. Brit. J. Psychol., 41, 68–80, 1950/51
— The arousal and satiation of perceptual curiosity in the rat. J. comp. physiol. Psychol., 48, 238–246, 1955
— Conflict, arousal, and curiosity. New York 1960
— Motivational problems raised by exploratory and epistemic behavior. In: S. Koch (Hg.), Psychology: A study of a science, Vol. 5, 284–364, New York 1963
Bernstein, B.: Soziale Struktur, Sozialisation und Sprachverhalten. Amsterdam 1970
— u. a.: Lernen und soziale Struktur. Amsterdam 1970
Bertalanffy, L. von: Symbolismus und Anthropogenese. In: B. Rensch (Hg.), Handgebrauch und Verständigung bei Affen und Frühmenschen, 131–143, Berlin–Stuttgart 1968
Bexton, W. H., Heron, W. & Scott, T. H.: Effects of decreased variation in the sensory environment. Canad. J. Psychol., 8, 70–76, 1954
Böge, K.: Arm und reich vom kindlichen Standpunkt aus gesehen. Z. Psychol. Jugendkd., Bd. 33, 169–184, 1932
Boring, E. G.: Sensation and perception in the history of experimental psychology. New York 1942
— A history of experimental psychology. 2. Aufl. New York 1950
Boshowitsch, L. J.: Die Persönlichkeit und ihre Entwicklung im Schulalter. Berlin (DDR) 1970
Brecht, B.: Die Mutter. Gesammelte Werke 2. (Werkausg. Ed. Suhrkamp) Frankfurt/Main 1968
Brehm, J. W.: Increasing cognitive dissonance by a fait accompli. J. abnorm. soc. Psychol., 58, 379–382, 1959
— & Cohen, A. R.: Explorations in cognitive dissonance. New York 1962
Brockmann, R.: »Donné amodal«. Komplettierungen bei der visuellen Wahrnehmung. (Unveröffentl. Vordiplomarb.; Psychol. Inst. FU Berlin.)
Bruner, J. S.: The conditions of creativity. In: H. E. Gruber u. a. (Hg.), Contemporary approaches to creative thinking, 1–30, New York 1962
— & Goodman, C. C.: Value and need as organizing factors in perception. J. abnorm. soc. Psychol., 42, 33–44, 1947
— & Tagiuri, R.: The perception of people. In: G. Lindzey (Hg.), Handbook of social psychology, II, 634–654, Cambridge, Mass., 1954
Brunswik, E.: Wahrnehmung und Gegenstandswelt. Leipzig – Wien 1934
— Remarks on functionalism in perception. J. Pers., 18, 56–65, 1949/50
— Perception and the representative design of psychological experiments. Berkeley / Los Angeles 1956
Bühler, K.: Antwort auf die von W. Wundt erhobenen Einwände gegen die Methode der Selbstbeobachtung an experimentell erzeugten Erlebnissen. Arch. ges. Psychol., 12, 93–122, 1908
Butler, R. A.: Discrimination learning by rhesus monkeys to visual-exploration motivation. J. comp. physiol. Psychol., 46, 95–98, 1953
— The effect of deprivation of visual incentives on visual exploration motivation in monkeys. J. comp. physiol. Psychol., 50, 177–179, 1957 a

- Discrimination learning by rhesus monkeys to auditory incentives. J. comp. physiol. Psychol., 50, 239–241, 1957 b
- & Harlow, H. F.: Persistence of visual exploration in monkeys. J. comp. physiol. Psychol., 47, 258–263, 1954

Cohen, W.: Spatial and textural characteristics of the Ganzfeld. Amer. J. Psychol., 70, 403–410, 1957
- Color-perception in the chromatic Ganzfeld. Amer. J. Psychol., 71, 390 bis 394, 1958

Cowles, J. T.: Food-tokens as incentives for learning by chimpanzees. Comp. Psychol. Monogr. 14, Nr. 5, 1–96, 1937

Crawford, M. P.: The cooperative solving of problems by young chimpanzees. Comp. Psychol. Monogr. 14, No. 68, 1937
- The cooperative solving by chimpanzees of problems requiring serial responses to color cues. J. soc. Psychol., 13, 259–280, 1941

Darwin, Ch.: The origin of species by means of natural selection, or the preservation of favoured races in the struggle for life. London 1859 (dt. Ausg.: Die Entstehung der Arten, Stuttgart 1967)

Day, R. H.: The effects of repeated trials and prolonged fixation on error in the Müller-Lyer figure. Psychol. Monogr., Vol. 76, No. 14 (Whole No. 533), 1962

Dember, W. N.: The psychology of perception. New York 1960

Dembowski, J.: Psychologie der Affen. Berlin (DDR) 1956

Deppe, F.: Das Bewußtsein der Arbeiter. Studien zur politischen Soziologie des Arbeiterbewußtseins. Köln 1971

Deuel, L.: Einleitung zu: John Dewey, Wie wir denken. S. V–XVI. Zürich 1951

Dewey, J.: Wie wir denken. Zürich 1951

Dominguez, K. E.: A study of visual illusions in the monkey. J. genet. Psychol., 85, 105–127, 1954

Duke-Elder, S.: System of ophthalmology, Vol. I. St. Louis, Missouri, 1958

Duncker, K.: Zur Psychologie des produktiven Denkens. Berlin / Heidelberg / New York 1966 (1. Aufl. 1935)

Ehrenstein, W.: Grundlegung einer ganzheitspsychologischen Typenlehre. Berlin 1935

Ekman, G.: The laws of the wandering phenomenon. Acta Psychol., 8, 154 bis 186, 1951/52

Engels, F.: Dialektik der Natur. MEW Bd. 20, 505–568

Epstein, W.: Varieties of perceptual learning. New York 1967

Evans, C. R.: Some studies of pattern perception using a stabilized retinal image. Brit. J. Psychol., 56, 121–133, 1965
- Further studies of pattern perception and a stabilized retinal image: The use of prolonged after-images to achieve perfect stabilization. Brit. J. Psychol., 58, 315–327, 1967

Ewert, O. M.: Zur Ontogenese des Ausdrucksverstehens. In: R. Kirchhoff (Hg.), Handbuch der Psychologie, Bd. 5, Ausdruckspsychologie, 289–308, Göttingen 1965

Fabre, J.: Souvenirs entomologiques. Paris 1919–1922

Feigl, H.: The »mental« and the »physical«. The essay and a postscript. Minneapolis 1967

Festinger, L.: A theory of cognitive dissonance. Evanston, Ill., 1957
— & Carlsmith, J. M.: Cognitive consequences of forced compliance. J. abnorm. soc. Psychol., 58, 203–210, 1959
Fieandt, K. v.: The world of perception. Homewood, Ill., 1966
Fischel, W.: Tierpsychologie und Hundeforschung. Z. Hundeforschg., 17, 1 bis 71, 1941
— Vom Leben zum Erleben. München 1967
Fischer, E.: Kunst und Menschheit. Wien 1949
Fowler, H.: Curiosity and exploratory behavior. New York 1965
Fraenkel, G. S. & Gunn, D. L.: The orientation of animals; kineses, taxes and compass reactions. London 1940
Frisch, K. v.: Über die »Sprache« der Bienen. »Zoolog. Jahrbücher«, Bd. 40, 1–186, Jena 1923
— Aus dem Leben der Bienen. Berlin 1927 (6. Aufl. 1959)
Fuchs, W.: Untersuchungen über das Sehen der Hemianopiker und Hemiamblyopiker II: Die totalisierende Gestaltauffassung, Z. Psychol., 86, 1 bis 143, 1921
— Eine Pseudofovea bei Hemianopikern. Psychol. Forsch., 1, 157–186, 1922
Fürstenberg, H. E.: Experimentelle Untersuchungen über die Zusammenhänge des binokularen Tiefensehens mit dem Persönlichkeitstypus. Unters. z. Psychol., Philos. u. Päd., Bd. 12, H. 1, 1937
Galperin, P. J.: Die Entwicklung der Untersuchungen über die Bildung geistiger Operationen. In: H. Hiebsch (Hg.), Ergebnisse der sowjetischen Psychologie, 367–405, Berlin (DDR) 1967 (Stuttgart 1969)
Gardner, R. A. & Gardner, B. T.: Teaching sign language to a chimpanzee. Science, 165, 664–672, 1969
Geier, F. M., Levin, M. & Tolman, E. C.: Individual differences in emotionality, hypothesis formation, vicarious trial and error, and visual discrimination learning in rats. Comp. Psychol. Monogr., 17, Serial No. 87, 1941
Gelb, A. & Granit, R.: Farbenpsychologische Untersuchungen I: Die Bedeutung von »Figur« und »Grund« für die Farbenschwelle. Z. Psychol., 93, 83–118, 1923
Gibson, E. J.: Perceptual development and the reduction of uncertainty. Vortrag auf d. XVIII. Internat. Kongr. f. Psychologie in Moskau 1966
— Principles of perceptual learning and development. New York 1969
Gibson, J. J.: Adaptation, after-effect and contrast in the perception of curved lines. J. exp. Psychol., 16, 1–31, 1933
— The perception of the visual world. Boston 1950
— What is a form? Psychol. Rev., 58, 403–412, 1951
— Visually controlled locomotion and visual orientation in animals. Brit. J. Psychol., 49, 182–194, 1958
Gößler, K.: Das Verhältnis von Neurophysiologie und Erkenntnistheorie. Dt. Z. f. Philos., Sonderh. »Probleme und Ergebnisse der marxistisch-leninistischen Erkenntnistheorie«, 45–61, Berlin (DDR) 1968
Goodman, N.: The structure of appearence. Cambridge, Mass., 1951
Granit, R.: Die Bedeutung von Figur und Grund für bei unveränderter Schwarz-Induktion bestimmte Helligkeitsschwellen. Skand. Arch. Physiol., 15, 43–57, 1924

— Receptors and sensory perception. New Haven 1955
Graumann, C. F.: Grundlagen einer Phänomenologie und Psychologie der Perspektivität. Berlin 1960
— Denken im vorwissenschaftlichen Verständnis. In: C. F. Graumann (Hg.), »Denken«, 15–22, Köln / Berlin, 2. unveränd. Aufl. 1965
— Bewußtsein und Bewußtheit. Probleme und Befunde der psychologischen Bewußtseinsforschung. In: W. Metzger (Hg.), Handbuch der Psychologie, I. Band, 1. Halbband: Wahrnehmung und Bewußtsein, 79–127, Göttingen 1966
— Motivation. Frankfurt/Main 1969
Griffin, D. R.: Listening in the dark. New Haven, Conn., 1958
— Echoes of bats and men. New York 1959
Guilford, J. P.: Creativity: Yesterday, today and tomorrow. J. Creat. Behav., 1, 3–14, 1967
Gunter, R.: Visual size constancy in the cat. Brit. J. Psychol., 42, 288–293, 1951
Hamilton, W. F. & Coleman, T. B.: Trichromatic vision in the pigeon as illustrated by the spectral hue discrimination curve. J. comp. Psychol.. 15, 183–191, 1933
Harlow, H. F.: Learning and satiation of response in intrinsically motivated complex puzzle performance by monkeys. J. comp. physiol. Psychol., 43, 289–294, 1950
— Harlow, M. K. & Meyer, D. R.: Learning motivated by a manipulation drive. J. exp. Psychol., 40, 228–234, 1950
Harms, J. W. & Lieber, A.: Zoobiologie. Stuttgart 1970
Hartmann, M.: Allgemeine Biologie. Stuttgart 1953
Haug, W. F.: Kritik der Warenästhetik. Frankfurt/Main 1971
— Die Bedeutung von Standpunkt und sozialistischer Perspektive für die Kritik der politischen Ökonomie. Das Argument, 74, 561–585, 1972
Hebb, D. O.: The semiautonomous process. Its nature and nurture. Amer. Psychologist, 18, 16–27, 1963
— The organization of behavior. New York 1967 (1. Aufl. 1949)
Heberer, G.: Der Ursprung des Menschen. Stuttgart 1969
Heider, F.: Social perception and phenomenal causality. Psychol. Rev., 51, 358–374, 1944
— The psychology of interpersonal relations. New York 1958
— & Simmel, M.: An experimental study of apparent behavior. Amer. J. Psychol., 57, 243–259, 1944
Hering, E.: Grundzüge der Lehre vom Lichtsinn. Berlin 1920 (1. Aufl. 1905)
Heron, W., Doane, B. K. & Scott, T. H.: Visual disturbances after prolonged perceptual isolation. Canad. J. Psychol., 10, 13–18, 1956
Herrmann, Th.: Über Einwände gegen die nomothetische Psychologie. Z. Sozialpsychol., 2, 123–149, 1971
Herter, K.: Die Fischdressuren und ihre sinnesphysiologischen Grundlagen. Berlin 1953
Hess, E. H.: Development of the chick's responses to light and shade cues of depth. J. comp. physiol. Psychol., 43, 112–122, 1950
Hetzer, H.: Kindheit und Armut. Zuerst erschienen 1929 (erweiterte Fassung in: Zur Psychologie des Kindes, Darmstadt 1967)

Hörmann, H.: Konflikt und Entscheidung. Göttingen 1960
— Psychologie der Sprache. 2. Aufl. Berlin / Heidelberg / New York 1970
Holland, H. C.: The spiral after-effect. Oxford 1965
Holst, E. von: Quantitative Messung von Stimmungen im Verhalten der Fische. In: Symposia of the Society of Experimental Biology, IV, Physiological mechanisms in animal behavior, 143–172, Cambridge 1950
— & Mittelstaedt, H.: Das Reafferenzprinzip (Wechselwirkungen zwischen Zentralnervensystem und Peripherie). Naturwissenschaften, 37, 464–476, 1950
Holzkamp, K.: »Objektive« und »subjektive« Problembewältigung. Z. exp. angew. Psychol., 10, 486–513, 1963
— Theorie und Experiment in der Psychologie. Berlin 1964
— Zur Problematik der Realitäts-Verdoppelung in der Psychologie. Psychol. Rdsch., 16, 209–222, 1965
— Zur Phänographie des Ausdrucks. Jb. Psychol. Psychother., 14, 111–138, 1966
— Konventionalismus und Konstruktivismus. Z. Sozialpsychol., 2, 24–39, 1971 a (auch in: Kritische Psychologie, 147–171, Frankfurt/Main 1972, Fischer Taschenbuch Verlag)
— »Kritischer Rationalismus« als blinder Kritizismus. Z. Sozialpsychol., 2, 248–270, 1971 b (auch in: Kritische Psychologie, 173–205, Frankfurt/ Main 1972, Fischer Taschenbuch Verlag)
— Kritische Psychologie, Frankfurt/Main 1972 (Fischer Taschenbuch)
— Wahrnehmung. Einführung in die Psychologie (Hg. C. F. Graumann), Bd. 2 Frankfurt/Main / Bern / Stuttgart, voraussichtlich 1974
— & Keiler, P.: Seriale und dimensionale Bedingungen des Lernens der Größenakzentuierung: Eine experimentelle Studie zur sozialen Wahrnehmung. Z. exp. angew. Psychol., 14, 407–441, 1967
— & Schurig, V.: Zur Einführung in A. N. Leontjews »Probleme der Entwicklung des Psychischen«. In: A. N. Leontjew: Probleme der Entwicklung des Psychischen, Frankfurt/Main 1973 (Fischer Athenäum Taschenbuch)
Holzman, P. S. & Klein, G. S.: The »schematizing process«: perceptual attitudes and personality qualities in sensitivity to change. Amer. Psychologist, 5, 312, 1950
Horn, G.: Physiological and psychological aspects of selective perception. In: D. S. Lehrman, R. A. Hinde & E. Shaw (Hg.), Advances in the study of behavior, Vol. I, 155–215, New York / London 1965
Hubel, D. H. & Wiesel, T. N.: Receptive fields, binocular interaction and functional architecture in the cat's visual cortex. J. Physiol., 160, 106 bis 154, 1962
Hunt, J. McV.: Intrinsic motivation and its role in psychological development. Nebraska symposium on motivation, Vol. XIII, 189–282, Lincoln 1965
Iljenkow, E. W.: Die Dialektik des Abstrakten und Konkreten im ›Kapital‹ von Marx. In: A. Schmidt (Hg.), Beiträge zur marxistischen Erkenntnistheorie, 87–127, Frankfurt/Main 1969 (3. Aufl. 1971)

Irle, M.: Verteidigung einer Theorie durch Expansion. Z. Sozialpsychol., 1, 83–88, 1970

Jackson, L. L.: VTE on an elevated maze. J. comp. Psychol., 36, 99–107, 1943

Jackson, Ph. W. & Messick, S.: The person, the product, and the response: conceptual problems in the assessment of creativity. J. Pers., 33, 309 bis 329, 1965

Jaeger, S.: Konstitutionsbedingungen der Wahrnehmung anschaulicher Größen (Arbeitstitel einer unveröffentl. Unters. zum Size-distance-Problem; Psycholog. Institut FU Berlin)

Jalkotzki, A.: Kindliche Erkenntnisse über Klassenscheidung. Die sozialistische Erziehung, 3, 71–76, 1925

Jennings, H. S.: Behavior of lower organisms. New York 1906 (dt. Ausg.: Das Verhalten niederer Organismen, Leipzig 1910)

Joergensen, J.: The development of logical empiricism. International encyclopedia of unified science. Vol. II, No. 9, 3. Aufl. Chicago, Ill., 1964 (1. Aufl. 1951)

Johansson, G.: Geschehenswahrnehmung. In: W. Metzger (Hg.), Handbuch der Psychologie, Bd. I, 1. Halbbd., 745–775, Göttingen 1966

Keiler, P.: Psychologie als »Grundwissenschaft«. In: Psychologie als historische Wissenschaft, Pressedienst Wissenschaft FU Berlin, 8, 21–28, 1972

Kelley, H. H. & Thibaut, J. W.: Group problem solving. In: G. Lindzey & E. Aronson (Hg.), The handbook of social psychology, Vol. 4, 1–101, Reading, Mass., 1969 (1. Aufl. 1954)

Kellogg, W. N. & Kellogg, L. A.: The ape and the child: a study of environmental influence upon early behavior. New York 1933

Kenkel, F.: Untersuchungen über den Zusammenhang zwischen Erscheinungsgröße und Erscheinungsbewegung bei einigen sogenannten optischen Täuschungen. Z. Psychol., 67, 358–449, 1913

Keuth, H.: Wissenschaftslehre und kritische Psychologie. In: H. Albert & H. Keuth (Hg.), Kritik der kritischen Psychologie, 85–111, Hamburg 1973

Kleinmutz, B. (Hg.): Problem solving: Research, method and theory. New York / London / Sidney 1966

Klix, F.: Information und Verhalten. Berlin (DDR) 1971

— Neumann, J., Seeber, A. & Timpe, K.-P. (Hg.): Psychologie in der sozialistischen Industrie. Berlin (DDR) 1971

Koehler, O.: Vom Erlernen unbenannter Anzahlen bei Vögeln. Naturwissenschaften, 29, 201–218, 1941

— Die Analyse der Taxisanteile instinktartigen Verhaltens. In: Symposia of the society for experimental biology, No. IV: Physiological mechanisms in animal behaviour, 269–304, Cambridge 1950

Köhler, W.: Optische Untersuchungen am Schimpansen und am Haushuhn. Abh. Preuß. Akad. Wiss. Berlin 1915

— Die physischen Gestalten in Ruhe und im stationären Zustand. Erlangen 1920

— Komplextheorie und Gestalttheorie. Antwort auf G. E. Müllers Schrift gleichen Namens. Psychol. Forsch., 6, 358–416, 1925

— Zur Komplextheorie. Psychol. Forsch., 8, 236–243, 1926

— Dynamics in Psychology. New York 1940

— Intelligenzprüfungen an Menschenaffen. Berlin / Göttingen / Heidelberg 1963 (1. Ausg. 1921)
— & Wallach, H.: Figural after-effects: An investigation of visual processes. Proc. Amer. Philos. Soc., 88, 269–357, 1944
Koenigswald, G. H. R. von: Probleme der ältesten menschlichen Kulturen. In: B. Rensch (Hg.), Handgebrauch und Verständigung bei Affen und Frühmenschen, 149–171, Bern / Stuttgart 1968
Koffka, K.: Principles of Gestalt psychology. New York 1935
Kohler, I.: Die Zusammenarbeit der Sinne und das allgemeine Adaptationsproblem. In: W. Metzger (Hg.), Handbuch der Psychologie, Bd. I, 1. Halbbd., Wahrnehmung und Bewußtsein, 616–655, Göttingen 1966
Kopnin, P. V.: Dialektik – Logik – Erkenntnistheorie. Lenins philosophisches Denken. Erbe und Aktualität. Berlin (DDR) 1970
Kornhauser, A.: Mental health of the industrial worker. A Detroit study. New York / London / Sydney 1965
Kortlandt, A.: Handgebrauch bei freilebenden Schimpansen. In: B. Rensch (Hg.), Handgebrauch und Verständigung bei Affen und Frühmenschen, 59–102, Bern / Stuttgart 1968
Kosik, K.: Die Dialektik des Konkreten. Frankfurt/Main 1967
Kosing, A.: Karl Marx und die dialektisch-materialistische Abbildtheorie. Dt. Z. f. Philos. Sonderh. »Probleme und Ergebnisse der marxistisch-leninistischen Erkenntnistheorie«, 7–29, Berlin (DDR) 1968
Kühn, A.: Über Farbensinn bei Tieren. Mitteilungen d. Universitätsbundes Göttingen, 2, 33–38, 1927
Kühn, H.: Die Felsbilder Europas. Stuttgart 1952
Lambert, W. W., Solomon, R. L. & Watson, P. D.: Reinforcement and extinction as factors in size estimation. J. exp. Psychol., 39, 637–641, 1949
Lashley, K. S.: The color vision of birds, I. The spectrum of the domestic fowl. J. Anim. Behav., 6, 1–26, 1916
Lawick-Godall, J. van: Wilde Schimpansen. 10 Jahre Verhaltensforschung am Gombe-Strom. Reinbek/Hamburg 1971
Lektorski, W. A.: Das Subjekt-Objekt-Problem in der klassischen und modernen bürgerlichen Philosophie (hg. v. D. Wittich). Berlin (DDR) 1968 (Übers. d. russ. Orig. Moskau 1965)
Lenin, W. I.: Materialismus und Empiriokritizismus. W. I. Lenin Werke, Bd. 14. 3. Aufl. Berlin (DDR) 1968 (1. russ. Aufl. 1908)
— Konspekt zu Hegels »Wissenschaft der Logik«. »Philosophische Hefte«; W. I. Lenin Werke, Bd. 38, 77–229, 3. Aufl. Berlin (DDR) 1970
Lenneberg, E. H.: Biological foundations of language. New York 1967
Leontjew, A. N.: Probleme der Entwicklung des Psychischen. Frankfurt/Main 1973 (Fischer Athenäum Taschenbuch) – (1. russ. Ausg. Moskau 1959)
— & Gippenreiter, J. B.: Was heißt Aktivität der Wahrnehmung (1966). In: Th. Kußmann (Hg.), Bewußtsein und Handlung, Probleme und Ergebnisse der sowjetischen Psychologie, 131–156, Bern / Stuttgart / Wien 1971
Lilly, J. C.: Mental effects of reduction of ordinary levels of physical stimuli on intact healthy persons. Psychiat. Res. Rep., 5, 1–9, 1956
Lindner, H., Der Zweifel und seine Grenzen. Berlin (DDR) 1966

Linschoten, J.: Strukturanalyse der binokularen Tiefenwahrnehmung. Groningen / Göttingen 1956
Lissmann, H. W.: Proprioceptors. In: Symposia of the society for experimental biology, No. IV: Physiological mechanisms in animal behaviour, 34 bis 59, Cambridge 1950
Loeb, J.: Der Heliothropismus der Thiere und seine Übereinstimmung mit dem Heliothropismus der Pflanzen. Würzburg 1890
— Forced movements, tropisms and animal conduct. Philadelphia 1918
Lorenz, K.: Die angeborenen Formen möglicher Erfahrung. Z. Tierpsychol., 5, 235–409, 1943
— & Rose, W.: Die räumliche Orientierung von Paramaecium aurelia. Naturwissenschaften, 50, 623, 1963
Luckiesh, M.: Visual illusions. New York 1965
Lutz, A.: Teilinhaltliche Beachtung, Auffassungsumfang und Persönlichkeitstypus. Z. Psychol., Erg. Bd. 14, 1–85, 1929
Maier, N. R. F.: Reasoning in humans III: The mechanisms of equivalent stimuli and of reasoning. J. exp. Psychol., 35, 349–360, 1945
— Screening solutions to upgrade quality. A new approach to problem solving under conditions of uncertainty. J. Psychol., 49, 217–231, 1960
Maikowski, R.: Begründung des historischen Verfahrens – zum Problem der Methodik. In: Psychologie als historische Wissenschaft, Pressedienst Wissenschaft FU Berlin, 8, 2–5, 1972 a
— Psychologie und Entwicklung der Produktivkräfte. In: Psychologie als historische Wissenschaft, Pressedienst Wissenschaft FU Berlin, 8, 28–33, 1972 b
Marx, M. H. & Hillix, W. A.: Systems and theories in psychology. New York 1963
Marx, K.: Grundrisse der Kritik der politischen Ökonomie. Moskau 1939 u. 1941 (Nachdruck d. Eurpäischen Verlagsanstalt Frankfurt und d. Europa Verlages Wien)
— & Engels, F.: Die deutsche Ideologie. MEW Bd. 3
— Lohnarbeit und Kapital. MEW 6, 397–423
— Zur Kritik der Politischen Ökonomie. MEW 13, 3–160
— Randglossen zu Adolph Wagners »Lehrbuch der politischen Ökonomie«. MEW 19, 355–383
— Das Kapital. Erster Band. MEW Bd. 23
— Das Kapital. Dritter Band. MEW Bd. 25
— Theorien über den Mehrwert. Dritter Teil. MEW 26.3.
— Ökonomisch-philosophische Manuskripte aus dem Jahre 1844. MEW, Ergänzungsbd. I, 465–588
Maslow, A.: Deficiency motivation and growth motivation. In: Nebraska symposium on motivation, Vol. III, 1–30, Lincoln 1955
Mast, S. O.: Factors involved in the process of orientation of lower organisms in light. Biol. Rev., 13, 186–224, 1938
Mattes, P.: Entwicklung der Berufstätigkeit von Psychologen in der BRD. In: Psychologie als historische Wissenschaft, Pressedienst Wissenschaft FU Berlin, 8, 39–44, 1972
Mednick, S. A.: The associative basis of the creative process. In: M. T. Med-

nick & S. A. Mednick (Hg.), Research in Personality, 583–596, New York 1963
Merleau-Ponty, M.: Phänomenologie der Wahrnehmung. Berlin 1966 (frz. Originalausg. Paris 1945)
Metzger, W.: Optische Untersuchungen am Ganzfeld, II: Zur Phänomenologie des homogenen Ganzfelds. Psychol. Forsch., 13, 6–29, 1930
— Psychologie. Die Entwicklung ihrer Grundannahmen seit der Einführung des Experiments. 2. Aufl. Darmstadt 1954 (3. unveränd. Aufl. 1963)
— (Hg.): Wahrnehmung und Bewußtsein. Handbuch der Psychologie, Bd. I, 1. Halbbd., Göttingen 1966 a
— Figural-Wahrnehmung. In: W. Metzger (Hg.), Handbuch der Psychologie, Bd. I, 1. Halbbd., 693–744, Göttingen 1966 b
Michotte, A.: Die Kausalitätswahrnehmung. In: W. Metzger (Hg.), Handbuch der Psychologie, Bd. I, 1. Halbbd., Wahrnehmung und Bewußtsein, 954 bis 977, Göttingen 1966
— Thinès, G. & Crabbé, G.: Die amodalen Ergänzungen von Wahrnehmungsstrukturen. In: W. Metzger (Hg.), Handbuch der Psychologie, Bd. I, 1. Halbbd., Wahrnehmung und Bewußtsein, 978–1002, Göttingen 1966
Milne, L. J. & Milne, M.: Photosensitivity in invertebrates. In: J. Field (Hg.), Handbook of physiology, Section 1: Neurophysiology, Vol. I, 621–645, Washington 1959
Misiak, H. & Sexton, V. St.: History of psychology. New York / London 1966
Morgan, Lloyd: Introduction to comparative psychology. London 1894
Morris, D.: Biologie der Kunst. Düsseldorf 1963
Müller, G. E.: Komplextheorie und Gestalttheorie. Ein Beitrag zur Wahrnehmungspsychologie. Göttingen 1923
— Bemerkungen zu W. Köhlers Artikel »Komplextheorie und Gestalttheorie«. Z. Psychol., 99, 1–15, 1926
Müller, J.: Beiträge zur vergleichenden Physiologie des Gesichtssinnes des Menschen und der Thiere. Leipzig 1826 a (Nachdr. 1968)
— Über die phantastischen Gesichtserscheinungen. Coblenz 1826 b (Nachdr. München 1967)
Münch, R.: Kritizismus, Konstruktivismus, Marxismus. In: H. Albert & H. Keuth (Hg.), Kritik der kritischen Psychologie, 131–177, Hamburg 1973
— & Schmid, M.: Konventionalismus und empirische Forschungspraxis. Z. Sozialpsychol., 1, 299–310, 1970
Muenzinger, K. F.: Vicarious trial and error at a point of choice. I. A general survey of its relation to learning efficiency. J. genet. Psychol., 53, 75 bis 86, 1938
Napier, J. R.: The evolution of the hand. Scient. Amer., 207, 56–62, 1962
Nissen, H. W.: A field study of the chimpanzee. Comp. Psychol. Monogr., 8, 1–105, 1931
— & Crawford, M. P.: A preliminary study of food-sharing behavior in young chimpanzees. J. comp. Psychol., 22, 383–419, 1936
Oppel, J. J.: Über geometrisch-optische Täuschungen. Jahresbericht des physikalischen Vereins zu Frankfurt/Main; 55, 37–47, 1854; 57, 47–55, 1856; 61, 26–37, 1860

Osgood, C. E. & Heyer, A. W., Jr.: A new interpretation of figural aftereffects. Psychol. Rev., 59, 98–118, 1952

Parker, N. J. & Newbigging, P. L.: Magnitude and decrement of the Müller-Lyer illusion as a function of pre-training. Canad. J. Psychol., 17, 134 bis 140, 1963

Piaget, J., Introduction à l'épistémologie génétique (3 Bände). Bd. 2, Paris 1950

— Logic and psychology. Manchester 1953

— Les mécanismes perceptifs. Paris 1961 (engl. Ausg. London 1969: The mechanisms of perception)

— Die Psychologie der Intelligenz. Olten / Freiburg i. Br. 5. Aufl. 1972 (1. Aufl. Zürich 1948)

Pick, H. L., Jr. & Pick, A. D.: Sensory and perceptual development. In: P. H. Mussen (Hg.), Carmichael's manual of child psychology, 773–847, New York 1970

Ploog, D.: Kommunikation in Affengesellschaften und deren Bedeutung für die Verständigungsweisen des Menschen. In: H.-G. Gadamer & P. Vogler (Hg.), Neue Anthropologie, Bd. 2, Biologische Anthropologie, 2. Teil, 98–178, Stuttgart (Georg Thieme Verl.) u. München (Deutscher Taschenbuch Verl.) 1972

Popper, K. R.: Logik der Forschung (1935). 2. Aufl. Tübingen 1966

Premack, D.: Language in chimpanzee? Science, 172, 808–822, 1971

Pritchard, R. M.: Stabilized images on the retina. Scient. Amer., 204, 72–78, 1961

Proshansky, H. M., Ittelson, W. H. & Rivlin, L. G. (Hg.): Environmental psychology: Man and his physical setting. New York 1970

Rausch, E.: Struktur und Metrik figural-optischer Wahrnehmung. Frankfurt/Main 1952

— Probleme der Metrik (Geometrisch-optische Täuschungen). In: W. Metzger (Hg.), Handbuch der Psychologie, Bd. I, 1. Halbbd., Wahrnehmung und Bewußtsein, 776–865, Göttingen 1966 a

— Das Eigenschaftsproblem in der Gestalttheorie der Wahrnehmung. In: W. Metzger (Hg.), Handbuch der Psychologie, Bd. I, 1. Halbbd., Wahrnehmung und Bewußtsein, 866–953, Göttingen 1966 b

Reichelt, H.: Zur logischen Struktur des Kapitalbegriffs bei Karl Marx. Frankfurt / Wien 3. Aufl. 1972 (1. Aufl. 1970)

Reitman, W. R.: Cognition and thought. An information-processing approach. New York / London / Sidney 1965

Rensch, B.: Manipulierfähigkeit und Komplikation von Handlungsketten bei Menschenaffen. In: B. Rensch (Hg.), Handgebrauch und Verständigung bei Affen und Frühmenschen, 103–126, Bern / Stuttgart 1968

Révész, G.: Experiments on animal space perception. II: Investigations of illusory spatial perception in hens. Brit. J. Psychol., Gen. Sec., 14, 399 bis 414, 1924

Riggs, L. A., Ratliff, F., Cornsweet J. C. & Cornsweet, T. H.: The disappearance of steadily fixated visual test objects. J. Opt. Soc. Amer., 43, 495–501, 1953

Rock, I.: The nature of perceptual adaptation. New York / London 1966

Rott, G.: Psychologie und Sozialreform. In: Psychologie als historische Wissenschaft, Pressedienst Wissenschaft FU Berlin, 8, 33–39, 1972
Rubin, E.: Visuell wahrgenommene Figuren. Kopenhagen 1921
Rubinstein, S. L.: Grundlagen der allgemeinen Psychologie. 6. Aufl. Berlin (DDR) 1968 (1. russ. Aufl. Moskau 1946)
— Sein und Bewußtsein. 6. Aufl. Berlin (DDR) 1972 (1. russ. Aufl. Moskau 1957)
Sackett, G. P., Keith-Lee, P. & Treat, R.: Food versus perceptual complexity as rewards for rats previously subjected to sensory deprivation. Science, 141, 518–520, 1963
Schmidt, A.: Der Begriff der Natur in der Lehre von Karl Marx. Frankfurt/Main 1962
Schmidt, H. D.: Allgemeine Entwicklungspsychologie. Berlin (DDR) 1972
Schneirla, T. C.: Aspects of stimulation and organization in approach/withdrawal processes underlying vertebrate behavioral development. In: D. S. Lehrmann u. a. (Hg.), Advances in the study of behavior, I, 1–74, New York / London 1965
Schultz, A. H.: Form und Funktion der Primatenhände. In: B. Rensch (Hg.), Handgebrauch und Verständigung bei Affen und Frühmenschen, 9–25, Bern / Stuttgart 1968
Schultz, D. P.: Sensory restriction. Effects on behavior. New York / London 1965
Schurig, V.: Die Geschichte der Psychologie in den sozialistischen Ländern: 1. Die Entwicklung der Psychologie in der Sowjetunion; 2. Die Entwicklung der Psychologie in der DDR. In: Psychologie als historische Wissenschaft, Pressedienst Wissenschaft FU Berlin, 8, 45–59, 1972
Schwirtz, P.: Das Müller-Lyersche Paradoxon in der Hypnose. Arch. ges. Psychol., 32, 339–395, 1914
Seboek, Th. A. (Hg.): Animal communication. Bloomington / London 1968
Secord, P. F. & Backman, C. W.: Social psychology. New York 1964
Segall, M. H., Campbell, D. T. & Herskovits, M. J.: Cultural differences in the perception of geometric illusions. Science, 139, 769–771, 1963
Seiler, Th. B.: Die Reversibilität in der Entwicklung des Denkens. Stuttgart 1968
Sève, L.: Marxismus und Theorie der Persönlichkeit. Berlin (DDR) und Frankfurt/Main 1972 (frz. Ausg. Paris 1972: Marxisme et théorie de la personalité)
Sokolow, J. N.: Die reflektorischen Grundlagen der Wahrnehmung. In: H. Hiebsch (Hg.), Ergebnisse der sowjetischen Psychologie, 61–93, Berlin (DDR) 1967 (Stuttgart 1969)
Solomon, P. u. a. (Hg.): Sensory deprivation. Cambridge, Mass., 1961
Spence, K. W.: The differential response in animals to stimuli varying within a single dimension. Psychol. Rev., 44, 430–444, 1937
— The basis of solution by chimpanzees of the intermediate size problem. J. exp. Psychol., 31, 257–271, 1942
Staeuble, I.: Entstehung der Sozialwissenschaften und sozialwissenschaftliche Arbeitsteilung. In: Psychologie als historische Wissenschaft, Pressedienst Wissenschaft FU Berlin, 8, 14–20, 1972

Stegmüller, W.: Der Phänomenalismus und seine Schwierigkeiten. In: Sammelband W. Stegmüller, Der Phänomenalismus und seine Schwierigkeiten. Sprache und Logik. Darmstadt 1969
Stiehler, G.: Die Marxsche Analyse der Widersprüche des Kapitalismus im »Kapital« und der staatsmonopolistische Kapitalismus. Dt. Z. Philos., 15. Jahrg., 8, 952–967, 1967
Stratton, G. M.: Some preliminary experiments on vision without inversion of the retinal image. Psychol. Rev., 3, 611–617, 1896
Sutherland, N. S.: Visual discrimination of the orientation of rectangles by Octopus vulgaris Lamarck. J. comp. physiol. Psychol., 51, 452–458, 1958
— The methods and findings of experiments on the visual discrimination of shape by animals. Experimental Psychology Society Monograph No. 1, o. J.
Tausch, R.: Optische Täuschungen als artifizielle Effekte der Gestaltungsprozesse von Größen- und Formenkonstanz in der natürlichen Raumwahrnehmung. Psychol. Forsch., 24, 299–348, 1954
Taut, H.: Zur Dialektik von Arbeit und Bedürfnissen im Sozialismus und Kommunismus. (Habilitationsschr.) Eigenveröffentlichung 1967
Tembrock, G.: Grundzüge der Schimpansen-Psychologie. Berlin (DDR) 1949
— Biokommunikation. 2. Bd. Berlin / Oxford / Braunschweig 1971
Thomas, L. F.: Perceptual organization in industrial inspectors. Ergonomics, Vol. 5, 427–434, 1962
Thorpe, W. H.: Learning and instinct in animals. London 1956
Timirjasew, K. A.: Die historische Methode in der Biologie. Kap. X. Ausgewählte Werke, Bd. II. Berlin (DDR) 1954
Tinbergen, N.: Physiologische Instinktforschung. Experimenta, 4, 121, 1948
Tolman, E. C.: The determiners of behavior at a choice point. Psychol. Rev., 45, 1–41, 1938
— Prediction of vicarious trial and error by means of the schematic sowbug. Psychol. Rev., 46, 318–336, 1939
Totze, R.: Beiträge zur Sinnesphysiologie der Zecken. Z. vergl. Physiol., 19, 110–161, 1933
Turner, R. L. u. a.: Skill in teaching, assessed on the criterion of problemsolving: Three studies. Bulletin of the School of Education (Indiana University), 39, 1–31, Bloomington 1963
Uexküll, J. von: Umwelt und Innenwelt der Tiere. Berlin 1909 (2. Aufl. 1921)
— Streifzüge durch die Umwelten von Tieren und Menschen. Berlin 1934
Ulmann, G.: Kreativität. Neue amerikanische Ansätze zur Erweiterung des Intelligenzkonzeptes. Weinheim 1968
— Psychologische Kreativitätsforschung. Ein Bericht über Anlässe, Tendenzen und bisherige Ergebnisse. In: G. Ulmann (Hg.), Kreativitätsforschung, 1973 (i. Druck)
— Sprache und Wahrnehmung, (Arbeitstitel). In Vorbereitung
Wacker, A.: Wahrnehmung, Bewertung und Interpretation sozialer Ungleichheit. Zum Gesellschaftsverständnis elf- bis vierzehnjähriger Volksschüler. Soziale Welt, 23, 188–207, 1972
Walk, R. D.: The study of visual depth and distance perception in animals.

In: D. S. Lehrmann u. a. (Hg.), Advances in the study of behavior, I, 99–154, New York / London 1965
Waller, M.: Die Entwicklung der Rollenwahrnehmung: Ihre Beziehung zur allgemeinen kognitiven Entwicklung und sozial-kulturellen Variablen. Z. Sozialpsychol., 2, 343–357, 1971
Walls, G. L.: The vertebrate eye and its adaptive radiation. Michigan 1942 (Neuaufl. New York 1963)
Wells, M. J.: Brain and behavior in cephalopods. Stanford, Calif., 1962
Werner, H.: Grundfragen der Sprachphysiognomik. Leipzig 1932
— Einführung in die Entwicklungspsychologie. München, 3. Aufl. 1953
— (Hg.): On expressive language. Worcester, Mass., 1955
Wertheimer, M.: Untersuchungen zur Lehre von der Gestalt, I. Psychol. Forsch., 1, 47–58, 1922
— Untersuchungen zur Lehre von der Gestalt, II. Psychol. Forsch., 4, 301 bis 350, 1923
— Produktives Denken. Frankfurt/Main 1964 (1. Aufl. 1945)
White, R. W.: Motivation reconsidered: the concept of competence. Psychol. Rev., 66, 297–333, 1959
Witkin, H. A. u. a.: Personality through perception. New York 1954
Wittich, D.: Widerspiegelung und gesellschaftliche Praxis. Über zwei erkenntnistheoretisch relevante Widerspiegelungsbeziehungen. Dt. Z. f. Philos., Sonderh. »Probleme und Ergebnisse der marxistisch-leninistischen Erkenntnistheorie«, 30–44, Berlin (DDR) 1968
— Die Allgemeingültigkeit des marxistisch-leninistischen Begriffes »objektive Wahrheit«. Dt. Z. Philos., Jg. 19, 8, 941–963, 1971
Wolf, F. O.: Die Entwicklung der wissenschaftlichen Intelligenz (1. Teil). In: Informationen aus dem Psychologischen Institut im FB 11 (Freie Universität Berlin), 14, 1971
— Die Entwicklung der Funktion einer »wissenschaftlichen Intelligenz«. In: Psychologie als historische Wissenschaft, Pressedienst Wissenschaft FU Berlin, 8, 6–14, 1972
— Methoden, Inhalte, Entwicklungsbedingungen der Psychologie vor Wundt (Arbeitstitel); in Vorbereitung
Wolfe, J. B.: Effectiveness of token-rewards for chimpanzees. Comp. Psychol. Monogr., 12, No. 5, 1–72, 1936
Wünschmann, A.: Quantitative Untersuchungen zum Neugierverhalten von Wirbeltieren. Z. Tierpsychol., 20, 80–109, 1963
Wulff, E.: Grundfragen transkultureller Psychiatrie. Das Argument, 50, 227 bis 260, 1969
Wynne, L. C., Ryckoff I. M., Day, J. & Hirsch, St. J.: Pseudo-Gemeinschaft in den Familienbeziehungen von Schizophrenen. In: Schizophrenie und Familie, Beiträge zu einer neuen Theorie von G. Bateson, Don D. Jackson, R. D. Laing u. a. (hg. v. H. Blumenberg, J. Habermas, D. Henrich u. J. Taubes), 44–80, Frankfurt/Main 1972
Yerkes, R. M.: The mind of a gorilla. I. Genet. Psychol. Monogr., 2, 1–193, 1927
— & Yerkes, A. W.: The great apes. A study of anthropoid life. New Haven 1929

Young, J. Z.: Learning and discrimination in the octopus. Biol. Rev., 36, 332–352, 1961

Zajonc, R. B. (Hg.): Animal social psychology. New York 1969

Zeiler, M. D.: The ratio theory of intermediate size discrimination. Psychol. Rev., 70, 516–533, 1963

Zelený, J.: Die Wissenschaftslogik bei Marx und »Das Kapital«. Frankfurt / Wien 1969 (Akademie-Verl. Berlin [DDR] 1962)

Zimbardo, Ph. G.: The cognitive control of motivation. The consequences of choice and dissonance. Glenview, Ill., 1969

Zusne, L.: Visual perception of form. New York / London 1970

Personenverzeichnis

Abelson, R. P. 341
Abercombie, J. M. L. 274
Ach, N. 179, 180, 181, 271
Albert, H. 16
Altmann, St. A. 103, 133
Ananjew, B. G. 274
Anochin, P. K. 94, 95, 123
Aronson, E. 341
Asch, S. E. 178, 225
Autorenkollektiv am Psychologischen Institut der Freien Universität Berlin 228, 291, 293
Autrum, H. 74
Avenarius, R. 38
Ayer, A. J. 159
Azuna, H. 324

Backhaus, H.-G. 379
Backman, C. W. 178
Baerends, G. P. 87
Bartley, S. H. 20
Becker, W. 377, 378, 379, 382, 388, 389
Berlyne, D. E. 99, 100, 184
Bernstein, B. 258
Bertalanffy, L. von 67, 149
Bexton, W. H. 301
Bischof, N. 159
Böge, K. 227, 228
Boring, E. G. 37, 38
Boshowitsch, L. J. 185
Brecht, B. 264, 365
Brehm, J. W. 341, 343
Brockmann, R. 315
Bruner, J. S. 178, 179, 220, 353
Brunswik, E. 178, 266, 310, 339
Bühler, K. 36, 37
Butler, R. A. 99, 100

Campbell, D. T. 234
Carlsmith, J. M. 343
Carnap, R. 159
Cattell, J. Mck. 37
Cohen, A. R. 341

Cohen, W. 302
Coleman, T. B. 86
Cornsweet, J. C. 302
Cornsweet, T. H. 302
Cowles, J. T. 102
Crabbé, G. 314
Crawford, M. P. 102, 131, 132

Darwin, Ch. 43, 63
Day, J. 257
Day, R. H. 324
Dember, W. N. 20
Dembowski, J. 103, 133
Deppe, F. 290
Deuel, L. 352
Dewey, J. 351, 352
Dimanstein, I. G. 97
Doane, B. K. 301
Dominguez, K. E. 324
Duke-Elder, S. 91
Duncker, K. 338, 339, 340, 351

Ehrenstein, W. 271
Ekman, G. 316
Engels, F. 139, 155, 160, 172, 189
Epstein, W. 270
Evans, C. R. 302
Ewert, O. M. 179

Fabre, J. 86
Fechner, G. Th. 37
Feigl, H. 159, 163
Festinger, L. 341, 343
Fieandt, K. v. 20
Fischel, W. 98, 101
Fischer, E. 112
Fowler, H. 100
Fraenkel, G. S. 84
Freud, S. 183, 184
Frisch, K. v. 80
Fuchs, W. 314
Fürstenberg, H. E. 271

Galperin, P. J. 190, 200, 201, 401

Personenverzeichnis

Galton, F. 37
Gardner, B. T. 147
Gardner, R. A. 147
Geier, F. M. 101
Gelb, A. 314
Gibson, E. J. 176, 177, 179, 270
Gibson, J. J. 92, 303, 318
Gippenreiter, J. B. 276
Godall, J. van 108, 132
Gößler, K. 163, 166
Goodman, C. C. 220
Goodman, N. 24
Granit, R. 302, 314
Graumann, C. F. 27, 28, 32, 33, 75, 156, 157, 267
Griffin, D. R. 80
Guilford, J. P. 353
Gunn, D. L. 84
Gunter, R. 92
Gussew, N. K. 274

Haeckel, E. 52
Hamilton, W. F. 86
Harlow, H. F. 99, 100
Harlow, M. K. 99
Harms, J. W. 78, 79
Hartmann, M. 66
Haug, W. F. 235, 239
Hebb, D. O. 302, 318
Heberer, G. 109, 114
Hegel, Fr. W. 365
Heider, F. 178, 228, 230
Hering, E. 31
Heron, W. 301
Herrmann, Th. 16
Herskovits, M. J. 234
Herter, K. 324
Hess, E. H. 92
Hetzer, H. 227
Heyer, A. W., Jr. 304
Hill, A. V. 67
Hillix, W. A. 37
Hirsch, St. J. 257
Hörmann, H. 147, 149, 151, 152, 271
Holland, H. C. 305
Holst, E. von 89, 94, 95
Holzkamp, K. 13, 16, 17, 22, 46, 52, 62, 64, 163, 165, 170, 180, 181, 186, 286, 310, 394
Holzman, P. S. 271
Horn, G. 94
Hubel, D. H. 94
Hull, C. L. 183, 184
Hunt, J. McV. 184
Husserl, E. 22

Iljenkow, E. W. 365, 374, 375, 399
Irle, M. 341
Ittelson, W. H. 282

Jackson, L. L. 101
Jackson, Ph. W. 353
Jaeger, S. 316
Jalkotzki, A. 227
James, W. 186
Jennings, H. S. 83
Joergensen, J. 159
Johansson, G. 315

Kant, I. 152
Kaufmann, W. J. 274
Keiler, P. 39, 42, 180
Keith-Lee, P. 100
Kelley, H. H. 351
Kellogg, L. A. 183
Kellogg, W. N. 183
Kenkel, F. 324
Keuth, H. 16
Klein, G. S. 271
Kleinmutz, B. 352
Klix, F. 276, 352
Koehler, O. 84, 101
Köhler, W. 36, 92, 98, 101, 102, 103, 108, 132, 166, 304, 310, 311, 317, 329
Koenigswald, G. H. R. von 111
Koffka, K. 310, 314
Kohler, I. 303
Kopnin, P. V. 365, 389, 390
Kornhauser, A. 290
Kortlandt, A. 108
Kosik, K. 337
Kosing, A. 170
Kroh, O. 271
Kühn, A. 86
Kühn, H. 148
Kugler, H. 87

Lambert, W. W. 180
Laplace, P. S. 50
Lashley, K. S. 86
Lawick-Godall, J. van 108, 132
Lektorski, W. A. 169, 170
Lenin, W. I. 172, 365
Lenneberg, E. H. 147
Leontjew, A. N. 29, 46, 53, 70, 71, 72, 96, 98, 99, 126, 130, 131, 134, 135, 140, 144, 166, 169, 188, 189, 190, 191, 199, 200, 201, 276
Levin, M. 101
Lewin, K. 340
Lieber, A. 78, 79
Lilly, J. C. 301
Lindner, H. 172
Linschoten, J. 31
Lissmann, H. W. 75
Loeb, J. 82, 84
Lorenz, K. 83, 87, 97
Luckiesh, M. 325
Lutz, A. 271

McDougall, W. 186
Maier, N. R. F. 351
Maikowski, R. 39, 40, 41, 43
Marx, M. H. 37
Marx, K. 50, 61, 106, 118, 122, 138, 139, 155, 160, 172, 188, 189, 190, 200, 203, 204, 205, 206, 207, 208, 209, 210, 213, 215, 216, 218, 220, 224, 226, 238, 244, 245, 278, 283, 363, 364, 365, 366, 367, 372, 373, 377, 378, 379, 380, 381, 382, 383, 384, 388, 389, 399
Maslow, A. 184, 185
Mast, S. O. 84
Mattes, P. 39, 41
Mednick, S. A. 353
Mendel, G. 63
Merleau-Ponty, M. 23, 26, 29, 299, 330, 331, 336
Messick, S. 353
Metzger, W. 20, 36, 179, 301, 310, 313, 314
Meyer, D. R. 99

Michotte, A. 314, 316
Mierke, K. 179
Milne, L. J. 70, 71
Milne, M. 70, 71
Misiak, H. 37
Mittelstaedt, H. 94, 95
Moore, G. E. 159
Morgan, C. L. 65, 107
Morris, D. 148
Müller, G. E. 36, 329
Müller, J. 74
Müller-Lyer 235, 323, 324, 325, 329, 330
Münch, R. 16
Muenzinger, K. F. 101

Napier, J. R. 111
Neumann, J. 276
Neurath, O. 159
Newbigging, P. L. 324
Nissen, H. W. 102, 132

Oppel, J. J. 323
Osgood, C. E. 304
Osterkamp, U. 393

Parker, N. J. 324
Pawlow, I. P. 93
Pfeffer 66
Piaget, J. 191, 307, 324, 345, 346, 347, 349, 350, 351, 352
Pick, A. D. 176
Pick, H. L., Jr. 176
Ploog, D. 147
Popper, K. R. 36
Postman, L. 179
Premack, D. 147
Pritchard, R. M. 302
Proshansky, H. M. 282

Ratliff, F. 302
Rausch, E. 314, 323, 324
Reichelt, H. 390
Reitman, W. R. 352
Rensch, B. 103, 108, 148
Riggs, L. A. 302
Rivlin, L. G. 282
Rock, I. 305
Rodbertus, J. K. 378

Rose, W. 83
Rott, G. 39, 41
Rubin, E. 313
Rubinstein, S. L. 23, 24, 25, 29, 46, 138, 163, 274, 288, 365
Russell, B. 159
Ryckoff, I. M. 257

Sackett, G. R. 100
Sander, F. 235, 271
Saporoshez, A. W. 97
Scheler, M. 22
Schmid, M. 16
Schmidt, A. 160
Schmidt, H. D. 190
Schneirla, T. C. 77
Schultz, A. H. 116
Schultz, D. P. 301
Schurig, V. 39, 46
Schwirz, P. 324
Scott, T. H. 301
Seboek, Th. A. 77
Secord, P. F. 178
Seeber, A. 276
Segall, M. H. 234
Seiler, Th. B. 346
Setschenow 93
Sève, L. 46
Sexton, V. St. 37
Sherrington, Ch. S. 75
Simmel, M. 178
Sokolow, J. N. 93
Solomon, P. 301
Solomon, R. L. 180
Spence, K. W. 101
Staeuble, I. 39, 42
Stegmüller, W. 159
Stiehler, G. 395
Stratton, G. M. 303
Stroop, J. R. 271
Sutherland, N. S. 86

Tagiuri, R. 178
Tausch, R. 324
Taut, H. 139
Tembrock, G. 77, 79, 87, 95, 103, 133
Thibaut, J. W. 351

Thinès, G. 314
Thomas, L. F. 274
Thorpe, W. H. 86
Timirjasew, K. A. 134
Timpe, K.-P. 276
Tinbergen, N. 87
Tolman, E. C. 101
Totze, R. 80
Treat, R. 100
Turner, R. L. 351

Uexküll, J. von 80
Ulmann, G. 155, 195, 353

Vries, H. de 63

Wacker, A. 227, 228
Wagner, A. 378
Walk, R. D. 91, 92
Wallach, H. 304
Waller, M. 179
Walls, G. L. 91
Watson, P. D. 180
Weber, E. H. 226
Wells, M. J. 92
Werner, H. 151, 179
Wertheimer, M. 91, 310, 313, 314, 315, 338, 339, 340, 351
White, R. W. 184
Whorf, B. L. 155
Wiesel, T. N. 94
Witkin, H. A. 271, 272
Wittich, D. 170, 171
Wolf, F. O. 39, 40, 43, 45
Wolfe, J. B. 102
Wünschmann, A. 100
Wulff, E. 235
Wundt, W. 37, 38, 48, 186
Wynne, L. C. 257

Yerkes, A. W. 103
Yerkes, R. M. 101, 103
Young, J. Z. 86

Zajonc, R. B. 132, 133
Zeiler, M. D. 102
Zelený, J. 365, 374, 379, 390
Zimbardo, Ph. G. 341
Zusne, L. 318, 319, 323

Sachverzeichnis

Adaptation 85
Agnostizismus 14, 338 ff.
Akkommodation 91, 116
Aktivation, selektive 93 f.
Aktivität als Grundeigenart von Lebensvorgängen 68 ff.
Aktivität und Tätigkeit 71
»Amodale« Ergänzungen von Wahrnehmungsstrukturen 314 f.
Angeborene auslösende Mechanismen (AAM) 86 ff.
Aneignung, individuelle, der gesellschaftlich-historischen Erfahrung durch den Menschen 53, 61, 105, 137 f., 172, 188 ff., 199 ff., 210, 369 ff., 400 ff.
– Differentielle A. 265 ff.
– Gegenstandsbedeutungen, A. von 174 ff., 191 ff., 265 ff., 369 ff., 400 ff.
– Klassenspezifische Besonderheit frühkindlicher A. 284 f.
Anschauliches Denken 231 ff., 296, 337 ff., 343, 358 ff., 317 ff.
Anthropogenese 109 ff.
Arbeit, gesellschaftliche 71, 105 f., 133 ff., 135 ff., 149 ff., 168 ff., 172, 204 ff., 242 ff.
Arbeit, geistige und körperliche 45, 208 f., 287
Arbeit, konkret-nützliche und abstrakt-menschliche 206 ff., 242 ff.
Arbeitskraft
– A. als Ware 208 ff., 241 ff., 382 ff.
– Wert der Ware A. 204, 293
Arbeitslohn 210, 244 ff.
Arbeitsteilung, gesellschaftliche 135 ff., 267
– Wissenschaftliche A. 42, 45, 402
»Arbeitszufriedenheit« 290
»Armut« und »Reichtum« in der Wahrnehmung 227 ff.

Aufklärung, wissenschaftliche 362, 410
Aufmerksamkeit 31, 94
Ausdrucksverstehen 198
»Außerberuflicher« Bereich der Lebenstätigkeit des Arbeiters 248 ff.
Automation und Wahrnehmungskompetenz 275 f.

Bedeutungen
– Bedeutungsstrukturen 25, 127 f., 146, 266 ff.
– Gegenstandsbedeutungen und figural-qualitative Eigenschaften 26, 120, 192 f., 326 ff.
– Gegenstandsbedeutungen, personale 25 ff., 141 ff., 222 ff., 326, 327 ff.
– Gegenstandsbedeutungen, sachliche 25 ff., 118 ff., 211 ff., 326 ff.
– Symbolbedeutungen 25, 149 ff., 168 ff., 193 f.
Bedingte Reaktionen 85
Bedingungsanalyse, Wahrnehmungstätigkeit als 29 ff., 344
Bedürfnis 139 f., 184 f.
»Bedürfnis nach Eindrücken« 185
»Begreifendes Erkennen« 262 ff., 360 ff., 367 ff., 371 ff., 391 ff.
»Begriff«
– Gegenstandsbedeutung und B. 152 ff., 194 f.
– Historische Entstehung des B. 151 ff.
»Beispiel-Denken« 231 ff., 334, 394
Beobachtung, wissenschaftliche 32
Beobachtungscharakter der Wahrnehmung 31 f., 344
Betriebspsychologie 41
Bewegungs-Nacheffekte 304 f.
Bewegungsparallaxe 91
Bewußtsein

- Historische Entstehung des B. 155 ff.
- Historisches B. 157
- Sein und B. 59

Biogenetisches Grundgesetz 52
Biokommunikation 77 ff.
Biotop 80
Bipedie (Zweibeinigkeit) 114 ff.
»Brillenversuche« 303 f.
Bürgerliche Gesellschaft 14, 200 ff., 234 ff., 239 ff., 262 ff., 276 ff., 327 ff., 334 ff., 350 ff., 360 ff., 402
Bürgerliche Psychologie 12 ff., 47 ff., 338 ff., 351 ff., 361 ff., 400, 402 ff., 405 f., 410
- Denkpsychologie, b. 338 ff., 351 ff., 397 ff.
- Wahrnehmungspsychologie, b. 20, 57, 176 ff., 270 ff., 403 f.

Denken
- »Anschauliches D.« 231 ff., 296, 337 ff., 343, 358 ff., 371 ff.
- »Beispiel-D.« 231 ff., 334, 394
- Historische Entstehung des D. 154 ff.
- Kreatives D. 252 f.
- Logisches D. 345 ff.
- Phänographische Kennzeichnung des D. 32 ff.
- »Problemlösendes D.« 351 ff., 359 ff., 371 ff.
- Widersprüche im D. und in der gesellschaftlichen Wirklichkeit 384 ff.

Denkpsychologie, bürgerliche 338 ff., 351 ff., 397 ff.
Dialektischer Materialismus, Beziehung zum Historischen Materialismus 49
Dimensionalität der Wahrnehmung 153 f., 233 ff., 268 ff.
Diskriminationsleistungen 85 ff.
Doppelcharakter der Arbeit 206
Doppelcharakter der Ware 206

Effektorsysteme, Bedeutung für die Orientierung 90 ff.

Eigenschaften 143 ff., 240
Empfindung 23 ff., 74
Entwicklung
- Gesellschaftlich-historische E. 52, 60 ff., 160 ff.
- Individualgeschichtliche E. 51, 61, 174 ff.
- Naturgeschichtliche (stammesgeschichtliche, phylogenetische) E. 51 f., 60 ff., 160 ff.

Entwicklungspsychologie 51, 174, 186
Ereignis-Wahrnehmung (event perception) 315 f.
Erkenntnistheorie vgl. Gnoseologie
Erregbarkeit (Reizbarkeit, Irritabilität) von Organismen 68 ff.
Ethnopsychologische Forschung 234 f., 326 f.
Evolutionstheorie 63 ff.
Experiment
- Widerspruchs-E. 216 f., 219, 229 f.

Experimentierende Erfahrungsgewinnung 126
Explorationsverhalten 99 ff., 183 ff.

»Fähigkeiten« des Menschen, historische Entstehung 138 f., 143 ff., 240
Familie 254 ff.
Farbkonstanz 306 f.
»Fertigkeiten« des Menschen, historische Entstehung 138 f., 143 ff., 240
Fetischcharakter der Ware 206 ff., 212 ff., 218 f., 220
»Figurale Nachwirkungen« 304
»Figur-Grund«-Differenzierung 313
Formalistischer Fehlansatz der bürgerlichen Wahrnehmungslehre 176 ff., 197 f., 270 ff., 358, 367 ff.
Formkonstanz 93, 306 f.
»Freundschafts«-Beziehungen 257 f.
Funktionalismus, psychologischer 63 f.
Funktionalität 63 ff., 106 ff., 121 ff., 174, 327 ff.

»Ganzfeld«-Untersuchungen 301 f.
Gebrauchssysteme, effektorisch-motorische 90 ff.
Gebrauchswert
– Historische Entstehung 118 ff.
– Ware Arbeitskraft, G. der 241 f.
– Wert und G., Widerspruch zwischen 205 ff., 213 ff., 377 ff.
Gebrauchswert-Antizpationen 122 ff., 149 ff.
Gebrauchswertschein, sinnlicher 235
Gebrauchswert-Standpunkt 206, 235
Gebrauchswert-Vergegenständlichungen 124 ff., 234 f.
Gegenstandsbedeutungen
– Figural-qualitative Eigenschaften und G. 26, 120, 192 f., 326 ff.
– Personale G. 25 ff., 141 ff., 222 ff., 326, 327 ff.
– Sachliche G. 25 ff., 118 ff., 211 ff., 326 ff.
Geld 205 ff., 224, 225 ff.
– Geheimnistuerei um G. 227, 247
– Geldmetaphorik bei der Persönlichkeitsbeurteilung 254
– G. als Wahrnehmungsgegenstand 217 ff.
Geltungsfragen und Tatsachenfragen 57 ff.
Geschichte der Psychologie vgl. Psychologiegeschichte
Gesellschaftswissenschaft und Naturwissenschaft 171 f.
Gestaltprinzipien 310 ff., 338 ff.
Gestalttheorie 310 f., 317 f., 323, 338 ff., 351
Gnoseologie (Erkenntnistheorie) 56 ff., 159 ff., 295 ff.
Gnoseologisches Subjekt, die Gesellschaft als 169, 172, 361
»Gnostische Stufen« des Erkenntnisprozesses 371 ff.
Größenkonstanz 92, 115, 176, 306 f.

»Haben« als Variable personaler Gegenstandsbedeutungen 222 ff., 236, 254, 292
»Habens«-Gefälle als Regulativ interpersonaler Beziehungen 225 ff.
Halbirrtümlichkeit (Semierratik) der Wahrnehmung 310 ff., 344
Handgebrauch, lokomotionsentlasteter 116 ff.
Helligkeitskonstanz 306 f.
Historische Analyse
– Gegenstandsbezogene h. A. 47 ff., 406 f.
– Methode der h. A. 49 ff., 362 ff., 374 ff.
– Wissenschaftsbezogene h. A. 47, 406 f.
Historischer Materialismus 39 ff., 49, 367, 405
Hominiden, Entwicklung der 109 ff.

Individuelle Unterschiede der Wahrnehmungsfunktion 264 ff.
Inspektionstätigkeit, industrielle, und Wahrnehmungskompetenz 274
Interpersonale Wahrnehmung 141 ff., 178 f., 196 ff., 222 ff., 236 ff., 240 ff., 281 f.
Interiorisierung 190, 194 f., 401, 409
Introjektion 394, 400, 410
Intrinsische Motivation 184
Invarianz von Denkstrukturen 345 ff.

Kapital als sich selbst verwertender Wert 207 ff.
Kapitalismus, transitorische Notwendigkeit des 238
Kapitalistische Gesellschaft 14, 200 ff., 204 ff., 234 ff., 239 ff., 262 ff., 402
Kapitalistische Produktionsbedingungen 41, 201, 278 ff., 395 ff.
Kausalitätswahrnehmung 316 f.
Klassenstandpunkt 237 ff., 267 f.
Kognitionsforschung, kritisch-psychologische 397 f.

Sachverzeichnis

»Kognitive Dissonanz« 341 ff.
»Kognitive Konsistenz«, Theorien 340 ff.
Kognitive Stile 271 ff.
Kommunikation, symbolische 153
Kommunikativorientierung 77 ff., 128 ff., 140 ff.
Konformität 370
Konkurrenz zwischen Arbeitern 242, 247
Konstanzerscheinungen
– Farbkonstanz 306 f.
– Formkonstanz 93, 306 f.
– Größenkonstanz 92, 115, 176, 306 f.
– Helligkeitskonstanz 306 f.
Konsumierende Aktivität und Orientierungsaktivität 73
Kontrasterscheinungen 313
Konvergenz 92, 116
»Kooperation« bei Tieren 131 ff.
Kooperation, gesellschaftliche 137 ff., 195 f., 209 f., 237, 263 f.
Kreativitäts-Forschung 352 f.
»Kritik der Politischen Ökonomie« 203 ff., 363 ff.
Kritische Praxis in der bürgerlichen Gesellschaft 19, 262 ff., 360 ff., 366 ff., 391 ff.
»Kritische Psychologie« 12 ff., 43, 361 f., 402 ff., 405 ff.
»Kritischer Rationalismus« 16 f.
»Kritisch-psychologische« Berufspraxis 13 ff.
– Klinischer Bereich 408 ff.
– Sozialisationsbereich 407 f.
»Kritisch-psychologische« Kognitionsforschung 397 ff.
Kulturhistorische Schule der sowjetischen Psychologie 46
Kumulation gesellschaftlicher Erfahrung 105, 137 ff., 138, 168 f., 172
Kybernetischer Ansatz der Denkpsychologie 352 ff.

»Leistungsfähigkeit« als Wahrnehmungsdimension 242 ff.
»Liebe« 255 ff.

Logisch-historisches Verfahren 374 ff.
Logische Notwendigkeit 346 ff.
Lohnarbeiter 204 ff., 239 ff.
Lohnformen 244 ff.
Lohnkämpfe, organisierte 262
Lohn-Leistungs-Relation, scheinhaft unmittelbare 245 ff.
Lohnneid 247
Lokomotion 29, 68, 83 f., 90 ff.

Mehrwert 207 ff., 241 ff., 382 ff.
Meßinstrumente 164
»Meßinstrumente«, Werkzeuge als 126
Methode der historischen Analyse 49 ff.
Methode der »Kritik der Politischen Ökonomie« 363 ff.
Motivation 183 ff.

Nacheffekte 303 ff.
– Bewegungsnacheffekte 304 f.
– »Brillenversuche« 303 f.
– »Figurale Nachwirkungen« 304
– Negative N. 85
Naturgeschichte und Geschichte 160 ff.
Naturwissenschaft und Gesellschaftswissenschaft 171 f.
»Neugierverhalten« 99 ff., 184 f.
Normalstatus des innerorganismischen Milieus 300 ff.
Normatives und Faktisches 57 ff.
Notengebung in der Schule 258 ff.

Ökologie 80 f., 266 ff.
»Ökologie«, klassenspezifische, des Arbeiters 277 ff., 282 ff.
Ontogenese 51, 53, 182 ff., 265 f.
»Operationen, formale« 345 ff.
Optimierung der Wahrnehmungsbedingungen 30 ff., 307 ff.
Organisation des Wahrnehmungsfeldes 310 ff.
Organisationseffekte 318 ff., 329 ff., 338 ff., 344

- Denken, O. im 343
- Evolutionstheoretische Erklärungen der O. 319 ff.
- Falsche Evidenzen durch O. 329 ff.
- Funktionalität, lokomotions- und reaktionsrelevante, der O. 321 ff.

Organisationsprinzipien der Wahrnehmung 312 ff., 338 ff.

»Organismische« Konzeption vom Menschen in der bürgerlichen Psychologie 177, 181 f., 357 ff., 403

Organismus als »offenes System« 67, 300

»Orientierendes Erkennen« 359 ff., 367 ff., 371 ff., 391 ff.

Orientierungsaktivität und konsumierende Aktivität 73

Orientierungsaufgabe, Wahrnehmung als 29

Orientierungsfunktion, Verselbständigung der 95 ff.

Orientierungsreflex 93 f.

»Perceptual skills« 207 f.

Personwahrnehmung vgl. interpersonale Wahrnehmung

Perspektive gesellschaftlicher Praxis (»Perspektive i.w.S.«) 217, 239, 263 f., 268, 393 ff., 395

Perspektive im räumlichen Sinne (»Perspektive i.e.S.«) 27 ff., 266 ff., 276 ff.

Perspektivität 27 ff., 157, 266 ff.

Perzeptuell-kognitive Stile 271 ff.

Photorezeption, Evolution der 79 f.

Phylogenese vgl. Entwicklung, naturgeschichtliche

Physiologische Funktionssysteme, historische Determination 166

Physiologische und psychische Prozesse 160 ff.

Pragmatistische Konzeption des Denkens 351 ff., 355 ff.

Prägnanz-Gesetz 314

Praxis
- Kritische P. in der bürgerlichen Gesellschaft 262 ff., 360 ff., 366 ff., 391 ff.
- Utilitaristische P. in der bürgerlichen Gesellschaft 337 ff., 358 ff., 366 ff., 391 ff.
- Wahrheitskriterium, P. als 170

Preis 206, 211 ff., 221 f.

»Principle of parsimony« 65, 107

»Private« Beziehungen, Kurzschlüssigkeit und Perspektivelosigkeit 250 ff.

»Privates Glück« 255 ff., 261, 263

»Privatleben« des Arbeiters 249 ff.

»Problemlösen« (problem solving) 351 ff.

»Problemlösendes Denken« 354 ff., 358 ff., 384 ff.

Produktionsverhältnisse (Frühformen) 106, 137

»Produktivität« der Arbeit 207

Produktivkraft-Entwicklung (Frühformen) 135 ff.

Protozoen 65 ff., 74

»Pseudokonkretheit« 337 ff., 358 ff.

Psychoanalyse 409, 410

Psychologie
- bürgerliche Ps. 12 ff., 47 ff., 338 ff., 351 ff., 361 ff., 400, 402 ff., 405 f., 410
- Denkps. bürgerliche 338 ff., 351 ff., 397 ff.
- »Kritische Ps.« 12 ff., 43, 361 f., 402 ff., 405 ff.
- »Kritisch-ps.« Berufspraxis 13 ff., 408 ff.
- »Kritisch-ps.« Kognitionsforschung 397 ff.
- Wahrnehmungsps. bürgerliche 20, 57, 176 ff., 270 ff., 403 f.

Psychologiegeschichte
- Geschichte psychologietreibender Menschen, Ps. als 37 f.
- Historisch-materialistisches Herangehen an die Ps. 39 ff.
- Ideengeschichte, Ps. als 38 f.
- Wissenschaftsimmanenter Prozeß, Ps. als 36 f.

Sachverzeichnis

Psychologiegeschichtsschreibung, bürgerliche 36 ff.
Psychologisches Institut der Freien Universität 9, 12 ff., 39
»Psychologisierung« der gesellschaftlichen Realität 232, 291, 293, 296

Reafferenz-Prinzip 94 f., 123, 156
»Regulationen« 307, 347
Reizkonfigurationen, Reduktion der Gegenstandsbedeutungen auf 176 ff.
Relationen, perzeptive Erfassung von 101 f.
Retina-Bilder, stabilisierte 302 f.
Reversibilität von Denkoperationen 345 ff.
Rezeptoren, Evolution der 74 ff.

Sein und Bewußtsein 59
Selbsterkenntnis und Gesellschaftserkenntnis 369
»Semierratik« (Halbirrtümlichkeit) der Wahrnehmung 310 ff., 344
Sensibilisierung (Schwellenherabsetzung) 84 f., 93, 274 ff.
Sensibilität
– Erregbarkeit und S. 70 ff.
– Historischer Ursprung der S. 70 ff.
– Phänographische Kennzeichnung der S. 23 ff.
Sensorische Deprivation 100, 301
Sinnesmodalitäten 24, 74
Sinnliche Präsenz des Wahrgenommenen 22 ff., 33, 297 ff.
»Social perception«-Forschung 179 ff., 220
Solidarität 409
»Soziale Ungleichheiten«, wahrgenommene 227 ff., 334
»Sparsamkeitsprinzip« 65, 107
Spezifitäts-Niveau 164 ff.
Sprache
– Designative Theorie der Sp. 151 f., 155, 368
– Ursprung der Sp. 147 ff.
– Wahrnehmung und Sp. 152 ff.
Sprachphysiognomik 151
Subjekt-Objekt-Beziehung 59, 68, 166 ff.
Subjektivismus 46
Subjektivistische Psychologie 400, 404, 406, 410
Subjektivität, empirische, des Menschen 46
Symbolbedeutungen 25, 149 ff., 168 ff., 193 f.
Symbole, ikonische 148
»Sympathie« als Wahrnehmungsdimension 251 ff., 260 f., 263

Schein, gesellschaftlich notwendiger 206 f., 213 f., 244 ff., 328, 333
»Schülerladen Rote Freiheit« 228, 291 f., 293
Schwelle
– Absolute Schw. 84
– Unterschiedsschw. 84

Standort, raumzeitlicher 27 ff., 266 ff., 276 ff.
Stereotypenforschung 252
»Stimmung« als Reaktionsnorm von Organismen 89 f.
Stoffliche Präsenz des Wahrgenommenen 22 ff., 33, 297 ff.
Stoffwechsel 65 ff.

Tätigkeit und Aktivität 71
Täuschung, Müller-Lyersche 235, 323, 329
Täuschungen, geometrisch-optische 234 f., 322 ff.
Tauschwert 205 ff., 377 ff.
Tauschwert-Charakteristik der gegenständlich-bedeutungsvollen Dinge 211 ff.
Tauschwert-Standpunkt 206, 235
Tauschwert-Vergegenständlichungen 211 ff., 235
Taxien 82 ff.
Tiefenlokalisation 90 ff.
»Trieb«-Konzepte, Kritik der bürgerlichen 183 ff.

»Tüchtigkeit« als Wahrnehmungsdimension 254 ff.
»Umweg-Versuche« 95 ff.
»Umwelten« der Organismen 80 f.
»Utilitaristische Praxis« in der bürgerlichen Gesellschaft 337 ff., 358 ff., 366 ff., 391 ff.
»Verdienst« im Doppelsinne 245, 254, 292
Vergegenständlichung 105 ff.
»Vermögen« im Doppelsinne 254, 292
Verweisungsganzheit 28, 267
Verwertungsstandpunkt des Kapitals 242 ff.
Vicarious trial and error 100 f.

Wahrheit, absolute und relative 172
Wahrnehmungsfunktion, klassenspezifische Modifikationen der 278 ff.
Wahrnehmungskompetenz, sachliche 268 ff., 270 ff.
Wahrnehmungskompetenz, soziale, 276, 281
Wahrnehmungslernen 270 ff.
Wahrnehmungspsychologie, bürgerliche 20, 57, 176 ff., 270 ff., 403 ff.
Wahrnehmungstypologien 271 ff.
Ware, Doppelcharakter der 206 ff., 377 ff.
Ware, Fetischcharakter der 206 ff., 212 ff., 218 f., 220

Warenanalyse, Marx', bürgerliche Kritik 377 ff.
Warenform 205 ff., 377 ff.
Werkzeugherstellung durch den Menschen 107 ff.
- Frühform gesellschaftlicher Arbeit, W. als 111 ff., 124 f., 126
Wert der Arbeitskraft 204, 283
Wert und Gebrauchswert, Widerspruch zwischen 205 ff., 213 ff., 377 ff., 388 f.
Widerspiegelungsverhältnis, doppeltes 171
Widersprüche
- Gesellschaftliche W., logisch-historische Erfassung 376 ff.
- Logische und real-gesellschaftliche W. 384 ff.
Widerspruchseliminierende Funktion der Wahrnehmung 213 ff., 221, 229, 283, 288 ff., 293 f., 333 ff.
Widerspruchs-Experiment 216 f., 219, 229 f.
Widerspruchsfreiheit, logische 346 ff., 384 ff.
»Würzburger Schule« 351

Zahlungsfähigkeit 229, 237, 292
Zentralnervensystem, Evolution 76
Zweck-Mittel-Relationen, Gliederung des perzeptiven Feldes nach 102 ff.
Zweibeinigkeit (Bipedie) 114 ff.

ATHENÄUM

SOZIALWISSENSCHAFTLICHES FORUM

Band 1

Dietmar Schössle/Erich Weede
West German Elite Views on National Security and Foreign Policy Issues
1978. Ca. 130 Seiten, ca. DM 24,00
ISBN 3-7610-8207-X

Das Buch basiert auf einer Elitenumfrage mit 864 Befragten, die im ersten Halbjahr 1976 durchgeführt wurde. Befragt wurden einflußreiche Personen aus Parteien und Bürokratie, Zivilisten und Militärs, Vertreter der Wirtschaft und der Gewerkschaften zu den Problemkreisen: 1. Abschreckung, 2. Entspannung, 3. weltpolitische Rolle der Bundesrepublik, 4. westeuropäische und nordatlantische Zusammenarbeit.

Band 2

Friedrich Schneider
Politisch-ökonomische Modelle
1978. Ca. 250 Seiten, ca. DM 38,00
ISBN 3-7610-8208-8

Dieses Buch will die Zusammenhänge zwischen Wirtschaft und Politik mit Hilfe von politisch-ökonomischen Modellen theoretisch analysieren und die entscheidenden Interaktionsbeziehungen empirisch testen. Das Buch wendet sich an Wirtschaftswissenschaftler, Politikwissenschaftler und Soziologen, denen die neue Sicht des Zusammenhanges zwischen Politik und Wirtschaft als mögliche Ergänzung ihrer bisherigen Ansätze dienen kann.

Band 3

Karlheinz Koppe
Mehr Europa und weniger Bürokratie
Eine Gemeinschaft erstickt an sich selbst.
Mit einem Vorwort von Hendrik Brugmans
1978. Ca. 128 Seiten, kt., DM 19,80
ISBN 3-7610-8215-0

Im vorliegenden Band werden europäische Einigungspolitik und ihr bislang wichtigstes Ergebnis, die Europäische Gemeinschaft, von einem engagierten Europäer und Föderalisten kritisch untersucht. Der Autor weist nach, daß die Freiräume für die Menschen nicht erweitert, sondern bürokratisch eingeengt wurden.

Band 4

Friedrich von Krosigk
Multinationale Unternehmen und die Krise in Europa
1978. Ca. 160 Seiten, kt., ca. DM 32,00
ISBN 3-7610-8216-9

Der Verfasser untersucht den politischen Hintergrund der Expansion der multinationalen Unternehmen, wobei die Auseinandersetzungen um die Wirtschafts- und Währungsunion und der ökonomische Globalzusammenhang im Mittelpunkt stehen.

Verlagsgruppe Athenäum/Hain/Hanstein/Scriptor
Postfach 1220, 6240 Königstein/Ts.

HAIN

Schriften des Wissenschaftszentrums Berlin

Karlheinz Bentele
Politikverflechtung III
Karteillbildung in der allgemeinen Forschungsförderung
1978. Ca. 400 Seiten, kt., ca. DM 42,00
ISBN 3-445-01841-3

Die Studie untersucht am Beispiel der Allgemeinen Forschungsförderung in der Bundesrepublik die Beschränkungen, denen die Handlungsfähigkeit der staatlichen Verwaltungseinheiten unterliegt.

Dieter Freiburghaus
Dauer der Arbeitslosigkeit und Arbeitsplatzwechsel
1978. Ca. 400 Seiten, kt., ca. DM 42,00
ISBN 3-445-01840-5

Die Entwicklung der Arbeitsmarktprobleme in den letzten Jahren zeigt deutlich, daß Arbeitslosigkeit nicht angemessen begriffen werden kann, wenn man sich ausschließlich auf die Analyse des Bestands an Arbeitslosen konzentriert. Die vorliegende Studie untersucht für den Zeitraum 1966—1977 die arbeitsmarktinternen Ursachen für das hohe Niveau der Arbeitslosigkeit und befaßt sich mit der Fluktuation auf dem Arbeitsmarkt.

Herwig Gabriel/Klaus Zimmermann
Strategien zur Regulierung von Automobilemissionen
Ökonomische und technische Auswirkungen der Clean Air Act Amendments (USA) und des Benzinbleigesetzes (BRD)
1978. 256 Seiten, kt., DM 38,00
ISBN 3-445-01600-3
Beiträge zur anwendungsbezogenen Sozialwissenschaft
Schriften des Wissenschaftszentrums Berlin (Hain)

Die vorliegende Studie untersucht dazu im einzelnen, welche Alternativen zur Reduktion der Automobilemissionen sich im Vergleich USA — Bundesrepublik angeboten hatten, welche Kostenverteilung die amerikanische Katalysatorlösung bewirkte und welche technischen Auswirkungen das Benzinbleigesetz auf die deutsche Raffinerieindustrie hatte. Darüber hinaus wird erörtert, welche Marktveränderungen durch das Benzinbleigesetz möglich waren und welche tatsächlich eintraten.

Bernward Joerges (Hrsg.)
Verbraucherverhalten und Umweltbelastung
Materialien zu einer verbraucherorientierten Umweltpolitik
1978. Ca. 150 Seiten, kt., ca. DM 29,80
ISBN 3-445-01842-1

Umweltpolitik und Umweltforschung haben sich in der Vergangenhaut auf die Industrie konzentriert, der private Verbrauch als Verursacher von Umweltbelastungen blieb zweitrangig. Das Buch geht diesem Sachverhalt nach und trägt Forschungsergebnisse zum Problemkreis „Konsum und Umwelt" zusammen.

Makoto Takamiya
The Impact of Organizational Factors on Union Militancy
A Historical Study of the United Mineworkers of Amerika
1978. Ca. 330 Seiten. kt., ca. DM 38,00
ISBN 3-445-01834-0

Am Beispiel der amerikanischen Bergarbeiter-Gewerkschaft wird gezeigt, auf welche Weise organisatorische Veränderungen sich im Verhalten und in der Taktik einer Gewerkschaft bemerkbar machen. Die aus den Fallstudien gewonnenen Erkenntnisse lassen sich auch auf andere Gewerkschaften in anderen Ländern übertragen.

Verlagsgruppe Athenäum/Hain/Hanstein/Scriptor
Postfach 1220, 6240 Königstein/Ts.